나찌의 법률

악마는 가만히 온다 I

이 진 기 편역

박영사

Der Irrsinn ist bei Einzelnen etwas Seltenes, aber bei Gruppen,
Parteien, Völkern, Zeiten die Regel.

광기는 개인에게 드문 일이지만, 무리들, 패거리들, 국가들과 세상에는 규칙이다.

———

Friedrich Wilhelm Nietzsche(1844-1900),
Jenseits von Gut und Böse, 1886, S. 156

머리말

이제 또 하나의 번역을 세상에 선보입니다. "나찌의 법률"은 〈나찌의 법률, 나찌의 명령과 나찌법령 해설〉의 순서로 엮어질 저의 작업의 시작입니다. 제한된 시간과 능력의 부족으로 본래의 구상을 제대로 실현할 수 있을지 자신하기 어렵습니다만, 그냥 쉼 없이 꾸준히 이어가겠습니다.

과거는 우리에게 소중한 경험을 일러줍니다. 하지만 원전을 직접 손에 들고 지난 사건을 이야기하는 경우는 의외로 많지 않습니다. 이 책은 기본자료를 제공함에 그치고 나머지는 독자들의 가치판단과 평가에 맡겨야 한다는 저의 소박한 바람과 조그마한 사명감의 결과물입니다.

이 책은 78개에 이르는 나찌법률과 관련자료의 번역을 담고 있습니다. 저의 전공은 로마법과 법제사, 그리고 민법입니다. 이 책의 상당 부분을 차지하는 헌법, 공법과 형법 관계 법률들은 저에게 낯선 분야입니다. 번역을 위하여 나름 노력하였습니다만, 모자라거나 잘못된 번역의 두려움에서 벗어나기에 아직 많이 모자랍니다. 앞으로 손질하여 고치겠습니다. 아울러 독자님들의 많은 도움과 질책을 기다립니다.

저는 지금의 용례와 달리 총통, 국군, 민족동지 등을 최고지도자, 국방군, 인민동지 등 새로운 개념으로 옮겼습니다. 이밖에 Volk(인민, 민족, 국민, 국가)와 같이, 하나의 단어를 그때그때의 상황에 따라 다르게 옮긴 예도 있습니다. 보다 명확한 학문연구를 위하여 필요한 경우 함께 첨부한 원문을 참조하시기 바랍니다.

이 책이 나오기까지 묵묵히 저를 지켜준 아내와 아이들에게 언제나 사랑한다는 말을 전합니다. 그리고 저를 격려하여 주신 많은 분들, 별 다른 경제적 이익을 가져올 수 없는 번역의 출판을 기꺼이 승낙한 박영사, 그리고 한두희 과장님과 정연환 대리님께 깊이 감사드립니다.

고맙습니다.

2022년 2월 22일
이진기

목차

❖ 별도의 표시 또는 개별법률의 규정이 없으면 제정일이 공포일이며 시행일이다.

II. Teil : 제2장
Weitere Materialien : 참고 자료

나찌의 법률
악마는 가만히 온다 1

제1장

I. Gesetz zur Behebung der Not von Volk und Reich.

["Ermächtigungsgesetz"]

Vom 24. März 1933.

1. 인민과 제국의 위난제거를 위한 법률

["立法權限授與法律", 일명 수권법률]

1933년 3월 24일

Der Reichstag hat das folgende Gesetz beschlossen, das mit Zustimmung des Reichsrats hiermit verkündet wird, nachdem festgestellt ist, daß die Erfordernisse verfassungsändernder Gesetzgebung erfüllt sind:

Artikel 1 Reichsgesetze können außer in dem in der Reichsverfassung vorgesehenen Verfahren auch durch die Reichsregierung beschlossen werden. Dies gilt auch für die in den Artikeln 85 Abs. 2 und 87 der Reichsverfassung bezeichneten Gesetze.

Artikel 2 Die von der Reichsregierung beschlossenen Reichsgesetze können von der Reichsverfassung abweichen, soweit sie nicht die Einrichtung des Reichstags und des Reichsrats als solche zum Gegenstand haben. Die Rechte des Reichspräsidenten bleiben unberührt.

Artikel 3 Die von der Reichsregierung beschlossenen Reichsgesetze werden vom Reichskanzler ausgefertigt und im Reichsgesetzblatt verkündet. Sie treten, soweit sie nichts anderes bestimmen, mit dem auf die Verkündung folgenden Tage in Kraft. Die Artikel 68 bis 77 der Reichsverfassung finden auf die von der Reichsregierung beschlossenen Gesetze keine Anwendung.

Artikel 4 Verträge des Reiches mit fremden Staaten, die sich auf Gegenstände der Reichsgesetzge-

제국의회는 제국상원의 동의를 얻어 여기에 공포되는 헌법을 개정하는 입법의 요건이 충족된 사실이 확정된 후 다음의 법률을 의결하였다:

제1조 제국법률은 제국헌법에 규정된 절차 외에도 제국정부에 의하여 의결될 수 있다. 이는 또한 제국헌법 제85조 제2항과 제87조에 규정된 법률에도 그러하다.

제2조 제국정부에 의하여 의결된 제국법률은, 그것이 제국의회[하원]와 제국상원의 기구 자체를 대상으로 하지 않으면, 제국헌법과 다를 수 있다. 제국대통령의 권한은 영향을 받지 아니한다.

제3조 제국정부에 의하여 의결된 제국법률은 제국재상이 서명하고 제국법률관보에 공포된다. 그 법률은, 제국정부가 달리 정하지 않으면, 공포한 다음날부터 시행된다. 제국헌법 제68조부터 제77조는 제국정부에 의하여 의결된 법률에 적용되지 아니한다.

제4조 제국입법의 대상과 관계있는 외국과 체결한 제국의 조약은 입법에 관여한 기관의

bung beziehen, bedürfen nicht der Zustimmung der an der Gesetzgebung beteiligten Körperschaften. Die Reichsregierung erläßt die zur Durchführung dieser Verträge erforderlichen Vorschriften.

Artikel 5 Dieses Gesetz tritt mit dem Tage seiner Verkündung in Kraft. Es tritt mit dem 1. April 1937 außer Kraft; es tritt ferner außer Kraft, wenn die gegenwärtige Reichsregierung durch eine andere abgelöst wird.

Berlin, den 24. März 1933.

Der Reichspräsident
von Hindenburg

Der Reichskanzler
Adolf Hitler

Der Reichsminister des Innern
Frick

Der Reichsminister des Auswärtigen
Freiherr von Neurath

Der Reichsminister der Finanzen
Graf Schwerin von Krosigk

<Reichsgesetzblatt 1933 I, S. 141>

동의를 요건으로 하지 아니한다. 제국정부는 조약의 이행을 위하여 필요한 규정을 시행한다.

제5조 이 법률은 공포한 날에 시행한다. 이 법률은 1937년 4월 1일 효력을 잃는다; 또한 이 법률은 현 제국정부가 다른 제국정부에 의하여 해산될 경우에도 효력을 잃는다.

베를린, 1933년 3월 24일

제국대통령
폰 힌덴부르크

제국재상
아돌프 히틀러

제국내무상
프릭

제국외무상
프라이헤어 폰 노이라트

제국재무상
그라프 슈베린 폰 크로직

관련 법령:
법률 2, 4, 31, 41, 73
Verordnung des Reichspräsidenten zum Schutze des Deutschen Volkes ["Versammlungs- und Presseverordnung"] (04.02.1933)
Erste Verordnung zur Durchführung der Verordnung zum Schutze des deutschen Volkes (04.02.1933)
Zweite Verordnung zur Durchführung der Verordnung zum Schutze des deutschen Volkes (07.02.1033)
Dritte Verordnung zur Durchführung der Ver-

ordnung zum Schutze des deutschen Volkes
(07.02.1933)

Verordnung des Reichspräsidenten gegen Verrat
am Deutschen Volke und hochverräterische
Umtriebe (28.02.1933)

Verordnung des Reichspräsidenten zum Schutz
von Volk und Staat ["Reichstagsbrandverordnung"] (28.02.1933)

Verordnung des Reichspräsidenten zur Abwehr
heimtückischer Angriffe gegen die Regierung
der nationalen Erhebung (21.03.1933)

II. Reichsgesetz über Verhängung und Vollzug der Todesstrafe.

["Lex van der Lubbe"]

Vom 29. März 1933.

2. 교수형과 사형의 집행에 관한 제국 법률

["van der Lubbe[1] 법률"]

1933년 3월 29일

Die Reichsregierung hat das folgende Gesetz beschlossen, das hiermit verkündet wird:

§ 1 § 5 der Verordnung des Reichspräsidenten zum Schutz von Volk und Staat vom 28. Februar 1933 gilt auch für Taten, die in der Zeit zwischen dem 31. Januar und dem 28. Februar 1933 begangen sind.

제국정부는 여기에 공포되는 다음의 법률을 의결하였다:

제1조 1933년 2월 28일 국민과 국가의 수호를 위한 제국대통령 명령[일명 제국의회방화령] 제5조[2]는 1933년 1월 31일부터 2월 28일 사이의 기간에 행하여진 행위에도 적용된다.

---

1) Marinus van der Lubbe (1909-1934). 네덜란드 출신의 공산주의 성향의 노동자로 1933년 제국의회 방화 혐의로 체포되어 사형집행된 사람.

2) §5 der Verordnung des Reichspräsidenten zum Schutz von Volk und Staat ["Reichstagsbrandverordnung"] (1) Mit dem Tode sind die Verbrechen zu bestrafen, die das Strafgesetzbuch in den §§ 81 (Hochverrat), 229 (Giftbeibringung), 307 (Brandstiftung), 311 (Explosion), 312 (Überschwemmung), 315 Abs. 2 (Beschädigung von Eisenbahnanlagen), 324 (gemeingefährliche Vergiftung) mit lebenslangem Zuchthaus bedroht.

(2) Mit dem Tode oder, soweit nicht bisher eine schwerere Strafe angedroht ist, mit lebenslangem Zuchthaus oder mit Zuchthaus bis zu 15 Jahren wird bestraft:

1. Wer es unternimmt, den Reichspräsidenten oder ein Mitglied oder einen Kommissar der Reichsregierung oder einer Landesregierung zu töten oder wer zu einer solchen Tötung auffordert, sich erbietet, ein solches Erbieten annimmt oder eine solche Tötung mit einem anderen verabredet;

2. wer in den Fällen des § 115 Abs.2 des Strafgesetzbuchs (schwerer Aufruhr) oder des § 125 Abs. 2 des Strafgesetzbuchs (schwerer Landfriedensbruch) die Tat mit Waffen oder in bewußtem und gewolltem Zusammenwirken mit einem Bewaffneten begeht;

3. wer eine Freiheitsberaubung (§ 239 des Strafgesetzbuchs) in der Absicht begeht, sich des der Freiheit Beraubten als Geisel im politischen Kampfe zu bedienen.

[국민과 국가의 수호를 위한 제국대통령 명령 제5조 (1) 형법전 제81조 이하(내란죄), 제229조(독극물반입), 제307조(방화죄), 제311조(폭발성물질파열), 제312조(일수), 제315조 제2항(철도시설손괴), 제324조(수원혼독)에서 형법전이 종신징역형으로 처벌하는 범죄는 사형에 처한다.

(2) 다음 각호의 사람은 사형 또는, 현재 보다 중한 형벌로 처벌되지 않으면, 종신징역형 또는 15년 이하의 중징역형에 처한다:

1. 제국대통령, 제국정부와 지방정부의 구성원 또는 감찰관을 살해하려고 착수하거나 그러한 살해를 교사, 제의하거나 그러한 제의를 받아들이거나 타인과 그러한 살해를 약속한 사람:

§ 2 Ist jemand wegen eines gegen die öffentliche Sicherheit gerichteten Verbrechens zum Tode verurteilt, so kann die Regierung des Reichs oder des Landes, durch deren Behörden das Urteil zu vollstrecken ist, anordnen, daß die Vollstreckung durch Erhängen erfolgt.

Berlin, den 29. März 1933.

Der Reichskanzler
Adolf Hitler

Für den Reichminister der Justiz
Der Stellvertreter des Reichskanzlers
von Papen

<Reichsgesetzblatt 1933 I, S. 151>

제2조 어떤 사람이 공공의 안전에 대한 침해를 목적으로 하는 범죄로 사형을 선고받은 경우, 그 소속관청에 의하여 판결이 집행되어야 하는 제국정부 또는 주정부는 집행이 교수형으로 이루어질 것을 명령할 수 있다.

베를린, 1933년 3월 29일

제국재상
아돌프 히틀러

제국법무상을 위하여
제국재상 직무대리
폰 파펜

관련 법령:
법률 1, 4
Verordnung des Reichspräsidenten zum Schutze des Deutschen Volkes ["Versammlungs- und Presseverordnung"] (04.02.1933)
Erste Verordnung zur Durchführung der Verordnung zum Schutze des deutschen Volkes (04.02.1933)
Zweite Verordnung zur Durchführung der Verordnung zum Schutze des deutschen Volkes (07.02.1033)
Dritte Verordnung zur Durchführung der Verordnung zum Schutze des deutschen Volkes (07.02.1933)
Verordnung des Reichspräsidenten gegen Verrat am Deutschen Volke und hochverräterische Umtriebe (28.02.1933)

---

2. 형법전 제115조 제2항(중대한 폭동죄)의 경우 또는 형법전 제125조 제1항의 경우(중대한 소요죄)에 무기를 가지고 또는 무장한 사람과 인식하고 의도한 공동협력으로 범위을 행하는 사람;
3. 자유를 빼앗긴 사람을 정치적 투쟁[정쟁]에서 인질로 이용할 목적으로 자유를 빼앗는 사람(형법전 제239조, 대한민국 형법상 체포·감금을 포함하는 개념).]

Verordnung des Reichspräsidenten zum Schutz von Volk und Staat ["Reichstagsbrandverord-nung"] (28.02.1933)

Verordnung des Reichspräsidenten zur Abwehr heimtückischer Angriffe gegen die Regierung der nationalen Erhebung (21.03.1933)

Quelle: Reichgesetzblatt 1933 I, S. 151.

III. Vorläufiges Gesetz zur Gleichschaltung der Länder mit dem Reich.

Vom 31. März 1933.

3. 제국과 주의 동치화를 위한 임시법률

1933년 3월 31일

Die Reichsregierung hat das folgende Gesetz beschlossen, das hiermit verkündet wird:

제국정부는 여기에 공포되는 다음의 법률을 의결하였다:

Vereinfachung der Landesgesetzgebung

§ 1 (1) Die Landesregierungen sind ermächtigt, außer in den in den Landesverfassungen vorgesehenen Verfahren Landesgesetze zu beschließen. Dies gilt auch für Gesetze, die den in Artikel 85 Abs. 2 und 87 der Reichsverfassung bezeichneten Gesetzen entsprechen.

(2) Über Ausfertigung und Verkündung der von den Landesregierungen beschlossenen Gesetze treffen die Landesregierungen Bestimmung.

§ 2 (1) Zur Neuordnung der Verwaltung, einschließlich der gemeindlichen Verwaltung, und zur Neuregelung der Zuständigkeiten können die von den Landesregierungen beschlossenen Landesgesetze von den Landesverfassungen abweichen.

(2) Die Einrichtung der gesetzgebenden Körperschaften als solche darf nicht berührt werden.

§ 3 Staatsverträge, die sich auf Gegenstände der Landesgesetzgebung beziehen, bedürfen nicht der Zustimmung der an der Gesetzgebung beteiligten Körperschaften. Die Landesregierungen erlassen die zur Durchführung dieser Verträge erforderlichen Vorschriften.

Volksvertretungen der Länder

§ 4 (1) Die Volksvertretungen der Länder (Landtage, Bürgerschaften) werden mit Ausnahme des am 5. März 1933 gewählten Preußischen Landtags hiermit aufgelöst, soweit dies nicht bereits nach Landesrecht geschehen ist.

(2) Sie werden neu gebildet nach den Stimmenzahlen, die bei der Wahl zum Deutschen Reichstag

주입법의 단순화

제1조 (1) 주정부는 주헌법에 규정된 절차가 아니더라도 주법률을 의결할 권한이 있다. 이는 제국헌법 제85조 제2항과 제87조에 규정된 법률에 해당하는 법률에 관하여도 같다.

(2) 주정부는 주정부가 의결한 법률의 제정과 공포에 관하여 규정을 제정한다.

제2조 (1) 지방자치행정을 포함하는 행정의 신규조직과 관할의 신규규정화를 위하여 주정부에 의하여 의결된 주법률은 주헌법과 다를 수 있다.

(2) 입법단체의 기구 자체는 영향을 받지 아니한다.

제3조 주입법의 대상이 되는 국가계약은 입법에 관여한 단체의 동의를 요건으로 하지 아니한다. 주정부는 이 계약의 시행을 위하여 필요한 규정을 제정한다.

주의 인민대의기관

제4조 (1) 주의 인민대의기관(주의회, 시의회)은, 1933년 3월 5일 선출된 프로이센 주의회를 제외하고, 주의 인민대의기관의 해산이 이미 주법에 따라 이루어지지 않은 때에는 이 법률로 해산된다.

(2) 주의 인민대의기관은 1933년 3월 5일의 독일제국의회선거에서 각 주 내에서 입후보

am 5. März 1933 innerhalb eines jeden Landes auf die Wahlvorschläge entfallen sind. Hierbei werden die auf Wahlvorschläge der Kommunistischen Partei entfallenden Sitze nicht zugeteilt. Dasselbe gilt für Wahlvorschläge von Wählergruppen, die als Ersatz von Wahlvorschlägen der Kommunistischen Partei anzusehen sind.

§ 5 (1) In den Ländern Bayern, Sachsen, Württemberg und Baden werden den Wählergruppen so viele Sitze zugewiesen, als die Verteilungszahl in der Gesamtzahl der für ihre Wahlvorschläge abgegebenen Stimmen enthalten ist. Dabei wird ein Rest von mehr als der Hälfte der Verteilungszahl der vollen Verteilungszahl gleichgeachtet.

(2) Die Verteilungszahl wird festgesetzt für Bayern und Sachsen auf je 40 000, für Württemberg auf 25 000 und für Baden auf 21 000.

§ 6 (1) In den Ländern Thüringen, Hessen, Hamburg, Mecklenburg-Schwerin, Oldenburg, Braunschweig, Anhalt, Bremen, Lippe, Lübeck, Mecklenburg-Strelitz und Schaumburg-Lippe darf die Zahl der Mitglieder der neu zu bildenden Landtage (Bürgerschaften) die folgenden Höchstziffern nicht überschreiten:

Thüringen 59
Hessen 50
Hamburg 128
Mecklenburg-Schwerin 48
Oldenburg 39
Braunschweig 36
Anhalt 30
Bremen 96
Lippe 18
Lübeck 64
Mecklenburg-Strelitz 15
Schaumburg-Lippe 12.

(2) Die den Wählergruppen nach Abs. 1 zustehenden Abgeordnetensitze werden nach dem

자추천명부에 기표된 투표수에 따라 새로이 구성된다. 여기에서 공산당의 입후보자추천명부의 몫이 되는 의석은 배정하지 아니한다. 공산당의 입후보자추천명부를 대체하는 것으로 보이는 그러한 선거집단의 입후보자추천명부에 대하여도 같다.

제5조 (1) 바이에른, 작센, 뷔템베르크와 바덴주에서는 그의 입후보자추천명부에 기표된 전체 투표수에서 배정인원이 포함된 의석이 선거집단에 할당된다. 이때 전체 배정인원의 과반을 초과하는 부분은 동등하게 취급된다.

(2) 배정인원은 바이에른과 작센에서는 각 40,000표로, 뷔템베르크에서는 각 25,000표로, 그리고 바덴에서는 각 21,000표로 확정된다.

제6조 (1) 튀링엔, 헤센, 함부르크, 메크렌부르크-슈베린, 올덴부르크, 브라운슈바이히, 안할트, 립페, 뤼벡, 메클렌부르크-쉬트렐리쯔와 샤움부르크-립페주에서는 새로이 구성되는 주의회(시의회)의 의원수는 다음의 최대정원을 초과하지 못한다.

튀링엔 59
헤센 50
함부르크 128
메크렌부르크-슈베린 48
올덴부르크 39
브라운슈바이히 36
안할트 30
립페 18
뤼벡 64
메클렌부르크-쉬트렐리쯔 15
샤움부르크-립페 12.

(2) 제1항에 따라 선거집단에 배정되는 의석은 현행 주선거법에 따라 결정된다. 주선

geltenden Landeswahlrecht ermittelt. Nach Landeswahlrecht festgesetzte Verteilungszahlen werden indessen so erhöht, daß die durch Abs. 1 bestimmte Höchstzahl von Mitgliedern nicht überschritten wird.

§ 7 (1) Die Sitze werden den Bewerbern auf Grund von Wahlvorschlägen zugewiesen, die die Wählergruppen bis spätestens 13. April 1933 einzureichen haben. Zur Einreichung von Wahlvorschlägen sind alle Wählergruppen befugt, auf deren Wahlvorschlag am 5. März 1933 Stimmen entfallen sind; dies gilt nicht für die Kommunistische Partei und solche Wählergruppen, deren Wahlvorschläge als Ersatz von Wahlvorschlägen der Kommunistischen Partei anzusehen sind.

(2) Verbindungen und Anschlüsse sind nur insoweit zulässig, als sie bei der Reichstagswahl am 5. März 1933 getätigt waren.

(3) Wahlbewerbern, die bis zum 5. März 1933 zur Kommunistischen Partei gehörten, werden Sitze nicht zugewiesen.

§ 8 Die neuen Landtage (Bürgerschaften) gelten mit dem 5. März 1933 als auf vier Jahre gewählt. Eine vorzeitige Auflösung ist unzulässig. Dies gilt auch für den am 5. März 1933 gewählten Preußischen Landtag.

§ 9 Die Neubildung der Landtage (Bürgerschaften) nach diesem Gesetz muß bis zum 15. April 1933 durchgeführt sein.

§ 10 Die Zuteilung von Sitzen auf Wahlvorschläge der Kommunistischen Partei für den Reichstag und den Preußischen Landtag auf Grund des Wahlergebnisses vom 5. März 1933 ist unwirksam. Ersatzzuteilung findet nicht statt.

§ 11 Eine Auflösung des Reichstags bewirkt ohne weiteres die Auflösung der Volksvertretungen der Länder.

Gemeindliche Selbstverwaltungskörper
§ 12 (1) Die gemeindlichen Selbstverwaltungskörper (Kreistage, Bezirkstage, Bezirksräte, Amtsver-

---

거법에 따라 확정되는 배정인원은 제1항에 의하여 정하여지는 의원의 최대정원이 초과되지 않는 범위로 증원된다.

제7조 (1) 의석은 선거집단이 늦어도 1933년 4월 13일까지 제출하여야 하는 입후보자추천명부에 근거하여 지원자에게 배분된다. 1933년 3월 5일 그의 입후보자추천명부에 투표가 이루어지는 모든 선거집단은 입후보자추천명부를 제출할 권한이 있다: 이는 공산당과 그의 입후보자추천명부가 공산당의 입후보자추천명부의 대체로 보이는 그러한 선거집단에는 그러하지 아니하다.

(2) 연합과 연계는 선거집단들이 1933년 3월 5일의 제국의회선거에서 활동 중이었던 때에만 허용된다.

(3) 1933년 3월 5일까지 공산당에 속하였던 입후보지원자에게는 의석이 배분되지 아니한다.

제8조 새로운 주의회(시의회)는 1933년 3월 5일로서 4년 임기로 선출된다. 조기해산은 허용되지 아니한다. 이는 또한 1933년 3월 5일에 선출된 프로이센 주의회에도 그러하다.

제9조 이 법률에 따른 주의회(시의회)의 새로운 구성은 1933년 4월 15일까지 이루어져야 한다.

제10조 1933년 3월 5일의 선거결과를 근거로 제국의회와 프로이센 주의회를 위한 공산당의 입후보자추천명부에 따른 의석의 배정은 무효이다. 대체배정은 허용되지 아니한다.

제11조 제국의회의 해산은 즉시 주의 인민대의기관의 해산을 효력으로 한다.

자치단체의 자치행정체
제12조 (1) 제국헌법 제17조 제항에 따른 원칙이 적용되는 자치단체의 자치행정체(지

sammlungen, Stadträte, Stadtverordnetenver-
sammlungen, Gemeinderäte usw.), auf welche
die Grundsätze nach Artikel 17 Abs. 2 der
Reichsverfassung Anwendung finden, werden
hiermit aufgelöst.

(2) Sie werden neu gebildet nach der Zahl
der gültigen Stimmen, die bei der Wahl zum
Deutschen Reichstag am 5. März 1933 im Gebiet der Wahlkörperschaft abgegeben worden
sind. Dabei bleiben Stimmen unberücksichtigt,
die auf Wahlvorschläge der Kommunistischen
Partei oder solche entfallen sind, die als Ersatz
von Wahlvorschlägen der Kommunistischen
Partei anzusehen sind.

§ 13 (1) Bei den Vertretungskörperschaften in der
unteren Selbstverwaltung (Gemeinde-, Stadträte
usw.) darf die Zahl der Mitglieder die folgenden
Höchstziffern nicht überschreiten:

in Gemeinden bis zu 1.000 Einwohnern 9
in Gemeinden bis zu 2.000 Einwohnern 10
in Gemeinden bis zu 5.000 Einwohnern 12
in Gemeinden bis zu 10.000 Einwohnern 16
in Gemeinden bis zu 15.000 Einwohnern 20
in Gemeinden bis zu 25.000 Einwohnern 24
in Gemeinden bis zu 30.000 Einwohnern 26
in Gemeinden bis zu 40.000 Einwohnern 29
in Gemeinden bis zu 50.000 Einwohnern 31
in Gemeinden bis zu 60.000 Einwohnern 33
in Gemeinden bis zu 80.000 Einwohnern 35
in Gemeinden bis zu 100.000 Einwohnern 37
in Gemeinden bis zu 200.000 Einwohnern 45
in Gemeinden bis zu 300.000 Einwohnern 53
in Gemeinden bis zu 400.000 Einwohnern 58
in Gemeinden bis zu 500.000 Einwohnern 63
in Gemeinden bis zu 600.000 Einwohnern 68
in Gemeinden bis zu 700.000 Einwohnern 73
in Gemeinden von mehr als 700.000 Einwohnern 77.

(2) Die übrigen Vertretungskörperschaften der
gemeindlichen Selbstverwaltung sind gegenüber
ihrem Bestand vor der Auflösung (§ 12) möglichst

역의회, 지구의회, 지역위원회, 시위원회,
지방회의, 시행정회의, 지방자치위원회 등)
는 이 법률로 해산된다.

(2) 이들은 1933년 3월 5일 독일 제국의회
선거에서 선거단체의 지역에서 기표된 유
효투표의 수에 따라 새로이 구성된다. 이때
공산당의 입후보자추천명부 또는 공산당의
입후보자추천명부의 대체로 보이는 그러한
입후보자추천명부에 기표한 투표는 반영하
지 아니한다.

제13조 (1) 하급 자치행정(지방자치위원회, 시위
원회 등)에서의 대의기관에서 구성원의 수
는 다음의 최대정원을 초과하지 못한다.

주민 1,000명까지의 자치단체에서는 9
주민 2,000명까지의 자치단체에서는 10
주민 5,000명까지의 자치단체에서는 12
주민 10,000명까지의 자치단체에서는 16
주민 15,000명까지의 자치단체에서는 20
주민 25,000명까지의 자치단체에서는 24
주민 30,000명까지의 자치단체에서는 26
주민 40,000명까지의 자치단체에서는 29
주민 50,000명까지의 자치단체에서는 31
주민 60,000명까지의 자치단체에서는 33
주민 80,000명까지의 자치단체에서는 35
주민 100,000명까지의 자치단체에서는 37
주민 200,000명까지의 자치단체에서는 45
주민 300,000명까지의 자치단체에서는 53
주민 400,000명까지의 자치단체에서는 58
주민 500,000명까지의 자치단체에서는 63
주민 600,000명까지의 자치단체에서는 68
주민 700,000명까지의 자치단체에서는 73
주민 700,000명 이상의 자치단체에서는 77.

(2) 그 밖의 자치단체의 자치행정의 대의
기구는 그의 해산(제12조) 전의 조직과 비
교하여 될 수 있으면 100분의 25를 감축하

um fünfundzwanzig vom Hundert zu verkleinern.

§ 14 (1) Die den Wählergruppen nach § 12 Abs. 2 zustehender Sitze werden nach dem geltenden Landesrecht ermittelt. Nach Landesrecht bestehende Verteilungszahlen sind entsprechend festzusetzen. Die Sitze werden den Bewerbern auf Grund von Wahlvorschlägen zugewiesen, die die Wählergruppen einzureichen haben. Auch hier gilt § 7 Abs. 3.

(2) Zur Einreichung von Wahlvorschlägen sind alle Wählergruppen befugt, auf deren Wahlvorschlag im Gebiet der Wahlkörperschaft am 5. März 1933 Stimmen entfallen sind; dies gilt nicht für die Kommunistische Partei und solche Wählergruppen, deren Wahlvorschläge als Ersatz von Wahlvorschlägen der Kommunistischen Partei anzusehen sind.

(3) Eine zur Einreichung von Wahlvorschlägen berechtigte Wählergruppe (Abs. 2) kann sich mit anderen oder allen Wählergruppen zu Einreichung eines gemeinsamen Wahlvorschlags verbinden.

§ 15 Die neuen gemeindlichen Selbstverwaltungskörper gelten mit dem 5. März 1933 als auf vier Jahre gewählt.

§ 16 Die Neubildung der gemeindlichen Selbstverwaltungskörper nach diesem Gesetz muß bis zum 30. April 1933 durchgeführt sein.

§ 17 Die §§ 12 bis 16 finden auf die gemeindlichen Selbstverwaltungskörper in Preußen keine Anwendung. Indessen gilt § 10 für sie entsprechend.

Gemeinsame Bestimmungen

§ 18 Der Reichsminister des Innern wird ermächtigt, Bestimmungen zur Ergänzung und Ausführung dieses Gesetzes zu erlassen. In übrigen obliegt die Ausführung des Gesetzes, soweit es sich um Angelegenheiten des Reichs handelt, dem Reichsminister des Innern, soweit es sich um Angelegenheiten der Länder handelt, den Landesregierungen. Der Reichsminister des

여야 한다.

제14조 (1) 제12조 제2항에 따라 선거단체에 배분되는 의석은 현행 주법에 따라 확정된 다. 주법에 따라 인정되는 배정인원이 확정된다. 의석은 선거단체가 제출한 입후보자추천명부에 근거하여 후보자에게 배분된다. 이때 제7조 제3항이 적용된다.

(2) 선거구에서 1933년 3월 5일 그의 입후보자추천에 투표가 이루어지는 모든 선거단체는 입후보자추천명부를 제출할 권한이 있다; 이는 공산당과 그의 입후보자추천명부가 공산당의 입후보자추천명부의 대체로 보이는 그러한 선거인단에는 그러하지 아니하다.

(3) 입후보자추천명부를 제출할 권한이 있는 선거단체(제2항)는 공동의 입후보자추천명부를 제출하기 위하여 다른 또는 모든 선거단체와 연합할 수 있다.

제15조 새로운 지방자치단체의 자치행정체는 1933년 3월 5일로 4년 임기로 선출된 것으로 본다.

제16조 이 법률에 따른 새로운 지방자치단체의 자치행정체의 구성은 1933년 4월 30일까지 이루어져야 한다.

제17조 제12조부터 제16조는 프로이센에서 지방자치단체의 자치행정체에는 적용되지 아니한다.

공동규정

제18조 제국내무상은 이 법률의 보완과 시행을 위한 규정을 제정할 수 있다. 그밖에 제국사무가 문제될 때에는 이 법률의 시행은 제국내무상에게, 주사무가 문제될 때에는 주정부에게 의무지워진다. 제국내무상은 일반지침을 제정하고 주정부의 신청으로 법률의 예외를 허가할 수 있다.

Innern kann allgemeine Anweisungen erlassen
und auf Antrag einer Landesregierung Ausnahmen von dem Gesetz zulassen.

§ 19 Die Vorschriften der §§ 1 bis 3 und des § 18
finden auch auf solche Regierungen in den Ländern Anwendung, die aus Kommissaren oder
Beauftragten des Reichs bestehen.

Berlin, den 31. März 1933.

Der Reichskanzler
Adolf Hitler

Der Reichsminister des Innern
Frick

<Reichsgesetzblatt 1933 I, S. 153-154>

제19조 제1조에서 제3조의 규정은 제국의 치
안감 또는 수임관이 재임하는 주의 정부에
는 적용되지 아니한다.

베를린, 1933년 3월 31일

제국재상
아돌프 히틀러

제국내무상
프릭

관련 법령:
법률 8, 10, 15, 51
Drittes Gesetz zur Änderung des Reichsstatthaltergesetzes (14.10.1933)
Erste Verordnung zum Vorläufigen Gesetz zur
Gleichschaltung der Länder mit dem Reich
(05.04.1933)

IV. Gesetz zur Abwehr politischer Gewalttaten.

Vom 4. April 1933.

Die Reichsregierung hat das folgende Gesetz beschlossen, das hiermit verkündet wird:

§ 1 Mit dem Tode oder lebenslangem Zuchthaus oder mit Zuchthaus bis zu fünfzehn Jahren kann, soweit bisher mildere Strafen angedroht sind, bestraft werden:

1. wer ein Verbrechen gegen § 5 Abs. 1, 2 des Gesetzes gegen den verbrecherischen und gemeingefährlichen Gebrauch von Sprengstoffen vom 9. Juni 1884 (Reichsgesetzbl. S. 61) begeht;

2. wer ein öffentlichen Zwecken dienendes Bauwerk in Brand setzt oder sprengt (§§ 306 bis 308, 311 des Strafgesetzbuches) oder wer eine Inbrandsetzung oder Sprengung in der Absicht begeht, in der Bevölkerung Angst und Schrecken zu erregen.

3. wer ein Verbrechen gegen § 229 Abs. 2, §§ 312, 315 Abs. 2, § 324 des Strafgesetzbuchs (Giftbeibringung, Überschwemmung, Beschädigung von Eisenbahnanlagen, gemeingefährliche Vergiftung) begeht.

§ 2 Für die im § 1 bezeichneten Verbrechen sowie für Verbrechen gegen § 5 Abs. 3, §§ 6 bis 8 des Gesetzes gegen den verbrecherischen und gemeingefährlichen Gebrauch von Sprengstoffen sind die nach der Verordnung der Reichsregierung vom 21. März 1933 (Reichsgesetzbl. I S. 136) gebildeten Sondergerichte zuständig, soweit nicht die Zuständigkeit des Reichsgerichts oder der Oberlandesgerichte begründet ist.

Berlin, den 4. April 1933.

Der Reichskanzler

4. 정치적 폭력행위의 방지를 위한 법률

1933년 4월 4일

제국정부는 여기에 공포되는 다음의 법률을 의결하였다:

제1조 지금까지 경한 형으로서 처벌되는 경우에는 다음 각호의 사람을 사형, 종신금고형 또는 15년 이하의 금고형에 처한다:

1. 1884년 6월 1일의 「폭발물의 범죄와 공공위험목적의 사용에 대한 법률」(제국법률관보 61) 제5조 제1항과 제2항을 위반하는 범죄를 행한 사람;

2. 공공목적에 사용되는 건축물을 방화 또는 폭파하거나(「형법」 제306조부터 제308조, 제311조) 국민 사이에 불안과 공포를 조장할 목적으로 방화하거나 폭파한 사람.

3. 형법 제229조 제1항, 제312조, 제315조 제2항, 제324조(독극물반입[Giftbeibringung], 일수[溢水], 철도시설훼손, 공공에 위험한 혼독[混毒])의 범죄를 행한 사람.

제2조 제1항에 규정된 범죄와 「폭발물의 범죄와 공공위험목적의 사용에 대한 법률」 제5조 제3항과 제6조부터 제8조를 위반하는 범죄에 대하여는, 제국법원 또는 주고등법원의 관할이 없으면, 1933년 3월 21일의 제국명령(제국법률관보 I 136)의 규정에 따라 설립된 특별법원이 관할한다.

베를린, 1933년 4월 8일

제국재상

Adolf Hitler

Für den Reichsminister der Justiz
Der Stellvertreter des Reichskanzlers
von Papen

<Reichsgesetzblatt 1933 I, S. 162>

아돌프 히틀러

제국법무상을 위하여
제국재상의 직무대리
폰 파펜

관련 법령:
법률 1, 2
Verordnung des Reichspräsidenten zum Schutze
des Deutschen Volkes ["Versammlungs- und
Presseverordnung"] (04.02.1933)
Erste Verordnung zur Durchführung der Verordnung zum Schutze des deutschen Volkes
(04.02.1933)
Zweite Verordnung zur Durchführung der Verordnung zum Schutze des deutschen Volkes
(07.02.1033)
Dritte Verordnung zur Durchführung der Verordnung zum Schutze des deutschen Volkes
(07.02.1933)
Verordnung des Reichspräsidenten gegen Verrat
am Deutschen Volke und hochverräterische
Umtriebe (28.02.1933)
Verordnung des Reichspräsidenten zum Schutz
von Volk und Staat ["Reichstagsbrandverordnung"] (28.02.1933)
Verordnung des Reichspräsidenten zur Abwehr
heimtückischer Angriffe gegen die Regierung
der nationalen Erhebung (21.03.1933)

V. Gesetz zur Wiederherstellung des Berufsbeamtentums.

5. 직업공무원제의 재건을 위한 법률

Vom 7. April 1933.

1933년 4월 7일

Die Reichsregierung hat das folgende Gesetz beschlossen, das hiermit verkündet wird:

제국정부는 여기에 공포되는 다음의 법률을 의결하였다:

§ 1 (1) Zur Wiederherstellung eines nationalen Berufsbeamtentums und zur Vereinfachung der Verwaltung können Beamte nach Maßgabe der folgenden Bestimmungen aus dem Amt entlassen werden, auch wenn die nach dem geltenden Recht hierfür erforderlichen Voraussetzungen nicht vorliegen.

(2) Als Beamte im Sinne dieses Gesetzes gelten unmittelbare und mittelbare Beamte des Reichs, unmittelbare und mittelbare Beamte der Länder und Beamte der Gemeinden und Gemeindeverbände, Beamte von Körperschaften des öffentlichen Rechts sowie diesen gleichgestellten Einrichtungen und Unternehmungen. Die Vorschriften finden auch Anwendung auf Bedienstete der Träger der Sozialversicherung, welche die Rechte und Pflichten der Beamten haben.

(3) Beamte im Sinne dieses Gesetzes sind auch Beamte im einstweiligen Ruhestand.

(4) Die Reichsbank und die Deutsche Reichsbahn-Gesellschaft werden ermächtigt, entsprechende Anordnungen zu treffen.

§ 2 (1) Beamte, die seit dem 9. November 1918 in das Beamtenverhältnis eingetreten sind, ohne die für ihre Laufbahn vorgeschriebene oder übliche Vorbildung oder sonstige Eignung zu besitzen, sind aus dem Dienste zu entlassen. Auf die

제1조 (1) 국가직업공무원제의 재건과 행정의 단순화를 위하여 공무원은, 현행법에 따라 해임에 필요한 요건이 충족되지 않을 때에도, 다음의 규정을 기준으로 공직에서 해임될 수 있다.

(2) 제국의 직접공무원과 간접공무원[1], 주의 직접공무원과 간접공무원, 그리고 기초행정단체와 기초행정단체연합의 공무원, 공법상 사단과 이에 준하는 시설과 기업의 공무원은 이 법률의 의미에서 공무원이다. 이 규정들은 또한 공무원의 권리와 의무가 있는 사회보험기관의 직원에게 적용된다.

(3) 가퇴직상태의 공무원[2]도 또한 이 법률의 의미에서 공무원이다.

(4) 제국은행과 독일제국철도회사는 동일한 명령을 내릴 권한이 있다.

제2조 (1) 1918년 11월 9일부터 그 경력에 법정되거나 통상의 예비교육 또는 그 밖의 자격이 없이 공무관계를 시작한 공무원은 복무에서 해임된다. 해직 후 3월의 기간 동안 그들에게 지금까지의 급여가 지급된다.

---

1) '별정직 공무원'과 유사한 개념.

2) 정무직 공무원과 군장성은 정당한 사유가 없을 경우에도 -대개 신임관계가 깨어진 경우에- 퇴직처분될 수 있으며, 이를 가퇴직처분이라고 한다. 가퇴직처분은 해임과 달리 직무위반 또는 범죄를 요건으로 하지 않으므로, 가퇴직된 사람은 퇴직처분과 동시에 퇴직연금을 수령할 권리를 취득하고, 다시 공무관계에 임명될 경우 이를 수용할 의무를 진다.

Dauer von drei Monaten nach der Entlassung werden ihnen ihre bisherigen Bezüge belassen.

(2) Ein Anspruch auf Wartegeld, Ruhegeld oder Hinterbliebenenversorgung und auf Weiterführung der Amtsbezeichnung, des Titels, der Dienstkleidung und der Dienstabzeichen steht ihnen nicht zu.

(3) Im Falle der Bedürftigkeit kann ihnen, besonders wenn sie für mittellose Angehörige sorgen, eine jederzeit widerrufliche Rente bis zu einem Drittel des jeweiligen Grundgehalts der von ihnen zuletzt bekleideten Stelle bewilligt werden; eine Nachversicherung nach Maßgabe der reichsgesetzlichen Sozialversicherung findet nicht statt.

(4) Die Vorschriften des Abs. 2 und 3 finden auf Personen der im Abs. 1 bezeichneten Art, die bereits vor dem Inkrafttreten dieses Gesetzes in den Ruhestand getreten sind, entsprechende Anwendung.

§ 3 (1) Beamte, die nicht arischer Abstammung sind, sind in den Ruhestand (§§ 8 ff.) zu versetzen; soweit es sich um Ehrenbeamte handelt, sind sie aus dem Amtsverhältnis zu entlassen.

(2) Abs. 1 gilt nicht für Beamte, die bereits seit dem 1. August 1914 Beamte gewesen sind oder die im Weltkrieg an der Front für das Deutsche Reich oder für seine Verbündeten gekämpft haben oder deren Vater oder Söhne im Weltkrieg gefallen sind. Weitere Ausnahmen können der Reichsminister des Innern im Einvernehmen mit dem zuständigen Fachminister oder die obersten Landesbehörden für Beamte im Ausland zulassen.

§ 4 Beamte, die nach ihrer bisherigen politischen Betätigung nicht die Gewähr dafür bieten, daß sie jederzeit rückhaltlos für den nationalen Staat eintreten, können aus dem Dienst entlassen werden. Auf die Dauer von drei Monaten nach der Entlassung werden ihnen ihre bisherigen Bezüge belassen. Von dieser Zeit an erhalten sie drei Viertel des Ruhegeldes (§ 8) und entspre-

(2) 휴직금, 퇴직연금 또는 유족급여에 대한 청구권과 공직명, 직위, 복무복과 복무표장의 계속사용에 대한 청구권은 그들에게 인정되지 아니한다.

(3) 급박한 경우, 특히 공무원이 자력없는 가족원을 부양하여야 할 경우에는, 그가 최종 가졌던 직위의 기본급의 3분의 1의 범위에서 상시 취소가능한 연금이 승인될 수 있다; 제국법률상 사회보험을 기준으로 하는 추가보험은 허용되지 아니한다.

(4) 제2항과 제3항의 규정은 이 법률의 시행 전에 이미 퇴직한 제1항에 규정된 종류의 사람에게 준용된다.

제3조 (1) 아리아혈통이 아닌 공무원은 퇴직처분된다(제8조 이하); 명예공무원의 경우 그는 공무관계에서 해임된다.

(2) 제1항은 이미 1914년 8월 1일부터 공무원이었거나 세계대전에서 독일제국이나 그의 동맹국을 위하여 전장에 참전하였거나 그의 부 또는 자가 세계대전에서 전몰한 공무원에게는 적용하지 아니한다. 제국내무상이 관할 전문상(專門相)의 동의를 얻어, 그리고 주최고관청이 외국에 주재하는 공무원에 관하여 그밖의 예외를 허가할 수 있다.

제4조 지금까지의 정치적 활동에 비추어 그가 언제든지 망설임 없이 민족국가를 위하여 봉사할 것을 보증하지 않는 공무원은 복무에서 해임될 수 있다. 해임 후 3월 동안 그들에게 지금까지의 급여가 지급된다. 그 이후부터 그는 퇴직연금의 4분의 3(제8조)과 상응한 유족보훈지원을 받는다.

chende Hinterbliebenenversorgung.

§ 5 (1) Jeder Beamte muß sich die Versetzung in ein anderes Amt derselben oder einer gleichwertigen Laufbahn, auch in ein solches von geringerem Rang und planmäßigem Diensteinkommen - unter Vergütung der vorschriftsmäßigen Umzugskosten - gefallen lassen, wenn es das dienstliche Bedürfnis erfordert. Bei Versetzung in ein Amt von geringerem Rang und planmäßigem Diensteinkommen behält der Beamte seine bisherige Amtsbezeichnung und das Diensteinkommen der bisherigen Stelle.

(2) Der Beamte kann an Stelle der Versetzung in ein Amt von geringerem Rang und planmäßigem Diensteinkommen (Abs. 1) innerhalb eines Monats die Versetzung in den Ruhestand verlangen.

§ 6 Zur Vereinfachung der Verwaltung können Beamte in den Ruhestand versetzt werden, auch wenn sie noch nicht dienstunfähig sind. Wenn Beamte aus diesem Grunde in den Ruhestand versetzt werden, so dürfen ihre Stellen nicht wieder besetzt werden.

§ 7 (1) Die Entlassung aus dem Amte, die Versetzung in ein anderes Amt und die Versetzung in den Ruhestand wird durch die oberste Reichs- oder Landesbehörde ausgesprochen, die endgültig unter Ausschluß des Rechtsweges entscheidet.

(2) Die Verfügungen nach §§ 2 bis 6 müssen spätestens am 30. September 1933 zugestellt werden. Die Frist kann im Einvernehmen mit dem Reichsminister des Innern verkürzt werden, wenn die zuständige Reichs- oder Landesbehörde erklärt, daß in ihrer Verwaltung die Maßnahmen dieses Gesetzes durchgeführt sind.

§ 8 Den nach §§ 3, 4 in den Ruhestand versetzten oder entlassenen Beamten wird ein Ruhegeld nicht gewährt, wenn sie nicht mindestens eine zehnjährige Dienstzeit vollendet haben; dies gilt auch in den Fällen, in denen nach den bestehenden Vorschriften der Reichs- oder Landesgesetzgebung

제5조 (1) 복무상 필요한 경우 공무원은 동일하거나 동등한 가치 있는 경력의 공직 또는 심지어 하위의 직급과 정규복무소득의 공직으로의 전보를 –규정에 따른 이사비용을 지급하여– 수용하여야 한다. 하위의 직급과 정규복무소득의 공직으로 전보되는 경우 공무원은 지금까지의 공직명과 근무처의 복무소득을 가진다.

(2) 공무원은 하위의 직급과 정규복무소득을 가진 공직으로의 전보(제1항)에 갈음하여 1월 내에 퇴직처분을 청구할 수 있다.

제6조 행정의 단순화를 위하여 공무원은 그가 복무불능이 아닌 때에도 퇴직처분될 수 있다. 공무원이 그러한 사유로 퇴직처분된 때에는 그의 근무처는 충원되지 아니한다.

제7조 (1) 공직의 해임, 다른 공직으로의 전보와 퇴직처분은 법적 구제수단 없이 최종결정하는 제국최고관청 또는 주최고관청에 의하여 선고된다.

(2) 제2조부터 제6조의 처분은 1933년 9월 30일까지 송달되어야 한다. 그 기간은 관할 제국관청 또는 주관청이 그 행정에서 이 법률의 조치가 시행된다고 표시하는 때에는 제국내무상의 동의를 얻어 단축될 수 있다.

제8조 제3조와 제4조에 따라 퇴직처분되거나 해임된 공무원에게는 그가 최소 10년의 복무기간을 마치지 않은 때에는 퇴직연금이 지급되지 아니한다; 이는 현행 제국입법 또는 주입법의 규정에 따라 단축된 복무기간 후에 퇴직연금이 지급되는 때에도 그러하

Ruhegeld schon nach kürzerer Dienstzeit gewährt wird. §§ 36, 47 und 49 des Reichsbeamtengesetzes, das Gesetz über eine erhöhte Anrechnung der während des Krieges zurückgelegten Dienstzeit vom 4. Juli 1921 (Reichsgesetzbl. S. 825) und die entsprechenden Vorschriften der Landesgesetze bleiben unberührt.

§ 9 (1) Den nach §§ 3, 4 in den Ruhestand versetzten oder entlassenen Beamten darf bei der Berechnung der ruhegeldfähigen Dienstzeit, abgesehen von den Dienstzeit, die sie in ihrem letzten Anstellungsverhältnis zurückgelegt haben, nur eine Dienstzeit im Reichs-, Landes- und Gemeindedienst nach den bestehenden Vorschriften angerechnet werden. Die Anrechnung auch dieser Dienstzeit ist nur zulässig, wenn sie mit der zuletzt bekleideten Stelle nach Vorbildung und Laufbahn in Zusammenhang steht; ein solcher Zusammenhang liegt insbesondere vor, wenn der Aufstieg eines Beamten aus einer niedrigen Laufbahn in eine höhere als ordnungsmäßige Beförderung anzusehen ist. Würde der Beamte in einer früheren nach Vorbildung und Eignung ordnungsmäßig erlangten Stellung unter Hinzurechnung der späteren Dienstjahre ein höheres Ruhegeld erlangt haben, so greift die für ihn günstigere Regelung Platz. (2) Die Anrechnung der Dienstzeit bei den öffentlich-rechtlichen Körperschaften sowie den diesen gleichgestellten Einrichtungen und Unternehmungen regeln die Ausführungsbestimmungen. (3) Festsetzungen und Zusicherungen ruhegeldfähiger Dienstzeit, die der Durchführung der Vorschriften des Abs. 1 entgegenstehen, treten außer Kraft. (4) Härten können bei Beamten des Reichs und der der Reichsaufsicht unterliegenden öffentlich-rechtlichen Körperschaften, Einrichtungen und Unternehmungen der Reichsminister des Innern im Einvernehmen mit dem Reichsminister des Finanzen,

다. 「제국공무원법률」 제36조, 제47조와 제 49조, 1921년 7월 4일의 「전쟁기간으로 소 급하는 복무기간의 가중산정에 관한 법률」 (제국법률관보 825)과 주법률의 해당 규정 은 영향을 받지 아니한다.

제9조 (1) 제3조와 제4조에 따라 퇴직처분되 거나 해임된 공무원에게는 퇴직연금능력 있 는 복무기간을 산정할 때, 그가 최종 고용 관계에서 보낸 복무기간을 제외하고, 제국 복무, 주복무와 기초자치단체복무의 복무 기간만이 현행 규정에 따라 산입되어야 한 다. 이 복무기간의 산정도 또한 그 복무기 간이 예비교육과 경력에서 최종 가졌던 지 위와 관계있을 경우에만 허용된다; 그러한 관계는 특히 하위경력으로부터 고위경력으 로의 공무원의 승진이 정규승진으로 인정될 때에만 존재한다. 공무원이 이전에 예비교 육과 자격에 맞추어 정규취득한 지위에 이 후의 복무년수를 산입하여 상향조정된 퇴직 연금을 받을 수 있을 때에는 그에게 유리한 규정이 적용된다.

(2) 공법상 사단과 그에 준하는 시설과 기 업에서 복무기간의 산정은 시행규정으로 정 한다.

(3) 제1항의 규정의 시행에 위반하는 퇴직 연금능력 있는 복무기간의 확정과 보장은 효력을 잃는다.

(4) 제국공무원과 제국감독을 받는 공법상 사단, 시설과 기업의 공무원의 경우 제국내 무상은 제국재무상의 동의를 얻어, 그리고 다른 공무원의 경우 주최고관청이 가혹한 경우를 조정할 수 있다.

bei anderen Beamten die obersten Landesbehörden ausgleichen.

(5) Abs. 1 bis 4 sowie § 8 finden auch auf solche Beamte Anwendung, die schon vor dem Inkrafttreten dieses Gesetzes in den Ruhestand oder in den einstweiligen Ruhestand getreten sind und auf die die §§ 2 bis 4 hätten angewandt werden können, wenn die Beamten beim Inkrafttreten dieses Gesetzes noch im Dienst gewesen wären. Die Neufestsetzung der ruhegeldfähigen Dienstzeit und des Ruhegeldes oder des Wartegeldes hat spätestens bis zum 30. September 1933 mit Wirkung vom 1. Oktober 1933 an zu erfolgen.

§ 10 (1) Richtlinien, die für die Höhe der Besoldung vom Beamten aufgestellt sind, werden der Berechnung der Dienstbezüge und des Ruhegeldes zugrunde gelegt. Liegen Entscheidungen der zuständigen Behörde über die Anwendung der Richtlinien noch nicht vor, so haben die unverzüglich zu ergehen.

(2) Haben Beamten nach der Entscheidung der zuständigen Behörde über die Anwendung der Richtlinien höhere Bezüge erhalten, als ihnen hiernach zustanden, so haben sie die seit 1. April 1932 empfangenen Mehrbeträge an die Kasse zu erstatten, aus der die Bezüge gewährt worden sind. Der Einwand der nicht mehr bestehenden Bereicherung (§ 812 ff. BGB.) ist ausgeschlossen.

(3) Abs. 1 und 2 gilt auch für Personen, die innerhalb eines Jahres vor dem Inkrafttreten dieses Gesetzes in den Ruhestand getreten sind.

(5) 제1항부터 제4항과 제8조는 이미 이 법률의 시행 전에 퇴직 또는 가퇴직하고 그가 이 법률을 시행할 때 계속 근무하였다면 제2조부터 제4조가 적용되었을 공무원에게도 적용된다. 퇴직연금능력 있는 직무기간과 퇴직연금 또는 휴직금의 재확정은 1933년 10월 1일부터 효력을 가지도록 늦어도 1933년 9월 20일까지 이루어져야 한다.

제10조 (1) 공무원의 호봉결정을 위하여 설정된 지침은 복무급여와 퇴직연금의 산정을 위한 근거가 된다. 지침의 적용에 관한 관할관청의 결정이 없으면 그 지침이 즉시 공표되어야 한다.

(2) 공무원이 지침의 적용에 관한 관할관청의 결정에 따라 이 법률에 의하여 그에게 귀속되는 것보다 높은 급여를 취득한 때에는, 그는 1932년 4월 1일부터 과다수령한 급여를 그 급여가 지급된 재정에 반환하여야 한다. 현존하는 부당이득이 없다는 항변(「민법」제812조 이하)3)은 배제된다.

(3) 제1항과 제2항은 이 법률을 시행하기 전 1년 내에 퇴직한 사람에게도 적용한다.

---

3) § 812 BGB Herausgabeanspruch (1) Wer durch die Leistung eines anderen oder in sonstiger Weise auf dessen Kosten etwas ohne rechtlichen Grund erlangt, ist ihm zur Herausgabe verpflichtet. Diese Verpflichtung besteht auch dann, wenn der rechtliche Grund später wegfällt oder der mit einer Leistung nach dem Inhalt des Rechtsgeschäfts bezweckte Erfolg nicht eintritt.

(2) Als Leistung gilt auch die durch Vertrag erfolgte Anerkennung des Bestehens oder des Nichtbestehens eines Schuldverhältnisses.

[민법 제812조 **반환청구권** (1) 타인의 급부 또는 그의 비용에 의한 그밖의 방법으로 법적 원인 없이 무엇을 취득한 사람은 그에게 반환할 의무가 있다. 이 의무는 법적 원인이 후발적으로 소멸하거나 법률행위의 내용에 따라 급부로 목적한 결과가 발생하지 않는 때에도 또한 존재한다.

(2) 채권관계의 존재 또는 부존재에 관하여 계약으로 이루어진 승인도 또한 급부로 본다.]

§ 11 (1) Sind bei der Festsetzung eines Besoldungsdienstalters Beamten, die auf Grund der §§ 3, 4 ausscheiden, Beschäftigungen außerhalb des Reichs-, Landes- oder Gemeindienstes angerechnet worden, so ist das Besoldungsdienstalter neu festzusetzen. Dabei darf nur eine Beschäftigung im Reichs-, Landes- oder Gemeindedienst oder, nach Maßgabe der Ausführungsbestimmungen, im Dienst der öffentlich-rechtlichen Körperschaften sowie diesen gleichgestellten Einrichtungen und Unternehmungen angerechnet werden. Ausnahmen können für Reichsbeamte der Reichsminister des Innern im Einvernehmen mit dem Reichsminister der Finanzen, für andere Beamte die oberste Landesbehörde zulassen.

(2) Kommt nach Abs. 1 eine Neufestsetzung des Besoldungsdienstalters in Betracht, so ist bei den nach §§ 3, 4 in den Ruhestand versetzten oder entlassenen Beamten die Neufestsetzung jedenfalls mit der Festsetzung des Ruhegeldes vorzunehmen.

(3) Dasselbe gilt für die in § 9 Abs. 5 genannten Personen.

§ 12 (1) Die Bezüge der seit dem 9. November 1918 ernannten Reichsminister, die nicht nach den Vorschriften der §§ 16 bis 24 des Reichsministergesetzes vom 27. März 1930 (Reichsgesetzbl. I S. 96) berechnet sind, sind neu festzusetzen. Bei der Neufestsetzung sind die genannten Vorschriften des Reichsministergesetzes so anzuwenden, als ob sie bereits zur zeit des Ausscheidens des Reichsministers aus dem Amt in Kraft gewesen wären. Hiernach seit dem 1. April 1932 zuviel empfangene Bezüge sind zurückzuzahlen. Der Einwand der nicht mehr bestehenden Bereicherung (§ 812 ff. BGB.) ist unzulässig.

(2) Abs. 1 findet auf die seit dem 9. November 1918 ernannten Mitglieder einer Landesregierung mit der Maßgabe Anwendung, daß an die Stelle des Reichsministergesetzes die

제11조 (1) 제3조와 제4조에 근거하여 면직되는 공무원의 호봉복무년수를 확정할 때에 제국복무, 주복무 또는 기초자치단체복무 외의 활동이 산입된 경우, 호봉복무년수가 재확정되어야 한다. 이때 제국복무, 주복무 또는 기초자치단체복무 또는 시행규정을 기준으로 공법상 사단, 이에 준하는 시설과 기업의 복무에서 활동만이 산입되어야 한다. 제국공무원에 관하여는 제국내무상이 제국재무상의 동의를 얻어, 그 밖의 공무원에 관하여는 주최고관청이 예외를 허가할 수 있다.

(2) 제1항에 따라 호봉복무년수의 재산정이 문제되는 때에는 제3조와 제4조에 따라 퇴직처분되거나 해임된 공무원에 관하여 퇴직연금의 확정과 함께 재확정이 이루어져야 한다.

(3) 제9조 제5항에서 규정된 사람도 같다.

제12조 (1) 1930년 3월 27일의 「제국상법률」(제국법률관보 I 96) 제16조부터 제24조의 규정에 따라 산정되지 않은 1928년 11월 9일 이후에 임명된 제국상의 급여는 신규확정한다. 신규확정에서 앞에 언급된 「제국상법률」의 규정들이 마치 그들이 제국상이 그 공직에서 물러난 때에 이미 시행된 것과 같이 적용된다. 이에 따라 1932년 4월 1일 이후 과다수령한 급여를 반환하여야 한다. 현존하는 부당이득이 없다는 항변(「민법」 제812조 이하)은 허용되지 아니한다.

(2) 제1항은 1918년 11월 9일 이후에 임명된 주정부의 내각성원에게 주법률의 해당 규정이 「제국상법률」에 갈음하여 적용되고 그 보수가 「제국상법률」 제16조부터 제24

entsprechenden Vorschriften der Landesgesetze treten, jedoch Bezüge nur bis zu der Höhe
gezahlt werden dürfen, die sich bei der Anwendung der Grundsätze der §§ 16 bis 24 des
Reichsministergesetzes ergibt.

(3) Die Neufestsetzung der Bezüge hat bis zum
31. Dezember 1933 zu erfolgen.

(4) Nachzahlungen finden nicht statt.

§ 13 Die Hinterbliebenenbezüge werden unter
entsprechender Anwendung der §§ 8 bis 12
berechnet.

§ 14 (1) Gegen die auf Grund dieses Gesetzes
in den Ruhestand versetzten oder entlassenen
Beamten ist auch nach ihrer Versetzung in den
Ruhestand oder nach ihrer Entlassung die Einleitung eines Dienststrafverfahrens wegen der
während des Dienstverhältnisses begangenen
Verfehlungen mit dem Ziele der Aberkennung
des Ruhegeldes, der Hinterbliebenenversorgung,
der Amtsbezeichnung, des Titels, der Dienstkleidung und des Dienstabzeichens zulässig. Die Einleitung des Dienststrafverfahrens muß spätestens
am 31. Dezember 1933 erfolgen.

(2) Abs. 1 gilt auch für Personen, die innerhalb
eines Jahres vor dem Inkrafttreten dieses Gesetzes in den Ruhestand getreten sind und auf
die die §§ 2 bis 4 anzuwenden gewesen wären,
wenn dieses Personen beim Inkrafttreten dieses
Gesetzes noch im Dienst gewesen wären.

§ 15 Auf Angestellte und Arbeiter finden die
Vorschriften über Beamte sinngemäße Anwendung.
Das Nähere regeln die Ausführungsbestimmun-
gen.

§ 16 Ergeben sich bei der Durchführung dieses Gesetzes unbillige Härten, so können im Rahmen
der allgemeinen Vorschriften höhere Bezüge
oder Übergangsgelder gewährt werden. Die
Entscheidung hierüber treffen für Reichsbeamte
der Reichsminister des Innern im Einvernehmen
mit dem Reichsminister der Finanzen, im übrigen die obersten Landesbehörden.

§ 17 (1) Der Reichsminister des Innern erläßt

조의 원칙을 적용하여 인정되는 금액의 한
도에서 급여가 지급된 것을 기준으로 하여
적용된다.

(3) 급여의 신규확정은 1933년 12월 31일까
지 이루어져야 한다.

(4) 추가지급은 인정되지 아니한다.

제13조 유족급여는 제8조부터 제12조를 준용
하여 산정된다.

제14조 (1) 이 법률에 근거하여 퇴직처분되었
거나 해임된 공무원을 상대로 그의 퇴직처
분 또는 해임 이후에도 복무관계 동안 저
지른 잘못을 이유로 퇴직연금, 유족급여와
공직명, 직위, 복무복과 복무표장의 박탈을
목적으로 하는 복무형사절차의 개시가 허용
된다. 복무형사절차의 개시는 늦어도 1933
년 12월 31일에 이루어져야 한다.

(2) 제1항은 이 법률의 시행 전 1년 내에 퇴
직하고 이 법률의 시행일에 여전히 복무 중이
었다면 제2조부터 제4조가 적용되었을 사람
에게도 적용된다.

제15조 공무원에 관한 규정은 피용인과 노동
자에게 그 의미에 맞게 적용된다. 자세한 사
항은 시행규정으로 정한다.

제16조 이 법률의 시행과정에서 형평을 잃은
가혹이 있을 때에는 일반규정의 범위에서
상향조정된 급여 또는 경과금이 지급될 수
있다. 제국공무원에 관하여는 제국내무상
이 제국재무상의 동의를 얻어, 그밖에는 주
최고관청이 이에 관하여 결정한다.

제17조 (1) 제국내무상은 제국재무상의 동의

im Einvernehmen mit dem Reichsminister der Finanzen die zur Durchführung und Ausführung dieses Gesetzes erforderlichen Rechtsverordnungen und allgemeine Verwaltungsvorschriften.

(2) Erforderlichenfalls erlassen die obersten Landesbehörden ergänzende Vorschriften. Sie haben sich dabei im Rahmen der Reichsvorschriften zu halten.

§ 18 Mit Ablauf der im diesem Gesetze bestimmten Fristen werden, unbeschadet der auf Grund des Gesetzes getroffenen Maßnahmen, die für das Berufbeamtentum geltenden allgemeinen Vorschriften wieder voll wirksam.

Berlin, den 7. April 1933.

Der Reichskanzler
Adolf Hitler

Der Reichsminister des Innern
Frick

Der Reichsminister der Finanzen
Graf Schwerin von Krosigk

<Reichsgesetzblatt 1933 I, S. 175-177>

를 얻어 이 법률의 시행과 실행을 위하여 필요한 법규명령과 일반행정규정을 제정한다.

(2) 필요한 경우 주최고관청은 보완규정을 제정한다. 그는 제국규정의 기준을 준수하여야 한다.

제18조 이 법률에 규정된 기간의 경과로, 법률에 근거하여 내려진 조치에 영향이 없이, 직업공무원제에 적용되는 일반규정들이 다시 완전히 효력을 가진다.

베를린, 1933년 4월 7일

제국재상
아돌프 히틀러

제국내무상
프릭

제국재무상
그라프 슈베린 폰 크로직

관련 법령:
법률 6, 16, 17, 18, 24, 25, 26, 37, 38, 66, 67
Erste Verordnung zur Durchführung des Gesetzes zur Wiederherstellung des Berufsbeamtentums (11.04.1933)
Zweite Verordnung zur Durchführung des Gesetzes zur Wiederherstellung des Berufsbeamtentums (04.05.1933)
Richtlinien zu § 1 a Abs. 3 des Reichsbeamtengesetzes in der Fassung des Gesetzes vom 30. Juni 1933 (08.08.1933)
Vierte Verordnung zum Reichsbürgergesetz [Zulassung jüdischer Ärzte] (25.07.1938)

Zweite Verordnung zur Durchführung des Gesetzes über die Änderung von Familiennamen und Vornamen (17.08.1938)

Fünfte Verordnung zum Reichsbürgergesetz [Zulassung jüdischer Rechtsanwälte] (27.09.1838)

Verordnung über Reisepässe von Juden (05.10. 1938)

VI. Gesetz über das Kündigungsrecht der durch das Gesetz zur Wiederherstellung des Berufsbeamtentums betroffenen Personen.

Vom 7. April 1933.

Die Reichsregierung hat das folgende Gesetz beschlossen, das hiermit verkündet wird:

§ 1 (1) Wer nach den Vorschriften des Gesetzes zur Wiederherstellung des Berufsbeamtentums vom 7. April 1933 (Reichsgesetzbl. I S. 175) seine Bezüge ganz über teilweise verliert, kann ein Mietverhältnis über Räume, die er für sich oder seine Familie gemietet hat, unter Einhaltung der gesetzlichen Frist kündigen. Die Kündigung kann nur für den ersten Termin erfolgen, für den sie zulässig ist.
(2) Entgegenstehende Vereinbarungen sind unwirksam.

§ 2 Der Vermieter kann gegen die Kündigung Widerspruch erheben. Über den Widerspruch entscheidet das Amtsgericht. Die Kündigung ist für unwirksam zu erklären, wenn dem Mieter unter Berücksichtigung der Verhältnisse beider Teile die Fortsetzung des Mietverhältnisses zugemutet werden kann.

§ 3 (1) Der Widerspruch ist binnen zwei Wochen bei dem Amtsgericht anzubringen, in dessen Bezirk die Mieträume liegen. Das Gericht hat dem Gegner eine Abschrift zur Erklärung mitzuteilen. Die Beteiligten haben ihre tatsächlichen Behauptungen glaubhaft zu machen.
(2) Die Entscheidung erfolgt durch Beschluß; sie kann ohne mündliche Verhandlung ergehen. Gegen den Beschluß findet sofortige Beschwerde statt. Eine weitere Beschwerde findet nicht statt.
(3) Die Gerichts- und Anwaltsgebühren betragen zwei Zehntel der Sätze des § 8 des Gerichtskostengesetzes und des § 9 der Gebührenordnung für Rechtsanwälte.

6. 직업공무원제의 재건을 위한 법률의 적용을 받는 사람의 해지권에 관한 법률

1933년 4월 7일

제국정부는 여기에 공포되는 다음의 법률을 의결하였다:

제1조 (1) 1933년 4월 7일의 「직업공무원제의 재건을 위한 법률」(제국법률관보 I 175)의 규정에 따라 보수의 일부를 넘어 전부 상실한 사람은 그가 그 자신 또는 그의 가족을 위하여 임차한 공간에 관한 임대차관계를 법정기간을 준수하여 해지할 수 있다. 해지는 해지가 허용되는 최초의 기간 내에만 인정된다.
(2) 이와 다른 약정은 효력을 잃는다.

제2조 임대인은 해지에 대하여 이의를 제기할 수 있다. 지방법원이 이의에 관하여 판결한다. 해지는 양 당사자의 관계를 고려하여 임차인에게 임대차관계의 존속이 기대되는 때에는 무효로 선고된다.

제3조 (1) 이의는 2주 내에 임차공간이 소재하는 지구의 지방법원에 제기되어야 한다. 법원은 상대방에게 해명을 위한 등본을 교부하여야 한다. 당사자들은 그의 실제의 주장을 증명하여야 한다.

(2) 판결은 결정으로 한다; 판결은 구두변론 없이 이루어질 수 있다. 결정에 대하여는 즉시항고가 인정된다. 그 밖의 항고는 허용되지 아니한다.
(3) 소송비용과 변호사비용은 「소송비용법률」 제8조와 「변호사보수규정」 제9조의 금액의 2/10로 한다.

Berlin, den 7. April 1933.

Der Reichskanzler
Adolf Hitler

Der Reichsminister der Justiz
Dr. Gürtner

<Reichsgesetzblatt 1933 I, S. 187-188>

베를린, 1933년 4월 7일

제국재상
아돌프 히틀러

제국법무상
귀르트너 박사

관련 법령:

법률 5, 16, 17, 24, 25, 37, 66, 67

Erste Verordnung zur Durchführung des Gesetzes zur Wiederherstellung des Berufsbeamtentums (11.04.1933)

Zweite Verordnung zur Durchführung des Gesetzes zur Wiederherstellung des Berufsbeamtentums (04.05.1933)

Richtlinien zu § 1 a Abs. 3 des Reichsbeamtengesetzes in der Fassung des Gesetzes vom 30. Juni 1933 [Definition Arier bzw. Nichtarier] (08.08.1933)

Vierte Verordnung zum Reichsbürgergesetz (25.07.1938)

Zweite Verordnung zur Durchführung des Gesetzes über die Änderung von Familiennamen und Vornamen (17.08.1938)

Fünfte Verordnung zum Reichsbürgergesetz (27.09.1838)

VII. Gesetz über die Zulassung zur Rechtsanwaltschaft.

Vom 7. April 1933.

Die Reichsregierung hat das folgende Gesetz beschlossen, das hiermit verkündet wird:

§ 1 (1) Die Zulassung von Rechtsanwälten, die im Sinne des Gesetzes zur Wiederherstellung des Berufsbeamtentums vom 7. April 1933 (Reichsgesetzbl. I S. 175) nicht arischer Abstammung sind, kann bis zum 30. September 1933 zurückgenommen werden.

(2) Die Vorschrift des Abs. 1 gilt nicht für Rechtsanwälte, die bereits seit dem 1. August 1914 zugelassen sind oder im Weltkrieg an der Front für das Deutsche Reich oder für seine Verbündeten gekämpft haben oder deren Väter oder Söhne im Weltkrieg gefallen sind.

§ 2 Die Zulassung zur Rechtsanwaltschaft kann Personen, die im Sinne des Gesetzes zur Wiederherstellung des Berufsbeamtentums vom 7. April 1933 (Reichsgesetzbl. I S. 175) nicht arischer Abstammung sind, versagt werden, auch wenn die in der Rechtsanwaltsordnung hierfür vorgesehenen Gründe nicht vorliegen. Das gleiche gilt von der Zulassung einer der im § 1 Abs. 2 bezeichneten Rechtsanwälte bei einem anderen Gericht.

§ 3 Personen, die sich im kommunistischen Sinne betätigt haben, sind von der Zulassung zur Rechtsanwaltschaft ausgeschlossen. Bereits erteilte Zulassungen sind zurückzunehmen.

§ 4 (1) Die Justizverwaltung kann gegen einen Rechtsanwalt bis zur Entscheidung darüber, ob von der Befugnis zur Zurücknahme der Zulassung gemäß § 1 Abs. 1 oder § 3 Gebrauch gemacht wird, ein Vertretungsverbot erlassen. Auf das Vertretungsverbot finden die Vorschriften des § 91 Abs. 2 bis 4 der Rechtsanwaltsordnung

7. 변호사허가에 관한 법률

1933년 4월 7일

제국정부는 여기에 공포되는 다음의 법률을 의결하였다:

제1조 (1) 1933년 4월 7일의 「직업공무원제의 재건을 위한 법률」(제국법률관보 I 175)의 의미에서 아리아혈통이 아닌 변호사의 등록이 1933년 9월 30일까지 취소될 수 있다.

(2) 제1항의 규정은 이미 1914년 8월 1일부터 허가되었거나 세계대전에서 독일제국 또는 그의 동맹국을 위하여 전장에 참전하였거나 그의 부(父) 또는 자(子)가 세계대전에서 전몰한 변호사에게 적용하지 아니한다.

제2조 1933년 4월 7일의 「직업공무원제의 재건을 위한 법률」(제국법률관보 I 175)의 의미에서 아리아혈통이 아닌 사람에게는 「변호사령」에서 이를 정하는 사유가 없을 때에도 변호사허가가 거부될 수 있다. 다른 법원에서 제1조 제2항에 규정된 변호사의 허가에 관하여도 같다.

제3조 공산주의의 목적으로 활동한 사람은 변호사허가에서 배제된다. 이미 내려진 허가는 취소된다.

제4조 (1) 법무행정청[법무성]은 제1조 제1항이나 제3조의 허가취소권을 행사할 것인지에 관한 결정이 있을 때까지 변호사에게 대리금지를 명령할 수 있다. 대리금지에 관하여 「변호사령」(제국법률관보 1933 I 120) 제91조 제2항부터 제4항의 규정이 준용된다.

(Reichsgesetzbl. 1933 I S. 120) entsprechende Anwendung.

(2) Gegen Rechtsanwälte der im § 1 Abs. 2 bezeichneten Art ist das Vertretungsverbot nur zulässig, wenn es sich um die Anwendung des § 3 handelt.

§ 5 Die Zurücknahme der Zulassung zur Rechtsanwaltschaft gilt als wichtiger Grund zur Kündigung der von dem Rechtsanwalt als Dienstberechtigter abgeschlossenen Dienstverträge.

§ 6 Ist die Zulassung eines Rechtsanwalts auf Grund dieses Gesetzes zurückgenommen, so finden auf die Kündigung von Mietverhältnissen über Räume, die der Rechtsanwalt für sich oder seine Familie gemietet hat, die Vorschriften des Gesetzes über das Kündigungsrecht der durch das Gesetz zur Wiederherstellung des Berufsbeamtentums betroffenen Personen vom 7. April 1933 (Reichsgesetzbl. I S. 187) entsprechende Anwendung. Das gleiche gilt für Angestellte von Rechtsanwälten, die dadurch stellungslos geworden sind, daß die Zulassung des Rechtsanwalts zurückgenommen oder gegen ihn ein Vertretungsverbot gemäß § 4 erlassen ist.

Berlin, den 7. April 1933.

Der Reichskanzler
Adolf Hitler

Der Reichsminister der Justiz
Dr. Gürtner

<Reichsgesetzblatt 1933 I, S. 188>

(2) 제1조 제2항에 규정된 변호사에 대하여는 제3조가 적용될 경우에만 대리금지가 허용된다.

제5조 변호사허가의 취소는 노무권자로서 변호사에 의하여 체결된 고용계약을 해지하는 중대한 사유로 본다.

제6조 이 법률에 근거하여 변호사허가가 취소된 경우, 변호사가 그 자신 또는 그의 가족을 위하여 임차한 공간의 임대차관계의 해지에는 1933년 4월 7일의 「직업공무원제의 재건을 위한 법률의 적용을 받는 사람의 해지권에 관한 법률」(제국법률관보 I 187)의 규정이 준용된다. 변호사허가가 취소되거나 그에 대하여 제4조에 따라 대리금지가 명령되어 직업을 잃은 변호사의 피용인들에 대하여도 같다.

베를린, 1933년 4월 7일

제국재상
아돌프 히틀러

제국법무상
귀르트너 박사

관련 법령:
법률 5, 6, 18, 66, 67
Reichsbeamtengesetz vom 31. März 1873 in der Fassung des Gesetzes vom 30. Juni 1933 (30.06.1933)
Richtlinien zu § 1a Abs. 3 des Reichsbeamtengesetzes in der Fassung des Gesetzes vom 30.

Juni 1933 [Definition Arier bzw. Nichtarier] (08.08.1933)

Vierte Verordnung zum Reichsbürgergesetz (25.07.1938)

Zweite Verordnung zur Durchführung des Gesetzes über die Änderung von Familiennamen und Vornamen (17.08.1938)

Fünfte Verordnung zum Reichsbürgergesetz [Zulassung jüdischer Rechtsanwälte] (27.09.1838)

VIII. Zweites Gesetz zur Gleichschaltung der Länder mit dem Reich.
["Reichsstatthaltergesetz"]

Vom 7. April 1933.

Die Reichsregierung hat das folgende Gesetz beschlossen, das hiermit verkündet wird:

§ 1 (1) In den deutschen Ländern, mit Ausnahme von Preußen, ernennt der Reichspräsident auf Vorschlag des Reichskanzlers Reichsstatthalter. Der Reichsstatthalter hat die Aufgabe, für die Beobachtung der vom Reichskanzler aufgestellten Richtlinien der Politik zu sorgen. Ihm stehen folgende Befugnisse der Landesgewalt zu:
1. Ernennung und Entlassung des Vorsitzenden der Landesregierung und auf dessen Vorschlag der übrigen Mitglieder der Landesregierung;
2. Auflösung des Landtags und Anordnung der Neuwahl vorbehaltlich der Regelung des § 8 des Vorläufigen Gleichschaltungsgesetzes vom 31. März 1933(Reichsgesetzbl. I S. 153);
3. Ausfertigung und Verkündung der Landesgesetze einschließlich der Gesetze, die von der Landesregierung gemäß § 1 des Vorläufigen Gleichschaltungsgesetzes vom 31. März 1933 (Reichsgesetzbl. I S. 153) beschlossen werden. Artikel 70 der Reichsverfassung vom 11. August 1919 findet sinngemäß Anwendung;
4. auf Vorschlag der Landesregierung Ernennung und Entlassung der unmittelbaren Staatsbeamten und Richter, soweit sie bisher durch die oberste Landesbehörde erfolgte;
5. das Begnadigungsrecht.
(2) Der Reichsstatthalter kann in der Sitzungen der Landesregierung den Vorsitz übernehmen.
(3) Artikel 63 der Reichsverfassung vom 11. August 1919 bleibt unberührt.
§ 2 (1) Der Reichsstatthalter darf nicht gleich-

8. 제국과 주(州)의 동치화(同置化)을 위한 제2차 법률
["제국감찰관(총독)법률"]

1933년 4월 7일

제국정부는 여기에 공포되는 다음의 법률을 의결하였다:

제1조 (1) 제국대통령은 제국재상의 제청으로 프로이센을 제외한 독일 주에 제국감찰관을 임명한다. 제국감찰관은 제국재상이 수립한 정책지침의 준수를 노력할 의무가 있다. 그에게 다음 각 호의 주공권력(州公權力)에 관한 권한이 주어진다:

1. 주정부의 장의 임명과 해임, 그리고 그의 제청으로 그 밖의 주정부의 구성원의 임명과 해임;

2. 주의회의 해산과 1933년 3월 31일의 「임시 동치화법률」(제국법률관보 I 153) 제8조의 규정을 조건으로 하는 새로운 선거의 명령;

3. 1933년 3월 31일의 「임시 동치화법률」 (제국법률관보 I 153) 제1조에 따라 주정부에 의하여 의결된 법률을 포함하는 주법률의 제정과 공포. 1919년 8월 11일의 제국헌법 제70조의 규정이 의미에 맞게 적용된다;

4. 지금까지 주최고관청에 의하여 직접국가공무원과 법관의 임명과 해임이 행하여진 경우, 주정부의 제청에 의한 직접국가공무원과 법관의 임명과 해임;

5. 사면권.
(2) 제국감찰관은 주정부의 회의에서 의장직을 인수할 수 있다.
(3) 1919년 8월 11일의 제국헌법 제63조는 영향을 받지 아니한다.
제2조 (1) 제국감찰관은 제국정부의 내각성원

zeitig Mitglied einer Landesregierung sein. Er soll dem Lande angehören, dessen Staatsgewalt er ausübt. Er hat seinen Amtssitz am Sitze der Landesregierung.

(2) Für mehrere Länder, deren jedes weniger als 2 Millionen Einwohner hat, kann ein gemeinsamer Reichsstatthalter, der Angehöriger eines dieser Länder sein soll, ernannt werden. Den Amtssitz bestimmt der Reichspräsident.

§ 3 (1) Der Reichsstatthalter wird für die Dauer einer Landtagsperiode ernannt. Er kann auf Vorschlag des Reichskanzlers vom Reichspräsidenten jederzeit abberufen werden.

(2) Auf das Amt des Reichsstatthalters finden die Vorschriften des Reichsministergesetzes vom 27. März 1930 (Reichsgesetzbl. I S. 96) sinngemäß Anwendung. Die Dienstbezüge gehen zu Lasten des Reichs, die Festsetzung ihrer Höhe bleibt vorbehalten.

§ 4 Mißtrauensbeschlüsse des Landtags gegen Vorsitzende und Mitglieder von Landesregierungen sind unzulässig.

§ 5 (1) In Preußen übt der Reichskanzler die im § 1 genannten Rechte aus. Er kann die Ausübung der im § 1 Abs. 1 unter Ziffer 4 und 5 genannten Rechte auf die Landesregierung übertragen.

(2) Mitglieder der Reichsregierung können gleichzeitig Mitglieder der Preußischen Landesregierung sein.

§ 6 Dieses Gesetz tritt am Tage nach seiner Verkündung in Kraft. Entgegenstehende Bestimmungen der [Weimarer] Reichsverfassung vom 11. August 1919 und der Landesverfassungen sind aufgehoben. Soweit Landesverfassungen das Amt eines Staatspräsidenten vorsehen, treten diese Bestimmungen mit der Ernennung eines Reichsstatthalters außer Kraft.

Berlin, den 7. April 1933.

Der Reichskanzler

을 겸직할 수 없다. 그는 그가 국가공권력을 행사하는 주에 소속되어야 한다. 그는 주 정부 소재지에 그의 관청소재지를 가진다.

(2) 각 200만 이하의 주민을 가진 수개의 주에 관하여 이들 주 중에서 1개 주의 소속원이어야 하는 공동 제국감찰관이 임명될 수 있다. 제국대통령이 그의 관청소재지를 정한다.

제3조 (1) 제국감찰관은 주의회 임기기간 동안 임명된다. 그는 제국재상의 제청으로 제국대통령에 의하여 언제든지 면직될 수 있다.

(2) 제국감찰관직에 관하여는 1930년 3월 27일의 「제국상법률」(제국법률관보 I 96)의 규정들이 의미에 맞게 적용된다. 직무보수는 제국의 부담으로 하고 그 액수의 확정은 유보된다.

제4조 주정부의 장과 내각성원에 대한 주의회의 불신임의결은 허용되지 아니한다.

제5조 (1) 프로이센에서는 제국재상이 제1조에 규정된 권리를 행사한다. 그는 제1조 제1항 4호와 5호의 권리의 행사를 주정부에 이양할 수 있다.

(2) 제국정부의 내각성원은 동시에 프로이센 주정부의 내각성원이 될 수 있다.

제6조 이 법률은 공포된 다음 날부터 효력이 생긴다. 1919년 8월 11일의 [바이마르] 제국헌법과 주헌법의 충돌하는 규정들은 폐지된다. 주헌법이 주대통령의 공직을 규정하는 경우 그 규정은 제국감찰관의 임명으로 효력을 잃는다.

베를린, 1933년 4월 7일

제국재상

Adolf Hitler   아돌프 히틀러

Der Reichsminister des Innern   제국내무상
              Frick   프릭

<Reichsgesetzblatt 1933 I, S. 173>

관련 법령:

법률 3, 10, 15, 27, 49, 50

Erste Verordnung zum Vorläufigen Gesetz zur Gleichschaltung der Länder mit dem Reich (05.04.1933)

IX. Gesetz über die Einführung eines Feiertags der nationalen Arbeit.

Vom 10. April 1933.

Die Reichsregierung hat das folgende Gesetz beschlossen, das hiermit verkündet wird:

§ 1 Der 1. Mai ist der Feiertag der nationalen Arbeit.

§ 2 Für diesen Tag finden die für den Neujahrstag geltenden reichs- und landesgesetzlichen Bestimmungen Anwendung. Weitere Bestimmungen kann der Reichsminister des Innern im Einvernehmen mit dem Reichsminister für Volksaufklärung und Propaganda erlassen.

Berlin, den 10. April 1933.

Der Reichskanzler
Adolf Hitler

Der Reichsminister des Innern
Frick

Der Reichsminister für
Volksaufklärung und Propaganda
Dr. Goebbels

<Reichsgesetzblatt 1933 I, S. 191>

9. 국가노동절의 도입에 관한 법률

1933년 4월 10일

제국정부는 여기에 공포되는 다음의 법률을 의결하였다:

제1조 5월 1일은 국가노동절이다.

제2조 이 날에 관하여는 신년일에 적용되는 제국법률과 주법률의 규정이 적용된다. 제국내무상은 제국인민계몽선전상의 동의를 얻어 그 밖의 규정을 제정할 수 있다.

베를린 1933년 4월 10일

제국재상
아돌프 히틀러

제국내무상
프릭

제국인민계몽선전상
괴벨스 박사

참조: 이 제국법률은 1934년 2월 27일의 국경일에 관한 법률 제8조에 의하여 폐지되었다.

관련 법령:
법률 34
Gesetz über einen allgemeinen Feiertag (17.04.1919)
Verordnung über den Schutz der Sonn- und Feiertage (16.03.1934)
Verordnung zur Änderung der Verordnung über den Schutz der Sonn- und Feiertage (01.04.1935)

X. Gesetz zur Änderung des Reichsstatthaltergesetzes.

10. 제국감찰관법률의 개정을 위한 법률

Vom 25. April 1933.

1933년 4월 25일

Die Reichsregierung hat das folgende Gesetz beschlossen, das hiermit verkündet wird:

§ 5 des Zweiten Gesetzes zur Gleichschaltung der Länder mit dem Reich [Reichsstatthaltergesetz] vom 7. April 1933 (Reichsgesetzbl. I S. 173) erhält folgende Fassung:

(1) In Preußen übt der Reichskanzler die im § 1 genannten Rechte aus. Er kann die Ausübung der im § 1 Abs. 1 unter Ziffer 3 bis 5 genannten Rechte auf den Ministerpräsidenten übertragen, der ermächtigt ist, diese Rechte weiter zu übertragen.

Berlin, den 25. April 1933.

Der Reichskanzler
Adolf Hitler

Der Reichsminister des Innern
Frick

<Reichsgesetzblatt 1933 I, S. 225>

제국정부는 여기에 공포되는 다음의 법률을 의결하였다:

1933년 4월 7일의 「제국과 주의 동치화를 위한 제2차 법률」[제국감찰관법률](제국법률관보 I 173) 제5조에 다음의 법문을 추가한다:

(1) 프로이센에서 제국재상은 제1조에 규정된 권리를 행사한다. 그는 제1조 제3호부터 제5호에 규정된 권리를 그 권리를 재위임할 권한을 수여받은 주(州)행정수반에게 이양할 수 있다.

베를린, 1933년 4월 25일

제국재상
아돌프 히틀러

제국내무상
프릭

관련 법령:
법률 3, 8, 15, 51
Erste Verordnung zum Vorläufigen Gesetz zur Gleichschaltung der Länder mit dem Reich (05.04.1933)
Drittes Gesetz zur Änderung des Reichsstatthaltergesetzes (14.10.1933)

XI. Gesetz betreffend die Dienststrafgewalt über die Mitglieder der SA. und SS.

Vom 28. April 1933.

Die Reichsgierung hat das folgende Gesetz beschlossen, das hiermit verkündet wird:

Die Mitglieder der SA.[1] und SS.[2] unterliegen einer öffentlich-rechtlichen Dienststrafgewalt nach Maßgabe der Vorschriften, die der Reichskanzler als oberster SA.-Führer erläßt.

Berlin, den 28. April 1933.

Der Reichskanzler
Adolf Hitler

Der Reichsminister des Innern
Frick

<Reichsgesetzblatt 1933 I, S. 230>

11. 돌격대(SA.)와 국가보안부(SS.)의 대원에 대한 복무형벌권에 관한 법률

1933년 4월 28일

제국정부는 여기에 공포되는 다음의 법률을 의결하였다:

SA.와 SS.의 대원은 제국재상이 SA.-최고지도자로서 제정하는 규정에 따라 공법상의 복무형벌권의 적용을 받는다.

베를린, 1933년 4월 28일

제국재상
아돌프 히틀러

제국내무상
프릭

참고: 이 제국법률은 1933년 12월 1일 「당과 국가의 통합을 보장하기 위한 법률」 제7조에 의하여 폐지되었다.

관련 법령:
법률 29

---

1) Sturmabteilung(민족사회민주노동자당의 준군사조직을 이루는 돌격대)의 약자.
2) Staatssicherheit(국가보안부)의 약자.

XII. Gesetz über Treuhänder der Arbeit

12. 노동신탁관리관[노동수탁관]에 관한 법률

Vom 19. Mai 1933.

1933년 5월 19일

Die Reichsregierung hat das folgende Gesetz beschlossen, das hiermit verkündet wird:

§ 1 (1) Der Reichskanzler ernennt auf Vorschlag der zuständigen Landesregierungen und im Einvernehmen mit ihnen für größere Wirtschaftsgebiete Treuhänder der Arbeit.

(2) Der Reichsarbeitsminister soll die Treuhänder im Einvernehmen mit den beteiligten Landesregierungen einer von diesen oder einer Landesbehörde zuteilen.

§ 2 (1) Bis zur Neuordnung der Sozialverfassung regeln die Treuhänder an Stelle der Vereinigungen von Arbeitnehmern, einzelner Arbeitgeber oder der Vereinigungen von Arbeitgebern rechtsverbindlich für die beteiligten Personen die Bedingungen für den Abschluß von Arbeitsverträgen. Die Vorschriften über die Allgemeinverbindlichkeit (§§ 2 ff. der Tarifvertragsordnung in der Fassung vom 1. März 1928, Reichsgesetzbl. I S. 47) bleiben unberührt.

(2) Auch im übrigen sorgen die Treuhänder für die Aufrechterhaltung des Arbeitsfriedens.

(3) Sie sind ferner zur Mitarbeit bei der Vorbereitung der neuen Sozialverfassung berufen.

§ 3 Die Treuhänder können die zuständigen Reichs- und Landesbehörden um die Durchführung ihrer Anordnungen und Verfügungen ersuchen. Sie sollen sich vor ihren Maßnahmen mit der Landesregierung oder einer von ihr bezeichneten Behörde in Verbindung setzen, es sei

제국정부는 여기에 공포되는 다음의 법률을 의결하였다:

제1조 (1) 제국재상은 관할 주정부의 제안과 그의 동의를 얻어 대경제지역에 노동신탁관리관*을 임명한다.

(2) 제국노동상은 노동신탁관리관을 관계 주정부들의 동의를 얻어 특정 주정부 또는 주관청에 배치할 수 있다.

제2조 (1) 사회조직이 재편될 때까지 노동신탁관리관은 노동자단체에 갈음하여 개별 사용자 또는 사용자단체와 이해관계인을 위하여 법적 구속력을 가지고 노동계약의 체결을 위한 조건을 규율한다. 일반구속효에 관한 규정(1925년 3월 1일의 단체협약령 제2조 이하, 제국법률관보 I 47)은 영향을 받지 아니한다.

(2) 이밖에 노동신탁관리관은 노동평화의 유지를 위하여 노력한다.

(3) 노동신탁관리관은 또한 새로운 사회조직의 준비에 협력하여야 한다.

제3조 노동수탁관리관은 관할 제국관청과 주관청에 그의 명령과 처분의 시행을 요청할 수 있다. 그들은 그 조치에 앞서 주정부 또는 그가 규정한 관청과 연계할 수 있다. 그러나 지체하면 위험이 있을 때에는 그러하지 아니하다.

---

* 노동신탁관리관 또는 노동수탁관은 사업장에서 경영자와 노동자 사이의 갈등을 조정하는 사람으로서 전체 22인이 제국노동성 아래에 직접 배치되었다. 국가사회주의 아래에서 제국노동수탁관은 사회에서 노동자와 경영자의 공동참여의 일부이었다. 노동수탁관은 사경제, 국가노동행정기관과 경제행정기관 또는 상공회의소(IHK)에서 선임되었고, 그 임기는 1년으로 재임될 수 있었다.

denn, daß Gefahr im Verzuge besteht.

§ 4 Die Treuhänder der Arbeit sind an Richtlinien und Weisungen der Reichsregierung gebunden.

§ 5 Der Reichsarbeitsminister erläßt im Einvernehmen mit dem Reichswirtschaftsminister die notwendigen Durchführungsbestimmungen.

Berlin, den 19. Mai 1933.

Der Reichskanzler
Adolf Hitler

Der Reichsarbeitsminister
Franz Seldte

Der Reichswirtschaftsminister und Reichsminister
für Ernährung und Landwirtschaft
Hugenberg

Der Reichsminister des Innern
Frick

Der Reichsminister der Finanzen
Graf Schwerin von Krosigk

<Reichsgesetzblatt 1933 I, S. 285>

제4조 노동신탁관리관은 제국정부의 지침과 지시에 구속된다.

제5조 제국노동상은 제국경제상의 동의를 얻어 필요한 시행규정을 제정한다.

베를린, 1933년 5월 19일

제국재상
아돌프 히틀러

제국노동상
프란츠 젤테

제국경제상 겸 제국식량농업상
후겐베르크

제국내무상
프릭

제국재무상
그라프 슈베린 폰 크로직

관련 법령:
법률 30
Erste Verordnung zur Durchführung des Gesetzes
zur Ordnung der nationalen Arbeit (01.03.1934)
Zweite Verordnung zur Durchführung des Gesetzes
zur Ordnung der nationalen Arbeit (10.03.1934
Zehnte Verordnung zur Durchführung des Gesetzes
zur Ordnung der nationalen Arbeit (04.03.1935)

XIII. Gesetz zum Schutze der nationalen Symbole.

13. 국가표장[상징]의 수호를 위한 법률

Vom 19. Mai 1933.

1933년 5월 19일

Die Reichsregierung hat das folgende Gesetz beschlossen, das hiermit verkündet wird:

§ 1 Es ist verboten, die Symbole der deutschen Geschichte, des deutschen Staates und der nationalen Erhebung in Deutschland öffentlich in einer Weise zu verwenden, die geeignet ist, das Empfinden von der Würde dieser Symbole zu verletzen.

§ 2 Die höhere Verwaltungsbehörde des Herstellungsortes entscheidet, ob ein Gegenstand der Vorschrift des § 1 zuwider in Verkehr gebracht worden ist. In diesem Fall unterliegen Gegenstände dieser Art der entschädigungslosen Einziehung.

§ 3 Die Polizeibehörden können schon vor der Entscheidung des höheren Verwaltungsbehörden die Beschlagnahme des Gegenstandes vornehmen, wenn nach ihrem Ermessen ein Verstoß gegen das Verbot des § 1 vorliegt. Sie haben in solchen Fällen unverzüglich der für die Entscheidung zuständigen Verwaltungsbehörde Mitteilung zu machen.

§ 4 (1) Gegen die Entscheidung der höheren Verwaltungsbehörde können Beteiligte binnen 2 Wochen Beschwerde bei der obersten Landesbehörde einlegen. Die Beschwerde hat keine aufschiebende Wirkung.

(2) Der Reichsminister für Volksaufklärung und Propaganda sowie die der höheren Verwaltungsbehörde übergeordnete Landesregierung können durch einen von ihnen bestellten Vertreter des öffentlichen Interesses innerhalb der im Absatz 1 bestimmten Frist ebenfalls die Entscheidung der obersten Landesbehörde anrufen.

(3) Bis zur Rechtskraft der Entscheidung gilt die von der höheren Verwaltungsbehörde verfügte

제국정부는 여기에 공포되는 다음의 법률을 의결하였다:

제1조 독일에서 독일역사, 독일국가와 민족찬양의 표장을 그러한 표장의 품격에 대한 감정을 침해할 수 있는 방법으로 사용하는 것은 금지된다.

제2조 생산지의 상급 행정관청은 물건이 제1항의 규정에 반하여 유통되는지를 결정한다. 그러한 경우 그 종류의 물건들은 보상 없이 몰수된다.

제3조 경찰관청은 그의 재량판단으로 제1항의 금지에 대한 위반이 인정될 때에는 상급행정관청의 결정 전에 물건을 압류조치할 수 있다. 그러한 경우 그는 지체없이 결정권을 가진 행정관청에 통지하여야 한다.

제4조 (1) 상급행정관청의 결정에 대하여 이해관계인은 2주 내에 주최고관청에 이의를 제기할 수 있다. 이의신청은 정지효를 가지지 아니한다.

(2) 제국인민계몽선전상과 상급행정관청의 상급 주정부도 마찬가지로 그가 선임한 공공이익의 대리관을 통하여 제1항에 규정된 기간 내에 주최고관청에 결정을 청원할 수 있다.

(3) 결정이 확정효를 가질 때까지 상급행정관청이 처분한 몰수는 압류로 본다.

Einziehung als Beschlagnahme.

§ 5 Für die Wirkungen einer Beschlagnahme wird Entschädigung auch dann nicht gewährt, wenn rechtskräftig entschieden wird, daß ein Verstoß gegen das Verbot des § 1 nicht vorliegt.

§ 6 Die entscheidenden Behörden sollen in Zweifelsfällen einen Sachverständigen hören, der künstlerisches Verständnis mit nationalem Verantwortungsbewußtsein vereinigt.

§ 7 Rechtskräftige Entscheidungen nach §§ 2, 4 haben Wirkung für das ganze Reichsgebiet.

§ 8 Zur Durchführung des § 1 in solchen Fällen, in denen die Zuwiderhandlung im Singen und Spielen bestimmter Lieder oder sonst in anderen Handlungen als dem Inverkehrbringen von Gegenständen besteht, können Polizeiverordnungen erlassen werden.

§ 9 (1) Wer entgegen einer Entscheidung nach § 2 oder § 4 vorsätzlich oder fahrlässig Gegenstände in den Verkehr bringt, wird mit Geldstrafe bis zu einhundertfünfzig Reichsmark oder mit Haft bestraft.

(2) Ebenso wird bestraft, wer den auf Grund des § 8 erlassenen Polizeiverordnungen vorsätzlich oder fahrlässig zuwiderhandelt.

§ 10 Bestehende Bestimmungen über Symbole oder Hoheitszeichen des Deutschen Reichs und der deutschen Länder bleiben unberührt.

§ 11 Die zur Durchführung dieses Gesetzes erforderlichen Rechts- und Verwaltungsvorschriften erläßt der Reichsminister für Volksaufklärung und Propaganda, und zwar, soweit es sich um Vorschriften über Symbole und Hoheitszeichen des Deutschen Reichs handelt, im Einvernehmen mit dem Reichsminister des Innern. Er kann Richtlinien für die Handhabung dieses Gesetzes erlassen. Welche Behörden als oberste Landesbehörde, höhere Verwaltungsbehörde und Polizeibehörde im Sinne dieses Gesetzes anzusehen sind, bestimmen die Landesregierungen.

제5조 압류의 효력에 관하여 제1항의 금지에 대한 위반이 없다는 사실이 확정효를 가지고 결정된 때에도 보상은 인정되지 아니한다.

제6조 결정하는 관청은, 명백하지 않으면, 예술의 이해가 민족책임의식과 합치하는 감정인의 의견을 들어야 한다.

제7조 제2조와 제4조에 따른 확정효 있는 결정은 전 제국영토에서 효력을 가진다.

제8조 특정 가곡의 가창이나 공연 또는 그 밖의 행동 안에서 위반행위가 물품반입의 형태로 존재하는 경우 제1조의 시행을 위하여 경찰명령이 발령될 수 있다.

제9조 (1) 제2조 또는 제4조의 결정을 위반하여 고의 또는 과실로 물품을 유통한 사람은 150 제국마르크 이하의 벌금형 또는 구금으로 처벌된다.

(2) 고의 또는 과실로 제8조에 근거하여 발령된 경찰명령을 위반하여 행동한 사람은 같은 정도로 처벌된다.

제10조 독일제국과 독일 주의 표장 또는 국장(國章)에 관한 현행 규정들은 영향을 받지 아니한다.

제11조 제국인민계몽선전상은 이 법률의 시행을 위하여, 그리고 특히 독일제국의 표장과 국장에 관한 법률규정이 문제되는 경우 제국내무상의 동의를 얻어 필요한 법률규정과 행정규정을 제정한다. 그는 이 법률의 집행을 위한 지침을 제정할 수 있다. 주정부는 어느 관청을 이 법률의 의미에서 주최고관청, 상급행정관청과 경찰관청으로 볼 것인지를 확정한다.

Berlin, den 19. Mai 1933.

Der Reichskanzler
Adolf Hitler

Der Reichsminister
für Volksaufklärung und Propaganda
Dr. Goebbels

Der Reichsminister des Innern
Frick

<Reichsgesetzblatt 1933 I, S. 285-286>

베를린, 1933년 5월 19일

제국재상
아돌프 히틀러

제국인민계몽선전상
괴벨스 박사

제국내무상
프릭

관련 법령:
법률 30
Erste Verordnung zur Durchführung des Gesetzes
    zur Ordnung der nationalen Arbeit (01.03.1934)
Zweite Verordnung zur Durchführung des Gesetzes
    zur Ordnung der nationalen Arbeit (10.03.1934
Zehnte Verordnung zur Durchführung des Gesetzes
    zur Ordnung der nationalen Arbeit (04.03.1935)

XIV. Gesetz über die Einziehung kommunistischen Vermögens.

Vom 26. Mai 1933.

Um Kommunistische Umtriebe dienendes Vermögen einer staatsfeindlichen Verwendung für die Dauer zu entziehen, hat die Reichsregierung das folgende Gesetz beschlossen, das hiermit verkündet wird:

§ 1 (1) Die obersten Landesbehörden oder die von ihnen bestimmten Stellen können Sachen und Rechte der Kommunistischen Partei Deutschlands und ihrer Hilfs- und Ersatzorganisationen sowie Sachen und Rechte, die zur Förderung kommunistischer Bestrebungen gebraucht oder bestimmt sind, zugunsten des Landes entziehen.

(2) Der Reichsminister des Innern kann die obersten Landesbehörden um Maßnahmen nach Abs. 1 ersuchen.

§ 2 § 1 findet auf vermietete oder unter Eigentumsvorbehalt gelieferte Sachen keine Anwendung, es sei denn, daß der Vermieter oder Lieferant mit der Hingabe der Sache eine Förderung kommunistischer Bestrebungen beabsichtigt hat.

§ 3 Die an den eingezogenen Gegenständen bestehenden Rechte erlöschen. Durch die Einziehung eines Grundstücks werden jedoch die an dem Grundstück bestehenden Rechte nicht berührt; die einziehende Behörde kann ein solches Recht für erloschen erklären, wenn mit der Hingabe des Gegenwerts eine Förderung kommunistischer Bestrebungen beabsichtigt war.

§ 4 Zur Vermeidung von Härten können aus dem eingezogenen Vermögen Gläubiger der von der Einziehung Betroffenen befriedigt werden.

§ 5 Sind vor Inkrafttreten dieses Gesetzes Maßnahmen im Sinne der §§ 1 und 3 getroffen worden, so können sie von der nach § 1 zuständigen Behörde nach Maßgabe der Bestimmun-

14. 공산주의 재산의 몰수에 관한 법률

1933년 5월 26일

제국정부는 반국가적 사용을 목적으로 하는 공산주의 책동에 제공된 재산을 영구몰수하기 위하여 여기에 공포하는 다음의 법률을 의결하였다:

제1조 (1) 주최고관청 또는 그가 지정한 기관은 독일공산당과 그의 협력조직 또는 대체조직의 물건과 권리, 그리고 공산주의운동을 지원하기 위하여 사용되거나 지정된 물건과 권리를 주(州)의 이익을 위하여 몰수할 수 있다.

(2) 제국내무상은 주최고관청에 제1항의 조치를 요청할 수 있다.

제2조 제1조는 임대되거나 소유권유보로 공급된 물건에는 적용하지 아니한다. 그러나 임대인 또는 공급자가 물건의 양도로 공산주의 운동의 지원을 목적한 때에는 그러하지 아니하다.

제3항 몰수된 물품 위의 권리는 소멸한다. 그러나 토지에 설정된 권리는 토지의 몰수로 영향을 받지 아니한다; 보상을 지급하여 공산주의 운동의 지원을 목적한 경우 몰수관청은 그 권리가 소멸한 것으로 선고할 수 있다.

제4조 가혹한 결과를 방지하기 위하여 몰수된 재산에서 몰수당사자의 채권자에게 변제할 수 있다.

제5조 이 법률의 시행 전에 제1조와 제3조의 의미에서 조치가 내려진 경우, 그 조치는 이 법률의 규정에 따라 제1조의 관할관청에 의하여 확정될 수 있다.

gen dieses Gesetzes bestätigt werden.

§ 6 Die Maßnahmen nach §§ 1, 3 und 5 werden mit der Zustellung der Verfügung an den Betroffenen oder mit der öffentlichen Bekanntmachung der Verfügung wirksam.

§ 7 Eine Entschädigung wird für die nach §§ 1, 3 und 5 getroffenen Maßnahmen nicht gewährt.

§ 8 Der Reichsminister des Innern wird ermächtigt, zur Durchführung und Ergänzung dieses Gesetzes Rechts- und Verwaltungsvorschriften zu erlassen.

제6조 제1조, 제3조와 제5조의 조치는 당사자에 대한 처분의 송달 또는 처분의 공고로 효력이 생긴다.

제7조 제1조, 제3조와 제5조에 따라 내린 조치에 대한 보상은 인정되지 아니한다.

제8조 제국내무상은 이 법률의 실행과 보완을 위하여 법규정과 행정규정을 제정할 권한을 가진다.

Berlin, den 26. Mai 1933.

베를린, 1933년 5월 26일

Der Reichskanzler
Adolf Hitler

제국재상
아돌프 히틀러

Der Reichsminister des Innern
Frick

제국내무상
프릭

<Reichsgesetzblatt 1933 I, S. 293>

관련 법령:
법률 21

XV. Zweites Gesetz zur Änderung des Reichsstatthaltergesetzes.

Vom 26. Mai 1933.

Die Reichsregierung hat das folgende Gesetz beschlossen, das hiermit verkündet wird:

§ 1 Das Zweite Gesetz zur Gleichschaltung der Länder mit dem Reich (Reichsstatthalterge-setz) vom 7. April 1933 (Reichsgesetzbl. I S. 173) in der Fassung des Gesetzes vom 25. April 1933 (Reichsgesetzbl. I S. 225) wird wie folgt geändert:

a) § 1 erhält folgenden Abs. 2:

"(2) Die Ausübung der im Abs. 1 unter Ziffer 4 und 5 genannten Rechte kann der Reichsstatt-halter teilweise den Landesregierungen übertra-gen, die zu weiterer Übertragung dieser Rechte ermächtigt sind."

b) Der bisherige Abs. 2 des § 1 wird Abs. 3, der bisherige Abs. 3 wird Abs. 4.

§ 2 Dieses Gesetz tritt mit Wirkung vom 8. April 1933 in Kraft.

Berlin, den 26. Mai 1933.

Der Reichskanzler
Adolf Hitler

Der Reichsminister des Innern
Frick

<Reichsgesetzblatt 1933 I, S. 293>

15. 제국감찰관법률의 개정을 위한 제2차 법률

1933년 5월 26일

제국정부는 여기에 공포되는 다음의 법률을 의결하였다:

제1조 1933년 4월 25일(제국법률관보 I 173)의 법문에서 1933년 4월 7일(제국관보 I 225)의 「제국과 주의 동치화를 위한 제2차 법률」(제국감찰관법률)은 다음으로 개정된다:

a) 제1조에 다음의 제2항을 신설한다:
"(2) 제국감찰관은 제1항 제4호와 5호에 열거된 권리의 행사를 부분적으로 그 권리의 재이양을 위임받은 주정부에 이양할 수 있다".

b) 제1조의 제2항을 제3항으로, 제3항으로 제4항으로 한다.

제2조 이 법률은 1933년 4월 8일에 시행한다.

베를린, 1933년 5월 26일

제국재상
아돌프 히틀러

제국내무상
프릭

관련 법령:
법률 3, 8, 10, 51
Erste Verordnung zum Vorläufigen Gesetz zur Gleichschaltung der Länder mit dem Reich (05.04.1933)
Drittes Gesetz zur Änderung des Reichsstatthal-tergesetzes (14.10.1933)

XVI. Gesetz zur Änderung des Gesetzes zur Wiederherstellung des Berufsbeamtentums.

Vom 23. Juni 1933.

Die Reichsregierung hat das folgende Gesetz beschlossen, das hiermit verkündet wird:

Das Gesetz zur Wiederherstellung des Berufsbeamtentums vom 7. April 1933 (Reichsgesetzbl. I S. 175) wird wie folgt geändert:

1. § 6 erhält folgende Fassung:"(1) Zur Vereinfachung der Verwaltung und im Interesse des Dienstes können Beamte in den Ruhestand besetzt werden; auch wenn sie noch nicht dienstunfähig sind; unter den gleichen Voraussetzungen können Ehrenbeamte aus dem Arbeitsverhältnis entlassen werden. Wenn Beamte aus diesen Gründen in den Ruhestand versetzt werden, so dürfen ihre Stellen nicht mehr besetzt werden. (2) Abs. 1 Satz 2 findet auf Wahlbeamte der Gemeinden und Gemeindeverbände und auf sonstige Beamte der Gemeinden und Gemeindeverbände in leitender Stellung, die im Interesse des Dienstes in den Ruhestand versetzt werden, keine Anwendung. Ferner kann bei Beamten in Eingangsstellen, die aus diesem Grunde in den Ruhestand versetzt werden, die für das Besoldungswesen allgemein zuständige oberste Reichs- oder Landesbehörde ausnahmsweise die Wiederbesetzung der Stelle zulassen."

2. § 7 Abs. 2 Satz 2 erhält folgende Fassung: "Die Verfügungen nach §§ 2 bis 4 müssen spätestens am 30. September 1933, die Verfügungen nach §§ 5 und 6 spätestens am 31. März 1934 zugestellt werden. Die Fristen können im Einvernehmen mit dem Reichsminister des Innern durch die zuständige oberste Reichs- oder Landesbehörde verkürzt werden."

3. a) Im § 12 Abs. 1 ist nach den Worten "der seit

16. 직업공무원제의 재건을 위한 법률의 개정법률

1933년 6월 23일

제국정부는 여기에 공포되는 다음의 법률을 의결하였다:

1933년 4월 7일의 직업공무원제의 재건을 위한 법률(제국법률관보 I 175)은 다음으로 개정된다:

1. 제6조는 다음의 법문을 포함한다: "(1) 행정의 단순화와 복무의 이익을 위하여 공무원은 퇴직처분될 수 있다; 그들이 복무불능이 아닐 때에도 그러하다; 같은 요건 아래 명예공무원도 노동관계에서 해임될 수 있다. 그러한 사유로 공무원이 퇴직처분된 때에는 그의 근무처는 충원되지 아니한다.

   (2) 제1항 제2문은 복무의 이익을 위하여 퇴직된 기초행정단체와 기초행정단체연합의 선출직 공무원과 기초행정과 기초행정단체연합의 그 밖의 상급직위의 공무원에게 적용하지 아니한다. 나아가 이러한 사유로 퇴직처분된 공무원이 초임근무처일 경우 급료제도를 관할하는 일반관할 제국최고관청 또는 주관청이 예외적으로 그 근무처의 충원을 허가한다."

2. 제7조 제2항 2문은 다음의 법문을 포함한다: "제2조부터 제4조의 처분은 늦어도 1933년 9월 30일에, 제5조와 제6조의 처분은 늦어도 1934년 3월 31일에 송달되어야 한다. 그 기간은 제국내무상의 동의를 얻어 관할 제국최고관청 또는 주관청에 의하여 단축될 수 있다."

3. a) 제12조 제1항에 "1918년 11월 9일부터

dem 9. November 1918 ernannten Reichsminister" einzufügen in Klammern "(Staatssekretäre, Besoldungsgruppe B 6 alt)", ferner an Stelle der Worte "bereits zur Zeit des Ausscheidens des Reichsministers aus dem Amt" zu setzen "seit dem 9. November 1918".

b) § 12 Abs. 4 erhält folgende Fassung:

"(4) Höhere Bezüge, als nach den am 31. März 1933 geltenden Vorschriften zustehen, werden nicht gewährt. Dies gilt nicht für das Übergangsgeld nach § 17 des Reichsministergesetzes ; Nachzahlungen an Übergangsgeld finden jedoch nicht statt."

4. Dieses Gesetz tritt mit Wirkung vom 8. April 1933 in Kraft.

Berlin, den 23. Juni 1933.

Der Reichskanzler
Adolf Hitler

Der Reichsminister des Innern
Frick

Der Reichsminister der Finanzen
Graf Schwerin von Krosigk

<Reichsgesetzblatt 1933 I, S. 389>

임명된 제국상" 법문 다음에 괄호로 "(국무 차관. 호봉군 B 6 구)"가 추가된다. 나아가 "이미 제국상의 직위해임시에" 법문의 위 치에 "1918년 11월 9일부터"를 대체한다.

b) 제12조 제4항은 다음의 법문을 포함한다:

"(4) 1933년 3월 31일 이후에 시행되는 규 정에 좇아 주어지는 이상의 보수는 보장되 지 아니한다. 이는 제국상법률 제17조에 따 른 경과금에는 적용되지 아니한다; 그러나 경과금에 대한 추가지급은 인정되지 아니 한다."

4. 이 법률은 1933년 4월 8일에 효력이 생 긴다.

베를린, 1933년 6월 23일

제국재상
아돌프 히틀러

제국내무상
프릭

제국재무상
그라프 슈베린 폰 크로직

관련 법령:

법률 5, 18, 24, 25, 38
Richtlinien zu § 1 a Abs. 3 des Reichsbeamtengesetzes in der Fassung des Gesetzes vom 30. Juni 1933 (08.08.1933)

XVII. Gesetz zur Wiederherstellung des Berufsbeamtentums in der Fassung des Gesetzes zur Änderung des Gesetzes zur Wiederherstellung des Berufsbeamtentums vom 23. Juni 1933.

Vom 23. Juni 1933.

Die Reichsregierung hat das folgende Gesetz beschlossen, das hiermit verkündet wird:

§ 1 (1) Zur Wiederherstellung eines nationalen Berufsbeamtentums und zur Vereinfachung der Verwaltung können Beamte nach Maßgabe der folgenden Bestimmungen aus dem Amt entlassen werden, auch wenn die nach dem geltenden Recht hierfür erforderlichen Voraussetzungen nicht vorliegen.

(2) Als Beamte im Sinne dieses Gesetzes gelten unmittelbare und mittelbare Beamte des Reichs, unmittelbare und mittelbare Beamte der Länder und Beamte der Gemeinden und Gemeindeverbände, Beamte von Körperschaften des öffentlichen Rechts sowie diesen gleichgestellten Einrichtungen und Unternehmungen. Die Vorschriften finden auch Anwendung auf Bedienstete der Träger der Sozialversicherung, welche die Rechte und Pflichten der Beamten haben.

(3) Beamte im Sinne dieses Gesetzes sind auch Beamte im einstweiligen Ruhestand.

(4) Die Reichsbank und die Deutsche Reichsbahn-Gesellschaft werden ermächtigt, entsprechende Anordnungen zu treffen.

§ 2 (1) Beamte, die seit dem 9. November 1918 in das Beamtenverhältnis eingetreten sind, ohne die für ihre Laufbahn vorgeschriebene oder übliche Vorbildung oder sonstige Eignung zu besitzen, sind aus dem Dienste zu entlassen. Auf die Dauer von drei Monaten nach der Entlassung werden ihnen ihre bisherigen Bezüge belassen.

(2) Ein Anspruch auf Wartegeld, Ruhegeld oder

17. 1933년 6월 23일의 직업공무원제의 재건을 위한 법률의 개정법률본에서 직업공무원제의 재건을 위한 법률

1933년 6월 23일

제국정부는 여기에 공포되는 다음의 법률을 의결하였다:

제1조 (1) 국가의 직업공무원제의 재건과 행정의 단순화를 위하여 공무원은, 현행법에 따라 해임에 필요한 요건들이 충족되지 않을 때에도, 다음의 규정을 기준으로 공직에서 해임될 수 있다.

(2) 제국의 직접공무원과 간접공무원, 주의 직접공무원과 간접공무원과 기초행정단체와 기초행정단체연합의 공무원, 공법상 사단과 이에 준하는 시설과 기업의 공무원은 이 법률의 의미에서 공무원이다. 이 규정들은 또한 공무원의 권리와 의무가 있는 사회보험기관의 직원에게 적용된다.

(3) 가퇴직상태의 공무원도 또한 이 법률의 의미에서 공무원이다.

(4) 제국은행과 독일제국철도회사는 동일한 명령을 내릴 권한이 있다.

제2조 (1) 1918년 11월 9일부터 그 경력에 법정되거나 통상의 예비교육 또는 그 밖의 자격이 없이 공무관계를 시작한 공무원은 복무에서 해임된다. 해직 후 3월의 기간 동안 그들에게 지금까지의 급여가 지급된다.

(2) 휴직금, 퇴직연금 또는 유족급여에 대

Hinterbliebenenversorgung und auf Weiterführung der Amtsbezeichnung, des Titels, der Dienstkleidung und der Dienstabzeichen steht ihnen nicht zu.

(3) Im Falle der Bedürftigkeit kann ihnen, besonders wenn sie für mittellose Angehörige sorgen, eine jederzeit widerrufliche Rente bis zu einem Drittel des jeweiligen Grundgehalts der von ihnen zuletzt bekleideten Stelle bewilligt werden; eine Nachversicherung nach Maßgabe der reichsgesetzlichen Sozialversicherung findet nicht statt.

(4) Die Vorschriften des Abs. 2 und 3 finden auf Personen der im Abs. 1 bezeichneten Art, die bereits vor dem Inkrafttreten dieses Gesetzes in den Ruhestand getreten sind, entsprechende Anwendung.

§ 3 (1) Beamte, die nicht arischer Abstammung sind, sind in den Ruhestand (§§ 8 ff.) zu versetzen; soweit es sich um Ehrenbeamte handelt, sind sie aus dem Amtsverhältnis zu entlassen.

(2) Abs. 1 gilt nicht für Beamte, die bereits seit dem 1. August 1914 Beamte gewesen sind oder die im Weltkrieg an der Front für das Deutsche Reich oder für seine Verbündeten gekämpft haben oder deren Vater oder Söhne im Weltkrieg gefallen sind. Weitere Ausnahmen können der Reichsminister des Innern im Einvernehmen mit dem zuständigen Fachminister oder die obersten Landesbehörden für Beamte im Ausland zulassen.

§ 4 Beamte, die nach ihrer bisherigen politischen Betätigung nicht die Gewähr dafür bieten, daß sie jederzeit rückhaltlos für den nationalen Staat eintreten, können aus dem Dienst entlassen werden. Auf die Dauer von drei Monaten nach der Entlassung werden ihnen ihre bisherigen Bezüge belassen. Von dieser Zeit an erhalten sie drei Viertel des Ruhegeldes (§ 8) und entsprechende Hinterbliebenenversorgung.

§ 5 (1) Jeder Beamte muß sich die Versetzung in ein anderes Amt derselben oder einer gleichwer-

한 청구권과 공직명, 직위, 그리고 복무복과 복무표장의 계속사용에 대한 청구권은 그들에게 인정되지 아니한다.

(3) 급박한 경우, 특히 공무원이 자력없는 가족원을 부양하여야 할 경우, 그에게 그가 최종 가졌던 직위의 기본급의 3분의 1의 범위에서 상시 취소가능한 연금이 승인될 수 있다; 제국법률상 사회보험을 기준으로 하는 추가보험은 인정되지 아니한다.

(4) 제2항과 제3항의 규정은 이미 이 법률을 시행하기 전에 퇴직한 제1항에 규정된 종류의 사람에게 준용된다.

제3조 (1) 아리아혈통이 아닌 공무원은 퇴직처분된다(제8조 이하); 명예공무원의 경우 그는 공무관계에서 해임된다.

(2) 제1항은 이미 1914년 8월 1일부터 공무원이었거나 [제1차] 세계대전에서 독일제국이나 그의 동맹국을 위하여 전장에 참전하였거나 그의 부 또는 자가 세계전쟁에서 전몰한 공무원에게는 적용하지 아니한다. 제국내무상이 관할 전문상의 동의를 얻어, 그리고 주최고관청이 외국에 주재하는 공무원에 관하여 그 밖의 예외를 허가할 수 있다.

제4조 지금까지의 정치활동에 비추어 그가 언제든지 망설임 없이 민족국가를 위하여 봉사할 것을 보증하지 않는 공무원은 복무에서 해임될 수 있다. 해임된 날부터 3월의 기간 동안 그들에게 지금까지의 급여가 지급된다. 그 이후부터 그는 퇴직연금의 4분의 3(제8조)과 상응한 유족보훈지원을 받는다.

제5조 (1) 복무상 필요한 경우 공무원은 동일하거나 동등한 가치 있는 경력의 공직 또는

tigen Laufbahn, auch in ein solches von geringerem Rang und planmäßigem Diensteinkommen - unter Vergütung der vorschriftsmäßigen Umzugskosten - gefallen lassen, wenn es das dienstliche Bedürfnis erfordert. Bei Versetzung in ein Amt von geringerem Rang und planmäßigem Diensteinkommen behält der Beamte seine bisherige Amtsbezeichnung und das Diensteinkommen der bisherigen Stelle.

(2) Der Beamte kann an Stelle der Versetzung in ein Amt von geringerem Rang und planmäßigem Diensteinkommen (Abs. 1) innerhalb eines Monats die Versetzung in den Ruhestand verlangen.

§ 6 (1) Zur Vereinfachung der Verwaltung und im Interesse des Dienstes können Beamte in den Ruhestand besetzt werden; auch wenn sie noch nicht dienstunfähig sind; unter den gleichen Voraussetzungen können Ehrenbeamte aus dem Arbeitsverhältnis entlassen werden. Wenn Beamte aus diesen Gründen in den Ruhestand versetzt werden, so dürfen ihre Stellen nicht mehr besetzt werden.

(2) Abs. 1 Satz 2 findet auf Wahlbeamte der Gemeinden und Gemeindeverbände und auf sonstige Beamte der Gemeinden und Gemeindeverbände in leitender Stellung, die im Interesse des Dienstes in den Ruhestand versetzt werden, keine Anwendung. Ferner kann bei Beamten in Eingangsstellen, die aus diesem Grunde in den Ruhestand versetzt werden, die für das Besoldungswesen allgemein zuständige oberste Reichs- oder Landesbehörde ausnahmsweise die Wiederbesetzung der Stelle zulassen.

§ 7 (1) Die Entlassung aus dem Amte, die Versetzung in ein anderes Amt und die Versetzung in den Ruhestand wird durch die oberste Reichs- oder Landesbehörde ausgesprochen, die endgültig unter Ausschluß des Rechtsweges entscheidet.

(2) Die Verfügungen nach §§ 2 bis 6 müssen spätestens am 30. September 1933 zugestellt

심지어 하위의 직급과 정규복무소득의 공직으로 -규정에 따른 이사비용을 지급하여- 전보를 수용하여야 한다. 하위의 직급과 정규복무소득을 가진 공직으로 전보되는 경우 공무원은 그의 지금까지의 공직명과 지금까지의 근무처의 복무소득을 가진다.

(2) 공무원은 하위의 직급과 정규복무소득을 가진 공직으로의 전보(제1항)에 갈음하여 1월 내에 퇴직처분을 청구할 수 있다.

제6조 (1) 행정의 단순화와 복무의 이익을 위하여 공무원은 퇴직처분될 수 있다; 이는 그가 복무불능이 아닌 때에도 그러하다; 같은 요건아래 명예공무원도 노동관계에서 해임될 수 있다. 그러한 사유로 공무원이 퇴직처분된 경우, 그의 근무처는 충원되지 아니한다.

(2) 제1항 2문은 복무의 이익을 위하여 퇴직처분되는 기초행정단체와 기초행정단체연합의 선출직 공무원과 그밖의 지도하는 지위의 기초행정단체와 기초행정단체연합의 공무원에게 적용하지 아니한다. 나아가 이러한 사유로 퇴직처분된 공무원이 초급직위일 경우 급료제도를 일반관할하는 제국최고관청 또는 주최고관청이 예외적으로 그 근무처의 재충원을 허가할 수 있다.

제7조 (1) 공직의 해임, 다른 공직으로의 전보와 퇴직처분은 여하한 법적 구제수단 없이 최종결정하는 제국최고관청 또는 주최고관청에 의하여 선고된다.

(2) 제2조부터 제6조의 처분은 1933년 9월 30일까지 송달되어야 한다. 제2조부터 제4

werden. Die Verfügungen nach §§ 2 bis 4 müssen spätestens am 30. September 1933, die Verfügungen nach §§ 5 und 6 spätestens am 31. März 1934 zugestellt werden. Die Fristen können im Einvernehmen mit dem Reichsminister des Innern durch die zuständige oberste Reichs- oder Landesbehörde verkürzt werden.

§ 8 Den nach §§ 3, 4 in den Ruhestand versetzten oder entlassenen Beamten wird ein Ruhegeld nicht gewährt, wenn sie nicht mindestens eine zehnjährige Dienstzeit vollendet haben; dies gilt auch in den Fällen, in denen nach den bestehenden Vorschriften der Reichs- oder Landesgesetzgebung Ruhegeld schon nach kürzerer Dienstzeit gewährt wird. §§ 36, 47 und 49 des Reichsbeamtengesetzes, das Gesetz über eine erhöhte Anrechnung der während des Krieges zurückgelegten Dienstzeit vom 4. Juli 1921 (Reichsgesetzbl. S. 825) und die entsprechenden Vorschriften der Landesgesetze bleiben unberührt.

§ 9 (1) Den nach §§ 3, 4 in den Ruhestand versetzten oder entlassenen Beamten darf bei der Berechnung der ruhegeldfähigen Dienstzeit, abgesehen von den Dienstzeit, die sie in ihrem letzten Anstellungsverhältnis zurückgelegt haben, nur eine Dienstzeit im Reichs-, Landes- und Gemeindedienst nach den bestehenden Vorschriften angerechnet werden. Die Anrechnung auch dieser Dienstzeit ist nur zulässig, wenn sie mit der zuletzt bekleideten Stelle nach Vorbildung und Laufbahn in Zusammenhang steht; ein solcher Zusammenhang liegt insbesondere vor, wenn der Aufstieg eines Beamten aus einer niedrigen Laufbahn in eine höhere als ordnungsmäßige Beförderung anzusehen ist. Würde der Beamte in einer früheren nach Vorbildung und Eignung ordnungsmäßig erlangten Stellung unter Hinzurechnung der späteren Dienstjahre ein höheres Ruhegeld erlangt haben, so greift die für ihn günstigere Regelung Platz.

(2) Die Anrechnung der Dienstzeit bei den

조의 처분은 1933년 9월 30일까지, 그리고 제5조와 제6조의 처분은 1934년 3월 31일까지 송달되어야 한다. 그 기간은 제국내무상의 동의를 얻어 관할 제국최고관청 또는 주관청에 의하여 단축될 수 있다.

제8조 제3조와 제4조에 따라 퇴직처분되거나 해임된 공무원에게는, 그가 최소 10년의 복무기간을 마치지 않은 때에는 퇴직연금이 지급되지 아니한다; 이는 현행 제국입법과 주입법의 규정에 따라 단축된 복무기간 후에 퇴직연금이 지급되는 때에도 그러하다. 「제국공무원법률」 제36조, 제47조와 제49조, 1921년 7월 4일 「전쟁기간으로 소급하는 복무기간의 가중산정에 관한 법률」(제국법률관보 825)과 주법률의 해당 규정들은 영향을 받지 아니한다.

제9조 (1) 제3조와 제4조에 따라 퇴직처분되거나 해임된 공무원은, 그가 최종 고용관계에서 보낸 복무기간을 제외하고, 연금수급자격이 있는 복무기간의 산정에 제국복무, 주복무와 지방자치단체복무의 복무기간만이 산입되어야 한다. 그 복무기간의 산정도 또한 예비교육과 경력에서 최종 가졌던 직위와 관계가 있을 경우에만 허용된다; 그러한 관계는 특히 하위경력으로부터 고위경력으로 공무원의 승진이 정규승진으로 인정될 때에만 존재한다. 공무원이 이전에 예비교육과 자격에 맞추어 정규취득한 직위에 이후의 복무년수를 산입하여 상향조정된 퇴직연금을 받을 수 있을 때에는 그에게 유리한 규정이 적용된다.

(2) 공법상 사단과 그에 준하는 시설과 기

öffentlich-rechtlichen Körperschaften sowie den diesen gleichgestellten Einrichtungen und Unternehmungen regeln die Ausführungsbestimmungen.

(3) Festsetzungen und Zusicherungen ruhegeldfähiger Dienstzeit, die der Durchführung der Vorschriften des Abs. 1 entgegenstehen, treten außer Kraft.

(4) Härten können bei Beamten des Reichs und der der Reichsaufsicht unterliegenden öffentlich-rechtlichen Körperschaften, Einrichtungen und Unternehmungen der Reichsminister des Innern im Einvernehmen mit dem Reichsminister des Finanzen, bei anderen Beamten die obersten Landesbehörden ausgleichen.

(5) Abs. 1 bis 4 sowie § 8 finden auch auf solche Beamte Anwendung, die schon vor dem Inkrafttreten dieses Gesetzes in den Ruhestand oder in den einstweiligen Ruhestand getreten sind und auf die die §§ 2 bis 4 hätten angewandt werden können, wenn die Beamten beim Inkrafttreten dieses Gesetzes noch im Dienst gewesen wären. Die Neufestsetzung der ruhegeldfähigen Dienstzeit und des Ruhegeldes oder des Wartegeldes hat spätestens bis zum 30. September 1933 mit Wirkung vom 1. Oktober 1933 an zu erfolgen.

§ 10 (1) Richtlinien, die für die Höhe der Besoldung vom Beamten aufgestellt sind, werden der Berechnung der Dienstbezüge und des Ruhegeldes zugrunde gelegt. Liegen Entscheidungen der zuständigen Behörde über die Anwendung der Richtlinien noch nicht vor, so haben die unverzüglich zu ergehen.

(2) Haben Beamten nach der Entscheidung der zuständigen Behörde über die Anwendung der Richtlinien höhere Bezüge erhalten, als ihnen hiernach zustanden, so haben sie die seit 1. April 1932 empfangenen Mehrbeträge an die Kasse zu erstatten, aus der die Bezüge gewährt worden sind. Der Einwand der nicht mehr bestehenden Bereicherung (§ 812 ff. BGB.) ist ausgeschlossen.

(3) Abs. 1 und 2 gilt auch für Personen, die

업에서 복무기간의 산정은 시행규정으로 정한다.

(3) 제1항의 규정의 시행에 위반하는 퇴직연금능력 있는 복무기간의 확정과 보장은 효력을 잃는다.

(4) 제국공무원과 제국감독을 받는 공법상 사단, 시설과 기업의 공무원의 경우 제국내무상은 제국재무상의 동의를 얻어, 그 밖의 공무원의 경우 주최고관청이 가혹한 경우를 조정할 수 있다.

(5) 제1항부터 제4항과 제8조는 이미 이 법률의 시행 전에 퇴직하였거나 가퇴직하고 그가 이 법률을 시행할 때에 계속 근무하였다면 제2조에서 제4조가 적용되었을 공무원에게도 적용된다. 퇴직연금능력있는 직무기간과 퇴직연금 또는 휴직금의 재확정은 1933년 10월 1일부터 효력을 가지도록 늦어도 1933년 9월 30일까지 이루어져야 한다.

제10조 (1) 공무원의 호봉결정을 위하여 설정된 지침은 복무급여와 퇴직연금의 산정을 위한 근거가 된다. 지침의 적용에 관한 관할기관의 결정이 없으면, 그 지침이 지체없이 공표되어야 한다.

(2) 공무원이 지침의 적용에 관한 관할기관의 결정에 따라 이 법률에 의하여 그에게 귀속되는 것보다 높은 급여를 취득한 때에는, 그는 1932년 4월 1일부터 과다수령한 급여를 그 급여가 지급된 재정에 반환하여야 한다. 현존하는 부당이득이 없다는 항변(「민법」 제812조 이하)은 배제된다.

(3) 제1항과 제2항은 이 법률을 시행하기

innerhalb eines Jahres vor dem Inkrafttreten dieses Gesetzes in den Ruhestand getreten sind.

§ 11 (1) Sind bei der Festsetzung eines Besoldungsdienstalters Beamten, die auf Grund der §§ 3, 4 ausscheiden, Beschäftigungen außerhalb des Reichs-, Landes- oder Gemeindienstes angerechnet worden, so ist das Besoldungsdienstalter neu festzusetzen. Dabei darf nur eine Beschäftigung im Reichs-, Landes- oder Gemeindedienst oder, nach Maßgabe der Ausführungsbestimmungen, im Dienst der öffentlich-rechtlichen Körperschaften sowie diesen gleichgestellten Einrichtungen und Unternehmungen angerechnet werden. Ausnahmen können für Reichsbeamte der Reichsminister des Innern im Einvernehmen mit dem Reichsminister der Finanzen, für andere Beamte die oberste Landesbehörde zulassen.

(2) Kommt nach Abs. 1 eine Neufestsetzung des Besoldungsdienstalters in Betracht, so ist bei den nach §§ 3, 4 in den Ruhestand versetzten oder entlassenen Beamten die Neufestsetzung jedenfalls mit der Festsetzung des Ruhegeldes vorzunehmen.

(3) Dasselbe gilt für die in § 9 Abs. 5 genannten Personen.

§ 12 (1) Die Bezüge der seit dem 9. November 1918 ernannten Reichsminister (Staatssekretäre, Besoldungsgruppe B 6 alt), die nicht nach den Vorschriften der §§ 16 bis 24 des Reichsministergesetzes vom 27. März 1930 (Reichsgesetzbl. I S. 96) berechnet sind, sind neu festzusetzen. Bei der Neufestsetzung sind die genannten Vorschriften des Reichsministergesetzes so anzuwenden, als ob sie seit dem 9. November 1918 in Kraft gewesen wären. Hiernach seit dem 1. April 1932 zuviel empfangene Bezüge sind zurückzuzahlen. Der Einwand der nicht mehr bestehenden Bereicherung (§ 812 ff. BGB.) ist unzulässig.

(2) Abs. 1 findet auf die seit dem 9. November 1918 ernannten Mitglieder einer Landes-

전 1년 내에 퇴직한 사람에게도 적용된다.

제11조 (1) 제3조와 제4조에 근거하여 면직되는 공무원의 호봉복무년수를 확정할 때에 제국복무, 주복무 또는 자치단체복무 외의 활동이 산입된 때에는 호봉복무년수가 재확정되어야 한다. 이를 위하여 제국복무, 주복무 또는 자치단체복무 또는 시행규정을 기준으로 공법상 사단과 이에 준하는 시설과 기업의 복무에서 활동만이 산입되어야 한다. 제국공무원에 관하여는 제국내무상이 제국재무상의 동의를 얻어, 그 밖의 공무원에 관하여는 주최고관청이 예외를 허가할 수 있다.

(2) 제1항에 따라 호봉복무년수의 재확정이 문제되는 때에는, 제3조와 제4조에 따라 퇴직처분되거나 해임된 공무원에 관하여 퇴직연금의 확정과 함께 재확정이 이루어져야 한다.

(3) 제9조 제5항에 규정된 사람도 같다.

제12조 (1) 1918년 11월 9일부터 임명된, 1930년 3월 27일 「제국상법률」(帝國相法律, 제국법률관보 I 96) 제16조부터 제24조의 규정에 따라 산입되지 않는 제국상(차관, B 6 alt)의 급여는 신규확정한다. 신규확정에서 앞의 「제국상법률」의 규정들은 1918년 11월 9일부터 시행된 것과 같이 적용된다. 이에 따라 1932년 4월 1일 이후 과다수령한 급여를 반환하여야 한다. 현존하는 부당이득이 없다는 항변(「민법」 제812조 이하)은 허용되지 아니한다.

(2) 제1항은 주법률의 해당 규정이 「제국상법률」에 갈음하여 적용되고 「제국상법률」

regierung mit der Maßgabe Anwendung, daß an die Stelle des Reichsministergesetzes die entsprechenden Vorschriften der Landesgesetze treten, jedoch Bezüge nur bis zu der Höhe gezahlt werden dürfen, die sich bei der Anwendung der Grundsätze der §§ 16 bis 24 des Reichsministergesetzes ergibt.

(3) Die Neufestsetzung der Bezüge hat bis zum 31. Dezember 1933 zu erfolgen.

(4) Höhere Bezüge, als nach den am 31. März 1933 geltenden Vorschriften zustehen, werden nicht gewährt. Dies gilt nicht für das Übergangsgeld nach § 17 des Reichsministergesetzes; Nachzahlungen an Übergangsgeld finden jedoch nicht statt.

§ 13 Die Hinterbliebenenbezüge werden unter entsprechender Anwendung der §§ 8 bis 12 berechnet.

§ 14 (1) Gegen die auf Grund dieses Gesetzes in den Ruhestand versetzten oder entlassenen Beamten ist auch nach ihrer Versetzung in den Ruhestand oder nach ihrer Entlassung die Einleitung eines Dienststrafverfahrens wegen der während des Dienstverhältnisses begangenen Verfehlungen mit dem Ziele der Aberkennung des Ruhegeldes, der Hinterbliebenenversorgung, der Amtbezeichnung, des Titels, der Dienstkleidung und des Dienstabzeichens zulässig. Die Einleitung des Dienststrafverfahrens muß spätestens am 31. Dezember 1933 erfolgen.

(2) Abs. 1 gilt auch für Personen, die innerhalb eines Jahres vor dem Inkrafttreten dieses Gesetzes in den Ruhestand getreten sind und auf die die §§ 2 bis 4 anzuwenden gewesen wären, wenn dieses Personen beim Inkrafttreten dieses Gesetzes noch im Dienst gewesen wären.

§ 15 Auf Angestellte und Arbeiter finden die Vorschriften über Beamte sinngemäße Anwendung. Das Nähere regeln die Ausführungsbestimmungen.

§ 16 Ergeben sich bei der Durchführung dieses Gesetzes unbillige Härten, so können im Rahmen

제16조부터 제24조의 원칙을 적용하여 인정되는 금액을 한도로 급여가 지급될 것을 기준으로 하여 1918년 11월 9일 이후 임명된 주정부의 내각성원에게 적용된다.

(3) 급여의 신규확정은 1933년 12월 31일까지 이루어져야 한다.

(4) 1933년 3월 31일에 적용되는 규정에 따라 주어지는 이상의 급여는 지급되지 아니한다. 이는 「제국상법률」 제17조에 따른 경과금에 대하여는 적용되지 아니한다; 경과금의 추가지급은 인정되지 아니한다.

제13조 유족급여는 제8조에서 제12조를 준용하여 산정된다.

제14조 (1) 이 법률에 근거하여 퇴직처분되었거나 해임된 공무원을 상대로 그의 퇴직처분 또는 그의 해임 이후에 복무관계 동안 저지른 잘못을 이유로 퇴직연금, 유족급여, 공직명과 직위, 복무복과 복무표장의 박탈을 목적으로 하는 복무형사절차의 개시가 허용된다. 복무형사절차의 개시는 늦어도 1933년 12월 31일에 이루어져야 한다.

(2) 제1항은 이 법률의 시행 전 1년 내에 퇴직하고 이 법률을 시행할 때에 여전히 복무 중이었다면 제2조부터 제4조가 적용되었을 사람들에게도 적용된다.

제15조 피용인과 노동자에게도 공무원에 관한 규정이 의미에 맞게 적용된다. 자세한 사항은 시행규정으로 정한다.

제16조 이 법률의 시행과정에서 형평을 잃은 가혹이 있을 때에는 일반규정의 범위에서

der allgemeinen Vorschriften höhere Bezüge oder Übergangsgelder gewährt werden. Die Entscheidung hierüber treffen für Reichsbeamte der Reichsminister des Innern im Einvernehmen mit dem Reichsminister der Finanzen, im übrigen die obersten Landesbehörden.

§ 17 (1) Der Reichsminister des Innern erläßt im Einvernehmen mit dem Reichsminister der Finanzen die zur Durchführung und Ausführung dieses Gesetzes erforderlichen Rechtsverordnungen und allgemeine Verwaltungsvorschriften.

(2) Erforderlichenfalls erlassen die obersten Landesbehörden ergänzende Vorschriften. Sie haben sich dabei im Rahmen der Reichsvorschriften zu halten.

§ 18 Mit Ablauf der im diesem Gesetze bestimmten Fristen werden, unbeschadet der auf Grund des Gesetzes getroffenen Maßnahmen, die für das Berufbeamtentum geltenden allgemeinen Vorschriften wieder voll wirksam.

Berlin, den 7. April 1933.

Der Reichskanzler
Adolf Hitler

Der Reichsminister des Innern
Frick

Der Reichsminister der Finanzen
Graf Schwerin von Krosigk

<Reichsgesetzblatt 1933 I, S. 175-177, 389>

상향조정된 급여 또는 경과금이 지급될 수 있다. 제국공무원에 관하여는 제국내무상이 제국재무상의 동의를 얻어, 그밖에는 주최고관청이 이에 관하여 결정한다.

제17조 (1) 제국내무상은 제국재무상의 동의를 얻어 이 법률의 시행과 실행에 필요한 법규정과 일반행정규정을 제정한다.

(2) 필요한 경우 주최고관청은 보완규정을 제정한다. 그는 제국규정의 기준을 준수하여야 한다.

제18조 이 법률에 규정된 기간의 경과로, 법률에 근거하여 내려진 조치에 영향이 없이, 직업공무원제에 적용되는 일반규정들이 다시 완전히 효력을 가진다.

베를린, 1933년 4월 7일

제국재상
아돌프 히틀러

제국내무상
프릭

제국재무상
그라프 슈베린 폰 크로직

관련 법령:
법률 5, 6, 16, 18, 24, 26, 66, 67
Erste Verordnung zur Durchführung des Gesetzes
    zur Wiederherstellung des Berufsbeamtentums
    (11.04.1933)
Zweite Verordnung zur Durchführung des Gesetzes

zur Wiederherstellung des Berufsbeamtentums
(04.05.1933)

Richtlinien zu § 1 a Abs. 3 des Reichsbeamtengesetzes in der Fassung des Gesetzes vom 30.
Juni 1933 [Definition Arier bzw. Nichtarier]
(08.08.1933)

Vierte Verordnung zum Reichsbürgergesetz [Zu-
lassung jüdischer Ärzte] (25.07.1938)

Zweite Verordnung zur Durchführung des Gesetzes
über die Änderung von Familiennamen und
Vornamen (17.08.1938)

Fünfte Verordnung zum Reichsbürgergesetz [Zu-
lassung jüdischer Rechtsanwälte] (27.09.1838)

Verordnung über Reisepässe von Juden
(05.10.1938)

이밖의 관련 반유-대인법령

XVIII. Reichsbeamtengesetz vom 31. März 1873 in der Fassung des Gesetzes vom 30. Juni 1933.

18. 1933년 6월 30일 법률본에서 1873년 3월 31일의 제국공무원법률

Vom 30. Juni 1933.

1933년 6월 30일

[– Auszug –]

[–발췌–]

Die Reichsregierung hat das folgende Gesetz beschlossen, das hiermit verkündet wird:

[...]

§ 1a

(1) Als Reichsbeamter darf nur berufen werden, wer die für seine Laufbahn vorgeschriebene oder übliche Vorbildung oder sonstige besondere Eignung für das ihm zu übertragene Amt besitzt und die Gewähr dafür bietet, daß er jederzeit rückhaltlos für den nationalen Staat eintritt.

(2) Weibliche Personen dürfen als planmäßige Reichsbeamte auf Lebenszeit erst nach Vollendung des fünfunddreißigsten Lebensjahres berufen werden.

(3) Wer nicht arischer Abstammung oder mit einer Person nicht arischer Abstammung verheiratet ist, darf nicht als Reichsbeamter berufen werden. Reichsbeamte arischer Abstammung, die mit einer Person nicht arischer Abstammung die Ehe eingehen sind zu entlassen. Wer als Person nicht arischer Abstammung zu gelten hat, bestimmt sich nach Richtlinien, die der Reichsminister des Innern erläßt.

(4) Wenn dringende Rücksichten der Reichsverwaltung es erfordern, kann die oberste Reichsbehörde in Einzelfällen Ausnahmen von der Vorschrift des Abs. 2 im Einvernehmen mit dem Reichsminister der Finanzen, von der Vorschrift des Abs. 3 im Einvernehmen mit dem Reichsminister des Innern zulassen.

[...]

제국정부는 여기에 공포되는 다음의 법률을 의결하였다:

[...]

제1a조

(1) 그의 경력에서 규정되거나 통상의 예비교육 또는 그에게 부여되는 직에 관한 그밖의 특별한 자격을 가지고 언제든지 망설임 없이 민족국가를 위하여 일할 것을 보증하는 사람만이 젝구공무원으로 임용될 수 있다.

(2) 여성은 35세에 이른 후에만 종신 계획 제국공무원에 임용될 수 있다.

(3) 아리아혈통이 아니거나 아리아혈통과 혼인하지 않은 사람은 제국공무원에 임용되어서는 아니된다. 아리아혈통이 아닌 사람과 혼인한 아리아혈통의 제국공무원은 해임된다. 누가 아리아혈통이 아닌 사람으로 의제되는 사람인지의 여부는 제국내무상이 제정하는 지침에 따른다.

(4) 긴급한 제국행정의 사정이 있을 때에는, 최고 제국관청은 개별적인 경우에 제국재무상의 동의를 얻어 제2조의 규정에 대한 예외를, 그리고 제국내무상의 동의를 얻어 제3항에 대한 예외를 허가할 수 있다.

[...]

Berlin, den 30. Juni 1933.

베를린, 1933년 6월 30일

Der Reichskanzler
Adolf Hitler

Der Reichsminister der Finanzen
Graf Schwerin von Krosigk

Der Reichsminster des Innern
Frick

Quelle: Reichsgesetzblatt 1933 I, S. 433-447.

제국재상
아돌프 히틀러

제국재무상
그라프 슈베린 폰 크로직

제국내무상
프릭

관련 법령:

법률: 5, 16, 24, 25, 38

Richtlinien zu § 1 a Abs. 3 des Reichsbeamtengesetzes in der Fassung des Gesetzes vom 30. Juni
1933 (08.08.1933)

XIX. Gesetz über Volksabstimmung.

Vom 14. Juli 1933.

Die Reichsregierung hat das folgende Gesetz beschlossen, das hiermit verkündet wird:

§ 1 (1) Die Reichsregierung kann das Volk befragen, ob es einer von der Reichsregierung beabsichtigten Maßnahme zustimmt oder nicht.

(2) Bei der Maßnahme nach Abs. 1 kann es sich auch um ein Gesetz handeln.

§ 2 Bei der Volksabstimmung entscheidet die Mehrheit der abgegebenen gültigen Stimmen. Dies gilt auch dann, wenn die Abstimmung ein Gesetz betrifft, das verfassungsändernde Vorschriften enthält.

§ 3 Stimmt das Volk der Maßnahme zu, so findet Artikel 3 des Gesetzes zur Behebung der Not von Volk und Reich vom 24. März 1933 (Reichsgesetzbl. I S. 141) entsprechende Anwendung.

§ 4 Der Reichsminister des Innern ist ermächtigt, zur Durchführung dieses Gesetzes Rechtsverordnungen und allgemeine Verwaltungsvorschriften zu erlassen.

Berlin, den 14. Juli 1933.

Der Reichskanzler
Adolf Hitler

Der Reichsminister des Innern
Frick

<Reichsgesetzblatt 1933 I, S. 479>

19. 국민투표에 관한 법률

1933년 7월 14일

제국정부는 여기에 공포되는 다음의 법률을 의결하였다:

제1조 (1) 제국정부는 국민이 제국정부가 목적하는 조치에 동의하는지 여부를 국민에게 물을 수 있다.

(2) 제1항의 조치를 위하여 법률이 관여될 수 있다.

제2조 국민투표에서 투표한 유효표의 다수가 결정한다. 이는 투표가 헌법을 개정하는 규정을 포함하는 법률을 대상으로 할 때에도 그러하다.

제3조 국민이 조치에 동의한 때에는 1933년 3월 24일 「인민과 제국의 위난제거를 위한 법률」(제국법률관보 Ⅰ 141) 제3조의 규정이 준용된다.

제4조 제국내무상은 이 법률의 실행을 위하여 법규명령과 일반 행정규정을 제정할 권한을 가진다.

베를린, 1933년 7월 14일

제국재상
아돌프 히틀러

제국내무상
프릭

관련 법령:
Gesetz [des Freistaats Sachsen] über Volksbegehren und Volksentscheid (08.03.1921)

[Reichs-]Gesetz über den Volksentscheid (27.06.1921)

이밖에 선거와 국민투표에 관한 법규정

XX. Gesetz gegen die Neubildung von Parteien.

Vom 14. Juli 1933.

Die Reichsregierung hat das folgende Gesetz beschlossen, das hiermit verkündet wird:

§ 1 In Deutschland besteht als einzige politische Partei die Nationalsozialistische Deutsche Arbeiterpartei.

§ 2 Wer es unternimmt, den organisatorischen Zusammenhalt einer anderen politischen Partei aufrechtzuerhalten oder eine neue politische Partei zu bilden, wird, sofern nicht die Tat nach anderen Vorschriften mit einer höheren Strafe bedroht ist, mit Zuchthaus bis zu drei Jahren oder mit Gefängnis von sechs Monaten bis zu drei Jahren bestraft.

Berlin, den 14. Juli 1933.

Der Reichskanzler
Adolf Hitler

Der Reichsminister des Innern
Frick

Der Reichsminister der Justiz
Dr. Gürtner

<Reichsgesetzblatt 1933 I, S. 479>

20. 신당창당금지법률

1933년 7월 14일

제국정부는 여기에 공포되는 다음의 법률을 의결하였다:

제1조 독일에서 민족사회주의독일노동자당이 유일한 정당으로 존재한다.

제2조 그 밖의 정당의 조직적 결속력을 보전하거나 신당을 창당하려고 시도하는 사람은, 그 행위가 다른 법률의 규정에 따라 보다 중한 형벌로 처벌되지 않으면, 3년 이하의 중징역형 또는 6월에서 3년의 경징역형에 처한다.

베를린, 1933년 7월 14일

제국재상
아돌프 히틀러

제국내무상
프릭

제국법무상
귀르트너 박사

XXI. Gesetz über die Einziehung volks- und staatsfeindlichen Vermögens.

Vom 14. Juli 1933.

Die Reichsregierung hat das folgende Gesetz beschlossen, das hiermit verkündet wird:

Die Vorschriften des Gesetzes über die Einziehung kommunistischen Vermögens vom 26. Mai 1933 (Reichsgesetzbl. I S. 293) finden auf Sachen und Rechte der Sozialdemokratischen Partei Deutschlands und ihrer Hilfs- und Ersatzorganisationen sowie auf Sachen und Rechte, die zur Förderung marxistischer oder anderer, nach Feststellung des Reichsministers des Innern volks- und staatsfeindlicher Bestrebungen gebraucht oder bestimmt sind, Anwendung.

Berlin, den 14. Juli 1933.

Der Reichskanzler
Adolf Hitler

Der Reichsminister des Innern
Frick

<Reichsgesetzblatt 1933 I, S. 479-480>

21. 인민과 국가에 적대적인 재산의 몰수에 관한 법률

1933년 7월 14일

제국정부는 여기에 공포되는 다음의 법률을 의결하였다:

1933년 5월 26일 「공산주의 재산의 몰수에 관한 법률」(제국관보 I 293)의 규정은 독일 사회민주당과 그의 협력조직과 대체조직의 물건과 권리, 그리고 막스주의와 그 밖의 제국내 무상이 인지한 인민과 국가에 적대적인 투쟁에 사용되거나 이를 목적으로 하는 물건과 권리에 적용된다.

베를린, 1933년 7월 14일

제국재상
아돌프 히틀러

제국내무상
프릭

관련 법령:
법률 14

XXII. Gesetz über den Widerruf von Einbürgerungen und die Aberkennung der deutschen Staatsangehörigkeit.

Vom 14. Juli 1933.

Die Reichsregierung hat das folgende Gesetz beschlossen, das hiermit verkündet wird:

§ 1 (1) Einbürgerungen, die in der Zeit zwischen dem 9. November 1918 und dem 30. Januar 1933 vorgenommen worden sind, können widerrufen werden, falls die Einbürgerung nicht als erwünscht anzusehen ist.

(2) Durch den Widerruf verlieren außer dem Eingebürgerten selbst auch diejenigen Personen die deutsche Staatsangehörigkeit, die sie ohne die Einbürgerung nicht erworben hätten.

(3) Der Widerruf wird wirksam mit der Zustellung der Widerrufsverfügung oder mit dem Zeitpunkt seiner Veröffentlichung im Reichsanzeiger.

(4) Der Widerruf liegt den Landesbehörden, bei unmittelbaren Reichsangehörigen dem zuständigen Reichsminister ob.

(5) Diese Vorschrift tritt mit dem Ablauf von 2 Jahren nach ihrer Verkündung außer Kraft.

§ 2 (1) Reichsangehörige, die sich im Ausland aufhalten, können der deutschen Staatsangehörigkeit für verlustig erklärt werden, sofern sie durch ein Verhalten, das gegen die Pflicht zur Treue gegen Reich und Volk verstößt, die deutschen Belange geschädigt haben. Das gleiche gilt für Reichsangehörige, die einer Rückkehraufforderung nicht Folge leisten, die der Reichsminister des Innern unter Hinweis auf diese Vorschrift an sie gerichtet hat. Bei der Einleitung des Aberkennungsverfahrens oder bei Erlaß der Rückkehraufforderung kann ihr Vermögen beschlagnahmt, nach Aberkennung der deutschen Staatsangehörigkeit als dem Reiche verfallen erklärt werden. Die Beschlagnahme

22. 독일귀화의 취소와 독일국적의 박탈에 관한 법률

1933년 7월 14일

제국정부는 여기에 공포되는 다음의 법률을 의결하였다:

제1조 (1) 1918년 11월 9일과 1933년 1월 30일 사이의 기간에 이루어진 귀화는 그 귀화가 바람직하지 않은 것으로 인정될 때에는 취소될 수 있다.

(2) 취소로 귀화자와 함께 그 귀화가 없었더라면 독일국적을 취득할 수 없었던 그러한 사람들도 독일국적을 상실한다.

(3) 취소는 취소처분의 송달로 또는 이를 제국관보에 공고하는 때에 효력이 생긴다.

(4) 주관청 또는 직접 제국국적자의 경우 관할 제국상이 취소할 의무가 있다.

(5) 이 규정은 공포한 날부터 2년의 경과로 효력을 잃는다.

제2조 (1) 외국에 체재하는 제국민(帝國民)은 그가 제국과 민족에 대한 성실의무를 위반하는 행위로 독일의 이익을 침해한 경우에 독일국적을 상실하는 것으로 선고될 수 있다. 이는 제국내무상이 이 규정에 근거하여 그를 상대로 내린 귀국지시를 따르지 않은 제국민도 그러하다. 박탈절차의 개시 또는 귀국지시의 명령이 있으면 그의 재산이 압류될 수 있고, 독일국적이 박탈된 후에 제국에 귀속되는 것으로 선고될 수 있다. 재산의 압류는 2년의 기간 내에 그 재산이 제국에 귀속되는 것으로 선고되지 않을 경우에는 늦어도 그 기간의 경과로 종료한다.

des Vermögens endigt spätestens mit dem Ablauf von 2 Jahren, falls es nicht vorher als dem
Reiche verfallen erklärt wird.

(2) Diese Maßnahmen können auch gegenüber
Reichsangehörigen im Saargebiet getroffen
werden, die in der Zeit nach dem 30. Januar
1933 ihren Aufenthalt dorthin verlegt haben.

(3) Die Entscheidung trifft der Reichsminister des
Innern im Einvernehmen mit dem Reichsminister
des Auswärtigen in der Regel nach Anhörung
der Regierungen der beteiligten Länder; als
beteiligt gelten das Land, dem der Reichsangehörige angehört, und diejenigen Länder, in
denen er innerhalb der letzten Jahre seine dauernde Niederlassung gehabt hat.

(4) Der Reichsminister des Innern im Einvernehmen mit dem Reichsminister des Auswärtigen
beschließt im einzelnen Falle, inwieweit sich
der Verlust der deutschen Staatsangehörigkeit
auf den Ehegatten, auf die ehelichen oder an
Kinderstatt angenommenen Kinder, bei Frauen
auf die unehelichen Kinder erstreckt.

(5) Die Aberkennung der Staatsangehörigkeit
wird mit der Verkündung der Entscheidung im
Reichsanzeiger wirksam.

§ 3 Der Reichsminister des Innern kann im Einvernehmen mit den Reichsministern des Auswärtigen und der Finanzen Rechts- und Verwaltungsvorschriften zur Ausführung dieses
Gesetzes erlassen.

Berlin, den 14. Juli 1933.

Der Reichskanzler
Adolf Hitler

Der Reichsminister des Innern
Frick

Der Reichsminister des Auswärtigen
Freiherr von Neurath

(2) 이 조치는 1933년 1월 30일 이후의 시
기에 그의 거소를 자르지역(Saargebiet)으
로 이주한 자르지역의 제국민에게도 적용
될 수 있다.

(3) 제국내무상은 제국외무상의 동의를 얻
어 원칙적으로 이해관계 있는 주정부의 의
견을 들어 결정한다; 제국민이 속하는 주와
그가 마지막으로 상거소를 가졌던 그러한
주들은 이해관계가 있는 것으로 본다.

(4) 제국내무상은 개별사안에서 제국외무
상의 동의를 얻어 배우자, 혼인중의 자 또
는 입양자에 대하여, 그리고 여성의 경우 혼
인외의 자에 대하여 독일국적의 상실이 어
느 범위로 확대되어야 하는지를 결정한다.

(5) 국적의 박탈은 제국공보에 결정의 공고
로 효력이 생긴다.

제3조 제국내무상은 제국외무상과 제국재무
상의 동의를 얻어 이 법률의 시행을 위한 법
규정과 행정규정을 제정할 수 있다.

베를린, 1933년 7월 14일

제국재상
아돌프 히틀러

제국내무상
프릭

제국외무상
프라이헤어 폰 노이라트

Der Reichsminister der Finanzen
Graf Schwerin von Krosigk

<Reichsgesetzblatt 1933 I, S. 480>

제국재무상
그라프 슈베린 폰 크로직

관련 법령:

법률 76

Verordnung der Bundesregierung [der Republik Österreich], womit das Bundesgesetz vom 30. Juli 1925 über den Erwerb und den Verlust der Landes- und Bundesbürgerschaft abgeändert wird (16.08.1933)

Verordnung der Bundesregierung [der Republik Österreich], betreffend Einschränkung der Einbürgerung (24.11.1933)

Verordnung über die deutsche Staatsangehörigkeit im Lande Österreich (03.07.1938)

XXIII. Gesetz zur Verhütung erbkranken Nachwuchses.

23. 유전질환을 가진 신생아출생의 방지를 위한 법률

Vom 14. Juli 1933.

1933년 7월 14일

Die Reichsregierung hat das folgende Gesetz beschlossen, das hiermit verkündet wird:

제국정부는 여기에 공포되는 다음의 법률을 의결하였다:

§ 1 (1) Wer erbkrank ist, kann durch chirurgischen Eingriff unfruchtbar gemacht (sterilisiert) werden, wenn nach den Erfahrungen der ärztlichen Wissenschaft mit großer Wahrscheinlichkeit zu erwarten ist, daß seine Nachkommen an schweren körperlichen oder geistigen Erbschäden leiden werden.

제1조 (1) 유전질환 있는 사람은 의학의 경험에 따라 그의 후손이 중대한 신체적 또는 정신적 유전장애를 겪을 것이 개연성 높게 예견되는 경우 외과수술로 불임시술(단종)될 수 있다.

(2) Erbkrank im Sinne dieses Gesetzes ist, wer an einer der folgenden Krankheiten leidet:

(2) 다음 각호의 질병을 앓는 사람은 이 법률의 의미에서 유전질환이 있다:

1. angeborenem Schwachsinn,
2. Schizophrenie,
3. zirkulärem (manisch-depressivem) Irresein,
4. erblicher Fallsucht,
5. erblichem Veitstanz (Huntingtonsche Chorea),
6. erblicher Blindheit,
7. erblicher Taubheit,
8. schwerer erblicher körperlicher Mißbildung.

1. 선천성 정신박약,
2. 정신분열증[조현증],
3. 반복적(조울증의) 정신착란,
4. 선천성 간질,
5. 선천성 병리무도증(헌팅턴 무도병),*
6. 선천성 맹아,
7. 선천성 농아,
8. 중대한 선천성 신체적 기형.

(3) Ferner kann unfruchtbar gemacht werden, wer an schwerem Alkoholismus leidet.

(3) 이밖에 심한 알콜중독에 빠진 사람도 불임시술될 수 있다.

§ 2 (1) Antragberechtigt ist derjenige, der unfruchtbar gemacht werden soll. Ist dieser geschäftsunfähig oder wegen Geistesschwäche entmündigt oder hat er das achtzehnte Lebensjahr noch nicht vollendet, so ist der gesetzliche Vertreter antragsberechtigt; er bedarf dazu der Genehmigung des Vormundschaftsgerichts. In den übrigen Fällen beschränkter Geschäftfähigkeit bedarf der Antrag der Zustimmung

제2조 (1) 불임시술되어야 하는 사람은 신청권을 가진다. 그가 행위무능력이거나 정신박약을 원인으로 무능력이 되거나 또는 아직 18세에 이르지 않은 때에는, 법정대리인이 신청권을 가진다; 이를 위하여 그는 후견법원의 승인을 얻어야 한다. 일반적으로 제한행위능력의 경우 법정대리인의 동의를 얻어야 한다. 성년자가 그의 신상에 관하여 보호인이 있으면 그의 동의를 요건으로 한다.

---

* 뇌세포장애를 원인으로 운동장애증상을 수반하는 불치의 유전질환.

des gesetzlichen Vertreters. Hat ein Volljähriger einen Pfleger für seine Person erhalten, so ist dessen Zustimmung erforderlich.

(2) Dem Antrag ist eine Bescheinigung eines für das Deutsche Reich approbierten Arztes beizufügen, daß der Unfruchtbarzumachende über das Wesen und die Folgen der Unfruchtbarmachung aufgeklärt worden ist.

(3) Der Antrag kann zurückgenommen werden.

§ 3 Die Unfruchtbarmachung können auch beantragen

1. der beamtete Arzt,
2. für die Insassen einer Kranken-, Heil- oder Pflegeanstalt oder einer Strafanstalt der Anstaltsleiter.

§ 4 Der Antrag ist schriftlich oder zur Niederschrift der Geschäftstelle des Erbgesundheitsgerichts zu stellen. Die dem Antrag zu Grunde liegenden Tatsachen sind durch ein ärztliches Gutachten oder auf andere Weise glaubhaft zu machen. Die Geschäftsstelle hat dem beamteten Arzt von dem Antrag Kenntnis zu geben.

§ 5 Zuständig für die Entscheidung ist das Erbgesundheitsgericht, in dessen Bezirk der Unfruchtbarzumachende seinen allgemeinen Gerichtsstand hat.

§ 6 (1) Das Erbgesundheitsgericht ist einem Amtsgericht anzugliedern. Es besteht aus einem Amtsrichter als Vorsitzenden, einem beamteten Arzt und einem weiteren für das Deutsche Reich approbierten Arzt, der mit der Erbgesundheitslehre besonders vertraut ist. Für jedes Mitglied ist ein Vertreter zu bestellen.

(2) Als Vorsitzender ist ausgeschlossen, wer über einen Antrag auf vormundschaftsgerichtliche Genehmigung nach § 2 Abs. 1 entschieden hat. Hat ein beamteter Arzt den Antrag gestellt, so kann er bei der Entscheidung nicht mitwirken.

§ 7 (1) Das Verfahren vor dem Erbgesundheitsgericht ist nicht öffentlich.

(2) Das Erbgesundheitsgericht hat die notwendigen Ermittlungen anzustellen; es kann Zeu-

(2) 불임시술을 받을 사람이 불임시술의 본질과 효과에 관하여 설명을 들었다는 독일제국에서 면허를 받은 의사의 증명서가 신청에 첨부되어야 한다.

(3) 신청은 철회될 수 있다.

제3조 다음 각호의 사람도 불임시술을 신청할 수 있다.

1. 공무직의 의사,
2. 의료시설, 치료시설이나 요양시설 또는 교정시설의 수용자에 관하여 시설의 장.

제4조 신청은 서면 또는 유전보건법원 사무국의 조서로 제출되어야 한다. 신청사유가 되는 사실은 의사의 의견서 또는 그 밖의 방법으로 증명되어야 한다. 사무국은 공무직의 의사에게 신청사실을 알려야 한다.

제5조 그의 지구에 불임시술을 받을 사람이 일반재판적을 가지는 유전보건법원이 결정을 관할한다.

제6조 (1) 지방법원에 유전보건법원을 둔다. 그 법원은 지방법원 판사를 재판장으로 하고 공무직의 의사와 유전보건학에 특별히 정통한 독일제국에서 면허를 받은 의사로 구성된다. 각 구성원에게 대리인이 선임된다.

(2) 제2조 제1항에 따라 후견법원의 승인신청을 결정한 사람은 재판장에서 제척된다. 공무직의 의사가 신청한 때에는 그는 결정에 참여하지 못한다.

제7조 (1) 유전보건법원의 재판은 공개하지 아니한다.

(2) 유전보건법원은 필요한 조사를 하여야 한다; 유전보건법원은 증인과 전문가의 의

gen und Sachverständige vernehmen sowie das persönliche Erscheinen und die ärztliche Untersuchung des Unfruchtbarzumachenden anordnen und ihn bei unentschuldigtem Ausbleiben vorführen lassen. Auf die Vernehmung und Beeidigung der Zeugen und Sachverständigen sowie auf die Ausschließung und Ablehnung der Gerichtspersonen finden die Vorschriften der Zivilprozeßordnung sinngemäße Anwendung. Ärzte, die als Zeugen oder Sachverständige vernommen werden, sind ohne Rücksicht auf das Berufsgeheimnis zur Aussage verpflichtet. Gerichts- und Verwaltungsbehörden sowie Krankenanstalten haben dem Erbgesundheitsgericht auf Ersuchen Auskunft zu erteilen.

§ 8 Das Gericht hat unter Berücksichtigung des gesamten Ergebnisses der Verhandlung und Beweisaufnahme nach freier Überzeugung zu entscheiden. Die Beschlußfassung erfolgt auf Grund mündlicher Beratung mit Stimmenmehrheit. Der Beschluß ist schriftlich abzufassen und von den an der Beschlußfassung beteiligten Mitgliedern zu unterschreiben. Er muß die Gründe angeben, aus denen die Unfruchtbarmachung beschlossen oder angelehnt worden ist. Der Beschluß ist dem Antragsteller, dem beamteten Arzt sowie demjenigen zuzustellen, dessen Unfruchtbarmachung beantragt worden ist, oder, falls dieser nicht antragsberechtigt ist, seinem gesetzlichen Vertreter.

§ 9 Gegen den Beschluß können die im § 8 Satz 5 bezeichneten Personen binnen einer Notfrist von einem Monat nach der Zustellung schriftlich oder zur Niederschrift der Geschäftsstelle des Erbgesundheitsgerichts Beschwerde einlegen. Die Beschwerde hat aufschiebende Wirkung. Über die Beschwerde entscheidet das Erbgesundheitsgericht. Gegen die Versäumung der Beschwerdefrist ist Wiedereinsetzung in den vorigen Stand in entsprechender Anwendung der Vorschriften der Zivilprozeßordnung zulässig.

§ 10 (1) Das Erbgesundheitsobergericht wird ei-

견을 듣고 불임시술을 받을 사람의 신상출석과 의사의 진단을 명령하고 부득이한 사유없이 불출석한 경우 그를 구인할 수 있다. 증인과 전문가의 심문과 선서, 그리고 법원 담당자의 제척과 기피에 관하여는 「민사소송령」의 규정들이 그 의미에 맞추어 적용된다. 증인 또는 전문가로 심문을 받는 의사는 직업비밀에 구속되지 않고 증언할 의무가 있다. 법원과 행정관청, 그리고 의료시설은 요청이 있으면 유전보건법원에 정보를 제공하여야 한다.

제8조 법원은 소송과 증거절차의 전체 결과를 참작하여 자유심증으로 결정하여야 한다. 결정은 구두협의에 기초하여 다수결로 한다. 결정은 서면으로 작성하여야 하고 의결에 참여한 구성원이 서명하여야 한다. 결정에 불임시술이 결정되거나 거부된 사유를 기재하여야 한다. 결정은 신청인, 공무직의 의사와 그의 불임시술이 신청된 사람 또는 그에게 신청할 권리가 없을 때에는 그의 법정대리인에게 송달되어야 한다.

제9조 결정에 대하여 제8조 5문에 규정된 사람들은 송달부터 1월의 법정기간 내에 서면 또는 유전보건법원 사무국의 조서로 이의를 제기할 수 있다. 이의는 정지효를 가진다. 이의에 관하여는 유전보전법원이 결정한다. 이의기간의 해태에 대하여 「민사소송령」의 규정을 준용하여 이전 상태로의 회복이 허용된다.

제10조 (1) 유전보건고등법원은 주고등법원

nem Oberlandesgericht angegliedert und umfaßt dessen Bezirk. Es besteht aus einem Mitglied des Oberlandesgerichts, einem beamteten Arzt und einem weiteren für das Deutsche Reich approbierten Arzt, der mit der Erbgesundheitslehre besonders vertraut ist. Für jedes Mitglied ist ein Vertreter zu bestellen. § 6 Abs. 2 gilt entsprechend.

(2) Auf das Verfahren vor dem Erbgesundheitsobergericht finden §§ 7, 8 entsprechende Anwendung.

(3) Das Erbgesundheitsobergericht entscheidet endgültig.

§ 11 (1) Der zur Unfruchtbarmachung notwendige chirurgische Eingriff darf nur in einer Krankenanstalt von einem für das Deutsche Reich approbierten Arzt durchgeführt werden. Dieser darf den Eingriff erst vornehmen, wenn der die Unfruchtbarmachung anordnende Beschluß endgültig geworden ist. Die oberste Landesbehörde bestimmt die Krankenanstalten und Ärzte, denen die Ausführung der Unfruchtbarmachung überlassen werden darf. Der Eingriff darf nicht durch den Arzt vorgenommen werden, der den Antrag gestellt oder in dem Verfahren als Beisitzer mitgewirkt hat.

(2) Der ausführende Arzt hat dem beamteten Arzt einen schriftlichen Bericht über die Ausführung der Unfruchtbarmachung unter Angabe des angewendeten Verfahrens einzureichen.

§ 12 (1) Hat das Gericht die Unfruchtbarmachung endgültig beschlossen, so ist sie auch gegen den Willen des Unfruchtbarzumachenden auszuführen, sofern nicht dieser allein den Antrag gestellt hat. Der beamtete Arzt hat bei der Polizeibehörde die erforderlichen Maßnahmen zu beantragen. Soweit andere Maßnahmen nicht ausreichen, ist die Anwendung unmittelbaren Zwanges zulässig.

(2) Ergeben sich Umstände, die eine nochmalige Prüfung des Sachverhalts erfordern, so hat das Erbgesundheitsgericht das Verfahren wieder

에 소속되고 그 지구를 관할한다. 유전보건고등법원은 1인의 주고등법원의 구성원, 공무직의 의사와 이밖에 유전보건학에 특별히 정통한 독일제국에서 면허를 받은 의사로 구성된다. 각 구성원에게 대리인이 선임된다. 제6조 제2항이 준용된다.

(2) 유전보건고등법원의 소송에는 제7조와 제8조가 준용된다.

(3) 유전보건고등법원은 종국판결한다.

제11조 (1) 불임시술에 필요한 외과수술은 의료시설에서 독일제국에서 면허를 받은 의사에 의하여 시행되어야 한다. 의사는 불임시술을 명령하는 결정이 확정된 때에 비로소 수술하여야 한다. 주최고관청은 불임시술의 시행이 위임되어야 하는 의료시설과 의사를 지정한다. 신청을 제출하거나 소송에 배석으로 참여한 의사에 의하여 수술이 이루어져서는 아니된다.

(2) 불임시술을 시행하는 의사는 공무직의 의사에게 적용된 소송을 기입하여 불임시술의 시행에 관하여 서면보고하여야 한다.

제12조 (1) 법원이 불임시술을 확정결정한 경우, 불임시술은 그를 받는 사람이 단독으로 신청하지 않으면 그의 의사에 반하여도 시행되어야 한다. 공무직의 의사는 경찰관청에 필요한 조치를 신청하여야 한다. 다른 조치가 충분하지 않으면, 직접강제의 적용이 허용된다.

(2) 사안의 재검토를 필요로 하는 사정이 있으면 유전보건법원은 소송을 재개하고 불임시술의 시행을 임시금지하여야 한다. 신

aufzunehmen und die Ausführung der Unfruchtbarmachung vorläufig zu untersagen. War der
Antrag abgelehnt worden, so ist die Wiederaufnahme nur zulässig, wenn neue Tatsachen eingetreten sind, welche die Unfruchtbarmachung
rechtfertigen.

§ 13 (1) Die Kosten des gerichtlichen Verfahrens
trägt die Staatskasse.

(2) Die Kosten des ärztlichen Eingriffs trägt bei den
der Krankenversicherung angehörenden Personen
die Krankenkasse, bei anderen Personen im Falle
der Hilfsbedürftigkeit der Fürsorgeverband. In allen anderen Fällen trägt die Kosten bis zur Höhe
der Mindestsätze der ärztlichen Gebührenordnung und der durchschnittlichen Pflegesätze in
den öffentlichen Krankenanstalten die Staatskasse, darüber hinaus der Unfruchtbargemachte.

§ 14 Eine Unfruchtbarmachung, die nicht nach
den Vorschriften dieses Gesetzes erfolgt, sowie
eine Entfernung der Keimdrüsen sind nur dann
zulässig, wenn ein Arzt sie nach den Regeln der
ärztlichen Kunst zur Abwendung einer ernsten
Gefahr für das Leben oder die Gesundheit desjenigen, an dem er sie vornimmt, und mit dessen
Einwilligung vollzieht.

§ 15 (1) Die an dem Verfahren oder an der Ausführung des chirurgischen Eingriffs beteiligten
Personen sind zur Verschwiegenheit verpflichtet.

(2) Wer der Schweigepflicht unbefugt zuwiderhandelt, wird mit Gefängnis bis zu einem Jahre
oder mit Geldstrafe bestraft. Die Verfolgung tritt
nut auf Antrag ein. Den Antrag kann auch der
Vorsitzende stellen.

§ 16 (1) Der Vollzug dieses Gesetzes liegt den
Landesregierungen ob.

(2) Die obersten Landesbehörden bestimmen,
vorbehaltlich der Vorschriften des § 6 Abs. 1
Satz 1 und des § 10 Abs. 1 Satz 1, Sitz und Bezirk der entscheidenden Gerichte. Sie ernennen
die Mitglieder und deren Vertreter.

§ 17 Der Reichsminister des Innern erlässt im Einvernehmen mit dem Reichsminister der Justiz,

청이 거부된 때에는 불임시술을 정당화하
는 새로운 사실이 생긴 때에만 재심이 허
용된다.

제13조 (1) 국고가 소송비용을 부담한다.

(2) 의료보험에 가입된 사람에 대하여는 의
료보험이, 도움이 필요한 경우 그밖의 사람
에 대하여는 구호단체가 의사의 수술비용을
부담한다. 그밖의 경우에는 「의료보수령」의
최저수가와 공공의료시설의 평균치료비용
의 한도에서 국고가, 그리고 이를 넘는 부
분은 불임시술된 사람이 비용을 부담한다.

제14조 이 법률의 규정에 따르지 않고 이루
어진 불임시술과 생식선의 제거는 의사가
의료기술에 관한 규정에 따라 그가 시술하
는 사람의 생명 또는 건강의 중대한 위험을
방지하고 그의 동의를 얻어 시술하는 때에
만 허용된다.

제15조 (1) 소송 또는 외과수술의 시술에 관여
한 사람은 비밀준수의무가 있다.

(2) 권한 없이 비밀준수의무를 위반한 사람
은 1년 이하의 징역 또는 벌금형에 처한다.
형사소추는 고소가 있을 때에만 개시된다.
재판장도 고소할 수 있다.

제16조 (1) 주정부가 이 법률을 집행 한다.

(2) 주최고관청이 제6조 제1항 1문과 제10
조 제1항 1문을 제외하고 결정하는 법원의
소재와 관할지구를 정한다. 그는 담당관과
그 대리인을 정한다.

제17조 제국내무상은 제국법무상의 동의를 얻
어 이 법률의 시행에 필요한 법규정과 행정

die zur Durchführung dieses Gesetzes erforderlichen Rechts- und Verwaltungsvorschriften.

§ 18 Dieses Gesetz tritt am 1. Januar 1934 in Kraft.

Berlin, den 14. Juli 1933.

Der Reichskanzler
Adolf Hitler

Der Reichsminister des Innern
Frick

Der Reichsminister der Justiz
Dr. Gürtner

<Reichsgesetzblatt 1933 I, S. 529-531>

규정을 제정한다.

제18조 이 법률은 1934년 1월 1일 시행한다.

베를린, 1933년 7월 14일

제국재상
아돌프 히틀러

제국내무상
프릭

제국법무상
귀르트너 박사

관련 법령:
Verordnung zur Ausführung des Gesetzes zur Verhütung erbkranken Nachwuchses (05.12.1933)
Zweite Verordnung zur Ausführung des Gesetzes
zur Verhütung erbkranken Nachwuchses
(29.05.1934)
Dritte Verordnung zur Ausführung des Gesetzes
zur Verhütung erbkranken Nachwuchses
(25.02.1935)

XXIII-I. [Motiv] Gesetz zur Verhütung erbkranken Nachwuchses

<Reichsgesetzblatt vom 25. Juli 1933>

Das **Gesetz zur Verhütung erbkranken Nachwuchses (GzVeN) vom 14. Juli 1933**(RGBl. I, S. 529) war **ein deutsches Sterilisationsgesetz.** Es trat zum 1. Januar 1934 in Kraft. Das Gesetz diente im nationalsozialistischen Deutschen Reich der sogenannten Rassenhygiene durch „Unfruchtbarmachung" vermeintlicher „Erbkranker" und Alkoholiker. Die Sterilisationsverfahren wurden durch Gutachten von „Erbgesundheitsgerichten" legalisiert. Die Sterilisation wurde auf Antrag (des Betroffenen, überwiegend maßgeblich aber des beamteten Arztes oder „für die Insassen einer Kranken-, Heil- oder Pflegeanstalt oder einer Strafanstalt" des Anstaltsleiters) durchgeführt, über den „Erbgesundheitsgerichte" entschieden, die einem Amtsgericht angegliedert waren. Dadurch wurde die eugenische Zwangssterilisation legalisiert.

<Entstehungsgeschichte>

Das Gesetz basierte auf einem bereits vor der nationalsozialistischen Machtübernahme geplanten Entwurf, welcher 1932 vom preußischen Gesundheitsamt unter Federführung von Eugenikern wie Hermann Muckermann, Arthur Ostermann, dem zweiten Direktor des Berliner Kaiser-Wilhelm-Instituts für Biologie, Richard Goldschmidt, und anderen ausgearbeitet wurde. Der Entwurf enthielt Sterilisationen auf freiwilliger Basis; allerdings er-

23-1. [해설] 유전질환을 가진 신생아출생의 방지를 위한 법률

< 1933년 7월 25일 제국법률관보 >

1933년 7월 14일의 「유전질환을 가진 신생아출생의 방지를 위한 법률」(GzVeN) (제국법률관보 Ⅰ 529)은 **독일단종[불임시술]법률(斷種法律)**이다. 이 법률은 1934년 1월 1일에 시행되었다. 단종절차는 "유전보건법원"의 의견서로 합법화되었다. 이 법률은 민족사회주의 독일제국에서 잠재적 "유전질환자"와 알콜중독자에 대한 "불임시술"에 의한 이른바 인종우생학을 위한 것이다. 단종은 (본인, 주로 원칙적으로 공무원인 의사 또는 "병원시설, 치료시설이나 요양시설 또는 형사교정시설의 수용인에 관하여는" 시설의 장의) 신청으로 시술되고 지방법원에 편제된 "유전보건법원"을 거쳐서 결정되었다. 이를 통하여 우생학적인 강제단종이 합법화되었다.

〈제정사〉

이 법률은 이미 민족사회주의가 정권을 인수하기 전의 1932년 헤르만 묵커만[1], 아르투어 오스터만[2], 베를린 빌헬름황제생물연구소의 제2부원장 리하르트 골드슈미트[3]와 그 밖의 사람들의 책임으로 작성되어 프로이센보건청이 계획한 제정안을 기원으로 한다. 제정안은 자유의사에 기초한 불임시술을 포함한다; 당연히 이 문제는 프로이센주의회의 심의과정에서 민족사회주의당 원내교섭단체의 보건전

---

1) Hermann Muckermann SJ(1877-1962). 생물학자, 인종우생학자이며 예수회신부. 1926년 예수회를 탈퇴하였으나 신부직을 계속 유지.

2) Arthur Ostermann(1864-1941). 바이마르공화국의 프로이센 국민복지성 참사관으로 독일우생운동의 핵심인물.

3) Richard Baruch-Benedikt Goldschmidt(1878-1958). 유대혈통의 유전생물학자. 1935년 유대혈통 때문에 민족사회주의에서 축출된 후 미국으로 망명하여 버클리대학교 유전학과 세포학 교수 역임.

fuhr dieser Punkt bei den Beratungen Kritik seitens des Gesundheitsexperten der sozialdemokratischen Fraktion im preußischen Parlament Benno Chajes, welcher mit Hinweis auf Gesetzgebung in einigen Bundesstaaten der USA und dem Schweizer Kanton Waadt Zwangssterilisation für bestimmte Fälle vorschlug. Außerdem forderte er, neben der eugenischen und medizinischen auch soziale Indikationen in den Entwurf einzuführen. Obwohl dieser Gesetzesvorschlag breite Unterstützung erhielt, wurde er auch auf Grund des politischen Chaos infolge der Absetzung der preußischen Regierung nicht mehr Gesetz.

Im Gegensatz zu diesem frühen Gesetzentwurf, welcher Sterilisation auf freiwilliger Basis vorsah, war das unter den Nationalsozialisten beschlossene Gesetz in mehreren Punkten verschärft; so war nun die Möglichkeit der Zwangssterilisation gegeben, die von Amtsärzten oder Anstaltsleitern der "Kranken-, Heil-, Pflege- oder Strafanstalten" beantragt werden konnte.

Das Gesetz wurde am 14. Juli 1933 verabschiedet. In der amtlichen Begründung des Gesetzes heißt es: **„Der fortschreitende Verlust wertvoller Erbmasse muss eine schwere Entartung aller Kulturvölker zur Folge haben. Von weiten Kreisen wird heute die Forderung gestellt, durch Erlass eines Gesetzes zur Verhütung erbkranken Nachwuchses das biologisch minderwertige Erbgut auszuschalten. So soll die Unfruchtbarmachung eine allmähliche Reinigung des Volkskörpers und die Ausmerzung von krankhaften Erbanlagen bewirken."** Der regierungsamtliche Gesetzeskommentar einschließlich zweier fach-

문가 베노 카예스[4]의 비판을 받았으며, 그는 미합중국의 일부 주와 스위스 바트(Waadt)주 의 입법을 인용하여 일정한 경우 강제불임시 술을 제안하였다. 이밖에 그는 제정안에 유전 적·의학적 요건과 함께 사회적 요건의 신설 을 주장하였다. 이 입법제안은 폭넓은 지지를 얻었으나 프로이센정부의 붕괴에 이어진 정치 적 소요 때문에 법률화되지 못하였다.

자유의사에 기초한 불임시술을 의도한 본 래의 법률제정안과 달리 민족사회주의 아래에 서 의결된 법률은 많은 부문에서 강화되었다; 공무원의사 또는 "의료시설, 치료시설이나 요 양시설 또는 형사교정시설"의 시설의 장에 의 하여 신청될 수 있는 강제불임시술의 가능성 이 도입되었다.

이 법률은 1933년 7월 14일에 통과되었다. 이 법률의 공식제정이유는 다음으로 한다: "늘 어나는 가치있는 유전형질의 지속적 상실로 모 든 문명민족이 심대하게 변종된다. 오늘날「유 전질환을 가진 신생아출생의 방지를 위한 법 률」의 제정으로 생물학적으로 열등한 유전형 질을 차단하여야 한다는 요구가 폭넓게 내세워 진다. 따라서 불임시술은 민족체의 점진적 정 화이고 질환 있는 유전인자를 근절하는 효과 를 가진다." 2개의 외과전문의 기고를 포함하 는 정부의 공식 법률주석서가 1934년 레만스 출판사에서 출간되었다: 아르투어 귀트[5], 에른 스트 루딘[6], 팔크 루트케[7], 1933년 7월 14일

---

4) Benno Chajes(1880-1938). 유대혈통의 의학자, 사회·기업보건학 교수, 프로이센주의회 사회민주당 의원. 민족사회주의의 집권으로 망명한 후 팔레스타인의 보건환경 구축에 기여.

5) Arthur Julius Gütt(1891-1949). 의사, 인종유전학자이며 국가보안부(SS.) 지휘관.「유전질환을 가진 신생 아출생의 방지를 위한 법률」의 창조자.

6) Ernst Rüdin(1874-1952). 유전연구를 정신의학에 도입한 스위스-독일의 정신과의사 의사, 인종유전학자.

7) Falk Alfred Ruttke(1894-1955). 민족사회주의에 의한 인종청소를 대변한 법률가,「유전질환을 가진 신생 아출생의 방지를 위한 법률」주석서의 주저자이며 뉘른베르크법률의 기초자.

chirurgischer Beiträge erschien 1934 im J.F. Lehmanns Verlag, München: Arthur Gütt, Ernst Rüdin, Falk Ruttke: „Gesetz zur Verhütung erbkranken Nachwuchses vom 14. Juli 1933. Mit Beiträgen: Die Eingriffe zur Unfruchtbarmachung des Mannes und zur Entmannung, von Erich Lexer. Die Eingriffe zur Unfruchbarmachung der Frau, von Albert Döderlein".

Durch das **„Gesetz zur Änderung des Gesetzes zur Verhütung erbkranken Nachwuchses"** vom 26. Juni 1935 (RGBl. 1935 I, 773) wurde der Schwangerschaftsabbruch bei diagnostizierter Erbkrankheit legalisiert.

Hinzu kamen neben der schon bestehenden medizinischen Indikation 1938 die „rassische Indikation" und 1943 die „ethische Indikation".

<Zielgruppen und Auswirkungen>
Erbkrank im Sinne des Gesetzes war, wer an einer der folgenden Krankheiten litt:
1. angeborener Schwachsinn
2. Schizophrenie
3. zirkuläres (manisch-depressives) Irresein (heute Bipolare Störung)
4. erbliche Fallsucht (heute Epilepsie)
5. erblicher Veitstanz (im Gesetz auch als Huntingtonsche Chorea, heute als Chorea Huntington bezeichnet)
6. erbliche Blindheit
7. erbliche Taubheit
8. schwere erbliche körperliche Missbildung

Ferner konnte unfruchtbar gemacht werden, wer an „schwerem Alkoholismus" litt.

Bis Mai 1945 wurden mindestens 400.000 Menschen zwangssterilisiert. Auf Grund des Gesetzes

의 「유전질환을 가진 신생아출생의 방지를 위한 법률」. 그에 실린 기고: 에리히 렉서[8]의 남성의 불임시술과 거세수술. 알베르트 되딜라인[9], 여성의 불임시술.

1935년 6월 26일의 「유전질환을 가진 신생아출생의 방지를 위한 법률의 개정을 위한 법률」(제국법률관보 1935 I 773)로 유전질환의 징후가 있는 임신중절이 합법화되었다.

여기에 기존의 의학적 증상 외에 1938년에 "인종적 증상"과 1943년의 "윤리적 증상"이 덧붙여졌다.

⟨목표군과 효과⟩
다음 각호의 질병을 앓는 사람은 이 법률의 의미에서 유전질환이 있다:
1. 선천성 정신박약
2. 정신분열증[조현증]
3. 반복적(조울증의) 정신착란
4. 선천성 간질
5. 선천성 병리무도증(헌팅턴 무도병)[10]
6. 선천성 맹아
7. 선천성 농아
8. 중대한 선천성 신체적 기형

나아가 "심한 알콜중독"을 겪는 사람도 불임시술될 수 있었다.

1945년 5월까지 최소 40만명이 강제시술되었다. 이 법률에 근거하여 35만에서 36만의

---

8) Erich Lexer(1867-1937). 외과의사, 교수. Jacques Joseph(1865-1934, '코요셉'[Nasenjoseph]을 별명으로 하는 코성형술의 개척자)와 더불어 성형외과학의 창시자. 「유전질환을 가진 신생아출생의 방지를 위한 법률」 주석서의 공동저자.
9) Albert Sigmund Gustav Döderlein(1860-1941). 부인과의사.
10) 뇌세포장애를 원인으로 운동장애증상을 수반하는 불치의 유전질환.

wurden 350.000 bis 360.000 Zwangssterilisationen vorgenommen.

Insgesamt kamen durch Anwendung des Gesetzes 5000 bis 6000 Frauen und ungefähr 600 Männer durch Komplikationen während der medizinischen Prozedur um.

<Umgang mit dem Gesetz nach 1945>

Das GzVeN wurde nach der deutschen Kapitulation im Mai 1945 wie ein Großteil der in der Zeit des Nationalsozialismus erlassenen Gesetze nicht durch die Kontrollratsgesetze aufgehoben und galt fort. Im Kontrollratsdirektorat sprach sich der Chef der Rechtsabteilung der US-amerikanischen Militärregierung Charles H. Fahy für eine vorläufige Suspendierung des Gesetzes aus, bis eine Anwendung eventuell wieder im öffentlichen Interesse liege. Einige Länder trafen daraufhin eigene Regelungen:

In Thüringen wurde das Gesetz am 20. August 1945 aufgehoben.

Bayern hob das Gesetz am 20. November 1945 auf.

Nach einer in Hessen am 16. Mai 1946 verfügten Verordnung war das Gesetz bis auf weiteres nicht mehr anzuwenden.

Württemberg-Baden setzte das Gesetz durch ein am 24. Juli 1946 erlassenes Gesetz aus.

Die sowjetische Besatzung befahl in ihrer Zone am 8. Januar 1946 die Aufhebung des Gesetzes. Die britische Besatzung erließ am 28. Juli 1947 eine Verordnung über die Wiederaufnahme von Erbgesundheitsverfahren. Allerdings gab es keine Erbgesundheitsgerichte mehr, sodass das Gesetz nicht mehr praktisch angewandt wurde.

Nach 1949 galt das Gesetz in Teilen auch in der neugegründeten Bundesrepublik Deutschland fort, während es in der Deutschen Demokratischen Republik aufgehoben blieb. Soweit Vorschriften

강제불임시술이 이루어졌다.

전체로 볼 때 이 법률의 적용으로 의료시술 도중에 5천명에서 6천명에 이르는 여성과 대략 600명의 남성이 합병증으로 사망하였다.

〈1945년 이후 이 법률의 경과〉

GzVeN은 독일이 항복한 1945년 5월 이후에도, 민족사회주의의 시대에 제정된 대부분의 법률들과 마찬가지로, 연합국관리위원회법률에 의하여 폐지되지 않고 계속 적용되었다. 관리위원회 책임위원회에서 미합중국 군사정부의 법무국장 찰스 파이[11]는 그 적용이 공공의 관심을 끌 때까지 일시유예를 주장하였다. 일부 주들은 독자적인 규정을 제정하였다:

튀링겐주에서 1945년 8월 20일 이 법률이 폐지되었다.

바이에른주는 1945년 11월 20일 이 법률을 폐지하였다.

헤센주에서 1946년 5월 16일 제정된 명령에 따르면 이 법률을 더 이상 적용하지 아니한다.

뷔템베르크-바덴주는 1946년 7월 24일에 제정한 법률로 이 법률을 폐지하였다.

소비에트점령군은 그의 점령지역에서 1946년 1월 8일 이 법률의 폐지를 명령하였다. 영국점령군은 1947년 7월 28일 유전보건절차의 재도입에 관한 명령을 제정하였다. 물론 유전보건법원이 더 이상 없어 법률이 실무에서 더 이상 적용되지 않았다.

1949년 이후 이 법률은 새로 건국된 독일연방공화국(BRD) 지역에서 계속적용되었지만, 독일민주주의공화국(DDR)에서는 폐지된 상태로 있었다. GzVeN의 법률규정이 독일연

---

11) Charles H. Fahy(1892-1979). 미국법률가, 법무성 차관(Solicitor General)과 연방항소법원 판사.

des GzVeN dem Grundgesetz der Bundesrepublik
Deutschland widersprachen (Artikel 123 Abs. 1
GG), endete deren Gültigkeit mit dem Inkrafttreten
desselben.

Seit Beginn der 1950er Jahre kam es aus der
Ärzteschaft und Justiz der Bundesrepublik zu
Forderungen für eine neue Einführung und Regelung von eugenischen Zwangssterilisationen, die
sich aber nicht durchsetzen ließen.

Die Bundesregierung erklärte am 7. Februar
1957 vor dem Deutschen Bundestag:
„Das Gesetz zur Verhütung erbkranken Nachwuchses vom 14. Juli 1933 ist kein typisch
nationalsozialistisches Gesetz, denn auch in
demokratisch regierten Ländern - z. B. Schwe-
den, Dänemark, Finnland und in einigen Staaten
der USA - bestehen ähnliche Gesetze; das Bundesentschädigungsgesetz gewährt aber grundsätzlich Entschädigungsleistungen nur an Verfolgte
des NS-Regimes und in wenigen Ausnahmefällen
an Geschädigte, die durch besonders schwere Verstöße gegen rechtsstaatliche Grundsätze Schäden
erlitten haben."

Mit dieser Einschätzung waren die Opfer
des Gesetzes nicht berechtigt zum Erhalt von
Entschädigungen nach dem Bundesentschädigungsgesetz.

Noch gültige Vorschriften des GzVeN über
Maßnahmen mit Einwilligung des Betroffenen
wurden durch Artikel 8 Nr. 1 des Gesetzes vom
18. Juni 1974 (BGBl. I S. 1297) aufgehoben. 1986
erklärte das Amtsgericht Kiel, dass das Erbgesund-
heitsgesetz dem Grundgesetz widerspricht.

Im Jahre 1988 ächtete der Bundestag die auf Grundlage des GzVeN durchgeführten Zwangssterilisierungen. Im Beschluss heißt es:
1. „Der Deutsche Bundestag stellt fest, dass

방공화국 기본법(제123조 제1항)에 위반하는
범위에서 그 규정은 기본법의 시행과 함께 효
력을 잃었다.

1950년대초에 이르러 새로이 유전질환의
강제불임시술의 도입과 규율에 관한 요청이
의사협회와 연방법무성으로부터 있었으나 관
철될 수 없었다.

1957년 2월 7일 연방정부는 독일연방의회
[하원]에서 설명하였다:
"1935년 6월 26일의 「유전질환을 가진 신
생아출생의 방지를 위한 법률의 개정을 위한
법률」은 전형적인 민족사회주의법률이 아닙니
다. 왜냐하면 -예컨대 스웨덴, 덴마크, 핀란드
와 미국의 일부 주들 등과 같이 민주적으로 통
치되는 국가에서도- 비슷한 법률이 있기 때문
입니다: 그러나 「연방보상법률」은 원칙적으로
오로지 민족사회주의-정권에 의하여 핍박받은
사람과 일부 예외적인 경우에 법치주의원칙에
대한 특히 중대한 침해로 손해를 입은 피해자
에게 보상급부만을 보장합니다."

이러한 평가로 말미암아 이 법률의 희생자
들은 「연방보상법률」에 따른 보상을 받을 권
리가 없었다.

본인의 동의를 얻은 조치에 관하여 여전히
효력을 가졌던 GzVeN의 법률규정들은 1974
년 6월 18일의 법률(연방법률관보 I 1297) 제
8조 1호에 의하여 폐지되었다. 1986년에 킬지
방법원은 「유전보건법률」이 기본법에 위반한
다고 판시하였다.

1988년 연방의회는 GzVeN에 근거하는 강
제불임시술을 폐지하였다. 다음은 의결내용
이다:
1. "독일연방의회는 1933년 7월 14일의

die in dem Gesetz zur Verhütung erbkranken
Nachwuchses vom 14. Juli 1933 vorgesehenen
und auf der Grundlage dieses Gesetzes während
der Zeit von 1933 bis 1945 durchgeführten
Zwangssterilisierungen nationalsozialistisches
Unrecht sind."

2. „Der Deutsche Bundestag ächtet die Maßnahmen, die ein Ausdruck der inhumanen nationalsozialistischen Auffassung vom ‚lebensunwer-
ten Leben' sind."

3. „Den Opfern der Zwangssterilisierung und ihren
Angehörigen bezeugt der Deutsche Bundestag
Achtung und Mitgefühl."

Am 25. August 1998 verabschiedete der Bundestag das"Gesetz zur Aufhebung nationalsozialis-
tischer Unrechtsurteile in der Strafrechtspflege und
von Sterilisationsentscheidungen der ehemaligen
Erbgesundheitsgerichte. Damit hob er die von
den Erbgesundheitsgerichten auf Grundlage des
GzVeN erlassenen rechtskräftigen Beschlüsse zur
Sterilisierung auf.

2007 wurde das GzVeN „in seiner Ausgestaltung
und Anwendung" vom Deutschen Bundestag als „nationalsozialistisches Unrecht" geächtet. Die Opfer des
GzVeN werden jedoch bis zum heutigen Tage nicht
als Verfolgte des Nationalsozialismus anerkannt und
haben so keinen Rechtsanspruch auf Entschädigung
nach dem Bundesentschädigungsgesetz.

Bekannte Opfer des Gesetzes

Dorothea Buck, Autorin, Bildhauerin und be-
deutende Persönlichkeit der Bewegung Psychi-
atrie-Erfahrener

Elisabeth Herrmann, deutsche Gebrauchs-
grafikerin und Schriftstellerin

「유전질환을 가진 신생아출생의 방지를 위한
법률」에 규정되고 이 법률에 근거하여 1933
년부터 1945년까지 시술된 강제불임시술이
민족사회주의의 불법임을 확인한다."

2. "독일연방의회는 '살 가치가 없는 생명'
이라는 비인간적 민족사회주의 이념의 표현
이 되는 조치를 폐지한다."

3. "독일연방의회는 강제불임시술의 희생자
와 그의 가족에게 경의와 공감을 보낸다."

1998년 8월 25일 연방의회는 「형사사법에
서 민족사회주의의 불법판결과 이전의 유전보
건법원의 불임시술결정의 폐지를 위한 법률」
을 제정하였다. 이로써 연방의회는 GzVeN을
근거로 유전보건법원에 의하여 내려진 확정효
있는 불임시술결정을 무효화하였다.

GzVeN은 2007년 독일연방의회에 의하여
"그의 형식과 적용에서" "민족사회주의적 불
법"으로 폐지되었다. GzVeN의 희생자는 오
늘날까지도 민족사회주의의 핍박을 받은 사람
으로 인정되지 않고 따라서 「연방보상법률」에
따른 법적 보상청구권이 없다.

이 법률의 대표희생자
도로테아 북[12], 작가, 조각가이며 정신병 자
기치료운동의 대표인물.

엘리자베트 헬르만[13], 독일의 상업디자이너
이며 작가.

---

12) Dorothea Buck(1917-2019). 강제불임시술된 작가.

13) Elisabeth Maria Antonie Therese Herrmann(1910-1984). 상업디자이너, 계보학자. 강제불임수술의 외상
    을 표현한 자전적 '강제불임시술된 나'(Ich, die Steri, Eigenverlag, 1969)의 작가.

Elfriede Lohse-Wächtler, deutsche bildende Künstlerin

엘프리데 로제-배히틀러[14], 독일의 조형예술가

---

14) Elfriede Lohse-Wächtler(1899-1940), 전위미술가, 사회주의 안락사작전(Euthanasie-Aktion T4)에 따라 Pirna-Sonnenstein 안락사시설에서 피살.

XXIV. Gesetz zur Ergänzung des Gesetzes zur Wiederherstellung des Berufsbeamtentums.

24. 직업공무원제의 재건을 위한 법률의 보완을 위한 법률

Vom 20. Juli 1933.

1933년 7월 20일

Die Reichsregierung hat das folgende Gesetz beschlossen, das hiermit verkündet wird:

제국정부는 여기에 공포되는 다음의 법률을 의결하였다:

Das Gesetz zur Wiederherstellung des Berufsbeamtentums vom 7. April 1933 (Reichsgesetzbl. I S. 175) wird wie folgt ergänzt:

1933년 4월 7일의 직업공무원제의 재건을 위한 법률(제국법률관보 I 175)이 다음과 같이 보완된다:

1. Hinter § 2 ist folgende Vorschrift einzufügen:

1. 제2조에 이어 다음의 규정이 신설된다:

"§ 2a

(1) Beamte, die der kommunistischen Partei oder kommunistischen Hilfs- oder Ersatzorganisationen angehört oder sich sonst im kommunistischen Sinne betätigt haben, sind aus dem Dienst zu entlassen. Von der Entlassung kann bei solchen Beamten abgesehen werden, die sich schon vor dem 30. Januar 1933 einer Partei oder einem Verbande, die sich hinter die Regierung der nationalen Erhebung gestellt haben, angeschlossen und sich in der nationalen Bewegung hervorragend bewährt haben.

(2) Zu entlassen sind auch Beamte, die sich in Zukunft im marxistischen (kommunistischen oder sozialdemokratischen) Sinne betätigen.

(3) Auf die nach Abs. 1 und 2 entlassenen Beamten finden die Vorschriften des § 2 Abs. 1 Satz 2, Abs. 2 und 3 entsprechende Anwendung."

"제2a조

(1) 공산당 또는 공산주의적 협력기관이나 대체기관에 소속되거나 그밖에 공산주의적 가치관을 가지고 활동한 공무원은 복무에서 해임된다. 이미 1933년 1월 30일 이전부터 민족 고양의 정부를 지원하는 정당 또는 단체에 가입하고 민족운동에서 현저하게 증명한 공무원은 해임에서 제외될 수 있다.

(2) 장래에 막스적 (공산주의적 또는 사회민주적) 가치관을 가지고 활동하는 공무원도 해임되어야 한다.

(3) 제1항과 제2항에 따라 해직된 공무원에 대하여는 제2조 제1항 2문과 3문의 규정이 준용된다."

2. Im § 7 Abs. 2 ist hinter "§ 2" einzufügen ", 2a".

2. 제7조 제2항에서 "제2조"의 다음에 "제2a조"를 추가한다.

Berchtesgaden, den 20. Juli 1933.

베르히테스가덴, 1933년 7월 20일

Der Reichskanzler
Adolf Hitler

제국재상
아돌프 히틀러

Für den Reichsminister des Innern:
Der Reichsminister der Finanzen
Graf Schwerin von Krosigk

제국내무상을 위하여:
제국재무상
그라프 슈베린 폰 크로직

Quelle: Reichsgesetzblatt 1933 I, S. 518.

관련 법령:
법률 5, 16, 18, 25, 37, 38
Richtlinien zu § 1 a Abs. 3 des Reichsbeamtengesetzes in der Fassung des Gesetzes

XXV. Drittes Gesetz zur Änderung des Gesetzes zur Wiederherstellung des Berufsbeamtentums.

Vom 22. September 1933.

Die Reichsregierung hat das folgende Gesetz beschlossen, das hiermit verkündet wird:

I Das Gesetz zur Wiederherstellung des Berufsbeamtentums vom 7. April 1933 (Reichsgesetzbl. I S. 175) in der Fassung der Gesetze vom 23. Juni 1933 (Reichsgesetzbl. I S. 389) und vom 20. Juli 1933 (Reichsgesetzbl. I S. 518) wird wie folgt geändert:

1. In § 2 Abs. 3 erhält der Satz: "eine Nachversicherung nach Maßgabe der reichsgesetzlichen Sozialversicherung findet nicht statt" folgende Fassung: "wird eine Rente bewilligt, so findet eine Nachversicherung nach Maßgabe der reichsgesetzlichen Sozialversicherung nicht statt".

Ferner erhält § 2 folgenden Abs. 5:
"Den Hinterbliebenen von Personen der im Abs. 1 bezeichneten Art, die vor dem Inkrafttreten dieses Gesetzes gestorben sind, sind die Hinterbliebenenbezüge zu entziehen. Im Falle der Bedürftigkeit kann ihnen eine Rente bis zu 60 v. H. des Betrages bewilligt werden, der dem verstorbenen Beamten als Rente hätte bewilligt werden können."
2. In § 2a Abs. 3 ist statt "§ 2 Abs. 1 Satz 2, Abs. 2 und 3" zu setzen: "§ 2 Abs. 1 Satz 2, Abs. 2 bis 5".
3. In § 3 Abs. 2 ist an Stelle des Satzes 2 zu setzen: "Abs. 1 gilt ferner nicht für weibliche Beamte, deren Ehemänner im Weltkrieg gefallen sind. Weitere Ausnahmen kann in Einzelfällen der Reichsminister des Innern im Einvernehmen mit der zuständigen obersten Reichs- oder Landesbehörde zulassen, wenn dringende Rücksichten der Verwaltung es erfordern."

25. 직업공무원제의 재건을 위한 법률의 제3차 개정법률

1933년 9월 22일

제국정부는 여기에 공포되는 다음의 법률을 의결하였다:

I. 1933년 6월 23일의 법률본(제국법률관보 I 389)과 1933년 7월 20일의 법률본(제국법률관보 I 518)에서 1933년 4월 7일의 직업공무원제의 재건을 위한 법률이 다음으로 개정된다:

1. 제2조 제3항에서 법문: "제국법률의 사회보험을 기준으로 하는 추가보험은 인정되지 아니한다"에 다음의 법문을 삽입한다: "연금이 승인된 경우, 제국법률의 사회보험을 기준으로 하는 추가보험은 인정되지 아니한다."

또한 제2조에 다음의 제5항을 신설한다: "이 법률의 시행 전에 사망한 제1항에 규정된 종류의 사람의 유족으로부터 유족급여를 박탈한다. 필요한 경우 사망한 공무원에게 연금으로 승인되었을 금액의 100분의 60의 범위에서 연금이 그에게 승인될 수 있다."

2. 제2a조 제3항에서 "제2조 제1항 1문, 제2항과 제3항"을 대체한다: "제2조 제1항 2문, 제2항부터 제5항."
3. 제3조 제2항에서 2문을 대체한다: "제1항은 또한 그의 배우자가 세계대전에서 전몰한 여성공무원에게는 적용되지 아니한다. 제국내무상은, 긴급한 행정의 사정이 있을 때에는, 개별사안에서 관할 제국최고관청 또는 주관청의 동의를 얻어 그 밖의 예외를 허가할 수 있다.

4. § 4 erhält folgenden Abs. 2: "Die Vorschriften des Abs. 1 finden auf Beamte, die bereits vor dem Inkrafttreten dieses Gesetzes in den Ruhestand getreten sind, entsprechend Anwendung, indem an die Stelle der Entlassung die Entziehung des Ruhegeldes tritt."

5. § 7 [vgl. auch Nr. 2 des Ersten Änderungsgesetzes] erhält folgende Fassung:

"(1) Die Entlassung aus dem Amte, die Versetzung in ein anderes Amt und die Versetzung in den Ruhestand wird durch die oberste Reichsbehörde oder den Reichsstatthalter, in Preußen durch den Ministerpräsidenten oder die oberste Landesbehörde ausgesprochen, die endgültig unter Ausschluß des Rechtswegs entscheiden. Soweit bis zum 30. September 1933 die Entlassung aus dem Amt, die Versetzung in ein anderes Amt oder die Versetzung in den Ruhestand durch eine andere oberste Reichs- oder Landesbehörde ausgesprochen worden ist, tritt die Verfügung dieser Behörde an die Stelle der nach Satz 1 zuständigen Behörde.

(2) Die Verfügungen nach §§ 2, 2a, 3 und 4 Abs. 1 müssen spätestens am 30. September 1933, die Verfügungen nach § 4 Abs. 2, §§ 5 und 6 spätestens am 31. März 1934 zugestellt werden. Wenn die Prüfung, ob auf einen Beamten die Voraussetzungen der §§ 2, 2a, 3 oder 4 Abs. 1 zutreffen, am 30. September 1933 bei der obersten Reichs- oder Landesbehörde bereits anhängig, aber noch nicht abgeschlossen ist, ist eine Zustellung der Verfügung nach dem 30. September 1933, jedoch längstens bis zum 31. März 1934 zulässig. Die Fristen können im Einverständnis mit dem Reichsminister des Innern durch die zuständige oberste Reichs- oder Landesbehörde verkürzt werden."

6. In § 9 Abs. 5 werden die Worte "§§ 2 bis 4" ersetzt durch "§§ 3, 4". Ferner werden die Worte "30. September 1933" durch die Worte "31.

4. 제4조에 다음의 제2항을 신설한다: "제1항의 규정은 이 법률의 시행 이전에 이미 퇴직연금의 몰수가 해임에 갈음하는 퇴직상태에 든 공무원에게 준용된다."

5. 제7조[비교. 또는 제1차 개정법률 제2호]에 다음의 법문을 신설한다:

"(1) 공직의 해임, 다른 공직으로의 전보와 퇴직처분은 법적 구제수단 없이 최종 결정하는 제국최고관청이나 제국감찰관, 프로이센의 경우 주수상 또는 주최고관청에 의하여 선고된다. 1933년 9월 30일까지 다른 제국최고관청이나 주관청에 이의하여 공직의 해임, 다른 공직으로의 전보 또는 퇴직처분이 선고되지 않은 경우, 그 관청의 처분이 1문에 따른 관할관청을 갈음한다.

(2) 제2조, 제2a조, 제3조와 제4조 제1항에 따른 처분은 늦어도 1933년 9월 30일까지, 제4조 제2항, 제5조와 제6조에 따른 처분은 늦어도 1934년 3월 31일까지 송달되어야 한다. 특정 공무원에게 제2조, 제2a조, 제3조와 제4조 제1항의 요건이 있는지의 심사가 1933년 9월 30일에 이미 제국최고관청 또는 주관청에 계류 중이나 아직 종결되지 않는 경우에는 처분의 송달이 1933년 9월 30일 이후에, 그러나 늦어도 1934년 3월 31일까지 허용된다. 기간은 제국내무상의 동의를 얻어 관할 제국최고관청 또는 주관청에 의하여 단축될 수 있다."

6. 제9조 제5조에서 "제2조부터 제4조"의 법문은 "제3조와 제4조"로 대체된다. 나아가 "1933년 9월 30일"의 법문은 "1934년 3

März 1934" und die Worte: "1. Oktober 1933"
durch die Worte: "1. April 1934" ersetzt.

7. In § 10 erhält Abs. 1 Satz 1 folgende Fassung:
"Richtlinien, die für die Höhe der Besoldung
von Beamten aufgestellt sind, werden der
Berechnung der Dienstbezüge und des Ruhegeldes von Beamten, die nach §§ 3, 4 ausscheiden, zugrunde gelegt."
8. In § 14 Abs. 1 werden die Worte: "31. Dezember
1933" ersetzt durch die Worte "31. März 1934".

II Dieses Gesetz tritt mit Wirkung vom 8. April
1933 in Kraft.

Berlin, den 22. September 1933

Der Reichskanzler
Adolf Hitler

Der Reichsminister des Innern
zugleich für den Reichsminister der Finanzen
Frick

<Reichsgesetzblatt 1933 I, S. 655-656>

월 31일"로 대체되고 법문: "1933년 10월 1
일"은 법문: "1934년 4월 1일"로 대체된다.

7. 제10조에서 제1항 1문은 다음의 법문으로
한다: "공무원의 급여액에 관한 지침은 제
3조에서 제4조에 따라 공직을 떠나는 공무
원의 직무급여와 퇴직연금의 산정에 기초
가 된다."

8. 제14조 제1항에서 법문: "1933년 12월 31일"
은: "1934년 3월 31일"의 법문으로 대체된다.

II. 이 법률은 1933년 4월 8일 효력이 생긴다.

베를린, 1933년 9월 22일

제국재상
아돌프 히틀러

제국내무상이며
동시에 제국재무상을 위하여
프릭

관련 법령:
Gesetz 5, 17, 18, 24, 37, 38
Richtlinien zu § 1 a Abs. 3 des Reichsbeamtengesetzes in der Fassung des Gesetzes vom 30. Juni
1933 (08.08.1933)

XXVI. **Gesetz zur Wiederherstellung des Berufsbeamtentums in der Fassung der Gesetze zur Änderung und Ergänzung des Gesetzes zur Wiederherstellung des Berufsbeamtentums vom 23. Juni 1933, 20. Juli 1933 und 22. September 1933.**

Vom 22. September 1933.

Die Reichsregierung hat das folgende Gesetz beschlossen, das hiermit verkündet wird:

§ 1 (1) Zur Wiederherstellung eines nationalen Berufsbeamtentums und zur Vereinfachung der Verwaltung können Beamte nach Maßgabe der folgenden Bestimmungen aus dem Amt entlassen werden, auch wenn die nach dem geltenden Recht hierfür erforderlichen Voraussetzungen nicht vorliegen.

(2) Als Beamte im Sinne dieses Gesetzes gelten unmittelbare und mittelbare Beamte des Reichs, unmittelbare und mittelbare Beamte der Länder und Beamte der Gemeinden und Gemeindeverbände, Beamte von Körperschaften des öffentlichen Rechts sowie diesen gleichgestellten Einrichtungen und Unternehmungen. Die Vorschriften finden auch Anwendung auf Bedienstete der Träger der Sozialversicherung, welche die Rechte und Pflichten der Beamten haben.

(3) Beamte im Sinne dieses Gesetzes sind auch Beamte im einstweiligen Ruhestand.

(4) Die Reichsbank und die Deutsche Reichsbahn-Gesellschaft werden ermächtigt, entsprechende Anordnungen zu treffen.

§ 2 (1) Beamte, die seit dem 9. November 1918 in das Beamtenverhältnis eingetreten sind, ohne die für ihre Laufbahn vorgeschriebene oder übliche Vorbildung oder sonstige Eignung zu besitzen, sind aus dem Dienste zu entlassen. Auf die Dauer von drei Monaten nach der Entlassung werden ihnen ihre bisherigen Bezüge belassen.

---

26. 1933년 6월 23일, 1933년 7월 20일과 1933년 9월 22일의 직업공무원제의 재건을 위한 법률의 개정과 보완을 위한 법률본에서 직업공무원제의 재건을 위한 법률

1933년 9월 22일

제국정부는 여기에 공포되는 다음의 법률을 의결하였다:

제1조 (1) 국가의 직업공무원제의 재건과 행정의 단순화를 위하여 공무원은, 현행법에 따라 필요한 요건들이 충족되지 않을 때에도, 다음의 규정을 기준으로 공직에서 해임될 수 있다.

(2) 제국의 직접공무원과 간접공무원, 주의 직접공무원과 간접공무원, 기초행정단체와 기초행정단체연합의 공무원, 공법상 사단과 이와 준하는 시설과 기업의 공무원은 이 법률의 의미에서 공무원이다. 이 규정들은 또한 공무원의 권리와 의무가 있는 사회보험기관의 직원에게 적용된다.

(3) 가퇴직상태의 공무원도 또한 이 법률의 의미에서 공무원이다.

(4) 제국은행과 독일제국철도회사는 동일한 명령을 내릴 권한이 있다.

제2조 (1) 1918년 11월 9일부터 그 경력에 법정되거나 통상의 예비교육 또는 그 밖의 자격이 없이 공무관계를 시작한 공무원은 복무에서 해임된다. 해직 후 3월의 기간 동안 그들에게 지금까지의 급여가 지급된다.

(2) Ein Anspruch auf Wartegeld, Ruhegeld oder Hinterbliebenenversorgung und auf Weiterführung der Amtsbezeichnung, des Titels, der Dienstkleidung und der Dienstabzeichen steht ihnen nicht zu.

(3) Im Falle der Bedürftigkeit kann ihnen, besonders wenn sie für mittellose Angehörige sorgen, eine jederzeit widerrufliche Rente bis zu einem Drittel des jeweiligen Grundgehalts der von ihnen zuletzt bekleideten Stelle bewilligt werden; wird eine Rente bewilligt, so findet eine Nachversicherung nach Maßgabe der reichsgesetzlichen Sozialversicherung nicht statt.

(4) Die Vorschriften des Abs. 2 und 3 finden auf Personen der im Abs. 1 bezeichneten Art, die bereits vor dem Inkrafttreten dieses Gesetzes in den Ruhestand getreten sind, entsprechende Anwendung.

(5) Den Hinterbliebenen von Personen der im Abs. 1 bezeichneten Art, die vor dem Inkrafttreten dieses Gesetzes gestorben sind, sind die Hinterbliebenenbezüge zu entziehen. Im Falle der Bedürftigkeit kann ihnen eine Rente bis zu 60 v. H. des Betrages bewilligt werden, der dem verstorbenen Beamten als Rente hätte bewilligt werden können.

§ 2a (1) Beamte, die der kommunistischen Partei oder kommunistischen Hilfs- oder Ersatzorganisationen angehört oder sich sonst im kommunistischen Sinne betätigt haben, sind aus dem Dienst zu entlassen. Von der Entlassung kann bei solchen Beamten abgesehen werden, die sich schon vor dem 30. Januar 1933 einer Partei oder einem Verbande, die sich hinter die Regierung der nationalen Erhebung gestellt haben, angeschlossen und sich in der nationalen Bewegung hervorragend bewährt haben.

(2) Zu entlassen sind auch Beamte, die sich in Zukunft im marxistischen (kommunistischen oder sozialdemokratischen) Sinne betätigen.

(3) Auf die nach Abs. 1 und 2 entlassenen Beamten finden die Vorschriften des § 2 Abs. 1

(2) 휴직금, 퇴직연금 또는 유족급여와 공직명과 직위, 그리고 복무복과 복무표장의 계속사용에 대한 청구권은 그들에게 인정되지 아니한다.

(3) 급박한 경우, 특히 공무원이 자력없는 가족원을 부양하여야 하는 경우, 그에게 그가 최종 가졌던 직위의 기본급의 1/3의 범위에서 상시 취소가능한 연금이 승인될 수 있다; 연금이 승인된 경우, 제국법률이 정하는 사회보험을 기준으로 하는 추가보험은 인정되지 아니한다.

(4) 제2항과 제3항의 규정은 이 법률을 시행하기 전에 이미 퇴직한, 제1항에 규정된 종류의 사람에게 준용된다.

(5) 이 법률의 시행 전에 사망한 제1항에 규정된 종류의 사람의 유족에게 유족급여를 지급하지 아니한다. 급박한 경우 그들에게 사망한 공무원에게 연금으로 승인될 수 있었던 금액의 100분의 60의 범위에서 연금이 승인될 수 있다.

제2a조 (1) 공산당 또는 공산주의적 협력조직이나 대체조직에 소속되었거나 그 밖에 공산주의적 가치관을 가지고 활동한 공무원은 복무에서 해임된다. 이미 1933년 1월 30일 이전부터 민족고양의 정부를 지원하는 정당이나 단체에 가입하고 민족운동에서 현저하게 증명한 그러한 공무원은 해임에서 제외될 수 있다.

(2) 장래에 막스적 (공산주의적 또는 사회민주적) 가치관에서 활동하는 공무원도 해임되어야 한다.

(3) 제2조 제1항 1문와 제2항부터 제5항의 규정이 제1항과 제2항에 따라 해임된 공무

Satz 2, Abs. 2 bis 5 entsprechende Anwendung.

§ 3 (1) Beamte, die nicht arischer Abstammung sind, sind in den Ruhestand (§§ 8 ff.) zu versetzen; soweit es sich um Ehrenbeamte handelt, sind sie aus dem Amtsverhältnis zu entlassen. (2) Abs. 1 gilt nicht für Beamte, die bereits seit dem 1. August 1914 Beamte gewesen sind oder die im Weltkrieg an der Front für das Deutsche Reich oder für seine Verbündeten gekämpft haben oder deren Vater oder Söhne im Weltkrieg gefallen sind. Abs. 1 gilt ferner nicht für weibliche Beamte, deren Ehemänner im Weltkrieg gefallen sind. Weitere Ausnahmen kann in Einzelfällen der Reichsminister des Innern im Einvernehmen mit der zuständigen obersten Reichs- oder Landesbehörde zulassen, wenn dringende Rücksichten der Verwaltung es erfordern.

§ 4 (1) Beamte, die nach ihrer bisherigen politischen Betätigung nicht die Gewähr dafür bieten, daß sie jederzeit rückhaltlos für den nationalen Staat eintreten, können aus dem Dienst entlassen werden. Auf die Dauer von drei Monaten nach der Entlassung werden ihnen ihre bisherigen Bezüge belassen. Von dieser Zeit an erhalten sie drei Viertel des Ruhegeldes (§ 8) und entsprechende Hinterbliebenenversorgung. (2) Die Vorschriften des Abs. 1 finden auf Beamte, die bereits vor dem Inkrafttreten dieses Gesetzes in den Ruhestand getreten sind, entsprechend Anwendung, indem an die Stelle der Entlassung die Entziehung des Ruhegeldes tritt.

§ 5 (1) Jeder Beamte muß sich die Versetzung in ein anderes Amt derselben oder einer gleichwertigen Laufbahn, auch in ein solches von geringerem Rang und planmäßigem Diensteinkommen - unter Vergütung der vorschriftsmäßigen Umzugskosten - gefallen lassen, wenn es das dienstliche Bedürfnis erfordert. Bei Versetzung in ein Amt von geringerem Rang und planmäßigem Diensteinkommen behält der Beamte seine bisherige Amtsbezeichnung und das Diensteinkommen der bisherigen Stelle.

원에게 준용된다.

제3조 (1) 아리아혈통이 아닌 공무원은 퇴직처분된다(제8조 이하); 명예공무원의 경우 그는 공무관계에서 해임된다. (2) 제1항은 이미 1914년 8월 1일부터 공무원이었거나 세계대전 중에 독일제국이나 그의 동맹국을 위하여 전장에 참전하였거나 그의 부(父) 또는 자(子)가 세계대전에서 전몰한 공무원에게는 적용하지 아니한다. 제1항은 또한 세계대전에서 그의 배우자가 전몰한 여성공무원에게 적용하지 아니한다. 제국내무상은 개별 사안에서, 급박한 행정의 사정이 요구할 때에는, 관할 제국최고관청이나 주최고관청의 동의를 얻어 그 밖의 예외를 허가할 수 있다.

제4조 (1) 지금까지의 정치활동에 비추어 그가 언제든지 망설임 없이 민족국가를 위하여 봉사할 것을 보증하지 않는 공무원은 복무에서 해임될 수 있다. 해임된 날부터 3월의 기간 동안 그들에게 지금까지의 급여가 지급된다. 그 이후부터 그는 퇴직연금의 4분의 3(제8조)과 상응한 유족보훈지원을 받는다.

(2) 제1항의 규정은 이미 이 법률이 시행되기 전에 해임에 갈음하여 퇴직연금이 박탈되는 퇴직상태에 들어간 공무원에 준용한다.

제5조 (1) 복무상 필요한 경우 공무원은 동일하거나 동등한 가치가 있는 경력의 다른 공직은 물론 하위의 직급과 정규복무소득의 공직으로의 전보를 -규정에 따른 이사비용을 지급하여- 수용하여야 한다. 하위의 직급과 정규복무소득을 가진 공직으로 전보되는 경우 공무원은 지금까지의 공직명과 근무처의 복무소득을 가진다.

(2) Der Beamte kann an Stelle der Versetzung in ein Amt von geringerem Rang und planmäßigem Diensteinkommen (Abs. 1) innerhalb eines Monats die Versetzung in den Ruhestand verlangen.

§ 6 (1) Zur Vereinfachung der Verwaltung und im Interesse des Dienstes können Beamte in den Ruhestand besetzt werden; auch wenn sie noch nicht dienstunfähig sind; unter den gleichen Voraussetzungen können Ehrenbeamte aus dem Arbeitsverhältnis entlassen werden. Wenn Beamte aus diesen Gründen in den Ruhestand versetzt werden, so dürfen ihre Stellen nicht mehr besetzt werden.

(2) Abs. 1 Satz 2 findet auf Wahlbeamte der Gemeinden und Gemeindeverbände und auf sonstige Beamte der Gemeinden und Gemeindeverbände in leitender Stellung, die im Interesse des Dienstes in den Ruhestand versetzt werden, keine Anwendung. Ferner kann bei Beamten in Eingangsstellen, die aus diesem Grunde in den Ruhestand versetzt werden, die für das Besoldungswesen allgemein zuständige oberste Reichs- oder Landesbehörde ausnahmsweise die Wiederbesetzung der Stelle zulassen.

§ 7 (1) Die Entlassung aus dem Amte, die Versetzung in ein anderes Amt und die Versetzung in den Ruhestand wird durch die oberste Reichsbehörde oder den Reichsstatthalter, in Preußen durch den Ministerpräsidenten oder die oberste Landesbehörde ausgesprochen, die endgültig unter Ausschluß des Rechtswegs entscheiden. Soweit bis zum 30. September 1933 die Entlassung aus dem Amt, die Versetzung in ein anderes Amt oder die Versetzung in den Ruhestand durch eine andere oberste Reichs- oder Landesbehörde ausgesprochen worden ist, tritt die Verfügung dieser Behörde an die Stelle der nach Satz 1 zuständigen Behörde.

(2) Die Verfügungen nach §§ 2, 2a, 3 und 4 Abs. 1 müssen spätestens am 30. September 1933, die Verfügungen nach § 4 Abs. 2, §§ 5

(2) 공무원은 하위의 직급과 정규복무소득을 가진 공직으로의 전보(제1항)에 갈음하여 1월 내에 퇴직처분을 청구할 수 있다.

제6조 (1) 행정의 단순화와 복무의 이익을 위하여 공무원은 퇴직처분될 수 있다: 이는 그가 복무불능이 아닌 때에도 그러하다; 같은 요건 아래에서 명예공무원도 노동관계에서 해임될 수 있다. 공무원이 그러한 사유로 퇴직처분된 경우 그의 근무처는 충원되지 아니한다.

(2) 제1항 2문은 복무의 이익을 위하여 퇴직처분되는 기초행정단체와 기초행정단체연합의 선출직 공무원과 그밖의 지도하는 지위의 기초행정단체와 기초행정단체연합의 공무원에게 적용되지 아니한다. 나아가 이러한 사유로 퇴직처분된 공무원이 초급직위일 경우 급료제도를 일반관할하는 제국최고관청과 주최고관청이 예외적으로 그 근무처의 재충원을 허가할 수 있다.

제7조 (1) 공직의 해임, 다른 공직으로의 전보와 퇴직처분은 법적 구제수단이 없이 최종결정하는 제국최고관청 또는 제국감찰관, 프로이센의 경우 주수상이나 최고주관청에 의하여 선고된다. 1933년 9월 30일까지 공직에서의 해임, 다른 공직으로의 전보 또는 퇴직처분이 다른 제국최고관청 또는 주최고관청에 의하여 내려지지 않은 때에는 그 관청의 처분이 제1문에 따른 관할관청을 갈음한다.

(2) 제2조, 제2a조, 제3조, 제4조 제1항에 따른 처분은 1933년 9월 30일까지, 제4조 제2항, 제5조와 제6조에 따른 처분은 1934

und 6 spätestens am 31. März 1934 zugestellt werden. Wenn die Prüfung, ob auf einen Beamten die Voraussetzungen der §§ 2, 2a, 3 oder 4 Abs. 1 zutreffen, am 30. September 1933 bei der obersten Reichs- oder Landesbehörde bereits anhängig, aber noch nicht abgeschlossen ist, ist eine Zustellung der Verfügung nach dem 30. September 1933, jedoch längstens bis zum 31. März 1934 zulässig. Die Fristen können im Einverständnis mit dem Reichsminister des Innern durch die zuständige oberste Reichs- oder Landesbehörde verkürzt werden.

§ 8 Den nach §§ 3, 4 in den Ruhestand versetzten oder entlassenen Beamten wird ein Ruhegeld nicht gewährt, wenn sie nicht mindestens eine zehnjährige Dienstzeit vollendet haben; dies gilt auch in den Fällen, in denen nach den bestehenden Vorschriften der Reichs- oder Landesgesetzgebung Ruhegeld schon nach kürzerer Dienstzeit gewährt wird. §§ 36, 47 und 49 des Reichsbeamtengesetzes, das Gesetz über eine erhöhte Anrechnung der während des Krieges zurückgelegten Dienstzeit vom 4. Juli 1921 (Reichsgesetzbl. S. 825) und die entsprechenden Vorschriften der Landesgesetze bleiben unberührt.

§ 9 (1) Den nach §§ 3, 4 in den Ruhestand versetzten oder entlassenen Beamten darf bei der Berechnung der ruhegeldfähigen Dienstzeit, abgesehen von den Dienstzeit, die sie in ihrem letzten Anstellungsverhältnis zurückgelegt haben, nur eine Dienstzeit im Reichs-, Landes- und Gemeindedienst nach den bestehenden Vorschriften angerechnet werden. Die Anrechnung auch dieser Dienstzeit ist nur zulässig, wenn sie mit der zuletzt bekleideten Stelle nach Vorbildung und Laufbahn in Zusammenhang steht; ein solcher Zusammenhang liegt insbesondere vor, wenn der Aufstieg eines Beamten aus einer niedrigen Laufbahn in eine höhere als ordnungsmäßige Beförderung anzusehen ist. Würde der Beamte in einer früheren nach Vor-

년 3월 31일까지 송달되어야 한다. 특정 공무원에게 제2조, 제2a조, 제3조, 제4조 제1항의 요건들이 해당하는지에 관한 심사가 이미 1933년 9월 30일에 최고제국관청 또는 주최고관청에 계속되었으나 아직 종결되지 않은 때에는, 1933년 9월 30일이 지난 후에도 1934년 3월 31일까지 처분의 송달이 허용된다. 그 기간은 제국내무상의 동의를 얻어 관할 제국최고관청과 주최고관청에 의하여 단축될 수 있다.

제8조 제3조와 제4조에 따라 퇴직처분되거나 해임된 공무원이 최소 10년의 복무기간을 마치지 않은 때에는 그에게는 퇴직연금이 지급되지 아니한다; 이는 제국입법과 주입법의 현행규정에 따라 단축된 복무기간 후에 이미 퇴직연금이 지급되는 때에도 같다. 「제국공무원법률」 제36조, 제47조와 제49조, 「전쟁기간으로 소급하는 복무기간의 가산산정에 관한 1921년 7월 4일 법률」(제국법률관보 825)와 주법률의 해당규정은 영향을 받지 아니한다.

제9조 (1) 제3조와 제4조에 따라 퇴직처분되거나 해임된 공무원에게 연금수급자격이 있는 복무기간을 산정할 때, 그의 최종 고용관계에서 보낸 복무기간을 제외하고, 현행규정에 따른 제국복무, 주복무, 지방행정단체 복무의 복무기간만이 산입되어야 한다. 복무기간의 산정은 예비교육과 경력에서 최종 가졌던 지위와 관계가 있을 경우에만 허용된다; 그러한 관계는 특히 하급경력에서 고위경력으로의 공무원의 승진이 정규승진으로 인정될 때에만 존재한다. 공무원이 이전에 예비교육과 자격에 맞추어 정규취득한 직위에 이후의 복무년수를 산입하여 상향조정된 퇴직연금을 받을 수 있을 때에는, 그에게 유리한 규정이 적용된다.

bildung und Eignung ordnungsmäßig erlangten
Stellung unter Hinzurechnung der späteren
Dienstjahre ein höheres Ruhegeld erlangt haben,
so greift die für ihn günstigere Regelung Platz.

(2) Die Anrechnung der Dienstzeit bei den
öffentlich-rechtlichen Körperschaften sowie
den diesen gleichgestellten Einrichtungen und
Unternehmungen regeln die Ausführungsbestimmungen.

(3) Festsetzungen und Zusicherungen ruhegeldfähiger Dienstzeit, die der Durchführung der
Vorschriften des Abs. 1 entgegenstehen, treten
außer Kraft.

(4) Härten können bei Beamten des Reichs und
der der Reichsaufsicht unterliegenden öffentlich-
rechtlichen Körperschaften, Einrichtungen und
Unternehmungen der Reichsminister des Innern
im Einvernehmen mit dem Reichsminister des
Finanzen, bei anderen Beamten die obersten
Landesbehörden ausgleichen.

(5) Abs. 1 bis 4 sowie § 8 finden auch auf solche Beamte Anwendung, die schon vor dem
Inkrafttreten dieses Gesetzes in den Ruhestand
oder in den einstweiligen Ruhestand getreten
sind und auf die die §§ 3, 4 hätten angewandt
werden können, wenn die Beamten beim Inkrafttreten dieses Gesetzes noch im Dienst gewesen
wären. Die Neufestsetzung der ruhegeldfähigen
Dienstzeit und des Ruhegeldes oder des Wartegeldes hat spätestens bis zum 31. März 1934
mit Wirkung vom 1. April 1934 an zu erfolgen.

§ 10 (1) Richtlinien, die für die Höhe der Besoldung von Beamten aufgestellt sind, werden der
Berechnung der Dienstbezüge und des Ruhegeldes von Beamten, die nach §§ 3, 4 ausscheiden,
zugrunde gelegt. Liegen Entscheidungen der
zuständigen Behörde über die Anwendung der
Richtlinien noch nicht vor, so haben die unverzüglich zu ergehen.

(2) Haben Beamten nach der Entscheidung der
zuständigen Behörde über die Anwendung der
Richtlinien höhere Bezüge erhalten, als ihnen

(2) 공법상 사단, 그에 준하는 시설과 기업에서의 복무기간의 산정은 시행규정으로 정한다.

(3) 제1항의 규정의 시행에 위반하는 퇴직연금능력 있는 복무기간의 확정과 보장은 효력을 잃는다.

(4) 제국공무원과 제국감독을 받는 공법상 사단, 시설과 기업의 공무원의 경우 제국내무상은 제국재무상의 동의를 얻어, 그 밖의 공무원의 경우 주최고관청이 가혹한 경우를 조정할 수 있다.

(5) 제1항부터 제4항과 제8조는 이미 이 법률의 시행 전에 퇴직하였거나 가퇴직하고 그가 이 법률을 시행할 때에 계속 복무하였다면 제3조와 제4조가 적용되었을 공무원에게도 적용된다. 퇴직연금능력 있는 복무기간과 퇴직연금 또는 휴직금의 재확정은 1934년 3월 31일까지 1934년 4월 1일부터 효력을 가지도록 이루어져야 한다.

제10조 (1) 공무원의 호봉결정을 위하여 설정된 지침은 제3조와 제4조에 따라 퇴직하는 공무원의 복무급여와 퇴직연금의 산정을 위한 근거가 된다. 지침의 적용에 관한 관할관청의 결정이 아직 없으면 그 지침이 지체없이 공표되어야 한다.

(2) 지침의 적용에 관한 관할관청의 결정에 따라 공무원이 이 법률에 의하여 그에게 귀속되는 것보다 높은 급여를 취득한 때에는,

hiernach zustanden, so haben sie die seit 1. April 1932 empfangenen Mehrbeträge an die Kasse zu erstatten, aus der die Bezüge gewährt worden sind. Der Einwand der nicht mehr bestehenden Bereicherung (§ 812 ff. BGB.) ist ausgeschlossen.

(3) Abs. 1 und 2 gilt auch für Personen, die innerhalb eines Jahres vor dem Inkrafttreten dieses Gesetzes in den Ruhestand getreten sind.

§ 11 (1) Sind bei der Festsetzung eines Besoldungsdienstalters Beamten, die auf Grund der §§ 3, 4 ausscheiden, Beschäftigungen außerhalb des Reichs-, Landes- oder Gemeindienstes angerechnet worden, so ist das Besoldungsdienstalter neu festzusetzen. Dabei darf nur eine Beschäftigung im Reichs-, Landes- oder Gemeindedienst oder, nach Maßgabe der Ausführungsbestimmungen, im Dienst der öffentlich-rechtlichen Körperschaften sowie diesen gleichgestellten Einrichtungen und Unternehmungen angerechnet werden. Ausnahmen können für Reichsbeamte der Reichsminister des Innern im Einvernehmen mit dem Reichsminister der Finanzen, für andere Beamte die oberste Landesbehörde zulassen.

(2) Kommt nach Abs. 1 eine Neufestsetzung des Besoldungsdienstalters in Betracht, so ist bei den nach §§ 3, 4 in den Ruhestand versetzten oder entlassenen Beamten die Neufestsetzung jedenfalls mit der Festsetzung des Ruhegeldes vorzunehmen.

(3) Dasselbe gilt für die in § 9 Abs. 5 genannten Personen.

§ 12 (1) Die Bezüge der seit dem 9. November 1918 ernannten Reichsminister (Staatssekretäre, Besoldungsgruppe B 6 alt), die nicht nach den Vorschriften der §§ 16 bis 24 des Reichsministergesetzes vom 27. März 1930 (Reichsgesetzbl. I S. 96) berechnet sind, sind neu festzusetzen. Bei der Neufestsetzung sind die genannten Vorschriften des Reichsministergesetzes so anzuwenden, als ob sie seit dem 9. November 1918 in Kraft gewesen wären. Hiernach seit dem 1. April 1932 zu-

그는 1932년 4월 1일 이후 과다수령한 급여를 그 급여가 지급된 재정에 반환하여야 한다. 현존하는 부당이득이 없다는 항변(「민법」 제812조 이하)은 배제된다.

(3) 제1항과 제2항은 이 법률을 시행하기 전 1년 내에 퇴직한 사람에게도 적용된다.

제11조 (1) 제3조와 제4조에 근거하여 면직되는 공무원의 호봉복무년수를 확정할 때에 제국복무, 주복무, 지방행정단체복무 외의 활동이 산입된 경우, 호봉복무년수가 재확정되어야 한다. 이를 위하여 제국복무, 주복무 또는 지방행정단체복무의 활동 또는 시행규정을 기준으로 공법상 사단과 이에 준하는 시설과 기업의 복무에서 활동만이 산입되어야 한다. 제국공무원에 관하여 제국내무상은 제국재무상이 동의를 얻어, 그밖의 공무원에 관하여 주최고관청이 예외를 허가할 수 있다.

(2) 제1항에 따라 호봉복무년수의 재확정이 문제되는 때에는 제3조와 제4조에 따라 퇴직처분되거나 해임된 공무원에 관하여 퇴직연금의 확정과 함께 재확정이 이루어져야 한다.

(3) 제9조 제5항에 규정된 사람도 같다.

제12조 (1) 1930년 3월 27일의 「제국상법률」(제국법률관보 I 96) 제16조부터 제24조의 규정에 따라 산정되지 않은 1918년 11월 9일 이후에 임명된 제국상(정무차관, 구 보수군 B 6)의 급여는 신규확정한다. 신규확정에서 앞의 「제국상법률」의 규정들은 그들이 1918년 11월 9일부터 시행된 것과 같이 적용된다. 이에 따라 1932년 4월 1일 이후 초과수령한 급여를 반환하여야 한다. 현존하는 부당이득이 없다는 항변(「민법」 제812조

viel empfangene Bezüge sind zurückzuzahlen. Der Einwand der nicht mehr bestehenden Bereicherung (§ 812 ff. BGB.) ist unzulässig.

(2) Abs. 1 findet auf die seit dem 9. November 1918 ernannten Mitglieder einer Landesregierung mit der Maßgabe Anwendung, daß an die Stelle des Reichsministergesetzes die entsprechenden Vorschriften der Landesgesetze treten, jedoch Bezüge nur bis zu der Höhe gezahlt werden dürfen, die sich bei der Anwendung der Grundsätze der §§ 16 bis 24 des Reichsministergesetzes ergibt.

(3) Die Neufestsetzung der Bezüge hat bis zum 31. Dezember 1933 zu erfolgen.

(4) Höhere Bezüge, als nach den am 31. März 1933 geltenden Vorschriften zustehen, werden nicht gewährt. Dies gilt nicht für das Übergangsgeld nach § 17 des Reichsministergesetzes; Nachzahlungen an Übergangsgeld finden jedoch nicht statt.

§ 13 Die Hinterbliebenenbezüge werden unter entsprechender Anwendung der §§ 8 bis 12 berechnet.

§ 14 (1) Gegen die auf Grund dieses Gesetzes in den Ruhestand versetzten oder entlassenen Beamten ist auch nach ihrer Versetzung in den Ruhestand oder nach ihrer Entlassung die Einleitung eines Dienststrafverfahrens wegen der während des Dienstverhältnisses begangenen Verfehlungen mit dem Ziele der Aberkennung des Ruhegeldes, der Hinterbliebenenversorgung, der Amtbezeichnung, des Titels, der Dienstkleidung und des Dienstabzeichens zulässig. Die Einleitung des Dienststrafverfahrens muß spätestens am 31. März 1934 erfolgen.

(2) Abs. 1 gilt auch für Personen, die innerhalb eines Jahres vor dem Inkrafttreten dieses Gesetzes in den Ruhestand getreten sind und auf die die §§ 2 bis 4 anzuwenden gewesen wären, wenn dieses Personen beim Inkrafttreten dieses Gesetzes noch im Dienst gewesen wären.

§ 15 Auf Angestellte und Arbeiter finden die

이하)은 허용되지 아니한다.

(2) 제1항은 1918년 11월 9일 이후 임명된 주정부의 내각성원에 대하여 주법률의 해당 규정이 「제국상법률」에 갈음하여 적용되고 급여가 오직 「제국상법률」 제16조부터 제24조의 원칙을 적용하여 인정되는 금액의 한도에서 지급된다.

(3) 급여의 신규확정은 1933년 12월 31일까지 이루어져야 한다.

(4) 1933년 12월 31일에 시행되는 규정에 따라 귀속되는 이상의 급여는 지급되지 아니한다. 이는 「제국상법률」 제17조에 따른 경과금에는 적용되지 아니한다; 경과금의 추가지급은 인정되지 아니한다.

제13조 유족급여는 제8조부터 제12조를 준용하여 산정된다.

제14조 (1) 이 법률에 근거하여 퇴직처분 또는 해임된 공무원을 상대로 그의 퇴직 또는 해임 이후에 복무관계 동안 저지른 잘못을 이유로 퇴직연금, 유족급여, 공직명과 직위, 복무복과 복무표장의 박탈을 목적으로 하는 복무형사절차의 개시가 허용된다. 복무형사절차의 개시는 1934년 9월 30일까지 이루어져야 한다.

(2) 제1항은 이 법률이 시행되기 전 1년 내에 퇴직하고 그가 이 법률을 시행할 때에 여전히 복무 중이었다면 제2조부터 제4조가 적용되었을 사람에게도 적용된다.

제15조 공무원에 관한 규정은 피용자와 노동

Vorschriften über Beamte sinngemäße Anwendung. Das Nähere regeln die Ausführungsbestimmungen.

§ 16 Ergeben sich bei der Durchführung dieses Gesetzes unbillige Härten, so können im Rahmen der allgemeinen Vorschriften höhere Bezüge oder Übergangsgelder gewährt werden. Die Entscheidung hierüber treffen für Reichsbeamte der Reichsminister des Innern im Einvernehmen mit dem Reichsminister der Finanzen, im übrigen die obersten Landesbehörden.

§ 17 (1) Der Reichsminister des Innern erläßt im Einvernehmen mit dem Reichsminister der Finanzen die zur Durchführung und Ausführung dieses Gesetzes erforderlichen Rechtsverordnungen und allgemeine Verwaltungsvorschriften.

(2) Erforderlichenfalls erlassen die obersten Landesbehörden ergänzende Vorschriften. Sie haben sich dabei im Rahmen der Reichsvorschriften zu halten.

§ 18 Mit Ablauf der im diesem Gesetze bestimmten Fristen werden, unbeschadet der auf Grund des Gesetzes getroffenen Maßnahmen, die für das Berufbeamtentum geltenden allgemeinen Vorschriften wieder voll wirksam.

Berlin, den 7. April 1933.

Der Reichskanzler
Adolf Hitler

Der Reichsminister des Innern
Frick

Der Reichsminister der Finanzen
Graf Schwerin von Krosigk

<Reichsgesetzblatt 1933 I, S. 175-177, 389, 518, 655-656>

자에 의미에 맞게 적용된다.
자세한 사항은 시행규정으로 정한다.

제16조 이 법률을 시행하는 과정에서 형평을 잃은 가혹이 있을 때에는 일반규정의 범위에서 상향조정된 급여 또는 경과금이 지급될 수 있다. 제국공무원에 관하여 제국내무상이 제국재무상의 동의를 얻어, 그 밖에는 주최고관청이 이에 관하여 결정한다.

제17조 (1) 제국내무상은 제국재무상의 동의를 얻어 이 법률의 시행과 실행에 필요한 법규정과 일반 행정규정을 제정한다.

(2) 필요한 경우 주최고관청이 보완규정을 제정한다. 주최고관청은 제국규정의 기준을 준수하여야 한다.

제18조 이 법률에 규정된 기간의 경과로는 이 법률을 근거로 내려진 조치에 영향이 없이, 직업공무원제에 적용되는 일반규정들이 다시 완전한 효력을 가진다.

베를린, 1933년 4월 7일

제국재상
아돌프 히틀러

제국내무상
프릭

제국재무상
그라프 슈베린 폰 크로직

관련 법령:
법률 5, 17, 24, 25, 26, 66, 67
Erste Verordnung zur Durchführung des Gesetzes

zur Wiederherstellung des Berufsbeamtentums
(11.04.1933)

Zweite Verordnung zur Durchführung des Gesetzes
zur Wiederherstellung des Berufsbeamtentums
(04.05.1933)

Richtlinien zu § 1 a Abs. 3 des Reichsbeamtengesetzes in der Fassung des Gesetzes vom 30.
Juni 1933 [Definition Arier bzw. Nichtarier]
(08.08.1933)

그 밖의 반유대인법규정

XXVII. Gesetz zur Gewährleistung des Rechtsfriedens.

Vom 13. Oktober 1933.

27. 법평화의 보장을 위한 법률

1933년 10월 13일

Die Reichsregierung hat das folgende Gesetz beschlossen, das hiermit verkündet wird:

§ 1 (1) Mit dem Tode oder, soweit nicht bisher eine schwerere Strafe angedroht ist, mit lebenslangem Zuchthaus oder mit Zuchthaus bis zu fünfzehn Jahren wird bestraft:

1. wer es unternimmt, einen Richter oder einen Staatsanwalt oder einen mit Aufgaben der politischen, Kriminal-, Bahn-, Forst-, Zoll-, Schutz- oder Sicherheitspolizei[1] betrauten Beamten oder einen Angehörigen der Wehrmacht oder der Sturmabteilungen (einschließlich des Stahlhelms) oder der Schutzstaffel der N. S. D. A. P., einen Amtswalter der N. S. D. A. P. oder einen Angehörigen des Deutschen Luftsportverbandes aus politischen Beweggründen oder wegen ihrer amtlichen oder dienstlichen Tätigkeit zu töten, oder wer zu einer solchen Tötung auffordert, sich erbietet, ein solches Erbieten annimmt oder eine solche Tötung mit einem anderen verabredet;

2. wer es unternimmt, einen Schöffen oder Geschworenen wegen seiner Tätigkeit als Schöffe oder Geschworener oder einen Zeugen oder Sachverständigen wegen einer von ihm in Erfüllung seiner Zeugen- oder Sachverständigenpflicht gemachten Bekundung zu töten, oder wer zu einer solchen Tötung auffordert, sich erbietet, ein solches Erbieten annimmt oder eine solche Tötung mit einem anderen verabredet;

3. wer im Ausland eine Druckschrift, durch die der Tatbestand des Hochverrats (§§ 81 bis 86

제국정부는 여기에 공포되는 다음의 법률을 의결하였다:

제1조 (1) 다음 각호의 사람은 사형, 또는 지금까지 중형이 예정되지 않으면, 종신징역형이나 15년 이하의 중징역형에 처한다:

1. 법관, 검사 또는 정치경찰,* 형사-, 철도-, 산림-, 세관-, 보호-와 보안경찰[1] 직을 담당하는 공무원, 국방군, 전투부대(철모부대를 포함한), N.S.D.A.P.(민족사회주의독일노동자당)의 친위대의 소속원 또는 N.S.D.A.P.의 당료 또는 독일항공체육협회의 소속원을 정치적 동기 또는 그의 공직이나 직무활동을 이유로 살인을 기도하거나 그러한 살인을 청부하거나 그 청부를 승낙하거나 그러한 살인을 타인과 약정한 사람;

2. 참심원 또는 배심원을 그의 참심원이나 배심원 또는 증인이나 감정인의 활동에 근거하여 그가 그의 증인의무 또는 감정의무의 이행으로 한 보고를 이유로 살인을 기도하거나 그 살인을 청부하거나 그 청부를 승낙하거나 그러한 살인을 타인과 약정한 사람;

3. 외국에서 내란죄(형법 제81조부터 제86조)의 구성요건을 충족하는 인쇄물을 작

---

* 정치경찰(politische Polizei)은 정치범죄의 수사와 기소를 담당하는 비밀경찰(Gestapo).

des Strafgesetzbuchs) begründet ist, herstellt, verbreitet oder zum Zwecke der Verbreitung bereithält oder sonst ein Verbrechen des Hochverrats begeht;[2]

4. wer es unternimmt, eine der in Nr. 3 bezeichneten Druckschriften in Kenntnis ihres hochverräterischen Inhalts zum Zwecke der Verbreitung in das Inland einzuführen, oder wer eine solche Druckschrift nach ihrer Einführung im Inland verbreitet oder wer sonst ein im Ausland begangenes Verbrechen des Hochverrats im Inland fördert.[3]

(2) Die Vorschriften des § 86a des Strafgesetzbuchs über Einziehung und Unbrauchbarmachung finden entsprechende Anwendung.

§ 2 Mit Zuchthaus bis zu fünf Jahren wird bestraft, wer es unternimmt, in das Inland in der Absicht der Verbreitung zu staatsgefährdenden Zwecken eine Druckschrift einzuführen, durch die der äußere Tatbestand

1. eines nach dem Gesetz gegen die Neubildung von Parteien vom 14. Juli 1933 (Reichsgesetzbl. I S. 479) strafbaren Verbrechens oder

2. einer nach den §§ 110 bis 112 des Strafgesetzbuchs strafbaren Aufforderung oder Anreizung oder

3. einer nach § 3 der Verordnung des Reichspräsidenten zur Abwehr heimtückischer Angriffe gegen die Regierung der nationalen Erhebung vom 21. März 1933 (Reichsgesetzbl. I S. 135) strafbaren Lügenmeldung

begründet wird.

§ 3 Für die in den §§ 1 und 2 bezeichneten Straftaten sind die nach der Verordnung der Reichsregierung vom 21. März 1933 (Reichsgesetzbl. I S. 136) gebildeten Sondergerichte zuständig, soweit nicht die Zuständigkeit des Reichsgerichts oder der Oberlandesgerichte begründet ist.

성·배포하거나 배포의 목적으로 예비하거나 그밖에 내란죄를 저지른 사람;[2]

4. 내란의 내용을 알면서 배포의 목적으로 제3호에 규정된 인쇄물을 국내로 반입한 사람, 그러한 인쇄물을 국내에 배포하는 사람 또는 그밖에 외국에서 저지른 내란죄를 국내에서 선동하는 사람.[3]

(2) 몰수와 폐기에 관한 형법 제86a조의 규정이 준용된다.

제2조 국가를 위태롭게 할 목적에서 배포할 의사로 국내에 인쇄물을 반입하려고 기도한 사람은

1. 그 배포로 1933년 7월 14일 「신당창당금지법률」(제국법률관보 I 479)에 따라 형사처벌가능한 범죄의 객관적 구성요건이 충족되거나

2. 그 배포로 형법 제110조부터 제112조에 따라 형사처벌가능한 교사 또는 방조의 객관적 구성요건이 충족되거나

3. 그 배포로 1933년 3월 21일의 인민봉기정부에 대한 악의적 공격으로부터 방어를 위한 제국대통령명령(제국법률관보 I 135) 제3조에 따라 형사처벌가능한 거짓신고의 객관적 구성요건이 충족되는 경우

5년 이하의 중징역형에 처한다.

제3조 제1조와 제2조에 규정된 형사범죄는, 제국법원이나 주고등법원의 관할이 인정되지 않으면, 1933년 3월 21일 제국정부명령(제국법률관보 I 136)에 따라 설치된 특별법원의 관할로 한다.

Berlin, den 13. Oktober 1933.

Der Reichskanzler
Adolf Hitler

Der Reichsminister der Justiz
Dr. Gürtner
Der Reichsminister des Innern
Frick

Anmerkungen:

[1] Im § 1 Abs. 1 Nr. 1 wurden aufgrund des Artikel VII Buchst. a des Gesetzes zur Änderung des Strafrechts und des Strafverfahrens vom 24. April 1934 nach dem Wort "Sicherheitspolizei" die Worte "oder des Vollzugs von Strafen oder Maßregeln der Sicherung und Besserung" eingefügt.

[2] § 1 Abs. 1 Nr. 3 wurden aufgrund des Artikel VII Buchst. b des Gesetzes vom 24. April 1934 gestrichen.

[3] § 1 Abs. 1 Nr. 4 wurden aufgrund des Artikel VII Buchst. b des Gesetzes vom 24. April 1934 gestrichen.

<Reichsgesetzblatt 1933 I, S. 723-724>

베를린, 1933년 10월 13일

제국재상
아돌프 히틀러

제국법무상
귀르트너 박사
제국 내무상
프릭

참조:

[1] 1934년 4월 24일의 「형법과 형사소송개정법률」 제7장 a에 근거하여 제1항 제1호에 "보안경찰"이라는 단어에 이어 "또는 형의 집행과 보호와 교정조치의 집행을 위하여"라는 법문이 추가되었다.

[2] 제1항 제3문은 1934년 4월 24일의 법률 제7장 제7b조에 근거하여 삭제되었다.

[3] 제1조 제1항 4호는 1934년 4월 24일의 법률 제7장 제7b조에 근거하여 삭제되었다.

관련 법령:
법률 39
Dritte Verordnung des Reichspräsidenten zur Sicherung von Wirtschaft und Finanzen und zur Bekämpfung politischer Ausschreitungen – Auszug – (06.10.1931)
Verordnung des Reichspräsidenten zum Schutz von Volk und Staat ["Reichstagsbrandverordnung"] (28.02.1933)
Verordnung des Reichspräsidenten gegen Verrat am Deutschen Volke und hochverräterische Umtriebe (28.02.1933)
Verordnung des Reichspräsidenten zur Beschleunigung des Verfahrens in Hochverrats- und Landesverratssachen (18.03.1933)
Verordnung der Reichsregierung über die Bildung von Sondergerichten (21.03.1933)

XXVIII. Gesetz über die Vereidigung der Beamten und der Soldaten der Wehrmacht.

Vom 1. Dezember 1933.

28. 공무원과 국방군 군인의 선서에 관한 법률

1933년 12월 1일

Die Reichsregierung hat das folgende Gesetz beschlossen, das hiermit verkündet wird:

§ 1 Die öffentlichen Beamten und die Soldaten der Wehrmacht haben beim Eintritt in den Dienst einen Diensteid zu leisten. Das Nähere wird durch Verordnung des Reichspräsidenten bestimmt.

§ 2 Dieses Gesetz tritt mit dem Tage der Verkündung in Kraft.

Berlin, den 1. Dezember 1933.

Der Reichskanzler
Adolf Hitler

Der Reichsminister des Innern
Frick

<Reichsgesetzblatt 1933 I, S. 1016>

제국정부는 여기에 공포되는 다음의 법률을 의결하였다:

제1조 공무원과 국방군* 군인은 복무를 개시할 때에 복무선서를 하여야 한다. 자세한 사항은 제국대통령의 명령으로 정한다.

제2조 이 법률은 공포일부터 시행한다.

베를린, 1933년 12월 1일

제국재상
아돌프 히틀러

제국내무상
프릭

관련 법령:
법률 61
Verordnung über die Vereidigung der öffentlichen
  Beamten (14.08.1919)
Verordnung über die Vereidigung der Beamten und
  der Soldaten der Wehrmacht (02.12.1933)
이밖에 군사제도에 관한 법규명령

---

* 육군, 해군과 공군으로 편성된 민족사회주의독일의 군사조직(1935.03.16~1946.08). 독일연방공화국 신국방군(neue Wehrmacht, Bundeswehr)으로 재출범.

XXIX. Gesetz zur Sicherung der Einheit von Partei und Staat.

Vom 1. Dezember 1933.

Die Reichsregierung hat das folgende Gesetz beschlossen, das hiermit verkündet wird:

§ 1 (1) Nach dem Sieg der nationalsozialistischen Revolution ist die Nationalsozialistische Deutsche Arbeiterpartei die Trägerin des deutschen Staatsgedankens und mit dem Staat unlöslich verbunden.

(2) Sie ist eine Körperschaft des öffentlichen Rechts. Ihre Satzung bestimmt der Führer.

§ 2 Zur Gewährleistung engster Zusammenarbeit der Dienststellen der Partei und der SA. mit den öffentlichen Behörden werden der Stellvertreter des Führers und der Chef des Stabes der SA. Mitglieder der Reichsregierung.

§ 3 (1) Den Mitgliedern der Nationalsozialistischen Deutschen Arbeiterpartei und der SA. (einschließlich der ihr unterstellten Gliederungen) als der führenden und bewegenden Kraft des nationalsozialistischen Staates obliegen erhöhte Pflichten gegenüber Führer, Volk und Staat.

(2) Sie unterstehen wegen Verletzung dieser Pflichten einer besonderen Partei- und SA.-Gerichtsbarkeit.

(3) Der Führer kann diese Bestimmungen auf die Mitglieder anderer Organisationen erstrecken.

§ 4 Als Pflichtverletzung gilt jede Handlung oder Unterlassung, die den Bestand, die Organisation, die Tätigkeit oder das Ansehen der Nationalsozialistischen Deutschen Arbeiterpartei angreift oder gefährdet, bei Mitgliedern der SA. (einschließlich der ihr unterstellten Gliederungen) insbesondere jeder Verstoß gegen Zucht und Ordnung.

§ 5 Außer den sonst üblichen Dienststrafen können auch Haft und Arrest verhängt werden.

29. 당과 국가의 통합을 보장하기 위한 법률

1933년 12월 1일

제국정부는 여기에 공포되는 다음의 법률을 의결하였다:

제1조 (1) 민족사회주의 혁명이 승리한 이후 민족사회주의독일노동자당은 독일의 국가 이념의 수행자이고 국가와 용해될 수 없이 합체된다.

(2) 민족사회주의독일노동자당은 공법상 사단이다. 최고지도자가 그의 강령을 정한다.

제2조 당과 돌격대(SA.)의 사무소와 공공관청의 긴밀한 협업을 보장하기 위하여 최고지도자의 대리인과 돌격대지도부의 장은 제국정부의 내각성원이 된다.

제3조 (1) 민족사회주의국가의 지도력과 동력이 되는 민족사회주의독일노동자당과 돌격대(그에 부속된 기구를 포함하여)의 구성원은 최고지도자, 인민과 국가에 대한 보다 높은 의무를 부담한다.

(2) 이들은 이 의무의 위반을 이유로 특별당재판권과 돌격대재판권에 속한다.

(3) 최고지도자는 이 규정을 다른 기구의 구성원에게 확대적용할 수 있다.

제4조 민족사회주의독일노동자당의 존립, 기구, 활동과 명예를 공격하거나 위험하게 하는 작위와 부작위, 그리고 돌격대(그에 부속된 기구를 포함하여) 대원의 경우 특히 기강과 질서에 대한 여하한 침해를 의무위반으로 본다.

제5조 통상의 일반 복무형벌 외에 구금과 체포가 판결될 수 있다.

§ 6 Die öffentlichen Behörden haben im Rahmen ihrer Zuständigkeit den mit der Ausübung der Partei- und SA.-Gerichtsbarkeit betrauten Dienststellen der Partei und der SA. Amts- und Rechtshilfe zu leisten.

§ 7 Das Gesetz, betreffend die Dienststrafgewalt über die Mitglieder der SA. und SS., vom 28. April 1933 (Reichsgesetzbl. I S. 230) tritt außer Kraft.

§ 8 Der Reichskanzler erläßt als Führer der National-sozialistischen Deutschen Arbeiterpartei und als Oberster SA.-Führer die zur Durchführung und Ergänzung dieses Gesetzes erforderlichen Vorschriften, insbesondere über Ausbau und Verfahren der Partei- und SA.-Gerichtsbarkeit. Er bestimmt den Zeitpunkt des Inkrafttretens der Vorschriften über diese Gerichtsbarkeit.

Berlin, den 1. Dezember 1933.

Der Reichskanzler
Adolf Hitler

Der Reichsminister des Innern
Frick

<Reichsgesetzblatt 1933 I, S. 1016>

제6조 공공관청은 그의 관할의 범위에서 당재판권과 돌격대재판권의 행사를 위임받은 당과 돌격대사무소에 공무협력과 법적 협력을 제공하여야 한다.

제7조 1933년 4월 28일의 「돌격대와 국가보안부 대원에 관한 복무형벌권에 관한 법률」(제국법률관보 I 230)은 폐지한다.

제8조 제국재상은 민족사회주의독일노동자당의 최고지도자와 돌격대의 최고지도자로서 이 법률의 시행과 보완을 위하여, 특히 당재판권과 돌격대재판권의 구성과 절차에 관하여 필요한 규정을 제정한다. 그는 재판권에 관한 규정이 시행되는 시기를 확정한다.

베를린, 1933년 12월 1일

제국재상
아돌프 히틀러

제국내무상
프릭

관련 법령:
법률 11, 45, 70
Erste Durchführungsverordnung zum Gesetz zur Sicherung der Einheit von Partei und Staat (23.03.1934)
Erste Ausführungsbestimmung zur Ersten Durchführungsverordnung zum Gesetz zur Sicherung der Einheit von Partei und Staat (24.03.1934)
2. Ausführungsbestimmung zur 1. Durchführungsverordnung zum Gesetz zur Sicherung der Einheit von Partei und Staat (12.05.1934)
Verordnung zur Durchführung des Gesetzes zur Sicherung der Einheit von Partei und Staat (29.03.1935)

Erste Ausführungsbestimmung über die Verordnung zur Durchführung des Gesetzes zur Sicherung der Einheit von Partei und Staat (29.04.1935)

Zweite Ausführungsbestimmung über die Verordnung zur Durchführung des Gesetzes zur Sicherung der Einheit von Partei und Staat (29.04.1935)

Dritte Ausführungsbestimmung über die Verordnung zur Durchführung des Gesetzes zur Sicherung der Einheit von Partei und Staat (05.12.1935)

XXX. Gesetz zur Ordnung der nationalen Arbeit.	**30. 국가노동의 규율을 위한 법률**

Vom 20. Januar 1934.

Die Reichsregierung hat das folgende Gesetz beschlossen, das hiermit verkündet wird:

Erster Abschnitt
Führer des Betriebes und Vertrauensrat

§ 1 Im Betriebe arbeiten der Unternehmer als Führer des Betriebes, die Angestellten und Arbeiter als Gefolgschaft gemeinsam zur Förderung der Betriebszwecke und zum gemeinsamen Nutzen von Volk und Staat.

§ 2 (1) Der Führer des Betriebes entscheidet der Gefolgschaft gegenüber in allen betrieblichen Angelegenheiten, soweit sie durch dieses Gesetz geregelt werden.

(2) Er hat für das Wohl der Gefolgschaft zu sorgen. Diese hat ihm die in der Betriebsgemeinschaft begründete Treue zu halten.

§ 3 (1) Bei juristischen Personen und Personengesamtheiten sind die gesetzlichen Vertreter Führer des Betriebes.

(2) Der Unternehmer oder bei juristischen Personen und Personengesamtheiten die gesetzlichen Vertreter können eine an der Betriebsleitung verantwortlich beteiligte Person mit ihrer Stellvertretung betrauen; dies muß geschehen, wenn sie den Betrieb nicht selbst leiten. In Angelegenheiten von geringerer Bedeutung können sie auch eine andere Person beauftragen.

(3) Wird dem Führer des Betriebes die Befähigung zum Führer gemäß § 38 durch das Ehrengericht rechtskräftig aberkannt, so ist ein anderer Führer des Betriebes zu bestellen.

§ 4 (1) Als Betriebe im Sinne dieses Gesetzes gelten auch Verwaltungen.

1934년 1월 20일

제국정부는 여기에 공포되는 다음의 법률을 의결하였다:

제1장
사업장의 지도자와 대의원회

제1조 사업장에서 경영자는 사업장의 지도자로서, 그리고 피용인과 노동자는 종업원으로서 공동으로 경영목적을 촉진하고 인민과 국가의 공동이익을 위하여 노동한다.

제2조 (1) 이 법률에 규정이 있으면, 사업장의 지도자는 모든 경영현안에 관하여 전 종업원에 대하여 결정한다.

(2) 지도자는 전 종업원의 복리를 배려하여야 한다. 종업원은 그에게 사업장공동체에서 확립된 성실을 준수하여야 한다.

제3조 (1) 법인과 인적 집단에서 법정대리인이 사업장의 지도자이다.

(2) 경영자 또는 법인과 인적 집단에서 법정대리인은 사업장지도에 책임을 지는 관계인을 그의 대리로 위임할 수 있다; 그가 사업장을 직접 지도할 수 없을 경우 이는 반드시 이루어져야 한다. 중요하지 않은 현안에 관하여 그는 그밖의 사람에게 위임할 수 있다.

(3) 제38조에 따라 명예법원([징계위원회, 직업위원회], Ehrenrat)에 의하여 사업장의 지도자에게 지도자자격이 확정적으로 박탈된 때에는 사업장의 다른 지도자가 임명되어야 한다.

제4조 (1) 행정[기관]도 또한 이 법률의 의미에서 사업장으로 본다.

(2) Nebenbetriebe und Betriebsbestandteile, die mit dem Hauptbetrieb durch gemeinsame Leitung verbunden sind, gelten nur dann als selbständige Betriebe, wenn sie räumlich weit von dem Hauptbetrieb getrennt sind.

(3) Die Vorschriften dieses Gesetzes, mit Ausnahme der §§ 32 und 33, finden auf Schiffe der See-, Binnen- und Luftschiffahrt und ihre Besatzungen keine Anwendung.

§ 5 (1) Dem Führer des Betriebes mit in der Regel mindestens zwanzig Beschäftigten treten aus der Gefolgschaft Vertrauensmänner beratend zur Seite. Sie bilden mit ihm und unter seiner Leitung den Vertrauensrat des Betriebes.

(2) Zur Gefolgschaft im Sinne der Bestimmungen über den Vertrauensrat gehören auch die Hausgewerbetreibenden, die in der Hauptsache für den gleichen Betrieb allein oder mit ihren Familienangehörigen arbeiten.

§ 6 (1) Der Vertrauensrat hat die Pflicht, das gegenseitige Vertrauen innerhalb der Betriebsgemeinschaft zu vertiefen.

(2) Der Vertrauensrat hat die Aufgabe, alle Maßnahmen zu beraten, die der Verbesserung der Arbeitsleistung, der Gestaltung und Durchführung der allgemeinen Arbeitsbedingungen, insbesondere der Betriebsordnung, der Durchführung und Verbesserung des Betriebsschutzes, der Stärkung der Verbundenheit aller Betriebsangehörigen untereinander und mit dem Betriebe und dem Wohle aller Glieder der Gemeinschaft dienen. Er hat ferner auf eine Beilegung aller Streitigkeiten innerhalb der Betriebsgemeinschaft hinzuwirken. Er ist vor der Festsetzung von Bußen auf grund der Betriebsordnung zu hören.

(3) Der Vertrauensrat kann einzelne seiner Aufgaben bestimmten Vertrauensmännern zur Wahrnehmung übertragen.

§ 7 (1) Die Zahl der Vertrauensmänner beträgt in Betrieben mit 20 bis 49 Beschäftigten .. zwei,

(2) 공동의 지도로 주사업장과 결합된 부속사업장과 사업장의 구성부분은 그들이 공간적으로 주사업장으로부터 멀리 분리된 때에만 독립사업장으로 본다.

(3) 제32조와 제33조를 제외한 이 법률의 규정은 대양선박, 내해항해선박과 항공기, 그리고 그 승무원에게 적용하지 아니한다.

제5조 (1) 원칙적으로 20인 이상의 종사자를 가진 사업장의 지도자에게 전 종업원 중에서 대의원들이 자문지원을 한다. 이들은 그와 함께 그리고 그의 지도 아래 사업장의 대의원회를 구성한다.

(2) 대의원회에 관한 규정의 의미에서 주로 동일한 사업장을 위하여 단독으로 또는 그의 가족원과 함께 일하는 가내영업운영자가 또한 종업원에 속한다.

제6조 (1) 대의원회는 사업장단체 안에서 상호신뢰를 증진할 의무가 있다.

(2) 대의원회는 노동급부를 개선하고 일반 노동조건, 특히 일반 취업규칙의 작성과 시행을 위한 모든 조치, 사업장보호의 시행과 증진, 그리고 사업장소속원의 사이의 결속과 사업장과의 결속을 강화하고 단체의 모든 성원의 복리를 도모하기 위하여 모든 조치를 자문할 임무가 있다. 나아가 대의원회는 사업장단체 내의 모든 분쟁을 해소하기 위하여 노력하여야 한다. 대의원회는 취업규칙에 근거한 벌금의 확정에 앞서 의견을 들어야 한다.

(3) 대의원회는 그의 임무 중에서 개별 임무의 수행을 특정 대의원에게 이양할 수 있다.

제7조 (1) 대의원의 수는 다음으로 한다.
20인부터 49인의 종사자를 가진 사업장에서는 2인,

in Betrieben mit 50 bis 99 Beschäftigten .. drei

in Betrieben mit 100 bis 199 Beschäftigten .. vier,

in Betrieben mit 200 bis 399 Beschäftigten .. fünf.

(2) Ihre Zahl erhöht sich für je dreihundert weitere Beschäftigte um einen Vertrauensmann und beträgt höchstens zehn.

(3) In gleicher Zahl sind Stellvertreter vorzusehen.

(4) Bei der Auswahl der Vertrauensmänner sind Angestellte, Arbeiter und Hausgewerbetreibende angemessen zu berücksichtigen.

§ 8 Vertrauensmann soll nur sein, wer das fünfundzwanzigste Lebensjahr vollendet hat, mindestens ein Jahr dem Betriebe oder dem Unternehmen angehört und mindestens zwei Jahre im gleichen oder verwandten Berufs- oder Gewerbezweig tätig gewesen ist. Er muß die bürgerlichen Ehrenrechte besitzen, der Deutschen Arbeitsfront angehören, durch vorbildliche menschliche Eigenschaften ausgezeichnet sein und die Gewähr bieten, daß er jederzeit rückhaltlos für den nationalen Staat eintritt. Von der Voraussetzung einer einjährigen Betriebsangehörigkeit kann bei der ersten Ernennung von Vertrauensmännern, die nach dem Inkrafttreten dieses Gesetzes erfolgt, abgesehen werden.

§ 9 (1) Der Führer des Betriebes stellt im Einvernehmen mit dem Obmann der Nationalsozialistischen Betriebszellen-Organisation im März jeden Jahres eine Liste der Vertrauensmänner und deren Stellvertreter auf. Die Gefolgschaft hat zu der Liste alsbald durch geheime Abstimmung Stellung zu nehmen.

(2) Kommt zwischen dem Führer des Betriebes und dem Obmann der Nationalsozialistischen Betriebszellen-Organisation eine Einigung über die vorzuschlagenden Vertrauensmänner und deren Stellvertreter oder kommt der Vertrauensrat aus einem anderen Grund nicht zustande, billigt

50인부터 99인의 종사자를 가진 사업장에서는 3인,
100인부터 199인의 종사자를 가진 사업장에서는 4인,
200인부터 399인의 종사자를 가진 사업장에서는 5인.

(2) 대의원의 수는 이를 넘는 매 300인의 종사자에 관하여 1인의 대의원을 증원하며, 최대 10인으로 한다.

(3) 동수일 때에는 대리인이 우선한다.

(4) 대의원을 선출할 때에는 피용인, 노동자와 가내사업운영자를 적절히 고려하여야 한다.

제8조 만 25세에 이르고 최소 1년을 사업장 또는 기업체에 소속되고 최소 2년 이상 동일하거나 인접한 직업부문 또는 산업부문에 근무한 사람만이 대의원이 될 수 있다. 그는 민사명예권을 가지고 독일노동전선(Deutsche Arbeitsfront)에 소속하여야 하고 모범적인 인간성을 보이고 언제든지 망설임없이 이 민족국가를 위하여 일할 것을 보증하여야 한다. 이 법률의 시행 후 최초로 대의원을 임명할 때에는 1년의 사업장소속의 요건이 배제될 수 있다.

제9조 (1) 사업장의 지도자는 민족사회주의 사업장세포-조직의 위원장의 협조를 얻어 매년 3월 대의원과 그의 대리인의 명부를 작성한다. 전체 종업원은 그 명부에 대하여 지체없이 비밀투표로 의견을 개진하여야 한다.

(2) 사업장의 지도자와 민족사회주의 사업장세포-조직의 위원장 사이에 제청된 대의원과 대리인에 관하여 합의가 있거나 대의원회가 다른 사정으로 존재하지 않고 특히 전 종업원이 그 명부를 승인하지 않는 때에는 노동수탁관(노동신탁관리관)이 필요

insbesondere die Gefolgschaft die Liste nicht, so kann der Treuhänder der Arbeit Vertrauensmänner und Stellvertreter in der erforderlichen Anzahl berufen.

§ 10 (1) Die Mitglieder des Vertrauensrates legen vor der Gefolgschaft am Tage der nationalen Arbeit (1. Mai) das feierliche Gelöbnis ab, in ihrer Amtsführung nur dem Wohle des Betriebes und der Gemeinschaft aller Volksgenossen unter Zurückstellung eigennütziger Interessen zu dienen und in ihrer Lebensführung und Diensterfüllung den Betriebsangehörigen Vorbild zu sein.

(2) Treten in einem Betriebe die Voraussetzungen für die Errichtung eines Vertrauensrates erst nach dem im § 9 Abs. 1 vorgesehenen Zeitpunkt ein, so ist die Berufung der Vertrauensmänner (§ 9) und die Verpflichtung des Vertrauensrates alsbald durchzuführen.

§ 11 Das Amt des Vertrauensrates beginnt nach der Verpflichtung - regelmäßig am 1. Mai - und endet jeweils am 30. April.

§ 12 Der Vertrauensrat ist nach Bedarf von dem Führer des Betriebes einzuberufen. Die Einberufung muß erfolgen, wenn die Hälfte der Vertrauensmänner es beantragt.

§ 13 (1) Das Amt der Vertrauensmänner ist ein Ehrenamt, für dessen Wahrnehmung ein Entgelt nicht gewährt werden darf. Für den durch die Erfüllung der Aufgaben notwendigen Ausfall von Arbeitszeit ist der übliche Lohn zu zahlen. Notwendige Aufwendungen sind von der Betriebsleitung zu erstatten.

(2) Die notwendigen Einrichtungen und Geschäftsbedürfnisse für eine ordnungsgemäße Erfüllung der dem Vertrauensrat obliegenden Aufgaben sind von der Betriebsleitung zur Verfügung zu stellen. Der Führer des Betriebes ist verpflichtet, den Vertrauensmännern die zur Erfüllung ihrer Aufgaben notwendigen Auskünfte zu erteilen.

§ 14 (1) Das Amt eines Vertrauensmannes erlischt,

한 수의 대의원과 대리인을 임명할 수 있다.

제10조 (1) 대의원회의 위원들은 국가노동절 (5월 1일)에 전 종업원 앞에서 그가 직무를 수행할 때에 개인의 이익을 억제하고 오로지 사업장과 모든 인민동지단체의 복리에 기여하며, 그의 삶을 영위하고 복무를 이행할 때에 사업장 소속원에게 모범이 될 것을 엄숙히 맹세한다.

(2) 사업장에서 제9조 제1항에 규정된 시기 이후에 비로소 대의원회의 설립을 위한 요건이 성립한 경우 즉시 대의원의 임명(제9조)과 대의원회에 대한 의무부과가 이루어져야 한다.

제11조 대의원회의 직무는 의무를 부담한 때 –통상 5월 1일– 부터 개시하고 매년 4월 30일에 종료한다.

제12조 대의원회는 필요에 따라 사업장의 지도자에 의하여 소집된다. 소집은 과반수 대의원이 소집을 청구한 때에는 이루어져야 한다.

제13조 (1) 대의원의 직무는 그 수행에 대하여 대가가 지급되지 않는 명예직이다. 임무의 이행으로 인한 필연적인 노동시간의 결손에 대하여는 통상임금을 지급한다. 필요비는 사업장지도부가 보상한다.

(2) 사업장지도부는 대의원회에 지워진 임무의 정상적인 이행을 위하여 필요한 시설과 사무용품을 사용할 수 있도록 하여야 한다. 사업장의 지도자는 대의원에게 그 임무의 이행에 필요한 정보를 제공할 의무가 있다.

제14조 (1) 대의원의 직무는 자유의사로 직무

abgesehen von der freiwilligen Amtsniederle-
gung, mit dem Ausscheiden aus dem Betriebe.
Die Kündigung des Dienstverhältnisses eines
Vertrauensmannes ist unzulässig, es sei denn,
daß sie infolge Stillegung des Betriebes oder
einer Betriebsabteilung erforderlich wird oder
aus einem Grunde erfolgt, der zur Kündigung
des Dienstverhältnisses ohne Einhaltung einer
Kündigungsfrist berechtigt.

(2) Der Treuhänder der Arbeit kann einen Vertrauensmann wegen sachlicher oder persönlicher Ungeeignetheit abberufen. Das Amt eines
abberufenen Vertrauensmannes erlischt mit der
schriftlichen Mitteilung der Entscheidung des
Treuhänders an den Vertrauensrat.

(3) Das Amt eines Vertrauensmannes erlischt
ferner mit der Rechtskraft einer auf die Strafen
des § 38 Nr. 2 und 5 erkennenden Entscheidung
des Ehrengerichts.

§ 15 An die Stelle von ausscheidenden oder zeitweilig verhinderten Vertrauensmännern treten
die Stellvertreter als Ersatzmänner in der sich
aus der Vorschlagsliste ergebenden Reihenfolge.
Sind Ersatzmänner nicht mehr vorhanden, so
werden für den Rest der Amtszeit des Vertrauensrates neue Vertrauensmänner vom Treuhänder
der Arbeit berufen.

§ 16 Gegen Entscheidungen des Führers des Betriebes über die Gestaltung der allgemeinen
Arbeitsbedingungen, insbesondere der Betriebsordnung (§ 6 Abs. 2), kann die Mehrheit des
Vertrauensrates des Betriebes den Treuhänder
der Arbeit unverzüglich schriftlich anrufen,
wenn die Entscheidungen mit den wirtschaftlichen oder sozialen Verhältnissen des Betriebes
nicht vereinbar erscheinen. Die Wirksamkeit
der von dem Führer des Betriebes getroffenen
Entscheidungen wird durch die Anrufung nicht
gehemmt.

§ 17 Befinden sich mehrere wirtschaftlich oder
technisch gleichartige oder nach dem Be-
triebszweck zusammengehörige Betriebe in der

를 사직하는 경우를 제외하고 사업장에서
퇴직함으로써 종료한다. 대의원의 고용관
계의 해고는 허용되지 아니한다. 그러나 그
해고가 사업장이나 사업부분의 조업정지로
필요하거나 해고기간을 준수하지 않는 고용
관계의 해고를 정당화하는 사유로 이루어진
때에는 그러하지 아니하다.

(2) 노동수탁관은 대의원을 물적 또는 인적
부적합을 이유로 면직할 수 있다. 면직된 대
의원의 직무는 대의원회에 노동수탁관의 결
정이 서면통지된 때에 종료한다.

(3) 대의원의 직무는 또한 제38조 제2호와
제5호의 형벌을 부과하는 명예법원의 결정
의 효력이 발생한 때에 종료한다.

제15조 퇴직하거나 일시적으로 장애가 있는
대의원의 자리에 후보자명부에 정하여진
순서에 따라 대리인이 보충인으로서 충원
된다. 보충인이 더 이상 없으면 노동수탁관
에 의하여 대의원회의 임기의 잔여기간 동
안 새로운 대의원이 임명된다.

제16조 일반 노동조건, 특히 취업규칙의 작성
(제6조 제2항)에 관한 사업장 지도자의 결
정이 사업장의 경제적 또는 사회적 관계와
합치하지 않은 것으로 보일 때에는 사업장
대의원회는 과반수로 그 결정에 대하여 노
동수탁관에게 서면으로 청원할 수 있다. 사
업장의 지도자가 내린 결정의 효력은 청원
에 의하여 정지되지 아니한다.

제17조 경영상 또는 기술상 동종이거나 경영
목적에 따라 결합된 수개의 사업장을 1인
의 경영자가 장악한 때에는, 그 경영자 또

Hand eines Unternehmers, so muß dieser oder, wenn er nicht selbst das Unternehmen leitet, der von ihm bestellte Führer des Unternehmens zu seiner Beratung in sozialen Angelegenheiten aus den Vertrauensräten der einzelnen Betriebe einen Beirat berufen.

Zweiter Abschnitt
Treuhänder der Arbeit

§ 18 (1) Für größere Wirtschaftsgebiete, deren Abgrenzung der Reichsarbeitsminister im Einvernehmen mit dem Reichswirtschaftsminister und dem Reichsminister des Innern bestimmt, werden Treuhänder der Arbeit ernannt. Sie sind Reichsbeamte und unterstehen der Dienstaufsicht des Reichsarbeitsministers. Ihren Sitz bestimmt der Reichsarbeitsminister im Einvernehmen mit dem Reichswirtschaftsminister.

(2) Die Treuhänder der Arbeit sind an Richtlinien und Weisungen der Reichsregierung gebunden.

§ 19 (1) Die Treuhänder der Arbeit haben für die Erhaltung des Arbeitsfriedens zu sorgen. Zur Erfüllung dieser Aufgabe haben sie:

1. über die Bildung und Geschäftsführung der Vertrauensräte zu wachen und in Streitfällen zu entscheiden;
2. gemäß §§ 9 Abs. 2, 14 Abs. 2 und 15 Vertrauensmänner der Betriebe zu berufen und abzuberufen;
3. auf Abrufung des Vertrauensrates gemäß § 16 zu entscheiden; sie können unter Aufhebung der Entscheidung des Führers des Betriebes die erforderliche Regelung selbst treffen;
4. bei beabsichtigten Entlassungen gemäß § 20 zu entscheiden;
5. die Durchführung der Bestimmungen über die Betriebsordnung (§§ 26 ff.) zu überwachen;
6. unter den Voraussetzungen des § 32 Richtlinien und Tarifordnungen festzusetzen und ihre Durchführung zu überwachen;
7. bei der Durchführung der sozialen Ehren-

는 그가 직접 기업체를 경영하지 않는 경우 그가 선임한 기업체의 지도자는 개별 사업장의 대의원회에서 발생하는 사회적 현안에 관하여 자문하는 자문위원회를 소집하여야 한다.

제2장
노동수탁관[노동신탁관리관]

제18조 (1) 제국노동상이 제국경제상과 제국내무상의 동의를 얻어 그 경계를 지정하는 대경제지역에 노동수탁관이 임명된다. 노동수탁관은 제국공무원이며, 제국노동상의 복무감독을 받는다. 제국노동상은 제국경제상의 동의를 얻어 그의 주재지를 정한다.

(2) 노동수탁관은 제국정부의 지침과 지시에 구속된다.

제19조 (1) 노동수탁관은 노동평화의 유지를 위하여 노력하여야 한다. 이 임무를 이행하기 위하여 그는 다음 각호를 하여야 한다:

1. 대의원회의 구성과 사무관리를 감독하고 분쟁사안에서 결정한다;

2. 제9조 제2항, 제14조 제2항과 제15조에 따라 사업장의 대의원을 임명하고 면직한다;

3. 제16조에 따른 대의원회의 면직을 근거로 다음을 결정한다; 노동수탁관은 사업장지도자의 결정을 폐지하고 단독으로 필요한 규정을 제정할 수 있다;

4. 제20조에 따른 계획해고에 관하여 결정한다;

5. 취업규칙(제26조 이하)에 관한 규정의 시행을 감독한다;

6. 제32조의 요건을 준수하여 지침과 임금규칙을 확정하고 그 시행을 감독한다;

7. 제35조 이하에 따른 사회적 명예재판제

gerichtsbarkeit gemäß §§ 35 ff. mitzuwirken;

8. die Reichsregierung nach näherer Anwei-
sung des Reichsarbeitsministers und des
Reichswirtschaftsministers ständig über die
sozialpolitische Entwicklung zu unterrichten.

(2) Der Reichsarbeitsminister und der Rei-
chswirtschaftsminister können im Rahmen der
Gesetze den Treuhändern der Arbeit weitere
Aufgaben übertragen.

(3) Die Treuhänder der Arbeit können die Verhand-
lung in Angelegenheiten des Abs. 1 Ziffer 3 einem
Sachverständigenausschuß (§ 23 Abs. 3) übertragen.
Die Entscheidung bleibt dem Treuhänder der
Arbeit überlassen.

§ 20 (1) Der Unternehmer eines Betriebes ist verpflichtet, dem Treuhänder der Arbeit schriftlich
Anzeige zu erstatten, bevor er

a) in Betrieben mit in der Regel weniger als
einhundert Beschäftigten mehr als neun Beschäftigte,

b) in Betrieben mit in der Regel mindestens
einhundert Beschäftigten zehn vom Hundert
der im Betrieb regelmäßig Beschäftigten oder
aber mehr als fünfzig Beschäftige innerhalb
von vier Wochen entläßt.

(2) Entlassungen, deren Bevorstehen nach Abs.
1 anzuzeigen sind, werden vor Ablauf von
vier Wochen nach Eingang der Anzeige beim
Treuhänder der Arbeit nur mit dessen Genehmigung wirksam; der Treuhänder der Arbeit
kann die Genehmigung auch mit rückwirkender
Kraft erteilen. Er kann auch anordnen, daß die
Entlassungen nicht vor Ablauf von längstens
zwei Monaten nach Erstattung der Anzeige
wirksam werden. Soweit die Entlassungen nicht
innerhalb von vier Wochen nach dem Zeitpunkt
durchgeführt werden, von dem an sie nach Satz
1 oder 2 wirksam sind, gilt die Anzeige als nicht
erstattet. Das Recht zur fristlosen Entlassung
bleibt unberührt.

(3) Ist der Unternehmer nicht in der Lage, die
Beschäftigten bis zu dem in Abs. 2 bezeichneten

도의 시행에 관하여 협력한다;

8. 제국노동상과 제국경제상의 상세한 지시
에 따라 사회정책의 발전에 관하여 제국
정부에 상시보고한다.

(2) 제국노동상과 제국경제상은 법률의 범
위에서 노동수탁관에게 그밖의 임무를 이
양할 수 있다.

(3) 노동수탁관은 제1항 제3호의 사안에 관
한 심리를 전문가위원회(제23조 제3항)에
이양할 수 있다. 결정권은 노동수탁관이 가
진다.

제20조 (1) 사업장의 경영자는 그가 다음의
조치를 하기 전에 노동수탁관에게 서면으
로 통지할 의무가 있다.

a) 통상 100인 미만의 종사자를 가진 사업
장에서 9인 이상의 종사자를,

b) 통상 100인 이상의 종사자를 가진 사업
장에서는 사업장의 정규 종사자 100인
당 10인 또는 지난 4주 내에 50인 이상
의 종사자를
해고하는 경우.

(2) 제1항에 따라 [해고의] 예고가 통지되어
야 하는 해고는 통지가 노동수탁관에게 도
달한 때부터 4주가 경과하기 전에는 그의
승인이 있을 때에만 효력이 있다; 노동수탁
관은 또한 소급효를 부여하여 승인할 수 있
다. 그는 통지를 보고한 후 최장 2월이 지
날 때까지 해고가 효력이 없다고 명령할 수
있다. 해고가 1문 또는 2문에 따라 효력이
생기는 날부터 4주 내에 해고가 이루어지지
않을 때에는 통지가 보고되지 않은 것으로
본다. 즉시해고권은 영향을 받지 아니한다.

(3) 경영자가 종사자를 제2항에 규정된 기
한까지 완전히 노동하게 할 상태에 있지 않

Zeitpunkt voll in Arbeit zu behalten, so kann der Treuhänder zulassen, daß der Unternehmer für die Zwischenzeit in seinem Betriebe eine Verkürzung der Arbeitszeit (Streckung der Arbeit) einführt. Hierbei darf jedoch die Wochenarbeitszeit eines Beschäftigten nicht unter vierundzwanzig Stunden herabgesetzt werden. Der Unternehmer ist im Falle der Arbeitsstreckung berechtigt, Lohn oder Gehalt der mit verkürzter Arbeitszeit Beschäftigten entsprechend zu kürzen; die Kürzung wird jedoch erst von dem Zeitpunkt an wirksam, in dem das Arbeitsverhältnis nach den allgemeinen gesetzlichen oder den vertraglichen Bestimmungen enden würde.

(4) In Betrieben, die regelmäßig in einer bestimmten Jahreszeit verstärkt arbeiten (Saisonbetriebe) oder regelmäßig nicht mehr als drei Monate im Jahre arbeiten (Kampagnebetriebe), finden die Vorschriften der Absätze 1 und 3 auf Entlassungen, die durch diese Eigenart des Betriebes bedingt sind, keine Anwendung.

§ 21 Der Reichsarbeitsminister kann dem Treuhänder der Arbeit, sofern es die Größe und insbesondere die wirtschaftlichen Verhältnisse seines Wirtschaftsgebietes erfordern, Beauftragte unterstellen, denen vom Reichsarbeitsminister oder vom Treuhänder der Arbeit die diesem obliegenden Aufgaben für einen bestimmten Bezirk oder hinsichtlich bestimmter Gewerbezweige oder bestimmte Aufgaben ganz oder teilweise übertragen werden können. Die Beauftragten sind an Weisungen des Reichsarbeitsministers und des Treuhänders gebunden.

§ 22 (1) Wer schriftlichen allgemeinen Anordnungen des Treuhänders der Arbeit, die dieser in Erfüllung der ihm obliegenden Aufgaben erläßt, wiederholt vorsätzlich zuwiderhandelt, wird mit Geldstrafe bestraft; in besonders schweren Fällen kann an die Stelle der Geldstrafe oder neben sie Gefängnisstrafe treten. Die Strafverfolgung tritt nur auf Antrag des Treuhänders der Arbeit ein.

(2) Die Verfolgung der mit öffentlicher Strafe

은 경우 수탁인은 그 기간 동안 경영자가 그의 사업장에서 노동시간의 단축(노동탄력)을 도입하도록 허용할 수 있다. 이때 종사자의 주(週)노동시간이 24시간 미만으로 단축되어서는 아니된다. 경영자는 노동탄력의 경우 단축된 노동시간으로 근무하는 종사자의 임금이나 보수를 그에 상당하게 감축할 권리가 있다; 그러나 단축은 노무관계가 일반 법률 또는 계약의 규정에 따라 종료되게 되었을 때부터 효력이 생긴다.

(4) 통상 각 해의 특정시기에 강도 높게 노동하는 사업장(계절사업장) 또는 통상 년당 3월 이상 노동하지 않는 사업장(일시목적사업장)의 경우, 그러한 사업장의 특성을 요인으로 하는 해고에 관하여는 제1항과 제3항의 규정이 적용되지 아니한다.

제21조 제국노동상은 그의 경제지역의 규모와 특히 경제관계에 필요한 경우 노동수탁관에게 제국노동상 또는 노동수탁관에 의하여 특정 지구 또는 특정 산업부문에 관하여 그에게 부과된 임무 또는 특정한 임무가 전부 또는 일부 이양될 수 있는 수임인을 배정할 수 있다. 수임인은 제국노동상과 수탁관의 지시에 구속된다.

제22조 (1) 노동수탁관이 그에게 부과된 임무의 이행에 관하여 제정하는 서면의 일반명령을 반복하여 고의로 위반하는 사람은 벌금형으로 처벌한다; 특별히 중대한 경우에는 벌금형에 갈음하여 또는 벌금형과 병과하여 경징역형으로 처벌할 수 있다. 형사소추는 노동수탁관의 고소로만 개시된다.

(2) 사회적 명예의 침해로서 공적 형벌로 처

bedrohten Handlungen als Verletzung der sozialen Ehre wird durch die Verurteilung zu öffentlicher Strafe nicht ausgeschlossen.

§ 23 (1) Die Treuhänder der Arbeit berufen zu ihrer Beratung in allgemeinen oder grundsätzlichen Fragen ihres Aufgabengebietes einen Sachverständigenbeirat aus den verschiedenen Wirtschaftszweigen ihres Gebietes. Die Sachverständigen sollen zu drei Vierteln aus Vorschlagslisten der Deutschen Arbeitsfront entnommen werden, die in erster Linie geeignete Angehörige der Vertrauensräte der Betriebe des Treuhänderbezirks unter Berücksichtigung der verschiedenen Berufsgruppen und Wirtschaftszweige in größerer Zahl in Vorschlag zu bringen hat. Führer der Betriebe und Vertrauensmänner sind in etwa gleicher Zahl in die Liste aufzunehmen. Ein Viertel der erforderlichen Sachverständigen können die Treuhänder aus sonst geeigneten Persönlichkeiten ihres Bezirks berufen.

(2) Soweit durch Gesetze der Reichsregierung eine ständische Gliederung der Wirtschaft durchgeführt ist, hat die Deutsche Arbeitsfront die von ihr zu benennenden Sachverständigen im Einvernehmen mit den Ständen vorzuschlagen.

(3) Die Treuhänder der Arbeit können ferner zu ihrer Beratung im Einzelfalle einen Sachverständigenausschuß berufen.

§ 24 Vor Beginn ihrer Tätigkeit sind die Sachverständigen durch den Treuhänder der Arbeit zu vereidigen. Sie haben zu schwören, daß sie nach bestem Wissen und Gewissen unparteiisch das Amt eines Sachverständigen ausüben, keine Sonderinteressen verfolgen und nur dem Wohle der Volksgemeinschaft dienen werden. Für die Abnahme des Eides gilt § 481 der Zivilprozeßordnung (Reichsgesetzbl. 1933 I S. 821) entsprechend.

§ 25 Die Treuhänder und die sonstigen deutschen Behörden sind innerhalb ihrer Zuständigkeit verpflichtet, bei Vollziehung dieses Gesetzes einander Amtshilfe zu leisten.

벌되는 행위의 소추는 공적 형벌의 선고로 배제되지 아니한다.

제23조 (1) 노동수탁관은 그의 임무영역에서 발생하는 일반문제와 기본문제에 관하여 그의 자문을 위하여 그 영역의 다양한 경제분야에서 구성되는 전문가위원회를 임명한다. 전문가 중에 4분의 3은 독일노동전선의 후보자명부에서 선정하여야 하며, 독일노동전선은 다양한 직업군과 경제부문을 참작하여 수탁관지구의 적합한 사업장 대의원회의 소속원을 그 후보자명부에 다수로 우선 수록하여야 한다. 사업장지도자와 대의원은 대략 동수로 명부에 수용된다. 노동수탁관은 전문가의 4분의 1을 그밖에 그 지구의 적합한 인물 중에서 선임할 수 있다.

(2) 제국정부의 법률에 의하여 경제의 신분적 편성이 실시된 경우, 독일노동전선은 신분의 협조를 얻어 그가 임명하는 전문가들을 제안하여야 한다.

(3) 노동수탁관은 개별사안에서 그의 자문을 위하여 전문가위원회를 소집할 수 있다.

제24조 전문가는 그의 활동에 앞서 노동수탁관에 의하여 선서되어야 한다. 그는 그가 최선의 지식과 양심으로 편향되지 않고 전문가의 공무를 행사하며, 특정이익을 좇지 않고 오로지 인민공동체의 이익을 위하여 봉사할 것을 맹세한다. 「민사소송령」(제국법률관보 1933 I 821) 제481조가 선서절차에 준용된다.

제25조 수탁관과 그밖의 독일관청은 그의 관할 내에서 이 법률을 집행할 때 서로 공무협력할 의무가 있다.

Dritter Abschnitt
Betriebsordnung und Tarifordnung

§ 26 In jedem Betriebe, in dem in der Regel mindestens zwanzig Angestellte und Arbeiter beschäftigt sind, ist vom Führer des Betriebes eine Betriebsordnung für die Gefolgschaft des Betriebes (§ 1) schriftlich zu erlassen.

§ 27 (1) In die Betriebsordnung sind folgende Arbeitsbedingungen aufzunehmen:

1. Anfang und Ende der regelmäßigen täglichen Arbeitszeit und der Pausen;
2. Zeit und Art der Gewährung des Arbeitsentgelts;
3. die Grundsätze für die Berechnung der Akkord- oder Gedingearbeit, soweit im Betriebe im Akkord oder Gedinge gearbeitet wird;
4. Bestimmungen über die Art, Größe und Einziehung von Bußen, wenn solche vorgesehen werden;
5. die Gründe, aus denen die Kündigung des Arbeitsverhältnisses ohne Einhaltung einer Kündigungsfrist erfolgen darf, soweit es nicht bei den gesetzlichen Gründen bewenden soll;
6. die Verwendung der durch rechtswidrige Auflösung des Arbeitsverhältnisses verwirkten Entgeltbeträge, soweit die Verwirkung im Rahmen der gesetzlichen Bestimmungen in der Betriebsordnung oder im Arbeitsvertrag vorgesehen ist.

(2) Soweit in anderen Gesetzen oder Verordnungen Vorschriften über den zwingenden Inhalt der Arbeitsordnung enthalten sind, die über die Vorschriften des Abs. 1 hinausgehen, behalten sie ihre Gültigkeit.

(3) In die Betriebsordnung können neben den gesetzlich vorgeschriebenen Bestimmungen auch Bestimmungen über die Höhe des Arbeitsentgelts und über sonstige Arbeitsbestimmungen aufgenommen werden, ferner weitere Bestimmungen über die Ordnung des Betriebes, das Verhalten der Beschäftigten im Betriebe und über die Verhütung von Unfällen.

제3장
취업규칙과 임금규칙

제26조 통상 20인 이상의 피용자와 노동자가 근무하는 모든 사업장에서 사업장의 전체 종업원(제1조)을 위한 취업규칙은 사업장지도자에 의하여 서면으로 제정되어야 한다.

제27조 (1) 취업규칙에는 다음의 노동조건이 수용되어야 한다:

1. 통상 1일의 노동시간과 휴게시간의 시작과 종료;
2. 노동대가의 지급시기와 종류;
3. 사업장에서 성과급제 또는 도급제로 노동이 이루어질 경우, 성과급 또는 도급금의 산정에 관한 원칙;
4. 약정이 있을 경우, 벌금의 종류, 금액과 징수에 관한 규정;
5. 법정사유로 종료하지 않는 경우, 해지기간의 준수없이 노무관계의 해지가 이루어질 수 있는 사유;
6. 법률규정의 범위 안에서 취업규칙이나 노동계약에서 상실이 규정된 경우, 위법한 노무관계의 해소로 상실하는 대가금의 용도.

(2) 다른 법률이나 명령에 제1항의 규정을 넘는 강행적인 노동규칙의 내용에 관한 규정이 있을 경우, 이는 그 효력을 유지한다.

(3) 법정된 규정 외에 노동대가액과 그 밖의 노동에 관한 규정과 이 밖의 노동부관들, 그리고 그 외의 사업장의 규칙, 사업장에서 종사자의 태도와 사고방지에 관한 규정들이 또한 취업규칙에 수용될 수 있다.

§ 28 (1) Die Verhängung von Bußen gegen die Beschäftigten ist nur wegen des Verstoßes gegen die Ordnung oder die Sicherheit des Betriebes zulässig. Bußen in Geld dürfen die Hälfte des durchschnittlichen Tagesarbeitsverdienstes nicht übersteigen; für erhebliche, bestimmt zu bezeichnende Verstöße können jedoch Bußen bis zum vollen Betrage des durchschnittlichen Tagesarbeitsverdienstes vorgesehen werden. Die Verwendung der Bußen bestimmt der Reichsarbeitsminister.

(2) Die Verhängung von Bußen erfolgt durch den Führer des Betriebes oder eine von ihm beauftragte Person nach Beratung im Vertrauensrat (§ 6), wenn ein solcher vorhanden ist.

(3) Die Vorschriften der Absätze 1 und 2 gelten auch für die Verhängung von im Arbeitsvertrag vereinbarten Bußen in Betrieben, für die eine Betriebsordnung nicht vorgeschrieben ist.

(4) In Betrieben, für die eine Betriebsordnung vorgesehen ist, können die gesetzlich vorgesehenen Gründe, aus denen die Kündigung des Arbeitsverhältnisses ohne Einhaltung einer Kündigungsfrist zulässig ist, nicht durch den Arbeitsvertrag ausgedehnt oder vermehrt werden.

§ 29 Soweit in der Betriebsordnung der Arbeitsentgelt für Arbeiter oder Angestellte festgesetzt wird, sind Mindestsätze mit der Maßgabe aufzunehmen, daß für die seinen Leistungen entsprechende Vergütung des einzelnen Betriebsangehörigen Raum bleibt. Auch im übrigen ist auf die Möglichkeit einer angemessenen Belohnung besonderer Leistungen Bedacht zu nehmen.

§ 30 Die Bestimmungen der Betriebsordnung sind für die Betriebsangehörigen als Mindestbedingungen rechtsverbindlich.

§ 31 (1) Ein Abdruck der Betriebsordnung und einer für den Betrieb etwa geltenden Tarifordnung ist in jeder Betriebsabteilung an geeigneter, den Angehörigen des Betriebes zugänglicher Stelle auszuhängen.

(2) Die Betriebsordnung ist, soweit nicht in ihr

제28조 (1) 종사자에 대한 벌금의 부과는 오로지 사업장의 규칙 또는 안전에 대한 침해를 원인으로 할 때에만 허용된다. 금전벌금은 평균 일용노동소득의 절반을 넘지 못한다; 그러나 중대하고 확정규정된 침해에 대하여는 평균 일용노동소득의 전액에 이르는 벌금이 규정될 수 있다. 제국노동상이 벌금의 용도를 정한다.

(2) 벌금의 부과는 대의원회가 있으면 대의원회에서 자문(제6조)을 거쳐 사업장지도자 또는 그가 위임한 사람에 의하여 이루어진다.

(3) 제1항과 제2항의 규정은 또한 취업규칙이 제정되지 않은 사업장에서 노동계약으로 약정된 벌금의 부과에도 적용된다.

(4) 취업규칙이 제정된 사업장에서는 해지기간을 준수하지 않고 노무관계의 해지가 허용되는 법정된 사유는 노동계약으로 확장되거나 증가될 수 없다.

제29조 취업규칙에 노동자와 피용인에 대한 노동대가가 확정된 때에는 각 사업장소속원에게 그의 급부에 상당하는 보수에 충분한 최저금액이 인정되어야 한다. 또한 이밖에 특별한 급부에 대한 적절한 임금지급의 가능성이 참작되어야 한다.

제30조 취업규칙의 규정들은 사업장소속원에 대하여 최저조건으로서 법적 구속력을 가진다.

제31조 (1) 취업규칙과 사업장에 적용되는 임금규칙의 사본은 모든 사업부문에 적절하고 사업장소속원이 접근가능한 장소에 게시되어야 한다.

(2) 취업규칙은, 그 안에 다른 시기가 확정

ein anderer Zeitpunkt festgesetzt ist, am Tage nach ihrem Aushang in Kraft. Auf Verlangen ist den im Betriebe Beschäftigten ein Abdruck der Betriebsordnung auszuhändigen.

§ 32 (1) Der Treuhänder der Arbeit kann nach Beratung in einem Sachverständigenausschuß (§ 23 Abs. 3) Richtlinien für den Inhalt von Betriebsordnungen und Einzelarbeitsverträgen festsetzen.

(2) Ist zum Schutze der Beschäftigten einer Gruppe von Betrieben innerhalb des dem Treuhänder der Arbeit zugewiesenen Bezirks die Festsetzung von Mindestbedingungen zur Regelung der Arbeitsverhältnisse zwingend geboten, so kann der Treuhänder nach Beratung in einem Sachverständigenausschuß (§ 23 Abs. 3) eine Tarifordnung schriftlich erlassen; der § 29 gilt entsprechend. Die Bestimmungen der Tarifordnung sind für die von ihr erfaßten Arbeitsverhältnisse als Mindestbedingungen rechtsverbindlich. Entgegenstehende Bestimmungen in Betriebsordnungen sind nichtig. Der Treuhänder der Arbeit kann in der Tarifordnung die Arbeitsgerichtsbarkeit für bürgerliche Rechtsstreitigkeiten aus einem Arbeits- oder Lehrverhältnis, das sich nach der Tarifordnung bestimmt, in dem gleichen Umfang ausschließen, wie dies nach dem Arbeitsgerichtsgesetz den Tarifvertragsparteien möglich war.

(3) Die Richtlinien und die Tarifordnungen sind vom Treuhänder der Arbeit bekanntzumachen.

§ 33 (1) Ist der Erlaß von Richtlinien nach § 32 Abs. 1 oder einer Tarifordnung für einen Geltungsbereich, der nicht nur unwesentlich über den Bezirk eines Treuhänders hinausgeht, geboten, so bestimmt der Reichsarbeitsminister für die Regelung einen Sondertreuhänder der Arbeit. Ferner kann der Reichsarbeitsminister Sondertreuhänder zur Erledigung bestimmter Aufgaben bestellen.

(2) Auf den Sondertreuhänder der Arbeit finden §§ 18 Abs. 2, 22, 23 Abs. 3, 24, 25 und 32

되어 있지 않으면, 그를 게시한 다음 날부터 효력이 생긴다. 요청이 있으면, 사업장의 종사자에게 취업규칙의 사본을 교부하여야 한다.

제32조 (1) 노동수탁관은 전문가위원회에 자문하여(제23조 제3항) 취업규칙과 개별 노동계약의 내용에 관한 지침을 확정한다.

(2) 노동수탁관에게 배속된 지구의 사업장 집단의 종사자를 보호하기 위하여 노무관계를 규율하기 위한 최저조건의 확정이 강제될 경우 수탁관은 전문가위원회에 자문하여 (제23조 제3항) 서면으로 임금규칙을 제정한다; 제29조가 준용된다. 임금규칙의 규정은 그가 대상으로 하는 노무관계에 관하여 최저조건으로서 법적 구속력을 가진다. 이를 위반하는 취업규칙의 규정은 무효이다. 노동수탁관은 임금규칙에서 임금규칙이 정하는 노무관계와 견습관계에서 생기는 민사법률분쟁을 관할하는 노동재판을 노동법원법률에 따라 단체협약 당사자에게 가능한 것과 동일한 범위에서 배제할 수 있다.

(3) 노동수탁관은 지침과 임금규칙을 공포한다.

제33조 (1) 제32조 제1항에 따른 지침 또는 수탁관의 지구를 현저히 벗어나는 효력범위에 관한 임금규칙의 제정이 필요한 경우, 제국노동상은 그의 규율을 위하여 특별노동수탁관을 지명한다. 나아가 제국노동상은 특정한 임무를 처리하기 위한 특별수탁관을 임명할 수 있다.

(2) 제18조 제2항, 제22조, 제23조 제3항, 제24조, 제25조와 제32조가 특별노동수탁

entsprechend Anwendung.

(3) Die Treuhänder der Arbeit haben die Durchführung der von einem Sondertreuhänder erlassenen Richtlinien und Tarifordnungen innerhalb ihres Bezirks zu überwachen, sofern nicht in besonderen Fällen der Reichsarbeitsminister den Sondertreuhänder auch mit dieser Aufgabe betraut.

§ 34 Für Hausgewerbetreibende, die in der Regel allein oder mit ihren Familienangehörigen und nicht mehr als zwei fremden Hilfskräften arbeiten, gelten im Verhältnis zu ihren Auftraggebern die Bestimmungen des § 32 Abs. 2 und 3 und des § 33 entsprechend.

Diesen Hausgewerbetreibenden kann der Reichsarbeitsminister oder der Treuhänder der Arbeit sonstige Hausgewerbetreibende, Zwischenmeister und andere arbeitnehmerähnliche Personen ihrer wirtschaftlichen Unselbständigkeit wegen gleichstellen.

Vierter Abschnitt
Soziale Ehrengerichtsbarkeit

§ 35 Jeder Angehörige einer Betriebsgemeinschaft trägt die Verantwortung für die gewissenhafte Erfüllung der ihm seiner Stellung innerhalb der Betriebsgemeinschaft obliegenden Pflichten. Er hat sich durch sein Verhalten der Achtung würdig zu erweisen, die sich aus seiner Stellung in der Betriebsgemeinschaft ergibt. Insbesondere hat er im steten Bewußtsein seiner Verantwortung seine volle Kraft dem Dienst des Betriebes zu widmen und sich dem gemeinen Wohle unterzuordnen.

§ 36 (1) Gröbliche Verletzungen der durch die Betriebsgemeinschaft begründeten sozialen Pflichten werden als Verstöße gegen die soziale Ehre von den Ehrengerichten gesühnt. Derartige Verstöße liegen vor, wenn

1. Unternehmer, Führer des Betriebes oder sonstige Aufsichtspersonen unter Mißbrauch ihrer

---

관에 준용된다.

(3) 특별한 경우에 제국노동상이 특별수탁관을 그와 같은 임무를 부여하지 않으면, 노동수탁관이 그의 지구에서 특별노동수탁관이 제정한 지침과 임금규칙의 시행을 감독하여야 한다.

제34조 통상 단독으로 또는 그의 가족원과 함께 2인까지의 외부인력으로 노동하는 가내영업운영자에게 그의 위임인과의 관계에서 제32조 제2항과 제3항, 그리고 제33조가 준용된다.

제국노동상 또는 노동수탁인은 가내영업운영자, 중간수공업자와 그밖에 그의 경제적 종속성으로 인하여 노동자와 유사한 사람을 그러한 가내영업운영자와 동일시할 수 있다.

제4장
사회적 명예재판제도

제35조 사업장공동체의 각 소속원은 그에게 사업장공동체 내에서 그의 지위에 지워진 의무를 성실하게 이행할 책임이 있다. 그는 그의 태도로 사업장공동체에서 그의 지위에서 생기는 주의에 부합한다는 것을 증명하여야 한다. 특히 그는 그의 책임을 항상 인식하여 전력으로 사업장에서 근무하여야 하고 전체의 복리에 순응하여야 한다.

제36조 (1) 사업장공동체에 의하여 근거지워진 사회적 의무의 중대한 침해는 사회적 명예에 대한 침해로 명예법원에 의하여 처벌된다. 그러한 종류의 침해는 다음 각호의 경우 존재한다

1. 경영자, 사업장의 지도자 또는 그밖의 감독인이 사업장에서 그의 권한지위를 남

Machtstellung im Betriebe böswillig die Arbeitskraft der Angehörigen der Gefolgschaft
ausnutzen oder ihre Ehre kränken;

2. Angehörige der Gefolgschaft den Arbeitsfrie-
den im Betriebe durch böswillige Verhetzung
der Gefolgschaft gefährden, sich insbesondere
als Vertrauensmänner bewußt unzulässige Eingriffe in die Betriebsführung oder den Gemein-
schaftsgeist innerhalb der Betriebsgemeinschaft
fortgesetzt böswillig stören;

3. Angehörige der Betriebsgemeinschaft wiederholt leichtfertig unbegründete Beschwerden
oder Anträge an den Treuhänder der Arbeit
richten oder seinen schriftlichen Anordnungen
zuwiderhandeln;

4. Mitglieder des Vertrauensrates vertrauliche
Angaben, Betriebs- oder Geschäftsgeheim-
nisse, die ihnen bei Erfüllung ihrer Aufgaben
bekanntgeworden und als solche bezeichnet
worden sind, unbefugt offenbaren.

(2) Beamte und Soldaten unterliegen nicht der
sozialen Ehrengerichtsbarkeit.

§ 37 Die ehrengerichtliche Verfolgung der im §
36 bezeichneten Verletzungen der sozialen Ehre
verjährt in einem Jahre. Die Verjährung beginnt
mit dem Tage, an welchem die Ehrenverletzung
begangen ist.

§ 38 Die ehrengerichtlichen Strafen sind:

1. Warnung,

2. Verweis,

3. Ordnungsstrafe in Geld bis zu zehntausend
Reichsmark,

4. Aberkennung der Befähigung, Führer des Betriebes zu sein (§§ 1 bis 3) oder das Amt eines
Vertrauensmannes auszuüben (§§ 5 ff.),

5. Entfernung vom bisherigen Arbeitsplatz; das
Ehrengericht kann dabei eine von der gesetzlichen oder vereinbarten Kündigungsfrist
vorschreiben.

§ 39 (1) Ist gegen einen Angehörigen eines Betriebes wegen einer strafbaren Handlung die öffent-

용하여 악의로 전체 종업원의 소속원의
노동력을 유용하거나 그의 명예를 상하
게 하는 경우;

2. 전체 종업원의 소속원이 악의의 선동으
로 사업장의 노동평화를 위험하게 한 경
우, 특히 대의원으로서 사업장공동체 내
에서 알면서 사업장지도 또는 공동체정
신에 대한 허용되지 않는 침해를 계속하
여 악의로 저지르는 경우;

3. 사업장공동체의 소속원이 반복하여 경솔
하게 노동수탁관에게 근거없이 이의제기
또는 고소하거나 그의 서면명령을 위반
하는 경우;

4. 대의원회의 위원이 그의 임무를 이행할
때에 그에게 알려지고 비밀로 표시된 기
밀보고, 사업장비밀과 영업비밀을 권한
없이 공개하는 경우.

(2) 공무원과 군인은 사회적 명예재판권에
속하지 않는다.

제37조 제36조에 규정된 사회적 명예의 침해
에 대한 명예법원의 제소권은 1년의 시효
로 소멸한다. 소멸시효는 명예침해가 행하
여진 날부터 진행한다.

제38조 명예법원의 형벌은:

1. 경고,

2. 견책,

3. 최고 10,000제국마르크의 금전질서벌,

4. 사업장의 지도자가 되거나(제1조부터 제
3조) 대의원 직무를 행사할 수 있는(제5
조 이하) 자격의 박탈 또는,

5. 지금까지의 노동직으로부터의 면직; 이
때 명예법원은 법정 또는 약정의 해고기
간을 규정할 수 있다.

제39조 (1) 사업장 소속원에 대하여 형사처벌
이 가능한 행위를 원인으로 공적 소송이 제

liche Klage erhoben, so ist das ehrengerichtliche Verfahren wegen der gleichen Tatsache
auszusetzen.

(2) Ist im Strafverfahren auf Freispruch erkannt,
so findet wegen der Tatsachen, die in diesem
Verfahren zur Erörterung gekommen sind, ein
ehrengerichtliches Verfahren nur insofern statt,
als diese Tatsachen an sich und unabhängig von
dem Tatbestand ehrengerichtliche Bestrafung
begründen.

(3) Ist im Strafverfahren eine Verurteilung erfolgt,
so hat der Vorsitzende des Ehrengerichts zu
entscheiden, ob das ehrengerichtliche Verfahren
durchzuführen ist.

§ 40 Insoweit sich nicht aus den nachfolgenden
Bestimmungen Abweichungen ergeben, fin-
den auf das ehrengerichtliche Verfahren die
Vorschriften der Strafprozeßordnung über
das Verfahren in den zur Zuständigkeit der
Landgerichte gehörigen Strafsachen und die
Vorschriften der §§ 155 Nr. II, 176, 184 bis 198
des Gerichtsverfassungsgesetzes entsprechende
Anwendung. Eine Mitwirkung der Staatsan-
waltschaft findet nicht statt.

§ 41 (1) Über Verletzungen der sozialen Ehre
entscheidet auf Antrag des Treuhänders der Arbeit ein Ehrengericht, das für jeden Bezirk eines
Treuhänders der Arbeit zu errichten ist.

(2) Das Ehrengericht besteht aus einem vom
Reichsminister der Justiz im Einvernehmen mit
dem Reichsarbeitsminister zu ernennenden richterlichen Beamten als Vorsitzenden und einem Führer
eines Betriebes und einem Vertrauensmann als
Beisitzern. Führer des Betriebes und Vertrauensmänner sind durch den Vorsitzenden des Ehrengerichts aus Vorschlaglisten zu entnehmen, die
die Deutsche Arbeitsfront nach Maßgabe des § 23
aufstellt; sie sind nach der Reihenfolge der Liste
zu entnehmen, doch sollen tunlichst Personen aus-
gewählt werden, die dem gleichen Gewerbezweig
wie der Angeschuldigte angehören.

§ 42 Die Beisitzer sind von ihrer Dienstleistung

기된 경우, 동일한 사실을 이유로 하는 명
예법원의 재판이 배제된다.

(2) 형사재판에서 무죄가 선고된 경우 그 재
판에서 다루어진 사실을 이유로 하는 명예
법원의 재판은 그 자체로 그리고 그의 구성
요건과 별개로 명예법원의 형벌을 근거지을
때에만 인정된다.

(3) 형사재판에서 판결이 내려진 경우 명예
법원의 장은 명예법원의 재판이 속행되어야
할 것인지를 결정하여야 한다.

제40조 다음의 규정에 다른 정함이 없으면,
주법원의 관할에 속하는 형사사건의 재판
에 관한 「형사소송령」의 규정과 「법원조직
법률」 제155조 2호, 제176조, 제184조부터
제198조의 규정이 명예법원의 재판에 준용
된다. 검찰의 협력은 인정되지 아니한다.

제41조 (1) 노동수탁관의 고소로 그 노동수탁
관의 지구에 설치되는 명예법원이 사회적
명예의 침해를 결정한다.

(2) 명예법원은 제국법무상이 제국노동상
의 동의를 얻어 임명하는 법관자격이 있는
공무원을 재판장으로 하고 사업장의 지도
자와 1인의 대의원을 배석으로 하여 성립한
다. 사업장의 지도자와 대의원은 명예법원
의 재판장이 독일노동전선이 제29조를 기
준으로 작성한 후보명부에서 선정한다; 이
들은 명부의 순서에 따라 선정되며, 최대한
피소인과 동일한 영업부문에 속하는 사람들
이 선임되어야 한다.

제42조 배석은 그의 업무수행에 관하여 위원

durch den Vorsitzenden auf die gewissenhafte Erfüllung der Obliegenheiten ihres Amtes eidlich zu verpflichten.

§ 43 Anzeigen wegen Verletzung der sozialen Ehre durch Angehörige eines Betriebes sind schriftlich unter Angabe der Beweismittel bei dem Treuhänder der Arbeit anzubringen, in dessen Bezirk der Betrieb seinen Sitz hat. Sobald der Treuhänder der Arbeit durch eine Anzeige oder auf anderem Wege von einer gröblichen Verletzung der sozialen Ehre Kenntnis erhält, hat er den Sachverhalt zu erforschen, dabei insbesondere auch den Beschuldigten zu hören und sich über die Anrufung des Ehrengerichts zu entschließen. Dem Antrag auf Einleitung eines ehrengerichtlichen Verfahrens hat der Treuhänder das Ergebnis der von ihm angestellten Ermittlungen beizufügen.

§ 44 Der Vorsitzende des Ehrengerichts hat erforderliche weitere Ermittlungen selbst vorzunehmen oder anzuordnen.

§ 45 Der Vorsitzende des Ehrengerichts kann den Antrag auf Einleitung eines ehrengerichtlichen Verfahrens als unbegründet zurückweisen. Bei Zurückweisung seines Antrages kann der Treuhänder der Arbeit binnen einer Woche nach Zustellung des die Zurückweisung aussprechenden Beschlusses Hauptverhandlung vor dem Ehrengericht beantragen.

§ 46 (1) Hält der Vorsitzende des Ehrengerichts den Antrag des Treuhänders für begründet, so kann er auf Warnung, Verweis oder Ordnungsstrafe in Geld bis zu einhundert Reichsmark erkennen. Gegen diese Entscheidung können der Beschuldigte und der Treuhänder der Arbeit binnen einer Woche nach der Zustellung der Entscheidung beim Ehrengericht schriftlich oder zu Protokoll der Geschäftsstelle Einspruch erheben.

(2) Bei rechtzeitigem Einspruch wird zur Hauptverhandlung vor dem Ehrengericht geschritten, sofern nicht bis zu ihrem Beginn der Einspruch zurückgenommen wird.

장에 의하여 선서로 그의 공직의무를 성실하게 이행할 의무를 진다.

제43조 사업장의 소속원에 의한 사회적 명예의 침해를 이유로 하는 고소는 증거방법을 제시하여 그의 지구에 사업장이 주소를 가진 노동수탁관에게 서면으로 제출되어야 한다. 노동수탁관은 고소나 그 밖의 방법으로 사회적 명예의 중대한 침해를 인지한 즉시 사안을 조사하여야 하며, 이를 위하여 또한 피고를 심문하고 명예법원에 대한 항소에 관하여 결정하여야 한다. 수탁관은 명예법원의 재판의 개시를 위한 신청에 그가 한 조사를 첨부하여야 한다.

제44조 명예법원의 재판장은 필요한 추가의 조사를 직접 하거나 명령하여야 한다.

제45조 명예법원의 재판장은 명예법원의 재판의 개시신청이 이유없음을 들어 기각할 수 있다. 그의 신청이 기각된 경우, 노동수탁관은 기각을 선고하는 결정이 송달된 날부터 1주 내에 명예법원에서의 정식재판을 신청할 수 있다.

제46조 (1) 명예법원의 재판장이 수탁관의 신청이 이유있다고 판단한 때에는 그는 경고, 견책 또는 최고 100제국마르크의 금전질서벌을 인정할 수 있다. 이 결정에 대하여 피고인과 노동수탁관은 결정이 송달된 날부터 1주일 내에 명예법원에 서면 또는 영업소의 의견서로 이의를 제기할 수 있다.

(2) 적시에 이의한 경우, 명예법원의 정식재판이 개시하기 전에 이의가 철회되지 않으면, 명예법원에서의 정식재판이 개시된다.

§ 47 (1) Entscheidet der Vorsitzende des Ehrengerichts nicht selbst (§ 46 Abs. 1 Satz 1), so
hat er Termin zur mündlichen Verhandlung vor
dem Ehrengericht anzuberaumen.

(2) Das Ehrengericht entscheidet auf Grund
des Ergebnisses einer mündlichen, öffentlichen
Verhandlung nach freiem Ermessen. Es kann
auf Antrag und von Amts wegen Zeugen und
Sachverständige eidlich vernehmen sowie die
Herbeischaffung anderer Beweismittel anordnen. Die Öffentlichkeit der Verhandlung kann
von dem Vorsitzenden des Ehrengerichts ausgeschlossen werden.

§ 48 (1) Der Treuhänder der Arbeit hat das Recht,
der Hauptverhandlung beizuwohnen und Anträge zu stellen.

(2) Der Angeklagte kann sich in der Hauptverhandlung durch einen mit schriftlicher Voll-
macht versehenen Verteidiger vertreten lassen.

§ 49 (1) Gegen Urteile des Ehrengerichts ist die
Einlegung der Berufung durch den Treuhänder
der Arbeit in jedem Falle, durch den Angeklagten nur dann zulässig, wenn auf Ordnungsstrafe in Geld über einhundert Reichsmark
oder auf eine der Strafen des § 38 Nr. 4 und 5
erkannt ist. Über die Berufung entscheidet der
Reichsehrengerichtshof.

(2) Die Berufung ist binnen zwei Wochen
nach Zustellung des Urteils beim Ehrengericht
schriftlich oder zu Protokoll der Geschäftsstelle
einzulegen. Sie hat aufschiebende Wirkung.

제47조 (1) 명예법원의 재판장이 직접 결정하
지 않은 때에는(제46조 제1항 1문) 그는 명
예법원에서의 구두심리를 위한 기간을 확
정하여야 한다.

(2) 명예법원은 구두의 공개심리의 결과에
근거하여 자유재량으로 판결한다. 그는 신
청과 직권에 따라 선서로 증인과 전문가를
심문하고 그밖에 증거방법의 확보를 명령하
여야 한다. 심리의 공개는 명예법원의 재판
장에 의하여 배제될 수 있다.

제48조 (1) 노동수탁관은 정식재판에 출석하
고 고소할 권리를 가진다.

(2) 피고는 정식재판에서 서면대리권을 가
진 변호사에게 그를 대리하게 할 수 있다.

제49조 (1) 명예법원의 판결에 대하여 노동수
탁관에 의한 항소의 제기가 언제나 허용되
며, 피고에 의한 항소의 제기는 100제국마르
크 이상의 금전질서벌 또는 제38조 4호와 5
호의 형벌이 선고된 때에만 허용된다. 제국
명예법원[1]이 항소에 관하여 결정한다.

(2) 항소는 명예위원회의 판결이 송달된 날부
터 2주 내에 서면으로 또는 영업소의 의견서
로 제기되어야 한다. 이는 정지효를 가진다.

---

1) 제국명예법원은 5인의 법관으로 구성된 항소법원으로 2심법원이며 최종심법원이다. 제국법무상이 제국노동
상의 동의를 얻어 2인의 법관을 임명하며, 이들은 언제든지 해임될 수 있었다. 2인의 배석은 명예법원과 마찬
가지로 행정지도자와 대의원군에서 임명된다. 제국정부는 일정기간 동안 또는 개별 사안에서 자유롭게 제5의
구성원을 지명하며, 언제든지 면직할 수 있다. 제국정부 또는 제국법무상이 3인의 법관을 직접 지도하고 행
정지도자와 대의원은 배석으로 간접참여하는 탓으로 제국명예법원의 구성에 대한 이들의 영향력은 명예법원
에서와 비교할 수 없을 정도이다. 이러한 상태에서 법관의 독립성은 논의할 실익이 없다. 재판조직과 절차는
공무원의 징계권과 형사소송령을 빌린다. 제국명예법원은 사경제의 종사자와 함께 행정지도자와 사업장지도
자를 포함하는 공공업무의 종사자까지 징계재판의 객체로 한다. 이처럼 제국명예법원은 사업장공동체와 공공
업무공동체에서 부담하는 의무의 중대한 침해를 일자리박탈을 포함한 명예형벌로 제재한다.

§ 50 Der Reichsehrengerichtshof hat seinen Sitz in Berlin. Er entscheidet in der Besetzung von zwei von dem Reichsminister der Justiz im Einvernehmen mit dem Reichsarbeitsminister zu ernennenden höheren richterlichen Beamten, von denen einer als Vorsitzender, der andere als Beisitzer zu bestellen ist, ferner von je einem Führer des Betriebes und einem Vertrauensmann und einer von der Reichsregierung zu bestimmenden Person als Beisitzer. Der § 41 Abs. 2 Satz 2 findet entsprechende Anwendung.

§ 51 (1) Der Reichsehrengerichtshof hat die Entscheidung des Ehrengerichts in vollem Umfange nachzuprüfen; er ist an dessen Feststellungen nicht gebunden und kann die angefochtene Entscheidung nach freiem Ermessen abändern.

(2) Für das Verfahren vor dem Reichsehrengerichtshof gelten die §§ 42, 44, 47 Abs. 2 und 48 entsprechend.

§ 52 Der Treuhänder der Arbeit kann seinen Antrag an das Ehrengericht bis zur Entscheidung durch den Vorsitzenden des Ehrengerichts oder bis zur Verkündung des Urteils erster Instanz zurücknehmen.

§ 53 (1) Die aus Ordnungsstrafen in Geld eingehenden Beträge sind an die Reichskasse abzuführen, soweit der Reichsarbeitsminister nicht etwas anderes bestimmt.

(2) Die Vollstreckung der eine Ordnungsstrafe in Geld aussprechenden Entscheidung erfolgt durch den Treuhänder der Arbeit auf Grund einer von dem Urkundsbeamten des erkennenden Gerichts erteilten, mit der Bescheinigung der Vollstreckbarkeit versehenen beglaubigten Abschrift der Entscheidungsformel nach den Vorschriften über die Vollstreckung der Urteile in bürgerlichen Rechtsstreitigkeiten.

§ 54 Ist auf Aberkennung der Fähigkeit, Führer des Betriebes oder Vertrauensmann zu sein, oder auf Entfernung vom bisherigen Arbeitsplatz erkannt worden, so hat der Treuhänder der Arbeit

제50조 제국명예법원은 베를린에 소재한다. 그는 제국법무상이 제국노동상의 동의를 얻어 임명하고 1인이 재판장으로, 그리고 다른 1인이 배석으로 배치되는 2인의 고급 법관공무원, 각 1인의 사업장지도자와 대의원, 그리고 제국정부가 지명하는 1인을 배석으로 하여 판결한다. 제41조 제2항 2문이 준용된다.

제51조 (1) 제국명예법원은 명예법원의 판결을 전면검토하여야 한다; 그는 그의 확인에 구속되지 아니하고 자유재량으로 취소된 판결을 변경할 수 있다.

(2) 제42조, 제44조, 제47조 제2항과 제48조가 제국명예법원에서의 소송에 준용된다.

제52조 노동수탁관은 명예법원의 재판장의 결정이 있거나 1심의 판결이 선고될 때까지 그의 고소를 철회할 수 있다.

제53조 (1) 제국노동상이 달리 규정하지 않으면, 금전질서벌로 부과된 금액은 제국국고에 귀속되어야 한다.

(2) 금전질서벌을 선고한 판결의 집행은 민사분쟁에서 판결의 집행에 관한 규정에 따라 이를 선고한 법원의 문서관에 의하여 교부되고 집행권을 부여한 공증된 판결양식의 사본에 근거하여 노동근로관에 의하여 이루어진다.

제54조 사업장지도자 또는 대의원이 되는 능력의 박탈 또는 현재의 일자리의 면직이 선고된 때에는 노동수탁관은 판결의 집행을 감독하여야 한다.

die Durchführung des Urteils zu überwachen.

§ 55 (1) Die sachlichen und personellen Kosten der Ehrengerichte sowie des Reichsehrengerichtshofs trägt das Reich.

(2) Die Kosten des Verfahrens können ganz oder zum Teil dem Verurteilten auferlegt werden.

Fünfter Abschnitt
Kündigungsschutz

§ 56 (1) Wird einem Angestellten oder Arbeiter nach einjähriger Beschäftigung in dem gleichen Betrieb oder dem gleichen Unternehmen gekündigt, so kann er, wenn es sich um einen Betrieb mit in der Regel mindestens zehn Beschäftigten handelt, binnen zwei Wochen nach Zugang der Kündigung beim Arbeitsgericht mit dem Antrag auf Widerruf der Kündigung klagen, wenn diese unbillig hart und nicht durch die Verhältnisse des Betriebes bedingt ist.

(2) Der Klage ist, wenn in dem Betriebe eine Vertrauensrat eingerichtet ist, eine Bescheinigung des Vertrauensrates beizufügen, aus der sich ergibt, daß die Frage der Weiterbeschäftigung im Vertrauensrat erfolglos beraten worden ist. Von der Beibringung der Bescheinigung kann abgesehen werden, wenn der Gekündigte nachweist, daß er binnen fünf Tagen nach Zugang der Kündigung den Vertrauensrat angerufen, dieser aber die Bescheinigung innerhalb von fünf Tagen nach dem Anruf nicht erteilt hat.

§ 57 (1) Erkennt das Gericht auf Widerruf der Kündigung, so ist im Urteil von Amts wegen eine Entschädigung für den Fall festzusetzen, daß der Unternehmer den Widerruf ablehnt.

(2) Der Unternehmer hat, sofern nicht die vorläufige Vollstreckbarkeit des Urteils nach § 62 Abs. 1 Satz 2 des Arbeitsgerichtsgesetzes ausgeschlossen ist, binnen drei Tagen nach Zustellung des Urteils dem Gekündigten zu erklären, ob er den Widerruf der Kündigung oder die Entschädigung wählt. Erklärt er sich

---

제55조 (1) 제국이 명예법원과 제국명예법원의 인적, 물적 비용을 부담한다.

(2) 소송비용의 전부 또는 일부가 선고받은 사람에게 부과될 수 있다.

제5장
해고보호

제56조 (1) 피용인 또는 노동자가 동일 사업장 또는 동일 기업에서 1년 이상 근무한 후에 해고된 경우, 그는 원칙적으로 10인 이상의 종사자가 있는 사업장이 문제될 때에는 해고가 부당하게 가혹하고 사업장의 형편에 의한 것이 아니면, 해고가 도달한 날부터 2주 내에 노동법원에 해고철회의 신청을 제소할 수 있다.

(2) 사업장에 대의원회가 설치된 때에는 계속고용의 문제가 대의원회에서 성과없이 심의되었다는 대의원회의 증명서가 소장에 첨부되어야 한다. 피해고자는 그가 해고가 도달한 때부터 5일 내에 대의원회에 요청하였으나 대의원회가 요청한 날부터 5일 내에 증명서를 발급하지 않은 사실을 증명한 때에는 증명서를 제출하지 않을 수 있다.

제57조 (1) 법원이 해고의 철회를 선고한 때에는 판결에서 직권으로 경영자가 철회를 거부하는 경우에 대한 보상을 확정하여야 한다.

(2) 경영자는 「노동법원법률」 제62조 제1항 2문에 따라 판결의 가집행이 배제되지 않은 때에는, 판결이 송달된 때부터 3일 내에 피해고인에게 그가 해고의 철회 또는 보상 중 선택할 것을 의사표시하여야 한다. 그가 그 기간 내에 의사표시를 하지 않을 때에는 보

nicht innerhalb der Frist, so gilt die Entschädigung als gewählt. Die Frist wird durch einen vor ihrem Ablauf zur Post gegebenen Brief gewahrt. Der Unternehmer wird dadurch, daß er den Widerruf der Kündigung wählt, nicht gehindert, gegen das Urteil Berufung einzulegen. Wird auf die Berufung die Klage abgewiesen, so verliert mit diesem Zeitpunkt der Widerruf der Kündigung seine Wirkung.

(3) Wird in dem in der Berufungsinstanz ergehenden Urteil die Entschädigung anderweit festgesetzt, so läuft die im Abs. 2 bestimmte Frist von der Zustellung des Berufungsurteils von neuem.

§ 58 Bei der Festsetzung der Entschädigung ist sowohl auf die wirtschaftliche Lage des Gekündigten als auch auf die wirtschaftliche Leistungsfähigkeit des Betriebes angemessen Rücksicht zu nehmen. Die Entschädigung bemißt sich nach der Dauer des Arbeitsverhältnisses; sie darf vier Zwölftel des letzten Jahresarbeitsverdienstes nicht übersteigen.

§ 59 Bei Widerruf der Kündigung ist der Unternehmer verpflichtet, dem Gekündigten für die Zeit zwischen der Entlassung und der Weiterbeschäftigung Lohn oder Gehalt zu gewähren. § 615 Satz 2[2]) des Bürgerlichen Gesetzbuches findet entsprechend Anwendung. Der Unternehmer kann ferner öffentlich-rechtliche Leistungen, die der Gekündigte aus Mit-

상이 선택된 것으로 본다. 기간은 그 경과 전에 우체국에 투입한 편지로 준수된다. 경영자가 해고의 철회를 선택한 사실에 의하여 그의 판결에 대한 항소를 방해받지 아니한다. 항소소송이 기각된 경우 그때부터 해고의 철회는 효력을 잃는다.

(3) 항소심에서 내려진 판결에서 보상이 달리 확정된 때에는 제2항에 규정된 기간은 항소판결이 송달된 때부터 새로이 진행한다.

제58조 보상을 확정할 때에 피해고자의 경제적 사정과 사업장의 경제적 급부능력을 적절히 참작하여야 한다. 보상은 노무관계의 존속기간에 따라 산정된다; 보상은 최종 년 소득의 12분의 4를 넘지 못한다.

제59조 해고를 철회할 경우 경영자는 피해고자에게 면직과 계속근무 사이의 기간에 대한 임금 또는 보수를 지급할 의무가 있다. 「민법」 제615조 2문[2])이 준용된다. 나아가 경영자는 피해고자가 중간기간 동안 실업급여 또는 공적 부조를 재원으로 취득한 공법상의 급부를 산입할 수 있고 그 금액을 급부기관에 상환하여야 한다.

---

2) § 615 BGB Vergütung bei Annahmeverzug und bei Betriebsrisiko Kommt der Dienstberechtigte mit der Annahme der Dienste in Verzug, so kann der Verpflichtete für die infolge des Verzugs nicht geleisteten Dienste die vereinbarte Vergütung verlangen, ohne zur Nachleistung verpflichtet zu sein. Er muss sich jedoch den Wert desjenigen anrechnen lassen, was er infolge des Unterbleibens der Dienstleistung erspart oder durch anderweitige Verwendung seiner Dienste erwirbt oder zu erwerben böswillig unterlässt. Die Sätze 1 und 2 gelten entsprechend in den Fällen, in denen der Arbeitgeber das Risiko des Arbeitsausfalls trägt.
[민법 제615조 **수령지체와 경영위험의 경우 보수** 노무청구권자가 노무의 수령을 지체한 때에는 의무자는 미급부에 대하여 의무를 지지 않고 지체로 인하여 급부하지 못한 노무에 대하여 약정한 보수를 청구할 수 있다. 그러나 그는 그가 노무급부를 하지 않음으로 인하여 절약하거나 그의 급부를 달리 사용하여 취득하거나 악의로 취득하지 않은 것의 가치를 공제하도록 하여야 한다. 1문과 2문은 사용자가 노동결손의 위험을 부담하는 경우에 준용된다.]

teln der Arbeitslosenhilfe oder der öffentlichen Fürsorge in der Zwischenzeit erhalten hat, zur Anrechnung bringen und muß dieses Beträge der leistenden Stelle zurückerstatten.

§ 60 Der Gekündigte ist berechtigt, falls er inzwischen einen neuen Dienstvertrag abgeschlossen hat, die Weiterbeschäftigung bei dem früheren Unternehmer zu verweigern. Er hat hierüber unverzüglich nach Empfang der im § 57 Abs. 2 und 3 vorgesehenen Erklärung des Unternehmers, spätestens aber drei Tage danach, dem Unternehmer mündlich oder durch Aufgabe zur Post eine Erklärung abzugeben. Erklärt er sich nicht, so erlischt das Recht der Verweigerung. Macht er von seinem Verweigerungsrecht Gebrauch, so ist ihm Lohn oder Gehalt nur für die Frist zwischen der Entlassung und dem Tage des Eintritts in das neue Dienstverhältnis zu gewähren. § 59 Satz 2 und 3 findet entsprechende Anwendung.

§ 61 (1) Ein Arbeiter oder Angestellter, dem ohne Einhaltung der Kündigungsfrist gekündigt ist, kann in dem Verfahren, in dem er die Unwirksamkeit dieser Kündigung geltend macht, gleichzeitig für den Fall, daß die Kündigung als für den nächsten zufälligen Kündigungszeitpunkt wirksam angesehen wird, den Widerruf dieser Kündigung gemäß § 56 beantragen. Der Antrag ist nur bis zum Schluß der mündlichen Verhandlung erster Instanz zulässig. Die im § 56 Abs. 1 bestimmte Frist gilt als gewahrt, wenn die Klage binnen zweier Wochen nach der Kündigung erhoben war. Die Vorschrift des § 56 Abs. 2 findet in diesem Falle keine Anwendung. (2) Wird im Falle des Abs. 1 dem Antrage auf Widerruf der Kündigung stattgegeben, so wird durch die gemäß § 57 festgesetzte Entschädigung der Lohnanspruch für die Zeit bis zum Wirksamwerden der Kündigung nicht berührt.

§ 62 Die §§ 56 bis 61 finden keine Anwendung bei Kündigungen auf Grund einer Verpflichtung, die auf Gesetz oder Tarifordnung beruht.

제60조 피해고자는, 그가 그 동안 새로운 고용계약을 체결한 경우, 이전의 경영자 아래에서 계속근무를 거절할 권리가 있다. 이를 위하여 그는 제57조 제2항과 제3항에 규정된 경영자의 의사표시를 수령한 후 지체없이, 그러나 늦어도 경영자가 구두로 또는 우체국에 투입하여 의사표시를 한 날부터 3일 내에 의사표시를 하여야 한다. 그가 의사표시를 하지 않으면 거절권은 소멸한다. 그가 거절권을 행사한 경우 임금 또는 보수는 그에게 면직과 새로운 고용관계가 시작한 날 사이의 기간에 대하여만 지급된다. 제59조 2문과 3문이 준용된다.

제61조 (1) 해고기간을 준수하지 않고 해고된 노동자 또는 피용인은 그가 그 해고의 무효를 주장하는 소송에서 해고가 이후에 도래하는 해고시점에 유효하게 되는 것으로 여겨지는 경우에 대비하여 제56조에 따라 해고의 철회를 동시에 신청할 수 있다. 그 신청은 제1심의 구두심리가 종결할 때까지만 허용된다. 제56조 제1항에 규정된 기간은 그 소송이 해고한 때부터 2주 내에 제기된 경우 준수된 것으로 본다. 이때 제56조 제2항의 규정은 적용되지 아니한다.

(2) 제1항의 경우 해지의 철회신청이 인용된 때에는 해고가 유효하게 될 때까지의 기간에 대하여 제57조에 의하여 확정된 임금청구권의 보상은 영향을 받지 아니한다.

제62조 제56조부터 제62조는 법률 또는 임금규칙에 근거하는 의무를 이유로 하는 해고에는 적용되지 아니한다.

Sechster Abschnitt
Arbeit im öffentlichen Dienst

§ 63 Auf Angestellte und Arbeiter in den Verwaltungen und Betrieben des Reichs, der Länder, der Reichsbank, der Deutschen Reichsbahn-Gesellschaft, des Unternehmens "Reichsautobahnen", der Gemeinden (Gemeindeverbände) und anderer Körperschaften, Stiftungen und Anstalten des öffentlichen Rechts finden die Vorschriften des Ersten bis Fünften Abschnittes dieses Gesetzes keine Anwendung. Insoweit erfolgt eine Regelung durch besonderes Gesetz.

Siebenter Abschnitt
Schluß- und Übergangsbestimmungen

§ 64 (1) Das Gesetz zur Ordnung der nationalen Arbeit tritt, soweit es sich um Maßnahmen zu seiner Durchführung und die Schluß- und Übergangsvorschriften der §§ 64, 70 und 72 handelt, mit dem Tage der Verkündung, soweit es sich um die Vorschrift des § 73 handelt, mit dem 1. April 1934 in Kraft. Im übrigen tritt es samt den in den §§ 65 bis 69 vorgesehenen Änderungen von Gesetzen und Verordnungen mit dem 1. Mai 1934 in Kraft, soweit der Reichsarbeitsminister im Einvernehmen mit dem Reichswirtschaftsminister keinen anderen Zeitpunkt bestimmt.

(2) Der Reichsarbeitsminister ist ermächtigt, im Einvernehmen mit dem Reichswirtschaftsminister, soweit der Sechste Abschnitt in Frage kommt, auch im Einvernehmen mit dem Reichsminister der Finanzen und dem Reichsminister des Innern zur Durchführung und Ergänzung dieses Gesetzes Rechtsverordnungen und allgemeine Verwaltungsvorschriften zu erlassen und hierbei von bestehenden gesetzlichen Vorschriften abzuweichen.

§ 65 Folgende Gesetze und Verordnungen treten außer Kraft:

1. das Betriebsrätegesetz samt der auf Grund

제6장
공공근무에서 노동

제63조 행정과 제국, 주, 제국은행, 독일제국 철도회사, "독일고속도로"공사, 기초행정단체 (기초행정단체연합)과 그 밖의 공법상의 사단, 재단법인과 영조물사업장의 피용인과 노동자에 대하여 이 법률 제1장부터 제5장의 규정이 적용되지 아니한다. 이에 관하여 특별법률에 의한 규율이 이루어진다.

제7장
종결규정과 경과규정

제64조 (1) 「국가노동의 규율에 관한 법률」은 그의 시행에 관한 조치와 제64조, 제70조와 제72조의 종결규정과 경과규정에 관하여는 공포한 날부터, 그리고 제73조의 규정에 관하여는 1934년 4월 1일부터 시행한다. 이밖에 제국노동상이 제국경제상의 동의를 얻어 다른 시기를 정하지 않으면, 제65조부터 제69조에 규정된 법률과 명령의 개정 전부를 포함하여 1934년 5월 1일 시행한다.

(2) 제국노동상은 제국경제상의 동의를 얻고, 또한 제6장이 문제될 경우에는 제국재무상과 제국내무상의 동의를 함께 얻어 이 법률의 시행과 보완을 위한 법규명령과 일반 행정명령을 제정하고 이를 위하여 현행 법률의 규정을 우회할 권한이 있다.

제65조 다음의 법률과 명령은 효력을 잃는다:

1. 「사업장위원회법률」과 그 법률에 근거하

dieses Gesetzes erlassenen Verordnungen und Bestimmungen,

2. das Gesetz über die Betriebsbilanz und die Betriebsgewinn- und verlustrechnung vom 5. Februar 1921 (Reichsgesetzbl. S. 159),

3. das Gesetz über die Entsendung von Betriebsratsmitgliedern in den Aufsichtsrat vom 15. Februar 1922 (Reichsgesetzbl. S. 209) nebst Wahlordnung,

4. das Gesetz über Betriebsvertretungen und über wirtschaftliche Vereinigungen vom 4. April 1933 (Reichsgesetzbl. I S. 161), mit Ausnahme der Artikel III und V, samt den zu den aufgehobenen Vorschriften erlassenen Verordnungen,

5. das Gesetz zur Änderung des Gesetzes über Betriebsvertretungen und über wirtschaftliche Vereinigungen vom 26. September 1933 (Reichsgesetzbl. I S. 667),

6. die Tarifvertragsverordnung samt den auf Grund dieser Verordnung erlassenen Bestimmungen,

7. die Verordnung über das Schlichtungswesen vom 30. Oktober 1923 (Reichsgesetzbl. I S. 1043) und die Zweite Verordnung zur Ausführung der Verordnung über das Schlichtungswesen vom 29. Dezember 1923 (Reichsgesetzbl. 1924 I S. 9),

8. das Gesetz über Treuhänder der Arbeit vom 19. Mai 1933 (Reichsgesetzbl. I S. 285) mit Durchführungsverordnung vom 13. Juni 1933 (Reichsgesetzbl. I S. 368) und das Gesetz über die Übertragung der Restaufgaben der Schlichter auf die Treuhänder der Arbeit vom 20. Juli 1933 (Reichsgesetzbl. I S. 520),

9. das Gesetz über die Beisitzer der Arbeitsgerichts- und Schlichtungsbehörden und der Fachausschüsse für Hausarbeit vom 18. Mai 1933 (Reichsgesetzbl. I S. 276) mit Ausnahme des Artikels I § 4,

10. die Verordnung, betreffend Maßnahmen gegenüber Betriebsabbrüchen und -stillegungen,

여 제정된 명령과 규정들,

2. 1921년 2월 5일의 「사업장결산과 사업장이익과 손실회계에 관한 법률」(제국법률관보 159),

3. 선거규정과 함께 「1922년 2월 15일의 사업장구성원의 감사위원회로의 파견에 관한 법률」(제국법률관보 209),

4. 제3장과 제5장을 예외로 하여 1933년 4월 4일의 「사업장대표와 경영합의에 관한 법률」(제국법률관보 I 161)과 폐지된 규정에 대하여 제정된 명령들,

5. 1933년 9월 26일의 「사업장대표와 경영합의에 관한 법률을 개정하는 법률」(제국법률관보 I 667),

6. 단체협약명령과 그 명령에 근거하여 제정된 규정들,

7. 1923년 10월 30일의 중재제도에 관한 명령(제국법률관보 I 1043)과 1923년 12월 29일의 중재제도에 관한 명령의 시행을 위한 제2차명령(제국법률관보 1924 I 9),

8. 1933년 5월 19일 「노동수탁관에 관한 법률」(제국법률관보 I 285)와 1933년 6월 13일의 시행명령(제국법률관보 I 368), 그리고 1933년 7월 20일의 「중재관의 잔여임무를 노동수탁관에게 이양하는 법률」(제국법률관보 I 520),

9. 제1장 제4조를 예외로 하여 1933년 5월 18일의 「가사(家事)를 위한 노동법원과 중재기관, 그리고 전문위원회의 배석에 관한 법률」(제국법률관보 I 276),

10. 1923년 10월 15일 운영정지와 노동배치에 관한 명령(제국법률관보 I 983)의 내

vom 8. November 1920 (Reichsgesetzbl. S. 1901) in der Fassung der Verordnung über Betriebsstillegungen und Arbeitsstreckung vom 15. Oktober 1923 (Reichsgesetzbl. I S. 983) samt den auf grund der Verordnung erlassenen Bestimmungen,

11. die Verordnung, betreffend die Stillegung von Betrieben, welche die Bevölkerung mit Gas, Wasser, Elektrizität versorgen, vom 10. November 1920 (Reichsgesetzbl. S. 1865).

§ 66 (1) Die Zuständigkeit der Arbeitsgerichte für die in § 2 Abs. 1 Nr. 1, 4 und 5 des Arbeitsgerichtsgesetzes aufgeführten bürgerlichen Rechtsstreitigkeiten und Fälle entfällt, soweit es sich nicht um anhängige Verfahren handelt. Mit dieser Maßgabe treten die Vorschriften des § 10 des Arbeitsgerichtsgesetzes über die Parteifähigkeit, der §§ 63 und 71 des Arbeitsgerichtsgesetzes über das Verfahren in besonderen Fällen und der §§ 80 bis 90 des Arbeitsgerichtsgesetzes über das Beschlußverfahren außer Kraft.

(2) In den Vorschriften des Arbeitsgerichtsgesetzes über die Berufung der Beisitzer tritt an die Stelle der wirtschaftlichen Vereinigungen von Arbeitgebern oder von Arbeitnehmern oder der Verbände solcher Vereinigungen (Spitzenverbänden) die Deutsche Arbeitsfront; die Vorschriften des § 23 Abs. 1 Satz 3 und des Abs. 2 dieses Gesetzes gelten entsprechend.

(3) Der § 11 des Arbeitsgerichtsgesetzes erhält folgende Fassung:

"[1] Vor den Arbeitsgerichten sind als Prozeßbevollmächtigte oder Beistände zugelassene Leiter und Angestellte der von der Deutschen Arbeitsfront getrennt nach Unternehmen einerseits, Arbeitern und Angestellten andererseits einzurichtenden Rechtsberatungsstellen, soweit diese Personen nicht neben derartigen Vertretungen die Besorgung fremder Rechtsangelegenheiten vor Gericht geschäftsmäßig betreiben, sowie Rechtsanwälte, die im Einzelfalle

용과 이 명령에 근거하여 제정된 규정에서 1920년 11월 8일의 사업장 운영중단과 운영정지에 대한 조치를 규율하는 명령(제국법률관보 1901),

11. 1920년 11월 10일 주민에게 가스, 물, 전기를 공급하는 사업장의 운영정지를 규율하는 명령(제국법률관보 1865).

제66조 (1) 「노동법원법률」 제2조 제1항 1호, 4호와 5호에 열거된 민사법률분쟁과 사건에 관한 노동법원의 관할은, 계속 중인 소송이 아니면, 적용되지 않는다. 이에 따라 당사자능력에 관한 「노동법원법률」 제10조, 특별사건에서 절차에 관한 「노동법원법률」 제62조와 제71조, 그리고 결정절차에 관한 「노동법원법률」 제80조부터 제90조의 규정은 효력을 잃는다.

(2) 독일노동전선이 배석의 임명에 관한 「노동법원법률」의 규정에서 사용자 또는 노동자의 경제국 연합, 또는 그러한 연합의 단체(상급단체)를 갈음한다; 이 법률의 제23조 제1항 3문과 제2항의 규정이 준용된다.

(3) 「노동법원법률」 제11조는 다음의 법문을 포함한다:
"[1] 독일노동전선에서 분리되어 한편으로 기업별로, 다른 한편으로는 노동자와 피용인별로 설치되어야 하는 권리자문기관의 인가된 지도자와 피용인이 그러한 대리 외에 법정에서 타인의 법률사건을 사무상 행사하지 않을 경우, 그 사람들과 개별사건에서 독일노동전선의 편에서 일방 당사자의 대리로 수임된 변호사는 노동법원에서 소송대리인 또는 보조인의 권한을 가진다. 그밖에 법정에서 타인의 법률사건의 관리를 사무상 행

von seiten der Deutschen Arbeitsfront zur Vertretung einer Partei ermächtigt sind. Im übrigen sind Personen, die die Besorgung fremder Rechtsangelegenheiten vor Gericht geschäftsmäßig betreiben, als Prozeßbevollmächtigte oder Beistände ausgeschlossen.

[2] Vor den Landesarbeitsgerichten und dem Reichsarbeitsgericht müssen sich die Parteien durch Rechtsanwälte als Prozeßbevollmächtigte vertreten lassen; zur Vertretung berechtigt ist jeder bei einem deutschen Gericht zugelassene Anwalt.

[3] Der Reichsarbeitsminister kann im Einvernehmen mit dem Reichswirtschaftminister und dem Reichsminister der Justiz durch Verordnung andere Stellen (Vereinigungen, Körperschaften) den im Abs. 1 bezeichneten Rechtsberatungsstellen der Deutschen Arbeitsfront für die Prozeßvertretung ihrer Mitglieder gleichstellen."

(4) Für die beim Inkrafttreten der Vorschrift des Abs. 3 vor den Landesarbeitsgerichten anhängigen Verfahren bleiben die nach den bisherigen Vorschriften als Prozeßbevollmächtigte zugelassenen Vertreter auch weiterhin zugelassen.

(5) Bei der ersten Berufung der Beisitzer der Landesarbeitsgerichte auf Grund dieses Gesetzes entfällt das Erfordernis einer dreijährigen Tätigkeit als Beisitzer einer Arbeitsgerichtsbehörde.

(6) Für die im § 48 Abs. 2 des Arbeitsgerichtsgesetzes genannten Streitigkeiten kann der Treuhänder der Arbeit in einer Tarifordnung die Zuständigkeit eines an sich örtlich unzuständigen Arbeitsgerichts bestimmen.

(7) In den Fällen der §§ 56 ff. dieses Gesetzes wird die vollstreckbare Ausfertigung eines der Klage stattgebenden Urteils dem Gekündigten nur erteilt, wenn er nachweist, daß der Unternehmer den Widerruf der Kündigung ablehnt oder sich binnen der im § 57 Abs. 2 und 3 dieses Gesetzes festgesetzten Fristen nicht erklärt hat. Der Nachweis kann auch durch Versicherung an

사하는 사람들은 소송대리인 또는 보조인에서 제외된다.

[2] 주노동법원과 제국노동법원에서 당사자들은 변호사를 소송대리인으로 대리하게 하여야 한다; 독일법원에 등록된 모든 변호사는 대리할 권리가 있다.

[3] 제국노동상은 제국경제상과 제국법무상의 동의를 얻어 명령으로 다른 기관(협회, 사단)을 그 담당관의 소송대리에 관하여 제1항에 규정된 독일노동법원의 권리자 문기관과 동일한 것으로 볼 수 있다."

(4) 종전의 규정에 따라 소송대리인으로 허가된 대리인은 제3항의 규정의 시행할 때에 주노동법원에 계속된 재판에 관하여 계속 허가된 상태로 남는다.

(5) 이 법률에 근거하여 주노동법원의 배석을 최초임명할 때에 노동법원소속관청의 배석으로 3년의 경력요건은 요구되지 아니한다.

(6) 「노동법원법률」 제48조 제2항에 언급된 분쟁에 관하여 노동수탁관은 임금규칙에서 그 자체로는 주소관할을 가지지 않는 노동법원을 지정할 수 있다.

(7) 이 법률 제56조 이하의 경우에 소에서 인용된 판결의 집행가능한 정본은 경영자가 해고의 철회를 거절하거나 이 법률 제57조 제2항과 제3항에 확정된 기간 내에 의사표시를 하지 않은 사실을 증명한 피해고자에게 발급된다. 증명은 선서에 갈음하는 보험으로 이루어질 수 있다.

Eidesstatt geführt werden.

(8) In den Fällen der §§ 56 ff. dieses Gesetzes findet eine Revision an das Reichsarbeitsgericht nicht statt.

(9) Der Reichsarbeitsminister und der Reichsminister der Justiz werden ermächtigt, das Arbeitsgerichtsgesetz unter Vornahme der Änderungen, die sich aus diesem Gesetz und früheren Gesetzen und Verordnungen ergeben, in neuer Fassung im Reichsgesetzblatt bekanntzumachen und dabei etwaige Unstimmigkeiten des Gesetzestextes zu beseitigen; sie können hierbei auch die Vorschriften über die Beisitzerausschüsse (§§ 29, 38) und unter Anpassung an die Vorschriften des § 32 Abs. 2 dieses Gesetzes den Ausschluß der Arbeitsgerichtsbarkeit (IV. Teil des Arbeitsgerichtsgesetzes) neu regeln.

§ 67 (1) Die Vorschriften der §§ 18 bis 48 des Hausarbeitsgesetzes vom 27. Juni 1923 (Reichsgesetzbl. I S. 472 und 730) in der Fassung des Gesetzes über Lohnschutz in der Heimarbeit vom 8. Juni 1933 (Reichsgesetzbl. I S. 347) über die Errichtung und Aufgaben von Fachausschüssen und die Verordnung über Fachausschüsse für Hausarbeit vom 28. November 1924 (Reichsgesetzbl. I S. 757) treten außer Kraft.

(2) Der Reichsarbeitsminister wird ermächtigt,

1. das Hausarbeitsgesetz vom 27 Juni 1923 in der Fassung des Gesetzes über Lohnschutz in der Heimarbeit vom 8. Juni 1933 unter Vornahme der Änderungen, die sich aus diesem Gesetz ergeben, in der Fassung im Reichsgesetzblatt bekanntzumachen und dabei etwaige Unstimmigkeiten des Gesetzestextes zu beseitigen;

2. Rechtsverordnungen und Durchführungsverordnungen zu erlassen, um die Überleitung der Tätigkeit der Fachausschüsse auf die Treuhänder der Arbeit sicherzustellen.

§ 68 (1) Die Verordnung über die Arbeitszeit in der Fassung der Bekanntmachung vom 14. April 1927 (Reichsgesetzbl. I S. 110) wird wie folgt

(8) 이 법률 제56조 이하의 경우 제국노동법원의 상고는 허용되지 아니한다.

(9) 제국노동상과 제국법무상은 이 법률과 종전의 법률과 명령에서 이루어진 개정을 반영하여 「노동법원법률」을 새로운 내용으로 제국법률관보에 공포하고 이와 함께 있을 수 있는 법문의 불합치를 제거할 권한이 있다; 이를 위하여 그들은 배석위원회(제29조, 제38조)의 규정을 이 법률 제32조 제2항의 규정에 맞추어 조정하면서 노동법원재판적(「노동법원법률」 제4장)을 배제하여 새로이 규정할 수 있다.

제67조 (1) 전문위원회의 설치와 임무에 관한 1933년 6월 8일의 「가내수공업의 임금보호에 관한 법률」(제국법률관보 I 347)의 내용에서 1923년 6월 27일의 「가내노동법률」(제국법률관보 I 472와 730) 제18조부터 제48조의 규정과 1924년 11월 28일 가내수공업을 위한 전문위원회에 관한 명령(제국법률관보 I 757)은 효력을 잃는다.

(2) 제국노동상은 다음 각호의 권한을 가진다.

1. 1933년 6월 8일의 「가내수공업의 임금보호에 관한 법률」의 내용으로 이 법률에서 일어난 개정을 반영하여 1923년 6월 27일의 「가내노동법률」을 제국법률관보에 공포하고 이와 함께 있을 수 있는 법문의 불합치를 제거할 권한;

2. 노동수탁관에 대한 전문위원회 활동의 연속을 보장하기 위한 법규명령과 시행명령을 제정할 권한.

제68조 (1) 1927년 4월 14일의 공포내용에서 노동시간에 관한 명령(제국법률관보 I 110)이 다음으로 개정된다:

geändert:

1. Der § 2 erhält folgende Fassung:
   "Für Gewerbezweige oder Gruppen von
   Arbeitnehmern, bei denen regelmäßig und
   in erheblichem Umfang Arbeitsbereitschaft
   vorliegt, kann durch eine Tarifordnung oder,
   soweit eine solche nicht besteht oder doch
   Arbeitsverhältnisse dieser Art nicht berücksichtigt, durch den Reichsarbeitsminister
   oder den Treuhänder der Arbeit eine vom §
   1 Satz 2 und 3 abweichende Regelung getroffen werden."
2. Zu den §§ 3 und 4 sind die Worte "nach Anhörung der gesetzlichen Betriebsvertretung"
   zu streichen.
3. Die §§ 5 und 6 erhalten folgende Fassung:

§ 5
(1) Wird durch Tarifordnung die Arbeitszeit
über die im § 1 Satz 2 und 3 festgesetzten Grenzen ausgedehnt, so gelten für die Beschäftigung
der Arbeitnehmer, für die die Tarifordnung
verbindlich ist, deren Bestimmungen an Stelle
der Vorschriften des § 1.
(2) Die Ausnahmen der §§ 3, 4 und 10 gelten
auch neben Tarifordnungen.

§ 6
(1) Soweit die Arbeitszeit nicht in einer Tarifordnung geregelt ist, kann auf Antrag des Unternehmers für einzelne Betriebe oder Betriebsabtei-
lungen eine vom § 1 Satz 2 und 3 abweichende
Regelung der Arbeitszeit durch den zuständigen Gewerbeaufsichtsbeamten oder Bergauf-
sichtsbeamten widerruflich zugelassen werden,
sofern sie aus betriebstechnischen Gründen, insbesondere bei Betriebsunterbrechungen durch
Naturereignisse, Unglücksfälle oder andere
unvermeidliche Störungen, oder aus allgemein
wirtschaftlichen Gründen geboten ist. Für den
Bereich mehrerer Gewerbeaufsichtsämter oder

1. 제2조는 다음의 법문을 포함한다:
   "통상적이고 중대한 범위에서 노동대기
   가 존재하는 영업부문 또는 노동자집단
   에 관하여 임금규칙으로, 또는 그러한 임
   금규칙이 없거나 그러한 종류의 노동관
   계가 고려되지 않을 때에는 제국노동상
   또는 노동수탁인에 의하여 제1조 2문과
   3문과 다른 규정이 제정될 수 있다."

2. 제3조와 제4조에 대하여 "법정 사업장
   대리의 의견을 들어" 법문을 삭제한다.

3. 제5조와 제6조는 다음의 법문을 포함한다:

제5조
(1) 임금규칙으로 노동시간이 제1조 2문과
3문에 규정된 한도를 넘어 연장될 때에는
제1항의 규정에 갈음하여 그 규정이 임금
규칙이 구속효를 가지는 노동자의 고용에
적용된다.

(2) 제3조, 제4조와 제10조의 예외가 또한
임금규칙과 함께 적용된다.

제6조
(1) 임금규칙에 노동시간이 규정되지 않은
때에는 경영자의 신청으로 개별 사업장 또
는 사업장부문에 관하여 제1조 2문과 3문과
다른 노동시간의 규정이 사업장기술적인 사
유, 특히 자연재해, 재난, 그 밖의 피할 수
없는 장애 또는 일반 경제적 사유로 필요한
경우, 이는 관할 사업장감독관이나 광산감
독관에 의하여 철회조건부로 허용될 수 있
다. 여러 명의 사업장감독관 또는 광산감독
관의 임무범위와 전체의 산업부문 또는 직
업에 관하여 동일한 권한이 최고주관청에,
여러 주를 아우르는 사안에 관하여는 제국
노동상에게 귀속된다. 결정에 대하여 언제

Bergaufsichtsämter sowie für ganze Gewerbezweige oder Berufe steht die gleiche Befugnis
der obersten Landesbehörde, für Fälle, die sich
auf mehrere Länder erstrecken, dem Reichsarbeitsminister zu. Gegen den Bescheid ist,
jederzeit die Beschwerde an die vorgesetzte
Behörde zulässig, die endgültig entscheidet. Die
Beschwerde hat keine aufschiebende Wirkung.
(2) Wird nachträglich eine Regelung in einer
Tarifordnung getroffen, so tritt diese ohne weiteres an die Stelle der behördlichen."

4. Der § 6a Abs. 2 erhält folgende Fassung:
"Als angemessene Vergütung gilt, wenn nicht
die Beteiligten eine andere Regelung vereinbaren oder besondere Umstände eine solche
rechtfertigen oder der Reichsarbeitsminister
oder der Treuhänder der Arbeit eine abweichende Regelung treffen, ein Zuschlag von
fünfundzwanzig vom Hundert."
5. Im § 6a fallen die Abs. 3 und 4 weg. In dem
bisherigen Abs. 5 sind die Worte "nach Anhörung der wirtschaftlichen Vereinigungen
der Arbeitgeber und der Arbeitnehmer" zu
streichen.
6. Der § 8 Abs. 1 erhält folgende Fassung:
"Im Bergbau unter Tage ist für Betriebs-
punkte mit einer Wärme über 28 Grad Cel-
sius durch die zuständige Bergbehörde eine
Verkürzung der Arbeitszeit anzuordnen. Weiter-
gehende bergpolizeiliche Bestimmungen bleiben unberührt."
7. In den §§ 9 Abs. 1 und 15 Abs. 1 sind die
Worte "nach Anhörung der wirtschaftlichen
Vereinigungen der Arbeitgeber und der
Arbeitnehmer" zu streichen.

(2) Die Ziffern III, VIII und IX Satz 2 der
Anordnung über die Regelung der Arbeitszeit
gewerblicher Arbeiter vom 25. November 1918
(Reichsgesetzbl. S. 1334) und 17. Dezember
1918 (Reichsgesetzbl. S. 1436) und die §§ 3, 15

든지 최종결정하는 상급관청에 대한 이의신
청이 허용된다. 이의신청은 정지효가 없다.

(2) 임금규칙에 사후적으로 규정이 신설될
경우 그 규정이 그대로 관청의 권한을 대
신한다."

4. 제6조a 제2항은 다음의 내용을 포함한다:
"당사자들이 다른 규정을 합의하지 않
거나 특별한 사정이 그러한 규정을 정
당화하는 때가 아닌 경우 또는 제국노동
상 또는 노동수탁인이 달리 규정한 때에
는 100분의 25의 가산금을 적정한 보수
로 본다."

5. 제6조a에서 제3항과 제4항을 삭제한다.
현행 제5항에서 "사용자와 노동자의 경
영합의에 따라"의 법문을 삭제한다.

6. 제8조 제1항은 다음의 내용을 포함한다:
"광산에서 주간에 섭씨 28도를 초과하는
더위가 있는 사업장구역에 관하여 관할
광산관청에 의하여 노동시간의 단축이
명령된다. 그밖의 광산경찰의 규정들은
영향을 받지 아니한다."

7. 제9조 제1항과 제15조 제1항에서 "사용
자와 노동자의 경영합의에 따라"의 법문
을 삭제한다.

(2) 1918년 11월 25일(제국법률관보 1334)
과 1918년 12월 17일(제국법률관보 1436)
의 산업노동자의 노동시간의 규율에 관한
규정 III호, VIII호와 IX호 2문과 1919년 3
월 18일의 피용인의 근무시간의 규율에 관

und 16 Abs. 1 Satz 3 der Verordnung über die Regelung der Arbeitszeit der Angestellten vom 18. März 1919 (Reichsgesetzbl. S. 315) treten mit der Maßgabe außer Kraft, daß Anfang und Ende der regelmäßigen täglichen Arbeitszeit und der Pausen in allen Betrieben durch Aushang bekanntzumachen sind.

(3) Der Reichsarbeitsminister wird ermächtigt, im Einvernehmen mit dem Reichswirtschaftsminister die Verordnung über die Arbeitszeit unter Vornahem der Änderungen, die sich aus diesem Gesetz ergeben, und unter Einbeziehung der Vorschriften der Gewerbeordnung über die Arbeitszeit in neuer Fassung im Reichsgesetzblatt bekanntzumachen und dabei etwaige Unstimmigkeiten des Gesetzestextes zu beseitigen.

§ 69 (1) Die Verordnung über die Arbeitszeit in den Bäckereien und Konditoreien in der Fassung des Gesetzes vom 16. Juli 1927 (Reichsgesetzbl. I S. 183) wird wie folgt geändert:

1. Im § 1 Abs. 1 sind die Worte "nach Anhörung der gesetzlichen Betriebsvertretungen" zu streichen.
2. Der § 1 Abs. 2 Satz 1 erhält folgende Fassung:

"In den im Abs. 1 genannten Betrieben kann durch eine Tarifordnung oder, wenn eine solche nicht besteht, durch den Reichsarbeitsminister eine vom § 1 Abs. 1 abweichende Regelung getroffen werden."

(2) Die §§ 134a bis 134f, der § 139k, der § 147 Abs. 1 Nr. 5, der § 148 Abs. 1 Nr. 11 und 12, der § 150 Abs. 1 Nr. 5 und der § 152 der Gewerbeordnung treten außer Kraft.

(3) Im § 133h der Gewerbeordnung ist an Stelle von "der §§ 134 bis 134h" zu setzen "des § 134"; im § 149 Abs. 1 Nr. 7 der Gewerbeordnung ist "§ 134e Abs. 2" im § 154a der Gewerbeordnung ", 152 und 153" zu streichen.

(4) Der § 13 der Verordnung, betreffend eine vorläufige Landarbeitsordnung, tritt außer Kraft.

한 명령(제국법률관보 315) 제3조, 제15조와 제16조 제1항 3문은 모든 사업장에서 정규 1일 노동시간의 시기와 종기, 그리고 휴게시간이 게시로 공지되어야 하는 범위에서 효력을 잃는다.

(3) 제국노동상은 제국경제상의 동의를 얻어 이 법률로 생기는 개정을 반영하고 노동시간에 관한 「영업령」의 규정을 참작하여 새로운 판으로 노동시간에 관한 명령을 제국법률관보에 공포하고 이와 함께 있을 수 있는 법문의 불합치를 제거할 권한을 가진다.

제69조 (1) 1927년 7월 16일의 법률판에서 제빵점과 제과점의 노동시간에 관한 명령(제국법률관보 I 183)을 다음으로 개정한다:

1. 제1조 제1항에서 "법정 사업장대표의 의견에 따라"의 법문을 삭제한다.
2. 제1조 제2항 2문은 다음의 법문을 포함한다:
   "제1항에 열거된 사업장에서 임금규칙 또는, 그러한 임금규칙이 없을 때에는, 제국노동상에 의하여 제1조 제1항과 다른 규정이 제정될 수 있다."

(2) 「영업령」 제134a조부터 제134f조, 제139k조, 제147조 제1항 5호, 제148조 제1항 11호와 12호, 제150조 제1항 5호와 제152조는 효력을 잃는다.

(3) 「영업령」 제133h조에서로 "제134조부터 제134h조까지"를 대신하여 "제134조의"; 「영업령」 제149조 제1항 7호에서 "제134e조 제2항"을, 「영업령」 제154a조에서 "제152조와 제153조"를 삭제한다.

(4) 임시 주(州)노동령을 규율하는 명령 제13조는 효력을 잃는다.

(5) Der § 75f des Handelsgesetzbuchs erhält folgende Fassung:
"Im Falle einer Vereinbarung, durch die sich ein Prinzipal einem anderen Prinzipal gegenüber verpflichtet, einen Handelsgehilfen, der bei diesem im Dienst ist oder gewesen ist, nicht oder nur unter bestimmten Voraussetzungen anzustellen, steht beiden Teilen der Rücktritt frei. Aus der Vereinbarung findet weder Klage noch Einrede statt."

(6) Soweit in einem Gesetz oder einer Verordnung der Tarifvertrag angeführt wird, tritt an seine Stelle die Tarifordnung.

(7) Der Reichsarbeitsminister wird ermächtigt, im Einvernehmen mit dem Reichswirtschaftsminister weitere Änderungen von Gesetzen und Verordnungen, die sich aus diesem Gesetz ergeben, durch Verordnung vorzunehmen und dabei etwaige Unstimmigkeiten des Gesetzestextes zu beseitigen; er kann auch die geänderten Gesetze und Verordnungen in neuer Fassung im Reichsgesetzblatt bekanntmachen.

§ 70 Das Anstellungsverhältnis der bisherigen Treuhänder der Arbeit endet vorbehaltlich der Wiederernennung nach § 18 dieses Gesetzes mit dem 31. März 1934.

§ 71 Soweit in Betrieben, in denen nach diesem Gesetz eine Betriebsordnung zu erlassen ist, eine Arbeitsordnung nicht vorhanden ist oder die vorhandene Arbeitsordnung nicht den Vorschriften dieses Gesetzes entspricht, ist eine Betriebsordnung spätestens zum 1. Juli 1934 vom Führer des Betriebs zu erlassen. Bis zum Inkrafttreten einer Betriebsordnung gilt die bisherige Arbeitsordnung als Betriebsordnung weiter.

§ 72 (1) Die am 1. Dezember 1933 geltenden oder nach diesem Tag in Kraft getretenen Tarifverträge bleiben bis zum 30. April 1934 in Kraft, soweit nicht der Treuhänder der Arbeit Änderungen vornimmt oder ihren früheren Ablauf anordnet.

(2) Die am 30. April 1934 noch laufender Tarif-

(5) 「상법」 제75f조는 다음의 내용을 포함한다.

"어느 고용주가 다른 고용주에게 그에게 근무거나 하였던 상업보조인을 고용하지 않거나 일정한 조건 아래에서만 고용할 의무를 부담하는 합의가 있을 때에는, 양 당사자에게 해제가 허용된다. 합의를 이유로 하는 소와 항변은 허용되지 아니한다."

(6) 법률이나 명령에 단체협약이 수용되지 않은 때에는 임금규칙이 이를 갈음한다.

(7) 제국노동상은 제국경제상의 동의를 얻어 명령으로 이 법률을 근거로 하는 법률과 명령을 개정하고 있을 수 있는 불합치를 제거할 권한을 가진다; 그는 또한 개정된 법률과 명령을 새로운 본으로 제국법률관보에 공포할 수 있다.

제70조 현재의 노동수탁관의 임용관계는 이 법률 제18조에 따라 재임용을 유보하여 1934년 3월 31일 종료한다.

제71조 이 법률에 따라 취업규칙이 제정된 사업장에서 아직 노동규칙이 없거나 현행 노동규칙이 이 법률의 규정과 합치하지 않을 때에는 늦어도 1934년 7월 1일까지 사업장 지도자에 의하여 취업규칙이 제정되어야 한다. 취업규칙이 시행될 때까지 종전의 노동규칙이 계속 취업규칙으로 적용된다.

제72조 (1) 1933년 12월 1일 적용되거나 그날 이후에 시행된 단체협약은, 노동수탁관이 개정하거나 사전의 실효를 명령하지 않으면, 1934년 4월 30일까지 효력을 가진다.

(2) 1934년 4월 30일에 여전히 효력이 있는

verträge und Mindestentgeltfestsetzungen der Fachausschüsse für Hausarbeit treten mit dem Ablauf dieses Tages außer Kraft, soweit nicht der Treuhänder der Arbeit oder der Reichsarbeitsminister ihre Weiterdauer als Tarifordnung anordnet; die Vorschrift des § 33 Abs. 3 gilt entsprechend.

§ 73 (1) Im § 25 des Reichsbeamtengesetzes ist hinter dem Wort "Marine," und vor den Worten "die Vorsteher der diplomatischen Missionen" einzuschalten: "die Treuhänder der Arbeit,".

(2) Die dem Besoldungsgesetze vom 16. Dezember 1927 (Reichsgesetzbl. I S. 349) als Anlage 1 beigefügte Besoldungsordnung A, Aufsteigende Gehälter, wird wie folgt geändert: In der Besoldungsgruppe 1 ist bei "Reichsarbeitsministerium" am Schluß hinzuzufügen: "Treuhänder der Arbeit".

Berlin, den 20. Januar 1934.

Der Reichskanzler
Adolf Hitler

Der Reichsarbeitsminister
Franz Seldte

Der Reichswirtschaftsminister
Dr. Schmitt

Der Reichsminister der Justiz
Dr. Gürtner

Der Reichsminister der Finanzen
Graf Schwerin von Krosigk

Der Reichsminister des Innern
Frick

<Reichsgesetzblatt 1934 I, S. 45-56>

단체협약과 가내수공업에 관한 전문위원회의 확정최저임금은, 노동수탁인 또는 제국노동상이 임금규칙으로 계속효를 명령하지 않으면, 그 날의 경과로 효력을 잃는다; 제33조 제3항의 규정이 준용된다.

제73조 (1)「제국공무원법률」제25조에서 "해군"의 뒤에, 그리고 "외교업무의 장"의 문구 앞에 다음을 삽입한다: "노동수탁관,".

(2) 1927년 12월 16일「공무원보수법률」(제국법률관보 I 349)에 별첨 1로 첨부된 보수규칙 A. 승급급여.가 다음으로 개정된다:

보수군 1에서 "제국노동성"의 말미에 신설한다:
"노동수탁관".

베를린, 1934년 1월 20일

제국재상
아돌프 히틀러

제국노동상
프란츠 젤테

제국경제상
슈미트 박사

제국법무상
귀르트너 박사

제국재무상
그라프 슈베린 폰 크로직

제국내무상
프릭

관련 법령:

법률 12

Erste Verordnung zur Durchführung des Gesetzes
zur Ordnung der nationalen Arbeit (01.03.1934)
Zweite Verordnung zur Durchführung des Gesetzes
zur Ordnung der nationalen Arbeit (10.03.1934)
Zehnte Verordnung zur Durchführung des Gesetzes
zur Ordnung der nationalen Arbeit (04.03.1935)

XXXI. Gesetz über den Neuaufbau des Reichs.

Vom 30. Januar 1934.

Die Volksabstimmung und die Reichstagswahl vom 12. November 1933 haben bewiesen, daß das deutsche Volk über alle innenpolitischen Grenzen und Gegensätze hinweg zu einer unlöslichen, inneren Einheit verschmolzen ist.

Der Reichstag hat daher einstimmig das folgende Gesetz beschlossen, das mit einmütiger Zustimmung des Reichsrats hiermit verkündet wird, nachdem festgestellt ist, daß die Erfordernisse verfassungsändernder Gesetzgebung erfüllt sind.

Artikel 1 Die Volksvertretungen der Länder werden aufgehoben.

Artikel 2 (1) Die Hoheitsrechte der Länder gehen auf das Reich über.

(2) Die Landesregierungen unterstehen der Reichsregierung.

Artikel 3 Die Reichsstatthalter unterstehen der Dienstaufsicht des Reichsministers des Innern.

Artikel 4 Die Reichsregierung kann neues Verfassungsrecht setzen.

Artikel 5 Der Reichsminister des Innern erläßt die zur Durchführung des Gesetzes erforderlichen Rechtsverordnungen und Verwaltungsvorschriften.

Artikel 6 Dieses Gesetz tritt mit dem Tage seiner Verkündigung in Kraft.

Berlin, den 30. Januar 1934.

Der Reichspräsident
von Hindenburg

Der Reichskanzler
Adolf Hitler

31. 제국재건에 관한 법률

1934년 1월 30일

1933년 11월 12일 국민투표와 제국의회선거는 독일민족이 모든 국내정치적 한계와 대립을 떨치고 해체불가능한 정신적 단일체로 용해되었음을 증명하였다.

그러므로 제국의회는, 헌법변경적 입법의 요건이 충족되었음이 확인된 다음 제국상원의 회의 일치된 동의를 얻어 여기에 공포되는 다음의 법률을 만장일치로 의결하였다.

제1조 주의 인민대표는 폐지된다.

제2조 (1) 주의 고권[통치권]은 제국으로 이관된다.

(2) 주정부는 제국정부에 복속한다.

제3조 제국감찰관은 제국내무상의 복무감독에 복속한다.

제4조 제국정부는 신 헌법을 제정할 수 있다.

제5조 제국내무상은 이 법률의 실시를 위하여 필요한 법규정과 행정규정을 제정한다.

제6조 이 법률은 공포된 날에 효력이 생긴다.

베를린, 1934년 1월 30일

제국대통령
폰 힌덴부르크

제국재상
아돌프 히틀러

Der Reichsminister des Innern
Frick

<Quelle: Reichsgesetzblatt 1934 I, S. 75>

제국내무상
프릭

관련 법령:
법률 1, 31, 41, 73
Erste Verordnung über den Neuaufbau des Reichs
(02.02.1934)

XXXII. Gesetz über die Aufhebung des Reichsrats.	**32. 제국상원의회의 폐지에 관한 법률**

Vom 14. Februar 1934.

1934년 2월 14일

Die Reichsregierung hat das folgende Gesetz beschlossen, das hiermit verkündet wird:

제국정부는 여기에 공포되는 다음의 법률을 의결하였다:

§ 1 (1) Der Reichsrat wird aufgehoben.

(2) Die Vertretungen der Länder beim Reich fallen fort.

§ 2 (1) Die Mitwirkung des Reichsrats in Rechtsetzung und Verwaltung fällt fort.

(2) Soweit der Reichsrat selbständig tätig wurde, tritt an seine Stelle der zuständige Reichsminister oder die von diesem im Benehmen mit dem Reichsminister des Innern bestimmte Stelle.

(3) Die Mitwirkung von Bevollmächtigten zum Reichsrat in Körperschaften, Gerichten und Organen jeder Art fällt fort.

§ 3 Die zuständigen Reichsminister werden ermächtigt, im Einvernehmen mit dem Reichsminister des Innern ergänzende Bestimmungen zu treffen und bei der Bekanntmachung einer Neufassung gesetzlicher Vorschriften die aus diesem Gesetz sich ergebenden Änderungen zu berücksichtigen.

제1조 (1) 제국상원의회는 폐지된다.

(2) 제국에서 주의 대표부는 폐지된다.

제2조 (1) 입법과 행정에서 제국상원의회의 참여는 폐지된다.

(2) 제국상원의회가 독립하여 활동하였던 부문에서 관할 제국상 또는 그가 제국내무상과 합의하여 정한 관청이 이에 갈음한다.

(3) 사단, 법원과 모든 종류의 기관에서 제국상원의원에 대한 대리인의 참여가 폐지된다.

제3조 관할 제국상은 제국내무상의 동의를 얻어 보완규정을 제정하고 법률규정의 신설을 공포할 때에 이 법률에 근거한 개정을 참작할 권한이 있다.

Berlin, den 14. Februar 1934.

베를린, 1934년 2월 14일

Der Reichskanzler
Adolf Hitler

제국재상
아돌프 히틀러

Der Reichsminister des Innern
Frick

제국내무상
프릭

<Reichsgesetzblatt 1934 I, S. 89>

관련 법령:
법률 31, 41

XXXIII. Erstes Gesetz zur Überleitung der Rechtspflege auf das Reich.

Vom 16. Februar 1934.

Die Reichsregierung hat das folgende Gesetz beschlossen, das hiermit verkündet wird:

Artikel 1 Sämtliche Gerichte sprechen Recht im Namen des Deutschen Volkes.

Artikel 2 Der Reichspräsident übt neben dem Begnadigungsrecht das Recht aus, anhängige Strafsachen niederzuschlagen.

Amnestien können nur durch ein Reichsgesetz erlassen werden.

Artikel 3 (1) Wer die Befähigung zum Richteramt erlangt hat, muß nach Maßgabe der geltenden reichsgesetzlichen Vorschriften in jedem Lande zur Rechtsanwaltschaft zugelassen werden.

(2) Diese Vorschrift tritt an die Stelle des § 2 der Rechtsanwaltordnung; der § 4 fällt fort.

Artikel 4 Notarielle Urkunden haben im gesamten Reichsgebiet dieselbe Wirksamkeit. Landesrechtliche Vorschriften, nach denen die Wirksamkeit einer notariellen Beurkundung oder Beglaubigung davon abhängig ist, daß die Beurkundung oder Beglaubigung von einem Notar des eigenen Landes oder eines bestimmten Landesteiles vorgenommen ist, treten außer Kraft.

Artikel 5 Der Reichsminister des Innern wird ermächtigt, alle Bestimmungen zu treffen, die durch den Übergang der Justizhoheit auf das Reich erforderlich machen.

Berlin, den 16. Februar 1934.

Der Reichskanzler
Adolf Hitler

33. 司法(Rechtspflege)의 제국이관을 위한 제1차 법률

1934년 2월 16일

제국정부는 여기에 공포되는 다음의 법률을 의결하였다:

제1조 모든 법원은 독일인민의 이름으로 법을 선고한다.

제2조 제국대통령은 사면권 외에 계류된 형사사건을 면소할 권리를 행사한다.

특사는 제국법률에 의하여만 명령될 수 있다.

제3조 (1) 법관직의 자격을 취득한 사람은 각 주에서 현행 제국법률의 규정에 따라 변호사로 허가될 수 있다.

(2) 이 조항이 「변호사령」 제2조를 대체한다; 제4조는 삭제한다.

제4조 공증증서는 전 제국영토에서 동일한 효력을 가진다. 공증증서 또는 공증의 효력을 자기의 주 또는 특정 주지역의 공증인에 의하여 공증증서화 또는 공증이 이루어지는 것에 따르도록 하는 주법의 규정은 폐지한다.

제5조 제국내무상은 제국으로의 사법고권의 이전에 따르는 모든 규정을 제정할 권한이 있다.

베를린, 1934년 2월 10일

제국재상
아돌프 히틀러

Der Reichsminister der Justiz Zugleich für den Reichsminister für Ernährung und Landwirtschaft Dr. Gürtner	제국법무상이며 동시에 제국식량농업상을 위하여 귀르트너 박사
Der Reichsminister des Innern Frick	제국내무상 프릭
Der Reichsminister der Finanzen Graf Schwerin von Krosigk	제국재무상 그라프 슈베린 폰 크로직
Der Reichswirtschaftsminister Dr. Schmitt	제국경제상 슈미트 박사
Der Reichsarbeitsminister Franz Seldte	제국노동상 프란쯔 젤테
Der Reichswehrminister von Blomberg	제국국방상 폰 블롬베르크

<Reichsgesetzblatt 1934 I, S. 91>

관련 법령:
법률 48
Verordnung über den Ausbau des Reichs-Justizprüfungsamtes (27.02.1935)

XXXIV. Gesetz über die Feiertage.

Vom 27. Februar 1934.

34. 국경일에 관한 법률

1934년 2월 27일

Die Reichsregierung hat das folgende Gesetz beschlossen, das hiermit verkündet wird:

제국정부는 여기에 공포되는 다음의 법률을 의결하였다.

§ 1 Der nationale Feiertag des deutschen Volkes ist der 1. Mai.

§ 2 Der 5. Sonntag vor Ostern (Reminiszere) ist Heldengedenktag.

§ 3 Der 1. Sonntag nach Michaelis ist Erntedanktag.

제1조 독일인민의 국경일은 5월 1일이다.

제2조 부활절 전 제5 일요일(Reminiszere)이 전몰장병 추모일이다.

제3조 성미가엘 대천사 축일(Michaelis)[1] 후의 제 1 일요일이 추수감사일(Erntedanktag)이다.

§ 4 Außer den in den §§ 1 bis 3 bestimmten nationalen Feiertagen und den Sonntagen sind Feiertage:
1. der Neujahrstag,
2. der Karfreitag,
3. der Ostermontag,
4. der Himmelfahrtstag,
5. der Pfingstmontag,
6. der Bußtag am Mittwoch vor dem letzten Trinitatissonntag,
7. der erste und der zweite Weihnachtstag.

제4조 제1조에서 제3조에 규정된 국경일과 일요일 외의 다음을 국경일로 한다:

1. 신년일(Neujahrtag),
2. 그리스도 수난일(Karfreitag),[2]
3. 부활절 이튿날(Ostermontag),
4. 그리스도 승천일(Himmelfahrtstag),
5. 성령 강림제의 월요일(Pfingstmontag),
6. 마지막 성 삼위일체 일요일(Trinitatissonntag)[3]전 수요일의 참회기도일(Bußtag),[4]
7. 제1과 제2 크리스마스일.[5]

§ 5 (1) Außer den im § 4 genannten Feiertagen ist in Gemeinden mit überwiegend evangelischer Bevölkerung das Reformationsfest, in Gemeinen mit überwiegend katholischer Bevölkerung der Fronleichnamstag entsprechend dem bisherigen Brauch Feiertag.

(2) Der Reichsminister des Innern oder die von ihm beauftragten Behörden bestimmen, in welchen Gemeinden die Voraussetzungen des

제5조 (1) 제4조에 열거된 국경일 외에 전래의 관행에 따라 절대적 신교도 주민을 가진 기초지방단체에서는 종교개혁기념제(Reformationsfest)가, 절대적 가톨릭 주민을 가진 기초지방단체에서는 성체축일(Fronleichnamstag)이 국경일이다.

(2) 제국내무상 또는 그가 위임한 관청은 어느 기초지방단체에서 제1항의 요건이 충족되는지를 확정한다.

---

1) 9월 29일.
2) 부활절 직전의 금요일.
3) 성령 강림제 후의 첫 일요일.
4) 속죄일.
5) 12월 25일과 26일.

Abs. 1 vorliegen.

§ 6 Die durch dieses Gesetz erschöpfend festgelegten Feiertage sind Fest- oder allgemeine Feiertage im Sinne reichs- oder landesrechtlicher
Vorschriften.

§ 7 (1) Der Reichsminister des Innern wird ermächtigt, im Einvernehmen mit dem Reichsminister für Volksaufklärung und Propaganda
Vorschriften über den Schutz der Sonn- und
Feiertage, auch der rein kirchlichen Feiertage,
zu erlassen.

(2) Die Bestimmungen über die Gestaltung der
nationalen Feiertage (§§ 1 bis 3) erläßt der Reichsminister für Volksaufklärung und Propaganda im
Einvernehmen mit dem Reichsminister des Innern.

§ 8 Dieses Gesetz tritt mit dem Tage seiner
Verkündung in Kraft. Gleichzeitig tritt das Gesetz über die Einführung eines Feiertags der
nationalen Arbeit vom 10. April 1933 (Reichsgesetzbl. I S. 191) außer Kraft.

Berlin, den 27. Februar 1934.

Der Reichskanzler
Adolf Hitler

Der Reichsminister des Innern
Frick

Der Reichsminister für Volksaufklärung und
Propaganda
Dr. Goebbels

<Reichsgesetzblatt 1934 I, S. 129>

제6조 이 법률에 의하여 확정된 국경일은 제
국법규정과 주법규정의 의미에서 축일 또는
일반 국경일이다.

제7조 (1) 제국내무상은 제국인민계몽선전상
의 동의를 얻어 일요일과 국경일, 그리고
순수한 교회축일의 보호에 관한 규정을 제
정할 권한이 있다.

(2) 제국인민계몽선전상은 제국내무상의
동의를 얻어 국경일(제1조부터 제3조)의 지
정에 관한 규정을 제정한다.

제8조 이 법률은 공포한 날에 효력이 생긴다.
이와 함께 1933년 4월 10일의 「국가노동절
의 도입에 관한 법률」(제국법률관보 I 191)
은 폐지된다.

베를린, 1934년 2월 27일

제국재상
아돌프 히틀러

제국내무상
프릭

제국인민계몽선전상
괴벨스 박사

관련 법령:
법률 9
Gesetz über einen allgemeinen Feiertag (17.04.
1919)
Verordnung über den Schutz der Sonn- und Fei-
ertage (16.03.1934)
Verordnung zur Änderung der Verordnung über den
Schutz der Sonn- und Feiertage (01.04.1935)

XXXV. Gesetz über die Versorgung der Kämpfer für die nationale Erhebung.

Vom 27. Februar 1933.

Die Reichsregierung hat das folgende Gesetz beschlossen, das hiermit verkündet wird:

§ 1 (1) Angehörige der Nationalsozialistischen Deutschen Arbeiterpartei und des Stahlhelm, Bund der Frontsoldaten, sowie ihrer Gliederungen erhalten auf Antrag wegen der die Gesundheit schädigenden Folgen von Körperverletzungen, die sich während der Zugehörigkeit zu der Nationalsozialistischen Deutschen Arbeiterpartei, zum Stahlhelm, Bund der Frontsoldaten, oder ihren Gliederungen vor dem 13. Januar 1933 im Zusammenhange mit dem politischen Kampf für die nationale Erhebung durch politische Gegner erlitten haben, Versorgung unter entsprechender Anwendung der Vorschriften des Reichsversorgungsgesetzes, soweit nachstehend nicht etwas anderes bestimmt ist. Das gleiche gilt für ihre Hinterbliebenen.

(2) Die Vorschriften des § 1 finden entsprechende Anwendung auf frühere Angehörige der Nationalsozialistischen Deutschen Arbeiterpartei, des Stahlhelm, Bund der Frontsoldaten, und ihrer Gliederungen sowie der inzwischen aufgelösten nationalen Verbände und ihre Hinterbliebenen.

(3) Der Antrag bedarf der Zustimmung der Hilfskasse, Hauptabteilung der Reichsleitung der Nationalsozialistischen Deutschen Arbeiterpartei; die Hilfskasse kann auch selbst den Antrag stellen.

35. 민족개혁[1]을 위한 전사(戰士)의 보훈 지원에 관한 법률

1933년 2월 27일.

제국정부는 여기에 공포되는 다음의 법률을 의결하였다:

제1조 (1) 민족사회주의독일노동자당과 강철모[2], 일선장병연맹과 그 소속원은 1933년 1월 13일 이전의 민족개혁을 위한 정치투쟁에 관하여 민족사회주의독일노동자당과 강철모, 일선장병연맹과 그의 기관에 소속된 동안 정적으로부터 입은 신체상해로 인한 건강침해결과를 원인으로 하여, 다음에 다른 규정이 없으면, 「제국보훈지원법률」의 규정을 준용하여 보훈지원을 받는다. 그의 유족에 관하여도 같다.

(2) 제1조의 규정은 민족사회주의독일노동자당과 강철모, 일선장병연맹과 그의 기관, 그리고 그 동안 해산된 민족단체의 소속원과 그의 유족에게 준용된다.

(3) 신청은 구제기금, 민족사회주의독일노동자당 제국지도부의 중앙청의 동의를 얻어야 한다; 구제기금은 단독으로 신청할 수 있다.

---

1) 즉, 1919년-1933년의 NSDAP의 국가조사 또는 국가혁신(nationale Erneuerung).

2) 바이마르공화국의 준군사조직, 때로는 1933년 NSDAP와 합당으로 해산한 독일민족인민당(Deutschnationale Volkspartei [DNVP] 또는 민족보수연합)의 별칭으로 사용.

§ 2 (1) Die Rente eines Beschädigten beträgt: 20 vom Hundert der nach dem Reichsversorgungsgesetze zu gewährenden Gebührnisse, wenn er das 14. Lebensjahr noch nicht vollendet hat und wenn dem Unterhaltspflichtigen infolge der Gesundheitsschädigung besondere Aufwendungen erwachsen; 30 vom Hundert dieser Gebührnisse, wenn er das 14. Lebensjahr vollendet hat; 60 vom Hundert, wenn er das 15. Lebensjahr vollendet hat; 80 vom Hundert, wenn er das 16. Lebensjahr vollendet hat; 100 vom Hundert, wenn er das 17. Lebensjahr vollendet hat.

(2) Bei Anwendung der §§ 28, 33, 36, 41 Abs. 2 Nr. 4, 45, 52 und 55 Abs. 2 und 4 des Reichsversorgungsgesetzes tritt an Stelle der Militärdienstzeit der Zeitpunkt der Schädigung. Die Vorschriften des Reichsversorgungsgesetzes über das Übergangsgeld (§ 32) finden keine Anwendung.

§ 3 Den Hinterbliebenen der Personen, die infolge einer Schädigung im Sinne des § 1 gestorben sind, steht Sterbegeld zu, auch wenn der Verstorbene nicht Rentenempfänger gewesen ist.

§ 4 Auf die nach diesem Gesetze Versorgungsberechtigten finden die Vorschriften des Gesetzes über die Beschäftigung Schwerbeschädigter entsprechende Anwendung.

§ 5 Wird wegen derselben Gesundheitsschädigung (§ 1) Versorgung oder Entschädigung nach § 18 des Kriegspersonenschädengesetzes in der Fassung vom 22. Dezember 1927 (Reichsgesetzbl. I S. 515) oder nach dem Besatzungspersonenschädengesetz in der Fassung vom 12. April 1927 (Reichsgesetzbl. I S. 103) gewährt, so ruht diese Versorgung oder Entschädigung in Höhe der nach diesem Gesetze gewährten Versorgung.

§ 6 (1) Die Vorschriften des § 75 des Gesetzes zur Änderung von Vorschriften auf dem Gebiete des

제2조 (1) 상해자의 연금은 다음으로 한다:

그가 14세에 이르지 않고 건강침해로 부양의무자에게 특별비용이 발생한 경우「제국보훈지원법률」에 따라 인정되는 급여의 100분의 20;

그가 14세에 이른 경우 100분의 30;

그가 15세에 이른 경우 100분의 60;

그가 16세에 이른 경우 100분의 80;

그가 17세에 이른 경우 100분의 100.

(2)「제국보훈지원법률」제28조, 제33조, 제36조, 제41조 제2항 4호, 제45조, 제52조, 제55조 제2항과 제4항을 적용할 때 상해의 시기가 군복무기간에 갈음한다. 경과금(제32조)에 관한「제국보훈지원법률」의 규정은 적용되지 아니한다.

제3조 제1조의 의미에서 상해로 사망한 사람의 유족에게는 사망자가 연금수급자가 아니었을 경우에도 사망금이 지급된다.

제4조 이 법률에 따른 보훈권자에게는「중상해자의 고용에 관한 법률」의 규정이 준용된다.

제5조 동일한 건강침해(제1조)로 1927년 12월 22일의 법률본에서「전쟁대인손해법률」(제국법률관보 I 515) 제18조 또는 1927년 4월 12일의 법률본에서「함정승무원손해법률」(제국법률관보 I 103)에 따라 보훈지원 또는 보상이 보장된 경우, 그 보훈 또는 보상은 이 법률에 따라 보장되는 보훈의 범위에서 정지한다.

제6조 (1) 1933년 1월 30일의「일반 공무원권, 보수권과 보훈지원권부문에 관한 규정

allgemeinen Beamten-, des Besoldungs- und des Versorgungsrechts vom 30. Januar 1933 (Reichsgesetzbl. I S. 433), der Dritten Verordnung des Reichspräsidenten zur Sicherung von Wirtschaft und Finanzen usw. vom 6. Oktober 1931, Dritter Teil, Kapitel V, Abschnitt I § 10 und Abschnitt II § 10 in der Fassung des § 62 Nr. 1 und 2 des genannten Gesetzes vom 30. Januar 1933 sowie der Vierten Verordnung des Reichspräsidenten zur Sicherung von Wirtschaft und Finanzen vom 8. Dezember 1931, Fünfter Teil, Kapitel IV, Abschnitt 1 §§ 10 und 11 (Reichsgesetzbl. I S. 699, 723), der Verordnung zur Ergänzung von sozialen Leistungen vom 19. Oktober 1932 Artikel 4 Abs. 1 (Reichsgesetzbl. I S. 499) und der Verordnung des Reichspräsidenten zur Milderung von Härten in der Sozialversicherung und in der Reichsversorgung vom 18. Februar 1933 Artikel 1 (Reichsgesetzbl. I S. 69) finden auf die nach diesem Gesetze gewährten Versorgungsgebührnisse Anwendung.

(2) Die Vorschriften des § 112a Abs. 1 Nr. 2, Abs. 2 und 3 des Gesetzes über Arbeitsvermittlung und Arbeitslosenversicherung finden auf die nach diesem Gesetze gewährten Versorgungsgebührnisse mit der Maßgabe Anwendung, daß ein Betrag bis zu 25 Reichsmark im Monat von der Anrechnung ausgenommen ist.

§ 7 Der Lauf der in den §§ 33, 49, 52 und 54 des Reichsversorgungsgesetzes bezeichneten Fristen beginnt frühestens mit dem Inkrafttreten dieses Gesetzes.

§ 8 (1) Für die nach diesem Gesetze im Verwaltungsverfahren erforderlichen Entscheidungen sind die im § 1 des Gesetzes über das Verfahren in Versorgungssachen bezeichneten Verwaltungsbehörden zuständig. Gegen ihre Entscheidung kann binnen einem Monat nach der Zustellung, bei Zustellung außerhalb Europas binnen sechs Monaten, die Entscheidung eines beim Hauptversorgungsamt Bayern gebildeten Ausschusses angerufen werden. Seine Entscheidung

의 변경을 위한 법률」(제국법률관보 I 433) 제75조의 규정, 1931년 10월 6일의 경제와 재정 등의 보호를 위한 제3차 제국대통령 명령, 앞의 1933년 1월 30일의 법률(제국법률관보 I 699, 723)의 제62조 1호와 2호의 내용에서 제5장 제1절 제10조와 제2절 제1조, 1932년 10월 19일의 사회급여의 보완을 위한 명령(제국법률관보 I 499) 제4조 제1항과 1933년 2월 18일의 사회보험과 세국보훈지원의 가혹함을 완화하기 위한 제국대통령 명령(제국법률관보 I 69) 제1조의 규정은 이 법률에 의하여 보장된 보훈지원급여에 적용된다.

(2) 「노동중개와 실업보험에 관한 법률」 제112a조 제1항 2호, 제2항과 제3항의 규정은 이 법률에 따라 인정된 보훈급여에 대하여 월 25 제국마르크에 이르는 금액이 정산에서 공제되어야 한다는 기준에 따라 적용되어야 한다.

제7조 「제국보훈지원법률」 제33조, 제49조, 제52조와 제54조에 규정된 기간은 이 법률의 시행과 함께 진행한다.

제8조 (1) 이 법률에 따른 행정심판에 필요한 결정은 「보훈지원사건의 재판에 관한 법률」 제1조에 규정된 행정관청이 관할한다. 그의 결정에 대하여는 송달로부터 1월 내에, 그리고 유럽 이외로 송달하는 경우에는 6월 내에 바이에른 중앙보훈지원청에 구성된 위원회에 제소될 수 있다. 그의 결정은 종국적이다.

ist endgültig.

(2) Der Ausschuß besteht aus einem Vorsitzenden sowie einem Arzt und einem weiteren Beisitzer. Der Reichsarbeitsminister bestellt den Vorsitzenden, die Beisitzer und ihre Stellvertreter, und zwar die Ärzte auf Vorschlag des Führers der deutschen Ärzteschaft, die übrigen Beisitzer auf Vorschlag der Reichsleitung der Nationalsozialistischen Deutschen Arbeiterpartei.

(3) Für das Verfahren vor dem Ausschuß gelten die Vorschriften über das Verfahren in Versorgungssachen über das Verwaltungsverfahren entsprechend.

§ 9 Die auf Grund dieses Gesetzes gewährte Versorgung kann entzogen werden, wenn der Versorgungsberechtigte aus der Nationalsozialistischen Deutschen Arbeiterpartei oder dem Stahlhelm, Bund der Frontsoldaten, ausgeschlossen ist oder wenn nach seinem Ausscheiden Tatsachen bekannt werden, die den Ausschluß zur Folge gehabt hätte. Das gleiche gilt entsprechend für ehemalige Angehörige der im § 1 Abs. 2 genannten nationalen Verbände. Die Entscheidung trifft der Reichsarbeitsminister, ein Rechtsmittel ist nicht zulässig.

§ 10 Sofern sich in einzelnen Fällen aus den Vorschriften dieses Gesetzes besondere Härten ergeben, kann der Reichsarbeitsminister im Einvernehmen mit dem Reichsminister der Finanzen einen Ausgleich gewähren.

§ 11 (1) Das Gesetz tritt mit dem 1. Januar 1934 in Kraft.

(2) Wird der Antrag auf Versorgung vor dem 1. Januar 1935 gestellt, so wird die nach diesem Gesetze zustehende Versorgung vom 1. Januar 1934 ab gewährt, wenn die Voraussetzungen für die Gewährung der Versorgung an diesem Tage erfüllt sind. Sterbegeld wird auch gewährt, wenn der Tod vor dem 1. Januar 1934 eingetreten ist.

§ 12 Der Reichsarbeitsminister erläßt im Einvernehmen mit dem Reichsminister der

(2) 위원회는 위원장과 의사와 그 밖의 배석위원으로 구성된다. 제국노동상은 위원장, 배석위원과 그의 대리인과 함께 독일의사협회의 지도자의 제청으로 의사들을, 그리고 민족사회주의독일노동자당의 제국지도부의 제청으로 그 밖의 배석위원을 임명한다.

(3) 위원회에서의 심판에 관하여는 행정소송에 관한 보훈지원사건에서 심판에 관한 규정이 준용된다.

제9조 이 법률에 따라 보장된 보훈지원은 보훈권자가 민족사회주의독일노동자당이나 강철모, 일선장병연맹에서 제명되거나 그의 탈퇴 후 제명을 효과로 하였어야 할 사실이 밝혀진 때에는 박탈될 수 있다. 이는 제1조 제2항에서 규정된 국가단체의 종전 소속원에게도 준용된다. 제국노동상이 결정하며, 권리구제수단은 허용되지 아니한다.

제10조 개별 사안에서 이 법률의 규정에서부터 특별히 가혹한 사정이 생기는 경우, 제국노동상은 제국재무상의 동의를 얻어 조정할 수 있다.

제11조 (1) 이 법률은 1934년 1월 1일 효력이 생긴다.

(2) 1935년 1월 1일 전에 보훈지원신청이 제출된 경우, 이 법률에 따라 부여되는 보훈은 1934년 1월 1일에 보훈보장을 위한 요건이 충족되는 때에는 그 날부터 인정된다.

제12조 제국노동상은 제국재무상의 동의를 얻어 이 법률의 시행을 위하여 필요한 법규정

Finanzen die zur Durchführung dieses Gesetzes erforderlichen Rechts- und Verwaltungsvorschriften; er bestimmt, welche Verbände als nationale Verbände im Sinne des § 1 Abs. 2 anzusehen sind.

과 행정규정을 제정한다; 그는 어느 단체를 제1조 제2항의 의미에서 민족단체로 보아 야 하는지 정한다.

Berlin, den 27. Februar 1934.

베를린, 1934년 2월 27일

Der Reichskanzler
Adolf Hitler

제국재상
아돌프 히틀러

Der Reichsarbeitsminister
Franz Seldte

제국노동상
프란쯔 젤테

Anmerkung:

Druckfehler: "In der Überschrift des Gesetzes über die Versorgung der Kämpfer für die nationale Erhebung vom 27. Februar 1934 (Reichsgesetzbl. I S. 133) muß bei der Datumsangabe die Jahreszahl statt "1933" richtig heißen: "1934"." (RGBl. 1934 I, S. 176)

<Reichsgesetzblatt 1934 I, S. 133-134 und 176>

참조:

인쇄오류: "「1934년 2월 27일의 민족변혁을 위한 전사의 보훈지원에 관한 법률」(제국 법률관보 I 133)의 명칭에서 일자에 관하 여 년도는 "1933" 대신 "1934"가 옳다." (제국법률관보 1934 I 176)

관련 법령:

Verordnung zur Durchführung des Gesetzes über die Versorgung der Kämpfer für die nationale Erhebung (27.02.1934)

XXXVI. Gesetz zur Vorbereitung des organischen Aufbaues der deutschen Wirtschaft.

Vom 27. Februar 1934.

36. 독일경제의 조직적 구축의 준비를 위한 법률

1934년 2월 27일

Die Reichsregierung hat das folgende Gesetz beschlossen, das hiermit verkündet wird:

§ 1 (1) Der Reichswirtschaftsminister wird zur Vorbereitung des organischen Aufbaues der deutschen Wirtschaft ermächtigt,

1. Wirtschaftsverbände als alleinige Vertretung ihres Wirtschaftszweiges anzuerkennen;
2. Wirtschaftsverbände zu errichten, aufzulösen oder miteinander zu vereinigen;
3. Satzungen und Gesellschaftsverträge von Wirtschaftsverbänden zu ändern und zu ergänzen, insbesondere den Führergrundsatz einzuführen;
4. die Führer von Wirtschaftsverbänden zu bestellen und abzuberufen;
5. Unternehmer und Unternehmungen an Wirtschaftsverbände anzuschließen.

(2) Wirtschaftsverbände sind solche Verbände und Vereinigungen von Verbänden, denen die Wahrnehmung wirtschaftlicher Belange von Unternehmern und Unternehmungen obliegt.

§ 2 Der Reichswirtschaftsminister kann im Einvernehmen mit dem Reichsminister des Innern zur Durchführung dieses Gesetzes Rechtsverordnungen und allgemeine Verwaltungsvorschriften erlassen; auch kann er im Einvernehmen mit dem Reichsminister des Innern Vorschriften ergänzenden Inhalts erlassen.

§ 3 Wer vorsätzlich oder fahrlässig einer Anordnung zuwiderhandelt, die der Reichswirtschaftsminister auf Grund dieses Gesetzes erlassen hat, wird mit Geldstrafe oder Gefängnis bis zu einem Jahre bestraft.

Die Strafverfolgung tritt nur auf Antrag des Reichswirtschaftsministers ein. Der Antrag

제국정부는 여기에 공포되는 다음의 법률을 의결하였다:

제1조 (1) 제국경제상은 독일경제의 조직적 구축의 준비를 위하여 다음 각호의 권한을 가진다,

1. 경제단체를 그 경제분야의 단독대리로 승인할 권한;
2. 경제단체를 설립, 해산하거나 합병할 권한;
3. 경제단체의 정관과 조합계약을 변경하고 보완할 권한, 특히 지도자원칙을 도입할 권한;
4. 경제단체의 지도자를 선임하고 해임할 권한;
5. 기업인과 기업을 경제단체에 가입하게 할 권한.

(2) 경제단체는 기업인과 기업의 경제적 이익의 대변이 의무지워지는 단체와 단체의 연합이다.

제2조 제국경제상은 제국내무상의 동의를 얻어 이 법률의 시행을 위하여 법규명령과 일반행정규정을 제정할 수 있다; 그는 또한 제국내무상의 동의를 얻어 보완하는 내용의 규정을 제정할 수 있다.

제3조 고의 또는 과실로 제국경제상이 이 법률에 근거하여 제정한 명령에 위반하여 행위한 사람은 벌금형이나 1년 이하의 징역형으로 처벌한다.

형사소추는 제국경제상의 고소로만 개시된다. 고소는 철회될 수 있다.

kann zurückgenommen werden.

§ 4 Wegen eines Schadens, der durch eine Maßnahme auf Grund dieses Gesetzes entsteht, findet eine Entschädigung nicht statt.

§ 5 (1) Verbände von Angehörigen des Reichsnährstandes mit Ausnahme der Angehörigen gemäß § 1 Ziffer 1 bis 10 unter b der Dritten Verordnung über den vorläufigen Aufbau des Reichsnährstandes vom 16. Februar 1934 (Reichsgesetzbl. I S. 100) und Verbände von Angehörigen der Reichskulturkammer fallen nicht unter dieses Gesetz.

(2) Soweit es sich um Verbände von Angehörigen des Reichsnährstandes gemäß § 1 Ziffer 1 bis 10 unter b der Dritten Verordnung über den vorläufigen Aufbau des Reichsnährstandes und um Verbände des Verkehrs handelt, übt der Reichswirtschaftsminister die Befugnisse der §§ 1 bis 3 im Einvernehmen mit dem zuständigen Fachminister aus; er kann die Befugnisse an den zuständigen Fachminister übertragen.

Berlin, den 27. Februar 1934.

Der Reichskanzler
Adolf Hitler

Der Reichswirtschaftsminister
zugleich für den Reichsminister der Ernährung
und Landwirtschaft:
Dr Schmitt

Der Reichsminister des Innern
Frick

Der Reichsverkehrsminister
Frhr. v. Eltz

<Reichsgesetzblatt 1934 I, S. 185-186>

제4조 이 법률에 근거한 조치에 의하여 생긴 손해를 원인으로 하는 배상은 허용되지 아니한다.

제5조 (1) 1934년 2월 16일의 제국농업동맹(RNST)의 임시건립에 관한 제3차 명령(제국법률관보 I 100) b 제1조 제1호부터 제10호의 소속원을 제외한 제국농업동맹 소속원의 단체와 제국문화원 소속원의 단체는 이 법률의 적용을 받지 아니한다.

(2) 제국농업동맹의 임시건립에 관한 제3차 명령(제국법률관보 I 100) b 제1조 제1호부터 제10호의 제국농업동맹 소속원의 단체와 유통단체가 문제될 경우 제국경제상은 관할 전문상의 동의를 얻어 제1조부터 제3조의 권한을 행사한다; 그는 관할 전문상에게 권한을 위임할 수 있다.

베를린, 1934년 2월 27일

제국재상
아돌프 히틀러

제국경제상이며 동시에 제국식량농업상을 위하여
쉬미트 박사

제국내무상
프릭

제국교통상
프라이헤어 폰 엘쯔

XXXVII. Viertes Gesetz zur Änderung des Gesetzes zur Wiederherstellung des Berufsbeamtentums.

Vom 22. März 1934.

37. 직업공무원제의 재건을 위한 법률의 개정을 위한 제4차 법률

1934년 3월 22일

Die Reichsregierung hat das folgende Gesetz beschlossen, das hiermit verkündet wird:

Artikel 1 Das Gesetz zur Wiederherstellung des Berufsbeamtentums vom 7. April 1933 (Reichsgesetzbl. I S. 175) in der Fassung der Änderungsgesetze vom 23. Juni 1933 (Reichsgesetzbl. I S. 389), vom 20. Juli 1933 (Reichsgesetzbl. I S. 518) und 22. September 1933 (Reichsgesetzbl. I S. 655) wird wie folgt geändert:

1. § 7 wird wie folgt geändert:
a) Abs. 2 Satz 1 erhält folgende Fassung:
Die Verfügungen nach §§ 2, 2a, 3 und 4 Abs. 1 müssen spätestens am 30. September 1933, die Verfügungen nach § 4 Abs. 2 spätestens am 31. März 1934, die Verfügungen nach §§ 5 und 6 spätestens am 30. September 1934 zugestellt werden.
b) Als Abs. 3 wird angefügt:
"(3) Verfügungen nach §§ 2, 2a bis 4 können zugunsten der davon betroffenen Beamten bis 30. September 1934 durch die im Abs. 1 Satz 1 genannten Behörden zurückgenommen oder geändert werden."

2. Im § 14 Abs. 1 letzter Satz werden die Worte "31. März 1934" ersetzt durch die Worte "30. September 1934".

Artikel 2 Artikel 1 dieses Gesetzes tritt mit Wirkung vom 8. April 1933 in Kraft.

Berlin, den 22. März 1934.

제국정부는 여기에 공포되는 다음의 법률을 의결하였다:

제1조 1933년 7월 20일(제국법률관보 I 518)과 1933년 9월 22일(제국법률관보 I 655)의 개정법률 내에서 1933년 4월 7일 「직업공무원제의 재건을 위한 법률」(제국법률관보 I 175)이 다음으로 개정된다:

1. 제7조는 다음으로 개정된다:
a) 제1항 2문에 다음의 법문이 추가된다:
제2조 제2a조, 제4조 제1항의 처분은 늦어도 1933년 9월 30일까지, 제4조 제2항의 처분은 늦어도 1934년 3월 31일까지, 그리고 제5조와 제6조의 처분은 늦어도 1934년 9월 30일까지 송달되어야 한다.

b) 제3항으로 신설한다:
"(3) 제2조와 제2a조부터 제4조의 처분은 그의 대상이 되는 공무원의 이익을 위하여 1934년 9월 30일까지 제1항 1문에 열거된 관청에 의하여 철회되거나 변경될 수 있다."

2. 제14조 제1항 마지막 문장에서 "1934년 3월 31일"이라는 법문이 "1934년 9월 30일"의 법문으로 대체된다.

제2조 이 법률 제1조는 1933년 4월 8일에 효력이 생긴다.

베를린, 1934년 3월 22일

Der Reichskanzler
Adolf Hitler

제국재상
아돌프 히틀러

Der Reichsminister des Innern
Frick

제국내무상
프릭

Der Reichsminister der Finanzen
Graf Schwerin von Krosigk

제국재무상
그라프 슈베린 폰 크로직

<Reichsgesetzblatt 1934 I, S. 203>

관련 법령:
법률 5, 16, 24, 25, 26
Richtlinien zu § 1 a Abs. 3 des Reichsbeamtengesetzes in der Fassung des Gesetzes vom 30. Juni
1933 (08.08.1933)

XXXVIII. Gesetz zur Wiederherstellung des Berufsbeamtentums in der Fassung der Gesetze zur Änderung und Ergänzung des Gesetzes zur Wiederherstellung des Berufsbeamtentums vom 23. Juni 1933, 20. Juli 1933, 22. September 1933 und 22. März 1934.

Vom 22. März 1934.

Die Reichsregierung hat das folgende Gesetz beschlossen, das hiermit verkündet wird:

§ 1 (1) Zur Wiederherstellung eines nationalen Berufsbeamtentums und zur Vereinfachung der Verwaltung können Beamte nach Maßgabe der folgenden Bestimmungen aus dem Amt entlassen werden, auch wenn die nach dem geltenden Recht hierfür erforderlichen Voraussetzungen nicht vorliegen.

(2) Als Beamte im Sinne dieses Gesetzes gelten unmittelbare und mittelbare Beamte des Reichs, unmittelbare und mittelbare Beamte der Länder und Beamte der Gemeinden und Gemeindeverbände, Beamte von Körperschaften des öffentlichen Rechts sowie diesen gleichgestellten Einrichtungen und Unternehmungen. Die Vorschriften finden auch Anwendung auf Bedienstete der Träger der Sozialversicherung, welche die Rechte und Pflichten der Beamten haben.

(3) Beamte im Sinne dieses Gesetzes sind auch Beamte im einstweiligen Ruhestand.

(4) Die Reichsbank und die Deutsche Reichsbahn-Gesellschaft werden ermächtigt, entsprechende Anordnungen zu treffen.

§ 2 (1) Beamte, die seit dem 9. November 1918 in das Beamtenverhältnis eingetreten sind, ohne die für ihre Laufbahn vorgeschriebene oder übliche Vorbildung oder sonstige Eignung zu besitzen, sind aus dem Dienste zu entlassen. Auf die Dauer von drei Monaten nach der Entlassung

---

38. 1933년 6월 23일, 1933년 7월 20일, 1933년 9월 22일, 1934년 3월 22일의 직업공무원제의 재건을 위한 법률의 개정과 보완을 위한 법률본에서 직업공무원제의 재건을 위한 법률

1934년 3월 22일

제국정부는 여기에 공포되는 다음의 법률을 의결하였다:

제1조 (1) 국가의 직업공무원제의 재건과 행정의 단순화를 위하여 공무원은, 현행법에 따라 필요한 요건들이 충족되지 않을 때에도, 다음의 규정을 기준으로 공직에서 해임될 수 있다.

(2) 제국의 직접공무원과 간접공무원, 주의 직접공무원과 간접공무원, 그리고 기초행정단체와 기초행정단체연합의 공무원, 공법상 사단과 이에 준하는 시설과 기업의 공무원은 이 법률의 의미에서 공무원이다. 이 규정들은 또한 공무원의 권리와 의무가 있는 사회보험기관의 직원에게 적용된다.

(3) 가퇴직상태의 공무원도 또한 이 법률의 의미에서 공무원이다.

(4) 제국은행과 독일제국철도회사는 동일한 명령을 내릴 권한이 있다.

제2조 (1) 1918년 11월 9일부터 그 경력에 법정되거나 예비교육 또는 그 밖의 자격이 없이 공무관계를 시작한 공무원은 복무에서 해임된다. 해직 후 3월의 기간 동안 그들에게 지금까지의 급여가 지급된다.

werden ihnen ihre bisherigen Bezüge belassen.

(2) Ein Anspruch auf Wartegeld, Ruhegeld oder Hinterbliebenenversorgung und auf Weiterführung der Amtsbezeichnung, des Titels, der Dienstkleidung und der Dienstabzeichen steht ihnen nicht zu.

(3) Im Falle der Bedürftigkeit kann ihnen, besonders wenn sie für mittellose Angehörige sorgen, eine jederzeit widerrufliche Rente bis zu einem Drittel des jeweiligen Grundgehalts der von ihnen zuletzt bekleideten Stelle bewilligt werden; wird eine Rente bewilligt, so findet eine Nachversicherung nach Maßgabe der reichsgesetzlichen Sozialversicherung nicht statt.

(4) Die Vorschriften des Abs. 2 und 3 finden auf Personen der im Abs. 1 bezeichneten Art, die bereits vor dem Inkrafttreten dieses Gesetzes in den Ruhestand getreten sind, entsprechende Anwendung.

(5) Den Hinterbliebenen von Personen der im Abs. 1 bezeichneten Art, die vor dem Inkrafttreten dieses Gesetzes gestorben sind, sind die Hinterbliebenenbezüge zu entziehen. Im Falle der Bedürftigkeit kann ihnen eine Rente bis zu 60 v. H. des Betrages bewilligt werden, der dem verstorbenen Beamten als Rente hätte bewilligt werden können.

§ 2a (1) Beamte, die der kommunistischen Partei oder kommunistischen Hilfs- oder Ersatzorganisationen angehört oder sich sonst im kommunistischen Sinne betätigt haben, sind aus dem Dienst zu entlassen. Von der Entlassung kann bei solchen Beamten abgesehen werden, die sich schon vor dem 30. Januar 1933 einer Partei oder einem Verbande, die sich hinter die Regierung der nationalen Erhebung gestellt haben, angeschlossen und sich in der nationalen Bewegung hervorragend bewährt haben.

(2) Zu entlassen sind auch Beamte, die sich in Zukunft im marxistischen (kommunistischen oder sozialdemokratischen) Sinne betätigen.

(3) Auf die nach Abs. 1 und 2 entlassenen

(2) 휴직금, 퇴직연금 또는 유족급여에 대한 청구권과 공직명과 직위, 그리고 복무복과 복무표장의 계속사용에 대한 청구권은 그들에게 인정되지 아니한다.

(3) 급박한 경우, 특히 그가 자력없는 가족원을 부양하여야 하는 경우 그에게 그가 최종 가졌던 직위의 기본급의 3분의 1의 범위에서 상시 철회할 수 있는 연금이 승인될 수 있다; 연금이 승인된 경우, 제국법률이 정하는 사회보험을 기준으로 하는 추가보험은 인정되지 아니한다.

(4) 제2항과 제3항의 규정은 이 법률을 시행하기 전에 이미 퇴직한, 제1항에 규정된 종류의 사람에게 준용된다.

(5) 이 법률의 시행 전에 사망한 제1항에 규정된 종류의 사람의 유족에게 유족급여를 지급하지 아니한다. 급박한 경우 그들에게 사망한 공무원에게 연금으로 승인될 수 있었던 금액의 100분의 60의 범위에서 연금이 승인될 수 있다.

제2a조 (1) 공산당 또는 공산주의 협력조직이나 대체조직에 소속되었거나 그밖에 공산주의적 가치관을 가지고 활동한 공무원은 복무에서 해임된다. 이미 1933년 1월 30일 이전부터 민족고양의 정부를 지원하는 정당이나 단체에 가입하고 민족운동에서 현저하게 증명한 그러한 공무원은 해임에서 제외될 수 있다.

(2) 장래에 막스적 (공산주의적 또는 사회민주적) 가치관에서 활동하는 공무원도 해임되어야 한다.

(3) 제2조 제1항 1문와 제2항부터 제5항의

Beamten finden die Vorschriften des § 2 Abs. 1 Satz 2, Abs. 2 bis 5 entsprechende Anwendung.

§ 3 (1) Beamte, die nicht arischer Abstammung sind, sind in den Ruhestand (§§ 8 ff.) zu versetzen; soweit es sich um Ehrenbeamte handelt, sind sie aus dem Amtsverhältnis zu entlassen. (2) Abs. 1 gilt nicht für Beamte, die bereits seit dem 1. August 1914 Beamte gewesen sind oder die im Weltkrieg an der Front für das Deutsche Reich oder für seine Verbündeten gekämpft haben oder deren Vater oder Söhne im Weltkrieg gefallen sind. Abs. 1 gilt ferner nicht für weibliche Beamte, deren Ehemänner im Weltkrieg gefallen sind. Weitere Ausnahmen kann in Einzelfällen der Reichsminister des Innern im Einvernehmen mit der zuständigen obersten Reichs- oder Landesbehörde zulassen, wenn dringende Rücksichten der Verwaltung es erfordern.

§ 4 (1) Beamte, die nach ihrer bisherigen politischen Betätigung nicht die Gewähr dafür bieten, daß sie jederzeit rückhaltlos für den nationalen Staat eintreten, können aus dem Dienst entlassen werden. Auf die Dauer von drei Monaten nach der Entlassung werden ihnen ihre bisherigen Bezüge belassen. Von dieser Zeit an erhalten sie drei Viertel des Ruhegeldes (§ 8) und entsprechende Hinterbliebenenversorgung. (2) Die Vorschriften des Abs. 1 finden auf Beamte, die bereits vor dem Inkrafttreten dieses Gesetzes in den Ruhestand getreten sind, entsprechend Anwendung, indem an die Stelle der Entlassung die Entziehung des Ruhegeldes tritt.

§ 5 (1) Jeder Beamte muß sich die Versetzung in ein anderes Amt derselben oder einer gleichwertigen Laufbahn, auch in ein solches von geringerem Rang und planmäßigem Diensteinkommen - unter Vergütung der vorschriftsmäßigen Umzugskosten - gefallen lassen, wenn es das dienstliche Bedürfnis erfordert. Bei Versetzung in ein Amt von geringerem Rang und planmäßigem Diensteinkommen behält der Beamte seine bisherige Amtsbezeichnung und das Dienstein-

규정이 제1항과 제2항에 따라 해임된 공무원에게 준용된다.

제3조 (1) 아리아혈통이 아닌 공무원은 퇴직처분된다(제8조 이하); 명예공무원의 경우 그는 공무관계에서 해임된다. (2) 제1항은 이미 1914년 8월 1일부터 공무원이었거나 세계대전 중에 독일제국이나 그의 동맹국을 위하여 전선에 참전하였거나 그의 부(父) 또는 자(子)가 세계대전에서 전몰한 공무원에게는 적용하지 아니한다. 제1항은 또한 그의 배우자가 전몰한 여성공무원에게 적용하지 아니한다. 제국내 무상은 개별사안에서, 급박한 행정의 사정이 요구할 때에는, 관할 제국최고관청이나 주최고관청의 동의를 얻어 그 밖의 예외를 허가할 수 있다.

제4조 (1) 지금까지의 정치활동에 비추어 그가 언제든지 망설임 없이 민족국가를 위하여 봉사할 것을 보증하지 않는 공무원은 복무에서 해임될 수 있다. 해임된 날부터 3월의 기간 동안 그들에게 지금까지의 급여가 지급된다. 그 이후부터 그는 연금의 4분의 3(제8조)과 상응한 유족보훈지원을 받는다.

(2) 제1항의 규정은 이 법률의 시행 전에 해임에 갈음하여 퇴직연금이 박탈되는 퇴직상태에 들어간 공무원에 준용한다.

제5조 (1) 복무상 필요한 경우, 공무원은 동일하거나 동등한 가치가 있는 경력을 가진 다른 공직은 물론 그 하위이고 정규복무소득의 공직으로의 전보를 -규정에 따른 이사비용을 지급하여- 수용하여야 한다. 하위의 직급과 정규복무소득을 받는 공직으로 전보되는 경우 공무원은 현재의 관직명과 현재의 근무처의 복무소득을 가진다.

kommen der bisherigen Stelle.

(2) Der Beamte kann an Stelle der Versetzung in ein Amt von geringerem Rang und planmäßigem Diensteinkommen (Abs. 1) innerhalb eines Monats die Versetzung in den Ruhestand verlangen.

§ 6 (1) Zur Vereinfachung der Verwaltung und im Interesse des Dienstes können Beamte in den Ruhestand besetzt werden; auch wenn sie noch nicht dienstunfähig sind; unter den gleichen Voraussetzungen können Ehrenbeamte aus dem Arbeitsverhältnis entlassen werden. Wenn Beamte aus diesen Gründen in den Ruhestand versetzt werden, so dürfen ihre Stellen nicht mehr besetzt werden.

(2) Abs. 1 Satz 2 findet auf Wahlbeamte der Gemeinden und Gemeindeverbände und auf sonstige Beamte der Gemeinden und Gemeindeverbände in leitender Stellung, die im Interesse des Dienstes in den Ruhestand versetzt werden, keine Anwendung. Ferner kann bei Beamten in Eingangsstellen, die aus diesem Grunde in den Ruhestand versetzt werden, die für das Besoldungswesen allgemein zuständige oberste Reichs- oder Landesbehörde ausnahmsweise die Wiederbesetzung der Stelle zulassen.

§ 7 (1) Die Entlassung aus dem Amte, die Versetzung in ein anderes Amt und die Versetzung in den Ruhestand wird durch die oberste Reichsbehörde oder den Reichsstatthalter, in Preußen durch den Ministerpräsidenten oder die oberste Landesbehörde ausgesprochen, die endgültig unter Ausschluß des Rechtswegs entscheiden. Soweit bis zum 30. September 1933 die Entlassung aus dem Amt, die Versetzung in ein anderes Amt oder die Versetzung in den Ruhestand durch eine andere oberste Reichs- oder Landesbehörde ausgesprochen worden ist, tritt die Verfügung dieser Behörde an die Stelle der nach Satz 1 zuständigen Behörde.

(2) Die Verfügungen nach §§ 2, 2a, 3 und 4 Abs. 1 müssen spätestens am 30. September 1933,

(2) 공무원은 하위의 직급과 정규복무소득(제1항)을 받는 공직으로의 전보에 갈음하여 1월 내에 퇴직처분을 청구할 수 있다.

제6조 (1) 행정의 단순화와 복무의 이익을 위하여 공무원은 퇴직처분될 수 있다: 이는 그가 복무불능이 아닌 때에도 그러하다; 같은 요건 아래 명예공무원도 노동관계에서 해임될 수 있다. 공무원이 그러한 사유로 퇴직처분된 경우, 그의 근무처는 충원되지 아니한다.

(2) 제1항 2문은 복무의 이익을 위하여 퇴직처분되는, 지도하는 지위에 있는 기초행정단체와 기초행정단체연합의 선출직 공무원과 그밖의 지도하는 지위의 공무원에게 적용하지 아니한다. 또한 이러한 사유로 퇴직처분된 공무원이 초급직위일 경우 급여제도를 일반관할하는 제국최고관청과 주최고관청이 예외적으로 그 근무처의 재충원을 허가할 수 있다.

제7조 (1) 공직의 해임, 다른 공직으로의 전보와 퇴직처분은 구제수단 없이 최종결정하는 제국최고관청 또는 제국감찰관, 프로이센의 경우 주수상 또는 최고주관청에 의하여 선고된다. 1933년 9월 30일까지 공직에서의 해임, 다른 공직으로의 전보 또는 퇴직처분이 다른 제국최고관청 또는 주최고관청에 의하여 내려지지 않은 때에는 그 관청의 처분이 제1문에 따른 관할관청을 갈음한다.

(2) 제2조, 제2a조, 제3조, 제4조 제1항에 따른 처분은 1933년 9월 30일까지, 제4조

die Verfügungen nach § 4 Abs. 2 spätestens am 31. März 1934, die Verfügungen nach §§ 5 und 6 spätestens am 30. September 1934 zugestellt werden. Wenn die Prüfung, ob auf einen Beamten die Voraussetzungen der §§ 2, 2a, 3 oder 4 Abs. 1 zutreffen, am 30. September 1933 bei der obersten Reichs- oder Landesbehörde bereits anhängig, aber noch nicht abgeschlossen ist, ist eine Zustellung der Verfügung nach dem 30. September 1933, jedoch längstens bis zum 31. März 1934 zulässig. Die Fristen können im Einverständnis mit dem Reichsminister des Innern durch die zuständige oberste Reichs- oder Landesbehörde verkürzt werden.

(3) Verfügungen nach §§ 2, 2a bis 4 können zugunsten der davon betroffenen Beamten bis 30. September 1934 durch die im Abs. 1 Satz 1 genannten Behörden zurückgenommen oder geändert werden.

§ 8 Den nach §§ 3, 4 in den Ruhestand versetzten oder entlassenen Beamten wird ein Ruhegeld nicht gewährt, wenn sie nicht mindestens eine zehnjährige Dienstzeit vollendet haben; dies gilt auch in den Fällen, in denen nach den bestehenden Vorschriften der Reichs- oder Landesgesetzgebung Ruhegeld schon nach kürzerer Dienstzeit gewährt wird. §§ 36, 47 und 49 des Reichsbeamtengesetzes, das Gesetz über eine erhöhte Anrechnung der während des Krieges zurückgelegten Dienstzeit vom 4. Juli 1921 (Reichsgesetzbl. S. 825) und die entsprechenden Vorschriften der Landesgesetze bleiben unberührt.

§ 9 (1) Den nach §§ 3, 4 in den Ruhestand versetzten oder entlassenen Beamten darf bei der Berechnung der ruhegeldfähigen Dienstzeit, abgesehen von der Dienstzeit, die sie in ihrem letzten Anstellungsverhältnis zurückgelegt haben, nur eine Dienstzeit im Reichs-, Landes- und Gemeindedienst nach den bestehenden Vorschriften angerechnet werden. Die Anrechnung auch dieser Dienstzeit ist nur zulässig,

제2항에 따른 처분은 1934년 3월 31일까지, 제5조와 제6조에 따른 처분은 1934년 9월 30일까지 송달되어야 한다. 특정 공무원에게 제2조, 제2a조, 제3조, 제4조 제1항의 요건들이 해당하는지에 관한 심사가 1933년 9월 30일에 최고제국관청 또는 최고주관청에 계속되었으나 아직 종결되지 않은 때에는, 1933년 9월 30일이 지난 후에도 1934년 3월 31일까지 처분의 송달이 허용된다. 그 기간은 제국내무상의 동의를 얻어 관할 제국최고관청과 주최고관청에 의하여 단축될 수 있다.

(3) 제2조, 제2a조, 제3조, 제4조 제1항에 따른 처분은 그 대상이 되는 공무원을 위하여 1934년 9월 30일까지 제1항 제1문에 열거된 관청에 의하여 철회되거나 변경될 수 있다.

제8조 제3조와 제4조에 따라 퇴직처분되거나 해임된 공무원이 최소 10년의 복무기간을 마치지 않은 때에는 그들에게는 퇴직연금이 지급되지 아니한다; 이는 또한 제국입법과 주입법의 현행규정에 따라 단축된 복무기간을 마친 후에 이미 퇴직연금이 지급되는 때에도 같다. 「제국공무원법률」제36조, 제47조와 제49조, 「전쟁기간으로 소급하는 복무기간의 가산산정에 관한 1921년 7월 4일 법률」(제국법률관보 825)와 주법률의 해당규정은 영향을 받지 아니한다.

제9조 (1) 제3조와 제4조에 따라 퇴직처분되거나 해임된 공무원에게 연금수급자격이 있는 복무기간을 산정할 때는 그의 최종 고용관계와 관련된 복무기간을 제외하고, 현행규정에 따른 제국복무, 주복무, 지방행정단체복무에서의 복무기간만이 산입되어야 한다. 그 복무기간의 산정은 그 기간이 예비교육과 경력에서 최종 가졌던 직위와 관계가 있을 경우에만 허용된다; 그러한 관계는

wenn sie mit der zuletzt bekleideten Stelle nach Vorbildung und Laufbahn in Zusammenhang steht; ein solcher Zusammenhang liegt insbesondere vor, wenn der Aufstieg eines Beamten aus einer niedrigen Laufbahn in eine höhere als ordnungsmäßige Beförderung anzusehen ist. Würde der Beamte in einer früheren nach Vorbildung und Eignung ordnungsmäßig erlangten Stellung unter Hinzurechnung der späteren Dienstjahre ein höheres Ruhegeld erlangt haben, so greift die für ihn günstigere Regelung Platz.

(2) Die Anrechnung der Dienstzeit bei den öffentlich-rechtlichen Körperschaften sowie den diesen gleichgestellten Einrichtungen und Unternehmungen regeln die Ausführungsbestimmungen.

(3) Festsetzungen und Zusicherungen ruhegeldfähiger Dienstzeit, die der Durchführung der Vorschriften des Abs. 1 entgegenstehen, treten außer Kraft.

(4) Härten können bei Beamten des Reichs und der Reichsaufsicht unterliegenden öffentlich-rechtlichen Körperschaften, Einrichtungen und Unternehmungen der Reichsminister des Innern im Einvernehmen mit dem Reichsminister des Finanzen, bei anderen Beamten die obersten Landesbehörden ausgleichen.

(5) Abs. 1 bis 4 sowie § 8 finden auch auf solche Beamte Anwendung, die schon vor dem Inkrafttreten dieses Gesetzes in den Ruhestand oder in den einstweiligen Ruhestand getreten sind und auf die die §§ 3, 4 hätten angewandt werden können, wenn die Beamten beim Inkrafttreten dieses Gesetzes noch im Dienst gewesen wären. Die Neufestsetzung der ruhegeldfähigen Dienstzeit und des Ruhegeldes oder des Wartegeldes hat spätestens bis zum 31. März 1934 mit Wirkung vom 1. April 1934 an zu erfolgen.

§ 10 (1) Richtlinien, die für die Höhe der Besoldung von Beamten aufgestellt sind, werden der Berechnung der Dienstbezüge und des Ruhegeldes von Beamten, die nach §§ 3, 4 ausscheiden,

특히 하위경력에서 고위경력으로의 공무원의 승진이 정규승진으로 인정될 때에만 존재한다. 공무원이 예비교육과 자격에 맞추어 이전에 정규취득한 직위에서 이후의 복무년수를 산입하여 상향조정된 퇴직연금을 받을 수 있을 때에는, 그에게 유리한 규정이 적용된다.

(2) 공법상 사단, 그에 준하는 시설과 기업에서의 복무기간의 산정은 시행규정으로 정한다.

(3) 제1항의 규정의 시행에 위반하는 퇴직연금능력이 있는 복무기간의 확정과 보장은 효력을 잃는다.

(4) 제국공무원과 제국감독을 받는 공법상 사단, 시설과 기업의 공무원의 경우 제국내무상은 제국재무상의 동의를 얻어, 그 밖의 공무원의 경우 주최고관청이 가혹한 경우를 조정할 수 있다.

(5) 제1항부터 제4항과 제8조는 이미 이 법률의 시행 전에 퇴직하였거나 가퇴직하여 그가 계속 복무하였다면 제3조와 제4조가 적용되었을 공무원에게도 적용된다. 퇴직연금능력 있는 복무기간과 퇴직연금 또는 휴직금의 재확정은 1934년 3월 31일까지 이루어지고 1934년 4월 1일부터 효력이 생겨야 한다.

제10조 (1) 공무원의 호봉결정을 위하여 설정된 지침은 제3조와 제4조에 따라 퇴직하는 공무원의 복무급여와 퇴직연금의 산정을 위한 근거가 된다. 지침의 적용에 관한 관할

zugrunde gelegt. Liegen Entscheidungen der zuständigen Behörde über die Anwendung der Richtlinien noch nicht vor, so haben die unverzüglich zu ergehen.

(2) Haben Beamten nach der Entscheidung der zuständigen Behörde über die Anwendung der Richtlinien höhere Bezüge erhalten, als ihnen hiernach zustanden, so haben sie die seit 1. April 1932 empfangenen Mehrbeträge an die Kasse zu erstatten, aus der die Bezüge gewährt worden sind. Der Einwand der nicht mehr bestehenden Bereicherung (§ 812 ff. BGB.) ist ausgeschlossen.

(3) Abs. 1 und 2 gilt auch für Personen, die innerhalb eines Jahres vor dem Inkrafttreten dieses Gesetzes in den Ruhestand getreten sind.

§ 11 (1) Sind bei der Festsetzung eines Besoldungsdienstalters Beamten, die auf Grund der §§ 3, 4 ausscheiden, Beschäftigungen außerhalb des Reichs-, Landes- oder Gemeindienstes angerechnet worden, so ist das Besoldungsdienstalter neu festzusetzen. Dabei darf nur eine Beschäftigung im Reichs-, Landes- oder Gemeindienst oder, nach Maßgabe der Ausführungsbestimmungen, im Dienst der öffentlich-rechtlichen Körperschaften sowie diesen gleichgestellten Einrichtungen und Unternehmungen angerechnet werden. Ausnahmen können für Reichsbeamte der Reichsminister des Innern im Einvernehmen mit dem Reichsminister der Finanzen, für andere Beamte die oberste Landesbehörde zulassen.

(2) Kommt nach Abs. 1 eine Neufestsetzung des Besoldungsdienstalters in Betracht, so ist bei den nach §§ 3, 4 in den Ruhestand versetzten oder entlassenen Beamten die Neufestsetzung jedenfalls mit der Festsetzung des Ruhegeldes vorzunehmen.

(3) Dasselbe gilt für die in § 9 Abs. 5 genannten Personen.

§ 12 (1) Die Bezüge der seit dem 9. November 1918 ernannten Reichsminister (Staatssekretäre, Besoldungsgruppe B 6 alt), die nicht nach den

관청의 결정이 아직 없으면 지체없이 공표되어야 한다.

(2) 지침의 적용에 관한 관할관청의 결정에 따라 공무원이 그에게 귀속되는 것보다 높은 급여를 취득한 때에는, 그는 1932년 4월 1일 이후 과다수령한 급여를 그 급여가 지급된 재정에 반환하여야 한다. 현존하는 부당이득이 없다는 항변(「민법」 제812조 이하)은 배제된다.

(3) 제1항과 제2항은 이 법률을 시행하기 전 1년 내에 퇴직한 사람에게도 적용된다.

제11조 (1) 제3조와 제4조에 근거하여 면직되는 공무원의 호봉복무년수를 확정할 때에 제국복무, 주복무, 지방행정단체복무 이외의 활동이 산입된 경우 호봉복무년수가 재확정되어야 한다. 이때 제국복무, 주복무, 지방행정단체복무의 활동 또는 시행규정을 기준으로 공법상 사단과 이에 준하는 시설과 기업의 복무에서 활동만이 산입되어야 한다. 제국공무원에 관하여 제국내무상은 제국재무상의 동의를 얻어, 그 밖의 공무원에 관하여 주최고관청이 예외를 허가할 수 있다.

(2) 제1항에 따라 호봉복무년수의 재확정이 문제되는 때에는, 제3조와 제4조에 따라 퇴직처분되거나 해임된 공무원에 관하여 퇴직연금의 확정과 함께 재확정이 이루어져야 한다.

(3) 제9조 제5항에 규정된 사람도 같다.

제12조 (1) 1930년 3월 27일의 「제국상법률」 (제국법률관보 I 96) 제16조부터 제24조의 규정에 따라 산정되지 않은 1918년 11월 9

Vorschriften der §§ 16 bis 24 des Reichsministergesetzes vom 27. März 1930 (Reichsgesetzbl. I S. 96) berechnet sind, sind neu festzusetzen. Bei der Neufestsetzung sind die genannten Vorschriften des Reichsministergesetzes so anzuwenden, als ob sie seit dem 9. November 1918 in Kraft gewesen wären. Hiernach seit dem 1. April 1932 zuviel empfangene Bezüge sind zurückzuzahlen. Der Einwand der nicht mehr bestehenden Bereicherung (§ 812 ff. BGB.) ist unzulässig.

(2) Abs. 1 findet auf die seit dem 9. November 1918 ernannten Mitglieder einer Landesregierung mit der Maßgabe Anwendung, daß an die Stelle des Reichsministergesetzes die entsprechenden Vorschriften der Landesgesetze treten, jedoch Bezüge nur bis zu der Höhe gezahlt werden dürfen, die sich bei der Anwendung der Grundsätze der §§ 16 bis 24 des Reichsministergesetzes ergibt.

(3) Die Neufestsetzung der Bezüge hat bis zum 31. Dezember 1933 zu erfolgen.

(4) Höhere Bezüge, als nach den am 31. März 1933 geltenden Vorschriften zustehen, werden nicht gewährt. Dies gilt nicht für das Übergangsgeld nach § 17 des Reichsministergesetzes ; Nachzahlungen an Übergangsgeld finden jedoch nicht statt.

§ 13 Die Hinterbliebenenbezüge werden unter entsprechender Anwendung der §§ 8 bis 12 berechnet.

§ 14 (1) Gegen die auf Grund dieses Gesetzes in den Ruhestand versetzten oder entlassenen Beamten ist auch nach ihrer Versetzung in den Ruhestand oder nach ihrer Entlassung die Einleitung eines Dienststrafverfahrens wegen der während des Dienstverhältnisses begangenen Verfehlungen mit dem Ziele der Aberkennung des Ruhegeldes, der Hinterbliebenenversorgung, der Amtbezeichnung, des Titels, der Dienstkleidung und des Dienstabzeichens zulässig. Die Einleitung des Dienststrafverfahrens

일 이후에 임명된 제국상(정무차관, 구 보수군 B 6)의 급여는 신규확정된다. 신규확정에서 앞의 「제국상법률」의 관련규정들은 그들이 1918년 11월 9일부터 시행된 것과 같이 적용된다. 이에 따라 1932년 4월 1일 이후 과다수령한 급여를 반환하여야 한다. 현존하는 부당이득이 없다는 항변(「민법」 제812조 이하)은 허용되지 아니한다.

(2) 제1항은 1918년 11월 9일 이후 임명된 주정부의 내각성원에 대하여 주법률의 해당 규정이 「제국상법률」에 갈음하여 적용되며, 급여가 오직 「제국상법률」 제16조부터 제24조의 원칙을 적용하여 인정되는 금액의 한도에서 지급된다.

(3) 급여의 신규확정은 1933년 12월 31일까지 이루어져야 한다.

(4) 1933년 12월 31일에 시행되는 규정에 따라 귀속되는 이상의 급여는 지급되지 아니한다. 이는 「제국상법률」 제17조에 따른 경과금에는 적용되지 아니한다; 경과금의 추가지급은 인정되지 아니한다.

제13조 유족급여는 제8조부터 제12조를 준용하여 산정된다.

제14조 (1) 이 법률에 근거하여 퇴직처분 또는 해임된 공무원을 상대로 그의 퇴직 또는 해임 이후에 복무관계 동안 저지른 잘못을 이유로 퇴직연금, 유족급여, 공직명과 직위, 복무복과 복무표장의 박탈을 목적으로 하는 복무형사절차의 개시가 허용된다. 복무형사절차의 개시는 1934년 9월 30일까지 이루어져야 한다.

muß spätestens am 30. September 1934 erfolgen.

(2) Abs. 1 gilt auch für Personen, die innerhalb eines Jahres vor dem Inkrafttreten dieses Gesetzes in den Ruhestand getreten sind und auf die die §§ 2 bis 4 anzuwenden gewesen wären, wenn diese Personen beim Inkrafttreten dieses Gesetzes noch im Dienst gewesen wären.

§ 15 Auf Angestellte und Arbeiter finden die Vorschriften über Beamte sinngemäße Anwendung. Das Nähere regeln die Ausführungsbestimmungen.

§ 16 Ergeben sich bei der Durchführung dieses Gesetzes unbillige Härten, so können im Rahmen der allgemeinen Vorschriften höhere Bezüge oder Übergangsgelder gewährt werden. Die Entscheidung hierüber treffen für Reichsbeamte der Reichsminister des Innern im Einvernehmen mit dem Reichsminister der Finanzen, im übrigen die obersten Landesbehörden.

§ 17 (1) Der Reichsminister des Innern erläßt im Einvernehmen mit dem Reichsminister der Finanzen die zur Durchführung und Ausführung dieses Gesetzes erforderlichen Rechtsverordnungen und allgemeine Verwaltungsvorschriften.

(2) Erforderlichenfalls erlassen die obersten Landesbehörden ergänzende Vorschriften. Sie haben sich dabei im Rahmen der Reichsvorschriften zu halten.

§ 18 Mit Ablauf der im diesem Gesetze bestimmten Fristen werden, unbeschadet der auf Grund des Gesetzes getroffenen Maßnahmen, die für das Berufbeamtentum geltenden allgemeinen Vorschriften wieder voll wirksam.

Berlin, den 7. April 1933.

Der Reichskanzler
Adolf Hitler

Der Reichsminister des Innern

---

(2) 제1항은 이 법률의 시행 전 1년 내에 퇴직하고 그가 이 법률을 시행할 때 여전히 복무 중이었다면 제2조부터 제4조가 적용되었을 사람에게도 적용된다.

제15조 공무원에 관한 규정은 피용자와 노동자에 의미에 맞게 적용된다.
자세한 사항은 시행규정으로 정한다.

제16조 이 법률을 시행하는 과정에서 형평을 잃은 가혹이 있을 때에는 일반규정의 범위에서 상향조정된 급여 또는 경과금이 지급될 수 있다. 제국공무원에 관하여 제국내무상이 제국재무상의 동의를 얻어, 그 밖의 공무원에 대하여는 주최고관청이 그에 관하여 결정한다.

제17조 (1) 제국내무상은 제국재무상의 동의를 얻어 이 법률의 시행과 실행에 필요한 법규정과 일반 행정규정을 제정한다.

(2) 필요한 경우 주최고관청이 보완규정을 제정한다. 주최고관청은 제국규정의 기준을 준수하여야 한다.

제18조 이 법률에 근거하여 내려진 조치에 영향이 없이 이 법률에 규정된 기간의 경과로 직업공무원에 적용되는 일반규정들이 다시 완전한 효력을 가진다.

베를린, 1933년 4월 7일

제국재상
아돌프 히틀러

제국내무상

Frick	프릭
Der Reichsminister der Finanzen Graf Schwerin von Krosigk	제국재무상 그라프 슈베린 폰 크로직

<Reichsgesetzblatt 1933 I, S. 175-177, 389, 518, 655-656>

관련법령:

법률 5, 17, 24, 26, 38, 66, 67

Erste Verordnung zur Durchführung des Gesetzes zur Wiederherstellung des Berufsbeamtentums (11.04.1933)

Zweite Verordnung zur Durchführung des Gesetzes zur Wiederherstellung des Berufsbeamtentums (04.05.1933)

Richtlinien zu § 1 a Abs. 3 des Reichsbeamtengesetzes in der Fassung des Gesetzes vom 30. Juni 1933 [Definition Arier bzw. Nichtarier] (08.08.1933)

XII. Gesetz zur Änderung des Strafrechts und des Strafverfahrens.

Vom 24. April 1934.

Die Reichsregierung hat das folgende Gesetz beschlossen, das hiermit verkündet wird:

Artikel I

Im Zweiten Teil des Strafgesetzbuchs wird der erste Abschnitt (§§ 80 bis 93) durch folgende Vorschriften ersetzt:

1. Abschnitt
Hochverrat

§ 80 (1) Wer es unternimmt, mit Gewalt oder durch Drohung mit Gewalt das Reichsgebiet ganz oder teilweise einem fremden Staat einzuverleiben oder ein zum Reiche gehöriges Gebiet vom Reiche loszureißen, wird mit dem Tode bestraft.

(2) Ebenso wird bestraft, wer es unternimmt mit Gewalt oder durch Drohung mit Gewalt die Verfassung des Reichs zu ändern.

§ 81 Wer es unternimmt, den Reichspräsidenten oder den Reichskanzler oder ein anderes Mitglied der Reichsregierung seiner verfassungsmäßigen Gewalt zu berauben oder mit Gewalt oder durch Drohung mit Gewalt oder mit einem Verbrechen oder Vergehen zu nötigen oder zu hindern, seine verfassungsmäßigen Befugnisse überhaupt oder in einem bestimmten Sinne

39. 형법과 형사재판의 개정을 위한 법률

1934년 4월 24일

제국정부는 여기에 공포되는 다음의 법률을 의결하였다:

제1장

「형법전」 제2편에서 제1장(제80조부터 제93조)이 다음의 규정으로 대체된다:

제1절
내란죄

형법 제80조 (1) 폭력 또는 폭력을 수반한 협박으로 제국영토의 전부 또는 일부를 외국에 할양하거나 제국에 속하는 영토를 제국으로부터 분리를 기도하는 자는 사형에 처한다.

(2) 폭력 또는 폭력을 수반한 강압으로 제국의 헌법의 개정을 기도하는 자도 같은 형에 처한다.

형법 제81조 제국대통령, 제국재상 또는 그 밖의 제국정부의 내각성원으로부터 합헌적인 권한을 강탈하거나 폭력 또는 폭력을 수반한 강압 또는 중범죄나 경범죄로 합헌적 권한을 전부 또는 특정한 목적으로 행사하도록 강제하거나 이를 방해하려고 기도하는 자는 5년 이상의 중징역형에 처한다.

---

* 1871년 5월 15일 제정되어 1871년 6월 14일 공포된 독일제국형법전(Strafgesetzbuch für das Deutsche Reich)은 자유형(自由刑)의 종류로 (1) 무기징역과 1년 이상 15년 이하의 유기징역과 강제노역으로 처벌되는 중징역(Zuchthaus, 제14조, 제15조), (2) 1일 이상 5년 이하의 유기징역과 강제노역이 처분될 수 있거나 수형자가 스스로의 요청으로 노역에 종사할 수 있는 [경]징역(Gefängnis, 제16조), (3) 현행형법의 금고형과 유사하게 무기 또는 유기의 자유박탈을 내용으로 하는 구금형(Festungshaft, 제17조), 그리고 (4) 1일 이상 6주 이하의 구금(Haft, 제18조)을 법정한다. 중징역형은 일반적으로 채석 또는 채광과 같이 쓰러질 때까지 이어지

auszuüben, wird mit Zuchthaus nicht unter fünf Jahren bestraft.

§ 82 (1) Wer ein hochverräterisches Unternehmen (§§ 80, 81) mit einem anderen verabredet, wird mit dem Tode oder mit lebenslangem Zuchthaus oder mit Zuchthaus nicht unter fünf Jahren bestraft.

(2) Ebenso wird bestraft, wer zur Vorbereitung eines hochverräterischen Unternehmens zu einer ausländischen Regierung in Beziehung tritt oder die ihm anvertraute öffentliche Macht mißbraucht oder Mannschaften anwirbt oder in den Waffen einübt. Tritt der Täter durch eine schriftliche Erklärung zu einer ausländischen Regierung in Beziehungen, so ist die Tat vollendet, wenn er die Erklärung abgesandt hat.

(3) Nach der Vorschrift des Abs. 1 wird nicht bestraft, wer freiwillig seine Tätigkeit aufgibt und das hochverräterische Unternehmen verhindert; auch eine Bestrafung nach § 83 tritt nicht ein.

§ 83 (1) Wer öffentlich zu einem hochverräterischen Unternehmen auffordert oder anreizt, wird mit Zuchthaus bis zu zehn Jahren bestraft.

(2) Ebenso wird bestraft, wer ein hochverräterisches Unternehmen in anderer Weise vorbereitet.

(3) Auf Todesstrafe oder auf lebenslanges Zuchthaus oder auf Zuchthaus nicht unter zwei Jahren ist zu erkennen, wenn die Tat

1. darauf gerichtet war, zur Vorbereitung des Hochverrats einen organisatorischen Zusammenhalt herzustellen oder aufrechtzuerhalten, oder

2. darauf gerichtet war, die Reichswehr oder die Polizei zur Erfüllung ihrer Pflicht untauglich zu machen, das Deutsche Reich gegen Angriffe auf seinen äußeren oder inneren Bestand zu schützen, oder

3. auf Beeinflussung der Massen durch Herstellung oder Verbreitung von Schriften, Schall-

형법 제82조 (1) 내란기도(제80조, 제81조)를 타인과 모의하는 자는 사형, 종신중징역형 또는 5년 이상의 중징역형에 처한다.

(2) 내란기도를 예비하기 위하여 외국정부와 관계를 맺거나 그에게 위임된 공권력을 남용하거나 모병하거나 군사훈련을 한 자도 같은 형으로 처벌된다. 행위자가 서면의 의사표시로 외국정부와 관계를 맺은 때에는 그 행위는 그가 그 의사표시를 발송한 때에 종료한다.

(3) 자의로 그의 행위를 포기하고 내란기도를 방지한 자는 제1항의 규정에 의하여 처벌되지 아니한다; 또한 제83조의 형도 적용되지 아니한다.

형법 제83조 (1) 공연하게 내란기도를 선전하거나 선동한 자는 10년 이하의 징역형에 처한다.

(2) 그 밖의 방법으로 내란기도를 예비한 자도 같은 형에 처한다.

(3) 다음 각호의 행위는 사형, 종신중징역형 또는 2년 이상의 중징역형에 처한다:

1. 내란의 예비를 위하여 조직적 단체를 구성하거나 유지할 것을 목적한 행위, 또는

2. 제국국방이나 경찰을 독일제국에 대한 외적, 내적 존립에 대한 공격에 대하여 독일제국을 보호하여야 하는 그의 의무를 이행할 수 없도록 하는 것을 목적한 행위, 또는

3. 문서, 음반이나 그림의 제조와 배포 또는 무선전신이나 무선전화설비를 사용하

는 힘든 육체노동을 본질적 요소로 한다. 형무소는 형사판결을 받은 자를 그의 의사에 반하여 구금하는 장소이며, 현행 법률은 교정시설을 명칭으로 한다. 현행 독일형법(StGB)은 자유형의 구분을 폐지하고 무기자유형과 1월 이상 15년 이하의 유기자유형(Freiheitsstrafe)으로 일원화한 법률(제38조)이다.

platten oder bildlichen Darstellungen oder durch Verwendung von Einrichtungen der Funkentelegraphie oder Funkentelephonie gerichtet war oder

4. im Auslande oder dadurch begangen worden ist, das der Täter es unternommen hat, Schriften, Schallplatten oder bildliche Darstellungen zum Zwecke der Verbreitung im Inland aus dem Ausland einzuführen.

§ 84 In minder schweren Fällen kann im Falle des § 80 auf lebenslanges Zuchthaus oder auf Zuchthaus nicht unter fünf Jahren, in den Fällen der §§ 81 und 82 auf Zuchthaus nicht unter zwei Jahren, im Falle des § 83 auf Gefängnis nicht unter einem Jahre erkannt werden.

§ 85 Wer eine Druckschrift, deren Inhalt den äußeren Tatbestand des Hochverrats (§§ 80 bis 83) begründet, herstellt, verbreitet oder zum Zwecke der Verbreitung vorrätig hält, obwohl er bei sorgfältiger Prüfung der Schrift hätte erkennen können, wird, soweit nicht in anderen Vorschriften eine schwerere Strafe angedroht ist, mit Gefängnis nicht unter einem Monat bestraft.

§ 86 Wegen der in diesem Abschnitt mit Strafe bedrohten Handlungen kann erkannt werden
neben der Strafe aus §§ 80 bis 84
auf Geldstrafe von unbegrenzter Höhe, gegenüber den Urhebern und Rädelsführern des Unternehmens auch auf Einziehung des Vermögens;
neben der Strafe aus § 85
auf Geldstrafe;
eben der Gefängnisstrafe
auf die Unfähigkeit zur Bekleidung öffentlicher Ämter auf die Dauer von einem bis zu fünf Jahren und auf den Verlust der aus öffentlichen Wahlen hervorgegangenen Rechte;
neben jeder Freiheitsstrafe
auf die Zulässigkeit von Polizeiaufsicht.

§ 86a (1) Gegenstände, die zur Begehung einer in diesem Abschnitt mit Strafe bedrohten Handlung gebraucht oder bestimmt sind, können eingezogen oder unbrauchbar gemacht werden,

여 대중에 영향을 미칠 것을 목적한 행위, 또는

4. 외국에서 또는 내국에서 배포할 목적으로 행위자가 문서, 음반이나 그림을 외국으로부터 반입하여 행하여진 행위.

형법 제84조 약한 중죄에는 제80조의 경우 종신중징역형 또는 5년 이상의 중징역형이, 제81조와 제82조의 경우 2년 이상의 중징역형이, 제83조의 경우 1년 이상의 경징역형이 선고될 수 있다.

형법 제85조 문서를 주의로 검사하였다면 알 수 있었음에도, 그 내용이 내란(제80조부터 제83조)의 형식요건을 충족하는 인쇄물을 제조, 예비하거나 배포의 목적으로 보관한 자는, 다른 법률규정이 중한 형으로 처벌하지 않는 경우, 1월 이상의 경징역형에 처한다.

형법 제86조 이 장에서 형벌로 처벌되는 행위를 사유로 하여
제80조부터 제84조의 형벌에 부가하여
무한벌금형, 범죄행위의 주동자와 주모자의 재산몰수;

제85조의 형벌에 부가하여
벌금형;
또한 경징역형에는
5년의 기한 안에서 공무담임 무능력과 공직선거에서 발생하는 권리의 상실;

모든 자유형에 부가하여
경찰감시의 명령이 선고될 수 있다.

형법 제86a조 (1) 이 절에 형벌로 처벌되는 행위를 위하여 사용되거나 이를 목적으로 하는 물건은 그 물건이 범인과 공범의 소유가 아닐 때에도 몰수되거나 폐기될 수 있다.

auch wenn sie weder dem Täter noch einem Teilnehmer gehören.

(2) Kann keine bestimmte Person verfolgt werden, so kann auf die Einziehung oder Unbrauchbarmachung selbständig erkannt werden.

§ 87 Unternehmen im Sinne des Strafgesetzbuchs ist die Vollendung oder der Versuch.

1a. Abschnitt
Landesverrat

§ 88 (1) Staatsgeheimnisse im Sinne der Vorschriften dieses Abschnitts sind Schriften, Zeichnungen, andere Gegenstände, Tatsachen oder Nachrichten darüber, deren Geheimhaltung vor einer ausländischen Regierung für das Wohl des Reichs, insbesondere im Interesse der Landesverteidigung, erforderlich sind.

(2) Verrat im Sinne der Vorschriften dieses Abschnitts begeht, wer mit dem Vorsatz, das Wohl des Reichs zu gefährden, das Staatsgeheimnis an einen anderen gelangen läßt, insbesondere an eine ausländische Regierung oder an jemand, der für eine ausländische Regierung tätig ist, oder öffentlich mitteilt.

§ 89 (1) Wer es unternimmt, eine Staatsgeheimnis zu verraten, wird mit dem Tode bestraft.

(2) Ist der Täter ein Ausländer, so kann auf lebenslanges Zuchthaus erkannt werden.

(3) Konnte die Tat keine Gefahr für das Wohl des Reichs herbeiführen, so kann auf lebenslanges Zuchthaus oder auf Zuchthaus nicht unter fünf Jahren erkannt werden.

§ 90 (1) Wer es unternimmt, sich ein Staatsgeheimnis zu verschaffen, um es zu verraten, wird mit dem Tode oder mit lebenslangem Zuchthaus bestraft.

(2) Auf zeitige Zuchthausstrafe kann erkannt werden, wenn die Tat keine Gefahr für das Wohl des Reichs herbeiführen konnte.

§ 90 a (1) Wer durch Fälschung oder Verfälschung Schriften, Zeichnungen oder andere Gegen-

(2) 특정인이 소추될 수 없을 때에는 몰수 또는 폐기가 독립하여 선고될 수 있다.

형법 제87조 기수 또는 미수가 형법전의 의미에서 범죄행위이다.

제1a절
간첩죄

형법 제88조 (1) 외국정부로부터 제국의 안녕, 특히 국가방위의 이익을 위하여 그에 관한 기밀유지가 필요한 문서, 도화, 그밖의 물건, 사실 또는 소식이 이 절의 규정의 의미에서 국가기밀이다.

(2) 고의로 제국의 안녕을 위험하게 하고 타인, 특히 외국정부 또는 외국정부를 위하여 일하는 사람에게 국가기밀을 제공하거나 공연하게 알리는 자는 이 절의 규정의 의미에서 간첩죄를 범하는 것이다.

형법 제89조 (1) 국가기밀의 제공을 기도하는 자는 사형에 처한다.

(2) 범인이 외국인일 경우 종신중징역형이 선고될 수 있다.

(3) 행위가 제국의 안녕에 위험을 부를 수 없었던 때에는 종신중징역형 또는 5년 이상의 중징역형이 선고될 수 있다.

형법 제90조 (1) 간첩을 목적으로 국가기밀의 수집을 기도하는 자는 사형 또는 종신중징역형에 처한다.

(2) 그 행위가 제국의 안녕에 위험을 부를 수 없었을 때에도 유기중징역형이 선고될 수 있다.

형법 제90a조 (1) 간첩을 목적으로 진실이라면 국가기밀이었을 문서, 도화, 그밖의 물

stände, die im Falle der Echtheit Staatsgeheimnisse wären, herstellt, um sie zu verraten, wird mit Zuchthaus bestraft.

(2) Ebenso wird bestraft, wer Gegenstände, Tatsachen oder Nachrichten darüber, von denen er weiß, daß sie falsch, verfälscht oder unwahr sind und die im Falle der Echtheit oder Wahrheit Staatsgeheimnisse wären, verrät, ohne sie als falsch zu bezeichnen.

(3) Mit Zuchthaus bis zu fünf Jahren wird bestraft, wer Gegenstände, von denen er weiß, daß sie falsch oder verfälscht sind und die im Falle ihrer Echtheit Staatsgeheimnisse wären, sich verschafft, um sie zu verraten, ohne sie als falsch zu bezeichnen.

(4) Falschen, verfälschten oder unwahren Gegenständen, Tatsachen oder Nachrichten (Abs. 2, 3) stehen Staatsgeheimnisse gleich, die der Täter irrtümlich für falsch, verfälscht oder unwahr hält.

(5) In besonders schweren Fällen ist die Strafe in den Fällen der Abs. 1 und 2 lebenslanges Zuchthaus oder Zuchthaus nicht unter fünf Jahren, in den Fällen des Abs. 3 Zuchthaus nicht unter fünf Jahren.

§ 90b (1) Wer frühere Staatsgeheimnisse, die den ausländischen Regierungen, vor denen sie geheimgehalten waren, bereits bekannt geworden oder bereits öffentlich mitgeteilt worden sind, öffentlich mitteilt oder erörtert und dadurch das Wohl des Reichs gefährdet, wird mit Gefängnis nicht unter drei Monaten bestraft.

(2) Dasselbe gilt für Gegenstände, Tatsachen oder Nachrichten der im § 90a Abs. 2, 4 bezeichneten Art, die bereits den ausländischen Regierungen bekannt geworden oder öffentlich mitgeteilt worden sind.

(3) Die Tat wird nur auf Antrag der Reichsregierung verfolgt. Die Zurücknahme des Antrags ist zulässig.

§ 90c (1) Wer zu einer ausländischen Regierung oder zu einer Person, die für eine ausländische

건을 위조 또는 변조로 제조한 자는 중징역형에 처한다.

(2) 물건, 사실 또는 소식이 가짜이거나 변조되거나 허위이고 진정하거나 진실이었다면 국가기밀일 것을 알면서 그것이 가짜임을 밝히지 않고 누설한 자도 같은 형에 처한다.

(3) 물건이 가짜이거나 변조되었고 그것이 진실하다면 국가기밀일 것을 알면서 그것이 가짜임을 밝히지 않고 누설을 목적으로 이를 조달한 자는 5년 이상의 중징역형에로 처한다.

(4) 범인이 착오로 가짜이거나 변조되거나 허위로 판단한 국가기밀은 가짜이거나 변조되거나 허위의 물건, 사실 또는 소식(제2항, 제3항)과 같다.

(5) 특별히 중한 행위에서 제1항과 제2항의 경우 형벌은 종신징역형 또는 5년 이상의 중징역형이고, 제3항의 경우 5년 이상의 중징역형이다.

형법 제90b조 (1) 외국정부에 비밀이었으나 이미 알려졌거나 이미 공표된 종전의 국가기밀을 공표하거나 언급하고 이로써 제국의 안녕을 위험하게 한 자는 3월 이상의 경징역형에 처한다.

(2) 이미 외국정부에 알려졌거나 공표된 제90a조 제2항과 제4항에 규정된 종류의 물건, 사실과 소식에 관하여도 같다.

(3) 범죄행위는 제국정부의 고소로 소추된다. 고소의 취하는 허용된다.

형법 제90c조 (1) 외국정부 또는 외국정부를 위하여 일하는 사람과 국가기밀 또는 제

Regierung tätig ist, in Beziehungen tritt oder mit ihr Beziehungen unterhält, welche die Mitteilung von Staatsgeheimnissen oder von Gegenständen, Tatsachen oder Nachrichten der im § 90a Abs. 2, 4 bezeichneten Art zum Gegenstande haben, wird mit Gefängnis bestraft.

(2) Ebenso wird bestraft, wer für eine ausländische Regierung tätig ist und zu einem anderen in Beziehungen der im Abs. 1 bezeichneten Art tritt oder solche Beziehungen mit einem anderen unterhält.

(3) § 82 Abs. 2 Satz 2 findet Anwendung.

§ 90d (1) Wer es unternimmt, ein Staatsgeheimnis an einen anderen gelangen zu lassen, und dadurch fahrlässig das Wohl des Reichs gefährdet, wird mit Gefängnis bestraft.

(2) Ebenso wird bestraft, wer es unternimmt, sich ein Staatsgeheimnis zu verschaffen, und dadurch fahrlässig das Wohl des Reichs gefährdet.

§ 90e (1) Wer fahrlässig ein Staatsgeheimnis, das ihm kraft seines Amtes oder seiner dienstlichen Stellung oder eines von amtlicher Seite erteilten Auftrags zugänglich war, an einen anderen gelangen läßt und dadurch das Wohl des Reichs gefährdet, wird mit Gefängnis bis zu drei Jahren bestraft.

(2) Die Tat wird nur auf Antrag der Reichsregierung verfolgt. Die Zurücknahme des Antrags ist zulässig.

§ 90f Wer öffentlich oder als Deutscher im Ausland durch eine unwahre oder gröblich entstellte Behauptung tatsächlicher Art eine schwere Gefahr für das Ansehen des deutschen Volkes herbeiführt, wird mit Zuchthaus bestraft.

§ 90g (1) Ein Beauftragter des Reichs, der ein Staatsgeschäft mit einer ausländischen Regierung vorsätzlich zum Nachteil des Reichs führt, wird mit dem Tode bestraft.

(2) Wenn die Tat nur einen unbedeutenden Nachteil für das Reich herbeigeführt hat, schwerere Folgen auch nicht herbeiführen konnte, kann auf Zuchthaus erkannt werden.

90a조 제2항과 제4항에 규정된 종류의 물건, 사실 또는 소식을 대상으로 하는 관계를 맺거나 관계를 유지하는 자는 경징역형에 처한다.

(2) 외국정부를 위하여 일하고 타인과 제1항에 규정된 종류의 관계를 맺거나 타인과 그러한 관계를 유지하는 자도 같은 형에 처한다.

(3) 제82조 제2항 2문이 적용된다.

형법 제90d조 (1) 타인에게 국가기밀의 전달을 기도하고 이로써 과실로 제국의 안녕을 위험하게 한 자는 경징역형에 처한다.

(2) 국가기밀의 생산을 기도하고 이로써 과실로 제국의 안녕을 위험하게 한 자도 같은 형에 처한다.

형법 제90e조 (1) 그에게 그의 공직, 또는 공무상 또는 공적으로 수여된 위임에 근거하여 취득한 국가기밀을 과실로 타인이 알게 하고 이로써 제국의 안녕을 위험하게 한 자는 3년 이하의 경징역형에 처한다.

(2) 범죄행위는 제국정부의 고소로 소추된다. 고소의 취하는 허용된다.

형법 제90f조 외국에서 공연히 또는 독일인으로 거짓 또는 심하게 왜곡된 사실적 성질의 주장으로 독일인민의 명예에 중대한 위험을 부른 자는 중징역형에 처한다.

형법 제90g조 (1) 외국정부와의 국가행위를 고의로 제국의 불이익으로 수행한 제국수임인은 사형에 처한다.

(2) 범행이 제국에 오로지 사소한 불이익만을 부르고 중한 결과가 발생할 수 없을 때에도 중징역형이 선고될 수 있다.

§ 90h (1) Wer es unternimmt, ein Beweismittel über ein Rechtsverhältnis zwischen dem Reich und einem ausländischen Staate zu fälschen, verfälschen, vernichten, beschädigen, beseitigen oder unterdrücken, und dadurch das Wohl des Reichs gefährdet, wird mit Zuchthaus bestraft.

(2) In besonders schweren Fällen ist auf Zuchthaus nicht unter fünf Jahren oder auf lebenslanges Zuchthaus zu erkennen.

§ 90i (1) Ein Deutscher, der von einer ausländischen Regierung oder von jemand, der für eine ausländische Regierung tätig ist, für eine Handlung, die das Wohl des Reichs gefährdet, ein Entgelt fordert, sich versprechen läßt oder annimmt, wird, soweit nicht nach anderen Vorschriften eine schwerere Strafe verwirkt ist, mit Zuchthaus bis zu zehn Jahren bestraft.

(2) Wird das Entgelt durch eine schriftliche Erklärung gefordert oder angenommen, so ist die Tat vollendet, wenn der Täter die Erklärung abgesandt hat.

(3) Die Tat wird nur auf Antrag der Reichsregierung verfolgt. Die Zurücknahme des Antrags ist zulässig.

§ 91 (1) Wer mit dem Vorsatz, einen Krieg oder Zwangsmaßregeln gegen das Reich oder andere schwere Nachteile für das Reich herbeizuführen, zu einer ausländischen Regierung oder zu jemand, der für eine ausländische Regierung tätig ist, in Beziehungen tritt, wird mit dem Tode bestraft.

(2) Wer mit dem Vorsatz, schwere Nachteile für einen Reichsangehörigen herbeizuführen, in Beziehungen der im Abs. 1 bezeichneten Art tritt, wird mit lebenslangem Zuchthaus oder mit Zuchthaus nicht unter fünf Jahren bestraft.

(3) § 82 Abs. 2 Satz 2 findet Anwendung.

§ 91a Ein Deutscher, der während eines Krieges gegen das Reich in der feindlichen Kriegsmacht dient oder gegen das Reich oder dessen Bundesgenossen die Waffen trägt, wird mit dem Tode oder mit lebenslangem Zuchthaus oder mit

형법 제90h조 (1) 제국과 외국 사이의 법률관계에 관한 증거방법을 위조, 변조, 파괴, 훼손, 제거 또는 은닉하여 제국의 안녕을 위험하게 한 자는 중징역형에 처한다.

(2) 특별히 중한 행위의 경우 5년 이상의 중징역형 또는 종신중징역형이 선고될 수 있다.

형법 제90i조 (1) 외국정부 또는 외국정부를 위하여 활동하는 사람에게 제국의 안녕을 위험하게 하는 행위로 대가를 청구하거나 약속하게 하거나 수령하는 독일인은, 다른 규정으로 중한 형에 처하여지지 않으면, 10년 이하의 중징역형에 처한다.

(2) 대가가 서면의 의사표시로 청구되거나 수령되는 경우 범죄행위는 범인이 의사표시를 발송한 때에 종료한다.

(3) 범죄행위는 제국정부의 고소로 소추된다. 고소의 취하가 허용된다.

형법 제91조 (1) 제국에 대한 전쟁이나 무력조치 또는 그밖에 제국에 중대한 불이익을 일으킬 고의로 외국정부 또는 외국정부를 위하여 활동하는 사람과 관계를 맺는 자는 사형에 처한다.

(2) 제국소속원에 중대한 불이익을 일으킬 고의로 제1항에 규정된 종류의 관계를 맺는 자는 종신중징역형 또는 5년 이상의 중징역형에 처한다.

(3) 제82조 제2항 2문이 적용된다.

형법 제91a조 제국에 대한 전쟁 중에 적국의 군대에 복무하거나 제국 또는 그 연방인민에 대항하여 무장하는 자는 사형, 종신중징역형 또는 5년 이상의 중징역형에 처한다.

Zuchthaus nicht unter fünf Jahren bestraft.

§ 91b (1) Wer im Inland oder als Deutscher im Ausland es unternimmt, während eines Krieges gegen das Reich oder in Beziehung auf einen drohenden Krieg der feindlichen Macht Vorschub zu leisten oder der Kriegsmacht des Reichs oder seiner Bundesgenossen einen Nachteil zuzufügen, wird mit dem Tode oder mit lebenslangem Zuchthaus bestraft.

(2) Wenn die Tat nur einen unbedeutenden Nachteil für das Reich oder seine Bundesgenossen und nur ein unbedeutender Vorteil für die feindliche Macht herbeigeführt hat, schwerere Folgen auch nicht herbeiführen konnte, so kann auf Zuchthaus nicht unter zwei Jahren erkannt werden.

§ 92 (1) Wer ein Verbrechen des Landesverrats nach den §§ 89 bis 90a, 90f bis 91b mit einem anderen verabredet, wird mit Zuchthaus bestraft.

(2) Ebenso wird bestraft, wer zu einem der im Abs. 1 bezeichneten Verbrechen auffordert, sich erbietet oder eine solche Aufforderung oder ein solches Erbieten annimmt. Erklärt der Täter die Aufforderung, das Erbieten oder die Annahme schriftlich, so ist die Tat vollendet, wenn er die Erklärung abgesandt hat.

(3) Nach den Vorschriften der Abs. 1, 2 wird nicht bestraft, wer freiwillig seine Tätigkeit aufgibt und bei Beteiligung mehrerer das Verbrechen verhindert.

§ 92a (1) Wer während eines Krieges gegen das Reich oder bei drohender Kriegsgefahr einen Vertrag mit einer Behörde über Bedürfnisse der Kriegsmacht des Reichs oder seiner Bundesgenossen nicht oder in einer Weise erfüllt, die geeignet ist, den Zweck der Leistung zu vereiteln oder zu gefährden, wird mit Gefängnis nicht unter einem Jahre bestraft. Dasselbe gilt in Zeiten gemeiner Not für einen Vertrag mit einer Behörde über Lieferung oder Beförderung von Lebensmitteln oder anderen zur Behebung der

형법 제91b조 (1) 국내에서 또는 독일인으로 외국에서 제국에 대한 전쟁 중에 또는 적대세력의 전쟁위협과 관련하여 후원하거나 제국국방군 또는 연방인민에게 불이익을 가하려고 기도하는 자는 사형 또는 종신중징역형에 처한다.

(2) 범죄행위가 제국이나 그의 연방인민에게 사소한 불이익만을 주거나 적대세력에 사소한 이익만을 주고 중한 결과를 부를 수 없었을 때에는 2년 이상의 중징역형에 처할 수 있다.

형법 제92조 (1) 제89조부터 제90a조, 제90f조부터 제91b조의 간첩범죄를 타인과 약정한 자는 중징역형에 처한다.

(2) 제1항에 규정된 범죄를 교사 또는 자원하거나 그러한 교사 또는 자원을 승낙한 자도 같은 형에 처한다. 범인이 교사, 자원 또는 승낙을 서면으로 표시하는 경우 그가 그 의사표시를 발송한 때에 범죄행위가 종료한다.

(3) 제1항과 제2항의 규정에 따라 자의로 그 행위를 포기하고 수인이 관여한 경우 범죄를 방지한 자는 처벌되지 아니한다.

형법 제92a조 (1) 제국에 대한 전쟁 중에 또는 급박한 전쟁위험의 경우 제국과 그 연방인민의 군대의 수요에 관하여 관청과 체결한 계약을 이행하지 않거나 급부목적을 그르치거나 위험하게 하기에 적합한 방법으로 이행한 자는 1년 이상의 경징역형에 처한다. 전체의 곤궁의 경우 생필품이나 그 밖의 전체의 곤궁을 극복하기 위하여 필요한 물건의 공급 또는 운송에 관하여 관청과 체결한 계약에 관하여도 같다.

gemeinen Not erforderlichen Gegenständen.

(2) Ebenso werden unterverpflichtete Unternehmer, Vermittler und Bevollmächtigte des Leistungspflichtigen bestraft, die durch Verletzung ihrer Vertragspflicht die Erfüllung oder die gehörige Erfüllung vereiteln oder gefährden.

(3) Wer die Tat begeht, wird mit Gefängnis bis zu zwei Jahren bestraft.

§ 92b (1) Wer einem von der Reichsregierung zur Sicherung der Landesverteidigung erlassenen Gebot oder Verbot zuwiderhandelt, wird mit Geldstrafe bestraft.

(2) Wird die Zuwiderhandlung während eines Krieges gegen das Reich oder bei drohender Kriegsgefahr begangen, so ist die Strafe Gefängnis.

§ 92c Dem Krieg im Sinne der §§ 91 bis 92b wird jede gegen das Reich gerichtete Unternehmung fremder Streitkräfte gleichgeachtet.

§ 92d Wer vorsätzlich über amtliche Ermittlungen oder Verfahren wegen eines in diesem Abschnitt bezeichneten Verbrechens oder Vergehens ohne Erlaubnis der zuständigen Behörde Mitteilungen in die Öffentlichkeit bringt, wird mit Gefängnis bestraft.

§ 92e (1) Wer vorsätzlich in einer Festung, einem Reichskriegshafen, oder einer anderen militärischen Anlage, auf einem Schiff der Reichsmarine oder innerhalb der deutschen Hoheitsgewässer gegenüber einer Behörde, einem Beamten oder einem Soldaten über seinen Namen, seinen Stand, seinen Beruf, sein Gewerbe, seinen Wohnort oder seine Staatsangehörigkeit eine unrichtige Angabe macht oder die Angabe verweigert, wird mit Geldstrafe bestraft.

(2) Ist nach den Umständen anzunehmen, daß der Aufenthalt an dem Orte oder die unrichtige Angabe oder die Verweigerung der Angabe mit Zwecken des Verrats oder der Ausspähung zusammenhängt, so ist die Strafe Gefängnis bis zu einem Jahre.

(3) Einer Festung, einem Reichskriegshafen

(2) 그의 계약의무를 침해하여 이행 또는 적합한 이행을 하지 않거나 위험하게 한 하(下)이행의무를 지는 기업인, 중개인과 급부의 무자의 수임인도 동일하게 처벌된다.

(3) 범죄행위를 한 자는 2년 이하의 경징역형에 처한다.

형법 제92b조 (1) 제국정부가 국가방위를 보장하기 위하여 제정한 명령 또는 금지에 위반하여 행위한 자는 벌금형에 처한다.

(2) 위반행위가 전쟁 중 또는 급박한 전쟁위험이 있을 때에 행하여진 경우 형벌은 경징역형이다.

형법 제92c조 제국을 목표로 하는 모든 외국군의 작전은 모두 제91조부터 제92b조의 의미에서 전쟁과 같다.

형법 제92d조 고의로 이 장에 규정된 중범죄 또는 경범죄를 이유로 하는 공무상 수사 또는 재판에 관하여 관할관청의 허가 없이 공표한 자는 경징역형에 처한다.

형법 제92e조 (1) 고의로 군대요새, 제국군항 또는 그밖의 군사시설 안에서, 제국해군의 선상이나 독일영해 내에서 관청, 공무원 또는 군인에게 그의 이름, 그의 신분, 그의 직업, 그의 영업, 그의 주소 또는 그의 국적에 관하여 거짓으로 진술하거나 진술을 거부한 자는 벌금형에 처한다.

(2) 사정에 따라 일정지역의 체류, 거짓진술 또는 진술의 거부가 간첩 또는 정찰의 목적과 관계된다고 인정되는 경우 형벌은 1년이하의 경징역형이다.

(3) 공무상 고시된 보안지역과 국내의 국방

oder einer anderen militärischen Anlage stehen gleich amtlich bekanntgemachte Sicherungsbereiche sowie gewerbliche Anlagen, in denen Gegenstände für den Bedarf der inländischen Wehrmacht hergestellt, ausgebessert oder aufbewahrt werden.

(4) Die Tat ist nur strafbar, wenn die Behörde, der Beamte oder der Soldat befugt war, die im Abs. 1 bezeichneten Angaben zu verlangen.

§ 92f Wer ohne Erlaubnis der zuständigen militärischen Behörde innerhalb eines amtlich bekanntgemachten Sicherungsbereichs oder von einem Gebäude, in dem Waffen oder andere Bedürfnisse der Wehrmacht gelagert werden, oder von einer anderen militärischen Anlage Aufnahmen macht oder in Verkehr bringt, wird mit Geldstrafe bestraft.

§ 93 (1) Wegen der in diesem Abschnitt mit Strafe bedrohten Handlungen kann erkannt werden neben der wegen eines Verbrechens erkannten Strafe auf Geldstrafe von unbegrenzter Höhe oder auf Einziehung des Vermögens; neben der wegen eines Vergehens erkannten Freiheitsstrafe auf Geldstrafe; neben der Gefängnisstrafe auf die Unfähigkeit zur Bekleidung öffentlicher Ämter auf die Dauer von einem bis zu fünf Jahren und auf den Verlust der aus öffentlichen Wahlen hervorgegangenen Rechte; neben jeder Freiheitsstrafe auf Zulässigkeit von Polizeiaufsicht.

(2) Neben der Zuchthausstrafe ist die Sicherungsverwahrung anzuordnen, wenn die öffentliche Sicherheit es erfordert.

§ 93 a (1) Gegenstände, die zur Begehung einer in diesem Abschnitt mit Strafe bedrohten Handlung gebraucht oder bestimmt sind, können eingezogen oder unbrauchbar gemacht werden, auch wenn sie weder dem Täter noch einem Teilnehmer gehören. Dasselbe gilt von den im

군의 군용을 위한 물건이 제조되거나 개조되거나 보관되는 영업시설은 군사요새, 제국군항 또는 그밖의 군사시설과 같다.

(4) 범죄행위는 관청, 공무원 또는 군인이 제1항에 규정된 진술을 요구할 수 있을 때에만 처벌될 수 있다.

제92f조 관할 군사관청의 허가 없이 공무상 고시된 보안지역 내에서 또는 국방군의 무기 또는 그밖의 군용물이 적하된 건물 또는 그밖의 군사시설을 촬영하거나 유통한 자는 벌금형에 처한다.

제93조 (1) 이 장에서 형벌로 처벌되는 행위를 이유로 다음이 선고될 수 있다
중범죄를 사유로 선고된 형벌에 부가하여

무한벌금형 또는 재산몰수;

경범죄를 사유로 선고된 자유형에 부가하여

벌금형;
경징역형에 부가하여
5년 이내의 공무담당 무능력과 공직선거에서 생기는 권리의 상실;

자유형에 부가하여
경찰감시의 명령
(2) 공공의 안전이 요구할 경우 중징역형에 부가하여 보안구금이 명령될 수 있다.

제93a조 (1) 이 장에서 형벌로 처벌되는 행위를 저지르기 위하여 사용되거나 이를 목적으로 하는 물건은, 그 물건이 범인과 공범의 소유가 아닐 때에도, 몰수되거나 폐기될 수 있다. 제92f조의 경우 제작된 녹화물에 대하여도 같다.

Falle des § 92f hergestellten Aufnahmen.

(2) Hat der Täter für die Begehung eines in diesem Abschnitt bezeichneten Verbrechens oder Vergehens ein Entgelt empfangen, so ist das empfangene Entgelt oder ein seinem Wert entsprechender Geldbetrag einzuziehen.

(3) Kann keine bestimmte Person verfolgt oder verurteilt werden, so kann auf die Einziehung oder Unbrauchbarmachung selbständig erkannt werden.

Artikel II
Das Strafgesetzbuch wird ferner geändert wie folgt:

1. Im § 4 werden
   a) im Abs. 2 Nr. 1 die Worte "oder einem Bundesstaat" gestrichen und die Worte "als Beamter des Deutschen Reichs oder eines Bundesstaats" durch die Worte "als Träger eines deutschen Amtes" ersetzt;
   b) im Abs. 2 der Nr. 2 folgende Fassung gegeben:
   2. ein Deutscher oder ein Ausländer, der im Ausland eine landesverräterische Handlung gegen das Deutsche Reich oder einen Angriff gegen den Reichspräsidenten (§ 94 Abs. 1, 2) begangen hat;
   c) als dritter Absatz folgende Vorschrift hinzugefügt:
   Soll ein Ausländer wegen einer im Ausland begangenen Tat verfolgt werden, so darf die Anklage nur mit Zustimmung des Reichsministers der Justiz erhoben werden.
2. Im § 16 wird der Abs. 3 durch folgende Vorschrift ersetzt:
   § 15 Abs. 2 findet Anwendung.
3. Der § 102 erhält folgende Fassung:
   [1] Wer gegen eine ausländischen Staat eine der in den §§ 80 bis 84 bezeichneten hochverräterischen Handlungen begeht, wird mit Ge-

(2) 범죄행위자가 이 장에 규정된 중범죄 또는 경범죄를 저지르는 대가를 수령한 경우, 수령한 대가 또는 그 가치에 상당하는 금액이 몰수될 수 있다.

(3) 특정인이 소추되거나 판결받을 수 없을 때에는 몰수 또는 폐기가 독립하여 선고될 수 있다.

제2장
그 밖에 「형법전」이 다음으로 개정된다:

1. 제4조에서
   a) 제2항 제1호에서 "또는 연방국"과 "독일제국 또는 연방국[오스트리아]의 공무원으로서"의 법문이 "독일의 공무담당자로서"의 법문으로 대체된다;

   b) 제2항 제2호에 다음의 내용이 추가된다:

   2. 외국에서 독일제국에 대한 간첩행위를 하거나 제국대통령을 공격한(제94조 제1항, 제2항) 독일인 또는 외국인;

   c) 다음의 조항이 제3항으로 신설된다:

   외국인이 외국에서 행한 범행으로 수사받는 경우 기소는 제국법무상의 동의로만 제기될 수 있다.

2. 제16조에서 제3항은 다음의 조항으로 대체된다:
   제15조 제2항이 적용된다.
3. 제102조에 다음의 내용을 추가한다:
   [1] 외국에 대항하여 제80조부터 제84조까지 규정된 내란행위를 하는 자는, 다른 국가에서 독일제국과 호혜주의가 보장되

fängnis oder mit Festungshaft bestraft, sofern in dem anderen Staat dem Deutschen Reiche die Gegenseitigkeit verbürgt ist.

[2] Die Tat wird nur auf Antrag der ausländischen Regierung verfolgt. Die Zurücknahme des Antrags ist zulässig.

4. Der § 329 wird gestrichen.

Artikel III
Volksgerichtshof

§ 1 (1) Zur Aburteilung von Hochverrats- und Landesverratssachen wird der Volksgerichtshof gebildet.

(2) Der Volksgerichtshof entscheidet in der Hauptverhandlung in der Besetzung von fünf Mitgliedern, außerhalb der Hauptverhandlung in der Besetzung von drei Mitgliedern, einschließlich des Vorsitzenden. Der Vorsitzende und ein weiteres Mitglied müssen die Befähigung zum Richteramt haben. Es können mehrere Senate gebildet werden.

(3) Anklagebehörde ist der Oberreichsanwalt.

§ 2 Die Mitglieder des Volksgerichtshofs und ihre Stellvertreter ernennt der Reichskanzler auf Vorschlag des Reichsministers der Justiz für die Dauer von fünf Jahren.

§ 3 (1) Der Volksgerichtshof ist zuständig für die Untersuchung und Entscheidung in erster und letzter Instanz in den Fällen des Hochverrats nach §§ 80 bis 84, des Landesverrats nach §§ 89 bis 92, des Angriffs gegen den Reichspräsidenten nach § 94 Abs. 1 des Strafgesetzbuchs und der Verbrechen nach § 5 Abs. 2 Nr. 1 der Verordnung des Reichspräsidenten zum Schutze von Volk und Staat vom 28. Februar 1933 (Reichsgesetzbl. I S. 83). In diesen Sachen trifft der Volksgerichtshof auch die im § 73 Abs. 1 des Gerichtsverfassungsgesetzes bezeichneten Entscheidungen.

(2) Der Volksgerichtshof ist auch dann zustän-

지 않으면, 경징역형 또는 구금형[금고형]에 처한다.

[2] 범죄행위는 외국정부의 고소로 소추된다. 고소의 철회는 허용된다.

4. 제329조는 삭제된다.

제3장
인민법원

제1조 (1) 내란사건과 간첩사건의 판결을 위하여 인민법원이 설립된다.

(2) 인민법원은 재판장을 포함하여 주공판절차에서는 5인의 구성원으로, 주공판절차 외에는 3인의 구성원으로 판결한다. 재판장과 그밖의 구성원은 법관자격을 가져야 한다. 여러 부가 설치될 수 있다.

(3) 제국검찰총장이 원고관청이다.

제2조 제국재상은 제국법무상의 제청으로 5년 임기의 인민법원의 구성원과 그 대행을 임명한다.

제3조 (1) 인민법원은 「형법전」 제80조부터 제84조의 내란죄, 제89조부터 제92조의 간첩죄, 제94조 제1항에 따른 제국대통령에 대한 공격, 그리고 인민과 국가의 보호를 위한 1933년 2월 28일의 제국대통령명령(제국법률관보 I 83) 제5조 제2항 1호에 규정된 중범죄사건에서 제1심과 최종심의 조사와 판결을 관할한다. 그러한 소송물에 관하여 인민법원은 또한 「법원조직법률」 제73조 제1항에 규정된 판결을 내린다.

(2) 인민법원은 그의 관할에 속하는 중범

dig, wenn ein zu seiner Zuständigkeit gehören-
des Verbrechen oder Vergehen zugleich den
Tatbestand einer anderen strafbaren Handlung
erfüllt.

(3) Steht mit einem Verbrechen oder Vergehen,
das zur Zuständigkeit des Volksgerichtshofs gehört, eine andere strafbare Handlung in tatsäch-
lichem Zusammenhang, so kann das Verfahren
wegen der anderen strafbaren Handlung gegen
Täter und Teilnehmer im Wege der Verbindung
bei dem Volksgerichtshof anhängig gemacht
werden.

§ 4 (1) Der Oberreichsanwalt kann in Strafsachen
wegen der in den §§ 82 und 83 des Strafgesetzbuchs bezeichneten Verbrechen der Vorbereitung zum Hochverrat und wegen der in den §§
90b bis 90e des Strafgesetzbuchs bezeichneten
landesverräterischen Vergehen die Strafverfolgung an die Staatsanwaltschaft bei dem Oberlandesgericht abgeben. Der Oberreichsanwalt
kann die Abgabe bis zur Eröffnung der Untersuchung zurücknehmen.

(2) Der Volksgerichtshof kann in dem im Abs.
1 bezeichneten Sachen die Verhandlung und
Entscheidung dem Oberlandesgericht über-
weisen, wenn der Oberreichsanwalt es bei der
Einreichung der Anklageschrift beantragt.

(3) § 120 des Gerichtsverfassungsgesetzes findet entsprechende Anwendung.

§ 5 (1) Auf das Verfahren finden, soweit nicht
etwas anderes bestimmt ist, die Vorschriften
des Gerichtsverfassungsgesetzes und der Strafprozeßordnung über das Verfahren vor dem Reichsgericht in erster Instanz Anwendung.

(2) Gegen die Entscheidungen des Volksgerichtshofs ist kein Rechtsmittel zulässig.

죄 또는 경범죄가 동시에 다른 형사처벌할
수 있는 행위의 요건을 충족하는 때에도 관
할한다.

(3) 다른 형사처벌할 수 있는 행위가 인민법
원의 관할에 속하는 중범죄 또는 경범죄와
사실상 연관된 때에는, 다른 형사처벌할 수
있는 행위를 사유로 하는 범인[정범]과 공
범에 대한 재판이 병합의 방법으로 인민법
원에 계속될 수 있다.

제4조 (1) 제국검찰총장은 형사사건에서 「형
법전」 제82조와 제83조에 규정된 내란예비
의 범죄와 「형법전」 제90b조부터 제90e조
에 규정된 간첩범죄행위를 이유로 검찰에
게 주고등법원의 형사소추를 지시할 수 있
다. 제국검찰총장은 수사가 개시될 때까지
그 지시를 철회할 수 있다.

(2) 인민법원은 제1항에 규정된 사건에서
제국검찰총장이 기소장을 제출할 때에 신
청한 경우 공판과 판결을 주고등법원에 맡
길 수 있다.

(3) 「법원조직법률」 제120조가 준용된다.

제5조 (1) 다른 규정이 없으면, 「법원조직법
률」의 규정과 제국법원에서 제1심재판에 관
한 「형사소송령」의 규정이 재판에 적용된다.

(2) 인민법원의 판결에 대하여 법적 구제는
허용되지 아니한다.

Artikel IV
In den Strafsachen wegen der im Artikel III § 3
Abs. 1 bezeichneten strafbaren Handlungen gelten

제4장
제3장 제3조 제1항에 규정된 형사처벌할 수
있는 행위를 사유로 하는 형사사건에 다음의

die folgenden besonderen Vorschriften:

§ 1 (1) Die im vorbereiteten Verfahren dem Amtsrichter obliegenden Geschäfte können, solange die Zuständigkeit des Volksgerichtshofs begründet ist, auch durch einen oder mehrere besondere Ermittlungsrichter des Volksgerichtshofs vorgenommen werden. Die Bestellung sowie die Verteilung der Geschäfte unter mehrere Ermittlungsrichter erfolgt durch den Reichsminister der Justiz auf die Dauer eines Geschäftsjahres. Zum Ermittlungsrichter kann jedes Mitglied eines deutschen Gerichts und jeder Amtsrichter bestellt werden.

(2) Über die Beschwerde gegen eine Verfügung des Ermittlungsrichters entscheidet der Volksgerichtshof.

§ 2 Ist eine Druckschrift nach § 23 des Gesetzes über die Presse vom 7. Mai 1874 (Reichsgesetzbl. S. 65) oder nach § 8 der Verordnung zum Schutze des Deutschen Volkes vom 4. Februar 1933 (Reichsgesetzbl. I S. 35) beschlagnahmt worden, weil der Inhalt der Schrift den Tatbestand einer zur Zuständigkeit des Volksgerichtshofs gehörenden strafbaren Handlung begründet, so gelten, wenn ein Ermittlungsrichter des Volksgerichtshofs bestellt ist, folgende Vorschriften:

1. Über die Bestätigung oder Aufhebung der vorläufigen Beschlagnahme hat an Stelle des Amtsrichters der Ermittlungsrichter des Volksgerichtshofs zu entscheiden.

2. Die Entscheidung muß unverzüglich herbeigeführt werden. Die Behörde, die eine Beschlagnahme ohne Anordnung des Oberreichsanwalts verfügt hat, muß die Absendung der Verhandlungen an den Oberreichsanwalt spätestens binnen zwölf Stunden bewirken. Der Oberreichsanwalt hat den Antrag auf gerichtliche Bestätigung, wenn er die Beschlagnahme selbst angeordnet hat, binnen vierundzwanzig Stunden nach der

특별규정이 적용된다:

제1조 (1) 준비절차에서 지방법원 지원의 법관에게 맡겨진 직무는 또한, 인민법원의 관할이 인정될 경우에는, 1인 또는 수인의 인민법원의 수사법관에 의하여 수행될 수 있다. 수인의 수사법관 사이에서 직무의 위임과 배정은 제국법무상에 의하여 직무년차에 근거하여 이루어진다. 독일법원의 구성원과 지방법원 지원의 법관은 누구나 수사법관으로 임명될 수 있다.

(2) 수사법관의 처분에 대한 이의에 관하여는 인민법원이 결정한다.

제2조 1874년 5월 7일의 「신문법률」(제국법률관보 65) 제23조와 1933년 2월 4일 독일인민의 보호를 위한 명령(제국법률관보 Ⅰ 35) 제8조에 따라 문서의 내용이 인민법원의 관할에 속하는 형사처벌할 수 있는 행위의 구성요건을 충족하여 인쇄물이 압수된 때에는, 인민법원의 수사법관이 임명된 경우에는, 다음의 규정이 적용된다:

1. 가압수의 확인 또는 취소에 관하여 인민법원의 수사법관이 지방법원 지원의 법관을 갈음하여 결정한다.

2. 결정은 지체없이 이루어져야 한다. 제국검찰총장의 명령 없이 압수를 처분한 관청은 12시간 내에 제국검찰총장에게 사건을 송부하여야 한다. 제국검찰총장은, 그가 압수를 취소하지 않은 때에는, 그가 직접 압수를 명령한 경우에는 압수 명령한 때부터 24시간 내에, 그렇지 않은 경우에는 사건을 개시한 때부터 24시간 내에 수사법관에게 법원의 확인을 위한 신청을 발송하여야 한다. 수사법관은

Anordnung der Beschlagnahme, andernfalls binnen vierundzwanzig Stunden nach dem Empfang der Verhandlungen an den Ermittlungsrichter abzusenden, sofern er nicht die Wiederaufhebung der Beschlagnahme anordnet. Der Ermittlungsrichter hat die Entscheidung binnen vierundzwanzig Stunden nach Empfang des Antrags zu erlassen.

3. An die Stelle der im § 24 Abs. 4 des Gesetzes über die Presse bestimmten Frist tritt eine Frist von sieben Tagen.

4. Gegen den Beschluß des Ermittlungsrichters, der die vorläufige Beschlagnahme aufhebt, steht dem Oberreichsanwalt die sofortige Beschwerde zu. Die Beschwerde hat aufschiebende Wirkung.

5. Die Vorschrift des § 26 des Gesetzes über die Presse findet keine Anwendung.

§ 3 Die Wahl des Verteidigers bedarf der Genehmigung durch den Vorsitzenden des Gerichts. Die Genehmigung kann zurückgezogen werden; wird sie in der Hauptverhandlung zurückgezogen, so ist § 145 der Strafprozeßordnung entsprechend anzuwenden.

§ 4 (1) Die Voruntersuchung entfällt, wenn sie nach dem Ermessen der Anklagebehörde für die Vorbereitung der Hauptverhandlung nicht erforderlich ist.

(2) Das Gericht kann nach der Einreichung der Anklageschrift von Amts wegen oder auf Antrag des Angeschuldigten die nachträgliche Eröffnung einer Voruntersuchung beschließen, wenn ihm dies zur besseren Aufklärung des Sachverhalts oder für die Vorbereitung der Verteidigung des Angeschuldigten geboten erscheint.

§ 5 (1) Es bedarf keines Beschlusses über die Eröffnung des Hauptverfahrens. An die Stelle des Antrags der Staatsanwaltschaft auf Eröffnung des Hauptverfahrens tritt der Antrag auf Anordnung der Hauptverhandlung.

(2) Nach Ablauf der gemäß § 201 der Strafprozeßordnung bestimmten Frist ordnet der Vor-

신청을 수령한 때부터 24시간 내에 결정하여야 한다.

3. 「신문법률」 제24조 제2항에 규정된 기간을 대체하여 7일의 기간이 적용된다.

4. 가압수를 취소하는 수사법관의 결정에 대하여 제국검찰총장에게 즉시이의제기권이 부여된다. 이의제기는 정지효를 가진다.

5. 「신문법률」 제26조의 규정은 적용하지 아니한다.

제3조 변호인의 선임은 법원장에 의한 허가를 요건으로 한다. 허가는 철회될 수 있다; 허가가 주공판에서 철회된 때에는 「형사소송령」 제145조의 규정이 준용된다.

제4조 (1) 예비수사가 기소관청의 재량에 따라 주공판의 준비에 필요하지 않은 때에는 예비수사를 하지 아니한다.

(2) 법원은 예비조사가 그에게 보다 나은 사실관계의 석명 또는 피고인의 방어준비를 위하여 필요하다고 인정될 때에는 기소장이 제출된 후에 직권 또는 피고인의 신청으로 사후적인 예비조사의 개시를 결정할 수 있다.

제5조 (1) 주공판의 개시를 위한 결정은 요구되지 않는다. 주공판명령의 신청이 주재판절차 개시에 관한 검찰의 기소에 갈음한다.

(2) 「형사소송령」 제201조에 법정된 기간이 경과한 후에 재판장이 법정요건이 충족되

sitzende, wenn er die gesetzlichen Voraussetzungen für gegeben erachtet, die Hauptverhandlung an. Er beschließt zugleich über die Anordnung oder Fortdauer der Untersuchungshaft. Trägt der Vorsitzende Bedenken gegen die Anordnung der Hauptverhandlung, erscheint ihm insbesondere die nachträgliche Eröffnung einer Voruntersuchung geboten oder hat der Angeschuldigte die nachträgliche Eröffnung einer Voruntersuchung beantragt, so ist eine Entscheidung des Gerichts herbeizuführen.

(3) Einer Entscheidung des Gerichts bedarf es, wenn der Oberreichsanwalt die Überweisung an das Oberlandesgericht beantragt. Der Volksgerichtshof ordnet in diesem Falle zugleich mit der Überweisung die Hauptverhandlung vor dem Oberlandesgericht an.

(4) Die in der Strafprozeßordnung an die Eröffnung des Hauptverfahrens geknüpften Wirkungen treten mit der Einreichung der Anklageschrift ein. Die Wirkungen, die nach der Strafprozeßordnung an die Verlesung des Eröffnungsbeschlusses geknüpft sind, treten mit dem Beginn der Vernehmung des Angeklagten zur Sache ein.

(5) Für die Eröffnung des Hauptverfahrens vor einem Gericht niederer Ordnung behält es bei den Vorschriften der Strafprozeßordnung über den Eröffnungsbeschluß sein Bewenden.

§ 6 Die Vorschriften des zwölften Abschnittes des Jugendgerichtsgesetzes finden keine Anwendung.

Artikel V
Die Strafprozeßordnung wird geändert wir folgt:

1. Der § 115a erhält folgende Fassung:
    Solange der Beschuldigte sich in Untersuchungshaft befindet, ist jederzeit von Amts wegen darauf zu achten, ob die Fortdauer der Haft zulässig oder notwendig ist.
2. Die §§ 114d, 115 Satz 2, §§ 115b, 115c, 115d, 124 Abs. 4 werden gestrichen.

었다고 판단하는 경우 그는 주공판을 명령한다. 그는 동시에 수사구속의 명령 또는 그 계속을 결정한다. 재판장이 주공판명령을 숙고하거나 그에게 사후적인 예비조사의 개시가 특별히 필요하다고 보이거나 피고인이 사후적인 예비수사의 개시를 신청한 때에는 법원의 결정이 내려져야 한다.

(3) 제국검찰총장이 주고등법원으로 이송을 신청한 경우에는 법원의 결정이 있어야 한다. 그 경우 인민법원은 이송과 동시에 주고등법원에서 주공판을 명령한다.

(4) 「형사소송령」에서 주재판의 개시와 결합된 효력은 기소장의 제출로 생긴다. 「형사소송령」에 따라 개시결정의 고지와 결합된 효력은 사건에 대한 피고인에 대한 심문의 개시로 생긴다.

(5) 개시결정에 관한 형사소송령의 규정이 하급심법원에서 주재판의 개시에 적용된다.

제6조 「청소년법원법」 제12장의 규정은 적용되지 아니한다.

제5장
「형사소송령」이 다음으로 개정된다:

1. 제115a조에 다음의 내용을 신설한다:
    피고인이 수사구속상태에 있는 때에는 구속의 계속이 허용되고 필요한 것인지에 관하여 항상 직권으로 주시하여야 한다.

2. 제114d조, 제115조 2문, 제115b조, 제115c조, 제115d조, 제124조 제4항은 삭

3. Der § 433 wird durch folgende Vorschrift ersetzt:

[1] Das Vermögen eines Beschuldigten, gegen den wegen eines Verbrechens des Hochverrats oder des Landesverrats die öffentliche Anklage erhoben oder Haftbefehl erlassen worden ist, kann in Beschlag genommen werden. Die Beschlagnahme umfaßt auch das Vermögen, das dem Beschuldigten später zufällt. Sie wirkt, bis das Verfahren rechtskräftig beendet ist.

[2] Die Beschlagnahme und ihre Aufhebung erfolgen durch Beschluß des Gerichts. Bei Gefahr im Verzuge kann die Staatsanwaltschaft die Beschlagnahme vorläufig anordnen; die vorläufige Anordnung tritt außer Kraft, wenn sie nicht binnen drei Tagen vom Gericht bestätigt ist.

[3] Auf die Beschlagnahme finden die Bestimmungen der §§ 291 bis 293 entsprechende Anwendung.

Artikel VI

Im § 5 Abs. 1 der Verordnung des Reichspräsidenten zum Schutze von Volk und Staat vom 28. Februar 1933 (Reichsgesetzbl. I S. 83) sind die Worte "81 (Hochverrat)," zu streichen.

Artikel VII

Im § 1 Abs. 1 des Gesetzes zur Gewährleistung des Rechtsfriedens vom 13. Oktober 1933 (Reichsgesetzbl. I S. 723) werden

a) in der Nr. 1 hinter dem Worte "Sicherheitspolizei" die Worte eingefügt: "oder des Vollzugs von Strafen oder Maßregeln der Sicherung und Besserung";

b) die Nrn. 3 und 4 gestrichen.

Artikel VIII

Mit dem Inkrafttreten dieses Gesetzes treten folgende Vorschriften außer Kraft:

제된다.

3. 제433조는 다음의 규정으로 대체된다:

[1] 외환죄 또는 간첩죄로 공식기소되거나 구속영장이 발부된 피고인의 재산은 압수될 수 있다. 압수는 장래에 피고인에게 귀속될 재산을 포함한다. 압수는 재판이 확정종결될 때까지 효력이 있다.

[2] 압수와 그 취소는 법원의 결정으로 한다. 지체할 경우 위험이 있을 때에는 검찰은 압수를 임시명령할 수 있다; 임시명령은 그 명령이 3일 내에 법원에 의하여 승인되지 않으면 효력을 잃는다.

[3] 제291조부터 제293조의 규정이 압수에 준용된다.

제6장

1933년 2월 28일의 인민과 국가의 보호를 위한 제국대통령명령(제국법률관보 I 83) 제5조 제1항에서 "제81조(내란죄)"를 삭제한다.

제7장

1933년 10월 13일의 「법평화의 보장을 위한 법률」(제국법률관보 I 723)에서

a) 제1호에서 "보안경찰" 뒤에 다음의 법문이 추가된다: "또는 형벌 또는 보안과 교화를 위한 조치의 집행의."

b) 제3호와 제4호는 삭제한다.

제8장

이 법률의 시행과 함께 다음의 규정을 폐지한다:

1. das Gesetz gegen den Verrat militärischer Geheimnisse vom 3. Juni 1914 (Reichsgesetzbl. S. 195),

2. § 1 des Siebenten Teils des Dritten Verordnung des Reichspräsidenten zur Sicherung von Wirtschaft und Finanzen und zur Bekämpfung politischer Ausschreitungen vom 6. Oktober 1931 (Reichsgesetzbl. I S. 537, 566),

3. Artikel 4 von Kapitel I des Ersten Teils der Verordnung des Reichspräsidenten über Maßnahmen auf dem Gebiet der Rechtspflege und Verwaltung vom 14. Juni 1932 (Reichsgesetzbl. I S. 285, 286),

4. die Verordnung des Reichspräsidenten gegen Verrat am deutschen Volke und hochverräterische Umtriebe vom 28. Februar 1933 (Reichsgesetzbl. I S. 85),

5. die Verordnung des Reichspräsidenten zur Beschleunigung des Verfahrens in Hochverrats- und Landesverratssachen vom 18. März 1933 (Reichsgesetzbl. I S. 131).

Artikel IX

[1] Soweit in Gesetzen oder anderen Bestimmungen auf Vorschriften verwiesen wird, die durch dieses Gesetz außer Kraft gesetzt sind, treten an deren Stelle die entsprechenden Vorschriften dieses Gesetzes.

[2] Soweit Gesetze oder andere Bestimmungen das Reichsgericht in seiner Eigenschaft als Gericht erster Instanz (§ 134 des Gerichtsverfassungsgesetzes) betreffen, tritt an seine Stelle der Volksgerichtshof.

Artikel X

Der Reichsminister der Justiz erläßt die zur Durchführung und Ergänzung dieses Gesetzes erforderlichen Rechts- und Verwaltungsvorschriften. Er kann das Verfahren vor dem Volksgerichtshof abweichend von den Vorschriften dieses Gesetzes regeln.

1. 1914년 6월 3일의 「군사기밀의 누설에 관한 법률」(제국법률관보 195),

2. 1931년 10월 6일의 경제와 재정의 안정과 정치적 폭력행위의 방지를 위한 제3차 제국대통령명령(제국법률관보 I 537, 566) 제7장 제1조,

3. 1932년 6월 14일의 제국사법과 행정부문에서의 조치에 관한 제국대통령명령(제국법률관보 I 285, 286) 제1편 제1장 제4조,

4. 1933년 2월 28일 독일인민에 대한 반역과 내란음모에 대한 제국대통령명령(제국법률관보 I 85),

5. 1933년 2월 28일 내란사건과 간첩사건 소송의 촉진에 관한 제국대통령명령(제국법률관보 I 131).

제9장

[1] 법률 또는 다른 규정에서 이 법률에 의하여 효력을 잃는 법률규정이 준용되는 때에는, 그에 상응하는 이 법률의 규정이 그를 갈음한다.

[2] 법률 또는 다른 규정이 제국법원을 그 성질에서 제1심법원(「법원조직법률」 제134조)으로 볼 때에는 인민법원이 그를 갈음한다.

제10장

제국법무상은 이 법률의 시행과 보완을 위하여 필요한 법규정과 행정규정을 제정한다. 그는 인민법원에서의 재판을 이 법률의 규정과 달리 정할 수 있다.

Artikel XI

Das Gesetz tritt mit dem zweiten Tag nach der Verkündung in Kraft.

Artikel XII

[1] Der Reichsminister der Justiz bestimmt den Zeitpunkt, zu dem der Volksgerichtshof zusammentritt. Bis zu diesem Zeitpunkt übt das Reichsgericht die Befugnisse des Volksgerichtshofs aus.

[2] Mit dem Zusammentritt des Volksgerichtshofs gehen auf ihn die bei dem Reichsgericht anhängigen Sachen in der Lage über, in der sie sich befinden; eine begonnene Hauptverhandlung ist vor dem Reichsgericht zu Ende zu führen.

[3] Über einen Antrag auf Wiederaufnahme eines durch Urteil des Reichsgerichts in erster Instanz geschlossenen Verfahrens entscheidet der Volksgerichtshof.

Artikel XIII

[1] Verbüßt jemand nach dem Inkrafttreten dieses Gesetzes auf Grund eines vor diesem Zeitpunkt ergangenen Urteils eine Freiheitsstrafe und wäre die Anordnung der Sicherungsverwahrung zulässig gewesen, wenn die Vorschrift des Strafgesetzbuchs in der Fassung des Artikels I dieses Gesetzes schon bei der Aburteilung gegolten hätte, so kann das Gericht auf Antrag der Staatsanwaltschaft die Sicherungsverwahrung nachträglich anordnen, wenn die öffentliche Sicherheit es erfordert.

[2] Zuständig für die Entscheidung ist das Gericht, das auf die Strafe erkannt hat; an die Stelle des Reichsgerichts tritt der Volksgerichtshof.

[3] Die Staatsanwaltschaft kann die nachträgliche Anordnung der Sicherungsverwahrung beantragen, solange die Strafe nicht verbüßt, bedingt ausgesetzt, verjährt oder erlassen ist.

[4] Auf das Verfahren findet § 429b Abs. 1, 2 der Strafprozeßordnung entsprechende Anwendung.

Artikel XIV

§ 16 Abs. 3 des Strafgesetzbuchs in der Fassung

제11장

이 법률은 공포한 날부터 2일 후에 효력이 생긴다.

제12장

[1] 제국법무상은 인민법원이 소집되는 시기를 정한다. 그 시기에 이를 때까지 제국법원이 인민법원의 권한을 행사한다.

[2] 인민법원의 소집으로 제국법원에 계속된 사건들이 현재 상태로 인민법원으로 이송된다; 개시된 주공판은 제국법원에서 종결되어야 한다.

[3] 제1심 제국법원의 판결로 종결된 재판의 재심신청에 관하여는 인민법원이 결정한다.

제13장

[1] 특정인이 이 법률의 시행 후에 시행 이전에 내려진 판결로 자유형을 마치고 이 법률 제1장의 내용에서 「형법전」의 규정이 이미 판결에 적용되었다면 보안감호명령이 허가되었을 것일 때에는, 법원은 공공의 안전이 필요로 하는 경우 검찰의 신청으로 보안감호를 추가 명령할 수 있다.

[2] 형을 선고한 법원이 결정한 권한을 가진다; 인민법원이 제국법원을 대체한다.

[3] 검찰은 형을 마치지 않았거나 조건부 유예되거나 시효가 경과하였거나 면제된 경우 추가로 보안감호명령을 신청할 수 있다.

[4] 「형사소송령」 제429b조 제1항과 제2항이 재판에 준용된다.

제14장

제2장 제2호의 내용에서 「형법전」 제16조

des Artikels II Ziffer 2 findet auch auf Personen Anwendung, die vor dem Inkrafttreten dieses Gesetzes verurteilt worden sind.

제3항은 이 법률의 시행 전에 선고받은 사람에게도 적용된다.

Berlin, den 24. April 1934.

베를린, 1934년 4월 24일

Der Reichskanzler
Adolf Hitler

제국재상
아돌프 히틀러

Der Reichsminister der Justiz
zugleich für den Reichsminister des Innen
Dr. Gürtner

제국법무상이며
동시에 제국내무상을 위하여
귀르트너 박사

Der Reichswehrminister
von Blomberg

제국국방상
폰 블롬베르크

<Reichsgesetzblatt 1934 I, S. 341-348>

관련 법령:
법률 27

Dritte Verordnung des Reichspräsidenten zur Sicherung von Wirtschaft und Finanzen und zur Bekämpfung politischer Ausschreitungen [Auszug] (06.10.1931)

Verordnung des Reichspräsidenten zum Schutz von Volk und Staat ["Reichstagsbrandverordnung"] (28.02.1933)

Verordnung des Reichspräsidenten gegen Verrat am Deutschen Volke und hochverräterische Umtriebe (28.02.1933)

Verordnung des Reichspräsidenten zur Beschleunigung des Verfahrens in Hochverrats- und Landesverratssachen (18.03.1933)

Verordnung der Reichsregierung über die Bildung von Sondergerichten (21.03.1933)

XL. Gesetz über die Maßnahmen der Staatsnotwehr.

Vom 3. Juli 1934.

Die Reichsregierung hat das folgende Gesetz beschlossen, das hiermit verkündet wird:

Einziger Artikel Die zur Niederschlagung hoch- und landesverräterischer Angriffe am 30. Juni, 1. und 2. Juli 1934 vollzogenen Maßnahmen sind als Staatsnotwehr rechtens.

Berlin, den 3. Juli 1934.

Der Reichskanzler
Adolf Hitler

Der Reichsminister des Innern
Frick

Der Reichsminister der Justiz
Dr. Gürtner

<Quelle: Reichsgesetzblatt 1934 I, S. 529>

40. 국가긴급방위조치에 관한 법률

1934년 7월 3일

제국정부는 여기에 공포되는 다음의 법률을 의결하였다:

단일규정 1934년 6월 30일의 내란과 간첩의 공격을 격퇴하기 위하여 7월 1일과 2일에 집행된 조치들은 국가긴급방위로 합법이다.

베를린, 1934년 7월 3일

제국재상
아돌프 히틀러

제국내무상
프릭

제국법무상
귀르트너 박사

XLI. Gesetz über das Staatsoberhaupt des Deutschen Reichs.

Vom 1. August 1934.

Die Reichsregierung hat das folgende Gesetz beschlossen, das hiermit verkündet wird:

§ 1 Das Amt des Reichspräsidenten wird mit dem des Reichskanzlers vereinigt. Infolgedessen gehen die bisherigen Befugnisse des Reichspräsidenten auf den Führer und Reichskanzler Adolf Hitler über. Er bestimmt seinen Stellvertreter.

§ 2 Dieses Gesetz tritt mit Wirkung von dem Zeitpunkt des Ablebens des Reichspräsidenten von Hindenburg in Kraft.

Berlin, den 1. August 1934.

Der Reichskanzler
Adolf Hitler

Der Stellvertreter des Reichskanzlers
von Papen

Der Reichspostminister und Reichsverkehrsminister
Frhr. v. Eltz

Der Reichsminister des Auswärtigen
Freiherr von Neurath

Der Reichsminister für Ernährung und Landwirtschaft
R. Walther Darré

Der Reichsminister des Innern
Frick

Der Reichsminister für Volksaufklärung und Propaganda

41. 독일제국 국가수반에 관한 법률

1934년 8월 1일

제국정부는 여기에 공포되는 다음의 법률을 의결하였다:

제1조 제국대통령의 직은 제국재상의 직과 통합된다. 종전의 제국대통령의 권한은 최고지도자이며 제국재상 아돌프 히틀러에게 이양된다. 그는 그의 대리인을 지명한다.

제2조 이 법률은 폰 힌덴부르크 대통령의 사망으로 효력이 생긴다.

베를린, 1934년 8월 1일

제국재상
아돌프 히틀러

제국재상 권한대행
폰 파펜

제국우정상이며 제국교통상
프라이헤어 폰 엘츠

제국외무상
프라이헤어 폰 노이라트

제국식량농업상
R. 발터 다레

제국내무상
프릭

제국인민계몽선전상
괴벨스 박사

Dr. Goebbels

Der Reichsminister der Finanzen Graf Schwerin von Krosigk	제국재무상 그라프 슈베린 폰 크로직
Der Reichsminister der Luftfahrt Hermann Göring	제국항공운항상 헤르만 괴링
Der Reichsarbeitsminister Franz Seldte	제국노동상 프란쯔 젤테
Der Reichsminister für Wissenschaft, Erziehung und Volksbildung Bernhard Rust	제국학문교육인민교육상 베른하르트 루스트
Der Reichsminister der Justiz Dr. Gürtner	제국법무상 귀르트너 박사
Der Reichsminister ohne Geschäftsbereich Rudolf Heß	제국무임소상 루돌프 헤스
Der Reichswehrminister von Blomberg	제국국방상 폰 블롬베르크
Der Reichsminister ohne Geschäftbereich Hanns Kerrl	제국무임소상 한스 케를

<Reichsgesetzblatt 1934 I, S. 747>

관련 법령:

법률 1, 31, 32, 42, 42-1, 73

Trauererlaß zum Ableben des Reichspräsidenten von Hindenburg (02.08.1934)

Erlaß des Reichskanzlers zum Vollzug des Gesetzes über das Staatsoberhaupt des Deutschen Reichs vom 1. August 1934 (02.08.1934)

Beschluß der Reichsregierung zur Herbeiführung einer Volksabstimmung (02.08.1934)

Kundgebung der Reichsregierung an das deutsche Volk! (02.08.1934)

Erlaß an die Wehrmacht (02.08.1934)

XLII. Gesetz über das Staatsbegräbnis für den dahingeschiedenen Reichspräsidenten Generalfeldmarschall von Hindenburg.

Vom 2. August 1934.

Die Reichsregierung hat das folgende Gesetz beschlossen, das hiermit verkündet wird:

§ 1 Dem dahingeschiedenen Reichspräsidenten Generalfeldmarschall von Hindenburg bereitet das deutsche Volk ein Staatsbegräbnis.

§ 2 Mit der Durchführung des Staatsbegräbnisses werden die zuständigen Minister beauftragt.

Berlin, den 2. August 1934.

Der Reichskanzler
Adolf Hitler

Der Reichsminister des Innern
Frick

Der Reichsminister der Finanzen
Graf Schwerin von Krosigk

Der Reichsminister für Volksaufklärung und Propaganda
Dr. Goebbels

<Reichsgesetzblatt 1934 I, S. 749>

42. 서거한 제국대통령 원수 폰 힌덴부르크의 국장(国葬)에 관한 법률

1934년 8월 2일

제국정부는 여기에 공포되는 다음의 법률을 의결하였다:

제1조 독일인민은 서거한 제국대통령 원수 폰 힌덴부르크에게 국장을 헌사한다.

제2조 관할 상에게 국장의 관장이 위임된다.

베를린, 1934년 8월 2일

제국재상
아돌프 히틀러

제국내무상
프릭

제국재무상
그라프 슈베린 폰 크로직

제국인민계몽선전상
괴벨스 박사

관련 법령
법률 41, 42-1
Trauererlaß zum Ableben des Reichspräsidenten von Hindenburg (02.08.1934)
Erlaß des Reichskanzlers zum Vollzug des Gesetzes über das Staatsoberhaupt des Deutschen Reichs vom 1. August 1934 (02.08.1934)
Beschluß der Reichsregierung zur Herbeiführung

einer Volksabstimmung (02.08.1934)

Kundgebung der Reichsregierung an das deutsche
   Volk! (02.08.1934)

Erlaß an die Wehrmacht (02.08.1934)

XLII-1. Nachricht vom dem Ableben des Reichspräsidenten Generalfeldmarschall von Hindenburg.

Vom 2. August 1934.

Reichspräsident Generalfeldmarschall

von Hindenburg

ist heute früh 9 Uhr in die Ewigkeit eingegangen.

Neudeck, den 2. August 1934.

<Reichsgesetzblatt 1934 I, S. 745>

42-1. 제국대통령 원수 폰 힌덴부르크 의 부고

1934년 8월 2일

제국대통령 원수

폰 힌덴부르크께서

오늘 오전 9시에 영면하셨습니다.

노이덱, 1934년 8월 2일

관련 법령:
법률 41, 42
Trauererlaß zum Ableben des Reichspräsidenten
　von Hindenburg (02.08.1934)
Erlaß des Reichskanzlers zum Vollzug des Gesetzes
　über das Staatsoberhaupt des Deutschen Reichs
　vom 1. August 1934 (02.08.1934)
Beschluß der Reichsregierung zur Herbeiführung
　einer Volksabstimmung (02.08.1934)
Kundgebung der Reichsregierung an das deutsche
　Volk! (02.08.1934)
Erlaß an die Wehrmacht (02.08.1934)

XLIII. Gesetz zur Regelung der öffentlichen Sammlungen und sammlungsähnlichen Veranstaltungen
[Sammlungsgesetz]

43. 공개모금과 모금 유사의 행사를 규율
하기 위한 법률
[모금법률]

Vom 5. November 1934.

1934년 11월 5일

Die Reichsregierung hat das folgende Gesetz
beschlossen, das hiermit verkündet wird:

§ 1 (1) Wer auf Straßen und Plätzen, in Gast- oder
Vergnügungsstätten oder in anderen jedermann
zugänglichen Räumen oder von Haus zu Haus
oder sonst durch unmittelbares Einwirken von
Person zu Person eine öffentliche Sammlung
von Geld- oder Sachspenden oder geldwerten
Leistungen veranstalten will, bedarf der Genehmigung der zuständigen Behörde.
(2) Das gleiche gilt, wenn die öffentliche Sammlung durch Verbreiten von Sammellisten oder
Werbeschreiben oder durch Veröffentlichung
von Aufrufen durchgeführt werden soll.
(3) Als Sammlung im Sinne dieses Gesetzes
gilt auch der Verkauf von Gegenständen, deren
Wert in keinem Verhältnis zu dem geforderten
Preis steht, wenn der Verkauf nicht in Erfüllung
der sonstigen wirtschaftlichen Betätigung des
Verkäufers erfolgt.
§ 2 (1) Wer zum Eintritt in eine Vereinigung oder
zur Entrichtung von Beiträgen oder geldwerten Leistungen an eine Vereinigung öffentlich
auffordern oder wer die auf Grund dieser Aufforderung einkommenden Beiträge oder Leistungen entgegennehmen will, bedarf der Genehmigung der zuständigen Behörde, wenn die
Umstände des Falles oder die Art oder der Umfang der Aufforderung ergeben, daß es dem Ver-
anstalter ernstlich nicht auf die Herbeiführung
eines festen persönlichen Verhältnisses zwischen der Vereinigung und den angegangenen
Personen und auf ihre Betätigung in der Vereini-

제국정부는 여기에 공포되는 다음의 법률
을 의결하였다:

제1조 (1) 도로, 광장, 음식점이나 오락장 또
는 그밖에 누구나 출입할 수 있는 공간, 집
집마다 또는 사람과 사람의 직접 접촉을 통
하여 금전이나 물품기부 또는 금전적 가치
가 있는 급부의 공개모금을 주최하려는 사
람은 관할관청의 승인을 얻어야 한다.

(2) 공개모금이 모금품목록 또는 선전문이
나 모금호소문의 출판으로 이루어지는 경
우에도 같다.

(3) 그 가치가 청구된 가격과 맞지 않는 목
적물의 판매도, 그 판매가 매도인의 다른
경제활동의 이행을 위하여 이루어지지 않
은 때에는, 이 법률의 의미에서 모금품으
로 본다.

제2조 (1) 단체의 가입이나 단체에 기부 또
는 금전적 가치 있는 급부의 납부를 공연
히 요구하거나 그러한 요구를 원인으로 반
입되는 기부 또는 급부를 수령하려는 사람
은, 사안의 상황 또는 요구의 종류나 범위
에서 주최자에게 단체와 지정한 사람들 사
이에 확정적 인적 관계의 조성과 단체 내에
서 그의 활동이 중요하지 않고 오히려 전적
으로 또는 주로 금전이나 금전적 가치 있는
급부의 취득이 진정으로 관심이 있다는 사
실이 증명되는 때에는, 관할관청의 승인을
얻어야 한다.

gung, sondern vielmehr ausschließlich oder überwiegend auf die Erlangung von Geld oder geldwerten Leistungen ankommt.

(2) Die Vorschrift des Absatzes 1 gilt nicht für Vereinigungen, deren Zweck auf einen wirtschaftlichen Geschäftsbetrieb gerichtet ist.

§ 3 (1) Wer Karten oder Gegenstände, die zum Eintritt zu einer öffentlichen Veranstaltung berechtigen, auf Straßen und Plätzen, in Gast- oder Vergnügungsstätten oder in anderen jedermann zugänglichen Räumen oder von Haus zu Haus oder sonst durch unmittelbares Einwirken von Person zu Person verkaufen will, bedarf der Genehmigung der zuständigen Behörde. Dies gilt auch, wenn der Verkauf zum Zwecke des Erwerbs erfolgt.

(2) Ausgenommen von der Vorschrift des Absatzes 1 ist der Verkauf

1. in Räumen, die dem gewerbsmäßigen Kartenverkauf dienen,

2. in den ständigen Geschäftsräumen des Veranstalters,

3. in Gast- oder Vergnügungsstätten oder auf Plätzen, in oder auf denen die Veranstaltung selbst stattfindet.

§ 4 Wer eine öffentliche Veranstaltung durchführen will, die mit dem Hinweis darauf angekündigt oder empfohlen werden soll, daß ihr Ertrag ganz oder teilweise zu gemeinnützigen oder mildtätigen Zwecken verwendet werde, bedarf der Genehmigung der zuständigen Behörde.

§ 5 (1) Wer zu gemeinnützigen oder mildtätigen Zwecken Waren öffentlich vertreiben will, bedarf der Genehmigung der zuständigen Behörde.

(2) Ein Vertrieb gilt als zu einem gemeinnützigen oder mildtätigem Zweck veranstaltet, wenn er erkennbar von einer Vereinigung, Stiftung, Anstalt oder einem sonstigen Unternehmen ausgeht, das nach seiner Bezeichnung oder seiner Satzung einen solchen Zweck verfolgt, oder wenn bei dem Angebot der Waren in anderer

(2) 제1항의 규정은 그 목적이 경제적 영업행위를 추구하는 단체에는 적용되지 아니한다.

제3조 (1) 공개행사에 입장할 권리를 부여하는 표 또는 물건을 도로, 광장, 음식점이나 오락장 또는 그밖에 누구나 출입할 수 있는 공간에서, 집집마다 방문하여 또는 사람과 사람의 직접 접촉을 통하여 판매하려는 사람은 관할관청의 승인을 얻어야 한다. 이는 판매가 수익을 목적으로 이루어지는 때에도 같다.

(2) 다음 각호의 판매는 제1항의 규정의 예외로 한다

1. 영업으로 표판매를 취급하는 공간에서의 판매,

2. 주최자의 상설 영업공간에서의 판매,

3. 음식점이나 오락장 또는 그 내부나 그곳에서 행사가 열리는 장소에서의 판매.

제4조 수익의 전부 또는 일부가 공익 또는 자선의 목적으로 출연된다는 안내와 함께 공지되거나 추천받은 공개행사를 주최하려는 사람은 관할관청의 승인을 얻어야 한다.

제5조 (1) 공익 또는 자선의 목적으로 물품을 공연히 판매하려는 사람은 관할관청의 승인을 얻어야 한다.

(2) 판매는 그 판매가 명백하게 단체, 재단법인, 영조물이나 그밖에 그 명칭이나 정관에서 그러한 목적을 추구하는 기업체에서 비롯하거나 물품을 내놓을 때 그 수익의 전부 또는 일부가 그러한 목적에 지출될 것이라는 것이 다른 방법으로 표시된 때에는 공익 또는 자선의 목적으로 주최된 것

Weise zum Ausdruck gebracht wird, daß der Erlös ganz oder teilweise zu einem solchen Zweck verwandt werden solle.

(3) Die Vorschriften über den Vertrieb von Blindenwaren nach § 56a der Gewerbeordnung in der Fassung des Gesetzes zur Änderung der Gewerbeordnung vom 3. Juli 1934 (Reichsgesetzbl. I S. 566) bleiben unberührt.

§ 6 Wer eine öffentliche Sammlung oder sammlungsähnliche Veranstaltung (§§ 1 bis 5) vom Inland aus oder durch ausgesandte Mittelspersonen im Auslande durchführen will, bedarf der Genehmigung der zuständigen Behörde.

§ 7 Die nach §§ 1 bis 6 erforderliche Genehmigung ist nur für eine bestimmte Zeit zu erteilen. Sie kann jederzeit widerrufen und von Bedingungen abhängig gemacht werden. Sie gilt nur für das Gebiet, für das sie erteilt ist.

§ 8 Vor Erteilung der Genehmigung darf eine Sammlung oder sammlungsähnliche Veranstaltung (§§ 1 bis 6) nicht öffentlich angekündigt werden. Ebenso ist der Kartenverkauf für eine unter § 4 dieses Gesetzes fallende Veranstaltung vor Erteilung der Genehmigung unzulässig.

§ 9 (1) Bei Vereinigungen, Stiftungen, Anstalten, sonstigen Unternehmen und Einzelpersonen, die eine öffentliche Sammlung oder sammlungsähnliche Veranstaltung (§§ 1 bis 6) durchführen (Sammlungsträger), kann die zuständige Behörde, soweit dies zur Überwachung und Prüfung der Sammlung oder sammlungsähnlichen Veranstaltung notwendig ist,

1. Geschäftsbücher, Schriften, Kassen- und Vermögensbestände prüfen oder durch öffentlich bestellte Sachverständige oder durch andere Personen prüfen lassen,

2. von den an der Geschäftsführung beteiligten Personen sowie von allen Angestellten und Beauftragten Auskunft über Angelegenheiten der Geschäftsführung und die Einreichung von Berichten und Rechnungsabschlüssen fordern,

3. Vertreter zu Versammlungen und Sitzungen

으로 본다.

(3) 1934년 7월 3일의 「영업령개정을 위한 법률」(제국법률관보 I 566)본에서 「영업령」 제56a조에 따른 맹인제작품의 판매에 관한 규정은 영향을 받지 아니한다.

제6조 내국에서부터 또는 외국에서 파견된 모집인에 의한 공개모금과 모금유사행사(제1조부터 제5조)를 주최하려는 사람은 관할관청의 승인을 얻어야 한다.

제7조 제1조부터 제6조에 따라 요구되는 승인은 일정한 기간을 정하여 발급된다. 승인은 언제든지 철회될 수 있고 조건을 붙일 수 있다. 승인은 그것이 대상으로 하여 발급된 지역에서만 효력을 가진다.

제8조 승인이 발급되기 전에는 공개모금과 모금유사행사(제1조부터 제6조)가 공지되어서는 아니된다. 또한 승인의 발급 전에는 이 법률 제4조에 해당하는 행사를 위한 표판매가 허용되지 아니한다.

제9조 (1) 공개모금이나 모금유사행사(제1조부터 제6조)를 주최하려는 단체, 재단법인, 영조물, 그밖의 기업체와 개인(모금주최자)에 관하여 관할관청은 모금 또는 모금유사행사의 감독과 심사를 위하여 필요한 경우 다음 각호를 할 수 있다.

1. 영업장부, 서류, 현금보유와 자산재고를 심사하거나 공식선임된 감정인 또는 그밖의 사람에게 심사하게 할 수 있다.

2. 사무집행에 참여한 사람들과 모든 피용인과 수임인에게 사무집행업무에 관한 정보제공과 결제와 회계결산의 제출을 청구할 수 있다.

3. 모임과 회의에 대리인을 파견할 수 있다.

entsenden.

(2) Bei dringendem Verdacht unlauterer Geschäftsführung ist die zuständige Behörde zum Erlaß öffentlicher Warnungen befugt.

§ 10 (1) Vereinigungen, Stiftungen, Anstalten und sonstige Unternehmungen, die eine öffentliche Sammlung oder sammlungsähnlichen Veranstaltung (§§ 1 bis 6) durchführen und nach ihrer Bezeichnung, Satzung oder Zweckbestimmung gemeinnützigen oder mildtätigen Zwecken dienen, sowie Einrichtungen dieser Art, die von Einzelpersonen ausgehen, können von der zuständigen Behörde unter Verwaltung gestellt werden, wenn sich vorhandene erhebliche Mißstände nicht auf andere Weise beseitigen lassen. Die Entscheidung der Behörde ist endgültig.

(2) Der Verwalter ist befugt, sich in den Besitz des unter Verwaltung gestellten Unternehmens zu setzen und Rechtshandlungen für das Unternehmen vorzunehmen. Er hat die Stellung eines gesetzlichen Vertreters. Die Befugnisse des Inhabers des Unternehmens, seiner Bevollmächtigten und Organe zu Rechtshandlungen für das Unternehmen ruhen.

(3) Ist das Unternehmen in das Handels-, das Genossenschafts- oder das Vereinsregister eingetragen, so ist die Anordnung und die Aufhebung der Verwaltung auf Antrag des Verwalters in das Register einzutragen.

(4) Der Verwalter führt die Geschäfte unter Aufsicht der Behörde. Mit Zustimmung der zuständigen Behörde kann er das Unternehmen auflösen. Über die Verwendung des Vermögens des aufgelösten Unternehmens entscheidet die zuständige Behörde.

§ 11 (1) Bei Unternehmungen und Einzelpersonen, die nicht unter § 10 dieses Gesetzes fallen, kann die zuständige Behörde zur Durchführung der Sammlung oder sammlungsähnlichen Veranstaltung einen Verwalter bestellen, wenn sich vorhandene erhebliche Mißstände nicht auf andere Weise beseitigen lassen. Die Entscheidung

(2) 부당한 사무집행에 관한 급박한 혐의가 있을 때에는 관할관청은 공적 경고를 발령할 권한이 있다.

제10조 (1) 공개모금이나 모금유사행사(제1조부터 제6조)를 주최하고 그 명칭이나 그 정관 또는 목적규정에 따라 공익 또는 자선의 목적을 추구하는 단체, 재단법인, 영조물이나 그밖의 기업체, 그리고 개인으로부터 시작한 그러한 종류의 시설은 현존하는 중대한 곤경이 다른 방법으로 제거될 수 없을 때에는, 관할관청에 의하여 관리 아래 배속될 수 있다. 관청의 결정은 종국적이다.

(2) 관리인은 관리 아래 배속된 기업체를 장악하고 기업체를 위하여 법률행위를 할 권한이 있다. 그는 법정대리인의 지위를 가진다. 기업체를 위하여 법적 행위를 할 수 있는 기업체소유자, 그의 수임인과 기관의 권한은 휴지한다.

(3) 기업체가 상업등기부, 협동공동체등기부 또는 사단등기부에 등기된 때에는 관리의 명령과 종료가 관리인의 신청으로 등기부에 기입되어야 한다.

(4) 관리인은 관청의 감독 아래 사무를 수행한다. 관할관청의 동의를 얻어 그는 기업체를 해산할 수 있다. 관할관청이 해산된 기업체의 재산의 사용에 관하여 결정한다.

제11조 (1) 이 법률 제10조에 해당하지 않는 기업체와 개인의 경우 관할관청은, 현존하는 중대한 곤경이 다른 방법으로 제거될 수 없을 경우, 모금 또는 모금유사행사의 실시를 위하여 관리인을 선임할 수 있다. 관청의 결정은 종국적이다.

der Behörde ist endgültig.

(2) Der Verwalter hat, soweit er Rechtshandlungen zur Durchführung der Sammlung oder sammlungsähnlichen Veranstaltung vornimmt, die Stellung eines gesetzlichen Vertreters. Die Befugnisse des Sammlungsträgers, seiner Bevollmächtigten und Organe ruhen insoweit.

(3) Der Verwalter führt die Geschäfte unter Aufsicht der Behörde.

(4) Über die Verwendung des durch die Sammlung oder sammlungsähnlichen Veranstaltung erzielten Ertrages entscheidet die zuständige Behörde.

§ 12 Sollen Mittel, die durch eine öffentliche Sammlung oder sammlungsähnlichen Veranstaltung zusammengebracht sind, einem anderen als dem genehmigten Zweck zugeführt werden, so bedarf dies der Genehmigung der zuständigen Behörde.

§ 13 Mit Gefängnis bis zu sechs Monaten und mit Geldstrafe oder mit einer dieser Strafen wird bestraft:

1. wer ohne die vorgeschriebene Genehmigung eine Veranstaltung der in den §§ 1 bis 6 bezeichneten Art ankündigt, durchführt oder bei ihrer Durchführung mitwirkt;

2. wer den Bedingungen, an die eine nach diesem Gesetz erforderliche Genehmigung geknüpft ist, zuwiderhandelt;

3. wer den gemäß § 9 angeordneten Maßnahmen innerhalb der gesetzten Frist nicht entspricht oder wissentlich unrichtige oder unvollständige Angaben macht;

4. wer einer auf Grund der §§ 10 und 11 angeordneten Verwaltung Gegenstände ganz oder teilweise entzieht;

5. wer entgegen der Vorschrift des § 12 Mittel einem anderen als dem genehmigten Zweck oder einem Nichtberechtigten zuführt;

6. wer von einer Person, die bei der Durchführung der Sammlung oder sammlungsähn-

(2) 관리인이 모금 또는 모금유사행사의 실시를 위하여 법적 행위를 할 때 그는 대리인의 지위를 가진다. 모금인, 그의 수임인과 기관의 권한은 휴지한다.

(3) 관리인은 관청의 감독 아래 사무를 집행한다.

(4) 관할관청이 모금이나 모금유사행사에 의하여 얻은 수익의 사용에 관하여 결정한다.

제12조 공개모금이나 모금유사행사에 의하여 모금된 자산이 승인된 목적이 아닌 다른 목적에 전용되어야 할 때에는 관할관청의 승인을 얻어야 한다.

제13조 다음 각호의 사람은 6월 이하의 징역형과 벌금형 또는 이들 중 하나의 형벌로 처벌된다:

1. 법정된 승인 없이 제1조부터 제6조에 규정된 종류의 행사를 알리거나 실행하거나 그 실행에 협력하는 사람;

2. 이 법률에 따라 필요한 승인과 결합된 요건에 위반하여 행위하는 사람;

3. 법정기간 내에 제9조에 따라 명령된 조치와 합치하지 않거나 의도적으로 부정확하거나 불완전한 보고를 하는 사람;

4. 제10조와 제11조에 근거하여 명령된 관리로부터 물건의 전부 또는 일부를 절취하는 사람;

5. 제12조의 규정에 위반하여 자산을 승인된 목적이 아닌 다른 목적이나 무권리자에게 전용하는 사람;

6. 모금이나 모금유사행사의 실시에 활동하는 사람으로부터 정하여진 수익이 목적

lichen Veranstaltung tätig ist, die Abführung eines bestimmten Ertrages auch für den Fall verlangt, daß dieser Ertrag nicht erzielt wird.

§ 14 (1) Der Ertrag einer nicht genehmigten Sammlung oder sammlungsähnlichen Veranstaltung ist einzuziehen. Zum Ertrag zählen auch Gegenstände und Rechte, die aus Mitteln der Sammlung oder sammlungsähnlichen Veranstaltung beschafft worden sind. Kann keine bestimmte Person verfolgt oder verurteilt werden, so kann auf Einziehung selbständig erkannt werden, wenn im übrigen die Voraussetzungen hierfür vorliegen.

(2) Über die Verwendung des eingezogenen Ertrages entscheidet die zuständige Behörde.

§ 15 Dieses Gesetz gilt nicht für öffentliche Sammlungen und sammlungsähnlichen Veranstaltungen, die durchgeführt werden

1. auf Anordnung der Reichsregierung oder einer obersten Reichsbehörde im Einvernehmen mit dem Reichsminister des Innern,

2. auf Anordnung und für den Bereich eines Kreispolizeibehörde zur Steuerung eines durch unvorhergesehene Ereignisse herbeigeführten augenblicklichen Notstandes,

3. von der Nationalsozialistischen Deutschen Arbeiterpartei, ihren angeschlossenen Gliederungen und von den der vermögensrechtlichen Aufsicht des Reichsschatzmeisters der Nationalsozialistischen Deutschen Arbeiterpartei unterstellten angeschlossenen Verbänden der Nationalsozialistischen Deutschen Arbeiterpartei, sofern die Sammlungen und sammlungsähnlichen Veranstaltungen durch den Reichsschatzmeister der Nationalsozialistischen Deutschen Arbeiterpartei im Einvernehmen mit dem Reichsminister des Innern genehmigt sind,

4. von einer christlichen Religionsgesellschaft des öffentlichen Rechts bei Gottesdiensten in Kirchen und in kirchlichen Versammlungsräumen.

§ 16 Der Reichsminister des Innern erläßt in Benehmen mit den beteiligten Reichsministern

으로 하지 않은 사안에 관하여 그 수익의 지출을 요구하는 사람.

제14조 (1) 승인되지 않은 모금 또는 모금유사행사의 수익은 몰수한다. 모금이나 모금유사행사의 자산에서 조달된 물건과 권리도 또한 수익에 속한다. 특정인이 소추되거나 판결받을 수 없을 경우에도 몰수에 관한 요건이 충족된 때에는 몰수만이 독립하여 인정될 수 있다.

(2) 관할관청이 몰수된 수익의 사용에 관하여 결정한다.

제15조 이 법률은 다음 각호의 경우 실시되어야 하는 공개모금과 모금 유사행사에는 적용되지 아니한다.

1. 제국내무상의 동의를 얻어 제국정부 또는 제국최고관청의 명령에 근거한 경우,

2. 예견하지 못한 사건으로 발생한 일시적 긴급상황을 조정하기 위하여 지구경찰관청의 명령으로 그의 지구에 관한 경우,

3. 모금과 모금유사행사가 제국내무상의 동의를 얻어 민족사회주의독일노동자당의 제국국고관에 의하여 승인된 때에는 민족사회주의독일노동자당, 그와 결속된 기구와 민족사회주의독일노동자당의 제국국고관의 재산법적 감독 아래에 있는 민족사회주의독일노동자당의 산하에 결속된 단체에 의하여 주최되는 경우,

4. 교회와 교회행사공간에서 예배할 때에 공법상 기독교종교단체에 의하여 주최되는 경우.

제16조 제국내무상은 관계 제국상과 협조하여 이 법률의 시행에 필요한 법규정과 일반

die zur Durchführung dieses Gesetzes erforder-
lichen Rechtsverordnungen und allgemeinen
Verwaltungsvorschriften. Er ist ermächtigt,
bestimmte Unternehmen allgemein oder unter
Bedingungen von der Vorschrift des § 5 dieses
Gesetzes zu befreien.

§ 17 (1) Dieses Gesetz tritt mit Wirkung vom 1.
November 1934 in Kraft.

(2) Mit Wirkung vom gleichen Tage treten alle
reichs- und landesrechtlichen Vorschriften über
die Genehmigung oder das Verbot öffentlicher
Sammlungen oder sammlungsähnlichen Veranstaltungen, insbesondere die Bundesratsverord-
nung über Wohlfahrtspflege während des Krieges
vom 15. Februar 1917 (Reichsgesetzbl. S. 143), §§
14 und 19 der Verordnung des Reichspräsidenten
zum Schutze des deutschen Volkes vom 4. Februar
1933 (Reichsgesetzbl. I S. 38) und Abschnitt II des
Gesetzes zur Erhaltung und Hebung der Kaufkraft
(Spendengesetz) vom 24. März 1934 (Reichsgesetzbl. I S. 236) außer Kraft.

Berlin, den 5. November 1934.

Der Führer und Reichskanzler
Adolf Hitler

Der Reichsminister des Innern
Frick

<Reichsgesetzblatt 1934 I, S. 1086-1088>

행정규정을 제정한다. 그는 특정기업체를
포괄적으로 또는 조건을 붙여 이 법률 제5
조의 규정을 면제할 권한이 있다.

제17조 (1) 이 법률은 1934년 11월 1일 효력
이 생긴다.

(2) 공개모금 또는 모금유사행사의 승인이
나 금지에 관한 모든 제국법의 규정이나 주
법의 규정, 특히 1927년 2월 15일의 세계
대전 동안 복지구호에 관한 제국상원령(제
국법률관보 143), 1933년 2월 4일의 독일
인민의 보호를 위한 제국대통령 명령(제국
법률관보 I 38) 제14조와 제19조, 그리고
1934년 3월 24일의 「구매력의 보전과 증
진을 위한 법률(기부법률)」(제국법률관보 I
236) 제2장은 같은 날 폐지된다.

베를린, *1934년 11월 5일*

최고지도자이며 제국재상
아돌프 히틀러

제국내무상
프릭

관련 법령:
법률 68
Verordnung des Reichspräsidenten zum Schutze
des deutschen Volkes (04.02.1933)

XLIV. Gesetz über den Freiwilligen Arbeitsdienst.

44. 자원(自願)노동복무에 관한 법률

Vom 13. Dezember 1934.

1934년 12월 13일

Die Reichsregierung hat das folgende Gesetz beschlossen, das hiermit verkündet wird:

제국정부는 여기에 공포되는 다음의 법률을 의결하였다:

§ 1 (1) Die Angehörigen des Freiwilligen Arbeitsdienstes unterliegen einer öffentlich-rechtlichen Dienststrafgewalt nach Maßgabe der Vorschriften, die der Reichsminister des Innern auf Vorschlag des Reichskommissars für den Freiwilligen Arbeitsdienst erläßt.

(2) Außer den sonst üblichen Dienststrafsachen können auch Haft und Arrest verhängt werden.

§ 2 Die öffentlichen Behörden haben im Rahmen ihrer Zuständigkeit den mit der Ausübung der Dienststrafgerichtsbarkeit betrauten Dienststellen des Freiwilligen Arbeitsdienstes Amts- und Rechtshilfe zu leisten.

§ 3 Der Reichsminister des Innern erläßt die zur Durchführung und Ergänzung dieses Gesetzes erforderlichen Rechts- und Verwaltungsvorschriften.

제1조 (1) 자원노동복무[*]의 소속원은 제국담당관(Kommissar)의 제안으로 제국내무상이 자원노동복무에 관하여 제정하는 법률규정에 따라 공법상 복무형벌권에 복속한다.

(2) 통상의 복무형사사건 외에 구금과 체포가 선고될 수 있다.

제2조 공공관청은 그의 관할 내에서 복무형사재판권의 행사가 위임된 자원노동복무사무소에 직무협조와 법률협조를 제공하여야 한다.

제3조 제국내무상은 이 법률의 시행과 보완을 위하여 필요한 법규정과 행정규정을 제정한다.

Berlin, den 13. Dezember 1934.

베를린, 1934년 12월 13일

---

[*] 자원노동복무제도(Freiwilliger Arbeitsdienst, FAD)는 본래 1차세계대전의 귀환병사의 직업교육과 세계경제공황에 따른 대량실직을 극복하기 위하여 1927년 7월 16일 제정된 「직업소개와 실업보험을 위한 법률」(Gesetz für Arbeitsvermittlung und Arbeitslosenversicherung) 제139a조에 근거하여 '직업소개와 실업보험을 위한 제국청'이 1931년 6월 5일의 긴급명령으로 도입한 공공 취업장려정책이다. 공법상의 사단만이 자원노동복무의 운영주체가 될 수 있었으며, 민족사회주의민주노동당, 독일공산당(KPD), 가톨릭계의 독일중앙당(DZP)과 사민당(SPD)이 이에 참여한 정당들이었다. 청년과 실업자는 자원하여 노동수용소에 집결하여 일정기간 동안 공공의 이익을 실현하고 당사자에게는 그가 쓸모 있는 존재라는 자존감을 주는 활동을 수행한다. 1932년 7월 16일 제국참사회와 제국직업소개실업보험청은 쥐룹(Friedrich Syrup, 1881-1945, 법률가, 민족사회주의 강제노동을 조직화한 노동전문가)을 자원노동복무를 위한 제국담당관(Reichskommissar für den freiwilligen Arbeitsdienst)으로 임명하였다. 이후 1935년 6월 26일의 법률로 처음에는 18세부터 25세의 남성만을, 그리고 2차세계대전이 개전된 후에는 젊은 여성까지 대상으로 하는 제국노동복무제도(RAD)가 시행되었다.

Der Führer und Reichskanzler
Adolf Hitler

최고지도자이며 제국재상
아돌프 히틀러

Der Reichsminister des Innern
Frick

제국내무상
프릭

<Reichsgesetzblatt 1934 I, S. 1235>

관련 법령:
법률 63
Dienststrafordnung für die Angehörigen des Frei-
willigen Arbeitsdienstes (08.01.1935)
Erlaß des Führers und Reichskanzlers über die
Dauer der Dienstzeit und die Stärke des Reichs-
arbeitsdienstes (27.06.1935)
Erste Verordnung zur Durchführung und Ergänzung
des Reichsarbeitsdienstgesetzes (27.06.1935)
Verordnung zur Ergänzung der Verordnung über
Wachdienst im Reichsarbeitsdienst (15.01.1937)
Erlaß des Führers und Reichskanzlers über den
Reichsarbeitsführer im Reichsministerium des
Innern (30.01.1937)

XLV. Gesetz gegen heimtückische Angriffe auf Staat und Partei und zum Schutz der Parteiuniformen.

Vom 20. Dezember 1934.

Die Reichsregierung hat das folgende Gesetz beschlossen, das hiermit verkündet wird:

Artikel 1

§ 1 (1) Wer vorsätzlich eine unwahre oder gröblich entstellte Behauptung tatsächlicher Art aufstellt oder verbreitet, die geeignet ist, das Wohl des Reichs oder das Ansehen der Reichsregierung oder das der Nationalsozialistischen Deutschen Arbeiterpartei oder ihrer Gliederungen schwer zu schädigen, wird, soweit nicht in anderen Vorschriften eine schwerere Strafe angedroht ist, mit Gefängnis bis zu zwei Jahren und, wenn er die Behauptung öffentlich aufstellt oder verbreitet, mit Gefängnis nicht unter drei Monaten bestraft.

(2) Wer die Tat grob fahrlässig begeht, wird mit Gefängnis bis zu drei Monaten oder mit Geldstrafe bestraft.

(3) Richtet sich die Tat ausschließlich gegen das Ansehen der NSDAP. oder ihrer Gliederungen, so wird sie nur mit Zustimmung des Stellvertreters des Führers oder der von ihm bestimmten Stelle verfolgt.

§ 2 (1) Wer öffentlich gehässige, hetzerische oder von niedriger Gesinnung zeugende Äußerungen über leitende Persönlichkeiten des Staates oder der NSDAP., über ihre Anordnungen oder die von ihnen geschaffenen Einrichtungen macht, die geeignet sind, das Vertrauen des Volkes zur politischen Führung zu untergraben, wird mit Gefängnis bestraft.

(2) Den öffentlichen Äußerungen stehen nichtöffentliche böswillige Äußerungen gleich, wenn der Täter damit rechnet oder damit rechnen

45. 국가와 당에 대한 악의적 공격의 방어와 당제복의 보호를 위한 법률 [악의법률]

1934년 12월 20일

제국정부는 여기에 공포되는 다음의 법률을 의결하였다:

제1장

제1조 (1) 고의로 제국의 복리, 제국정부의 명예 또는 민족사회주의독일노동자당이나 그의 조직을 중대하게 해칠 수 있는 허위 또는 심하게 날조된 사실적 종류의 주장을 하거나 유포한 자는, 다른 법률규정에 중한 형이 처벌되지 않으면, 2년 이하의 징역형으로 처벌하고, 그가 그 주장을 공연하게 하거나 유포한 때에는 3월 이상의 징역형에 처한다.

(2) 중대한 과실로 그 행위를 한 자는 3월 이하의 징역형 또는 벌금형에 처한다.

(3) 그 행위가 오직 NSDAP 또는 산하기구의 명예를 대상으로 할 때에는 그는 최고지도자의 대리인 또는 그가 지정한 기관의 동의를 얻은 때에만 소추된다.

제2조 (1) 공연히 국가 또는 NSDAP를 지도하는 사람 또는 그의 명령이나 그가 설립한 시설에 관하여 정치적 지도에 대한 인민의 신념을 저하하는 증오적이거나 선동적 또는 저속한 믿음을 만드는 표현을 한 자는 징역형에 처한다.

(2) 행위자가 표시가 공연하게 될 것이라는 사실을 알거나 알아야 할 때에는, 공연하지 않은 악의의 표시도 공연한 표시와 같다.

muß, daß die Äußerung in die Öffentlichkeit dringen werde.

(3) Die Tat wird nur auf Anordnung des Reichs-ministers der Justiz verfolgt; richtet sich die Tat gegen eine leitende Persönlichkiet der NSDAP., so trifft der Reichsminister der Justiz die Anord-nung im Einvernehmen mit dem Stellvertreter des Führers.

(4) Der Reichsminister der Justiz bestimmt im Einvernehmen mit dem Stellvertreter des Füh-reres den Kreis der leitenden Persönlichkeiten im Sinne des Absatzes 1.

§ 3 (1) Wer bei der Begehung oder Androhung einer strafbaren Handlung eine Uniform oder ein Abzeichen der NSDAP. oder ihrer Glie-derungen trägt oder mit sich führt, ohne dazu als Mitglied der NSDAP. oder ihrer Gliederungen berechtigt zu sein, wird mit Zuchthaus, in leich-teren Fällen mit Gefängnis nicht unter sechs Monaten bestraft.

(2) Wer die Tat in der Absicht begeht, einen Aufruhr oder in der Bevölkerung Angst oder Schrecken zu erregen, oder dem Deutschen Re-ich außenpolitische Schwierigkeiten zu berei-ten, wird mit Zuchthaus nicht unter drei Jahren oder mit lebenslangem Zuchthaus bestraft. In besonders schweren Fällen kann auf Todesstrafe erkannt werden.

(3) Nach diesen Vorschriften kann ein Deutscher auch dann verfolgt werden, wenn er die Tat im Ausland begangen hat.

§ 4 (1) Wer seines Vorteils wegen oder in der Absicht, einen politischen Zweck zu erreichen, sich als Mitglied der NSDAP. oder ihrer Glie-derungen ausgibt, ohne es zu sein, wird mit Gefängnis bis zu einem Jahr und mit Geldstrafe oder mit einer dieser Strafen bestraft.

(2) Die Tat wird nur mit Zustimmung des Stellvertreters des Führers oder der von ihm bestimmten Stelle verfolgt.

§ 5 (1) Wer parteiamtliche Uniformen, Uniform-teile, Gewebe, Fahnen oder Abzeichen der

(3) 범죄행위는 오직 제국법무상의 명령으로 소추된다; 행위가 NSDAP를 지도하는 사람을 대상으로 할 것일 때에는 제국법무상은 최고지도자의 대리인의 동의를 얻어 명령한다.

(4) 제국법무상은 최고지도자의 대리인의 동의를 얻어 제1항의 의미에서 지도하는 사람의 범위를 정한다.

제3조 (1) 형사처벌될 수 있는 행위를 하거나 이를 위협할 때에 NSDAP 또는 그 산하기구 구성원으로의 권한이 없이 NSDAP 또는 그 산하기구의 제복 또는 표장을 착용하거나 휴대한 자는 중징역형에, 경한 경우에는 6월 이상의 경징역형에 처한다.

(2) 봉기 또는 주민에게 불안이나 공포를 유발하거나 독일제국에 외교적 곤경을 부를 목적으로 행위한 자는 3년 이상의 중징역형 또는 종신중징역형에 처한다. 특히 중대한 사안의 경우 사형이 선고될 수 있다.

(3) 이 규정에 따라 독일인은 그가 외국에서 행위한 때에도 소추될 수 있다.

제4조 (1) 자기의 이익을 위하여 또는 정치적 목적을 달성하기 위하여 NSDAP 또는 그 산하기구의 구성원이 아님에도 그를 구성원으로 소개한 자는 1년 이하의 징역형 또는 벌금형을 병과하거나 이들 중 어느 하나로 처벌될 수 있다.

(2) 행위는 최고지도자의 대리인 또는 그가 지정한 기관의 동의를 얻은 때에만 소추된다.

제5조 (1) NSDAP, 그 산하기구 또는 그에 결속된 단체의 당제복, 당제복의 일부, 직물,

NSDAP., ihrer Gliederungen oder der ihr ange-schlossenen Verbände ohne Erlaubnis des Reichs-schatzmeisters der NSDAP. gewerbsmäßig her-stellt, vorrätig hält, feilhält, oder sonst in Verkehr bringt, wird mit Gefängnis bis zu zwei Jahren bestraft. Für welche Uniformteile und Gewebe es der Erlaubnis bedarf, bestimmt der Reichs-schatzmeister der NSDAP. im Einvernehmen mit dem Reichswirtschaftsminister durch eine im Reichsgesetzblatt zu veröffentlichende Bekanntmachung.

(2) Wer parteiamtliche Uniformen und Abzei-chen im Besitz hat, ohne dazu als Mitglieder der NSDAP., ihrer Gliederungen oder der ihr ange-schlossenen Verbände oder aus einem anderen Grunde befugt zu sein, wird mit Gefängnis bis zu einem Jahr, und, wenn er diese Gegenstände trägt, mit Gefängnis nicht unter einem Monat bestraft.

(3) Den parteiamtlichen Uniformen, Uniform-teilen und Abzeichen stehen solche Uniformen, Uniformteile und Abzeichen gleich, die ihnen zum Verwechseln ähnlich sind.

(4) Neben der Strafe ist auf Einziehung der Uni-formen, Uniformteile, Gewebe, Fahnen oder Abzeichen, auf die sich die strafbare Handlung bezieht, zu erkennen. Kann keine bestimmte Person verfolgt oder verurteilt werden, so ist auf Einziehung selbständig zu erkennen, wenn im übrigen die Voraussetzungen hierfür vorliegen.

(5) Die eingezogenen Gegenstände sind dem Reichsschatzmeister der NSDAP. oder der von ihm bestimmten Stelle zur Verwertung zu über-weisen.

(6) Die Verfolgung der Tat und die selbstän-dige Einziehung (Abs. 4 Satz 2) findet nur mit Zustimmung des Stellvertreters des Führers oder der von ihm bestimmten Stelle statt.

§ 6 Im Sinne dieser Vorschriften gilt nicht als Mit-glieder der NSDAP., ihrer Gliederungen oder der ihr angeschlossenen Verbände, wer die Mit-gliedschaft erschlichen hat.

기 또는 표장을 NSDAP 제국국고관의 허가 없이 영업상 제조, 보관, 판매하거나 그밖의 방법으로 유통한 자는 2년 이하의 징역형에 처한다. NSDAP 제국국고관이 제국경제상의 동의를 얻어 허가가 요구되는 당제복의 일부와 직물을 제국법률관보에 공시되는 공고로 정한다.

(2) NSDAP, 그의 산하기구 또는 그와 결속된 단체의 구성원으로 또는 그밖의 원인으로 권한 없이 당제복과 표장을 점유하는 자는 1년 이하의 징역형에 처하고, 그 물건을 착용한 자는 1월 이상의 징역형에 처한다.

(3) 당제복, 제복의 일부, 직물, 기 또는 표장과 혼동할 정도로 유사한 제복, 제복의 일부, 직물, 기 또는 표장도 당제복, 제복의 일부, 직물, 기 또는 표장과 같다.

(4) 형벌과 함께 형사처벌할 수 있는 행동과 관련된 당제복, 제복의 일부, 직물, 기 또는 표장의 몰수가 선고될 수 있다. 특정인이 소추되거나 판결될 수 없을 때에도 일단 구성요건이 충족되면 몰수만이 단독으로 선고될 수 있다.

(5) 몰수된 물건은 환가를 위하여 NSDAP 제국국고관 또는 그가 지정한 기관에 이양된다.

(6) 범죄행위의 소추와 독립적 몰수(제4조 제2항)는 최고지도자의 대리인 또는 그가 지정한 관청의 동의를 얻은 때에만 인정된다.

제6조 구성원자격을 사칭한 자는 이 법률규정들의 의미에서 NSDAP, 그 산하기구 또는 그와 결속된 단체의 구성원이 아닌 사람으로 본다.

§ 7 Der Stellvertreter des Führers erläßt im Ein-vernehmen mit den Reichsministern der Justiz und des Innern die zur Ausführung und Ergän-zung der §§ 1 bis 6 erforderlichen Vorschriften.

Artikel 2

§ 8 (1) Die Vorschriften dieses Gesetzes mit Aus-nahme des § 5 Abs. 1 gelten sinngemäß für den Reichsluftschutzbund, den Deutschen Luftpost-verband, den Freiwilligen Arbeitsdienst und die Technische Nothilfe.

(2) Die zur Ausführung und Ergänzung dieser Bestimmung erforderlichen Vorschriften erläßt der Reichsminister der Justiz, und zwar, soweit es sich um den Reichsluftschutzbund und den Deutschen Luftpostverband handelt, im Ein-vernehmen mit dem Reichsminister der Luft-fahrt, und soweit es sich um den Freiwilligen Arbeitsdienst und die Technische Nothilfe han-delt, im Einvernehmen mit dem Reichsminister des Innern.

Artikel 3

§ 9 § 5 Abs. 1 tritt am 1. Februar 1935 in Kraft. Die übrigen Vorschriften dieses Gesetzes tre-ten am Tage nach der Verkündung in Kraft; gleichzeitig treten die Verordnung zur Abwehr heimtückischer Angriffe gegen die Regierung der nationalen Erhebung vom 21. März 1933 (Reichsgesetzbl. I S. 135) sowie Artikel 4 des Gesetzes über die Reichsluftfahrtverwaltung vom 15. Dezember 1933 (Reichsgesetzbl. I S. 1077) außer Kraft.

Berlin, den 20. Dezember 1934.

Der Führer und Reichskanzler
Adolf Hitler

Der Reichsminister der Justiz
Dr. Gürtner

제7조 최고지도자의 대리인은 제국법무상과 제국내무상의 동의를 얻어 제1조부터 제6조의 시행과 보완을 위하여 필요한 규정을 제정한다.

제2장

제8조 (1) 제5조 제1항을 제외한 이 법률의 규정들은 그 의미에 맞추어 제국방공연맹, 제국항공우정협회, 자원노동복무와 긴급기술구호단체에 적용된다.

(2) 제국법무상은 이 규정의 시행과 보완을 위하여 필요한 규정들을 제정하며, 제국방공연맹과 제국항공우정협회에 관하여는 제국항공운항상의 동의를 얻어, 자원노동복무와 긴급기술구호단체에 관하여는 제국내무상의 동의를 얻어야 한다.

제3장

제9조 제5조 제1항은 1935년 2월 1일 시행된다. 이 법률의 그밖의 법률규정들은 공포한 다음 날부터 효력이 생긴다; 동시에 1933년 3월 21일의 민족개혁의 정부에 대한 악의적 공격을 방어하기 위한 명령(제국법률관보 I 135)과 1933년 12월 15일의 「제국항공운항행정에 관한 법률」 제4조(제국법률관보 I 1077)는 폐지된다.

베를린, 1934년 12월 20일

최고지도자이며 제국재상
아돌프 히틀러

제국법무상
귀르트너 박사

Der Stellvertreter des Führers
Reichsminister ohne Geschäftsbereich
R. Heß

Der Reichsminister des Innern
Frick
zugleich für den Reichsminister der Luftfahrt

<Reichsgesetzblatt 1934 I, S. 1269-1271>

최고지도자의 대리인이며
제국무임소상
헤스

제국내무상
프릭
동시에 제국항공운항상을 위하여

관련 법령:

법률 13

Verordnung zur Durchführung des Gesetzes zum
　　Schutze der nationalen Symbole (23.05.1933)

Bekanntmachung gemäß Artikel 1 § 5 des Geset-
　　zes gegen heimtückische Angriffe auf Staat und
　　Partei und zum Schutz der Parteiuniformen vom
　　20. Dezember 1934 (16.01.1935)

Erste Verordnung zur Durchführung des Gesetzes
　　gegen heimtückische Angriffe auf Staat und
　　Partei und zum Schutz der Parteiuniformen
　　(15.02.1935)

Zweite Verordnung zur Durchführung des Geset-
　　zes gegen heimtückische Angriffe auf Staat und
　　Partei und zum Schutz der Parteiuniformen
　　(22.02.1935)

Verordnung über die Einführung des Gesetzes zum
　　Schutze der nationalen Symbole im Lande Ös-
　　terreich (02.07.1938)

| XLV-1. Gesetz gegen heimtückische Angriffe auf Staat und Partei und zum Schutz der Parteiuniformen vom 20. Dezember 1934 | 45-1. [악의법률 해설] 국가와 당에 대한 악의적 공격의 방어와 당제복의 보호를 위한 법률 |

「악의법률」이라는 이름으로 알려진, 「국가와 당에 대한 악의적 공격의 방어와 당제복의 보호를 위한 1934년 12월 20일의 법률」은 당제복과 당표장의 남용을 형사처벌한다. 이를 넘어 이 법률은 자유로운 의사표현을 제한하고 제국의 복리, 제국정부 또는 NSDAP의 명예를 중대하게 해치는 모든 비판적 의견표현을 형사범죄화한다.

이 법률은 "민족개혁의 정부에 대한 악의적 공격의 방어를 위한 1933년 3월 21일의 제국대통령 명령"에 담긴 법률규정과 거의 동일한 내용을 포함한다. 악의법의 의미에서 가치판단(제2조)에 관한 형사처벌가능성은 오로지 사실적시를 대상으로 한 1933년 대통령명령에는 아직 없었던 것이다.

1933년의 명령

격렬한 비난에도 불구하고 국무상 프란쯔 쉬레겔베르거*는 1933년 3월 사법(司法)이 "민족개혁에 의한 현재의 정부를 열렬히 지지한다"는 사실을 확약했다. 그는 1933년 3월 21일 변경된 제목을 붙여 내각에 의하여 의결되고 제국대통령 파울 폰 힌덴부르크가 서명한 "민족개혁의 정부에 대한 악의적 공격을 방어하기 위한 명령"의 제정안을 제출하였다. 같은 날 다른 명령으로 그에 따른 재판을 관할하는 특별법원이 설립되었다.

| Verordnng zur Abwehr heimtückischer Angriffe gegen die Regierung der nationalen Erhebung. | 민족개혁의 정부에 대한 악의적 공격을 방어하기 위한 명령 |

Vom 21, März 1933

1933년 3월 21일

„Auf Grund des Artikels 48 Abs. 2 der Reichsverfassung wird folgendes verordnet:

제국헌법 제48조 제2항에 근거하여 다음을 명령한다:

§ 1 (1) Wer eine Uniform eines Verbandes, der hinter der Regierung der nationalen Erhebung steht, in Besitz hat, ohne dazu als Mitglied des Verbandes oder sonstwie befugt zu sein, wird mit Gefängnis bis zu zwei Jahren bestraft.

제1조 (1) 민족개혁의 정부를 지지하는 단체의 구성원이 아니거나 그밖의 권한 없이 그 단복을 소지하는 사람은 2년 이하의 금고형에 처한다.

---

* Franz Schlegelberger(1876-1970). 독일의 판사, 제국법무성차관, 뉘른베르크전범재판의 최고위직 피고로서 종신형선고.

(2) Wer die Uniform oder ein die Mitgliedschaft kennzeichnendes Abzeichen eines Verbandes der im Abs. 1 bezeichneten Art, ohne Mitglied des Verbandes zu sein, trägt, wird mit Gefängnis nicht unter einem Monat bestraft.

§ 2 (1) Wer eine strafbare Handlung gegen Personen oder Sachen begeht oder androht und dabei, ohne Mitglied des Verbandes zu sein, die Uniform oder ein die Mitgliedschaft kennzeichnendes Abzeichen eines Verbandes der im § 1 Abs. 1 bezeichneten Art trägt oder mit sich führt, wird mit Zuchthaus, bei mildernden Umständen mit Gefängnis nicht unter sechs Monaten bestraft.

(2) Ist die Tat in der Absicht begangen, einen Aufruhr oder in der Bevölkerung Angst oder Schrecken zu erregen oder dem Deutschen Reich außenpolitische Schwierigkeiten zu bereiten, so ist die Strafe Zuchthaus nicht unter drei Jahren oder lebenslanges Zuchthaus. In besonders schweren Fällen kann auf Todesstrafe erkannt werden.

(3) Nach diesen Vorschriften kann ein Deutscher auch dann verfolgt werden, wenn er die Tat im Ausland begangen hat.

§ 3 (1) Wer vorsätzlich eine unwahre oder gröblich entstellte Behauptung tatsächlicher Art aufstellt oder verbreitet, die geeignet ist, das Wohl des Reichs oder eines Landes oder das Ansehen der Reichsregierung oder einer Landesregierung oder der hinter diesen Regierungen stehenden Parteien oder Verbänden schwer zu schädigen, wird, soweit nicht in anderen Vorschriften eine schwere Strafe angedroht ist, mit Gefängnis bis zu zwei Jahren und, wenn er die Behauptung öffentlich aufstellt oder verbreitet, mit Gefängnis nicht unter drei Monaten bestraft.

(2) Ist durch die Tat ein schwerer Schaden für das Reich oder ein Land entstanden, so kann auf Zuchthausstrafe erkannt werden.

(3) Wer die Tat grob fahrlässig begeht, wird mit Gefängnis bis zu drei Monaten oder mit Geldstrafe bestraft.

§ 4 Wer die Mitgliedschaft eines Verbandes er-

---

(2) 단체의 구성원이 아니면서 제1항에 규정된 종류의 단복이나 구성원자격을 표시하는 표장을 착용하는 사람은 1월 이상의 금고형에 처한다.

제2조 (1) 단체의 구성원이 아니면서 사람이나 물건에 대하여 형사처벌 가능한 행위를 하거나 협박하고 이를 위하여 제1조 제1항에서 규정한 종류의 단체의 단복 또는 구성원자격을 표시하는 표장을 착용하거나 지참한 사람은 징역형으로 처벌하고, 감경사유가 있을 때에도 6월 이상의 금고형으로 처벌한다.

(2) 행위가 봉기 또는 주민에게 불안이나 공포를 유발하거나 독일제국에 외교적 곤경을 부를 목적으로 이루어진 경우 형벌은 3년 이상의 징역형 또는 종신징역형으로 한다. 특별히 중한 경우 사형이 선고될 수 있다.

(3) 이 규정에 따라 독일인은 그가 외국에서 행위를 한 때에도 소추될 수 있다.

제3조 (1) 고의로 제국이나 주의 복리, 제국정부나 주정부 또는 그 정부를 지원하는 정당이나 단체의 명예를 중하게 해치기 위하여 진실하지 않거나 심하게 왜곡된 사실에 관한 종류의 주장을 하거나 유포한 사람은, 다른 법률규정에 중한 형이 처벌되지 않으면, 2년 이하의 금고형으로 처벌하고, 그가 공연하게 그 주장을 하거나 유포한 때에는 3월 이상의 징역형에 처한다.

(2) 그 행위로 제국이나 주에 심한 손해가 발생한 경우, 중징역형이 선고될 수 있다.

(3) 중대한 과실로 범죄행위를 한 사람은 3월 이하의 금고형 또는 벌금형에 처한다.

제4조 단체의 구성원을 사칭한 사람은 이 명

schlichen hat, gilt für die Anwendung dieser Verordnung als Nichtmitglied.

§ 5 Diese Verordnung tritt mit dem auf die Verkündigung folgenden Tage in Kraft.

Berlin, den 21. März 1933.

령의 적용에 관하여 단체의 구성원이 아닌 사람으로 본다.

제5조 이 명령은 공포한 다음 날부터 시행된다.

베를린, 1933년 3월 21일

악의법률의 해설

1934년 12월 20일 명령이 「국가와 당에 대한 악의적 공격의 방어와 당제복의 보호를 위한 법률」로 승격되었다.

내용

먼저 법률규정의 순서를 변경하여 당제복과 휘장의 남용을 대상으로 하는 조항을 뒤에 배치하였다. 이로 말미암아 개시된 재판의 대략 5%가 무의미하게 되었다. 물론 개정된 제3조에서도 민족사회주의자로 은폐한 행위자가 "봉기 또는 주민에게 불안이나 공포를 유발하거나 독일제국에 외교적 곤경을 부를 …" 목적을 좇은 때에는 중징역형 또는 심지어 사형이라는 엄한 형사처벌의 위협이 존치한다.

명령 제3조의 규정은 법률 제1조에 거의 법문 그대로 채택되었다. 이에 따라 "사실에 관하여 고의로 진실하지 않거나 심하게 왜곡된 사실에 관한 주장을 하거나 배포한 …" 사람이 형사처벌되었다. 또한 중대한 과실의 행위도 처벌가능하였다.

그 가운데 사실의 주장을 넘어 표현된 가치판단도 새로이 형사처벌될 수 있었다: "공연히 국가 또는 NSDAP를 지도하는 사람, 그의 명령이나 그가 설립한 시설에 관하여 증오적이거나 선동적 또는 저속한 믿음을 만드는 …" 사람은 불확정기간의 중징역형으로 처벌된다. 행위자가 "표현이 공연하게 될 수 있다는 사실을 알아야 할 때에도" 표현은 "공연한 것"으로 본다.

형사소추는 "최고지도자"의 대리인, -실제로는 최고지도자 대리인의 관청의 지휘부- 또는 법무성의 동의만으로 충분하였다. 이로써 정치적 통제가 가능하게 되었다.

배경과 평가

공적으로 제2조의 신설은 사실주장으로 제한할 경우에는 "… 지도하는 사람, 그의 명령 또는 그가 설립한 시설에 관한 선동적 표현"이 형벌을 받지 않거나 오로지 모욕으로만 처벌될 수 있음을 근거로 한다. 이로써 이제부터 진실한 주장의 내용에 관하여 바라지 않은 언급까지도 막을 수 있게 되었다.

불확정의 법률개념은 거의 모든 비판적 표현을 처벌할 수 있도록 만들었다. 특별법원의 관할은 피의자의 보호권을 축소하였다: 법원의 사전조사와 구속심사가 생략되었고 소환일자가 3일로 제한되며 판결은 즉시 법적 효력을 얻었다.

"대체공지"라는 구조를 통하여 비판은 "행위자는 혼인이 파탄될 경우 (…) 그의 부인은 그 표현을 지키지 않는다"는 것을 인정하여야 하기 때문에 내밀한 가족 내에서만 가능하게 되었다.

영향력

국민의 특정 일부만이 고발하였음에도 이 법률로 목적한 위협효와 지배체제의 보전이 달성되었다. 1937년의 통계자료에 따르면 12개월 동안 17,168명의 사람이 그의 표현을 이유로 고발되어 7,000명 이상이 기소되었고 약 3,500명이 유죄판결을 받았다.

비판자들의 침묵을 강제하기 위하여 엄청나게 가혹할 것까지도 없었다. 대부분의 고발에는 형식적인 형사재판절차도 진행되지 않았다. 오히려 이들에 경고 또는 "표현금지 또는 체재금지"가 동반되었고, 경우에 따라서 국가비밀경찰의 21일의 보호구금 후에 이러한 처분이 이루어졌다. 그리고 정치적 독설로 고발된 피의자들은 초범으로 대개 형식적 구금형으로부터 면제되었다.

전쟁 전에는 흔히 형법 제360조를 적용하여 표현을 단지 "중대한 악의적 행실"로 벌금형 또는 경미한 구금형으로 제재하였다. 그렇지만 전쟁 중에는 불치병자와 유대인박해 또는 스탈린그라드에 관한 사실 등이 언급되지 않아야 하기 때문에 많은 형사소송이 법무성이나 당비서의 지시에 따라 기각되었다. 전쟁초기에 일부 법관은 「악의법률」에 따른 구금형의 판결을 부적절한 수단으로 표현했다: 구금형은 "투덜거리는 불평으로 병역을 기피하는 잠재적 '유인책'이 될 수 있다."

「악의법률」 제3조 제2항에 따라 가능하게 된 사형판결은 겨우 일부만이 보존된 특별법원의 기록에는 거의 남겨져 있지 않다. 점령지 폴란드의 특별법원은 인민유해명령과 결합하여 적은 수의 사형을 선고했다. 1943년부터 비판적 의견표현은 「악의법률」로 소추되지 않고 종종 군대 해체시도로 해석되어 인민법원에 의한 사형형으로 위협되었다.

평가

반대자만이 아니라 민족사회주의자와 그 협력자도 비판적 표현을 삼가하여야 하였다. 국가비밀경찰(Gestapo)에 대한 공포, 수색구금과 형사구금, 그리고 죽음에 대한 공포가 일상이 되었다.

「악의법률」은 민족사회주의 독재에서 필수적이며 거침없는 구성부분이며, 이처럼 자의적으로 확대적용할 수 있고 변형할 수 있는 법률은 양심에 대한 테러이다.

전후의 조치

「악의법률」은 1945년 9월 20일의 연합국관리위원회 법률 제1호로 폐지되었다.

피고발자의 심문을 맡았고 형사소추를 진행하였던 국가비밀경찰관은 종전 후에 상당부분 그 대가를 치루었지만 다수의 법관과 검사들은 처벌되지 않았다. 또한 「악의법률」의 희생자에 대한 배상도 거부되었다. 이는 그들의 표현이 "진실로 확정되고 명백한 정치적 행동과 확신"을 표상하는지 증명할 수 없었기 때문이다.

XLVI. Gesetz über die Entpflichtung und Versetzung von Hochschullehrern aus Anlaß des Neuaufbaus des deutschen Hochschulwesens.

Vom 21. Januar 1935.

46. 독일고등교육[대학]제도의 재건을 목 적으로 하는 고등교원[대학교수]의 면직 과 전보에 관한 법률[1]

1935년 1월 21일

Die Reichsregierung hat das folgende Gesetz beschlossen, das hiermit verkündet wird:

§ 1 Die beamteten Hochschullehrer des Deutschen Reiches werden zum Schluß des Semesters, in dem sie ihr 65. Lebensjahr vollenden, kraft Gesetzes von ihren amtlichen Verpflichtungen entbunden.

§ 2 Fordern überwiegende Hochschulinteressen die weitere Ausübung des Lehramtes durch einen bestimmten Hochschullehrer, so kann die zuständige oberste Landesbehörde mit Zustimmung des Reichsministers für Wissenschaft, Erziehung und Volksbildung die Entpflichtung auf einen späteren Zeitpunkt verschieben.

§ 3 Die beamteten Hochschullehrer des deutschen Reiches können auf einen ihrem Fachgebiet entsprechenden Lehrstuhl einer anderen deutschen Hochschule versetzt werden, wenn es das Reichsinteresse im Hinblick auf den Neuaufbau des deutschen Hochschulwesens erfordert.

§ 4 Fällt aus Anlaß des Neuaufbaus ein Lehrstuhl fort oder wird er einem anderen Fachgebiet zugeschlagen, so kann der bisherige Inhaber von seinen amtlichen Verpflichtungen entbunden werden.

§ 5 Entpflichtete Hochschullehrer erhalten ihre gesetzlichen Bezüge weiter, rücken jedoch nicht mehr auf. Sondervergütungen und Nebenbezüge für die Lehrtätigkeit fallen mit der Ent-

제국정부는 여기에 공포되는 다음의 법률을 의결하였다:

제1조 공무원직을 가진 독일제국의 고등교원은 그가 만 65세에 이르는 학기의 최종일에 법률의 효력에 의하여 그의 공직의무로부터 면직된다.

제2조 주요한 고등교육의 이익이 특정 고등교원에 의한 교수직의 계속행사를 요구할 경우 관할 주최고관청은 제국학술교육인민교육상의 동의를 얻어 장래의 시기로 면직을 연기할 수 있다.

제3조 공무원직을 가진 독일제국의 고등교원은, 독일고등교육제도의 재건에 관하여 제국이익이 필요로 할 때에는, 그의 전공분야와 상응하는 다른 독일대학의 교수직으로 전보될 수 있다.[2]

제4조 교수직이 재편을 즈음하여 폐지되거나 다른 전공분야로 이관되는 경우 종전의 교수직 보유자는 그의 공직의무로부터 면직될 수 있다.

제5조 면직된 교수는 그의 법정보수를 계속 수령하지만 승급하지 못한다. 강의에 대한 특별수당과 보조급여는 면직으로 소멸한다.

---

1) 독일의 교육제도는 공립 또는 국립(이제는 주립)교육제도를 원칙으로 한다.
2) 독일대학교육제도에 따른 대학교수의 충원과 임명은 교수가 되려는 사람이 법정된 교수직에 지원하는 절차로 이루어진다.

pflichtung fort.
Versetzte Hochschullehrer erhalten ihre gesetzlichen Bezüge weiter. Sondervergütungen und
Nebenbezüge für die Lehrtätigkeit werden neu
festgesetzt.

§ 6 Die Maßnahmen auf Grund der §§ 3 bis 5
dieses Gesetzes trifft unmittelbar der Reichsminister für Wissenschaft, Erziehung und Volksbildung.
Er erläßt die zur Durchführung dieses Gesetzes erforderlichen Ausführungsvorschriften und
umgrenzt die nach der Entpflichtung verbleibenden Rechte der Hochschullehrer.

§ 7 Bei den forstlichen Hochschulen tritt an die
Stelle des Reichsministers für Wissenschaft,
Erziehung und Volksbildung der Reichsforst-
meister.

§ 8 Die Geltungsdauer dieses Gesetzes beginnt
mit dem Tage der Verkündung und endet am 31.
Dezember 1937.

Berlin, den 21. Januar 1935.

Der Führer und Reichskanzler
Adolf Hitler

Der Reichsminister für Wissenschaft, Erziehung
und Volksbildung
Rust

<Reichsgesetzblatt 1935 I, S. 23-24>

전보된 고등교원은 법정보수를 계속 수령
한다. 강의에 대한 특별수당과 보조급여는
재확정된다.

제6조 제국학술교육인민교육상이 직접 이 법
률 제3조부터 제5조의 조치를 시행한다.
그는 이 법률의 시행에 필요한 이행규정을
제정하고 면직 후에 존속하는 고등교원의
권리를 제한한다.

제7조 임업전문대학의 경우 제국산림관이 제
국학술교육인민교육상의 지위를 대체한다.

제8조 이 법률의 효력기간은 공포로 개시하고
1937년 12월 31일에 종료한다.

베를린, 1935년 1월 21일

최고지도자이며 제국재상
아돌프 히틀러

제국학술교육인민교육상
루스트

XLVII. Gesetz zur Änderung des Gesetzes über die Versorgung der Angehörigen des Reichsheers und der Reichsmarine sowie ihrer Hinterbliebenen [Wehrmachtsversorgungsgesetz].

Vom 21. Januar 1935.

Die Reichsregierung hat das folgende Gesetz beschlossen, das hiermit verkündet wird:

Artikel 1 Das Gesetz über die Versorgung der Angehörigen des Reichsheeres und der Reichsmarine sowie ihrer Hinterbliebenen (Wehrmachtsversorgungsgesetz) vom 4. August 1921 in der Fassung vom 19. September 1925 (Reichsgesetzbl. I S. 349) wird wie folgt geändert:

§ 1 Im § 33 ist der letzte Absatz zu streichen; als 33 a ist neu aufzunehmen:

"33 a

(1) Die im § 31 bezeichneten Offiziere können mit Zustimmung des Reichswehrministers zwischen der Versorgung nach dem Reichsversorgungsgesetz und nach diesem Gesetz wählen. Die Zahlung beginnt frühestens mit dem Monat, in dem der Reichswehrminister der Wahl zugestimmt hat.

(2) Neben dem Ruhegehalt werden bei einer durch Dienstbeschädigung veranlaßten Minderung der Erwerbsfähigkeit um mindestens 50 vom Hundert die Schwerbeschädigtenzulage, die Pflegezulage, Körperersatzstücke, orthopädische und andere Hilfsmittel nach Maßgabe des Reichsversorgungsgesetzes gewährt, wenn die Folgen der Dienstbeschädigung in einer Verstümmelung bestehen oder zur Entlassung aus der Wehrmacht geführt haben."

§ 2 § 75 erhält folgende Fassung:

"Beim Vorliegen von Dienstbeschädigung gelten die Vorschriften des § 33 a sinngemäß."

§ 3 a) Im § 83 sind nach dem Abs. 1 folgende

47. 제국육군과 제국해군의 소속원과 그의 유족의 보훈지원에 관한 법률의 개정을 위한 법률
[국방군보훈지원법률]

1935년 1월 21일

제국정부는 여기에 공포되는 다음의 법률을 의결하였다:

제1장 1925년 9월 19일의 법률(제국법률관보 I 349)본에서 1921년 8월 4일의 「제국육군과 제국해군의 소속원과 그 유족의 연금에 관한 법률」(국방군보훈지원법률)이 다음으로 개정된다:

제1조 제33조에서 마지막 항을 삭제한다; 제33a조로 신설한다:

"제33a조"

(1) 제31조에 규정된 장교는 제국국방상의 동의를 얻어 「제국보훈지원법률」과 이 법률에 따른 보훈지원 중에서 선택할 수 있다. 지급은 이르면 제국국방상이 선택을 동의한 달부터 개시한다.

(2) 복무재해로 인하여 100분의 50 이상의 소득능력의 감소가 있을 경우, 복무재해의 결과로 신체절단이 있거나 국방군에서의 제대로 이어지는 때에는 퇴직급여와 함께, 중상해수당, 부양수당, 신체대체수당, 정형외과적 구제와 그밖의 보조수단이 「제국보훈지원법률」을 기준으로 보장된다.

제2조 제75조에 다음의 내용을 추가한다:

"복무재해가 발생한 경우 제33a조의 규정이 의미에 맞게 적용된다."

제3조 a) 제83조에 제1항에 이어 제2항과 제

Absätze 2 und 3 einzufügen:

"(2) Als Bevollmächtigter und Beistande dürfen nur zugelassen werden: Vertreter der National-sozialistischen Kriegsopferversorgung und des Reichstreubundes ehemaliger Berufssoldaten, Rechtsanwälte sowie geschäftsfähige Ange-hörige, und zwar der Ehegatte des Antragstellers sowie Personen, die mit ihm in gerader Linie verwandt oder verschwägert oder in der Seiten-linie im zweiten oder dritten Grade verwandt oder im zweiten Grade verschwägert sind. Der Reichswehrminister kann andere Personen als Bevollmächtigte zulassen, wenn ein dringendes Bedürfnis besteht.

(3) Personen, die nach Abs. 2 nicht als Bevoll-mächtigte oder Beistände zugelassen werden dürfen, sind zurückzuweisen. Die Zurück-weisung ist dem Auftraggeber unter Hinweis auf die Vorschrift des Abs. 2 mitzuteilen. Fällt die Zurückweisung in den Lauf einer Frist und wird diese Frist versäumt, so kann die versäum-te Handlung innerhalb eines Monats nach der Bekanntgabe der Zurückweisung nachgeholt werden."

b) Die bisherigen Absätze 2 und 3 werden Absätze 4 und 5.

§ 4 § 90 erhält folgende Fassung:

"(1) Gegen die Bescheide der Regimenter, der Bataillone und der gleichgestellten Trup-pen- und Marineteile oder Behörden und des Reichswehrministers, in denen über Ansprüche aus diesem Gesetz oder über die Rückforderung zu Unrecht erhobener Versorgungsgebührnisse entschieden wird, sowie gegen die Bescheide der für die Regelung vorgesehenen Behörden (§ 85) ist die Berufung zulässig (Gesetz über das Verfahren in Versorgungssachen vom 10. Januar 1922 - Reichs-gesetzbl. S. 59 - in der Fassung vom 2. November 1934 - Reichsgesetzbl. I S. 1113).

(2) Über die Berufung entscheiden die Ver-sorgungsgerichte endgültig, wenn es sich um die Erteilung der Zeugnisse nach § 6 Absätze 1, 2,

3항을 신설한다:

"(2) 수임인과 보조인으로 허가될 수 있는 사람은 다음으로 한다: 민족사회주의 전쟁 희생자보훈지원청과 전직 직업군인의 제국 신탁연맹의 대리인, 변호사와 행위능력있 는 소속원, 그리고 신청인의 배우자와 그 와 직계의 친족관계 또는 인척관계에 있거 나 방계의 2등 또는 3등친이거나 2등친으 로 인척관계에 있는 사람. 제국국방상은 긴 급한 필요가 있을 때에는 그밖의 사람을 수 임인으로 허가할 수 있다.

(3) 제2항에 따라 수임인이나 보조인으로 허가될 수 없는 사람은 제척되어야 한다. 제 척은 제2항의 규정을 적시하여 위임인에게 통지되어야 한다. 제척이 기간 내에 이루어 져야 하고 그 기간이 해태된 때에는 해태된 행위는 제척을 공지한 때부터 1월 내에 추 완될 수 있다."

b) 현행 제2항과 제3항은 제4항과 제5항 으로 한다.

제4조 제90조에 다음의 내용을 추가한다:

"(1) 이 법률에 근거하는 청구권 또는 부당 하게 과다부과한 보훈수수료의 반환청구권 이 확정된 연대, 대대와 이와 동등한 군부대 와 해군부대 또는 관청과 제국국방상의 결 정과 그 규율을 위하여 지정된 관청의 결정 (제85조)에 대하여 항소가 허용된다(1922 년 1월 10일의 「보훈사건에 관한 재판절차 에 관한 법률」-1934년 11월 2일본에서- 제 국법률관보 I 1113).

(2) 제6조 제1항과 제2항의 증명서발급, 제 7조, 제8조, 제14조, 제15조, 제16조, 제27 조, 제32조, 제53조, 제54조, 제55조, 제

um die Höhe der festgestellten Versorgungsgebührnisse nach den §§ 7, 8, 14, 15, 16, 27, 32,
53, 54, 55, 70, 78, 80 und um die Regelung der
Übergangsgebührnisse nach §§ 23 a, 66 a handelt. Im übrigen entscheidet über die Berufung
das Reichsversorgungsgericht."
§ 5 § 103 erhält folgende Fassung:
"Für das Verfahren nach den §§ 2, 5, 33, 33
a, 35, 76 Abs. 4 (soweit eine Versorgung nach
dem Reichsversorgungsgesetze gewährt wird),
§ 77 gelten lediglich die Vorschriften über das
Verfahren in Versorgungssachen nach dem
Reichsversorgungsgesetze."

Artikel 2 Es treten in Kraft:
  §§ 1, 2 dieses Gesetzes mit Wirkung vom 1. Juli
  1934, §§ 3, 4, 5 mit Wirkung vom 1. Dezember
  1934.

Berlin, den 21. Januar 1935.

Der Führer und Reichskanzler
Adolf Hitler

Der Reichsminister der Finanzen
Graf Schwerin von Krosigk

Der Reichswehrminister
von Blomberg

Der Reichsarbeitsminister
Franz Seldter

<Reichsgesetzblatt 1935 I, S. 21-22>

70조, 제78조, 제80조에 따라 확정된 보훈
지원수수료의 금액과 제23a조와 제66a조
에 따른 잠정수수료가 문제되는 경우 항소
에 관하여 보훈지원법원이 확정판결한다.
그밖의 경우에는 제국보훈지원법원이 항소
에 관하여 판결한다."
제5조 제103조에 다음의 내용을 추가한다:
"제2조, 제5조, 제33조, 제33a조, 제35조,
제76조 제4항(「제국보훈지원법률」에 따라
보훈급여가 보장되는 경우에)과 제77조에
따른 재판에 관하여 오로지 「제국보훈지원
법률」에 따른 보훈지원사건에 관한 재판절
차에 관한 규정만이 적용된다."

제2장 이 법률은 다음으로 효력이 생긴다:
이 법률 제1조와 제2조는 1934년 7월 1일
에, 제3조, 제4조, 제5조는 1934년 12월 1
일 효력이 생긴다.

베를린, 1935년 1월 21일

최고지도자이며 제국재상
아돌프 히틀러

제국재무상
그라프 슈베린 폰 크로직

제국국방상
폰 블롬베르크

제국노동상
프란쯔 젤터

XLVIII. Drittes Gesetz zur Überleitung der Rechtspflege auf das Reich.

Vom 24. Januar 1935.

Nachdem die Leitung der Justizverwaltung der Länder in der Hand des Reichsministers der Justiz vereinigt worden ist, übernimmt das Reich als Träger der Justizhoheit die gesamte Justiz mit allen Zuständigkeiten, Rechte und Pflichten, mit allen Justizbehörden und Justizbediensteten. Demgemäß hat die Reichsregierung das folgende Gesetz beschlossen, das hiermit verkündet wird:

§ 1 Mit dem 1. April 1935 werden die Justizbehörden der Länder Reichsbehörden, die Justizbeamten der Länder unmittelbare Reichsbeamte; die Angestellten und Arbeiter der Landesjustizbehörden treten in den Dienst des Reichs.

§ 2 (1) Die Einnahmen und Ausgaben für die Landesjustizverwaltungen einschließlich der Ausgaben für Ruhegehälter, Wartegelder und Hinterbliebenenbezüge gehen vom 1. April 1935 ab auf Rechnung des Reichs. Welche Einnahmen und Ausgaben, die mit der Justizverwaltung im Zusammenhang stehen, außerdem auf das Reich übergehen, entscheidet nach Anhörung der obersten Landesbehörden der Reichsminister der Justiz im Einvernehmen mit dem Reichsminister der Finanzen.

(2) Absatz 1 gilt jedoch nicht für Einnahmen und Ausgaben, die noch beim Haushalt für das Rechnungsjahr 1934 zu buchen sind.

§ 3 (1) Das Reich tritt mit dem 1. April 1935 in alle vermögensrechtlichen Pflichten und Rechte ein, die mit der Justizverwaltung der Länder verbunden sind; Grundstücke und bewegliche Sachen der Länder gehen in das Eigentum des Reichs über, wenn sie ausschließlich oder überwiegend von Justizbehörden benutzt werden. Ist für

48. 司法(Rechtspflege)의 제국이관을 위한 제3차 법률

1935년 1월 24일

주의 법무행정의 지도가 제국법무상의 권한 내에 통합된 후부터 제국이 법무고권의 담당자로서 모든 관할, 권리와 의무, 모든 법무관청과 법무관련복무자에 관한 전체 법무를 인수한다. 이에 따라 제국정부는 여기에 공포되는 다음의 법률을 의결하였다:

제1조 1935년 4월 1일부터 주법무관청은 제국법무관청으로, 주의 법무공무원은 제국 직접공무원이 된다: 주법무관청의 피용인과 노동자는 제국복무에 편입된다.

제2조 (1) 퇴직급여, 휴직금과 유족급여의 지급을 포함하는 주법무행정을 위한 수입과 지출은 1935년 4월 1일부터 제국회계로 이관된다. 이밖에 제국법무상은 주최고관청의 의견을 듣고 제국재무상의 동의를 얻어 제국으로 편입되어야 하는 법무행정과 관련된 수입과 지출을 결정한다.

(2) 제1항은 여전히 1934년 회계연도의 예산에 기입되어야 하는 수입과 지출에는 적용하지 아니한다.

제3조 (1) 제국은 1935년 4월 1일부터 주의 법무행정과 연계된 모든 재산상 의무와 권리를 승계한다; 주의 토지와 동산은, 그것이 전적으로 또는 주로 법무관청에 의하여 이용될 때에는, 제국의 소유권으로 이전한다. 무용하게 되거나 쓸모없게 된 토지에 대하여 보상이 필요하지 않은 때에는 무상으로,

ein entbehrlich oder unbrauchbar gewordenes
Grundstück ein Ersatz nicht notwendig, so ist
es in dem Zustande, in welchem es sich befindet,
unentgeltlich und ohne Ersatzleistung für etwaige
Verbesserungen oder Verschlechterungen dem
Lande zurückzugeben, das zuvor Eigentümer war.
(2) Aus Anlaß des Übergangs von Pflichten und
Rechten auf das Reich werden Steuern, Gebüh-
ren oder andere Abgaben nicht erhoben; bare
Auslagen bleiben außer Ansatz.

§ 4 (1) Die für die Justizbehörden und -be-
diensteten geltenden Rechts- und Verwaltungsvorschriften des Landes sind übergangs-
weise sinngemäß weiter anzuwenden, soweit
nicht dieses oder ein anderes Gesetz, eine Verordnung, eine Tarifordnung oder ein Erlaß des
Reichsministers der Justiz eine andere Regelung
trifft. Jedoch richtet sich die Zuständigkeit zur
Ernennung und Entlassung der Beamten nach
den für die unmittelbaren Reichsbeamten bestehenden Bestimmungen.

(2) Bestehen zwischen mehreren Ländern
Staatsverträge oder sonstige Vereinbarungen
für den Bereich der Justizverwaltungen, so
bleiben die Bestimmungen dieser Verträge als
Vorschriften des Reichs in Kraft, bis der Reichsminister der Justiz eine andere Bestimmung
trifft. Entschädigungen, Beiträge und ähnliche
Zahlungen sind jedoch für die Zeit nach dem 31.
März 1935 nicht mehr zu leisten.

§ 5 Soweit Behörden des Reichs, der Länder,
der Gemeinden und Gemeindeverbände für
Zwecke der Justizverwaltung Einrichtungen
oder Bedienstete zur Verfügung stellen oder
Geschäfte führen, verbleibt es hierbei, bis der
Reichsminister der Justiz im Einvernehmen mit
den zuständigen Behörden eine andere Regelung trifft; für diese Leistungen dürfen keine anderen Entschädigungen als bisher beansprucht
werden.

§ 6 Soweit die Justizbehörden für andere Behörden
Einrichtungen oder Bedienstete zur Verfügung

그리고 그 토지가 현재의 상태로 있을 수 있
는 개선이나 악화에 대한 보상급부 없이 이
전에 소유자이었던 주로 반환된다.

(2) 제국으로의 의무와 권리의 이전을 이
유로 조세, 수수료와 그밖의 공과금은 부
과되지 아니한다; 순수비용은 계산되지 아
니한다.

제4조 (1) 법무관청과 법무관련 복무자에게
적용되는 주의 법률규정과 행정규정들은,
이 법률이나 다른 법률, 명령, 임금규칙 또
는 제국법무상의 지시가 달리 규정하지 않
으면, 과도기적으로 의미에 맞게 계속 적용
된다. 그러나 공무원의 임용과 면직을 위
한 관할은 제국 직접공무원에 관한 규정에
따른다.

(2) 여러 개의 주 사이에 법무행정의 범위
에 관한 국가조약 또는 그밖의 합의가 있으
면 그 계약의 규정은, 제국법무상이 다른 규
정을 제정할 때까지, 제국의 규정으로 효력
을 보전한다. 그러나 보상, 부담금과 그밖
의 지급은 1935년 3월 31일 이후에는 급부
하지 아니한다.

제5조 제국, 주, 기초행정단체와 기초행정단
체연합의 관청이 법무행정의 목적으로 시
설이나 복무자를 이용하게 하거나 사무를
수행하는 경우, 이는 제국법무상이 관할관
청의 동의를 얻어 다른 규정을 제정할 때까
지 그대로 존속한다; 그러한 급부를 위하여
지금까지 청구된 외의 다른 보상이 청구되
어서는 아니된다.

제6조 법무관청이 다른 관청을 위하여 시설
이나 복무자를 이용하게 하거나 법무사무

stellen oder andere als Justizgeschäfte führen, verbleibt es hierbei, bis der Reichsminister der Justiz im Einvernehmen mit den zuständigen Behörden eine andere Regelung trifft; für diese Leistungen dürfen keine anderen Entschädigungen als bisher beansprucht werden.

§ 7 Aus Anlaß der Übernahme der Landesjustiz auf das Reich können deren Beamte die Versetzung in den Ruhestand beanspruchen, wenn sie das 62. Lebensjahr vollendet haben. Diese Berechtigung erlischt am 31. Dezember 1935.

§ 8 Ergeben sich bei der Anwendung dieses Gesetzes zwischen Reich, Ländern und Gemeinden (Gemeindeverbänden) Zweifelsfragen, so entscheidet nach Anhörung der obersten Landebehörden der Reichsminister der Justiz im Einvernehmen mit dem Reichsminister des Innern, in den Fällen der §§ 2 und 3 im Einvernehmen mit dem Reichsminister der Finanzen; die Entscheidung bindet Gerichte und Verwaltungsbehörden.

§ 9 Die Anteile eines Landes an den Reichssteuerüberweisungen werden für jedes Rechnungsjahr, erstmals für das Rechnungsjahr 1935, um den Unterschiedsbetrag zwischen den Ausgaben und Einnahmen (Zuschußbedarf) seiner bisherigen Justizverwaltung gekürzt; der Zuschußbedarf wird nach dem Durchschnitt der Rechnungsjahre 1925 bis 1933 berechnet.

§ 10 Die zur Durchführung und Ergänzung dieses Gesetzes erforderlichen Vorschriften erlassen die beteiligten Reichsminister.

Berlin, den 24. Januar 1935.

Der Führer und Reichskanzler
Adolf Hitler

Der Reichsminister der Justiz
Dr. Gürtner

가 아닌 사무를 수행하는 경우, 제국법무상이 관할관청의 동의를 얻어 달리 규정할 때까지 이는 그대로 존속한다; 그러한 급부를 위하여 지금까지 청구된 외에 다른 보상이 청구되어서는 아니된다.

제7조 주법무의 제국으로의 인수를 계기로 그의 공무원은 그가 62세에 이른 경우 퇴직전보를 청구할 수 있다. 이 권리는 1935년 12월 31일 소멸한다.

제8조 이 법률을 적용할 때에 제국, 주와 기초행정단체(기초행정단체연합) 사이에 불확실한 문제가 생기는 경우, 제국법무상이 최고주관청의 의견을 듣고 제국내무상의 동의를 얻어 결정하며, 제2조와 제3조의 경우 제국재무상의 동의를 얻어 결정한다; 결정은 법원과 행정관청을 기속한다.

제9조 주(州)가 제국으로의 조세전입에 관하여 부담하는 지분은 전체 회계연도에 관하여, 처음 회계연도 1935년에는 지금까지의 법무행정의 지출과 수입 사이의 차액분(보조필요분)으로 감축한다; 보조필요분은 회계연도 1925년부터 1933년의 평균에 따라 산정된다.

제10조 관계 제국상은 이 법률의 시행과 보완을 위하여 필요한 규정을 제정한다.

베를린, 1935년 1월 24일

최고지도자이며 제국재상
아돌프 히틀러

제국법무상
귀르트너 박사

Der Reichsminister des Innern
Frick

Der Reichsminister der Finanzen
Graf Schwerin von Krosigk

<Reichsgesetzblatt 1935 I, S. 68-69>

제국내무상
프릭

제국재무상
그라프 슈베린 폰 크로직

관련 법령:
법률 33
Verordnung über den Ausbau des Reichs-Justizprüfungsamtes (27.02.1935)

II. Gesetz über die vorläufige Verwaltung des Saarlandes.

Vom 30. Januar 1935.

Das Treuebekenntnis vom 13. Januar 1935 hat bestätigt, daß das deutsche Saarvolk mit der Deutschen Nation eine unlösliche Einheit bildet. Um die Verwaltung des Saarlandes in die Verwaltung des Reich wieder einzufügen, hat die Reichsregierung das folgende Gesetz beschlossen, das hiermit verkündet wird:

§ 1 (1) An der Spitze der Verwaltung des Saarlandes steht bis zur Eingliederung in einen Reichsgau der Reichskommissar für die Rückgliederung des Saarlandes mit dem Amtssitz in Saarbrücken. Der Reichskommissar wird vom Führer und Reichskanzler ernannt.

(2) Der Reichskommissar ist der ständige Vertreter der Reichsregierung im Saarland. Er hat die Aufgabe, für die Beobachtung der vom Führer und Reichskanzler aufgestellten Richtlinien der Politik zu sorgen. Er ist befugt, sich von sämtlichen Reichsbehörden und von den Dienststellen der unter Aufsicht des Reichs stehenden öffentlich-rechtlichen Körperschaften innerhalb des Saarlandes unterrichten zu lassen, sie auf die maßgebenden Gesichtspunkte und die danach erforderlichen Maßnahmen aufmerksam zu machen, sowie bei Gefahr im Verzuge einstweilige Anordnungen zu treffen; die gleichen Befugnisse hat im Falle seiner Behinderung sein allgemeiner Vertreter; auf andere Beamte kann der Reichskommissar diese Befugnisse nicht übertragen.

(3) Der Reichskommissar vertritt auf den ihm zugewiesenen Verwaltungsgebieten das Reich gerichtlich und außergerichtlich.

49. 잘란트주(Saarland)의 임시행정을 위한 법률

1935년 1월 30일

1935년 1월 13일의 충성서약은 독일 잘인민이 독일민족과 불가분의 단일체를 형성함을 확인한다. 잘란트의 행정을 제국행정으로 재편입하기 위하여 제국정부는 여기에 공포되는 다음의 법률을 의결하였다:

제1조 (1) 제국지구*에 편입될 때까지 제국치안감이 잘란트의 재편제를 위하여 잘브뤼켄에 관청소재지를 가진 잘란트행정의 장이 된다. 제국치안감은 최고지도자이며 제국재상에 의하여 임명된다.

(2) 제국치안감은 잘란트에서 제국정부의 상임[常任]대표이다. 그는 최고지도자이며 제국재상이 제정한 정책지침의 준수를 노력할 임무가 있다. 그는 잘란트 내의 모든 제국관청과 제국의 감독 아래 있는 공법상 사단의 사무소에 보고하게 하고, 이들에게 적절한 정책관과 그에 따라 요구되는 조치를 주의하도록 하며, 이를 지체하면 위험하게 될 때에는 임시명령을 내릴 권한이 있다; 그가 할 수 없을 때에는 그의 공적 대리인이 동일한 권한을 가진다; 제국치안감은 그 밖의 공무원에게 그 권한을 이양할 수 없다.

(3) 제국치안감은 그에게 위임된 행정지역에서 재판상과 재판외에 제국을 대리한다.

---

* = Reichsgau, NS시기(1938-1945)의 독일제국의 행정지구[단위].

§ 2 Dem Reichskommissar werden ein Regierungspräsident als allgemeiner Vertreter und die erforderlichen Reichsbeamten beigegeben.

§ 3 (1) Dem Reichskommissar werden sämtliche Verwaltungsgebiete zugewiesen, für die nicht die Zuständigkeit der Reichszentralbehörden gegeben, oder die Zuständigkeit anderer Behörden ausdrücklich begründet ist.

(2) Der zuständige Reichsminister kann im Einvernehmen mit dem Reichsminister des Innern Abweichungen anordnen.

(3) Der Reichskommissar hat auf den ihm zugewiesenen Verwaltungsgebieten die Aufgaben und Zuständigkeiten der höheren Verwaltungsbehörde und ist Landespolizeibehörde; er übernimmt die Aufgaben der Provinzialverwaltung und des Landesfürsorgeverbandes. Der Reichskommissar führt seine Geschäfte unter der Leitung der Reichsminister und unter der Dienstaufsicht des Reichsministers des Innern.

(4) Dem Reichskommissar werden angegliedert: der Bezirksausschuß, das Regierungsforstamt, die Oberversicherungsämter, das Versorgungsgericht und die Landesversicherungsanstalt. Die zuständigen Reichsminister regeln den Aufbau dieser Behörden.

(5) Dem Reichskommissar werden als Kreiskassen die bestehenden Kreis- und Forstkassen unterstellt.

§ 4 (1) Besondere Behörden im Sinne des § 3 Abs. 1 sind:

1. für die Abgabenverwaltung, soweit es sich nicht um Abgaben der Gemeinden, Gemeindeverbände und juristischer Personen des öffentlichen Rechts handelt, der Präsident des Landesfinanzamts in Würzburg,

2. für die Arbeitsverwaltung das Landesarbeitsamt Rheinland in Köln,

3. für die Justizverwaltung der Oberlandesgerichtspräsident und der Generalstaatsanwalt bei dem Oberlandesgericht in Köln,

4. für das Versorgungswesen das Hauptversor-

제2조 [주]행정수반이 제국치안감의 공적 대리인이 되고 그에게 필요한 제국공무원이 배속된다.

제3조 (1) 제국중앙관청의 관할이 규정되지 않거나 다른 관청의 관할이 명시적으로 확립되지 않은 행정지역 전부가 제국치안감에게 위임된다.

(2) 관할 제국상은 제국내무상의 협조를 얻어 예외를 명령할 수 있다.

(3) 제국치안감은 그에게 위임된 행정지역에서 상급행정관청의 임무와 관할을 가지며 주경찰관청이다; 그는 지방행정과 주복지단체의 임무를 인수한다. 제국치안감은 제국상의 지도와 제국내무상의 복무감독 아래 그의 사무를 수행한다.

(4) 다음의 관청이 제국치안감에게 편제된다: 지구위원회, 제국산림청, 상급사회복지청, 보훈지원법원과 주복지시설. 관할 제국상이 이러한 관청의 설립을 규율한다.

(5) 현재의 지역금고와 산림금고는 지역금고로 제국치안감에게 배속된다.

제4조 (1) 제3조 제1항의 의미에서 특별한 관청은:

1. 기초행정단체, 기초행정단체연합과 공법상 법인의 조세가 아닌 경우, 조세행정에 관하여 뷔르쯔부르크 소재의 주재무청장,

2. 노동행정에 관하여 쾰른 소재의 라인란트 주노동청,

3. 법무행정에 관하여 쾰른 소재의 주고등법원의 주고등법원장과 검사장,

4. 보훈지원제도에 관하여 코블렌쯔 소재의

gungsamt in Koblenz,

5. für die Deutsche Reichspost die Reichspostdirektion in Saarbrücken,

6. für die Berghoheitsverwaltung das Oberbergamt in Bonn,

7. für die Reichswasserstraßen-Verwaltung der Oberpräsident (Rheinstrombau-Verwaltung) in Koblenz,

8. für die Reichsluftfahrtverwaltung das Luftamt in Darmstadt,

9. für die Eichverwaltung die Eichungsdirektion in Köln,

10. der Treuhänder der Arbeit für das Wirtschaftsgebiet Saar-Pflalz mit dem Sitze in Saarbrücken.

(2) Für das Landesfinanzamt in Würzburg und das Landesarbeitsamt Rheinland in Köln werden in Saarbrücken Zweigstellen eingerichtet.

(3) Der zuständige Reichsminister kann im Einvernehmen mit dem Reichsminister des Innern die vorstehenden Zuständigkeiten ändern oder ergänzen.

§ 5 Die Behörden und Einrichtungen des Saarlandes werden, soweit sie nicht Behörden und Einrichtungen der Gemeinden, der Gemeindeverbände oder der Körperschaften, Anstalten oder Stiftungen des öffentlichen Rechts sind, oder soweit nicht ausdrücklich anderes bestimmt wird, Reichsbehörden und Reichseinrichtungen. Die Beamten dieser Behörden und Einrichtungen sind unmittelbare Reichsbeamte; der zuständige Reichsminister kann im Einvernehmen mit dem Reichsminister des Innern eine abweichende oder ergänzende Regelung treffen. Die Lehrer an öffentlichen Schulen haben die Rechte und Pflichten von Reichsbeamten.

§ 6 Es fallen fort die Zentralverwaltung, der Landesrat, der Studienausschuß, der Oberste Gerichtshof, der Oberste Disziplinarrat, das Revisionsgericht für Mietstreitigkeiten, der Verwaltungsausschuß, das Oberverwaltungs-

중앙보훈지원청,

5. 독일제국우편에 관하여 잘브뤼켄 소재의 제국우편국,

6. 광산고권행정에 관하여 본 소재의 중앙광산청,

7. 제국수로행정에 관하여 코블렌쯔 소재의 (라인발전건설-행정) 주청장,

8. 제국항공행정에 관하여 다름슈타트 소재의 항공청,

9. 도량행정에 관하여 쾰른 소재의 도량국,

10. 잘-팔쯔경제지역에 관하여 잘브뤼켄 소재의 노동신탁관리청.

(2) 뷔르쯔부르크 소재의 주재무청과 쾰른 소재의 라인란트 주노동청을 위하여 잘브뤼켄에 지청이 설치된다.

(3) 관할 제국상은 제국내무상의 동의를 얻어 종전의 관할을 변경하거나 보충할 수 있다.

제5조 잘란트의 관청과 기구는 그것이 기초행정단체, 기초행정단체연합과 공법상 사단, 영조물과 재단법인의 관청과 기구가 아니거나 다른 규정이 없으면 제국관청과 제국기구이다. 그 관청과 기구의 공무원은 제국직접공무원이다; 관할 제국상은 제국내무상의 동의를 얻어 이와 다르거나 보완하는 규정을 제정할 수 있다. 공립학교의 교원은 제국공무원의 권리를 가지고 의무를 진다.

제6조 중앙행정, 주상원의회, 교육위원회, 최고법원, 최고징계위원회, 임대차분쟁에 관한 상고법원, 행정위원회, 고등행정법원, 잘지역 권한쟁송법원, 잘지역 주보험청, 사보험감독청, 노동평의회, 광업법원과 광산고권청

gericht, der Kompetenzkonfliktsgerichtshof für das Saargebiet, das Landesversicherungsamt für das Saargebiet, das Aufsichtsamt für Privatversicherung, die Arbeitskammer, das Berggewerbegericht und die Berghoheitsbehörden.

§ 7 (1) Die zuständigen Reichsminister bestimmen im Einvernehmen mit dem Reichsminister des Innern tunlichst nach Anhörung des Reichskommissars, durch Rechtsverordnung

a) in welchem Umfange und zu welchem Zeitpunkt das bisher im Saarland geltende Recht außer Kraft tritt,

b) in welchem Umfange und zu welchem Zeitpunkt das im Reich geltende Recht im Saarland eingeführt wird,

c) in welchem Umfange und zu welchem Zeitpunkt im Saarland geltendes Recht geändert oder vereinheitlicht wird,

d) in welcher Weise die Verwaltung des Saarlandes im einzelnen in die Verwaltung des Reichs übergeleitet wird.

Dabei können von den bestehenden Gesetzen abweichende oder ergänzende Vorschriften erlassen werden.

(2) Die zuständigen Reichsminister können im Einvernehmen mit dem Reichsminister des Innern auf bestimmt zu bezeichnenden Gebieten ihre im Abs. 1 a bis c genannten Befugnisse dem Reichskommissar übertragen. Die Rechtsverordnungen des Reichskommissars werden im Amtsblatt des Reichskommissars veröffentlicht; sie treten, soweit nicht ausdrücklich etwas anderes bestimmt wird, mit dem auf die Verkündigung im Amtsblatt folgenden Tage in Kraft.

§ 8 Der Reichsminister des Innern erläßt im Einvernehmen mit den zuständigen Reichsministern, tunlichst nach Anhörung des Reichskommissars, die zur Ausführung und Ergänzung des Gesetzes erforderlichen Rechts- und Verwaltungsvorschriften.

§ 9 Der Reichsminister der Finanzen wird ermächtigt, die zur Verwaltung des Saarlandes

은 폐지된다.

제7조 (1) 관할 제국상은 제국내무상의 동의를 얻고 가능하면 제국치안감의 의견을 들어 법규명령으로 다음 각호를 결정한다.

a) 지금까지 잘란트에서 적용되는 법이 효력을 잃는 범위와 시기,

b) 제국의 실정법이 잘란트에 적용되는 범위와 시기,

c) 잘란트에서 적용되는 법이 개정되거나 통합되는 범위와 시기,

d) 잘란트의 행정이 개별적으로 제국행정으로 이관되는 방법.

이를 위하여 현행 법률과 다르거나 보완하는 법률규정이 제정될 수 있다.

(2) 관할 제국상은 제국내무상의 동의를 얻어 확정규정된 지역에서 제1항 a호부터 c호에 열거된 권한을 제국치안감에게 이양할 수 있다. 제국치안감의 법규명령은 제국치안감의 관보에 공포된다; 다른 명백한 규정이 없으면, 그 법규명령은 관보에 공포된 다음 날부터 시행한다.

제8조 제국내무상은 관할 제국상의 동의를 얻고 가능하면 제국치안감의 의견을 들어 이 법률의 시행과 보완을 위하여 필요한 법규정과 행정규정을 제정한다.

제9조 제국재무상은 잘란트의 행정을 위하여 요구되는 재정지출을 지도하고 필요한 과세

notwendigen Ausgaben zu leiten und die erforderlichen Einnahmen zu erheben. Er kann hierbei
von den Vorschriften der Reichshaushaltsordnung
abweichen.

§ 10 Das Gesetz tritt mit dem auf die Verkündung
folgenden Tage, im Saarland mit dem 1. März
1935 in Kraft.

Berlin, den 30. Januar 1935.

Der Führer und Reichskanzler
Adolf Hitler

Der Reichsminister des Innern
Frick

<Reichsgesetzblatt 1935 I, S. 66-68>

를 할 권한이 있다. 이때 그는 「제국재정령」
의 규정과 달리 정할 수 있다.

제10조 이 법률은 공포된 다음 날부터, 그리
고 잘란트에서는 1935년 3월 1일부터 시
행한다.

베를린, 1935년 1월 30일

최고지도자이며 제국재상
아돌프 히틀러

제국내무상
프릭

관련 법령:
법률 50, 55
Verordnung über das Zollwesen im Saarland
(13.02.1935)
Verordnung zur Überleitung der Strafrechtspflege
im Saarland (21.02.1935)
Erste Durchführungsverordnung zum Gesetz
über die vorläufige Verwaltung des Saarlandes
(22.02.1935)
Verordnung zur Einführung reichsrechtlicher
Vorschriften im Saarland aus dem Gebiete
der allgemeinen und inneren Verwaltung
(22.02.1935)
Verordnung über die Rechtsverhältnisse der Beamten des Saarlandes (22.02.1935)
Verordnung über die vorläufige Regelung der
Gerichtsverfassung im Saarland (22.02.1935)
Verordnung über die Einführung der Reichswährung im Saarland (25.02.1935)

L. Gesetz über die Vertretung des Saarlandes im Reichstag.

Vom 30. Januar 1935.

Um der Rückkehr des Saarlandes in das Deutsche Reich sichtbaren Ausdruck zu geben und dem deutschen Saarvolk die ihm gebührende Vertretung im einheitlichen Deutschen Reichstag zu gewähren, hat die Reichsregierung das folgende Gesetz beschlossen, das hiermit verkündet wird:

§ 1 Der am 12. November 1933 gewählte Reichstag wird um so viel Abgeordnete vermehrt, als die Zahl von 60 000 in der Stimmenzahl enthalten ist, die am 13. Januar 1935 im Saargebiet für den Anschluß an Deutschland abgegeben wurde.

§ 2 Die nach § 1 in den Reichstag eintretenden acht Abgeordneten bestimmt der Führer und Reichskanzler auf Vorschlag des Reichskommissars für die Rückgliederung des Saarlandes aus der Zahl der Reichstagswähler im Saarland.

Berlin, den 30. Januar 1935.

Der Führer und Reichskanzler
Adolf Hitler

Der Reichsminister des Innern
Frick

<Reichsgesetzblatt 1935 I, S. 68>

50. 제국의회에서 잘란트주의 대표에 관한 법률

1935년 1월 30일

잘란트의 독일제국으로의 수복을 뚜렷이 각인하고 통일 독일제국의회에서 독일의 잘인민에게 그들에게 배정되는 대표을 보장하기 위하여 제국정부는 여기에 공포되는 다음의 법률을 의결하였다:

제1조 1933년 11월 12일 선출된 제국의회는 1935년 1월 13일 독일에의 병합을 위하여 잘지역에서 기표한 투표수에서 60,000표 단위로 절삭된 정도에 상당하는 의원이 증원된다.

제2조 최고지도자이며 제국재상은 잘란트의 재편입을 위한 제국치안감의 제청으로 잘란트의 제국의회선거인의 수에서 제1조에 따라 제국의회에 등원하는 8인의 의원을 정한다.

베를린, 1935년 1월 30일

최고지도자이며 제국재상
아돌프 히틀러

제국내무상
프릭

관련 법령:
법률 49, 55
Verordnung über das Zollwesen im Saarland (13.02.1935)
Verordnung zur Überleitung der Strafrechtspflege im Saarland (21.02.1935)
Erste Durchführungsverordnung zum Gesetz über

die vorläufige Verwaltung des Saarlandes (22.02.
1935)

Verordnung zur Einführung reichsrechtlicher Vorschriften im Saarland aus dem Gebiete der allgemeinen und inneren Verwaltung (22.02.1935)

Verordnung über die Rechtsverhältnisse der Beamten des Saarlandes (22.02.1935)

Verordnung über die vorläufige Regelung der Gerichtsverfassung im Saarland (22.02.1935)

Verordnung über die Einführung der Reichswährung im Saarland (25.02.1935)

LI. Reichsstatthaltergesetz.

Vom 30. Januar 1935.

Die Reichsregierung hat das folgende Gesetz beschlossen, das hiermit verkündet wird:

§ 1 (1) Der Reichsstatthalter ist in seinem Amtsbezirk der ständige Vertreter der Reichsregierung.

(2) Er hat die Aufgabe, für die Beobachtung der vom Führer und Reichskanzler aufgestellten Richtlinien der Politik zu sorgen.

§ 2 (1) Der Reichsstatthalter ist befugt, sich von sämtlichen Reichs- und Ländesbehörden sowie von den Dienststellen der unter Aufsicht des Reichs oder Landes stehenden öffentlich-rechtlichen Körperschaften innerhalb seines Amtsbezirks unterrichten zu lassen, sie auf die maßgebenden Gesichtspunkte und die danach erforderlichen Maßnahmen aufmerksam zu machen, sowie bei Gefahr im Verzuge einstweilige Anordnungen zu treffen.

(2) Diese Rechte kann er auf die ihm beigegebenen Beamten nicht übertragen.

§ 3 Die Reichsminister können bei Durchführung der ihnen obliegenden Aufgaben den Reichsstatthalter unbeschadet der Dienstaufsicht des Reichsministers des Innern unmittelbar mit Weisungen versehen.

§ 4 Der Führer und Reichskanzler kann den Reichsstatthalter mit der Führung der Landesregierung beauftragen. In dieser Eigenschaft kann der Reichsstatthalter ein Mitglied der Landesregierung mit seiner Vertretung beauftragen.

§ 5 Auf Vorschlag des Reichsstatthalters ernennt und entläßt der Führer und Reichskanzler die Mitglieder der Landesregierung.

§ 6 Der Reichsstatthalter fertigt nach Zustimmung der Reichsregierung die Landesgesetze aus und verkündet sie.

§ 7 Das Recht der Ernennung und Entlassung der

51. 제국감찰관[총독]법률

1935년 1월 30일

제국정부는 여기에 공포되는 다음의 법률을 의결하였다:

제1조 (1) 제국감찰관은 그의 직무지에서 제국정부의 상임[常任]대리인이다.

(2) 그는 최고지도자이며 제국재상이 제정한 정책지침의 준수를 노력할 임무가 있다.

제2조 (1) 제국감찰관은 그의 직무지 내에 있는 모든 제국관청과 주관청, 그리고 제국과 주의 감독 아래 있는 공법상 사단의 사무소에게 보고하게 하고 적절한 정책관과 그에 따르는 필요한 조치를 주의하도록 하고 이를 지체하면 위험하게 될 때에는 임시명령을 내릴 권한이 있다.

(2) 그는 이 권리를 그에게 배속된 공무원에게 이양할 수 있다.

제3조 제국상은 그에게 부여된 임무의 시행을 위하여 제국내무상의 직무감독에 영향을 받지 않고 직접 제국감찰관에게 지시할 수 있다.

제4조 최고지도자이며 제국재상은 제국감찰관에게 주정부의 지도를 위임할 수 있다. 그 자격에서 제국감찰관은 주정부의 내각성원에게 그의 대리를 위임할 수 있다.

제5조 최고지도자이며 제국재상은 제국감찰관의 제청으로 주정부의 내각성원을 임면한다.

제6조 제국감찰관은 제국정부의 동의를 얻어 주법률을 제정하고 공포한다.

제7조 주공무원의 임면권은 최고지도자이며

Landesbeamten steht dem Führer und Reichskanzler zu. Er übt es selbst aus oder überträgt
die Ausübung anderen Stellen mit dem Rechte
der Weiterübertragung.

§ 8 Das Gnadenrecht steht dem Führer und Reichs-
kanzler zu. Er übt es selbst aus oder überträgt die
Ausübung anderen Stellen mit dem Rechte der
Weiterübertragung.

§ 9 (1) Der Führer und Reichskanzler ernennt den
Reichsstatthalter und kann ihn jederzeit abberufen.

(2) Der Führer und Reichskanzler bestimmt den
Amtsbezirk des Reichsstatthalters.

(3) Auf das Amt des Reichsstatthalters finden
die Vorschriften des Reichsministergesetzes
vom 27. März 1930 (Reichsgesetzbl. I S. 96)
sinngemäß Anwendung.

§ 10 (1) In Preußen übt der Führer und Reichskanzler die Rechte des Reichsstatthalters aus. Er
kann die Ausübung dieser Rechte auf den Ministerpräsidenten übertragen.

(2) Der Ministerpräsident ist Vorsitzender der
Landesregierung. Er fertigt im Namen des
Führers und Reichskanzlers nach Zustimmung
der Reichsregierung die Landesgesetze aus und
verkündet sie.

§ 11 Das Zweite Gesetz zur Gleichschaltung
der Länder mit dem Reich vom 7. April 1933
(Reichsgesetzbl. I S. 173) in der Fassung der
Gesetze vom 25. April 1933 (Reichsgesetzbl.
I S. 225), vom 26. Mai 1933 (Reichsgesetzbl.
I S.293) und vom 14. Oktober 1933 (Reichs-
gesetzbl. I S. 736) wird aufgehoben.

§ 12 Der Reichsminister des Innern erläßt die
zur Durchführung des Gesetzes erforderlichen
Rechts- und Verwaltungsvorschriften, soweit
sie nicht dem Führer und Reichskanzler vorbehalten sind.

Berlin, den 30. Januar 1935.

제국재상에게 있다. 그는 그 권한을 직접
행사하거나 그 행사를 재이양권과 함께 다
른 기관에 이양한다.

제8조 사면권은 최고지도자이며 제국재상에
게 있다. 그는 그 권한을 직접 행사하거나
그 행사를 재이양권과 함께 다른 기관에 이
양한다.

제9조 (1) 최고지도자이며 제국재상은 제국
감찰관을 임명하고 언제든지 그를 소환할
수 있다.

(2) 최고지도자이며 제국재상이 제국감찰
관의 직무지구를 정한다.

(3) 1930년 3월 27일의 「제국상법률」(제국
법률관보 I 96)의 규정이 그 뜻에 맞게 제국
감찰관의 직무에 적용된다.

제10조 (1) 프로이센에서는 최고지도자이며
제국재상이 제국감찰관의 권한을 행사한
다. 그는 그 권한의 행사를 주행정수반에게
이양할 수 있다.

(2) 주행정수반은 주정부의 장이다. 그는
최고지도자이며 제국재상의 이름으로 제국
정부의 동의를 얻어 주법률을 제정하고 공
포한다.

제11조 1933년 4월 25일의 법률(제국법률관
보 I 225), 1933년 5월 26일의 법률(제국법
률관보 I 293)과 1933년 10월 14일의 법률(
제국법률관보 I 736)의 내용에서 1933년 4
월 7일 「제국과 주의 통합을 위한 제2차 법
률」(제국법률관보 I 173)은 폐지된다.

제12조 제국내무상은, 이 법률의 시행이 최고
지도자이며 제국재상에 유보되지 않으면,
이 법률의 시행을 위하여 필요한 법규정과
행정규정을 제정한다.

베를린, 1935년 1월 30일

Der Führer und Reichskanzler
Adolf Hitler

최고지도자이며 제국재상
아돌프 히틀러

Der Reichsminister des Innern
Frick

제국내무상
프릭

Der Reichsminister der Justiz
Dr. Gürtner

제국법무상
귀르트너 박사

<Reichsgesetzblatt 1935 I, S. 65-66>

관련 법령:

법률 3, 8, 10, 15, 27

Erste Verordnung zum Vorläufigen Gesetz zur Gleichschaltung der Länder mit dem Reich (05.04.1933)

Erlaß des Führers und Reichskanzlers über die Ausübung des Gnadenrechts (01.02.1935)

Anordnung über die Ausübung des Gnadenrechts in Dienststrafsachen (21.02.1935)

Anordnung über die Ausübung des Gnadenrechts bei Polizeistrafen, Ordnungsstrafen usw. (23.02.1935)

LII. Gesetz über die Beurlaubung von Angestellten und Arbeitern für Zwecke der Leibeserziehung.

Vom 15. Februar 1935.

Die Reichsregierung hat das folgende Gesetz beschlossen, das hiermit verkündet wird:

§ 1 Jeder im Reichsgebiet beschäftigte deutsche männliche Angestellte oder Arbeiter ist auf seinen Antrag von seinem Unternehmer (Arbeitgeber) zur Teilnahme an einem anerkannten Lehrgang für Leibeserziehung zu beurlauben.

§ 2 Über die Anerkennung eines Lehrgangs entscheidet der Reichsminister des Innern oder die von ihm bestimmte Stelle.

§ 3 Der Urlaub zur Teilnahme an einem anerkannten Lehrgang ist dem Angestellten und Arbeiter außerhalb des ihm bestimmungsgemäß zustehenden Urlaubs zu gewähren.

§ 4 (1) Bei der Beantragung des Urlaubs sind dem Unternehmer (Arbeitgeber) eine Bescheinigung der zuständigen Stelle (§ 2) über die Anerkennung des Lehrgangs sowie die schriftliche Zulassung zur Teilnahme an diesem Lehrgang vorzulegen.

(2) Der Antrag ist mindestens vier Wochen vor Beginn des Lehrgangs zu stellen.

(3) Einwendungen des Unternehmers (Arbeitgebers) müssen insoweit berücksichtigt werden, als ein geeigneter Ersatz für den Antragsteller nicht beschafft werden kann und die Beurlaubung zu einer verhältnismäßig großen Schädigung des Betriebes führen würde. Der Reichsminister des Innern bestimmt die Stelle, die über die Einwendungen des Unternehmers (Arbeitgebers) endgültig entscheidet.

§ 5 Die Beurlaubung zu einen anerkannten Lehrgang gibt dem Unternehmer (Arbeitgeber) nicht das Recht, das Arbeitsverhältnis zu kündigen.

52. 자녀양육을 목적으로 하는 피용인과 노동자의 휴직에 관한 법률

1935년 2월 15일

제국정부는 여기에 공포되는 다음의 법률을 의결하였다:

제1조 제국영토에서 직업활동에 종사하는 독일 남성피용인과 남성노동자는 공인된 자녀양육을 위한 교육과정에 참여하기 위하여 그의 신청으로 그의 경영자(사용자)에 의하여 휴직될 수 있다.

제2조 교육과정의 공인에 관하여 제국내무상 또는 그가 지정한 기관이 결정한다.

제3조 공인된 교육과정의 참여를 위한 휴직은 피용인 또는 노동자에게 규정에 따라 주어지는 휴가와 별도로 보장되어야 한다.

제4조 (1) 휴직을 신청할 때에 경영자(사용자)에게 교육과정의 공인에 관한 관할기관(제2조)의 증명서와 그 교육과정의 참여에 관한 서면허가가 제출되어야 한다.

(2) 신청은 늦어도 교육과정이 개시하기 4주 전에 이루어져야 한다.

(3) 경영자(사용자)의 항변은 신청인에 대한 적합한 대체가 이루어질 수 없고 휴직이 사업장에 상대적으로 중대한 손해로 이어질 수 있을 경우에는 참작되어야 한다. 제국내무상은 경영자(사용자)의 항변에 관하여 확정결정하는 기관을 지정한다.

제5조 공인된 교육과정을 위한 휴직은 경영자(사용자)에게 근로관계를 해지할 권리를 부여하지 아니한다. 피용인 또는 노동자는 경

Der Angestellte und Arbeiter hat gegenüber dem Unternehmer (Arbeitgeber) während der Dauer des Urlaubs keinen Anspruch auf Zahlung von Arbeitsentgelt und sonstigen Bezügen. Die Fürsorge bei Krankheit und Unfall sowie die Beziehungen zur Sozialversicherung und die Fürsorge für Familien Unterhaltspflichtiger werden im Wege der Durchführungsverordnung geregelt.

§ 6 Der Reichsminister des Innern wird ermächtigt, im Einvernehmen mit dem Reichsminister der Finanzen, dem Reichswirtschaftsminister und dem Reichsarbeitsminister zur Durchführung und Ergänzung dieses Gesetzes Rechts- und Verwaltungsvorschriften zu erlassen.

§ 7 Dieses Gesetz tritt am 1. März 1935 in Kraft.

Berlin, den 15. Februar 1935.

영자(사용자)에 대하여 휴직이 계속하는 동안 노동대가와 그밖의 급여에 대한 지급청구권을 가지지 아니한다. 질병과 재해의 보호와 사회보험관계, 그리고 부양의무자의 가족을 위한 보호는 시행령으로 규정된다.

제6조 제국내무상은 제국재무상, 제국경제상과 제국노동상의 동의를 얻어 이 법률의 시행과 보완을 위하여 법규정과 행정규정을 제정할 권한이 있다.

제7조 이 법률은 1935년 3월 1일 시행된다.

베를린, 1935년 2월 15일

Der Führer und Reichskanzler
Adolf Hitler

최고지도자이며 제국재상
아돌프 히틀러

Der Reichsminister des Innern
Frick

제국내무상
프릭

Der Reichsminister der Finanzen
Graf Schwerin von Krosigk

제국재무상
그라프 슈베린 폰 크로직

Der Reichswirtschaftsminister
Mit der Führung der Geschäfte beauftragt:
Hjalmar Schacht
Präsident des Reichsbankdirektoriums

제국경제상
사무지도를 위임받은:
얄마 샤흐트
제국은행위원장

Der Reichsarbeitsminister
Franz Seldte

제국노동상
프란쯔 젤테

<Reichsgesetzblatt 1935 I, S. 197-198>

LIII. Gesetz über die Einführung eines Arbeitsbuches.

Vom 26. Februar 1935.

Die Reichsregierung hat das folgende Gesetz beschlossen, das hiermit verkündet wird:

§ 1 (1) Um die zweckentsprechende Verteilung der Arbeitskräfte in der deutschen Wirtschaft zu gewährleisten, wird ein Arbeitsbuch eingeführt.

(2) Den Kreis der Personen, für die Arbeitsbücher eingeführt sind, den Zeitpunkt der Einführung und das Nähere über die Ausgestaltung der Arbeitsbücher bestimmt der Reichsarbeitsminister.

§ 2 Arbeiter und Angestellte, für die nach § 1 Arbeitsbücher ausgestellt sind, dürfen von dem Zeitpunkte an, den der Reichsarbeitsminister bestimmt, nur beschäftigt werden, wenn sie im Besitze eines ordnungsmäßig ausgestellten Arbeitsbuches sind.

§ 3 (1) Die Arbeitsbücher werden von den Arbeitsämtern ausgestellt.

(2) Anderen Stellen ist die Ausstellung von Arbeitsbüchern oder ähnlichen Ausweisen, von denen die Einstellung als Arbeiter oder Angestellter oder eine Bevorzugung bei der Einstellung abhängig gemacht werden soll, untersagt, soweit nicht besondere gesetzliche Vorschriften Ausnahmen zulassen.

§ 4 (1) Wer entgegen den Vorschriften des § 2 einen Arbeiter oder Angestellten beschäftigt oder sich als Arbeiter oder Angestellten beschäftigen läßt, wird mit Geldstrafe bis zu einhundertfünfzig Reichsmark oder mit Haft bestraft.

(2) Wer vorsätzlich entgegen den Vorschriften des § 3 Arbeitsbücher oder ähnliche Ausweise ausstellt, wird mit Gefängnis und Geldstrafe oder mit einer dieser Strafen bestraft.

§ 5 Der Reichsarbeitsminister wird ermächtigt, zur Durchführung und Ergänzung dieses Ge-

53. 노동기록부의 도입에 관한 법률

1935년 2월 26일

제국정부는 여기에 공포되는 다음의 법률을 의결하였다:

제1조 (1) 독일경제에서 노동력의 합목적적 배치를 보장하기 위하여 노동기록부가 도입된다.

(2) 노동기록부가 도입되는 사람들의 집단, 도입시기와 노동기록부의 구성에 관한 자세한 사항은 제국노동상이 정한다.

제2조 제1조에 따라 그들에 관하여 노동기록부가 작성되는 노동자와 피용인은 제국노동상이 정하는 시기부터 그가 적법하게 작성된 노동기록부를 소지하는 경우에만 고용될 수 있다.

제3조 (1) 노동기록부는 노동청에 의하여 작성된다.

(2) 노동자 또는 피용인으로의 채용 또는 채용할 때에 선호를 결정하는 노동기록부 또는 유사한 증명서의 작성은, 특별한 법률의 규정이 예외를 허용하지 않으면, 그밖의 관청에게는 금지된다.

제4조 (1) 제2조의 규정에 위반하여 노동자 또는 피용인을 고용하거나 노동자 또는 피용자로 고용되도록 하는 사람은 150 제국마르크 이하의 벌금형 또는 구금형에 처한다.

(2) 고의로 제3조의 규정에 위반하여 노동기록부 또는 유사한 증명서를 작성하는 사람은 징역과 벌금형 또는 그 형벌 중 하나에 처한다.

제5조 제국노동상은 이 법률의 시행과 보완을 위하여 법규정과 일반 행정규정을 제정

setzes Rechtsverordnungen und allgemeine Verwaltungsvorschriften zu erlassen. Er kann darin
anordnen, daß und in welchem Umfange bei Zuwiderhandlungen gegen die von ihm erlassenen
Bestimmungen die im § 4 angedrohten Strafen
Anwendung finden.

§ 6 Dieses Gesetz tritt am 1. April 1935 in Kraft.
Durchführungs- und Ergänzungsbestimmungen
können schon vor dem Inkrafttreten erlassen
werden.

Berlin, den 26. Februar 1935.

Der Führer und Reichskanzler
Adolf Hitler

Der Reichsarbeitsminister
Franz Seldte

<Reichsgesetzblatt 1935 I, S. 311>

할 권한이 있다. 그는 여기에서 그가 제정한
규정에 반하는 위반행위가 있을 경우 제4조
에 위협한 형벌이 적용될 수 있는지의 여부
와 적용될 때 어느 정도까지 적용되는지를
명령할 수 있다.

제6조 이 법률은 1935년 4월 1일 시행한다.
시행규정과 보완규정은 이 법률이 효력이
생기기 전에 미리 제정될 수 있다.

베를린, 1935년 2월 26일

최고지도자이며 제국재상
아돌프 히틀러

제국노동상
프란쯔 젤테

LIV. Gesetz zur Änderung des Finanzausgleichs.

Vom 26. Februar 1935.

Die Reichsregierung hat das folgende Gesetz beschlossen, das hiermit verkündet wird:

Im Hinblick auf die Vorbelastung des Reichs durch Maßnahmen zur Arbeitsbeschaffung werden die Anteile der Länder an den folgenden Reichssteuern für das Rechnungsjahr 1935 um zwei Drittel gekürzt, soweit sie
bei der Einkommensteuer
den Betrag von
1.100.000.000 Reichsmark,

bei der Körperschaftssteuer
den Betrag von
240.000.000 Reichsmark,

bei der Umsatzsteuer
den Betrag von
573.000.000 Reichsmark
übersteigen. Die Länderanteile an der Einkommensteuer und der Körperschaftssteuer werden erst dann gekürzt, wenn sie zusammen den Betrag von 1.340.000.000 Reichsmark übersteigen. Der Betrag, um den die Länderanteile gekürzt werden, verbleibt zur einen Hälfte dem Reich; die andere Hälfte wird einem Ausgleichsstock zugeführt. Das Nähere über die Verwendung des Ausgleichsstocks bestimmt der Reichsminister der Finanzen.

Berlin, den 26. Februar 1935.

Der Führer und Reichskanzler
Adolf Hitler

Der Reichsminister der Finanzen
Graf Schwerin von Krosigk

<Reichsgesetzblatt 1935 I, S. 285>

54. 재정조정의 변경을 위한 법률

1935년 2월 26일

제국정부는 여기에 공포되는 다음의 법률을 의결하였다:

일자리창출을 위한 조치에 의한 제국의 원천부담에 관하여 제국세가 다음을 초과할 경우 회계연도 1935년에 다음의 제국세에서 주의 지분의 3분의 2를 감축한다.

소득세에 관하여
1,100,000,000 제국마르크의 금액,

법인세에 관하여
240,000,000 제국마르크의 금액,

거래세에 관하여
573,000,000 제국마르크의 금액.

소득세와 법인세에 대한 주의 지분은 이들이 합산하여 1,340,000,000 제국마르크를 넘을 때에만 감축된다. 주의 지분이 감축되는 금액의 그 절반이 제국에 유보된다; 나머지 절반은 조정기본금으로 적립한다. 제국재무상이 조정기본금의 용도에 관하여 자세한 사항을 정한다.

베를린, 1935년 2월 26일

최고지도자이며 제국재상
아돌프 히틀러

제국재무상
그라프 슈베린 폰 크로직

LV. Gesetz über die Straffreiheit für das Saarland.

Vom 28. Februar 1935.

Aus Anlaß der Rückkehr des Saargebietes in das deutsche Mutterland hat die Reichsregierung das folgende Gesetz beschlossen, das hiermit verkündet wird:

§ 1 Für Straftaten, die im Saarland von Bewohnern des Saarlandes begangen sind, wird über die von der Reichsregierung bereits vor der Rückgliederung gegebenen Zusagen hinaus Straffreiheit nach folgenden Bestimmungen gewährt.

§ 2 (1) Freiheitsstrafen, die beim Inkrafttreten dieses Gesetzes rechtskräftig erkannt und noch nicht verbüßt sind und die ein Jahr Gefängnis oder ein Jahr Festungshaft, allein oder neben Geldstrafe, nicht übersteigen, werden erlassen, wenn der Täter bei der Begehung der Tat unbestraft oder nur mit Geldstrafen und mit Freiheitsstrafen von insgesamt höchstens sechs Monaten vorbestraft war.

(2) Geldstrafen und Freiheitsstrafen bis zu drei Monaten, allein oder nebeneinander, werden ohne Rücksicht auf frühere Strafen des Täters erlassen.

(3) Ist wegen mehrerer selbständiger Handlungen auf ein Gesamtstrafe erkannt, so tritt der Straferlaß ein, wenn die Gesamtstrafe die in den Absätzen 1 und 2 bezeichneten Grenzen nicht übersteigt.

§ 3 (1) Anhängige Verfahren wegen strafbarer Handlungen, die vor dem 1. März 1935 begangen sind, werden eingestellt, wenn keine höhere Strafe oder Gesamtstrafe als Gefängnis bis zu einem Jahr oder Festungshaft bis zu einem Jahr, allein oder neben Geldstrafe, zu erwarten ist, sofern der Täter bei der Begehung der Tat unbestraft oder nur mit Geldstrafen und mit Freiheitsstrafen von

55. 잘란트주(州)의 형사특권에 관한 법률

1935년 2월 28일

잘지역의 독일조국으로의 수복을 계기로 제국정부는 여기에 공포되는 다음의 법률을 의결하였다:

제1조 잘란트에서 잘란트의 주민에 의하여 행하여진 형사범죄에 관하여 제국정부에 의하여 이미 재편제 전에 주어진 확약을 넘어 다음의 규정에 따른 형사특권이 보장된다.

제2조 (1) 이 법률의 시행 전에 확정선고되어 아직 복역하지 않고 단독으로 또는 벌금형과 병과된 1년의 경징역형 또는 1년의 구금형을 넘지 않는 자유형은, 행위자가 그 범죄행위를 할 때 전과가 없거나 벌금형과 총 6월 이하의 자유형으로 이미 형사처벌된 경우, 면제된다.

(2) 벌금형과 3월 이하의 자유형은, 단독으로 또는 병과된 때에도, 행위자의 이전의 형벌과 관계없이 면제된다.

(3) 수개의 독립된 행위로 병합형이 선고된 때에는, 병합형이 제1항과 제2항에 규정된 한도를 넘지 않으면, 형벌면제가 효력이 생긴다.

제3조 (1) 1935년 3월 1일 이전에 행하여진 형사처벌할 수 있는 행위로 계류된 재판은 1년 이하의 경징역형 또는 1년 이하의 구금형보다 무거운 형벌이나 병합형이 단독으로 또는 벌금형과 병과하여 예상되지 않는 때에는, 행위자가 범죄행위를 할 때 전과가 없거나 벌금형만을 받았거나 총 6월 이하의 자유형으로 이미 형사처벌된 경우,

insgesamt höchstens sechs Monaten vorbestraft war.

(2) Ist keine höhere Strafe oder Gesamtstrafe als Geldstrafe oder Freiheitsstrafe bis zu drei Monaten, allein oder nebeneinander, zu erwarten, so wird das Verfahren ohne Rücksicht auf frühere Strafen des Täters eingestellt.

(3) Neue Verfahren werden in den Fällen der Absätze 1 und 2 nicht eingeleitet.

§ 4 Vorstrafen, deren Vermerke im Strafregister getilgt oder zu tilgen sind, bleiben für die Anwendung der §§ 2 und 3 außer Betracht.

§ 5 Der Straferlaß umfaßt Nebenstrafen, Sicherungsmaßnahmen und gesetzliche Nebenfolgen, soweit sie noch nicht vollzogen sind, rückständige Geldbußen, die in die Staatskasse fließen, und rückständige Kosten; das gilt auch, wenn die Strafe beim Inkrafttreten des Gesetzes bereits verbüßt war.

§ 6 (1) Als im Saarland begangen gelten Taten, deren Begehungsort ausschließlich im Saarland liegt.

(2) Den im Saarland begangenen Taten stehen solche Devisenzuwiderhandlungen gleich, die im Verkehr zwischen dem Saarland und dem übrigen Reichsgebiet begangen worden sind.

§ 7 Gerichtliche Entscheidungen über den Eintritt oder den Umfang des Straferlasses ergehen nach § 458 der Reichsstrafprozeßordnung (§ 490 der im Saarland geltenden Strafprozeßordnung).

§ 8 (1) Über die Einstellung anhängiger Verfahren entscheidet auf Antrag der Beteiligten das Gericht. Gegen den Beschluß des Gerichts findet sofortige Beschwerde statt.

(2) War das Verfahren auf Privatklage eingeleitet, so werden die Kosten des Verfahrens niedergeschlagen. Die dem Privatkläger und dem Beschuldigten erwachsenen notwendigen Auslagen kann das Gericht angemessen verteilen oder einem von ihnen ganz auferlegen; das gilt nicht für den Nebenkläger.

§ 9 Der Reichsminister der Justiz erläßt die zur

정지된다.

(2) 벌금형 또는 3월 이하의 자유형보다 무거운 형벌이나 병합형이 단독으로 또는 병과하여 예상되지 않는 때에는 행위자에 대한 이전의 형벌을 참작하지 않고 재판이 정지된다.

(3) 제1항과 제2항의 경우 새로운 재판은 개시되지 아니한다.

제4조 전과등록부에 그 기록이 말소되었거나 말소되어야 하는 전과는 제2조와 제3조의 적용에 고려되지 아니한다.

제5조 형벌면제는 아직 집행되지 않은 부가형, 보안처분과 법정 부가효, 국고에 귀속되는 체납된 금전벌금, 그리고 체납된 비용을 포함한다; 이 법률이 시행될 때에 이미 형을 복역한 때에도 같다.

제6조 (1) 범행장소가 오로지 잘란트에 소재하는 행위는 잘란트에서 행하여진 범죄행위로 본다.

(2) 잘란트와 그밖의 제국지역 사이의 거래에서 행하여진 그러한 외환범죄는 잘란트에서 행하여진 범죄행위와 같다.

제7조 형벌면제의 발생과 범위에 관한 법원의 판결은 「제국형사소송령」 제458조(잘란트에서 실정법으로 적용되는 「형사소송령」 제490조)에 따라 선고된다.

제8조 (1) 계류된 재판의 정지에 관하여는 당사자의 신청으로 법원이 결정한다. 법원의 결정에 대하여 즉시이의가 인정된다.

(2) 재판이 사인(私人)의 제소로 개시된 때에는 소송비용은 부과되지 아니한다. 법원은 사인원고와 피의자에게 발생한 필요비용을 적절히 분배하거나 그들 중 일방에게 전부 부담하게 할 수 있다; 이는 참가원고에게는 적용되지 아니한다.

제9조 제국법무상은 이 법률의 시행을 위하

Durchführung dieses Gesetzes erforderlichen
Rechts- und Verwaltungsvorschriften.

§ 10 Das Gesetz tritt mit der Verkündung in Kraft.

Berlin, den 28. Februar 1935.

Der Führer und Reichskanzler
Adolf Hitler

Der Reichsminister der Justiz
Dr. Gürtner

Der Reichsminister des Innern
Frick

<Reichsgesetzblatt 1935 I, S. 309-310>

여 필요한 법규정과 행정규정을 제정한다.

제10조 이 법률은 공포로 효력이 생긴다.

베를린, 1935년 2월 28일

최고지도자이며 제국재상
아돌프 히틀러

제국법무상
귀르트너 박사

제국내무상
프릭

관련 법령:
법률 49, 50
Verordnung über das Zollwesen im Saarland
(13.02.1935)
Verordnung zur Überleitung der Strafrechtspflege
im Saarland (21.02.1935)
Erste Durchführungsverordnung zum Gesetz
über die vorläufige Verwaltung des Saarlandes
(22.02.1935)
Verordnung zur Einführung reichsrechtlicher
Vorschriften im Saarland aus dem Gebiete der allgemeinen und inneren Verwaltung
(22.02.1935)
Verordnung über die Rechtsverhältnisse der Beamten des Saarlandes (22.02.1935)
Verordnung über die vorläufige Regelung der
Gerichtsverfassung im Saarland (22.02.1935)
Verordnung über die Einführung der Reichswährung im Saarland (25.02.1935)

LVI. Gesetz zur Überleitung des Bergwesens auf das Reich.

Vom 28. Februar 1935.

§ 1 (1) Das Bergwesen (Berghoheit und Bergwirtschaft) ist Reichsangelegenheit. Es wird vom Reichswirtschaftsminister geleitet.

(2) Die Landesbergbehörden haben den Weisungen der Reichswirtschaftsministers auf dem Gebiete des Bergwesens Folge zu leisten.

(3) Die bestehende Regelung über die Verwaltung und Bewirtschaftung der vermögensrechtlichen Interessen der Länder auf dem Gebiete des Bergbaues bleibt unberührt.

§ 2 (1) Bis zur Errichtung von unteren und mittleren Reichsbergbehörden (Bergämtern und Oberbergämtern) wird den Landesbergbehörden die Ausübung der im § 1 bezeichneten Aufgaben im Auftrage und im Namen des Reichs übertragen.

(2) Gegen die Entscheidung einer mittleren Landesbergbehörde findet die Beschwerde an den Reichswirtschaftsminister statt, soweit die Entscheidung nicht unanfechtbar oder der Verwaltungsrechtsweg eröffnet ist. Der Reichswirtschaftsminister entscheidet nach Anhörung der obersten Landesbergbehörde.

(3) Besteht in einem Landes keine mittlere Landesbergbehörde, so ist gegen die Entscheidung der obersten Landesbergbehörde Beschwerde an den Reichswirtschaftsminister binnen einem Monat nach Zustellung oder Bekanntgabe der anzufechtenden Entscheidung zulässig.

(4) Im übrigen gelten für die Landesbergbehörden und die Anfechtung ihrer Entscheidungen die Vorschriften der im einzelnen Falle maßgebenden Landesberggesetze.

§ 3 (1) Dieses Gesetz tritt am 1. März 1935 in Kraft.

(2) Zur Durchführung und Ergänzung dieses

56. 광업제도의 제국이관을 위한 법률

1935년 2월 28일

제1조 (1) 광업(광산고권과 광산경제)은 제국 사무이다. 광업은 제국경제상이 지도한다.

(2) 주(州)광업청은 광업부문에 관한 제국 경제상의 지시에 복종하여야 한다.

(3) 채광부문에 대한 주(州)의 재산법적 이익의 관리와 운영에 관한 현행규정은 영향을 받지 아니한다.

제2조 (1) 제국하급광업청과 제국중급광업청(광업공무원과 상급광업공무원)이 설치될 때까지 제1조에 규정된 임무의 행사가 제국의 위임과 이름으로 주광업청에 이양된다.

(2) 제국중급광업청의 결정에 대하여는, 그 결정이 취소할 수 없는 것이 아니거나 행정구제수단이 개방된 경우에는, 제국경제상에 대한 불복신청이 허용된다. 제국경제상은 주최고광업청의 의견을 들어 결정한다.

(3) 주에 주중급광업청이 없을 경우, 취소될 수 있는 주최고광업청의 결정이 송달되거나 공고된 때부터 1월 내에 제국경제상에 대하여 그 결정에 대한 불복신청이 허용된다.

(4) 이밖에 주광업청과 그 결정의 취소에 관하여는 개별 사안에 적합한 주광산법률의 규정이 적용된다.

제3조 (1) 이 법률은 1935년 3월 1일에 효력이 생긴다.

(2) 이 법률의 시행과 보완을 위하여 제국

Gesetzes kann der Reichswirtschaftsminister
Rechtsverordnungen und allgemeine Verwaltungsvorschriften erlassen. Diese Vorschriften
werden, soweit sie auch den Geschäftsbereich
eines anderen Reichsministers berühren, im
Einvernehmen mit diesem erlassen.

Berlin, den 28. Februar 1935.

Der Führer und Reichskanzler
Adolf Hitler

Der Reichswirtschaftsminister
Mit der Führung der Geschäfte beauftragt:
Hjalmar Schacht
H j a l m a r S c h a c h t
Präsident des Reichsbankdirektoriums

<Reichsgesetzblatt 1935 I, S. 315>

경제상은 법규명령과 일반 행정규정을 제
정할 수 있다. 이 규정은 다른 제국상의 사
무영역과 맞닿을 때에는 그들의 동의를 얻
어 제정된다.

베를린, 1935년 2월 28일

최고지도자이며 제국재상
아돌프 히틀러

제국경제상
사무지도를 위임받은:
얄마 샤흐트
제국은행위원장

관련 법령:
법률 33

[Dem Gesetz ist eine Proklamation der Reichs-regierung an das deutsche Volk vom 16.03.1935 vorangestellt.]

[1935년 3월 16일의 독일인민에 대한 제국정부의 성명이 이 법률에 선행한다.]

LVII. Gesetz für den Aufbau der Wehrmacht.

57. 국방군의 건립을 위한 법률 [건군법률]

Vom 16. März 1935.

1935년 3월 16일

Die Reichsregierung hat folgendes Gesetz bes-chlossen, das hiermit verkündet wird:

제국정부는 여기에 공포되는 다음의 법률을 의결하였다:

§ 1 Der Dienst in der Wehrmacht erfolgt auf der Grundlage der allgemeinen Wehrpflicht.

§ 2 Das deutsche Friedensheer einschließlich der überführten Truppenpolizeien gliedert sich in

제1조 국방군복무는 일반병역의무에 근거하여 이루어진다.

제2조 독일 평화군은 이관된 경찰군을 포함하여

12 Korpskommandos
36 Divisionen.

12개 군단과
36개 사단으로 편성된다.

§ 3 Die ergänzenden Gesetze über die Regelung der allgemeinen Wehrpflicht sind durch den Reichswehrminister dem Reichsministerium alsbald vorzulegen.

제3조 제국국방상은 일반병역의무의 규율에 관한 보완법률을 즉시 제국성에 제출하여야 한다.

Berlin, den 16. März 1935.

베를린, 1935년 3월 16일

Der Führer und Reichskanzler
Adolf Hitler

최고지도자이며 제국재상
아돌프 히틀러

Der Reichsminister des Auswärtigen
Freiherr von Neurath

제국외무상
프라이헤어 폰 노이라트

Der Reichsminister
für Ernährung und Landwirtschaft
R. Walther Darré

제국식량농업상
발터 다레

Der Reichsminister des Innern
Frick

제국내무상
프릭

Der Reichsminister für Volksaufklärung und Propaganda Dr. Goebbels	제국인민계몽선전상 괴벨스 박사
Der Reichsminister der Finanzen Graf Schwerin von Krosigk	제국재무상 그라프 슈베린 폰 크로직
Der Reichsminister der Luftfahrt Göring	제국항공운항상 괴링
Der Reichswirtschaftsminister Mit der Führung der Geschäfte beauftragt: Hjalmar Schacht Präsident des Reichsbankdirektoriums	제국경제상 사무지도를 위임받은: 얄마 샤흐트 제국은행위원장
Der Reichsminister für Wissenschaft, Erziehung und Volksbildung Rust	제국학술교육인민교육상 루스트
Der Reichsarbeitsminister Franz Seldte	제국노동상 프란츠 젤테
Der Reichsminister ohne Geschäftsbereich R. Heß	제국정무상 헤스
Der Reichsminister der Justiz Dr. Gürtner	제국법무상 귀르트너
Der Reichsminister ohne Geschäftsbereich Kerrl	제국정무상 케를
Der Reichswehrminister von Blomberg	제국국방상 폰 블롬베르크
Der Reichsminister ohne Geschäftsbereich Dr. Hans Frank	제국정무상 한스 프랑크 박사
Der Reichspostminister und Reichsverkehrsminister Frhr. v. Etz	제국우정상이며 제국교통상 프라이헤어 폰 에츠

LVII-I. Proklamation der Reichsregierung an das deutsche Volk bezüglich der Einführung der allgemeinen Wehrpflicht.

Vom 16. März 1935.

57-1. [부록] 일반 병역의무의 도입에 관한 독일인민에 대한 제국정부의 성명

1935년 3월 16일

An das deutsche Volk!

Als im November 1918 das deutsche Volk - vertrauend auf die in den 14 Punkten Wilsons gegebenen Zusicherungen - nach viereinhalbjährigem ruhmvollen Widerstand in einem Kriege, dessen Ausbruch es nie gewollt hatte, die Waffen streckte, glaubte es nicht nur der gequälten Menschheit, sondern auch einer großen Idee an sich einen Dienst erwiesen zu haben. Selbst am schwersten leidend unter den Folgen dieses wahnsinnigen Kampfes, griffen die Millionen unseres Volkes gläubig nach dem Gedanken einer Neugestaltung der Völkerbeziehungen, die durch die Abschaffung der Geheimnisse diplomatischer Kabinettspolitik einerseits, sowie der schrecklichen Mittel des Krieges anderseits veredelt werden sollten. Die geschichtlich härtesten Folgen einer Niederlage erschienen vielen Deutschen damit geradezu als notwendige Opfer, um einmal für immer die Welt von ähnlichen Schrecknissen zu erlösen.

Die Idee des Völkerbundes hat vielleicht in keiner Nation eine heißere Zustimmung erweckt als in der von allem irdischen Glück verlassenen deutschen. Nur so war es verständlich, daß die in manchem geradezu sinnlosen Bedingungen der Zerstörung jeder Wehrvoraussetzung und Wehrmöglichkeit im deutschen Volke nicht nur angenommen, sondern von ihm auch erfüllt worden sind. Das deutsche Volk und insonderheit seine

독일인민에게!

1918년 11월 독일인민이 -윌슨 14개조 평화원칙[1]에서 주어진 확약을 믿으며- 그들이 결코 개전을 원하지 않았던 전쟁에서 4년 반의 영예로운 저항 끝에 항복하였을 때, 독일인민은 고통받는 인류만이 아니라 그 자체로 위대한 이념에 공헌하였다고 믿었다. 이러한 미치광이같은 전쟁의 결과 아래에서 신음하면서도 수백만의 우리 인민들은 한편으로는 교활한 내각정책의 비밀과 다른 한편 전쟁이라는 끔찍한 수단을 폐지함으로써 순화되어야만 하는 새로운 국제관계의 형성이라는 이념을 달성하기 위하여 헌신적으로 노력하였다. 이 때문에 역사상 가장 잔혹한 패전의 결과는 곧 많은 독일인에게 이번을 마지막으로 이를 닮은 끔찍한 사태로부터 세상을 구하기 위한 불가피한 희생으로 나타났다.

국제연맹의 이념은 어쩌면 어떤 국가에서도 특히 세속적인 행운과 무관한 독일국에서 보다 더 열렬한 지지를 일깨우지 못하였다. 바로 그렇게 독일인민에게서 여러 측면에서 여하한 형태의 무장요건과 무장기회의 폐기라는 아무런 가치가 없는 조건이 수용됨에 그치지 않고 그에 의하여 이행되어야 한다는 것이 자명하였다. 독일인민과 특히 그 당시의 정부는 베르사이유조약의 약정에 따라 그 조약에 규

---

1) 1918년 1월 8일 미국 상·하원합동의회에서 Woodrow Wilson(1856-1924, 민주당 소속의 제28대 미국대통령[1913-1921])이 민족자결권을 선언하고 국제연맹의 기초가 된 14개조 연설(Fourteen Points Speech).

damaligen Regierungen waren überzeugt, daß durch die Erfüllung der im Versailler Vertrag vorgeschriebenen Entwaffnungsbestimmungen entsprechend der Verheißung dieses Vertrages der Beginn einer internationalen allgemeinen Abrüstung eingeleitet und garantiert sein würde. Denn nur in einer solchen zweiseitigen Erfüllung dieser gestellten Aufgabe des Vertrages konnte die moralische und vernünftige Berechtigung für eine Forderung liegen, die, einseitig auferlegt und durchgeführt, zu einer ewigen Diskriminierung und damit Minderwertigkeitserklärung einer großen Nation werden mußte. Damit aber könnte ein solcher Friedensvertrag niemals die Voraussetzung für eine wahrhafte innere Aussöhnung der Völker und einer dadurch herbeigeführten der Welt, sondern nur für die Aufrichtung eines ewig weiterzehrenden Hasses sein.

Deutschland hat die ihm auferlegten Abrüstungsverpflichtungen nach den Feststellungen der Interalliierten Kontroll-Kommission erfüllt.

Folgendes waren die von dieser Kommission bestätigten Arbeiten der Zerstörung der deutschen Wehrkraft und ihrer Mittel:

A. Heer

59 897 Geschütze und Rohre
130 558 Maschinengewehre
31 470 Minenwerfer und Rohre
6 007 000 Gewehre und Karabiner
243 937 M.G.-Läufe
28 001 Lafetten
4 390 M.G.-Lafetten
38 750 000 Geschosse
16 550 000 Hand- und Gewehrgranaten
60 400 000 scharfe Zünder
491 000 000 Handwaffenmunition
335 000 t Geschoßhülsen
23 515 t Kartusch- und Patronenhülsen
37 600 t Pulver

정된 무장해제명령의 이행으로 국제적 일반군축의 시작이 이루어지고 보장될 것이라고 확신하였다. 일방적으로 부과되고 시행되어 영원한 차별과 함께 대국[독일]의 열등선언이 되어야만 하는 요구에 대한 도덕적·이성적 권리는 오로지 그렇게 설정된 계약상 의무의 상호 이행 안에서만 존재할 수 있었다. 이 때문에 그러한 평화조약은 결코 국가들과 그를 통하여 이룩된 세계의 진정한 내적 화해가 아니라 영구히 악화되는 증오의 격발을 위한 억설만이 될 수 있을 것이다.

독일은 연합국 관리위원회의 결정에 따라 그에게 지워진 군비감축의무를 이행하였다.

다음은 그 위원회가 확인한 독일군과 그의 무기의 폐기작업이었다.

A, 육군

59,897문의 대포와 포신
130,558문의 기관단총
31,470문의 박격포와 포신
6,007,000정의 장총과 칼빈총
243,937정의 경기관단총
28,001기의 포신 받침대[砲架]
4,390개의 기관단총 받침대
38,750,000개의 총탄
16,550,000개의 수류탄과 총류탄
60,400,000개의 뇌관
491,000,000개의 휴대용화기 총탄
335,000톤의 총탄피
23,515톤의 탄창
37,600톤의 화약

79 500 Munitionsleeren	79,500개의 포탄피
212 000 Fernsprecher	212,000개의 무전기
1 072 Flammenwerfer	1,072정의 화염방사기
31 Panzerzüge	31량의 장갑열차
59 Tanks	59대의 주유차량
1 762 Beob.-Wagen	1,762대의 장갑차량
8 982 Drahtlose Stationen	8,982개의 무선기지국
1 240 Feldbäckereien	1,240개의 야전제빵소
2 199 Pontons	2,199량의 부교
981,7 t Ausrüstungsstücke für Soldaten und	981,7톤의 병사를 위한 무장장비와
8 230 350 Satz Ausrüstungsstücke für Soldaten	8,230,350세트의 병사를 위한 무장장비
7 300 Pistolen und Revolver	7,300정의 권총(피스톨과 리볼버)
180 M.G.-Schlitten	180기의 이동식 자동기관총
21 Fahrbare Werkstätten	21개의 이동작업소
12 Flakgeschützwagen	12기의 대공방호차량
11 Protzen	11기의 화포견인차량
64 000 Stahlhelme	64,000개의 철모
174 000 Gasmasken	174,000개의 방독면
2 500 Maschinen der ehem. Kriegsindustrie	2,500개의 이전의 군수산업기계
8 000 Gewehrläufe.	8,000개의 총포신

B. Luft

B. 공군

15 714 Jagd- und Bombenflugzeuge	15,714기의 전투기와 폭격기
27 757 Flugzeugmotoren	27,757개의 항공기엔진

C. Marine

Zerstörtes, abgewracktes, versenktes oder ausgeliefertes Kriegsschiffmaterial der Marine:

C. 해군

파괴, 해체, 침몰되거나 불하된 해군의 전함설비:

26 Großkampfschiffe	26정의 주력함
4 Küstenpanzer	4정의 연안장갑함
4 Panzerkreuzer	4정의 장갑순양함
19 Kleine Kreuzer	19정의 소순양함
21 Schul- und Spezialschiffe	21정의 교육함과 특수함
83 Torpedoboote	83정의 어뢰함
315 U-Boote	315정의 잠수함

Bemerkungen zu A und B

Ferner unterlagen der Zerstörungspflicht: Fahrzeuge aller Art, Gaskampf- und zum Teil Gasschutzmittel, Treib- und Sprengmittel, Scheinwerfer, Visiereinrichtungen, Entfernungs- und Schallmeß-

A와 B에 대한 총설

나아가 다음의 폐기의무가 적용되었다: 모든 종류의 항공기, 화학무기와 일부 화학방어무기, 화약물과 폭발물, 탐조등, 조준기, 거리측정기와 음향측정기, 모든 종류의 광학기기,

gerät, optische Geräte aller Art, Pferdegeschirr, Schmalspurgerät, Felddruckereien, Feldküchen, Werkstätten, Hieb- und Stichwaffen, Stahlhelme, Munitionstransportmaterial, Normal- und Spezialmaschinen der Kriegsindustrie sowie Einspannvorrichtungen, Zeichnungen dazu, Flugzeug- und Luftschiffhallen usw.

Nach dieser geschichtlich beispiellosen Erfüllung eines Vertrages hatte das deutsche Volk ein Anrecht, die Einlösung der eingegangenen Verpflichtungen auch von der anderen Seite zu erwarten.

Denn:
1. Deutschland hatte abgerüstet.
2. Im Friedensvertrag war ausdrücklich gefordert worden, daß Deutschland abgerüstet werden müsse, um damit die Voraussetzung für eine allgemeine Abrüstung zu schaffen, d. h. es war damit behauptet, daß nur in Deutschlands Rüstung allein die Begründung für die Rüstung der anderen Länder läge.
3. Das deutsche Volk war sowohl in seinen Regierungen als auch in seinen Parteien damals von einer Gesinnung erfüllt, die den pazifisch-demokratischen Idealen des Völkerbundes und seiner Gründer restlos entsprach.

Während aber Deutschland als die eine Seite der Vertragschließenden seine Verpflichtungen erfüllt hatte, unterblieb die Einlösung der Verpflichtung der zweiten Vertragsseite. Das heißt: Die hohen Vertragschließenden der ehemaligen Siegerstaaten haben sich einseitig von den Verpflichtungen des Versailler Vertrages gelöst!

Allein nicht genügend, daß jede Abrüstung in einem irgendwie mit der deutschen Waffenzerstörung vergleichbarem Maße unterblieb, nein: es trat nicht einmal ein Stillstand der Rüstungen ein, ja im Gegenteil, es wurde endlich die Aufrüstung einer ganzen Reihe von Staaten offensichtlich. Was im Kriege an neuen Zerstörungsmaschinen

마구(馬具), 협궤기기, 야전인쇄소, 야전주방, 정비소, 대검과 창, 철모, 탄약운반장비, 군수산업의 일반기계와 특별기계, 제어장치, 도면, 그리고 비행기격납고와 비행선격납고 등.

이와 같은 역사상 전례없이 조약을 이행한 후 독일인민은 상대방측에 대하여도 부담한 의무의 완수를 기대할 권리를 가졌다.

그 이유는:
1. 독일은 군비를 감축하였다.
2. 평화조약에서 독일이 군비를 감축하여야 하고 이로써 일반 군비감축을 위한 요건을 조성하여야 한다는 것이 명시적으로 요구되었고, 말을 바꾸면 독일의 무장에서 타국의 무장을 위한 근거가 존재한다고 주장되었다.

3. 독일인민은 그 무렵 그의 정부와 그의 당 안에서 국제연맹과 그의 창설자의 평화-민주이념과 철저히 합치한다는 믿음에 사로잡혔다.

그러나 독일이 계약체결의 일방 당사자로서 그의 의무를 이행한 반면 제2의 계약당사자측의 의무는 완수되지 않았다. 이는 다음을 의미한다: 종전의 승전국이라는 우월한 체약국이 일방적으로 베르사이유조약의 의무를 유기한 것이다!

군비감축이 독일의 무기폐기와 비교할 수 있는 정도로 방기되었다는 것만으로는 어떻게 하여도 충분하지 않다: 무장이 한번도 중단된 적이 없고, 정반대로 거의 모든 국가들의 군비확장이 공공연하였다. 전쟁에서 신파괴장비로 발명된 것이 이제 평화 속에서 체계적-학술적 노동으로 최종 완결되었다. 강력한 전차와 신

erfunden wurde, erhielt nunmehr im Frieden in methodisch-wissenschaftlicher Arbeit die letzte Vollendung. Auf dem Gebiet der Schaffung mächtiger Landpanzer sowohl als neuer Kampf- und Bombenmaschinen fanden ununterbrochene und schreckliche Verbesserungen statt. Neue Riesengeschütze wurden konstruiert, neue Spreng-, Brand- und Gasbomben entwickelt.

Die Welt aber hallte seitdem wider von Kriegsgeschrei, als ob niemals ein Weltkrieg gewesen und ein Versailler Vertrag geschlossen worden wäre.

Inmitten dieser hochgerüsteten und sich immer mehr der modernsten motorisierten Kräfte bedienenden Kriegsstaaten war Deutschland ein machtmäßig leerer Raum, jeder Drohung und jeder Bedrohung jedes einzelnen wehrlos ausgeliefert. Das deutsche Volk erinnert sich des Unglücks und Leides von fünfzehn Jahren wirtschaftlicher Verelendung, politischer und moralischer Demütigung.

Es war daher verständlich, wenn Deutschland laut auf die Einlösung des Versprechens auf Abrüstung der anderen Staaten zu drängen begann.

Denn dieses ist klar:

Einen hundertjährigen Frieden würde die Welt nicht nur ertragen, sondern er müßte ihr von unermeßlichem Segen sein. Eine hundertjährige Zerreißung in Sieger und Besiegte aber erträgt sie nicht.

Die Empfindung über die moralische Berechtigung und Notwendigkeit einer internationalen Abrüstung war aber nicht nur in Deutschland, sondern auch innerhalb vieler anderer Völker lebendig. Aus dem Drängen dieser Kräfte entstanden die Versuche, auf dem Wege von Konferenzen eine Rüstungsverminderung und damit eine internationale allgemeine auf niedrigem Niveau in die Wege leiten zu wollen.

So entstanden die ersten Vorschläge internationaler Rüstungsabkommen, von denen wir als bedeutungsvollen den Plan MacDonalds in Erinnerung haben.

형 전쟁기계와 전투기와 폭격기의 제조부문에서 끊임없는 엄청난 진보가 이루어졌다. 신형의 거대대포가 조립되었고, 신형폭탄, 소이탄과 가스탄이 개발되었다.

그러나 전쟁의 절규에 아랑곳하지 않고 세계는 그때부터 세계대전이 아예 없었고 베르사이유조약이 체결되지 않았던 것처럼 반향하였다.

이처럼 중무장되고 갈수록 초현대화된 기동력을 가진 전쟁국가들의 틈새에서 독일은 군사력의 공백공간이 되어 모든 협박이나 위협에 무기력하게 내팽겨쳐졌다. 독일인민은 15년간의 경제적 참상과 정치·도덕적 실추의 불행과 고뇌를 회상한다.

그러므로 독일이 공연하게 타국들의 군비감축에 대한 약속의 방기를 압박하기 시작한 것은 당연하다.

그 이유는 명확하다:

세계는 100년의 평화를 견디고 그 평화는 헤아릴 수 없는 은총이 되어야 할 것이다. 그렇지만 세계는 승자와 패자로 나누어지는 100년의 분열을 참지 않는다.

그러나 국제군축의 도덕적 정당성과 필요성에 관한 지각은 독일만이 아니라 다른 많은 국가에서도 활기차다. 이러한 힘의 압박에서 회담의 방법으로 군축과 함께 낮은 수준의 국제적 일반군축을 이끌어내려는 시도가 일어났다.

이렇게 국제군축협정에 관한 제1차 제안들이 올라왔으며, 그중에서 우리는 맥도날드[2]구상[3]을 가장 의미있는 것으로 기억한다.

Deutschland war bereit, diesen Plan anzunehmen und zur Grundlage von abzuschließenden Vereinbarungen zu machen.

Er scheiterte an der Ablehnung durch andere Staate und wurde endlich preisgegeben. Da unter solchen Umständen die dem deutschen Volk und Reiche in der Dezember-Erklärung 1932 feierlich zugesicherte Gleichberechtigung keine Verwirklichung fand, sah sich die neue deutsche Reichsregierung als Wahrerin der Ehre und der Lebensrechte des deutschen Volkes außerstande, noch weiterhin an solchen Konferenzen teilzunehmen oder dem Völkerbunde anzugehören.

Allein auch nach dem Verlassen Genfs war die deutsche Regierung dennoch bereit, nicht nur Vorschläge anderer Staaten zu überprüfen, sondern auch eigene praktische Vorschläge zu machen. Sie übernahm dabei die von den anderen Staaten selbst geprägte Auffassung, daß die Schaffung kurzdienender Armeen für die Zwecke des Angriffs ungeeignet und damit für die friedliche Verteidigung anzuempfehlen sei.

Sie war daher bereit, die langdienende Reichswehr nach dem Wunsche der anderen Staaten in eine kurzdienende Armee zu verwandeln. Ihre Vorschläge vom Winter 1933/34 waren praktische und durchführbare. Ihre Ablehnung sowohl als die endgültige Ablehnung der ähnlich gedachten italienischen und englischen Entwürfe ließen aber darauf schließen, daß die Geneigtheit zu einer

독일은 그 구상을 승인하고 앞으로 체결할 조약의 기초로 삼을 준비가 되어 있었다.

그 구상은 다른 국가의 반대로 결렬되었고 마침내 좌절되었다. 그러한 상황 아래에서 1932년 10월·성명[4]에서 독일인민과 독일제국에 엄숙하게 보장된 평등권이 전혀 실효를 가지지 못하였기 때문에, 독일인민의 명예와 생존권의 후원자로서 신독일정부는 그러한 회담에 계속 참석하거나 국제연맹에 소속되는 것이 적절하지 않다고 판단하였다.

제네바를 떠난 후에도 독일정부만은 다른 국가들의 제안들을 검토하고 자기의 유용한 제안을 할 준비가 되어 있었다. 그 가운데 독일정부는 다른 국가들이 직접 단기복무군의 창설이 침략목적에 적합하지 않기 때문에 평화적인 방위를 위하여 권고된다고 각인한 인상을 받았다.

그 결과 독일정부는 다른 국가들의 바람에 따라 장기복무의 제국군을 단기복무군으로 전환할 준비가 되어 있었다. 1933/34년 겨울에 그가 한 제안은 실용적이었으며 실행가능한 것이었다. 그러나 그의 거부는 물론 비슷하게 구상된 이탈리아와 영국초안에 대한 최종적인 거부는 후속적으로 베르사이유군축규정을 의미있게 이행하려는 의향이 다른 계약상

---

2) James Ramsay MacDonald(1866-1937). 영국정치가, 최초의 노동당소속 수상. 세계경제공황기에 보수당과의 연정으로 국민정부(National Government)를 수립한 여파로 노동당에서 출당.

3) 1926년 1월 수상이 된 맥도날드가 같은 해 6월 런던에서 국제신뢰의 구축을 위하여 프랑스의 루르지방점령을 종식하고 영독경제조약을 체결하고, 9월 제네바국제회의에서 침략전쟁을 비난하면서 모든 국제연맹 가입국에게 침략전쟁을 일으킨 국가를 상대로 선전포고할 의무를 지운 이른바 제네바의정서(Genfer Protokoll)에 이르는 구상.

4) 1932년 12월 11일 미국, 영국, 프랑스와 이탈리아는 독일을 포함한 5강국성명에서 군비평등을 선언하였다. 이로써 미국, 영국과 이탈리아는 독일을 다시 군비감축회담의 협상테이블에 나오도록 할 계획이었고, 동의를 끝내 거부하던 프랑스도 마지막에 마음을 돌렸다. 독일은 다시 협상을 받아들였지만, 회의가 속행된 1933년 1월 31일은 이미 NSDAP가 집권한 다음이었다.

nachträglichen sinngemäßen Erfüllung der Versailler Abrüstungsbestimmungen auf der anderen Seite der Vertragspartner nicht mehr bestand.

Unter diesen Umständen sah sich die deutsche Regierung veranlaßt, von sich aus jene notwendigen Maßnahmen zu treffen, die eine Beendigung des ebenso unwürdigen wie letzten Endes bedrohlichen Zustandes der ohnmächtigen Wehrlosigkeit eines großen Volkes und Reiches gewährleisten konnten.

Sie ging dabei von denselben Erwägungen aus, denen Minister Baldwin in seiner letzten Rede so wahren Ausdruck verlieh:

"Ein Land, das nicht gewillt ist, die notwendigen Vorsichtsmaßnahmen zu seiner eigenen Verteidigung zu ergreifen, wird niemals Macht in dieser Welt haben, weder moralische nach materielle Macht".

Die Regierung des heutigen Deutschen Reiches aber wünscht nur eine einzige moralische und materielle Macht; es ist die Macht, für das Reich und damit wohl auch für ganz Europa den Frieden wahren zu können!

Sie hat daher auch weiterhin getan, was in ihren Kräften stand und zur Förderung des Friedens dienen konnte:

1. Sie hat all ihren Nachbarstaaten schon vor langer Frist den Abschluß von Nichtangriffspakten angetragen.

2. Sie hat mit ihrem östlichen Nachbarstaat eine vertragliche Regelung gesucht und gefunden, die Dank des großen entgegenkommenden Verständnisses, wie sie hofft, für immer die bedrohliche Atmosphäre, die sie bei ihrer Machtübernahme vorfand, entgiftet hat und zu einer dauernden Verständigung und Freundschaft der beiden Völker führen wird.

대방측에 더 이상 존재하지 않는다는 것과 결합하게 한다.

이러한 사정 아래에서 독일정부는 위대한 인민과 제국에 치욕적이고 결국에는 위협적인 허약한 무방비상태에 종지부를 찍을 수 있는 모든 필요한 조치를 스스로 하여야 한다고 여겼다.

그 가운데 독일정부는 볼드윈수상[5]이 그의 마지막 연설에서 진심을 담아 밝힌 것과 동일한 생각을 근간으로 하였다.

"그 자신의 방위를 위하여 필요한 대비조치를 할 준비가 되지 않은 국가는 도덕적인 힘이든, 물질적인 힘이든 어떤 힘도 이 세상에서 가질 수 없습니다."

현 독일제국 정부는 오로지 도덕적, 물적 힘만을 소망한다; 이는 제국은 물론 전체 유럽을 위하여 평화를 수호할 수 있는 힘이다!

이를 위하여 독일정부는 또한 힘닿는 대로 평화의 증진에 기여할 수 있는 노력을 계속하였다:

1. 독일정부는 이미 오래 전에 모든 이웃국가들에 불가침조약의 체결을 제안하였다.

2. 독일정부는 그가 바라는 것과 같이 커다란 상호이해에 힘입어 그의 동부의 이웃국가와 함께 독일정부가 집권하였을 때에 존재하였던 위협적인 환경을 영구해소하고 양국가의 지속적인 협조와 우호로 이끌 조약에 의한 조정을 모색했고 이를 발견하였다.

5) Stanley Baldwin, 1st Earl Baldwin of Bewdley, KG, PC, PC (Can), JP, FRS(1867-1947). 맥도날드의 후임으로 보수당소속의 영국수상.

3. Sie hat endlich Frankreich die feierliche Versicherung gegeben, daß Deutschland nach der erfolgten Regelung der Saarfrage nunmehr keine territorialen Forderungen mehr an Frankreich stellen oder erheben wird. Sie glaubt damit in einer geschichtlich seltenen Form die Voraussetzungen für die Beendigung einer jahrhundertlangen Streites zwischen zwei großen Nationen durch ein schweres politisches und sachliches Opfer geschaffen zu haben.

Die deutsche Regierung muß aber zu ihrem Bedauern ersehen, daß seit Monaten eine sich fortgesetzt steigernde Aufrüstung der übrigen Welt stattfindet. Sie sieht in der Schaffung einer sowjet-russischen Armee von 101 Divisionen, d. h. 960.000 Mann zugegebener Friedenspräsenzstärke ein Element, das bei der Abfassung des Versailler Vertrages nicht geahnt werden konnte.

Sie sieht in der Forcierung ähnlicher Maßnahmen in anderen Staaten weitere Beweise der Ablehnung der seinerzeit proklamierten Abrüstungsidee. Es liegt der deutschen Regierung fern, gegen irgendeinen Staat einen Vorwurf erheben zu wollen. Allein, sie muß heute feststellen, daß durch die nunmehr beschlossene Einführung der zweijährigen Dienstzeit in Frankreich die gedanklichen Grundlagen der Schaffung kurzdienender Verteidigungsarmeen zugunsten einer langdienenden Organisation aufgegeben worden sind.

Dies war aber mit ein Argument für die seinerzeit von Deutschland geforderte Preisgabe seiner Reichswehr!

Die deutsche Regierung empfindet es unter diesen Umständen als eine Unmöglichkeit, die für die Sicherheit des Reiches notwendigen Maßnahmen noch länger auszusetzen oder gar vor der Kenntnis der Mitwelt zu verbergen.

Wenn sie daher dem in der Rede des englischen Ministers Baldwin am 28. November 1934 ausgesprochenen Wunsche nach einer Aufhellung der deutschen Absichten nunmehr entspricht, dann geschieht es:

3. 마지막으로 독일정부는 독일이 잘지역의 현안을 성공적으로 조정한 지금 프랑스에 더 이상 영토문제를 주장하거나 제기하지 않을 것임을 프랑스에게 엄숙하게 확약하였다. 이로써 독일정부는 역사상 드문 방식으로 엄청난 정치적·물적 희생을 대가로 치루고 양 강대국 사이의 수백년 묵은 분쟁을 종식하기 위한 기반을 조성하였다고 믿는다.

그러나 독일정부는 유감스럽게도 수개월 전부터 계속 높아지는 군비강화가 나머지 세계에서 일어나는 것을 주목한다. 독일정부는 101개의 사단, 즉 960,000명에 이르는 상비군으로 편성된 소비에트-러시아군의 창군에서 베르사이유조약을 작성할 때에 예견할 수 없었던 요인을 발견한다.

독일정부는 다른 국가들에서 비슷한 조치들을 강행하는 모습에서 이전에 제창되었던 군축이념을 거부하는 증거들을 보았다. 특정국을 비난하는 것은 독일정부와 거리가 멀다. 오로지 독일정부는 지금 프랑스에서 최근 결정된 2년의 복무기간의 도입으로 장기복무조직을 위하여 단기복무의 방위군을 창설하는 이념적 기초가 포기되었다는 것만을 알아야 한다.

그러나 이 역시 이전에 독일에 요구되었던 제국군의 포기를 위한 프랑스측의 논거이었다!

이러한 상황 아래에서 독일정부는 제국의 안녕을 위한 필수조치를 보다 장기유예하거나 심지어 동시대인들이 알기 전에 숨기는 것이 불가능함을 자각하였다.

이 때문에 독일정부가 1934년 11월 28일 독일의 의사를 밝히라는 영국수상 볼드윈의 연설에서 선포된 요구를 따를 때에는 다음이 일어난다:

1. um dem deutschen Volke die Überzeugung und den anderen Staaten die Kenntnis zu geben, daß die Wahrung der Ehre und Sicherheit des Deutschen Reiches von jetzt ab wieder der eigenen Kraft der deutschen Nation anvertraut wird,

2. aber, um die Fixierung des Umfanges der deutschen Maßnahme jene Behauptungen zu entkräften, die dem deutschen Volke das Streben nach einer militärischen Hegemoniestellung in Europa unterschieben wollen.

Was die deutsche Regierung als Wahrerin der Ehre und der Interessen der deutschen Nation wünscht, ist, das Ausmaß jener Machtmittel sicherzustellen, die nicht nur für die Erhaltung der Integrität des Deutschen Reiches, sondern auch für die internationale Respektierung und Bewertung Deutschlands als ein Mitgarant des allgemeinen Friedens erforderlich sind.

Denn in dieser Stunde erneuert die deutsche Regierung vor dem deutschen Volk und vor der ganzen Welt die Versicherung ihrer Entschlossenheit, über die Wahrung der deutschen Ehre und der Freiheit des Reiches nie hinausgehen und insbesondere in der nationalen deutschen Rüstung kein Instrument kriegerischen Angriffs als vielmehr ausschließlich der Verteidigung und damit der Erhaltung des Friedens bilden zu wollen.

Die deutsche Reichsregierung drückt dabei die zuversichtliche Hoffnung aus, daß es dem damit wieder zu seiner Ehre zurückfindenden deutschen Volke in unabhängiger gleicher Berechtigung vergönnt sein möge, seinen Beitrag zu leisten zur Befriedung der Welt in einer freien und offenen Zusammenarbeit mit den anderen Nationen und ihren Regierungen.

In diesem Sinne hat die deutsche Reichsregierung mit dem heutigen Tage das folgende Gesetz beschlossen:

Gesetz für den Aufbau der Wehrmacht.

Vom 16. März 1935.

1. 독일인민에게 독일제국의 명예와 안녕의 수호가 이제부터 다시 독일민족의 자주 군사력에 맡겨져야 한다는 확신을 심고 다른 국가들에게 그러한 인식을 주기 위하여,

2. 그러나, 독일의 조치의 범위를 확정하기 위하여 유럽에서 군사적 주도권확보를 향한 노력이 독일인민에게 전가된다는 그러한 주장을 약화하기 위하여.

독일국의 명예와 이익의 수호자로서 독일정부가 소망하는 것은 독일제국의 정체성보전과 함께 보편평화의 공동보증인으로서 독일에 대한 국제사회의 존중과 평가에 필요한 정도의 군사력을 확보하는 것이다.

이 시간에 독일정부는 독일인민과 전 세계 앞에서 독일명예와 제국의 자유수호를 결코 일탈하지 않고 특히 민족독일의 군비에서 순수하게 방위와 평화의 유지를 넘는 전쟁침략을 위한 장치를 구축하지 않겠다는 그의 결의를 새로이 한다.

이로써 독일제국정부는 자주적이고 평등한 권리 안에서 그의 명예를 재발견하는 독일인민에게 다른 국가와 그 정부와 함께 자유롭고 열린 공동협력 안에서 기꺼이 세계평화를 위하여 자기의 몫을 기여하는 낙관적인 희망을 밝힌다.

이러한 의미에서 독일제국정부는 오늘 다음의 법률을 의결하였다:

국방군의 건립을 위한 법률

1935년 3월 16일

<Reichsgesetzblatt 1935 I, S. 369-375>

관련 법령:

법률 57, 61, 62

Erlaß des Führers und Reichskanzlers über die
Dauer der aktiven Dienstpflicht in der Wehrmacht (22.05.1935)

Erlaß der Führers und Reichskanzlers über die
Übertragung des Verordnungsrechts nach dem
Wehrgesetz (22.05.1935)

Erlaß des Führers und Reichskanzlers über die
Übertragung der Befugnis an den Reichskriegsminister, Ausländern die Genehmigung zum
Eintritt in ein Wehrdienstverhältnis zu erteilen
(26.06.1935)

Erlaß des Führers und Reichskanzlers über die
Dauer der Dienstzeit und die Stärke des Reichsarbeitsdienstes (27.06.1935)

LVIII. Gesetz über den "Zweckverband Reichsparteitag Nürnberg".

58. "목적단체 뉘른베르크 제국전당대회"에 관한 법률

Vom 29. März 1935.

1935년 3월 29일

Die Reichsregierung hat das folgende Gesetz beschlossen, das hiermit verkündet wird:

제국정부는 여기에 공포되는 다음의 법률을 의결하였다:

§ 1 (1) Zur Errichtung und Unterhaltung sowie zum Betriebe der Anlagen, Gebäude und sonstigen Einrichtungen für den Reichsparteitag in Nürnberg wird ein Zweckverband gebildet. Mitglieder des Zweckverbandes sind die Nationalsozialistische Deutsche Arbeiterpartei, das Deutsche Reich, das Land Bayern und die Stadt Nürnberg.

제1조 (1) 제국전당대회를 위한 시설, 건물과 그밖의 설비의 설치, 유지와 운영을 위하여 목적단체가 설립된다. 목적단체의 구성원은 민족사회주의독일노동자당, 독일제국, 바이에른주와 뉘른베르크시이다.

(2) Der Zweckverband führt den Namen "Zweckverband Reichsparteitag Nürnberg". Er ist eine Körperschaft des öffentlichen Rechts und hat seinen Sitz in Nürnberg.

(2) 목적단체의 이름은 "목적단체 뉘른베르크 제국전당대회"로 한다. 이는 공법상의 사단으로 뉘른베르크에 주소를 둔다.

§ 2 Organe des Zweckverbandes sind der Leiter des Zweckverbandes und die Verwaltungsräte.

제2조 목적단체의 기관은 목적단체의 장과 관리위원회로 한다.

§ 3 (1) Der Leiter des Zweckverbandes und sein Stellvertreter werden vom Führer und Reichskanzler bestimmt.

제3조 (1) 목적단체의 장과 그의 대리인은 최고지도자이며 제국재상에 의하여 지명된다.

(2) Jedes Mitglied des Zweckverbandes ernennt einen Verwaltungsrat und einen Ersatzmann, der den Verwaltungsrat im Behinderungsfalle vertritt.

(2) 모든 목적단체의 구성원은 1인의 관리위원과 그가 직무를 수행할 수 없을 때에 관리위원을 대리하는 대체위원을 임명한다.

(3) Der Leiter des Zweckverbandes kann einen Vertreter der Deutschen Reichsbahn-Gesellschaft, der Deutschen Reichspost und des Unternehmens Reichsautobahnen sowie sonstige Sachverständige hinzuziehen.

(3) 목적단체의 장은 독일제국철도-회사, 독일우정국과 독일고속도로회사의 대리인과 그밖의 전문가를 참여하게 할 수 있다.

§ 4 (1) Der Leiter des Zweckverbandes führt die Verwaltung in voller und ausschließlicher Verantwortung. Er hat vor Entscheidungen von wesentlicher Bedeutung, insbesondere vor Feststellung des Haushaltsplans und vor Anordnungen von finanzieller Tragweite, für die Mit-

제4조 (1) 목적단체의 장은 완전한 단독책임으로 관리한다. 그는 중요한 의미가 있는 결정, 특히 예산안의 확정과 예산에 재원이 반영되지 않은 재정지출에 관한 명령에 앞서 관리위원회의 의견을 들어야 한다.

tel im Haushaltsplan nicht vorgesehen sind, die
Verwaltungsräte zu hören.

(2) Erhebt ein Verwaltungsrat gegen eine vom
Leiter des Zweckverbandes beabsichtigte Ent-
schließung in finanziellen Angelegenheiten
Widerspruch, so hat der Leiter vor weiteren
Anordnungen die Entscheidung des Führers und
Reichskanzlers herbeizuführen.

§ 5 Der Leiter des Zweckverbandes vertritt den
Zweckverband gerichtlich und außergerichtlich.
Er kann mit der Führung der laufenden Geschäfte den Oberbürgermeister der Stadt Nürnberg beauftragen. Ist dieser verhindert, vertritt
ihn der Bürgermeister der Stadt Nürnberg.

§ 6 Für die Haushalts- und Geschäftsführung sowie
die Rechnungslegung und Rechnungsprüfung
des Zweckverbandes gelten die Vorschriften der
Reichshaushaltsordnung, der Reichskassenord-
nung, der Rechnungslegungsordnung und die
Reichswirtschaftsbestimmungen sinngemäß.

§ 7 Die Kosten des Zweckverbandes werden durch
Spenden und Beiträge aufgebracht.

§ 8 Der Zweckverband ist von öffentlichen Abgaben, Stempeln und Gebühren befreit.

§ 9 Die näheren Verhältnisse des Zweckverbandes
regelt eine Satzung, die der Leiter des Zweckverbandes erläßt.

§ 10 Das Gesetz tritt mit dem auf die Verkündung
folgenden Tage in Kraft.

Berlin, den 29. März 1935.

Der Führer und Reichskanzler
Adolf Hitler

Der Reichsminister des Innern
Frick

<Reichsgesetzblatt 1935 I, S. 459-460>

(2) 재정사항에 관하여 목적단체의 장이 의
도한 결정에 대하여 관리위원이 이의를 제
기한 경우, 장은 새로운 명령을 내리기 전
에 최고지도자이며 제국재상의 결정을 얻
어야 한다.

제5조 목적단체의 장은 소송과 소송 외에서
목적단체를 대표한다. 그는 진행중인 사무
의 지도를 뉘른베르크시 시장에게 위임할
수 있다. 그가 사무를 지도할 수 없을 때에
는 뉘른베르크 시장이 그를 대리한다.

제6조 목적단체의 재정운영과 사무처리, 회
계처리와 회계감사에 대하여「제국재정령」,
「제국국고령」,「회계처리령」과 제국경영규
정이 그 의미에 맞게 적용된다.

제7조 목적단체의 경비는 기부와 부담금으로
조달한다.

제8조 목적단체에 대하여 공적 납세, 인지세
와 수수료가 면제된다.

제9조 목적단체의 장이 제정하는 정관이 목
적단체에 관하여 자세한 관계를 규율한다.

제10조 이 법률은 공포한 다음 날부터 시행
한다.

베를린, 1935년 3월 29일

최고지도자이며 제국재상
아돌프 히틀러

제국내무상
프릭

LIX. Gesetz über die Landespolizei.

Vom 29. März 1935.

Die Reichsregierung hat das folgende Gesetz beschlossen, das hiermit verkündet wird:

§ 1 Die Reichsminister des Innern und der Finanzen werden ermächtigt, diejenigen Maßnahmen zu treffen, die

1. der Vereinheitlichung der Bestimmungen über das Dienstverhältnis, die Besoldung, die Versorgung und alle sonstigen Gebührnisse der Angehörigen der Landespolizei dienen,

2. die vermögensrechtlichen Pflichten und Rechte, die mit der Landespolizei verbunden sind (Schuldverhältnisse, Rechte und Pflichten hinsichtlich der von der Landespolizei benutzten beweglichen und unbeweglichen Sachen), sowie die Verwendung der für die Landespolizei bestimmten Geldmittel zum Gegenstand haben.

§ 2 Das Gesetz tritt mit dem 1. April 1935 in Kraft.

Berlin, den 29. März 1935.

Der Führer und Reichskanzler
Adolf Hitler

Der Reichsminister des Innern
Frick

Der Reichsminister der Finanzen
Graf Schwerin von Krosigk

<Reichsgesetzblatt 1935 I, S. 460>

59. 주(州)경찰에 관한 법률

1935년 3월 29일

제국정부는 여기에 공포되는 다음의 법률을 의결하였다:

제1조 제국내무상과 제국재무상은 다음 각호의 조치를 할 권한이 있다.

1. 주경찰 소속원의 복무관계, 보수, 보훈지원과 모든 그밖의 수수료에 관한 규정을 통일하기 위한 조치,

2. 주경찰과 연관된 재산법적 의무와 권리 (채무관계, 주경찰에 의하여 사용되는 동산과 부동산에 관한 권리와 의무), 그리고 주경찰을 위하여 지정된 현금자산의 사용을 목적으로 하는 조치.

제2조 이 법률은 1935년 4월 1일 효력이 생긴다.

베를린, 1935년 3월 29일

최고지도자이며 제국재상
아돌프 히틀러

제국내무상
프릭

제국재무상
그라프 슈베린 폰 크로직

관련 법령:
법률 64
Verordnung zur Durchführung des Gesetzes über die Landespolizei (22.07.1935)
이밖의 군사제도에 관한 법령

LX. Gesetz zur Änderung des Reichs- und Staatsangehörigkeits- gesetzes.

60. 제국국적과 주[州]국적법률의 개정을 위한 법률

Vom 15. Mai 1935.

1935년 5월 15일

Die Reichsregierung hat das folgende Gesetz beschlossen, das hiermit verkündet wird:

제국정부는 여기에 공포되는 다음의 법률을 의결하였다:

§ 1 Über die Verleihung der deutschen Staatsange- hörigkeit entscheiden die Einbürgerungsbe- hörden nach pflichtmäßigem Ermessen. Ein Anspruch auf Einbürgerung besteht nicht.

제1조 국적관청은 기속재량으로 독일 주국적의 수여를 결정한다. 국적취득청구권은 존재하지 아니한다.

§ 2 Die §§ 10, 11, 12, § 26 Abs. 3 Satz 2, § 31 und § 32 Abs. 3 des Reichs- und Staatsangehörigkeits- gesetzes vom 22. Juli 1913 (Reichsgesetzbl. I S. 583) treten außer Kraft; das gleiche gilt von § 15 Abs. 2 und § 34 insoweit, als sie einen Anspruch auf Einbürgerung gewähren.

제2조 1913년 7월 22일의 「제국국적과 주국적법률」(제국법률관보 I 583) 제10조, 제11조, 제12조와 제26조 제3항 2문, 제31조와 제32조 제3항은 폐지한다; 국적취득청구권을 보장하는 범위에서 제15조 제2항과 제34조도 같다.

§ 3 Das Gesetz tritt mit dem Tage seiner Verkün- dung in Kraft.

제3조 이 법률은 공포한 날에 시행한다.

Berlin, den 15. Mai 1935.

베를린, 1935년 5월 15일

Der Führer und Reichskanzler
Adolf Hitler

최고지도자이며 제국재상
아돌프 히틀러

Der Reichsminister des Innern
Frick

제국내무상
프릭

<Reichsgesetzblatt 1935 I, S. 593>

관련 법령:
법률 22
Gesetz über den Erwerb und den Verlust der Bundes- und Staatsangehörigkeit (01.06.1870)
Reichs- und Staatsangehörigkeitsgesetz (22.07.1913)

LXI. Wehrgesetz.

Vom 21. Mai 1935.

Die Reichsregierung hat das folgende Gesetz beschlossen, das hiermit verkündet wird:

Abschnitt I
Allgemeines

§ 1 (1) Wehrdienst ist Ehrendienst am Deutschen Volke.

(2) Jeder deutsche Mann ist wehrpflichtig.

(3) Im Kriege ist über die Wehrpflicht hinaus jeder deutsche Mann und jede deutsche Frau zur Dienstleistung für das Vaterland verpflichtet.

§ 2 Die Wehrmacht ist der Waffenträger und die soldatische Erziehungsschule des Deutschen Volkes. Sie besteht aus

dem Heer,

der Kriegsmarine,

der Luftwaffe.

§ 3 (1) Oberster Befehlshaber der Wehrmacht ist der Führer und Reichskanzler.

(2) Unter ihm übt der Reichskriegsminister als Oberbefehlshaber der Wehrmacht Befehlsgewalt über die Wehrmacht aus.

Abschnitt II
Die Wehrpflicht

Dauer der Wehrpflicht

§ 4 Die Wehrpflicht dauert vom vollendeten 18. Lebensjahre bis zu dem auf die Vollendung des 45. Lebensjahres folgenden 31. März.

Pflichten im Kriege

§ 5 (1) Alle Wehrpflichtigen haben sich im Falle einer Mobilmachung zur Verfügung der Wehrmacht zu halten. Der Reichskriegsminister entscheidet über ihre Verwendung.

61. 병역법률

1935년 5월 21일

제국정부는 여기에 공포되는 다음의 법률을 의결하였다:

제1장
총칙

제1조 (1) 병역복무는 독일 인민의 명예복무이다.

(2) 모든 독일남성은 병역의무를 진다.

(3) 전쟁에서 모든 독일남성과 모든 독일여성은 병역의무를 넘어 조국을 위한 복무급부의무를 진다.

제2조 국방군은 독일 인민의 무장주체이고 군사훈련학교이다. 국방군은 다음으로 편성된다

육군

해군

공군

제3조 (1) 국방군의 최고명령권자는 최고지도자이며 제국재상이다.

(2) 그의 아래에 제국전쟁상이 국방군의 상급명령권자로서 국방군에 대한 명령권을 행사한다.

제2장
병역의무

병역의무의 존속기간

제4조 병역의무는 만 18세부터 만 45세가 되는 해의 다음 3월 31일까지 존속한다.

전쟁 중의 의무

제5조 (1) 모든 병역의무자는 동원령의 경우 국방군의 처분을 준수하여야 한다. 제국전쟁상이 그의 배치를 결정한다.

(2) Die Belange der Wehrmacht gehen im Kriege allen anderen vor.

Erweiterung der Wehrpflicht

§ 6 Im Kriege und bei besonderen Notständen ist der Reichskriegsminister ermächtigt, den Kreis der für die Erfüllung der Wehrpflicht in Betracht kommenden deutschen Männer zu erweitern.

Wehrdienst

§ 7 (1) Die Wehrpflicht wird durch den Wehrdienst erfüllt. Der Wehrdienst umfaßt:

a) den aktiven Wehrdienst. Im aktiven Wehrdienst stehen:

1. die Wehrpflichtigen während der Erfüllung der aktiven Dienstpflicht nach § 8 Abs. 1,

2. aktive Offiziere und solche Unteroffiziere und Mannschaften, die freiwillig länger dienen, als nach § 8 Abs. 1 festgesetzt ist,

3. die Wehrmachtbeamten, die nach Erfüllung der Dienstpflicht (Ziffer 1 und 2) als Beamte angestellt werden, ohne in den Beurlaubtenstand überführt zu werden,

4. die aus dem Beurlaubtenstande zu Übungen oder sonstigem aktiven Wehrdienst einberufenen Offiziere, Unteroffiziere und Mannschaften und Wehrmachtbeamten nach Ziffer 3;

b) den Wehrdienst im Beurlaubtenstande. Im Beurlaubtenstande stehen die Angehörigen:

1. der Reserve,

2. der Ersatzreserve,

3. der Landwehr.

(2) Die nach § 6 einberufenen Jahrgänge im Alter von über 45 Lebensjahren bilden den Landsturm.

Aktive Dienstpflicht

§ 8 (1) Der Führer und Reichskanzler setzt die Dauer der aktiven Dienstpflicht für die Wehrpflichtigen fest.

(2) Die Wehrpflichtigen werden in der Regel in dem Kalenderjahr, in dem sie das 20. Lebens-

---

(2) 전쟁에서 국방군의 이익이 모든 다른 이익에 우선한다.

병역의무의 확대

제6조 제국전쟁상은 전쟁과 특별한 긴급상황에서 병역의무의 이행에 고려되는 독일남성의 범위를 확대할 권한을 가진다.

병역복무(입대)

제7조 (1) 병역의무는 병역복무로 이행된다. 병역복무는 다음을 포함한다:

a) 현역복무. 다음 각호의 사람은 현역복무에 있다:

1. 제8조 제1항에 따라 현역복무의무를 이행하는 동안의 병역의무자,

2. 현역장교와 자원하여 제8조 제1항에 따라 확정된 기간보다 장기로 복무하는 하사관과 장기사병,

3. 복무의무를 이행한 후(제1호와 제2호) 대기상태로 처분되지 않고 공무원으로 채용된 군무원,

4. 대기상태로부터 훈련 또는 그밖의 현역복무에 소집된 장교, 하사관, 사병과 제3호에 따른 군무원;

b) 대기상태의 병역복무. 다음의 소속원은 대기상태에 있다:

1. 예비역,

2. 보충역,

3. 주방위역.

(2) 제6조에 따라 소집된 해에 만 45세 이상의 연령자는 주(州)돌격대를 편성한다.

현역복무의무

제8조 (1) 최고지도자이며 제국재상은 병역의무자의 현역복무의무의 기간을 확정한다.

(2) 병역의무자는 원칙적으로 그가 만 20세가 되는 해에 현역복무의 이행을 위하여

jahr vollenden, zur Erfüllung der aktiven Dienstpflicht einberufen. Freiwilliger Eintritt in die
Wehrmacht ist schon früher möglich.
(3) Die Erfüllung der Arbeitsdienstpflicht ist
eine Voraussetzung für den aktiven Wehrdienst.
Ausnahmen werden durch Sonderbestimmun-
gen geregelt.
(4) Bei Freiheitsstrafen von mehr als 30 Tagen
Dauer haben die Wehrpflichtigen die entsprechende Zeit nachzudienen, falls sie nicht nach
§ 23 aus dem aktiven Wehrdienst ausscheiden
müssen.

Reserve
§ 9 Zur Reserve gehören die Wehrpflichtigen nach
der Entlassung aus dem aktiven Wehrdienst bis
zum 31. März des Kalenderjahres, in dem sie ihr
35. Lebensjahr vollenden.

Ersatzreserve
§ 10 Zur Ersatzreserve gehören die Wehrpflichtigen, die nicht zur Erfüllung der aktiven Dienstpflicht nach § 8 Abs. 1 einberufen werden, bis
zum 31. März des Kalenderjahres, in dem sie ihr
35. Lebensjahr vollenden.

Landwehr
§ 11 Zur Landwehr gehören die Wehrpflichtigen
vom 1. April des Kalenderjahres, in dem sie ihr
35. Lebensjahr vollenden, bis zu dem auf die
Vollendung des 45. Lebensjahres folgenden 31.
März.

Ersatzwesen
§ 12 (1) Die Wehrpflichtigen werden durch die
Ersatzdienststellen der Wehrmacht erfaßt. Der
Reichskriegsminister regelt den Aufbau der Ersatzdienststellen und ihr Zusammenwirken mit
den Behörden der allgemeinen und inneren Verwaltung im Einvernehmen mit dem Reichsminister des Innern.
(2) In der entmilitarisierten Zone werden die

소집된다. 그 이전에도 국방군의 자원입대
가 가능하다.

(3) 노동복무의무의 이행이 현역복무를 위
한 요건이다. 그 예외는 특별규정으로 정
한다.

(4) 30일 이상의 자유형을 받는 경우 병역
의무자는, 그가 제23조에 따라 현역복무에
서 소집해제되어야 하지 않으면, 그 기간을
추가복무하여야 한다.

예비역
제9조 병역의무자는 현역복무에서 소집해제
된 때부터 그가 만 35세가 되는 해의 3월
31일까지 예비역으로 편입된다.

보충역
제10조 제8조 제1항에 따라 현역복무의 이행
을 위하여 소집되지 않은 병역의무자는 그
가 만 35세가 되는 해의 3월 31일까지 보충
역으로 편입된다.

주(州)방위역
제11조 병역의무자는 그가 만 35세가 되는 해
의 4월 1일부터 만 45세가 되는 해의 다음 3
월 31일까지 주방위역으로 편입된다.

대체제도
제12조 (1) 병역의무자는 국방군의 대체복무
청에 의하여 관장된다. 제국전쟁상은 제국
내무상의 동의를 얻어 대체복무청의 설립
과 일반 내무행정관청과의 공동협력을 규
율한다.

(2) 비무장지대의 병역의무자는 일반 내무

Wehrpflichtigen durch die Behörden der allgemeinen und inneren Verwaltung erfaßt.

행정관청에 의하여 관장된다.

Wehrunwürdigkeit

§ 13 (1) Wehrunwürdig und damit ausgeschlossen von der Erfüllung der Wehrpflicht ist, wer
a) mit Zuchthaus bestraft ist,
b) nicht im Besitz der bürgerlichen Ehrenrechte ist,
c) den Maßregeln der Sicherung und Besserung nach § 42 a des Reichsstrafgesetzbuches unterworfen ist,
d) durch militärgerichtliches Urteil die Wehrwürdigkeit verloren hat,
e) wegen staatsfeindlicher Betätigung gerichtlich bestraft ist.
(2) Der Reichskriegsminister kann Ausnahmen zu Abs. 1 c und e zulassen.
(3) Wehrpflichtige, gegen die auf Aberkennung der Fähigkeit zum Bekleiden öffentlicher Ämter erkannt worden ist, dürfen erst nach Ablauf der im Urteil für diese Ehrenstrafe vorgesehenen Zeit einberufen werden.

병역결격

제13조 (1) 다음 각호의 사람은 병역결격으로 병역의무의 이행에서 제외된다,
a) 중징역형을 받은 사람,
b) 민사명예권*을 가지지 않은 사람,
c) 제국형법전 제42a조에 따라 보안처분과 교화처분을 받은 사람,
d) 군사법원의 판결로 병역자격을 상실한 사람,
e) 반국가행위로 재판에서 형사처벌된 사람.
(2) 제국전쟁상은 제1항 c호와 e호의 예외를 허가할 수 있다.
(3) 공무담임능력을 박탈하는 판결을 받은 병역의무자는 판결에서 그러한 명예형에 예정된 기간이 경과한 때에만 소집될 수 있다.

Wehrpflichtausnahmen

§ 14 Zum Wehrdienst dürfen nicht herangezogen werden:
1. Wehrpflichtige, die nach dem Gutachten eines Sanitätsoffiziers oder eines von der Wehrmacht beauftragten Arztes für den Wehrdienst untauglich befunden worden sind,
2. Wehrpflichtige römisch-katholischen Bekenntnisses, die die Subdiakonatsweihe erhalten haben.

병역의무의 예외

제14조 다음 각호의 사람은 병역복무에 징집되어서는 아니된다:
1. 의무장교 또는 국방군이 위임한 의사의 소견으로 병역복무에 부적합한 것으로 여겨진 병역의무자,
2. 보조사제축성을 받은 로마가톨릭교의 병역의무자.

Arische Abstammung

§ 15 (1) Arische Abstammung ist eine Voraussetzung für den aktiven Wehrdienst.

아리아혈통

제15조 (1) 아리아혈통이 현역복무의 전제요건이다.

---

* 만 18세 이상의 국민이 가지는 선거권, 피선거권, 공무담임권으로 시민권(Bürgerrecht)이라고도 부른다. 1969년의 형법개정으로 형사부가형으로 민사명예권의 박탈이 폐지되어 이제는 공무담임권과, 특정 정치범죄의 경우, 선거권의 박탈만이 인정된다.

(2) Ob und in welchem Umfange Ausnahmen zugelassen werden können, bestimmt ein Prüfungsausschuß nach Richtlinien, die der Reichsminister des Innern im Einvernehmen mit dem Reichskriegsminister aufstellt.

(3) Nur Personen arischer Abstammung können Vorgesetzte in der Wehrmacht werden.

(4) Den Angehörigen arischer Abstammung der Wehrmacht und des Beurlaubtenstandes ist das Eingehen der Ehe mit Personen nichtarischer Abstammung verboten. Zuwiderhandlungen haben den Verlust jedes gehobenen militärischen Dienstgrades zur Folge.

(5) Die Dienstleistungen der Nichtarier im Kriege bleibt besonderer Regelung vorbehalten.

Zurückstellung
§ 16 Wehrpflichtige können im Frieden von der Erfüllung der aktiven Dienstpflicht auf begrenzte Zeit zurückgestellt werden.

Wehrpflichtige im Ausland
§ 17 (1) Auch die im Ausland lebenden Wehrpflichtigen haben grundsätzlich ihre Wehrpflicht zu erfüllen.

(2) Wehrpflichtige, die im Ausland leben oder für längere Zeit ins Ausland gehen wollen, können bis zu zwei Jahren, in Ausnahmefällen bis zur Beendigung der Wehrpflicht aus dem Wehrpflichtverhältnis beurlaubt werden. Von der Verpflichtung nach § 5 Abs. 1 können sie jedoch nur in besonderen Ausnahmefällen befreit werden.

Reichsangehörigkeit
§ 18 (1) Deutscher im Sinne dieses Gesetzes ist jeder Reichsangehörige, auch wenn er außerdem im Besitz einer ausländischen Staatsangehörigkeit ist.

(2) Deutsche, die bereits in der Wehrmacht eines anderen Staates aktiv gedient haben, sind von der deutschen Wehrpflicht nicht befreit. Sie

(2) 심사위원회는 예외가 허용될 수 있는지 여부와 허용될 경우 그 범위를 제국내무상이 제국전쟁상의 동의를 얻어 설정한 지침에 따라 결정한다.

(3) 아리아혈통을 가진 사람만이 군의 상급자가 될 수 있다.

(4) 아리아혈통의 국방군과 대기상태의 소속원에게 비아리아혈통의 사람과의 혼인은 금지된다. 위반행위는 모든 고위의 군사복무직제의 상실을 효과로 한다.

(5) 전쟁에서 비아리안인의 복무급부는 특별규정으로 유보된다.

소집연기
제16조 병역의무자는 평화시기에 기간을 정하여 현역복무의무의 이행에서 유예될 수 있다.

외국의 병역의무자
제17조 (1) 외국에 거주하는 병역의무자도 원칙적으로 그의 병역의무를 이행하여야 한다.

(2) 외국에 거주하거나 장기간 출국하려는 병역의무자는 2년까지, 예외의 경우 병역의무의 종기까지 병역의무관계에서 대기될 수 있다. 다만 특별한 예외사유가 있을 때에는 제5조 제1항에 따른 의무로부터 면제될 수 있다.

제국국적
제18조 (1) 모든 제국국적자는 그가 제국국적 외에 외국의 국적을 가진 때에도 이 법률의 의미에서 독일인이다.

(2) 외국의 국군에서 이미 현역복무를 한 독일인은 독일의 병역의무에서 면제되지 아니한다. 평화시기에 그들은 제국전쟁상이

werden jedoch im Frieden nur auf besonderen Antrag, den der Reichskriegsminister entscheidet, zum aktiven Wehrdienst zugelassen.

(3) Die Entlassung von Wehrpflichtigen aus der Reichsangehörigkeit und damit aus dem Wehrpflichtverhältnis bedarf der Genehmigung des Reichskriegsministers oder einer von ihm bezeichneten Ersatzdienststelle.

(4) Wer die deutsche Reichsangehörigkeit nicht besitzt, bedarf zum Eintritt in ein Wehrdienstverhältnis der Genehmigung des Führers und Reichskanzlers, der die Befugnis zur Genehmigung dem Reichskriegsminister übertragen kann.

Wehrüberwachung

§ 19 (1) Alle Wehrpflichtigen unterliegen der Wehrüberwachung. Sie wird durch die Ersatzdienststellen der Wehrmacht im Zusammenwirken mit den Behörden der allgemeinen und inneren Verwaltung durchgeführt.

(2) Die Wehrpflichtigen des Beurlaubtenstandes werden in der Regel einmal jährlich zu Wehrversammlungen zusammengerufen. Von der Teilnahme können nur die Ersatzdienststellen befreien.

(3) Während der Dauer von Wehrversammlungen, im dienstlichen Verkehr mit den Ersatzdienststellen und beim Tragen der Uniform eines Wehrmachtteiles sind die Wehrpflichtigen des Beurlaubtenstandes der militärischen Befehlsgewalt unterworfen. Inwieweit sie außerhalb des aktiven Wehrdienstes der militärischen Disziplinarstrafgewalt, dem Militärstrafrecht und der Militärgerichtsbarkeit unterliegen, bestimmen die militärischen Disziplinarstrafordnungen, das Militärstrafgesetzbuch und die Militärstrafgerichtsordnung.

Übungen

§ 20 Der Reichskriegsminister kann die Wehrpflichtigen der Reserve, der Ersatzreserve und

결정하는 특별신청으로만 현역복무가 허가된다.

(3) 제국국적과 병역의무관계로부터 병역의무자의 면제는 제국전쟁상 또는 그가 지정한 대체복무청의 승인을 요건으로 한다.

(4) 독일제국국적을 가지지 않은 사람은 병역복무관계를 개시하기 위하여 승인권을 제국전쟁상에 이양할 수 있는 최고지도자이며 제국재상의 승인을 얻어야 한다.

병역감독

제19조 (1) 모든 병역의무자는 병역감독을 받는다. 이는 일반 내무행정관청과의 공동협력으로 국방군의 대체복무청에 의하여 실시된다.

(2) 대기상태의 병역의무자는 원칙적으로 년 1회 군사집회에 소집된다. 대체복무청만이 참석을 면제할 수 있다.

(3) 군사집회가 계속하는 동안, 그리고 대체복무청과 복무관계에 있고 각군의 군복을 착용한 대기상태의 병역의무자는 군사명령권에 복속한다. 그가 현역복무 외에 군징계권, 군형법과 군사법원의 관할에 복속하는 범위는 「군형사징계령」, 「군형법전」과 「군사법원령」이 정한다.

군사훈련

제20조 제국전쟁상은 예비역, 보충역과 주방위역의 병역의무자를 훈련에 소집하고 그에

der Landwehr zu Übungen einberufen und Vorschriften für ihre sonstige Weiterbildung erlassen.

게 적용되는 그밖의 추가교육에 관한 규정을 제정할 수 있다.

Abschnitt III
Pflichten und Rechte der Angehörigen der Wehrmacht

제3장
국방군 소속원의 의무와 권리

Begriffsbestimmungen

§ 21 (1) Angehörige der Wehrmacht sind die Soldaten und die Wehrmachtbeamten.

(2) Soldaten sind die im aktiven Wehrdienst stehenden Offiziere, Unteroffiziere und Mannschaften.

(3) Die Zugehörigkeit zur Wehrmacht dauert für

a) die Soldaten vom Tage des Eintritts oder der Einberufung (Gestellungstag) bis zum Ablauf des Entlassungstages,

b) die aktiven Wehrmachtbeamten vom Tage ihrer Ernennung bis zum Ablauf des Entlassungstages,

c) die zu Übungen als solche einberufenen Wehrmachtbeamten des Beurlaubtenstandes vom Tage der Einberufung (Gestellungstag) bis zum Ablauf des Entlassungsteages.

개념정의

제21조 (1) 국방군의 소속원은 군인과 군무원이다.

(2) 군인은 현역복무를 하는 장교, 하사관과 사병이다.

(3) 국방군의 소속기간은 다음으로 한다

a) 군인은 입대일 또는 소집일(징집일)부터 전역일이 만료할 때까지,

b) 현역복무 군무원은 그 임용일부터 전역일이 만료할 때까지,

c) 군사훈련에 소집된 대기상태의 군무원은 소집일(징집일)부터 전역일이 만료할 때까지.

Zeitgerechte Entlassung

§ 22 (1) Aus dem aktiven Wehrdienst werden entlassen:

a) Soldaten, die die aktive Dienstzeit erfüllt haben, nach Ablauf der nach § 8 Abs. 1 festgesetzten Zeit,

b) Unteroffiziere und Mannschaften nach Ablauf der über die aktive Dienstpflicht nach § 8 Abs. 1 hinaus freiwillig eingegangenen Dienstverpflichtung.

(2) Der Reichskriegsminister kann, wenn dienstliche Verhältnisse es erfordern, die Soldaten nach Abs. 1 auf begrenzte Dauer in der Wehrmacht zurückbehalten und Wehrpflichtige des

정기전역

제22조 (1) 다음 각호의 경우 현역복무에서 전역된다:

a) 현역복무기간을 이행한 군인은 제8조 제1항에 확정된 기간이 만료할 때,

b) 하사관과 사병은 제8조 제1항에 따른 현역복무의무를 지나서 자원한 복무의무가 만료한 때.

(2) 제국전쟁상은, 복무관계가 필요로 할 때에는, 제1항에 따라 군인을 제한된 기간 동안 국방군에 유예하고 대기상태의 병역의무자를 현역복무로 재소집할 수 있다.

Beurlaubtenstandes zum aktiven Wehrdienst wieder einberufen.

Ausscheiden von Rechts wegen

§ 23 (1) Soldaten scheiden aus dem aktiven Wehrdienst von Rechts wegen aus, wenn gegen sie erkannt worden ist:
a) nach dem Militärstrafgesetzbuch auf Verlust der Wehrwürdigkeit,
b) auf Gefängnis von länger als einjähriger Dauer wegen einer vorsätzlich begangenen Tat,
c) auf Unfähigkeit zum Bekleiden öffentlicher Ämter.

(2) In den Fällen nach Abs. 1 a scheiden sie aus dem Wehrpflichtverhältnis aus.

(3) In den Fällen nach Abs. 1 b und c wird das weitere Wehrdienstverhältnis durch die Ersatzdienststellen, bei Offizieren durch die Oberbefehlshaber der Wehrmachtteile geregelt. Der Reichskriegsminister kann die Wehrpflichtigen nach Verbüßen der Strafe wieder zum aktiven Wehrdienst einberufen, in den Fällen nach Abs. 1 c nach Ablauf der um Urteil festgesetzten Zeit. Die vor der Verurteilung abgeleistete Dienstzeit ist anzurechnen, falls sie länger als 30 Tage gedauert hat.

Entlassung aus besonderen Gründen

§ 24 (1) Soldaten müssen aus dem aktiven Wehrdienst entlassen werden, wenn
a) sich herausstellt, daß sie nach dem Wehrgesetz oder seinen Ausführungsbestimmungen von der Erfüllung der Wehrpflicht ausgeschlossen sind oder nicht zum aktiven Wehrdienst herangezogen werden durften,
b) sie entmündigt oder unter vorläufige Vormundschaft gestellt werden.

(2) Soldaten können aus dem aktiven Wehrdienst entlassen werden
a) wegen Dienstunfähigkeit, wenn sie die zum aktiven Wehrdienst erforderlichen körper-

법률상 소집해제

제23조 (1) 군인은, 그에 대하여 다음 각호의 사실이 인정되는 경우, 법률에 근거하여 현역복무에서 소집해제된다:
a) 「군형법전」에 따라 병역적격을 상실한 경우,
b) 고의로 행한 행위로 인하여 1년 이상의 징역이 선고된 경우,
c) 공무를 담임할 능력이 없게 된 경우.

(2) 제1항 a호의 경우 그는 병역의무관계에서 소집해제된다.

(3) 제1항 b호와 c호의 경우 장래의 병역복무관계는 대체복무청에 의하여, 장교의 경우 각군의 상급명령권자의 의하여 규율된다. 제국전쟁상은 제1항 c호의 경우 판결로 확정된 기간이 경과한 경우 형을 마친 병역의무자를 현역복무에 재소집할 수 있다. 판결 전에 이행한 복무기간은 그 기간이 30일 이상일 경우에 산입된다.

특별사유로 인한 전역

제24조 (1) 다음 각호의 경우 군인은 현역복무에서 전역된다.
a) 그가 「병역법」 또는 그 시행규정에 따라 병역의무의 이행에서 제외되거나 현역복무에 편입될 수 없는 사실이 확인된 경우,

b) 그가 행위무능력이 되거나 일시적 후견이 개시된 경우.

(2) 다음 각호의 경우 군인은 현역복무에서 전역된다
a) 그가 의무장교 또는 국방군이 위임한 의사의 소견에 따라 현역복무에 필요한 신

lichen oder geistigen Kräfte nach dem Gutachten eines Sanitätsoffiziers oder eines von der Wehrmacht beauftragten Arztes nicht mehr besitzen,

b) wegen mangelnder Eignung, wenn sie nach dem Urteil ihrer Vorgesetzten die für ihre Dienststelle nötige Eignung nicht mehr besitzen,

c) wegen unehrenhafter Handlungen, auch wenn diese vor dem Diensteintritt begangen worden sind, sofern nicht Wehrunwürdigkeit nach § 13 Abs. 1 vorliegt,

d) auf eigenen Antrag in begründeten Fällen; Soldaten, die die aktive Dienstpflicht erfüllen, jedoch nur, wenn nach der Einberufung ein Zurückstellungsgrund eingetreten ist.

(3) Offiziere können außerdem aus dem aktiven Wehrdienst entlassen werden, wenn für sie keine Verwendungsmöglichkeit mehr besteht.

(4) Die Absicht der Entlassung ist in den Fällen nach Abs. 2 a und b und Abs. 3 Offizieren drei Monate, Unteroffizieren und Mannschaften, die freiwillig länger dienen, als nach § 8 Abs. 1 festgesetzt ist, einen Monat vorher unter Angabe der Gründe bekanntzugeben. In allen übrigen Fällen bedarf die Entlassung keiner befristeten Ankündigung.

(5) Die Vorschriften nach Abs. 1 und 2 finden auf Angehörige des Beurlaubtenstandes, die nicht im aktiven Wehrdienst stehen, sinngemäß Anwendung.

Pflicht zur Geheimhaltung
§ 25 (1) Die Angehörigen der Wehrmacht und des Beurlaubtenstandes sind zur Verschwiegenheit über dienstliche Angelegenheiten, deren Geheimhaltung erforderlich oder angeordnet ist, verpflichtet.

(2) Diese Verpflichtung bleibt auch nach dem Ausscheiden aus dem Wehrdienst bestehen.

체적 또는 정신적 능력을 가지지 않는 경우 복무불능을 원인으로,

b) 그의 상관의 판단에 따라 그의 복무역에 필요한 적성을 더 이상 가지지 않는 경우 흠결된 적성을 원인으로,

c) 제13조 제1항에 따른 병역결격이 없을 때에도 심지어 복무개시 전에 불명예행위가 행하여진 경우 불명예행위를 원인으로,

d) 정당한 사유가 있을 경우 본인의 신청으로; 소집후에 소집해제사유가 발생한 경우에 현역복무를 이행하는 군인.

(3) 이밖에 장교는 그에 관하여 활용가능성이 더 이상 없을 경우 전역될 수 있다.

(4) 제2항 a호와 b호와 제3항의 경우, 자유의사로 제8조 제1항에 규정된 것보다 장기복무하는 장교는 3월, 하사관과 사병은 1월 전에 그 사유를 기재하여 전역의사를 표시하여야 한다. 그밖의 모든 경우 전역은 기간을 정한 통지를 요건으로 하지 아니한다.

(5) 제1항과 제2항의 규정은 현역복무를 하지 않는 대기상태의 소속원에게 의미에 맞게 적용된다.

비밀유지의무
제25조 (1) 국방군과 대기상태의 소속원은 비밀유지가 필요하거나 명령된 복무상의 사무에 관하여 묵비할 의무가 있다.

(2) 이 의무는 병역복무에서 소집해제된 후에도 존속한다.

Politik in der Wehrmacht

§ 26 (1) Die Soldaten dürfen sich politisch nicht betätigen. Die Zugehörigkeit zur NSDAP oder einer ihrer Gliederungen oder zu einem der ihr angeschlossenen Verbände ruht für die Dauer des aktiven Wehrdienstes.

(2) Für die Soldaten ruht das Recht zum Wählen oder zur Teilnahme an Abstimmungen im Reich.

(3) Die Soldaten bedürfen der Erlaubnis ihrer Vorgesetzten zum Erwerb der Mitgliedschaft in Vereinigungen jeder Art sowie zur Bildung von Vereinigungen innerhalb und außerhalb der Wehrmacht.

(4) Der Reichskriegsminister kann Wehrmachtbeamte und im Betrieb der Wehrmacht angestellte Zivilpersonen, wenn militärische Notwendigkeit dies erfordert, den Vorschriften nach Abs. 1 und 2 unterwerfen.

Heiratserlaubnis

§ 27 Die Angehörigen der Wehrmacht bedürfen zur Heirat der Erlaubnis ihrer Vorgesetzten.

Nebenbeschäftigung

§ 28 (1) Soldaten und Wehrmachtbeamte bedürfen der Erlaubnis ihrer Vorgesetzten zum Bekleiden eines Gewerbes für sich und ihre Hausstandsmitglieder und zur Übernahme einer mit Vergütung verbundenen Nebenbeschäftigung. Die Erlaubnis darf nur in begründeten Ausnahmefällen erteilt werden.

(2) Diese Vorschrift findet auf die zu Übungen oder zu sonstigem aktiven Wehrdienst einberufenen Personen des Beurlaubtenstandes hinsichtlich ihrer Berufstätigkeit keine Anwendung.

Vormundschaften und Ehrenämter

§ 29 (1) Soldaten und Wehrmachtbeamte können die Übernahme des Amtes eines Vormundes, Gegenvormundes, Pflegers, Beistandes oder einer ehrenamtlichen Tätigkeit im Reichs-, Landes- oder Gemeindedienst ablehnen.

군에서의 정치

제26조 (1) 군인은 정치적으로 활동할 수 없다. 민족사회주의민주노동자당이나 그의 기구 또는 그와 결속된 단체의 소속은 현역복무 기간 동안 정지한다.

(2) 군인에게 제국에서 선거 또는 투표에 참여할 권리가 정지한다.

(3) 국방군의 내·외에서 여하한 종류의 결사의 성원자격을 취득하거나 결사를 조직하기 위하여 병사는 그의 상관의 허가를 받아야 한다.

(4) 제국전쟁상은, 군사적 필요가 요구할 경우, 군무원과 국방군의 사업장에 고용된 민간인을 제1항과 제2항의 규정에 복속할 수 있다.

혼인허가

제27조 국방군의 소속원은 혼인을 위하여 그 상관의 허가를 얻어야 한다.

부직활동

제28조 (1) 군인과 군무원은 자신과 그 세대원의 영업의 겸직 또는 보수와 결합된 부직활동의 인수를 위하여 그의 상관의 허가를 받아야 한다. 정당한 근거가 있는 예외사안의 경우에만 허가가 발급될 수 있다.

(2) 이 규정은 군사훈련 또는 그밖의 현역복무에 소집된 대기상태의 사람의 직업활동에 관하여 그에게 적용되지 아니한다.

후견과 명예직

제29조 (1) 군인과 군무원은 제국복무, 주복무 또는 지방자치단체복무에서 후견인, 반대후견인, 보좌인, 법률자문 또는 명예직 활동의 인수를 거절할 수 있다.

(2) Zur Übernahme eines solchen Amtes ist die Erlaubnis der Vorgesetzten erforderlich. Sie darf nur in zwingenden Fällen versagt werden.

Gebührnisse

§ 30 Die Ansprüche der Angehörigen der Wehrmacht auf Gebührnisse und auf Heilfürsorge werden durch das Reichsbesoldungsgesetz geregelt.

Rechtsweg

§ 31 (1) Für vermögensrechtliche Ansprüche aus der Zugehörigkeit zur Wehrmacht steht der ordentliche Rechtsweg offen. Der Klage gegen das Reich muß die Entscheidung des Reichskriegsministers vorangehen. Die Klage muß bei Verlust des Klagerechts innerhalb von sechs Monaten angebracht sein, nachdem die Entscheidung des Reichskriegsministers dem Beteiligten bekanntgegeben worden ist.

(2) Die Entscheidung der militärischen Dienststellen über Dienstuntauglichkeit (§ 14 Abs. 1), Zurückstellung (§§ 16 und 17) und Entlassung (§§ 22 und 24) ist für die Gerichte bindend. Das gleiche trifft für die Entscheidung über vorläufige Dienstenthebung und über ein Zurückbehalten im aktiven Wehrdienst zu.

Versorgung

§ 32 (1) Soldaten, die nach Erfüllung der aktiven Dienstpflicht in Ehren aus dem aktiven Wehrdienst ausscheiden, haben bei Bewerbung um Beschäftigung im öffentlichen Dienst den Vorrang vor sonstigen Bewerbern gleicher Eignung. Bei Vermittlung in Arbeitsplätze der freien Wirtschaft sind sie bevorzugt zu berücksichtigen. Bei Rückkehr in den Zivilberuf darf ihnen aus der durch den aktiven Wehrdienst bedingten Abwesenheit kein Nachteil erwachsen. Die gesetzlich festgelegten Rechte der Kriegsbeschädigten werden hierdurch nicht berührt.

(2) In allen übrigen Fällen wird die Versorgung

(2) 그러한 직무를 인수하기 위하여 상관의 허가를 요건으로 한다. 허가는 불득이한 경우에만 거부될 수 있다.

수수료

제30조 국방군 소속원의 보수와 치료비청구권은 「제국급여법률」로 규정된다.

법률구제수단

제31조 (1) 국방군의 소속에서 발생하는 재산법적 청구권에 관하여 정식의 구제수단이 인정된다. 제국을 상대방으로 하는 소송에는 제국전쟁상의 결정이 선행하여야 한다. 소송권을 상실한 경우 소송은 제국전쟁상의 결정이 당사자에게 통지된 때부터 6월 내에 제기되어야 한다.

(2) 복무부적격(제14조 제1항), 소집연기(제16조와 제17조)와 전역(제22조와 제24조)에 관한 군사복무청의 결정은 법원에 대하여 기속력이 있다. 현역복무에서 일시적 복무배제와 유예에 관하여도 같다.

보훈지원

제32조 (1) 현역복무를 이행한 후 명예롭게 현역복무에서 전역한 군인은 공직활동을 위한 지원에서 동일한 자격을 가진 그밖의 지원자에 우선한다. 자유경제의 일자리의 중개에서 그는 우선배려되어야 한다. 민간직업으로 귀환할 때에 현역복무를 원인으로 하는 부재로 인하여 그에게 불이익이 생겨서는 아니된다. 법률로 확정된 전상군인의 권리는 이에 의하여 영향을 받지 아니한다.

(2) 그밖의 모든 경우에 군인과 그의 유족

der Soldaten und ihrer Hinterbliebenen durch das Wehrmachtversorgungsgesetz, die Versorgung der Wehrmachtbeamten und ihrer Hinterbliebenen durch die hierfür erlassenen Gesetze und Vorschriften geregelt.

Verabschiedung in Uniform

§ 33 (1) Den aus der Wehrmacht ausscheidenden Angehörigen der Wehrmacht kann das Recht zum Tragen der Uniform eines Wehrmachtteiles mit einem für Verabschiedete vorgeschriebenen Abzeichen widerruflich verliehen werden.

(2) Dieses Recht wird in der Regel nur nach einer in Ehren geleisteten Dienstzeit von mindestens 12 Jahren verliehen.

Offiziere und Beamte des Beurlaubtenstandes

§ 34 (1) Bei Bewährung und Eignung können Unteroffiziere und Mannschaften, die nach ehrenvollem Dienst aus dem aktiven Wehrdienst ausscheiden, zu Offizieren oder Beamten der Beurlaubtenstandes ausgebildet und befördert werden.

(2) Offiziere und Wehrmachtbeamte, die nach ehrenvollem Dienst aus dem aktiven Dienst ausscheiden, können zu Offizieren und Beamten des Beurlaubtenstandes überführt werden.

Zivilangestellte in der Wehrmacht

§ 35 Der Reichskriegsminister kann die im Bereich der Wehrmacht angestellten Zivilpersonen den für Soldaten geltenden gesetzlichen Vorschriften ganz oder teilweise unterwerfen, wenn und solange militärische Notwendigkeit es erfordert. Sie sind für die Dauer dieser Anordnung Angehörige der Wehrmacht im Sinne des § 21.

Abschnitt IV
Übergangsvorschrift

§ 36 (1) Unteroffiziere und Mannschaften, die beim Reichsheer vor dem 1. April 1933 oder

에 대한 보훈지원은 「국방군보훈지원법률」 로, 군무원과 그의 유족에 대한 보훈지원 은 이를 위하여 제정된 법률과 법률규정으 로 규율된다.

군복착용의 퇴역

제33조 (1) 퇴역자에게 규정된 표장과 함께 각 군의 군복을 착용할 권리가 철회조건부로 국방군에서 퇴역하는 국방군의 소속원에게 수여될 수 있다.

(2) 이 권리는 원칙적으로 최소 12년의 명예 롭게 이행된 복무기간 후에 수여된다.

대기상태의 장교와 공무원

제34조 (1) 명예로운 복무 후에 현역복무에서 퇴역하는 하사관과 사병은 증명과 자격이 있을 경우 대기상태의 장교 또는 공무원으 로 양성되고 후원될 수 있다.

(2) 명예로운 복무 후에 현역복무에서 퇴역 하는 장교와 군무원은 대기상태의 장교와 공무원에 편입된다.

군의 민간피용인

제35조 제국전쟁상은, 군사적 필요가 존재하 고 그 존재하는 동안, 국방군의 분야에 고용 된 민간인을 군인에게 적용되는 법률규정의 전부 또는 일부에 따르게 할 수 있다. 그는 이러한 명령이 유효한 동안 제21조의 의미 에서 국방군의 소속원이다.

제4장
경과규정

제36조 (1) 1933년 4월 1일 전에 제국육군 또 는 1933년 7월 1일 전에 제국해군에 배치되

bei der Reichsmarine vor dem 1. Juli 1933 eingestellt sind, und deren Verpflichtungsschein nach dem Wehrgesetz vom 23. März 1921 auf 12 Jahre ausgestellt ist, können bis zum Ablauf dieser Zeit im aktiven Wehrdienst belassen werden. Im übrigen gelten für sie uneingeschränkt die Vorschriften dieses Gesetzes.

(2) Abs. 1 ist sinngemäß auf die Verpflichtung der Offiziere und Offiziersanwärter des Reichsheeres und der Reichsmarine und die in die Wehrmacht übernommenen Angehörigen der Landespolizei anzuwenden.

(3) Auf die beim Reichsheer nach dem 31. März 1933 und bei der Reichsmarine nach dem 30. Juni 1933 eingestellten Offiziere, Unteroffiziere und Mannschaften findet das vorliegende Gesetz uneingeschränkt Anwendung.

(4) Die auf Grund des § 40 a des Wehrgesetzes vom 23. März 1921 (Reichsgesetzbl. S. 329) angestellten Zivilpersonen können für die Dauer der in ihrem Dienstvertrag vereinbarten Zeit nach näherer Bestimmung des Reichskriegsministers in den aktiven Wehrdienst übernommen werden.

Abschnitt V
Schlußvorschriften

§ 37 (1) Der Führer und Reichskanzler übt das militärische Verordnungsrecht aus. Er erläßt die zur Durchführung dieses Gesetzes erforderlichen Rechtsverordnungen und Verwaltungsbestimmungen. Die Rechtsverordnungen können Strafandrohungen enthalten.

(2) Der Führer und Reichskanzler kann dem Reichskriegsminister und in den Fragen des Ersatzwesens und der Wehrüberwachung dem Reichsminister des Innern Befugnisse nach Abs. 1 übertragen.

(3) Die Verordnungen können außer in den im Gesetz über Verkündung von Reichsverordnungen vom 13. Oktober 1923 (Reichsgesetzbl. I S. 959)

고 그의 병역증이 1921년 3월 23일의 「병역법률」에 따라 발급된 하사관과 사병은 그 기간이 만료할 때까지 현역복무의무가 있다. 이밖에 그에게 이 법률의 규정이 제한 없이 적용된다.

(2) 제1항은 의미에 맞게 제국육군과 제국해군의 장교와 장교후보자의 의무와 국방군에 인계된 주경찰의 소속원에게 적용된다.

(3) 1933년 3월 31일 이후에 제국육군에, 그리고 1933년 6월 30일 이후에 제국해군에 배치된 장교, 하사관과 사병에 대하여 이 법률이 제한없이 적용된다.

(4) 1921년 3월 23일의 「병역법률」(제국법률관보 329) 제40a조에 근거하여 고용된 민간인은 그의 고용계약에서 합의된 기간 동안 제국전쟁상의 상세한 규정에 따라 현역복무로 인계될 수 있다.

제5장
종결규정

제37조 (1) 최고지도자이며 제국재상은 군사규정제정권을 행사한다. 그는 이 법률의 시행을 위하여 필요한 법규명령과 행정규정을 제정한다. 법규명령은 형사처벌의 위협을 포함할 수 있다.

(2) 최고지도자이며 제국재상은 제국전쟁상에게, 그리고 대체제도와 병역감독의 문제에 관하여 제국내무상에게 제1항의 권한을 이양할 수 있다.

(3) 명령들은 1923년 10월 13일의 「제국명령의 공포에 관한 법률」(제국법률관보 I 959)에 규정된 관보 외에 국방군명령관보

vorgesehenen Blättern auch in den Verordnungs-
blättern der Wehrmacht verkündet werden.

§ **38** (1) Dieses Gesetz tritt mit dem Tage der
Verkündung in Kraft.

(2) Mit dem gleichen Tage treten das Wehrgesetz vom 23. März 1921 (Reichsgesetzbl. S.
329) sowie die Änderungsgesetze vom 18. Juni
1921 und vom 20. Juli 1933 (Reichsgesetzbl.
1921 S. 787; 1933 S. 526, 566) außer Kraft.

Berlin, den 21. Mai 1935.

Der Führer und Reichskanzler
Adolf Hitler

Der Reichswehrminister
von Blomberg

Der Reichsminister des Innern
Frick

에 공포될 수 있다.

제38조 (1) 이 법률은 공포일에 시행한다.

(2) 같은 날에 1921년 3월 23일의 「병역법
률」(제국법률관보 329)과 1921년 6월 18일
과 1933년 7월 20일의 「개정법률」(제국법
률관보 1921 787; 1933 526, 566)은 폐
지된다.

베를린, 1935년 5월 21일

최고지도자이며 제국재상
아돌프 히틀러

제국국방상
폰 블롬베르크

제국내무상
프릭

LXII. Luftschutzgesetz.

Vom 26. Juni 1935.

Die Reichsregierung hat das folgende Gesetz beschlossen, das hiermit verkündet wird:

§ 1 (1) Der Luftschutz ist Aufgabe des Reichs; er obliegt dem Reichsminister der Luftfahrt.

(2) Der Reichsminister der Luftfahrt bedient sich bei der Durchführung des Luftschutzes neben den Dienststellen der Reichsluftfahrtverwaltung der ordentlichen Polizei- und Polizeiaufsichtsbehörden; auch kann er andere Dienststellen und Einrichtungen der Länder, Gemeinden, Gemeindeverbände und sonstigen Körperschaften des öffentlichen Rechts in Anspruch nehmen. Der Reichsminister der Luftfahrt handelt hierbei in Fällen grundsätzlicher Art im Einvernehmen mit den zuständigen Reichsministern.

(3) Falls den Ländern, Gemeinden, Gemeindeverbänden und sonstigen Körperschaften des öffentlichen Rechts durch die Inanspruchnahme für Zwecke des Luftschutzes besondere Kosten entstehen, trägt sie der Reichsminister der Luftfahrt.

§ 2 (1) Alle Deutschen sind zu Dienst- und Sachleistungen sowie zu sonstigen Handlungen, Duldungen und Unterlassungen verpflichtet, die zur Durchführung des Luftschutzes erforderlich sind (Luftschutzpflicht).

(2) Ausländer und Staatenlose, die im Deutschen Reich Wohnsitz, Aufenthalt oder Vermögen haben, sind luftschutzpflichtig, soweit nicht Staatsverträge oder allgemein anerkannte Regeln des Völkerrechts entgegenstehen.

(3) Luftschutzpflichtig sind ferner alle juristischen Personen, nicht rechtsfähige Personenvereinigungen, Anstalten und Einrichtungen des öffentlichen und privaten Rechts, soweit sie im Deutschen Reich Sitz, Niederlassung oder Vermögen haben.

62. 방공법률(防空法律)

1935년 6월 26일

제국정부는 여기에 공포되는 다음의 법률을 의결하였다:

제1조 (1) 방공은 제국의 과업이다; 방공은 제국항공상의 사무이다.

(2) 제국항공상은 방공을 실행할 때에 제국항공운항행정의 사무소 외에 정규 경찰관청과 경찰감독관청을 이용한다; 그는 또한 주, 지방자치단체, 지방자치단체연합과 그밖의 공법상의 사단의 사무소와 시설을 이용할 수 있다. 이를 위하여 제국항공상은 중요한 종류의 사안에 관하여 관할 제국상의 동의를 얻어 행동한다.

(3) 방공목적을 위한 청구로 주, 지방자치단체와 지방자치단체연합과 그밖의 공법상의 사단에 특별비용이 발생할 경우, 제국항공상이 그 비용을 부담한다.

제2조 (1) 모든 독일인은 방공목적의 실행에 필요한 복무제공과 물건제공, 그리고 그밖의 행위, 인용과 부작위의 의무가 있다(방공의무).

(2) 독일에 주소, 거소 또는 재산을 가진 외국인과 무국적자는, 국가조약 또는 일반적으로 승인된 국제법원칙에 반하지 않는 범위에서 방공의 의무가 있다.

(3) 또한 독일제국에 주소, 사무소 또는 재산을 가진 법인, 권리능력 없는 인적 결사, 공법과 사법의 영조물과 시설도 방공의 의무가 있다.

§ 3 Personen, die infolge ihres Lebensalters oder ihres Gesundheitszustandes ungeeignet erscheinen, dürfen zu persönlichen Diensten im Luftschutz nicht herangezogen werden. Das gleiche gilt für Personen, deren Heranziehung mit ihren Berufspflichten gegenüber der Volksgemeinschaft, insbesondere mit den Pflichten eines öffentlich-rechtlichen Dienstverhältnisses, nicht zu vereinbaren ist.

§ 4 Umfang und Inhalt der Luftschutzpflicht werden in den Durchführungsbestimmungen festgelegt. Die dauernde Entziehung oder Beschränkung von Grundeigentum richtet sich nach den Enteignungsgesetzen.

§ 5 Die Heranziehung zur Luftschutzpflicht erfolgt, soweit die Durchführungsbestimmungen nichts anderes vorschreiben, durch polizeiliche Verfügung.

§ 6 Ob und in welchem Umfange bei Erfüllung der Luftschutzpflicht Vergütung oder Entschädigung zu gewähren ist, wird in den Durchführungsbestimmungen geregelt. Für die Leistung persönlicher Dienste wird grundsätzlich keine Vergütung gewährt.

§ 7 Die im Luftschutz tätigen Personen dürfen Geschäfts- und Betriebsverhältnisse, die sie bei Wahrnehmung ihres Dienstes erfahren, nicht unbefugt verwerten oder an andere mitteilen; über andere Tatsachen, an deren Nichtbekanntwerden die Betroffenen ein berechtigtes Interesse haben, ist Verschwiegenheit zu bewahren.

§ 8 Wer Gerät oder Mittel für den Luftschutz vertreiben oder über Fragen des Luftschutzes Unterricht erteilen, Vorträge halten, Druckschriften veröffentlichen oder sonst verbreiten, Bilder oder Filme öffentlich vorführen oder Luftschutzausstellungen veranstalten will, bedarf der Genehmigung des Reichsministers der Luftfahrt oder der von ihm bestimmten Stellen.

§ 9 (1) Wer den Bestimmungen der §§ 2 oder 8 oder den darauf beruhenden Rechtsverordnungen und Verfügungen zuwiderhandelt, wird,

제3조 그의 연령 또는 건강상태로 인하여 부적격으로 보이는 사람은 방공에 인적 복무로 동원되어서는 아니된다. 그 동원이 국제사회에 대한 직업의무, 특히 공법상의 복무관계에서 발생하는 의무와 합치하지 않는 사람도 같다.

제4조 방공의무의 범위와 내용은 시행규정으로 정하여진다. 지속적인 토지소유권의 박탈 또는 제한은 「공용수용법률」에 따른다.

제5조 방공의무의 동원은, 시행규정이 달리 정하지 않으면, 경찰처분으로 이루어진다.

제6조 방공의무의 이행에서 보수 또는 손실보상의 보장 여부와 그 범위는 시행규정으로 정한다. 인적 복무의 급부에 대하여 원칙적으로 보수를 지급하지 아니한다.

제7조 방공에 근무하는 사람은 그가 그의 복무를 수행하면서 알게 된 사무관계 또는 경영관계를 권한 없이 환가하거나 타인에게 전달하여서는 아니된다; 그의 비공개에 관하여 해당자가 정당한 이익을 가지는 그 밖의 사실에 관하여 침묵하여야 한다.

제8조 방공을 위한 기기나 무기를 운용하거나 방공문제에 관하여 강의하거나 강연하거나, 출판물을 간행하거나 그 밖의 방법으로 유포하거나 그림 또는 영상을 공연하게 전시·상영하거나 방공전시회를 주최하려는 사람은 제국항공상 또는 그가 지정한 사무소의 승인을 얻어야 한다.

제9조 (1) 제2조 또는 제8조, 그리고 그에 근거한 법규명령과 처분에 위반하여 행위한 사람은, 다른 법률이 중한 형벌로 처벌하지

wenn nicht andere Gesetze schwerere Strafen androhen, mit Haft oder mit Geldstrafe bis zu einhundertfünfzig Reichsmark bestraft.

(2) Wer die Tat begeht, nachdem er bereits wegen Zuwiderhandlung gegen §§ 2 oder 8 rechtskräftig bestraft worden ist, oder wer gegen die Bestimmung des § 7 verstößt, wird mit Gefängnis und Geldstrafe oder einer dieser Strafen bestraft.

§ 10 Wer die Erfüllung der einem anderen nach den §§ 2, 7 oder 8 obliegenden Pflichten hindert oder zu hindern sucht oder zu einer Zuwiderhandlung nach § 9 öffentlich auffordert oder anreizt, wird, wenn nicht andere Gesetze schwerere Strafen androhen, mit Gefängnis und Geldstrafe oder einer dieser Strafen bestraft. In besonders schweren Fällen kann auf Zuchthaus erkannt werden.

§ 11 Die Reichsversicherungsordnung wird wie folgt geändert:

1. Im § 537 Abs. 1 fallen in der Nr. 5 die Worte

"die Betriebe im Geschäftsbereich des Reichsluftfahrtministeriums" weg.

2. Im § 537 Abs. 1 wird hinter Nr. 5 folgende Nummer eingefügt:
"5a) die Betriebe im Geschäftsbereich des Reichsluftfahrtministeriums einschließlich der hoheitlichen Betriebe des Luftschutzes und die vom Reichsminister der Luftfahrt anerkannten Luftschutzübungen oder Betriebe zur Luftschutzausbildung,"

3. Als § 545 d wird nach § 545 c eingefügt:
"§ 545 d
Bei den nach § 537 Abs. 1 Nr. 5 a versicherten, vom Reichsminister der Luftfahrt anerkannten Luftschutzübungen gilt der Versicherungsschutz nur, soweit Personen durch eine Aufforderung der hierzu berufenen Stellen zu besonderen Tätigkeiten herangezogen werden."

4. Im § 554 c treten hinter "(537 Abs. 1 Nr. 4 a)" die Worte:

않으면, 구금 또는 150 제국마르크 이하의 벌금형으로 처벌한다.

(2) 이미 제2조 또는 제8조의 위반행위로 확정처벌받은 후에 그 행위를 하거나 제7조의 규정을 위반한 사람은 경징역형과 벌금 또는 그중 하나의 형으로 처벌한다.

제10조 제2조, 제7조 뜨는 제8조에 따라 타인에게 부과된 의무의 이행을 방해하거나 방해를 기도하거나 제9조의 위반행위를 공연하게 요청하거나 선동한 사람은, 다른 법률이 중한 형벌로 처벌하지 않으면, 경징역형과 벌금 또는 그중 하나의 형으로 처벌한다. 특별히 중요한 경우 중징역형이 선고될 수 있다.

제11조 「제국보험령」이 다음과 같이 개정된다:

1. 제537조 제1항 제5호에 "제국항공성의 업무영역에서 운영" 법문을 삭제한다.

2. 제537조 제1항에서 제5호의 다음에 아래의 호를 신설한다:
"5a) 방공의 고권적 운영을 포함하여 제국항공성의 업무영역에서 운영과 제국항공상이 승인한 방공훈련 또는 방공교육의 운영."

3. 제545c조 다음에 제545d조를 신설한다:
"제545d조
제537조 제1항 5호에 따라 보험가입되고 제국항공상에 의하여 승인된 방공훈련의 경우 사람들이 이를 위하여 소집된 사무소의 요청으로 특별한 활동에 동원된 때에만 보험보호가 적용된다."

4. 제554c조에 "(제537조 제1항 4a호)" 다음에 아래의 법문을 추가한다.

"bei einem hoheitlichen Betriebe des Luftschutzes und bei den vom Reichsminister der
Luftfahrt anerkannten Luftschutzübungen
oder Betrieben zur Luftschutzausbildung (§
537 Abs. 1 Nr. 5 a)".

5. Im § 569 b erhält Abs. 1 folgende Fassung:

"Als Jahresarbeitsdienst gilt bei Versicherten, die im Feuerwehrdienst, in Betrieben
zur Hilfeleistung bei Unglücksfällen, in
hoheitlichen Betrieben des Luftschutzes und
in den vom Reichsminister der Luftfahrt anerkannten Luftschutzübungen oder Betrieben zur
Luftschutzausbildung beschäftig sind, ohne daß
diese Beschäftigung das Erwerbseinkommen,
das sie in dem Kalenderjahre vor dem Unfall
gehabt haben."

6. Als § 624 a wird hinter § 624 eingefügt:
"§ 624 a
Das Reich ist ferner Träger der Versicherung
für die vom Reichsminister des Luftfahrt anerkannten Luftschutzübungen oder Betriebe
zur Luftschutzausbildung, auch wenn sie
nicht für Rechnung des Reichs gehen. Dies
gilt nicht für Betriebe und Tätigkeiten, die
Bestandteile eines anderen der Unfallversi-
cherung unterliegenden Betriebs sind."

§ 12 Der Reichsminister der Luftfahrt wird ermächtigt, im Einvernehmen mit den zuständigen Reichsministern zur Durchführung dieses
Gesetzes Rechtsverordnungen und allgemeine
Verwaltungsvorschriften zu erlassen. Darin
kann angeordnet werden, daß der Reichsminister der Luftfahrt die ihm nach diesem Gesetz
zustehenden Befugnisse auf eine andere Behörde übertragen kann.

Berlin, den 26. Juni 1935.

Der Führer und Reichskanzler
Adolf Hitler

"방공의 고권적 운영과 제국항공상이 승
인한 방공훈련 또는 방공교육의 운영에
서(제537조 제1항 5a호)"

5. 제569b조에서 제1항에 아래의 법문을
추가한다:
"그 업무를 그가 재해 직전의 년도에 얻
은 취득소득 없이 소방복무, 재해사건에
서 구조를 위한 운영, 방공의 고권적 운
영과 제국항공상이 승인한 방공훈련 또
는 방공교육의 운영에 종사하는 피보험
자의 경우 1년 단위의 노동복무로 본다."

6. 제624조의 다음에 제624a조를 신설한다:
"제624a조
제국은 또한, 비록 그 보험이 제국의 계
산으로 되지 않더라도, 제국항공상이 승
인한 방공훈련 또는 방공교육의 운영을
위한 보험의 주체이다. 이는 다른 재해
보험의 적용을 받는 사업장의 구성부분
이 되는 운영과 활동에는 적용하지 아니
한다."

제12조 제국항공상은 관할 제국상의 동의를
얻어 이 법률의 시행을 위한 법규명령과 일
반 행정명령을 제정할 권한을 가진다. 여기
에서 제국항공상이 이 법률에 따라 그에게
수여된 권한을 다른 관청에 이양할 수 있다
고 명령될 수 있다.

베를린, 1935년 6월 26일

최고지도자이며 제국재상
아돌프 히틀러

Der Reichsminister der Luftfahrt
Göring

<Reichsgesetzblatt 1935 I, S. 827-828>

제국항공운항상
괴링

관련 법령:

법률 58, 62

Erlaß des Führers und Reichskanzlers über die Dauer der aktiven Dienstpflicht in der Wehrmacht (22.05.1935)

Erlaß der Führers und Reichskanzlers über die Übertragung des Verordnungsrechts nach dem Wehrgesetz (22.05.1935)

Erlaß des Führers und Reichskanzlers über die Übertragung der Befugnis an den Reichskriegsminister, Ausländern die Genehmigung zum Eintritt in ein Wehrdienstverhältnis zu erteilen (26.06.1935)

Erlaß des Führers und Reichskanzlers über die Dauer der Dienstzeit und die Stärke des Reichsarbeitsdienstes (27.06.1935)

이밖에 최고지도자이며 제국재상의 명령(최고지도자명령)

LXIII. Reichsarbeitsdienstgesetz.

Vom 26. Juni 1935.

Die Reichsregierung hat das folgende Gesetz beschlossen, das hiermit verkündet wird:

Abschnitt I
Der Reichsarbeitsdienst

§ 1 (1) Der Reichsarbeitsdienst ist Ehrendienst am Deutschen Volke.

(2) Alle jungen Deutschen beiderlei Geschlechts sind verpflichtet, ihrem Volke im Reichsarbeitsdienst zu dienen.

(3) Der Reichsarbeitsdienst soll die deutsche Jugend im Geiste des Nationalsozialismus zur Volksgemeinschaft und zur wahren Arbeitsauffassung, vor allem zur gebührenden Achtung der Handarbeit erziehen.

(4) Der Reichsarbeitsdienst ist zur Durchführung gemeinnütziger Arbeiten bestimmt.

§ 2 (1) Der Reichsarbeitsdienst untersteht dem Reichsminister des Innern. Unter ihm übt der Reichsarbeitsführer die Befehlsgewalt über den Reichsarbeitsdienst aus.

(2) Der Reichsarbeitsführer steht an der Spitze der Reichsleitung des Reichsarbeitsdienstes; er bestimmt die Organisation, regelt den Arbeitseinsatz und leitet Ausbildung und Erziehung.

63. 제국노동복무[RAD]*법률

1935년 6월 26일

제국정부는 여기에 공포되는 다음의 법률을 의결하였다:

제1장
제국노동복무

제1조 (1) 제국노동복무는 독일인민에 대한 명예복무이다.

(2) 모든 남성과 여성의 청년 독일인은 제국노동복무안에서 그의 인민에게 봉사할 의무가 있다.

(3) 제국노동복무는 독일 청년을 민족사회주의의 정신 안에서 인민공동체와 진정한 노동관념, 특히 육체노동에 마땅한 경의를 교육하여야 한다.

(4) 제국노동복무는 공동의 이익이 되는 노동의 실시를 목적으로 한다.

제2조 (1) 제국노동복무는 제국내무성의 아래에 둔다. 그 아래에서 제국노동지도자는 제국노동복무에 대한 명령권을 행사한다.

(2) 제국노동지도자가 제국노동복무의 제국지도의 장이다; 그는 조직을 확정하고 노동투입을 규율하며 직업교육과 교육을 지도한다.

---

* 제국노동복무(RAD)는 민족사회주의 독일제국의 기구이다. 제국노동복무는 민족사회주의 독일경제의 구성부분이었으며, 민족사회주의 교육의 일부이었다. 제2차 세계대전이 발발한 때부터 제국노동복무가 청년 여성으로 확장되었다. 1944년 7월 20일의 히틀러테러 이후에 대체군의 SS.지휘관은 군사교육기간을 단축하기 위하여 제국노동복무청에 6주의 기초군사훈련을 위임하였다. 제국노동복무의 제국지도청은 베를린-그뤼네발트에 소재하였다.

Abschnitt II
Die Arbeitsdienstpflicht der männlichen Jugend

§ 3 (1) Der Führer und Reichskanzler bestimmt die Zahl der alljährlich einzuberufenden Dienstpflichtigen und setzt die Dauer der Dienstzeit fest.

(2) Die Dienstpflicht beginnt frühestens nach vollendetem 18. und endet spätestens mit der Vollendung des 25. Lebensjahres.

(3) Die Arbeitsdienstpflichtigen werden in der Regel in dem Kalenderjahr, in dem sie das 19. Lebensjahr vollenden, zum Reichsarbeitsdienst einberufen. Freiwilliger Eintritt in den Reichsarbeitsdienst zu einem früheren Zeitpunkt ist möglich.

(4) Freiheitsstrafen von mehr als 30 Tagen Dauer haben die Arbeitsdienstpflichtigen und Arbeitsdienstfreiwilligen nachzudienen, sofern sie nicht nach § 16 aus dem Reichsarbeitsdienst ausscheiden.

§ 4 Die Arbeitsdienstpflichtigen werden durch die Ersatzdienststellen des Reichsarbeitsdienstes ausgehoben.

§ 5 (1) Ausgeschlossen vom Reichsarbeitsdienst ist, wer
a) mit Zuchthaus bestraft ist,
b) nicht im Besitze der bürgerlichen Ehrenrechte ist,
c) den Maßregeln der Sicherung und Besserung nach § 42a des Strafgesetzbuches unterworfen ist,
d) aus der Nationalsozialistischen Deutschen Arbeiterpartei wegen ehrenrühriger Handlungen ausgeschlossen ist,
e) wegen staatsfeindlicher Betätigung gerichtlich bestraft ist.

(2) Der Reichsminister des Innern kann Ausnahmen zum Abs. 1 Buchstabe c und e zulassen.

(3) Arbeitsdienstpflichtige, gegen die auf Aberkennung der Fähigkeit zum Bekleiden öffent-

제2장
남성 청년의 노동복무의무

제3조 (1) 최고지도자이며 제국재상은 매년 소집되어야 하는 복무의무자의 수를 확정하고 복무기간을 결정한다.

(2) 복무의무는 이르면 만 18세로 개시하고 늦어도 만 25세로 종료한다.

(3) 노동복무의무자는 통상 그가 만 19세에 이르는 해에 제국노동복무로 소집된다. 이보다 이른 시기에 제국노동복무를 지원참여할 수 있다.

(4) 노동복무의무자와 노동복무지원자는 그가 제16조에 따라 제국노동복무에서 면제되지 않으면 30일 이상의 자유형을 추가복역하여야 한다.

제4조 노동복무의무자는 제국노동복무청의 대체복무사무소에 의하여 선발된다.

제5조 (1) 다음 각호의 사람은 제국노동복무에서 제외된다.
a) 중징역형으로 형사처벌받은 사람,
b) 민사명예권이 없는 사람,
c) 「형법전」 제42a조에 따른 보안처분과 교화처분 중의 사람,
d) 명예훼손의 행위를 이유로 민족사회주의 독일노동자당에서 제명된 사람,
e) 국가적대적 활동으로 법원에서 형사처벌받은 사람.

(2) 제국내무상은 제1항 c호와 e호의 예외를 허가할 수 있다.

(3) 공무담임능력의 박탈이 선고된 노동복무의무자는 그러한 명예형벌에 대하여 판

licher Ämter erkannt worden ist, dürfen erst nach Ablauf der im Urteil für diese Ehrenstrafe vorgesehenen Zeit einberufen werden.

§ 6 (1) Zum Reichsarbeitsdienst nicht herangezogen werden Personen, die für den Reichsarbeitsdienst völlig untauglich sind.

(2) Arbeitsdienstpflichtige, die im Ausland leben oder für längere Zeit ins Ausland gehen wollen, können bis zu zwei Jahren, in Ausnahmefällen dauernd, jedoch höchstens für die Zeit des Aufenthalts im Auslande von der Ableistung der Arbeitsdienstpflicht entbunden werden.

§ 7 (1) Zum Reichsarbeitsdienst kann nicht zugelassen werden, wer nichtarischer Abstammung ist oder mit einer Person nichtarischer Abstammung verheiratet ist. Wer als Person nichtarischer Abstammung zu gelten hat, bestimmen die Richtlinien des Reichsministers des Innern zu § 1 a Abs. 3 des Reichsbeamtengesetzes vom 8. August 1933 (Reichsgesetzbl. I S. 575).

(2) Nichtarier, die nach § 15 Abs. 2 des Wehrgesetzes für wehrwürdig erklärt werden, können auch zum Reichsarbeitsdienst zugelassen werden. Sie können jedoch nicht Vorgesetzte im Reichsarbeitsdienst werden.

§ 8 Arbeitsdienstpflichtige können von der Einberufung zum Reichsarbeitsdienst bis zu zwei Jahren, bei Vorliegen zwingender beruflicher Gründe bis zu fünf Jahren zurückgestellt werden.

Abschnitt III
Die Arbeitspflicht der weiblichen Jugend

§ 9 Die Vorschriften über die Arbeitsdienstpflicht der weiblichen Jugend bleiben besonderer gesetzlicher Regelung vorbehalten.

Abschnitt IV
Pflichten und Rechte der Angehörigen des Reichsarbeitsdienstes

결에서 정한 기간이 만료한 후에만 소집될 수 있다.

제6조 (1) 제국노동복무에 전혀 적합하지 않은 사람은 제국노동복무에 편제되지 아니한다.

(2) 외국에 거주하거나 장기간 출국하려는 노동복무의무자는 2년까지, 예외적인 경우에는 장기로, 그러나 최장 외국의 체재기간 동안 노동복무의무의 이행으로부터 면제될 수 있다.

제7조 (1) 비아리아혈통이거나 비아리아혈통의 사람과 혼인한 사람은 제국노동복무가 허가되지 아니한다. 누가 비아리아혈통으로 의제되는 사람인지는 1933년 8월 8일의 「제국공무원법률」(제국법률관보 I 575) 제1a조 제3항에 관한 제국내무상의 지침이 정한다.

(2) 「병역법률」 제15조 제2항에 따라 병역자격이 있다고 선언된 비아리아인은 또한 제국복무의무가 허가될 수 있다. 그러나 그는 제국노동복무에서 상급자가 될 수 없다.

제8조 노동복무의무자는 제국노동복무로의 소집으로부터 2년까지, 그리고 부득이한 직업적 사정이 있을 경우 5년까지 연기될 수 있다.

제3장
여성 청년의 노동의무

제9조 여성 청년의 노동복무의무에 관한 규정은 특별법률의 규율에 유보된다.

제4장
제국노동복무 소속원의 의무와 권리

§ 10 (1) Zu den Angehörigen des Reichsarbeitsdienstes gehören

    a) das Stammpersonal,

    b) die einberufenen Arbeitsdienstpflichtigen,

    c) die Arbeitsdienstfreiwilligen.

(2) Zu bestimmten Dienstverrichtungen im Innendienst können auch Personen durch Dienstvertrag verpflichtet werden.

§ 11 (1) Das Stammpersonal besteht aus den planmäßigen Führern und Amtswaltern sowie den Anwärtern auf diese Stellen. Die planmäßigen Führer und Amtswalter sind im Reichsarbeitsdienst berufsmäßig tätig.

(2) Der Führeranwärter muß sich vor seiner Beförderung zum planmäßigen Truppführer schriftlich zu einer ununterbrochenen Dienstzeit von mindestens zehn Jahren verpflichten und den Nachweis arischer Abstammung führen; er muß weiter seiner aktiven Dienstpflicht in der Wehrmacht genügt haben.

(3) Planmäßige Führer und Amtswalter scheiden grundsätzlich bei Erreichung bestimmter Altersgrenzen aus.

(4) Beamten anderer Verwaltungen, die in den Reichsarbeitsdienst übertreten, bleiben die bis dahin erworbenen vermögensrechtlichen Ansprüche erhalten.

(5) Der Führer und Reichskanzler ernennt und entläßt die Angehörigen des Reichsarbeitsdienstes von dem Range des Arbeitsführers an aufwärts. Die übrigen Angehörigen des Stammpersonals ernennt und entläßt der Reichsminister des Innern auf Vorschlag des Reichsarbeitsführers. Er kann diese Befugnis auf den Reichsarbeitsführer übertragen.

§ 12 (1) Ein planmäßiger Führer oder Amtswalter kann jederzeit aus dem Dienstverhältnis entlassen werden,

    a) in begründeten Fällen auf eigenen Antrag,

    b) wenn er die zur Ausübung seines Berufs erforderlichen körperlichen oder geistigen Kräfte nicht mehr besitzt und nach arbeits-

제10조 (1) 다음 각호의 사람이 제국노동복무의 소속원에 속한다

    a) 상근직원,

    b) 소집된 노동복무의무자,

    c) 노동복무지원자.

(2) 사람들에게 또한 고용계약으로 내국복무에서 일정한 복무집행이 의무지워질 수 있다.

제11조 (1) 상근직원은 정규직 지도자와 공무담당자, 그리고 그 직위의 후보자로 구성된다. 정규직 지도자와 공무담당자는 제국노동복무에서 직업적으로 근무한다.

(2) 지도자후보는 그의 정규직 부대지도자로 승진하기 전에 서면으로 10년 이상의 중단되지 않는 복무기간의 의무를 부담하고 아리아혈통의 증명을 제시하여야 한다; 그는 이밖에 국방군에서 그의 현역복무의무를 충족하여야 한다.

(3) 정규직 지도자와 공무담당자는 원칙적으로 일정 연령에 이르면 퇴직한다.

(4) 제국노동복무에 가입하는 다른 행정부문의 공무원은 그때까지 취득한 재산법상 청구권을 계속 보유한다.

(5) 최고지도자이며 제국재상은 장래를 향하여 제국노동복무의 소속원을 노동지도자의 직급에 임면한다. 제국내무상은 제국노동지도자의 제청으로 그밖의 상근직의 소속원을 임면한다. 그는 이 권한을 제국노동지도자에게 이양할 수 있다.

제12조 (1) 정규직 지도자 또는 공무담당자는 다음 각호의 경우 언제든지 복무관계에서 전역될 수 있다,

    a) 정당한 사유가 있으면 그 자신의 신청으로,

    b) 그가 그의 직업의 수행에 필요한 신체적 또는 정신적 능력을 더 이상 가지지 않고 노동복무청의 의사의 소견서에 따라 1년

dienstärztlichem Gutachten eine Wiederherstellung der Dienstfähigkeit innerhalb Jahres-
frist nicht zu erwarten steht,
c) wenn er nach dem Urteil seiner übergeordneten
Führer die für seine dienstliche Verwendung nötige Befähigung nicht mehr besitzt.
(2) Eine Entlassung muß erfolgen, wenn
nachträglich ein Hinderungsgrund für die Zugehörigkeit zum Reichsarbeitsdienst nach § 5 oder
§ 7 festgestellt wird.
(3) Die Absicht der Entlassung ist in den Fällen
des Absatzes 1 Buchstabe b und c den Angehörigen des Stammpersonals, die länger als fünf
Jahre dienen, drei Monate, den übrigen Angehörigen des Stammpersonals ein Monat vorher
unter Angabe der Gründe bekanntzugeben. In
allen übrigen Fällen bedarf die Entlassung keiner befristeten Kündigung.
§ 13 Die Zugehörigkeit zum Reichsarbeitsdienst
dauert vom Tage des Eintritts oder der Einberufung (Gestellungstag) bis zum Ablauf des Ent-
lassungstags.
§ 14 Die Zugehörigkeit zum Reichsarbeitsdienst
begründet kein Arbeits- oder Dienstverhältnis
im Sinne des Arbeitsrechts und des § 11 der Für-
sorgepflichtverordnung.
§ 15 Die Angehörigen des Reichsarbeitsdienstes
unterstehen der Dienststrafordnung für den
Reichsarbeitsdienst.
§ 16 (1) Arbeitsdienstpflichtige und Arbeitsdienst-
freiwillige können vorzeitig aus dem Reichsarbeitsdienst entlassen werden
a) auf Antrag, wenn nach der Einberufung ein Zurückstellungsgrund nach § 8 eingetreten ist,
b) wenn sie die zur Ausübung des Dienstes erforderlichen körperlichen und geistigen Eigenschaften nicht mehr besitzen.
(2) Eine vorzeitige Entlassung von Arbeitsdienstpflichtigen und Arbeistdienstfreiwilligen muß erfolgen, wenn nachträglich ein Hinderungsgrund
für die Zugehörigkeit zum Reichsarbeitsdienst
nach § 5 oder § 7 festgestellt wird.

의 기간 내의 복무능력의 회복을 기대할
수 없는 경우,

c) 그의 상급지도자의 판단에 따라 그가 그
의 복무투입에 필요한 능력을 더 이상 가
지지 않는 경우.
(2) 제5조 또는 제7조에 따라 후발적으로
제국노동복무의 소속에 장애사유가 확인된
경우 전역이 이루어져야 한다.

(3) 제1항 b호와 c호의 경우 전역의 의사는
5년 이상 복무한 상근직의 소속원에게는 3
월 전에, 그밖의 상근직의 소속원에게는 1
월 전에 그 사유를 명시하여 통지되어야 한
다. 그밖의 모든 경우에 전역은 기간 있는
해지를 필요로 하지 아니한다.

제13조 제국노동복무의 소속은 입대일 또는
소집일(징집일)부터 전역일이 경과한 때까
지로 한다.

제14조 제국노동복무의 소속은 노동법과 「보
훈지원의무령」 제11조의 의미에서 노동관계
또는 고용관계를 형성하지 아니한다.

제15조 제국노동복무의 소속원은 제국노동
복무를 위한 복무형사령의 적용을 받는다.

제16조 (1) 노동복무의무자와 노동복무지원자
는 다음 각호의 경우 제국노동복무에서 조
기전역될 수 있다
a) 소집 후 제8조의 연기사유가 발생한 경
우 신청으로,
b) 그가 복무의 수행에 요구되는 신체적, 정
신적 자격을 더 이상 가지지 않는 경우.

(2) 제5조 또는 제7조에 따라 후발적으로
제국노동복무의 소속에 장애사유가 확인된
경우 노동복무의무자와 노동복무지원자의
조기전역이 이루어져야 한다.

§ 17 (1) Angehörige des Reichsarbeitsdienstes, die der Nationalsozialistischen Deutschen Arbeiterpartei zugehören, dürfen sich im Dienste der Partei oder ihrer Gliederungen nicht betätigen.

(2) Die Angehörigen des Reichsarbeitsdienstes bedürfen zum Erwerb oder zur Ausübung der Mitgliedschaft in Vereinigungen jeder Art sowie zur Bildung von Vereinigungen innerhalb und außerhalb des Reichsarbeitsdienstes der Genehmigung. Der Erwerb der Zugehörigkeit zur Nationalsozialistischen Deutschen Arbeiterpartei bedarf keiner Genehmigung.

§ 18 Die Angehörigen des Reichsarbeitsdienstes bedürfen zur Verheiratung der Genehmigung.

§ 19 Die Angehörigen des Reichsarbeitsdienstes bedürfen der Genehmigung zur Übernahme des Betriebs eines Gewerbes für sich und ihre Hausstandsmitglieder sowie zur Übernahme einer mit Vergütung verbundenen Nebenbeschäftigung.

§ 20 (1) Die Angehörigen des Reichsarbeitsdienstes können die Übernahme des Amtes eines Vormundes, Gegenvormundes, Pflegers, Beistandes oder einer ehrenamtlichen Tätigkeit im Reichs-, Landes- oder Gemeindedienst oder im Parteidienst ablehnen.

(2) Zur Übernahme eines solchen Amtes ist die Genehmigung erforderlich. Sie darf nur in zwingenden Fällen versagt werden.

§ 21 Angehörige des Reichsarbeitsdienstes haben bei Krankheiten und Unfällen Anspruch auf freie ärztliche Behandlung und Krankenpflege nach Maßgabe besonderer Bestimmungen.

§ 22 Die Gebührnisse der Angehörigen des Reichsarbeitsdienstes regelt die Besoldungsordnung für den Reichsarbeitsdienst.

§ 23 (1) Für die vermögensrechtlichen Ansprüche aus der Zugehörigkeit zum Reichsarbeitsdienst finden die für Reichsbeamte geltenden Bestimmungen entsprechende Anwendung. Oberste Dienstbehörde im Sinne dieser Bestimmungen

제17조 (1) 민족사회주의독일노동자당에 소속된 제국노동복무의 소속원은 당과 그 기관의 복무에 종사하여서는 아니된다.

(2) 제국노동복무의 소속원은 모든 종류의 단체에서 사원권의 취득과 행사, 그리고 제국노동복무의 내외에서 단체를 결성하기 위하여 승인을 얻어야 한다. 민족사회주의독일노동자당 당적의 취득은 승인을 필요로 하지 아니한다.

제18조 제국노동복무의 소속원은 혼인을 위하여 승인을 얻어야 한다.

제19조 제국노동복무의 소속원은 그와 그의 가족원을 위한 영업운영의 인수와 보수와 결합된 부업을 위하여 승인을 얻어야 한다.

제20조 (1) 제국노동복무의 소속원은 후견인, 반대후견인, 보좌인과 배석인 또는 제국복무, 주복무, 지방자치단체복무와 당복무에서 명예직활동의 인수를 거절할 수 있다.

(2) 그러한 공직의 인수를 위하여 승인을 얻어야 한다. 승인은 부득이한 경우에만 거부될 수 있다.

제21조 제국노동복무의 소속원은 질병과 재해의 경우 특별규정에 따라 무상의료와 무상간병에 대한 청구권을 가진다.

제22조 제국노동복무의 소속원의 급여는 제국노동복무를 위한 보수령이 규정한다.

제23조 (1) 제국노동복무의 소속에서 발생하는 재산법상 청구권에 대하여 제국공무원에 적용되는 규정이 준용된다. 이 규정의 의미에서 최고복무관청은 제국노동지도자이다.

ist der Reichsarbeitsführer.

(2) Die Entscheidung der Dienststellen des Reichsarbeitsdienstes über Einstellung (§§ 5, 6, 7), Zurückstellung (§ 8) und Entlassung (§§ 12 und 16) ist für die Gerichte bindend. Das gleiche gilt für die Entscheidung über vorläufige Dienstenthebung.

§ 24 Die Versorgung der Dienstbeschädigten und des nach mindestens zehnjähriger Dienstzeit ausscheidenden Stammpersonals und der Hinterbliebenen regelt das Reichsarbeitsdienstversorgungsgesetz.

§ 25 (1) Der Führer und Reichskanzler oder die von ihm ermächtigte Stelle kann der ausscheidenden Angehörigen des Reichsarbeitsdienstes das Recht zum Tragen des Tracht des Reichsarbeitsdienstes widerruflich verleihen.

(2) Dieses Recht wird in der Regel nur nach einer in Ehren geleisteten Dienstzeit von mindestens zehn Jahren verliehen.

Abschnitt V
Schlußbestimmungen

§ 26 Der Reichsminister des Innern erläßt die zur Durchführung und Ergänzung dieses Gesetzes erforderlichen Rechts- und Verwaltungsvorschriften.

§ 27 (1) Dieses Gesetz tritt mit dem Tage der Verkündung in Kraft.

(2) Der Reichsminister des Innern wird ermächtigt, für einzelne Vorschriften dieses Gesetzes einen späteren Zeitpunkt des Inkrafttretens zu bestimmen.

Berlin, den 26. Juni 1935.

Der Führer und Reichskanzler
Adolf Hitler

Der Reichsminister des Innern

---

(2) 채용(제5조, 제6조, 제7조), 연기(제8조)와 전역(제12조와 제16조)에 관한 제국복무청의 복무사무소의 결정은 법원을 기속한다. 이는 임시 복무면제에 관한 결정에 대하여도 같다.

제24조 복무재해자와 최소 10년의 복무기간 후에 퇴직한 상근직원과 유족의 보훈지원은 「제국노동복무보훈지원법률」이 규정한다.

제25조 (1) 최고지도자이며 제국재상 또는 그가 위임한 사무소는 퇴직하는 제국노동복무의 소속원에게 제국노동복무제복을 착용할 권리를 수여할 수 있다.

(2) 이 권리는 통상 10년 이상 명예롭게 급부한 복무기간 후에 수여된다.

제5장
종결규정

제26조 제국내무상이 이 법률의 시행과 보완을 위하여 필요한 법규정과 행정규정을 제정한다.

제27조 (1) 이 법률은 공포한 날부터 효력이 생긴다.

(2) 제국내무상은 이 법률의 개별규정에 관하여 장래의 시행시기를 정할 권한이 있다.

베를린, 1935년 6월 26일

최고지도자이며 제국재상
아돌프 히틀러

제국내무상

Frick
<Reichsgesetzblatt 1935 I, S. 769-771>

프릭

관련 법령:

법률 44

Dienststrafordnung für die Angehörigen des Freiwilligen Arbeitsdienstes (08.01.1935)

Erlaß des Führers und Reichskanzlers über die
Dauer der Dienstzeit und die Stärke des Reichsarbeitsdienstes (27.06.1935)

Erste Verordnung zur Durchführung und Ergänzung
des Reichsarbeitsdienstgesetzes (27.06.1935)

Anordnung über die Erfassung der deutschen
Staatsangehörigen im Ausland für den aktiven
Wehrdienst und Reichsarbeitsdienst im Jahre
1937 (12.01.1937)

Verordnung zur Ergänzung der Verordnung über
Wachdienst im Reichsarbeitsdienst (15.01.1937)

Erlaß des Führers und Reichskanzlers über den
Reichsarbeitsführer im Reichsministerium des
Innern (30.01.1937)

Anordnung über die Erfassung und Musterung
1937 für den aktiven Wehrdienst und Reichsarbeitsdienst (04.02.1937)

LXIV. Gesetz über die Überführung von Angehörigen der Landespolizei in die Wehrmacht.

Vom 3. Juli 1935.

Die Reichsregierung hat das folgende Gesetz beschlossen, das hiermit verkündet wird:

§ 1 Die Angehörigen (Offiziere, Oberwachtmeister [SB], Wachtmeister [SB] und die übrigen Beamten) der dem Reichskriegsminister unterstellten Einheiten, Verbände und Einrichtungen der Landespolizei werden nach den näheren Bestimmungen, die der Reichskriegsminister im Einvernehmen mit dem Reichsminister des Innern erläßt, in das Rechtsverhältnis von Soldaten und Wehrmachtbeamten überführt.

§ 2 (1) Die nach § 1 überführten Angehörigen der Landespolizei erhalten mindestens das Grundgehalt, das sie bis zum Tage der Überführung bezogen haben, und den entsprechenden Wohnungsgeldzuschuß.

(2) Sind Angehörigen der Landespolizei Zusicherungen gemacht worden, die den nach § 1 zu erlassenden Bestimmungen nicht entsprechen, so könne aus dieser Tatsache keine Ansprüche hergeleitet werden.

Berlin, den 3. Juli 1935.

Der Führer und Reichskanzler
Adolf Hitler

Der Reichskriegsminister
von Blomberg

Der Reichsminister des Innern
Frick

<Reichsgesetzblatt 1935 I, S. 851>

---

64. 주경찰 소속원의 국방군전환에 관한 법률

1935년 7월 3일

제국정부는 여기에 공포되는 다음의 법률을 의결하였다:

제1조 제국전쟁상의 하부에 편성된 주경찰의 단위부대, 단체와 기구의 소속원(장교, 고등경찰관 [SB], 경찰관[SB]과 그밖의 공무원)은 제국전쟁상이 제국내무상의 동의를 얻어 제정하는 세부규정에 따라 군인과 군무원의 법률관계로 전환된다.

제2조 (1) 제1조에 따라 전환되는 주경찰의 소속원은 최소 그가 전환일까지 수령하였던 기본급여와 그에 상당하는 주거보조금을 수령한다.

(2) 주경찰의 소속원에게 제1조에 따라 제정된 규정과 다른 확약이 이루어진 때에도 그 사실에서 여하한 청구권이 생기지 아니한다.

베를린, 1935년 7월 3일

최고지도자이며 제국재상
아돌프 히틀러

제국전쟁상
폰 블롬베르크

제국내무상
프릭

관련 **법령:**

법률 59

Verordnung zur Durchführung des Gesetzes über
  die Landespolizei (22.07.1935)

이밖의 군사제도에 관한 법령

LXV. Reichsflaggengesetz
[Eines der drei "Nürnberger Gesetze"]

Vom 15. September 1935.

Der Reichstag hat einstimmig das folgende Gesetz beschlossen, das hiermit verkündet wird:

Artikel 1 Die Reichsfarben sind schwarz-weiß-rot.

Artikel 2 Reichs- und Nationalflagge ist die Hakenkreuzflagge. Sie ist zugleich Handelsflagge.

Artikel 3 Der Führer und Reichskanzler bestimmt die Form der Reichskriegsflagge und der Reichsdienstflagge.

Artikel 4 Der Reichsminister des Innern erläßt, soweit nicht die Zuständigkeit des Reichskriegsministers gegeben ist, die zur Durchführung und Ergänzung dieses Gesetzes erforderlichen Rechts- und Verwaltungsvorschriften.

Artikel 5 Dieses Gesetz tritt am Tage nach der Verkündung in Kraft.

Nürnberg, den 15. September 1935,
am Reichsparteitag der Freiheit.

Der Führer und Reichskanzler
Adolf Hitler

Der Reichsminister des Innern
Frick

Der Reichskriegsminister
und Oberbefehlshaber der Wehrmacht
von Blomberg

<Reichsgesetzblatt 1935 I, S. 1145>

65. 제국기(帝国旗)법률
[3개의 뉘른베르크 법률 중 하나의 법률]

1935년 9월 15일

제국의회는 만장일치로 여기에 공포되는 다음의 법률을 의결하였다:

제1조 제국색(帝國色)은 흑-백-홍이다.

제2조 제국기와 민족기는 철십자기이다. 이는 동시에 상선기이다.

제3조 최고지도자이며 제국재상은 제국전기(戰棋)와 제국복무기의 형식을 정한다.

제4조 제국내무상은, 제국전쟁상의 관할이 인정되지 않으면, 이 법률의 시행과 보완을 위하여 필요한 법규정과 행정규정을 제정한다.

제5조 이 법률은 공포한 다음날부터 시행된다.

뉘른베르크, 1935년 9월 15일,
자유의 제국당대회에서.

최고지도자이며 제국재상
아돌프 히틀러

제국내무상
프릭

제국전쟁상이며 국방군상급명령권자
폰 블롬베르크

관련 법령:
법률 66, 67
Gesetz über das Staatswappen und die Staatsflagge der Deutschen Demokratischen Republik (26.09.1955)

흑-적-금색기

흑-백-적기

철십자기

https://de.wikipedia.org/wiki/Reichsflaggengesetz

1. 독일연방기(1848.11.13.의 독일연방의회[Bundes-tag des Deutschen Bundes] 의결로 채택), 바이마르공화국기(1919.07.03.), 독일연방 공화국기(1949.05.23.)
2. 제국기, 상선기이며 민족기(1933-1935)
3. [철십자기], 제국기, 상선기이며 민족기, 전함의 함수기(1935-1945)

Verordnung, betreffend die Bundesflagge der Kauffahrteischiffe (25.10.1867)

Verordnung über die deutschen Flaggen (11.04.1921)

Erlaß des Reichspräsidenten über die vorläufige Regelung der Flaggenhissung (12.03.1933)

Verordnung über die vorläufige Regelung der Flaggenführung (31.03.1933)

Zweite Verordnung über die vorläufige Regelung der Flaggenführung (22.04.1933)

Erlaß über das Setzen der Hakenkreuzflagge auf Kauffahrteischiffen (29.04.1933)

Erlaß über das Setzen der deutschen Hoheitszeichen auf Segelschiffen und Heringsloggern (10.07.1933)

Dritte Verordnung über die vorläufige Regelung der Flaggenführung (16.07.1933)

Verordnung über die vorläufige Regelung der Flaggenführung auf Kauffahrteischiffen (20.12.1933)

Verordnung über die Flagge des Reichskriegsministers und Oberbefehlshabers der Wehrmacht (23.07.1935)

Verordnung über die Reichskriegsflagge, die Gösch der Kriegsschiffe, die Handelsflagge mit dem Eisernen Kreuz und die Flagge des Reichskriegsministers und des Oberbefehlshabers der Wehrmacht (05.10.1935)

Anordnung über die deutschen Flaggen (07.06.1950)

Anordnung über die deutschen Flaggen (13.11.1996)

Erlasse, Verordnungen und Befehle des Führers und Reichskanzlers des Dritten Reichs (Führerbefehle, Führererlasse)

이밖에 기와 문장에 관한 공문서

LXVI. Reichsbürgergesetz.
[Eines der drei "Nürnberger Gesetze"]

Vom 15. September 1935.

Der Reichstag hat einstimmig das folgende Gesetz beschlossen, das hiermit verkündet wird:

§ 1 (1) Staatsangehöriger ist, wer dem Schutzver-
band des Deutschen Reichs angehört und ihm
dafür besonders verpflichtet ist.
(2) Die Staatsangehörigkeit wird nach den
Vorschriften des Reichs- und Staatsangehörigkeitsgesetzes erworben.

§ 2 (1) Reichsbürger ist nur der Staatsangehörige
deutschen oder artverwandten Blutes, der durch
sein Verhalten beweist, daß er gewillt ist, in Treue
dem Deutschen Volk und Reich zu dienen.
(2) Das Reichsbürgerrecht wird durch Verleihung des Reichsbürgerbriefes erworben.
(3) Der Reichsbürger ist der alleinige Träger der
vollen politischen Rechte nach Maßgabe der
Gesetzes.

§ 3 Der Reichsminister des Innern erläßt im Einvernehmen mit dem Stellvertreter des Führers
die zur Durchführung und Ergänzung des Gesetzes erforderlichen Rechts- und Verwaltungsvorschriften.

Nürnberg, den 15. September 1935,
am Reichsparteitag der Freiheit.

Der Führer und Reichskanzler
Adolf Hitler

Der Reichsminister des Innern
Frick

<Reichsgesetzblatt 1935 I, S. 1146>

66. 제국국민법률
[3개의 뉘른베르크 법률 중 하나의 법률]

1935년 9월 15일

제국의회는 만장일치로 여기에 공포되는 다
음의 법률을 의결하였다:

제1조 (1) 국민은 독일제국의 보호단체에 소속
하고 그에 대하여 독일제국에 특별히 의무
를 지는 사람이다.
(2) 국적은 「제국국적법률」과 「주국적법률」
의 규정에 따라 취득된다.

제2조 (1) 성실하게 독일인민과 제국에 봉사
할 준비가 된 사실을 그의 행동으로 증명하
는 독일혈통 또는 인종에서 동족의 혈통을
가진 국민만이 제국시민이다.
(2) 제국시민권은 제국시민증의 수여로 취
득된다.
(3) 제국시민이 법률에 따라 완전한 정치적
권리를 가진 유일한 주체이다.

제3조 제국내무상은 최고지도자 권한대행의
동의를 얻어 이 법률의 시행과 보완을 위하
여 필요한 법규정과 행정규정을 제정한다.

뉘른베르크, 1935년 9월 15일,
자유의 제국당대회에서.

최고지도자이며 제국재상
아돌프 히틀러

제국내무상
프릭

관련 법령:
법률 5, 18, 60, 65, 67

Erste Verordnung zur Durchführung des Gesetzes zur Wiederherstellung des Berufsbeamtentums (11.04.1933)

Zweite Verordnung zur Durchführung des Gesetzes zur Wiederherstellung des Berufsbeamtentums (04.05.1933)

Richtlinien zu § 1 a Abs. 3 des Reichsbeamtengesetzes in der Fassung des Gesetzes vom 30. Juni 1933 [Definition Arier bzw. Nichtarier] (08.08.1933)

Vierte Verordnung zum Reichsbürgergesetz [Zulassung jüdischer Ärzte] (25.07.1938)

Zweite Verordnung zur Durchführung des Gesetzes über die Änderung von Familiennamen und Vornamen (17.08.1938)

Fünfte Verordnung zum Reichsbürgergesetz [Zulassung jüdischer Rechtsanwälte] (27.09.1838)

Verordnung über Reisepässe von Juden (05.10.1938)

Verordnung über die Teilnahme von Juden an der kassenärztlichen Versorgung (06.10.1938)

이밖의 반유대법령

LXVII. Gesetz zum Schutze des deutschen Blutes und der deutschen Ehre.

[Das "Blutschutzgesetz" ist Bestandteil der "Nürnberger Gesetze".]

Vom 15. September 1935.

Durchdrungen von der Erkenntnis, daß die Reinheit des deutschen Blutes die Voraussetzung für den Fortbestand des Deutschen Volkes ist, und beseelt von dem unbeugsamen Willen, die Deutsche Nation für alle Zukunft zu sichern, hat der Reichstag einstimmig das folgende Gesetz beschlossen, das hiermit verkündet wird:

§ 1 (1) Eheschließungen zwischen Juden und Staatsangehörigen deutschen oder artverwandten Blutes sind verboten. Trotzdem geschlossene Ehen sind nichtig, auch wenn sie zur Umgehung dieses Gesetzes im Ausland geschlossen sind.

(2) Die Nichtigkeitsklage kann nur der Staatsanwalt erheben.

§ 2 Außerehelicher Verkehr zwischen Juden und Staatsangehörigen deutschen oder artverwandten Blutes ist verboten.

§ 3 Juden dürfen weibliche Staatsangehörige deutschen oder artverwandten Blutes unter 45 Jahren in ihrem Haushalt nicht beschäftigen.

§ 4 (1) Juden ist das Hissen der Reichs- und Nationalflagge und das Zeigen der Reichsfarben verboten.

(2) Dagegen ist ihnen das Zeigen der jüdischen Farben gestattet. Die Ausübung dieser Befugnis steht unter staatlichem Schutz.

§ 5 (1) Wer dem Verbot des § 1 zuwiderhandelt, wird mit Zuchthaus bestraft.

(2) Der Mann, der dem Verbot des § 2 zuwiderhandelt, wird mit Gefängnis oder mit Zuchthaus bestraft.

(3) Wer den Bestimmungen der §§ 3 oder 4 zuwiderhandelt, wird mit Gefängnis bis zu einem Jahr und mit Geldstrafe oder mit einer dieser

67. 독일혈통과 독일명예의 수호를 위한 법률

["혈통수호법률"은 "뉘른베르크 법률"의 구성법률이다.]

1935년 9월 15일

독일혈통의 순결이 독일인민의 존속을 위한 전제라는 인식에 투철하고 독일민족을 앞으로 영원히 보전하려는 결연한 의지에 고무되어 제국의회는 만장일치로 여기에 공포되는 다음의 법률을 의결하였다:

제1조 (1) 유대인과 독일혈통 또는 인종에서 동족의 혈통을 가진 국민의 혼인은 금지된다. 이에 반하여 체결된 혼인은, 그 혼인이 이 법률을 우회하여 외국에서 체결된 때에도, 무효이다.

(2) 검사만이 무효소송을 제기할 수 있다.

제2조 유대인과 독일혈통 또는 인종에서 동족의 혈통을 가진 국민 사이의 혼인 외의 성관계는 금지된다.

제3조 유대인은 45세 미만의 독일혈통 또는 인종에서 동족의 혈통을 가진 여성국민을 고용하여서는 아니된다.

제4조 (1) 제국기와 국기의 게양과 제국색의 게시는 유대인에게 금지된다.

(2) 그러나 그들에게 유대색의 게시는 허용된다. 그 권한의 행사는 국가의 보호를 받는다.

제5조 (1) 제1조의 금지를 위반하는 사람은 중징역형에 처한다.

(2) 제2조의 금지에 위반하여 행위한 사람은 경징역형 또는 중징역형에 처한다.

(3) 제3조 또는 제4조의 규정에 위반하여 행위한 사람은 1년 이하의 경징역형과 벌금형을 병과하여 또는 이들 중 하나에 처한다.

Strafen bestraft.

§ 6 Der Reichsminister des Innern erläßt im Einvernehmen mit dem Stellvertreter des Führers und dem Reichsminister der Justiz die zur Durchführung und Ergänzung des Gesetzes erforderlichen Rechts- und Verwaltungsvorschriften.

§ 7 Das Gesetz tritt am Tage nach der Verkündung, § 3 jedoch erst am 1. Januar 1936 in Kraft.

Nürnberg, den 15. September 1935, am Reichsparteitag der Freiheit.

Der Führer und Reichskanzler
Adolf Hitler

Der Reichsminister des Innern
Frick

Der Reichsminister der Justiz
Dr. Gürtner

Der Stellvertreter des Führers
R. Heß
Reichsminister ohne Geschäftsbereich

<Reichsgesetzblatt 1935 I, S. 1146-1147>

제6조 제국내무상은 최고지도자 권한대행과 제국법무상의 동의를 얻어 이 법률의 시행과 보완을 위하여 필요한 법규정과 행정규정을 제정한다.

제7조 이 법률은 공포한 다음 날부터 시행하며, 제3조는 1936년 1월 1일부터 시행한다.

뉘른베르크, 1935년 9월 15일, 자유의 제국당대회에서.

최고지도자이며 제국재상
아돌프 히틀러

제국내무상
프릭

제국법무상
귀르트너 박사

최고지도자 직무대리
헤스
제국정무상

관련 법령:
법률 65, 66
이밖의 반유대 법규명령

LXVIII. Gesetz über das Winter-
hilfswerk des Deutschen Volkes.

Vom 1. Dezember 1936.

Die Reichsregierung hat das folgende Gesetz beschlossen, das hiermit verkündet wird:

§ 1 Das Winterhilfswerk des Deutschen Volkes ist rechtsfähig. Es finden die Bestimmungen über die rechtsfähigen Stiftungen des bürgerlichen Rechts sowie die Vorschriften des §§ 26, 27 Abs. 3, 30 und 31 des Bürgerlichen Gesetzbuchs sinngemäß Anwendung. Die Verfassung des Winterhilfswerks wird durch den Reichsminister für Volksaufklärung und Propaganda bestimmt.

§ 2 Das Winterhilfswerk des Deutschen Volkes hat seinen Sitz in Berlin.

§ 3 Das Winterhilfswerk des Deutschen Volkes wird durch den Reichsminister für Volksaufklärung und Propaganda geführt und beaufsichtigt. Auf seinen Vorschlag ernennt und entläßt der Führer und Reichskanzler den Reichsbeauftragten für das Winterhilfswerk des Deutschen Volkes. Der Reichsbeauftragte für das Winterhilfswerk des Deutschen Volkes hat die Stellung des Vorstandes.

§ 4 Die zur Durchführung der Aufgaben des Winterhilfswerks notwendigen Mittel werden durch öffentliche Sammlungen aufgebracht, für die § 15 Nr. 1 des Sammlungsgesetzes vom 5. November 1934 (Reichsgesetzbl. I S. 1086) gilt.

Berlin, den 1. Dezember 1936.

Der Führer und Reichskanzler
Adolf Hitler

Der Reichsminister für Volksaufklärung und
Propaganda

68. 독일인민의 동절기 구호사업기구에
관한 법률

1936년 12월 1일

제국정부는 여기에 공포되는 다음의 법률을 의결하였다:

제1조 독일인민의 동절기 구호사업기구는 권리능력이 있다. 「민법」의 권리능력 있는 재단에 관한 규정과 「민법」 제26조, 제27조 제3항, 제30조와 제31조의 규정이 그 의미에 맞추어 적용된다. 동절기 구호사업기구의 정관은 제국인민계몽선전상에 의하여 확정된다.

제2조 독일인민의 동절기 구호사업기구는 베를린에 소재한다.

제3조 독일인민의 동절기 구호사업기구는 제국인민계몽선전상에 의하여 지도되고 감독을 받는다. 최고지도자이며 제국재상은 그의 추천으로 독일인민의 동절기 구호사업기구의 제국담당관을 임면한다. 독일인민의 동절기 구호사업기구의 제국담당관은 이사장의 지위를 가진다.

제4조 독일인민의 동절기 구호사업기구의 임무를 실행하기 위하여 필요한 재원은 1934년 11월 5일의 「모금법률」(제국법률관보 I 1086) 제15조 제1호가 적용되는 공개모금으로 충당한다.

베를린, 1936년 12월 1일

최고지도자이며 제국재상
아돌프 히틀러

제국인민계몽선전상
괴벨스 박사

Dr. Goebbels

<Reichsgesetzblatt 1936 I, S. 995>

관련 법령:

법률 43

Verordnung des Reichspräsidenten zum Schutze des deutschen Volkes (04.02.1933)

LXIX. Gesetz über die Hitlerjugend.

Vom 1. Dezember 1936.

Von der Jugend hängt die Zukunft des Deutschen Volkes ab. Die gesamte deutsche Jugend muß deshalb auf ihre künftigen Pflichten vorbereitet werden.

Die Reichsregierung hat daher das folgende Gesetz beschlossen, das hiermit verkündet wird:

§ 1 Die gesamte deutsche Jugend innerhalb des Reichsgebietes ist in der Hitlerjugend zusammengefaßt.

§ 2 Die gesamte deutsche Jugend ist außer in Elternhaus und Schule in der Hitlerjugend körperlich, geistig und sittlich im Geiste des Nationalsozialismus zum Dienst am Volk und zur Volksgemeinschaft zu erziehen.

§ 3 Die Aufgabe der Erziehung des gesamten deutschen Jugend in der Hitlerjugend wird dem Reichsjugendführer der NSDAP übertragen. Er ist damit "Jugendführer des Deutschen Reichs". Er hat die Stellung einer Obersten Reichsbehörde mit dem Sitz in Berlin und ist dem Führer und Reichskanzler unmittelbar unterstellt.

§ 4 Die zur Durchführung und Ergänzung dieses Gesetzes erforderlichen Rechtsverordnungen und allgemeinen Verwaltungsvorschriften erläßt der Führer und Reichskanzler.

Berlin, den 1. Dezember 1936.

Der Führer und Reichskanzler
Adolf Hitler

Der Staatssekretär und Chef der Reichskanzlei
Dr. Lammers

<Reichsgesetzblatt 1936 I, S. 993>

69. 히틀러청소년단(히틀러유겐트)에 관한 법률

1936년 12월 1일

독일인민의 미래는 청소년에게 달려 있다. 따라서 전체 독일청소년은 그의 장래의 의무에 관하여 준비되어야 한다.

이러한 이유에서 제국정부는 여기에서 공포되는 다음의 법률을 의결하였다:

제1조 제국영토 내의 전체 독일청소년은 히틀러청소년단으로 조직된다.

제2조 전체 독일청소년은 부모의 집과 학교를 제외하고 히틀러청소년단에서 신체적, 정신적, 그리고 도덕적으로 민족사회주의의 정신 안에서 인민에 대한 봉사와 인민공동체를 위하여 훈육되어야 한다.

제3조 히틀러청소년단에서 전체 독일청소년의 교육을 위한 임무는 NSDAP의 제국청소년지도자에게 위임된다. 이와 함께 그는 "독일제국의 청소년지도자"이다. 그는 베를린에 소재하는 제국최고관청의 지위를 가지며, 최고지도자이며 제국재상에게 직속 배치된다.

제4조 최고지도자이며 제국재상은 이 법률의 시행과 보완을 위하여 필요한 법규정과 일반 행정규정을 제정한다.

베를린, 1936년 12월 1일

최고지도자이며 제국재상
아돌프 히틀러

정무차관*이며 제국재상청장
람머스 박사

---

* Staatssekretär. 1919년부터 1945년까지 상(相, 장관)에 직속하여 고유한 담당관할을 가진 관청의 장[차관]을 지칭하는 최고위 공직명.

LXX. **Gesetz über die Vernehmung von Angehörigen der Nationalsozialistischen Deutschen Arbeiterpartei und ihrer Gliederungen.**

Vom 1. Dezember 1936.

70. **민족사회주의 독일노동자당과 그 기구의 소속원의 심문에 관한 법률**

1936년 12월 1일

Die Reichsregierung hat das folgende Gesetz beschlossen, das hiermit verkündet wird:

§ 1 (1) Unterführer der Nationalsozialistischen Deutschen Arbeiterpartei und ihrer Gliederungen, die die Amtstätigkeit eines Stützpunktleiters, eine dieser gleichstehende oder eine höhere Amtstätigkeit ausüben, dürfen über Umstände, auf die sich ihre Pflicht zur Amtsverschwiegenheit bezieht, als Zeugen oder Sachverständige nur mit Genehmigung vernommen werden.
(2) Dasselbe gilt für Angehörige der Parteigerichte und des Sicherheitsdienstes der SS.
(3) Angehörige der Nationalsozialistischen Deutschen Arbeiterpartei oder ihrer Gliederungen dürfen als Zeugen oder Sachverständige nur mit Genehmigung vernommen werden, soweit sie über dienstliche schriftliche oder mündliche Anordnungen, Verhandlungen oder Mitteilungen aussagen sollen, die im Einzelfall von der zuständigen Stelle bei der Bekanntgabe als geheim oder vertraulich bezeichnet worden sind.
(4) Die Vorschriften der Absätze 1 bis 3 gelten auch nach dem Ausscheiden aus der Partei, der Gliederung oder dem Amt.
§ 2 (1) Die Genehmigung darf nur versagt werden, wenn die Ablegung des Zeugnisses oder die Abgabe des Gutachtens dem Wohl des Reiches Nachteile bereiten würde.
(2) Die Genehmigung ist durch die vernehmende Stelle einzuholen, soweit sie nicht schon von dem Zeugen oder Sachverständigen beigebracht ist; ihre Erteilung ist dem Zeugen oder Sachverständigen vor der Vernehmung bekannt-

제국정부는 여기에 공포되는 다음의 법률을 의결하였다:

제1조 (1) 거점지도자의 공무활동 또는 그와 동등하거나 상위의 공무활동을 수행하는 민족사회주의독일노동자당과 그 기구의 하위지도자는 그의 직무비밀준수의무와 관련된 사정에 관하여 승인이 있는 경우에만 증인 또는 감정인으로 심문될 수 있다.

(2) 이는 당법원과 국가보안부(SS) 보안대의 소속원에 대하여도 같다.
(3) 민족사회주의독일노동자당과 그의 기구의 소속원은 개별사안에서 관할사무소가 통지할 때에 비밀 또는 인비로 표시한 직무상 서면 또는 구두명령, 재판 또는 통지에 관하여 증언하여야 할 경우, 승인을 얻은 때에만 증인 또는 감정인으로 심문될 수 있다.

(4) 제1항부터 제3항의 규정은 당, 기구 또는 공무에서 물러난 후에도 적용된다.

제2조 (1) 승인은 증인의 증언 또는 의견서의 제출이 제국의 복리에 불이익을 초래하게 될 때에만 거부될 수 있다.

(2) 승인은, 그것이 증인 또는 감정인에 의하여 제출되지 않으면, 심문하는 사무소를 통하여 얻어질 수 있다; 그의 발급이 심문에 앞서 증인이나 감정인에게 통지되어야 한다.

zugeben.

§ 3 Der Stellvertreter des Führers erläßt im Einvernehmen mit dem Reichsminister der Justiz
die zur Ausführung dieses Gesetzes erforderlichen Vorschriften und Übergangsbestimmungen. Er bestimmt insbesondere, für welche Unterführer die §§ 1 und 2 gelten, welche Stellen
über die Genehmigung entscheiden und welche
Stellen dienstliche Anordnungen, Verhandlungen oder Mitteilungen als geheim oder vertraulich bezeichnen können.

Berlin, den 1. Dezember 1936.

Der Führer und Reichskanzler
Adolf Hitler

Der Reichsminister der Justiz
Dr. Gürtner

Der Stellvertreter des Führers
R. Heß

<Reichsgesetzblatt 1936 I, S. 994>

제3조 최고지도자 권한대행은 제국법무상의
동의를 얻어 이 법률의 시행에 필요한 규정
과 경과규정을 제정한다. 그는 특히 제1조
와 제2조가 어느 하위지도자에게 적용되는
지, 어느 사무소가 승인을 결정하는지, 그
리고 어느 사무소가 복무상의 명령, 재판 또
는 통지를 비밀 또는 인비로 표시할 수 있
는지를 정한다.

베를린, 1936년 12월 1일

최고지도자이며 제국재상
아돌프 히틀러

제국법무상
귀르트너 박사

최고지도자 권한대행
헤스

관련 법령:
법률 29, 45
Verordnung zur Durchführung des Gesetzes zur
Sicherung der Einheit von Partei und Staat
(29.03.1935)

LXXI. Gesetz über die Ausübung der Reisevermittlung.

Vom 26. Januar 1937.

Die Reichsregierung hat das folgende Gesetz beschlossen, das hiermit verkündet wird:

§ 1 Die Ausübung der Reisevermittlung, nämlich

1. die Veranstaltung, Durchführung oder Vermittlung von Reisen, die sich nicht auf die Beförderung mit eigenen Fahrzeugen beschränken, oder

2. die Ausgabe oder Vermittlung von Beförderungsausweisen oder Nebenausweisen für nicht eigene, dem Personenverkehr dienende Beförderungsmittel, oder

3. die Vermittlung von vorübergehender Unterkunft oder Verpflegung kann ganz oder teilweise untersagt werden, wenn Tatsachen vorliegen, welche die Unzuverlässigkeit des Gewerbetreibenden in bezug auf diesen Gewerbebetrieb dartun.

§ 2 Die Kreispolizeibehörde kann die Ausübung der Reisevermittlung vorläufig verbieten. Sie hat in diesem Falle unverzüglich bei der hierfür zuständigen Behörde den Antrag auf Untersagung des Gewerbebetriebes nach § 1 zu stellen. Wird der Antrag nicht innerhalb einer Woche nach Erlaß des Verbots gestellt, so tritt dieses außer Kraft. Die für die Untersagung zuständige Behörde hat über die Aufrechterhaltung des vorläufigen Verbots vorab zu entscheiden.

§ 3 Der Reichswirtschaftsminister erläßt die zur Durchführung dieses Gesetzes erforderlichen Ausführungsbestimmungen, insbesondere bestimmt er die für die Untersagung zuständigen Behörden und regelt das Verfahren.

§ 4 Eine Entschädigung für persönliche oder wirtschaftliche Nachteile, die durch die Untersagung nach § 1 oder durch ein vorläufiges Verbot

71. 여행중개의 행사에 관한 법률

1937년 1월 26일

제국정부는 여기에 공포되는 다음의 법률을 의결하였다:

제1조 여행중개의 행사, 즉
1. 자가차량에 의한 운송으로 제한되지 않는 여행의 개최, 실행 또는 중개, 또는

2. 그 소유가 아닌 여객운송을 목적으로 하는 운송수단을 위한 운송증명 또는 보조증명의 발급 또는 중개, 또는

3. 임시숙소 또는 식사제공의 중개는, 그 영업경영에 관하여 영업경영자를 신뢰할 수 없음을 증명하는 사실이 있을 경우, 전부 또는 일부 금지될 수 있다.

제2조 지구경찰관청은 여행중개의 행사를 임시금지할 수 있다. 이러한 경우 그는 지체 없이 이를 관할하는 관청에 제1조에 따른 영업의 금지를 신청하여야 한다. 신청이 금지명령 후 1주일 내에 제출되지 않으면 그 명령은 효력을 잃는다. 금지를 관할하는 관청은 임시금지의 유지에 관하여 우선결정하여야 한다.

제3조 제국경제상은 이 법률의 시행에 필요한 시행규정을 제정하며, 특히 금지를 관할하는 관청을 지정하고 그 절차를 규율한다.

제4조 제1조에 따른 금지 또는 제2조에 따른 임시금지로 발생하는 인적, 경제적 불이익에 대한 보상은 보장되지 아니한다.

nach § 2 entstehen, wird nicht gewährt.

§ 5 (1) Wer Reisevermittlung im Sinne des § 1 trotz Untersagung (§ 1) oder trotz vorläufigen Verbots (§ 2) weiterbetreibt, wird mit Geldstrafe bestraft.

(2) Die Fortsetzung der nach § 1 untersagten oder nach § 2 vorläufig verbotenen gewerblichen Tätigkeit kann außerdem von der Polizeibehörde durch unmittelbaren oder mittelbaren Zwang verhindert werden.

Berlin, den 26. Januar 1937.

Der Führer und Reichskanzler
Adolf Hitler

Der Reichswirtschaftsminister
Mit der Führung der Geschäfte beauftragt:
Dr. Hjalmar Schacht
Präsident des Reichsbankdirektoriums

<Reichsgesetzblatt 1937 I, S. 31>

제5조 (1) 금지(제1조) 또는 임시금지(제2조)에도 불구하고 제1조의 의미에서 여행중개를 계속경영한 사람은 벌금형에 처한다.

(2) 이밖에 제1조에 따라 금지되거나 제2조에 따라 임시금지된 영업활동의 계속은 경찰관청에 의하여 직접강제 또는 간접강제로 저지될 수 있다.

베를린, 1937년 1월 26일

최고지도자이며 제국재상
아돌프 히틀러

제국경제상
사무지도를 위임받은:
얄마 샤흐트 박사
제국은행위원장

LXXII. Gesetz über Groß-Hamburg und andere Gebietsbereinigungen.	**72. 광역함부르크와 그밖의 국토정비에 관한 법률**
Vom 26. Januar 1937.	*1937년 1월 26일*

Die Reichsregierung hat das folgende Gesetz beschlossen, das hiermit verkündet wird:

제국정부는 여기에 공포되는 다음의 법률을 의결하였다:

Artikel I
Groß-Hamburg

제1장
광역 함부르크

§ 1 (1) Auf das Land Hamburg gehen von Preußen über:
a) die Stadtkreise Altona und Wandsbeck (Regierungsbezirk Schleswig),
b) der Stadtkreis Harburg-Wilhelmsburg (Regierungsbezirk Lüneburg),
c) die Gemeinden Bergstedt, Billstedt, Bramsfeld, Duvenstedt, Hummelsbüttel, Lemsahl-Mellingstedt, Lohbrügge, Poppenbüttel, Rahlstedt, Sasel, Steilshoop, Wellingsbüttel (Landkreis Stormarn, Regierungsbezirk Schleswig)
d) die Gemeinde Lokstedt (Landkreis Pinneberg, Regierungsbezirk Schleswig),
e) die Gemeinde Cranz (Landkreis Stade, Regierungsbezirk Stade),
f) die Gemeinden Altenwerder, Finkenwerder, Fischbeck, Frankop, Gut Moor, Kirchwerder, Langenbeck, Marmstorf, Neuenfelde, Neugraben, Neuland, Rönneburg, Sinstorf sowie die rechts der Elbe gelegenen Teile der Gemeinde Over (Landkreis Harburg, Regierungsbezirk Lüneburg)
g) der Wohnplatz Kurslack im Achterschlag (Gemeinde Börnsten, Landkreis Herzogtum Lauenburg, Regierungsbezirk Schleswig).

(2) Auf das Land Preußen gehen von Hamburg über:

a) die Stadt Geesthacht unter Eingliederung in den Landkreis Herzogtum Lauenburg, Re-

제1조 (1) 프로이센에서 함부르크주로 다음의 지역이 할양된다:
a) 알토나와 반스벡 시지구 (쉴레스비히 행정구역),
b) 함부르크-빌헬름스부르크 시지구(뤼네부르크 행정구역),
c) 베르크스테트, 빌스테트, 브람스펠트, 두벤스테트, 훔멜스뷔텔, 렘잘-멜링스테트, 로브뤼게, 포펜뷔텔, 랄스테트, 자셀, 스타일스홉, 벨링스뷔텔 지방자치단체(쉬톨마른 주지구, 쉴레스비히 행정구역).
d) 록스테트 지방자치단체(핀네베르크 주지구, 쉴레스뷔히 행정구역)
e) 크란츠 지방자치단체(쉬타데 주지구, 쉬타데 행정구역)
f) 알텐베르더, 핀켄베르더, 피쉬벡, 프랑코프, 구트 모어, 키르쉬베르더, 랑엔벡, 마름쉬톨프, 노이엔펠데, 노이그라벤, 노이란트, 뢰네부르크, 진쉬톨프 지방자치단체와 오버 지방자치단체의 엘베강 우안에 위치한 지역(할부르크 주지구, 뤼네부르크 행정구역).
g) 아흐터슈락의 쿠르스락 이주지(뵈른스텐 지방자치단체, 헤아쪼크툼 라우엔부르크 주지구, 쉴레스뷔히 행정구역)

(2) 함부르크에서 프로이센주로 다음의 지역이 할양된다:

a) 헤아쪼크툼 라우엔부르크 주지구, 쉴레스뷔히 행정구역으로 편입되는 게스트하흐트시.

gierungsbezirk Schleswig.

b) die Gemeinde Groß Hansdorf und Schmalenbeck unter Eingliederung in den Landkreis Stormarn, Regierungsbezirk Schleswig,

c) die Stadt Cuxhaven und die Gemeinden Berensch und Arensch, Gudendorf, Holte und Spangen, Oxstedt, Sahlenburg unter Eingliederung in den Landkreis Land Hadeln, Regierungsbezirk Stade.

§ 2 Die im § 1 Abs. 1 genannten Gemeinden werden mit der Stadt Hamburg und den beim Lande Hamburg verbleibenden Gemeinden zu einer Gemeinde zusammengeschlossen; sie führt die Bezeichnung "Hansestadt Hamburg".

§ 3 Die Aufsicht über die Gemeindeangelegenheiten führt der Reichsminister des Innern, soweit es sich um Angelegenheiten von finanzieller Bedeutung handelt, im Einvernehmen mit dem Reichsminister der Finanzen.

§ 4 Die Verfassung und Verwaltung des Landes und der Hansestadt Hamburg regelt der Reichsminister des Innern im Einvernehmen mit dem Stellvertreter des Führers, dem Reichsminister der Finanzen und dem Beauftragten für den Vierjahresplan.

§ 5 (1) Bis zum Inkrafttreten des § 2 kann der Reichsminister des Innen die Aufsicht über die Gemeindeangelegenheiten der beim Lande Hamburg verbleibenden Gemeinden sowie der im § 1 Abs. 1 genannten Gemeinden auf den Reichsstatthalter übertragen.

(2) Bis zur Regelung der Rechnungsprüfung in den Vorschriften über die Verfassung und Verwaltung des Landes und der Hansestadt Hamburg wird der Rechnungshof des Deutschen Reichs ermächtigt, in Hamburg die Vorschriften des § 93 der Reichshaushaltsordnung auch über die Voraussetzungen seines Absatzes 1 Satz 1 hinaus sowie sinngemäß auch hinsichtlich der dem Rechnungshof nach den §§ 45c, 88 Abs. 3, § 113ff. der Reichshaushaltsordnung obliegenden Prüfungen anzuwenden. Er kann inso-

b) 쉬톨마른 주지구, 쉴레스뷔히 행정구역으로 편입되는 광역 한스도르프와 슈말렌벡 지방자치단체.

c) 란트 하델른 지방군, 쉬타데 행정구역으로 편입되는 쿡스하벤시와 베렌쉬와 아렌쉬, 구덴도르프, 홀테와 슈팡엔, 옥스테트, 잘렌부르크 지방자치단체.

제2조 제1조 제1항에 열거된 지방자치단체는 함부르크시와 함부르크주에 지방잔류하는 자치단체와 함께 하나의 지방자치단체로 병합된다; 이는 "한자도시 함부르크"의 명칭을 가진다.

제3조 제국내무상은 그 사무가 재정상 중요한 사항일 때에는 제국재무상의 동의를 얻어 지방자치단체사무의 감독을 담당한다.

제4조 제국내무상은 최고지도자 권한대행, 제국재무상과 4개년계획 수임관의 동의를 얻어 함부르크주와 한자도시 함부르크의 헌법과 행정을 규율한다.

제5조 (1) 제2조의 시행 전에 제국내무상은 함부르크주에 잔류하는 지방자치단체와 제1조 제1항에 규정된 지방자치단체의 자치단체사무의 감독을 제국감찰관에게 이양할 수 있다.

(2) 함부르크주와 한자도시 함부르크의 조직과 행정에 관한 규정에서 회계감사가 규정될 때까지 독일제국의 감사청은 또한 함부르크에서 「제국재정령」 제93조의 규정을 그 제1항 1문의 요건을 넘어 「제국재정령」 제45c조, 제88조 제3항, 제113조 이하에 따라 감사청에 맡겨진 감사에 의미에 맞게 적용할 권한이 있다. 그 한도에서 그는 예비감사소에 그에 갈음하여 그의 사전동의를 얻거나 사전동의 없이 「제국재정령」에 따라 의견을 표시할 권한을 수여할 수 있다.

weit auch die Vorprüfungsstelle ermächtigen, an seiner Stelle mit oder ohne seine vorherige Zustimmung Erklärungen nach der Reichshaushaltsordnung abzugeben.

Artikel II
Andere Gebietsvereinigungen

§ 6 (1) Das Land Lübeck mit Ausnahme seiner im Lande Mecklenburg gelegenen Gemeinden Schattin und Utecht geht auf das Land Preußen über.

(2) Es werden zugeteilt die Stadt Lübeck als Stadtkreis dem Regierungsbezirk Schleswig und die Gemeinden Düchelsdorf, Sierksrade, Behlendorf, Hollenbeck, Albsfelde, Giesensdorf, Harmsdorf, Nusse, Poggensee, Ritzerau, Groß Schretstaken, Klein Schretstaken und Tramm dem Landkreis Herzogtum Lauenburg, Regierungsbezirk Schleswig. Die Zuteilung der Gemeinden Kurau (lüb. Anteils), Dissau, Krumbeck und Malkendorf regelt § 8 Abs. 2.

§ 7 (1) Der Stadtkreis Wilhelmshaven (ohne Wohnplatz Eckwarderhörn) geht von Preußen auf das Land Oldenburg über und wird mit dem Stadtkreis Rüstringen zusammengeschlossen. Der Stadtkreis führt den Namen Wilhelmhaven.

(2) Der Wohnplatz Eckwarderhörn geht von Preußen auf das Land Oldenburg über und wird in die Gemeinde Butjadingen, Amt Wesermarsch, eingegliedert.

§ 8 (1) Der oldenburgische Landesteil Birlenfeld geht auf das Land Preußen über und bildet einen Landkreis der Rheinprovinz.

(2) Der oldenburgische Landesteil Lübeck geht auf das Land Preußen über und bildet mit den bisher lübischen Gemeinden Kurau (lüb. Anteils), Dissau, Krumbeck und Malkendorf den Landkreis Eutin im Regierungsbezirk Schleswig.

§ 9 Zwischen Preußen, Mecklenburg und dem bisher lübischen Landgebiete wird folgende

제2장
그밖의 국토통합

제6조 (1) 뤼벡주는, 메클렌부르크주에 소재하는 샤틴과 우트레히트 지방자치단체를 제외하고, 프로이센주로 합병된다.

(2) 뤼벡시는 시지구로 쉴레스뷔히 행정구역과 뒤헬도르프, 지얼크스라데, 벨렌도르프, 홀렌벡, 알프스펠데, 기젠스도르프, 하름스도르프, 누세, 포겐제, 리쩨라우, 그로스 슈렉스타켄, 클라인 슈렛쯔타켄과 트람 자치단체, 헤아쪼크툼 라우엔부르크 지방군, 쉴레스비히 행정구역으로 분할된다. (뤼벡 관할의) 쿠라우, 디사우, 크룸벡과 말켄도르프 지방자치단체의 분할은 제8조 제2항이 규정한다.

제7조 (1) 빌헬름스하벤 시지구(엑크바르더회른 이주지를 제외한)는 프로이센에서 올덴부르크로 할양되어 뤼스팅엔 시지구와 병합된다. 그 시지구는 빌헬름스하벤의 명칭을 가진다.

(2) 엑크바르더회른 이주지는 프로이센에서 올덴부르크주로 할양되어 부트야딩엔 지방자치단체 베저마쉬 관구로 편입된다.

제8조 (1) 올덴부르크의 비르렌펠트 주지구가 프로이센주로 할양되어 라인프로빈쯔 주지구를 구성한다.

(2) 올덴부르크의 뤼벡 주지구가 프로이센으로 할양되어 종전의 (뤼벡 관할의) 쿠라우, 디사우, 크룸벡과 말켄도르프 지방자치단체와 함께 쉴레스비히 행정구역의 오이틴 주지구를 구성한다.

제9조 프로이센, 메클렌부르크와 종전의 뤼벡 주영토 사이에서 다음의 지역통합이 이

Gebietsvereinigung vorgenommen:

1. Auf Preußen gehen von Mecklenburg über:

a) Gemeinde Rossow mit Rossow Gut, Gemeinde Netzeband mit Dovensee, Drusedow und Grüneberg, Gemeinde Schönberg mit Doßkrug -sämtlich bisher zum Landkreis Waren gehörig - unter Eingliederung in den Landkreis Ostprignitz, Regierungsbezirk Potsdam;

b) die Gemeinden Hammer, Mannhagen, Panten, Horst, Waldsfelde und Domhof Ratzeburg - sämtlich bisher zum Landkreis Schönberg gehörig - unter Eingliederung in den Landkreis Herzogtum Lauenburg, Regierungs Schleswig;

c) der Glanz-See - bisher zum Landkreis Stargard gehörig - unter Eingliederung in den Landkreis Templin, Regierungsbezirk Potsdam.

2. Auf Mecklenburg gehen von Preußen über:

a) die Gemeinden Pinnow, Rottmannshagen und Zettemin - bisher zum Landkreis Demmin gehörig - unter Eingliederung in den Landkreis Malchin;

b) Quaslinermühle (Gemeinde Jännersdorf) - bisher zum Landkreis Ruppin gehörig - unter Eingliederung in den Landkreis Parchim;

c) der Gutsbezirk Groß Menow - bisher zum Landkreis Ruppin gehörig - unter Eingliederung in den Landkreis Stargard;

d) der Dabelow-See - bisher zum Landkreis Templin gehörig - unter Eingliederung in den Landkreis Stargard;

e) der Kornow-See - bisher zum Landkreis Prenzlau gehörig - unter Eingliederung in den Landkreis Stargard.

3. Auf Mecklenburg gehen von dem bisher lübischen Landgebiet über:

die Gemeinden Schattin und Utecht unter Eingliederung in den Landkreis Schönberg.

루어진다:

1. 다음 각호의 경우 멕클렌부르크에서 프로이센으로 할양된다:

a) 포츠담 행정구역 오스트프리그니쯔 지방지구로 편입되는, -종전까지 바렌 지방지구에 속한 모든- 로소우 영지를 포함한 로소우 지방자치단체, 도벤제를 포함한 넷쩨반트, 드루제도우와 그뤼네베르크 지방자치단체, 도스크룩을 포함한 쉔베르크 지방자치단체;

b) 헤아쪼크툼 라우엔부르크 주지구, 쉴레스뷔히 행정구역으로 편입되는, -종전까지 쉰베르크 주지구에 속한 모든- 함머, 만하겐, 판텐, 호르스트, 발쯔펠데와 돔호프 라쩨부르크 지방자치단체;

c) 포츠담 행정지역 템플린 주지구로 편입되는 -종전까지 쉬탈가르트 주지구에 속한- 글란쯔-제.

2. 다음 각호의 경우 프로이센에서 멕클렌부르크로 할양된다:

a) 말힌 주지구로 편입되는 -종전까지 데민 주지구에 속한- 피노브, 로트만스하겐과 체테민 지방자치단체;

b) 파르힘 주지구로 편입되는 -종전까지 루핀 주지구에 속한- 크바스리너뮐레 (얘너스도르프 지방자치단체);

c) 쉬탈가르트 주지구로 편입되는 -종전까지 루핀 주지구에 속한- 그로스 메노브 행정구;

d) 쉬탈가르트 주지구로 편입되는 -종전까지 템플린 주지구에 속한- 다벨로브-제;

e) 쉬탈가르트 주지구로 편입되는 -종전까지 프렌츠라우 주지구에 속한- 코르노브-제.

3. 다음 각호의 경우 종전의 뤼벡 주지역에서 멕클렌부르크로 할양된다:

쉰베르크 주지구로 편입되는 샤틴과 우트레히트 지방자치단체

Artikel III
Gemeinsame Vorschriften

§ 10 (1) Der Reichsminister des Innern im Einvernehmen mit dem zuständigen Reichsminister bestimmt, in welchem Umfang und zu welchem Zeitpunkt beim Wechsel der Gebietszugehörigkeit Rechts- und Verwaltungsvorschriften der aufnehmenden Gebietskörperschaften und des aufnehmenden Verwaltungsbezirks eingeführt werden. Er kann bestimmte Vorschriften der aufnehmenden Gebietskörperschaft oder des aufnehmenden Verwaltungsbezirks schon vor dem Eintritt der Gebietsänderungen in den zugeteilten Gebieten in Kraft setzen. Er kann in Kraft bleibende Vorschriften den Vorschriften der aufnehmenden Gebietskörperschaft oder des aufnehmenden Verwaltungsbezirks angleichen.

(2) Mit der Einführung des neuen Rechts treten die entsprechenden bisher geltenden Vorschriften außer Kraft.

§ 11 Der Reichsminister des Innern bestimmt, inwieweit Landesbehörden, die ihren Sitz in einem auf ein anderes Land übergehenden Gebietsteil haben, Landes- oder Gemeindebehörden der aufzunehmenden Gebietskörperschaft werden; mit dieser Maßgabe findet Kapitel V des Gesetzes vom 30. Januar 1933 (Reichsgesetzbl. I S. 433) Anwendung.

§ 12 (1) Die Auseinandersetzung zwischen den Gebietskörperschaften regeln der Reichsminister des Innern und der Reichsminister der Finanzen. Ihre Anordnungen begründen Rechte und Pflichten der Beteiligten und bewirken den Übergang, die Beschränkung und Aufhebung von dinglichen Rechten.

(2) Landeseigene Grundstücke und deren Zubehör, die sich im abgetretenen Gebiet befinden, gehen, soweit nichts anderes bestimmt wird, mit allen Lasten und Verbindlichkeiten auf das aufnehmende Land über.

(3) Soweit Betriebe, die einem Lande unmittel-

제3장
공동규정

제10조 (1) 제국내무상은 관할 제국상의 동의를 얻어 국토의 소속변경에서 수용하는 국토단체와 수용하는 행정지구에 시행되는 법규정과 행정규정의 범위와 시기를 정한다. 그는 수용하는 국토단체 또는 수용하는 행정지구의 특정 규정을 이미 국토변경의 효력이 발생하기 전에 할양되는 국토에 시행할 수 있다. 그는 효력을 유지하는 규정들을 수용하는 국토단체 또는 수용하는 행정지구의 규정에 동화할 수 있다.

(2) 신법의 수용으로 그에 상응하는 종전의 실정규정은 효력을 잃는다.

제11조 제국내무상은 다른 주로 할양되는 국토부분에 그의 소재지를 가진 주(州)관청이 어느 정도까지 수용하는 국토단체의 주관청 또는 자치단체관청이 될 것인지를 정한다; 이 기준과 함께 1933년 1월 30일의 법률(제국법률관보 Ⅰ 433) 제5장이 적용된다.

제12조 (1) 국토단체 사이의 분쟁은 제국내무상과 제국재무상이 규율한다. 그의 명령은 당사자에게 권리와 의무를 발생하게 하고 물권의 이전, 제한과 소멸효를 가진다.

(2) 할양되는 지역에 소재하는 주소유의 토지와 그 종물은, 다른 규정이 없으면, 모든 부담과 의무와 함께 수용하는 주로 이전된다.

(3) 주에 직접 또는 간접으로 속하는 사업

bar oder mittelbar gehören, auf ein anderes Land übergehen, hat das aufnehmende Land die für die Errichtung und den Ausbau der Anlagen des Betriebs seit 1924 aus außerordentlichen Mitteln geleisteten Ausgaben wie Anleiheschulden des abgebenden Landes nach näherer Bestimmung des Reichsministers des Innern und des Reichsministers der Finanzen zu verzinsen und zu tilgen.

§ 13 Die zur Durchführung dieses Gesetzes erforderlichen Maßnahmen sind frei von Abgaben und Lasten.

Artikel IV
Übergangs - und Schlußvorschriften

§ 14 (1) Der Reichsminister des Innern oder die von ihm bestimmte Stelle erläßt die zur Durchführung und Ergänzung dieses Gesetzes erforderlichen Rechts- und Verwaltungsvorschriften im Einvernehmen mit den beteiligten Reichsministern.

(2) Reichsminister des Innern kann im Zusammenhang mit den aus diesem Gesetz sich ergebenden Gebietsänderungen die Grenzen der Gebietskörperschaften und Verwaltungsbezirke ändern. Er kann dieses Ermächtigung auf nachgeordnete Dienststellen übertragen.

(3) Reichsminister des Finanzen regelt im Einvernehmen mit dem Reichsminister des Innern die Fragen, die sich infolge der Verschiebung der finanziellen Leistungsfähigkeit zwischen den aufnehmenden und abgebenden Ländern und auf dem Gebiete des Finanzausgleichs ergeben.

§ 15 (1) Dieses Gesetz tritt am 1. April 1937 in Kraft, mit Ausnahme des § 2, der durch den Reichsminister des Innern spätestens am 1. April 1938 in Kraft zu setzen ist.

(2) Die Vorschriften des § 10 treten sofort in Kraft.

Berlin, den 26. Januar 1937.

장이 다른 주로 이전되는 때에는, 수용하는 주는 할양하는 주의 차임채무 등 1924년 이후 사업장시설의 설치와 확장을 위하여 특별비에서 지급된 지출을 제국내무상과 제국재무상의 세부 규정에 따라 이자를 붙여 변제하여야 한다.

제13조 이 법률의 시행을 위하여 필요한 조치는 조세와 부담에서 면제된다.

제4장
경과규정과 종결규정

제14조 (1) 제국내무상 또는 그가 정한 사무소는 관련, 제국상의 동의를 얻어 이 법률의 시행과 보완을 위하여 필요한 법규정과 행정규정을 제정한다.

(2) 제국내무상은 이 법률로 이루어지는 국토변경과 관련하여 국토단체와 행정지구의 경계를 변경할 수 있다. 그는 그 권한을 하위의 실무사무소에 이양할 수 있다.

(3) 제국재무상은 제국내무상의 동의를 얻어 수용하는 주와 할양하는 주 사이의 재정급부능력의 변화로 재정조정의 부문에 생기는 문제를 규율한다.

제15조 (1) 이 법률은, 제국내무상이 1938년 4월 1일까지 시행하여야 하는 제2조를 예외로 하여, 1937년 4월 1일에 효력이 생긴다.

(2) 제10조의 규정은 즉시 효력이 생긴다.

베를린, 1937년 1월 26일

Der Führer und Reichskanzler
Adolf Hitler

Der Reichsminister des Innern
Frick

Der Reichsminister der Finanzen
Graf Schwerin von Krosigk

Der Beauftragte für den Vierjahresplan
Göring
Preußischer Ministerpräsident

<Reichsgesetzblatt 1937 I, S. 91-94>

최고지도자이며 제국재상
아돌프 히틀러

제국내무상
프릭

제국재무상
그라프 슈베린 폰 크로직

4개년계획 수인관
괴링
프로이센주 행정수반

관련 법령:
Gesetz, betreffend das Land Thüringen (30.04.
1920)
Gesetz betreffend die Vereinigung Coburgs mit
Bayern (30.04.1920)
Gesetz über die Vereinigung von Pyrmont mit
Preußen (24.03.1922)
Erste Durchführungsverordnung zum Gesetz über
Groß-Hamburg und andere Gebietsbereinigun-
gen (15.02.1937)

LXXIII. Gesetz zur Verlängerung des Gesetzes zur Behebung der Not von Volk und Reich.

Vom 30. Januar 1937.

Der Reichstag hat das folgende einstimmig Gesetz beschlossen, das hiermit verkündet wird:

Einziger Artikel

(1) Die Geltungsdauer des Gesetzes zur Behebung der Not von Volk und Reich ["Ermächtigungsgesetz"] vom 24. März 1933 (Reichsgesetzbl. I S. 141) wird bis zum 1. April 1941 verlängert.

(2) Das Gesetz über den Neuaufbau des Reichs vom 30. Januar 1934 (Reichsgesetzbl. I S. 75) bleibt unberührt.

Berlin, den 30. Januar 1937.

Der Führer und Reichskanzler
Adolf Hitler

Der Reichsminister des Innern
Frick

<Reichsgesetzblatt 1937 I, S. 105>

73. 인민과 제국의 위난제거를 위한 법률의 연장을 위한 법률

1937년 1월 30일

제국의회는 만장일치로 여기에 공포되는 다음의 법률을 의결하였다:

단일조항

(1) 1933년 3월 24일의 「인민과 제국의 위난제거를 위한 법률」("수권법률")(제국법률관보 I 141)의 효력기간이 1941년 4월 1일까지 연장된다.

(2) 1934년 1월 30일의 「제국개편을 위한 법률」(제국법률관보 I 75)은 영향을 받지 아니한다.

베를린, 1937년 1월 30일

최고지도자이며 제국재상
아돌프 히틀러

제국내무상
프릭

관련 법령:
법률 1, 31, 32, 41

LXXIV. Gesetz zur Verhinderung der Teilnahme am spanischen Bürgerkrieg.

Vom 18. Februar 1937.

Die Reichsregierung hat das folgende Gesetz beschlossen, das hiermit verkündet wird:

§ 1 Deutschen Staatsangehörigen ist die Einreise nach Spanien und den spanischen Besitzungen, einschließlich der Zone des Spanischen Protektorats in Marokko, zur Teilnahme am Bürgerkrieg verboten.

§ 2 Der Reichsminister des Innern wird ermächtigt, die erforderlichen Maßnahmen zu treffen, um die Ausreise und Durchreise von Personen zu verhindern, die sich zur Teilnahme am Bürgerkrieg nach dem im § 1 bezeichneten Gebieten begeben wollen.

§ 3 Es ist verboten, Personen zur Teilnahme am spanischen Bürgerkrieg anzuwerben oder sie Werbern zuzuführen.

§ 4 Wer den Vorschriften der §§ 1 und 3 dieses Gesetzes oder einem auf Grund des § 2 erlassenen Verbots zuwiderhandelt, wird mit Gefängnis bestraft.

§ 5 Der Reichsminister des Auswärtigen bestimmt den Zeitpunkt des Inkrafttretens und des Außerkrafttretens dieses Gesetzes.

Berchtesgaden, den 18. Februar 1937.

Der Führer und Reichskanzler
Adolf Hitler

74. 스페인 시민전쟁* 참전저지를 위한 법률

1937년 2월 18일

제국정부는 여기에 공포되는 다음의 법률을 의결하였다:

제1조 독일국적자에게 시민전쟁에 참전하기 위한 스페인과 모로코의 스페인보호령 지역을 포함한 스페인점령지로의 입국이 금지된다.

제2조 제국내무상은 시민전쟁에 참전하기 위하여 제1조에 규정된 지역으로 향하는 사람의 출국과 경유를 막기 위하여 필요한 조치를 할 권한이 있다.

제3조 스페인 시민전쟁에 참전할 사람을 모집하거나 이들을 모집인에게 공급하는 행위는 금지된다.

제4조 이 법률 제1조와 제3조의 규정 또는 제2조에 근거하여 제정된 금지에 위반하여 행동하는 사람은 경징역형에 처한다.

제5조 제국외무상은 이 법률의 시행과 폐지의 시기를 정한다.

베르히테스가텐, 1937년 2월 18일

최고지도자이며 제국재상
아돌프 히틀러

---

* 또는 Spanienkrieg. 1936년 7월부터 1939년 4월까지 자유선거로 선출된 제2스페인공화국정부(공화주의자)와 Francisco Franco(1892-1975)장군이 주도한 우익쿠데타세력(민족주의자) 사이의 전쟁. Franco의 승리로 공화정이 종식하고 1976년까지 프랑코독재가 진행.

Der Reichsminister des Auswärtigen
Freiherr von Neurath

Der Reichsminister des Innern
Frick

<Reichsgesetzblatt 1937 I, S. 241>

제국외무상
프라이헤어 폰 노이라트

제국내무상
프릭

관련 법령:

Verordnung über das Inkrafttreten des Gesetzes zur Verhinderung der Teilnahme am spanischen Bürgerkrieg (19.02.1937)

Verordnung zur Durchführung des Gesetzes zur Verhinderung der Teilnahme am spanischen Bürgerkrieg (20.02.1937)

LXXV. Gesetz über die Sicherung der Reichsgrenze und über Vergeltungsmaßnahmen.

75. 제국국경의 보전과 보복조치에 관한 법률

Vom 9. März 1937.

1937년 3월 9일

Die Reichsregierung hat das folgende Gesetz beschlossen, das hiermit verkündet wird:

§ 1 Der Reichsminister des Innern wird ermächtigt, in vom ihm zu bestimmenden Gebieten, insbesondere an der Reichsgrenze, im Einvernehmen mit den beteiligten Reichsministern alle Maßnahmen zu treffen, die für eine wirksame Sicherung der Reichsgrenze und des Reichsgebiets erforderlich sind.

§ 2 (1) Der Reichsminister des Innern wird ermächtigt, gegen Angehörige eines fremden Staates und gegen deren Vermögen Vergeltungsmaßnahmen zu treffen, sofern dieser Staat gegen Reichsangehörige oder ihr Vermögen Maßnahmen trifft, die nach deutschem Recht gegen die Angehörigen dieses Staates oder ihr Vermögen nicht getroffen werden können.

(2) Diese Maßnahmen des Reichsministers des Innern bedürfen jeweils der Zustimmung des zuständigen Reichsministers, des Reichsministers des Auswärtigen und des Stellvertreters des Führers.

§ 3 Die nach den §§ 1 und 2 dieses Gesetzes getroffenen Anordnungen binden die Verwaltungsbehörden und die Gerichte.

Berlin, den 9. März 1937.

Der Führer und Reichskanzler
Adolf Hitler

Der Reichsminister des Innern
Frick

제국정부는 여기에 공포되는 다음의 법률을 의결하였다:

제1조 제국내무상은 그가 정하는 국토, 특히 제국국경에 관하여 관계 제국상의 동의를 얻어 제국국경과 제국국토를 실효성 있게 보전하기 위하여 필요한 모든 조치를 할 권한이 있다.

제2조 (1) 제국내무상은 외국국가가 제국국민 또는 그 재산에 관하여, 독일법에 따르면 그 국가의 국민 또는 그 재산에 적용될 수 없는, 조치를 한 경우 외국국가의 국민과 그 재산에 대하여 보복조치를 할 권한이 있다.

(2) 이 제국내무상의 조치는 각각 관할 제국상, 제국외무상과 최고지도자 권한대행의 동의를 요건으로 한다.

제3조 이 법률 제1조와 제2조에 따라 내려진 명령은 행정관청과 법원을 기속한다.

베를린, 1937년 3월 9일

최고지도자이며 제국재상
아돌프 히틀러

제국내무상
프릭

Der Reichsminister des Auswärtigen   제국외무상
Freiherr von Neurath   프라이헤어 폰 노이라트

Der Stellvertreter des Führers   최고지도자 직무대리
R. Heß   헤스
Reichsminister ohne Geschäftsbereich   제국정무상

<Reichsgesetzblatt 1937 I, S. 281>

LXXVI. Gesetz über die Wiedervereinigung Österreichs mit dem Deutschen Reich.

Vom 13. März 1938.

Die Reichsregierung hat das folgende Gesetz beschlossen, das hiermit verkündet wird:

Artikel I Das von der Österreichischen Bundesregierung beschlossene Bundesverfassungsgesetz über die Wiedervereinigung Österreichs mit dem Deutschen Reich vom 13. März 1938 wird hiermit Deutsches Reichsgesetz; es hat folgenden Wortlaut:

"Auf Grund des Artikels III Abs. 2 des Bundesverfassungsgesetzes über außerordentliche Maßnahmen im Bereich der Verfassung, B. G. Blatt I Nr. 255 1934, hat die Bundesregierung beschlossen:

Artikel I: Österreich ist ein Land des Deutschen Reiches.

Artikel II: Sonntag, den 10. April 1938, findet eine freie und geheime Volksabstimmung der über zwanzig Jahre alten deutschen Männer und Frauen Österreichs über die Wiedervereinigung mit dem Deutschen Reich statt.

Artikel III: Bei der Volksabstimmung entscheidet die Mehrheit der abgegebenen Stimmen.

Artikel IV: Die zur Durchführung und Ergänzung des Artikels II dieses Bundesverfassungsgesetzes erforderlichen Vorschriften werden durch Verordnung getroffen.

Artikel V: Dieses Bundesverfassungsgesetz tritt am Tage seiner Kundmachung in Kraft. Mit der Vollziehung dieses Bundesverfassungsgesetzes ist die Bundesregierung betraut.

Wien, den 13. März 1938."

76. 독일제국과 오스트리아의 통일에 관한 법률

1938년 3월 13일

제국정부는 여기에 공포되는 다음의 법률을 의결하였다:

제1조 1938년 3월 13일 오스트리아연방정부가 독일제국과 오스트리아의 통일에 관하여 의결한 연방헌법은 지금부터 독일제국법률이다; 연방헌법은 다음의 법문을 가진다:

"연방헌법의 범위에서 비상조치에 관한 연방법 제3조 제2항에 근거하여 연방정부는 연방법률관보 I 255호 1934로 다음을 의결하였다:

제1조: 오스트리아는 독일제국의 주(州)이다.

제2조: 1938년 4월 10일, 일요일, 독일제국과의 통일에 관하여 오스트리아의 20세 이상의 독일계 남성과 여성의 자유·비밀 국민투표가 실시된다.

제3조: 국민투표는 기표한 투표의 과반수로 결정한다.

제4조: 이 연방헌법 제2조의 시행과 보완을 위하여 필요한 규정은 명령으로 제정한다.

제5조: 이 연방헌법은 그의 공포일부터 효력이 생긴다.

이 연방헌법의 시행은 연방정부에 위임된다.

빈, 1938년 3월 13일."

Artikel II Das derzeit in Österreich geltende Recht bleibt bis auf weiteres in Kraft. Die Einführung des Reichsrechts in Österreich erfolgt durch den Führer und Reichskanzler oder den von ihm hierzu ermächtigten Reichsminister.

Artikel III Der Reichsminister des Innern wird ermächtigt, im Einvernehmen mit den beteiligten Reichsministern die zur Durchführung und Ergänzung dieses Gesetzes erforderlichen Rechts- und Verwaltungsvorschriften zu erlassen.

Artikel IV Das Gesetz tritt am Tage seiner Verkündung in Kraft.

제2조 현행 오스트리아의 실정법은 당분간 효력을 유지한다. 제국법의 오스트리아 수용은 최고지도자이며 제국제상 또는 그가 이를 위하여 위임한 제국상에 의한다.

제3조 제국내무상은 관계 제국상의 동의를 얻어 이 법률의 시행과 보완을 위하여 필요한 법규정과 행정규정을 제정할 권한이 있다.

제4조 이 법률은 공포한 날에 효력이 생긴다.

Linz, den 13. März 1938.

린쯔, 1938년 3월 13일

Der Führer und Reichskanzler
Adolf Hitler

최고지도자이며 제국재상
아돌프 히틀러

Der Reichsminister der Luftfahrt
Göring
Generalfeldmarschall

제국항공상
괴링
총사령관

Der Reichsminister des Innern
Frick

제국내무상
프릭

Der Reichsminister des Auswärtigen
von Ribbentrop

제국외무상
폰 립벤트롭

Der Stellvertreter des Führers
R. Heß

최고지도자 권한대행
헤스

<Reichsgesetzblatt 1938 I, S. 237-238>

관련 법령:

법률 78

Verordnung der Bundesregierung [der Republik Österreich], womit das Bundesgesetz vom 30. Juli 1925 über den Erwerb und den Verlust der Landes- und Bundesbürgerschaft abgeändert wird (16.08.1933)

Verordnung der Bundesregierung [der Republik Österreich], betreffend Einschränkung der Einbürgerung (24.11.1933)

Weisung des Obersten Befehlshaber der Wehrmacht Adolf Hitler für den bewaffneten Einmarsch der Wehrmacht in Österreich ["Unternehmen Otto"] (11.03.1938)

Ausführungsanweisung des Oberkommandos der Wehrmacht zur Weisung des Obersten Befehlshaber der Wehrmacht Adolf Hitler für den bewaffneten Einmarsch der Wehrmacht in Österreich ["Unternehmen Otto"] vom 11. März 1938 (11.03.1938)

Verordnung über die deutsche Staatsangehörigkeit im Lande Österreich (03.07.1938)

LXXVII. Gesetz zur Einführung deutschen Rechts in vertraglich dem Reich zugefallenen Gebietsteilen

Vom 6. Juli 1938.

Die Reichsregierung hat das folgende Gesetz beschlossen, das hiermit verkündet wird:

§ 1 In den Gebietsteilen,

a) die zu dem früheren russischen Kaiserreich gehört haben und auf Grund der in den Jahren 1908 bis 1912 durchgeführten Grenzberichtigungen sowie des deutsch-polnischen Vertrags zur Regelung der Grenzverhältnisse vom 27. Januar 1926 (Reichsgesetzbl. II S. 723) und des deutsche-litauischen Vertrags über die Regelung der Grenzverhältnisse vom 29. Januar 1928 (Reichsgesetzbl. 1929 II S. 212) an das Deutsche Reich gefallen sind, oder

b) die auf Grund des Artikels 3 des deutsch-französischen Vertrags über die Festsetzung der Grenze vom 14. August 1925 (Reichsgesetzbl. 1927 II S. 960) an das Deutsche Reich abgetreten worden sind

gelten vom Tage ihrer Vereinigung mit dem Reichsgebiet in allen Vorschriften des Reichsrechts und des Rechts der deutschen Länder, die in den Gemeinden gelten, denen die Gebietsteile zugeteilt sind.

§ 2 Der Reichsminister der Justiz wird ermächtigt, die Rechtsverhältnisse hinsichtlich der Grundstücke, die in den im § 1 unter a genannten Gebietsteilen belegen sind, unter Berücksichtigung der darüber von den Beteiligten getroffenen Vereinbarungen angemessen zu regeln.

§ 3 Die zuständigen Reichsminister werden ermächtigt, zur Durchführung dieses Gesetzes Rechts- und Verwaltungsvorschriften zu erlas-

77. 조약으로 제국에 편입된 영토에서 독일법의 수용을 위한 법률*

1938년 7월 6일

제국정부는 여기에 공포되는 다음의 법률을 의결하였다:

제1조 다음의 영토지역에,

a) 구 러시아제국에 속하였고 1908년부터 1912년까지 시행된 국경조사, 1926년 1월 27일의 국경관계의 규율을 위한 독일-폴란드조약(제국법률관보 II 723)과 1928년 1월 29일의 국경관계의 규율을 위한 독일-리투아니아조약(제국법률관보 1929 II 212)에 근거하여 독일제국에 편입되거나,

b) 1925년 8월 14일의 국경확정에 관한 독일-프랑스조약(제국법률관보 1927 II 960) 제3조에 근거하여 독일제국에서 할양된

그들이 제국국토와 통합된 날부터 제국법과 그 국토지역이 할양되는 지방자치단체에 적용되는 독일주(州)법의 규정 전부가 적용된다.

제2조 제국법무상은 제1조 a호에 열거된 국토지역에 소재하는 토지에 관한 법률관계를 그 토지에 관한 이해관계인들의 합의를 참작하여 적절히 규율할 권한이 있다.

제3조 관할 제국상은 이 법률의 시행을 위하여 새로운 법상황에 현실화하기 위하여 필요한 법규정과 행정규정을 제정할 권한이

---

* 오스트리아주에는 적용하지 않는다.

sen, die zur Anpassung an den neuen Rechtszu-
stand erforderlich sind; sie können auch von
den Vorschriften des Reichsrechts abweichende
Bestimmungen erlassen.

§ 4 Dieses Gesetz tritt mit dem Tage der Verkündung in Kraft.

Berchtesgaden, den 6. Juli 1938.

Der Führer und Reichskanzler
Adolf Hitler

Der Reichsminister des Innern
In Vertretung
Pfundtner

Der Reichsminister der Justiz
Dr. Gürtner

Der Reichsminister des Auswärtigen
von Ribbentrop

<Reichsgesetzblatt 1938 I, S. 795-796>

있다; 그는 또한 제국법의 규정과 다른 규
정을 제정할 수 있다.

제4조 이 법률은 공포한 날부터 효력이 생긴다.

베르히테스가텐, 1938년 7월 6일

최고지도자이며 제국재상
아돌프 히틀러

제국내무상의
대리로
푼트너

제국법무상
귀르트너 박사

제국외무상
폰 립벤트롭

관련 법령:
Gesetz über den deutsch-polnischen Vertrag zur
Regelung der Grenzverhältnisse (08.12.1926)
Schlußprotokoll über die Grenzfestsetzung der
Kommission zur Festsetzung der deutsch-pol-
nischen Grenzen (18.10.1924)
Schiedsabkommen zwischen Deutschland und
Polen [Bestandteil der Verträge von Locarno]
(16.10.1925)
Schlußprotokoll zu dem deutsch-polnischen
Vertrage zur Regelung der Grenzverhältnisse
(27.01.1926)

LXXVIII. Gesetz über die Verantwortlichkeit von Mitgliedern ehemaliger
österreichischer Bundes- und Landesregierungen und ihrer Helfer.

Vom 17. August 1938.

Die Reichsregierung hat das folgende Gesetz
beschlossen, das hierdurch verkündet wird:

§ 1 (1) Mitglieder ehemaliger österreichischer
Bundesregierungen, die sich bei ihrer Betätigung im öffentlichen Leben einer Rechtsver-
letzung oder einer volksfeindlichen Handlung
schuldig gemacht haben, und ihre Helfer können
vor einem Staatsgericht in Wien zur Verantwortung gezogen werden.

(2) Das gleiche gilt für die Mitglieder der ehemaligen Landesregierungen (Bürgermeister der
Stadt Wien) und ihre Helfer.

(3) Das Staatsgericht in Wien stellt fest, ob
schuldhaft das Recht verletzt oder eine volks-
feindliche Handlung begangen ist.

§ 2 Die Anklage erhebt im Namen des Deutschen
Volkes der Reichskommissar für die Wiedervereinigung Österreichs mit dem Deutschen Reich.

§ 3 Der Reichsminister des Innern kann den nach
der Feststellung des Staatsgerichts Schuldigen
das vorläufige Reichsbürgerrecht entziehen; er
kann ihnen die deutsche Staatsangehörigkeit
aberkennen. Daneben kann er zum Zwecke der
Wiedergutmachung ihr Vermögen zugunsten
des Deutschen Reichs einziehen.

78. 구(舊) 오스트리아 연방정부, 주정부와 그 협력기관의 구성원의 책임에 관한 법률

1938년 8월 17일

제국정부는 여기에 공포되는 다음의 법률을 의결하였다:

제1조 (1) 공적 생활에서 그의 활동에 관하여 권리침해 또는 인민적대적 행위로 책임져야 하는 구(舊) 오스트리아연방정부의 내각성원과 그의 협력기관은 책임을 묻기 위하여 빈의 국가법원*의 재판에 회부될 수 있다.

(2) 구 주정부의 내각성원(빈 시장)과 그의 협력기관에 대하여도 같다.

(3) 빈의 국가법원은 권리가 유책하게 침해되었는지와 인민적대적 행위가 행하여졌는지의 여부를 확정한다.

제2조 오스트리아와 독일제국의 통일을 위한 제국치안감이 독일인민의 이름으로 기소한다.

제3조 제국내무상은 국가법원의 확정판결에 따라 유책자로부터 임시 제국시민권을 박탈할 수 있다; 그는 그들로부터 독일국적을 박탈할 수 있다. 이밖에 그는 보상을 목적으로 독일제국을 위하여 그의 재산을 몰수할 수 있다.

---

* 재판조직을 국가재판으로 일원화한 1877년 2월 7일의 독일제국 「법원조직법률」(GVG, 제국법률관보 1877 Nr.4, 41-76) 제15조 제1항(법원은 국가법원이다[Die Gerichte sind Staatsgerichte])에 따라 설치된 법원으로 민족사회주의 아래에서 중대 형사범죄를 관할하는 일종의 특별법원으로 기능하였다. 국가법원은 '국가'를 전제개념으로 하지 않는 현행 독일법제는 이를 채용하지 않았다(「기본법」 제92조 참조).

§ 4 Verfahren vor anderen Gerichten und vor Verwaltungsbehörden über dieselben Gegenstände werden bis zur Entscheidung des Staatsgerichts unterbrochen. Die tatsächlichen Feststellungen des Staatsgerichts sind für die Gerichte und für die Verwaltungsbehörden bindend.

§ 5 Die Mitglieder des Staatsgerichts werden auf Vorschlag des Reichsministers des Innern vom Führer und Reichskanzler ernannt.

§ 6 Die näheren Bestimmungen über die Errichtung des Staatsgerichts, sein Verfahren sowie die sonst zur Durchführung dieses Gesetzes erforderlichen Vorschriften erläßt der Reichsminister des Innern.

Berlin, den 17. August 1938.

Der Führer und Reichskanzler
Adolf Hitler

Der Reichsminister des Innern
Frick

Der Reichsminister der Justiz
Dr. Gürtner

Der Reichsminister und Chef der Reichskanzlei
Dr. Lammers

<Reichsgesetzblatt 1938 I, S.1045-1046>

제4조 동일한 소송물에 관한 다른 법원과 행정관청에서의 재판은 국가법원이 판결할 때까지 중단된다. 국가법원의 사실확정은 법원과 행정관청에 대하여 기속효가 있다.

제5조 국가법원의 구성원은 제국내무상의 제청으로 최고지도자이며 제국재상에 의하여 임명된다.

제6조 재국내무상은 국가법원의 설립에 관한 자세한 규정, 그의 재판과 그밖에 이 법률의 시행을 위하여 필요한 규정을 제정한다.

베를린, 1938년 8월 17일

최고지도자이며 제국재상
아돌프 히틀러

제국내무상
프릭

제국법무상
귀르트너 박사

제국상이며 제국재상청장
람머스 박사

관련 법령:
법률 76
Verordnung der Bundesregierung [der Republik Österreich], womit das Bundesgesetz vom 30. Juli 1925 über den Erwerb und den Verlust der Landes- und Bundesbürgerschaft abgeändert wird (16.08.1933)
Verordnung der Bundesregierung [der Republik Österreich], betreffend Einschränkung der Einbürgerung (24.11.1933)
Weisung des Obersten Befehlshaber der Wehr-

macht Adolf Hitler für den bewaffneten Einmarsch der Wehrmacht in Österreich ["Unternehmen Otto"] (11.03.1938)

Ausführungsanweisung des Oberkommandos der
Wehrmacht zur Weisung des Obersten Befehlshaber der Wehrmacht Adolf Hitler für den
bewaffneten Einmarsch der Wehrmacht in Österreich ["Unternehmen Otto"] vom 11. März
1938 (11.03.1938)

Verordnung über die deutsche Staatsangehörigkeit
im Lande Österreich (03.07.1938)

제2장

I. Das 25-Punkte-Programm der National-alsozialistischen Deutschen Arbeiterpartei

vom 24. Februar 1920

Das Programm der Nationalsozialistischen Deutschen Arbeiterpartei ist ein Zeitprogramm. Die Führer lehnen es ab, nach Erreichung der im Programm aufgestellten Ziele neue aufzustellen, nur zu dem Zweck, um durch künstlich gesteigerte Unzufriedenheit der Massen das Fortbestehen der Partei zu ermöglichen.

1. Wir fordern den Zusammenschluß aller Deutschen auf Grund des Selbstbestimmungsrechtes der Völker zu einem Groß-Deutschland.
2. Wir fordern die Gleichberechtigung des deutschen Volkes gegenüber den anderen Nationen, Aufhebung der Friedensverträge von Ver-

1. 민족사회주의독일노동자당 25개조 강령

1920년 2월 24일

민족사회주의독일노동자당의 강령은 한시 강령이다. 지도자들은 강령에 설정된 목표를 달성한 후에 오로지 인위적으로 함양된 대중의 불만을 통하여 당의 존립을 도모할 목적만을 위하여 새로운 목표를 설정하는 것을 거부한다.

1. 우리는 민족자결권에 근거하여 대독일을 향한 모든 독일인의 결속을 요구한다.

2. 우리는 다른 국가에 대한 독일민족의 평등한 권리와 베르사이유조약[1]과 생 제르망조약[2]의 폐기를 요구한다.

---

1) 또는 베르사이유평화조약(Versailler Vertrag, Friedensvertrag von Versailles). 연합국은 1919년 5월 베르사이유궁에서 열린 파리평화회의에서 국제법상 제1차 세계대전의 종전을 선포하였다. 제1차 세계대전의 발발에 대한 독일과 그 동맹국의 단독책임을 확인하고 영토할양, 비무장화와 승전국에 대한 피해배상금지급을 내용으로 하는 베르사이유조약은 1919년 6월 28일 베르사이유궁의 거울방에서 서명되어 비준을 거쳐 1920년 1월 1일 발효하였다. 독일의 회의참석요청은 거부되었으며, 오직 서면의견만을 제출할 수 있었다. 지나치게 가혹한 조건과 그의 성립절차의 결함으로 독일인의 다수는 이를 굴욕적인 불법의 독재로 받아들였다. 이 조약을 비준하지 않은 미국은 단독으로 1921년 8월 25일 피해배상금의 확정을 중재법원(German American Mixed Claims)에 맡기는 베를린조약을 독일과 체결하였다.

2) Staatsvertrag von Saint-Germain-en-Laye. 제1차 세계대전의 종전과 함께 연합국과 동맹국이 체결한 파리평화조약(Pariser Vorortverträge)의 일부로 오스트리아-헝가리제국을 해체하고 독일오스트리아공화국(Republik Deutschösterreich)을 건국하는 내용의 오스트리아와 27개 연합국 사이의 조약으로 1919년 9월 10일의 서명으로 1920년 7월 16일 국제법상 발효하였다. 오스트리아의 회의참석요청은 거부되어 서면의견만을 제출할 수 있었다. 이 조약으로 연합국은 오스트리아와 그 동맹국을 연합국에 발생한 손실과 손해의 원인제공자로 하여 단독책임을 부과하였다.

sailles und St. Germain.

3. Wir fordern Land und Boden (Kolonien) zur Ernährung unseres Volkes und Ansiedlung unseres Bevölkerungsüberschusses.

4. **Staatsbürger** kann nur sein, wer **Volksgenosse** ist. Volksgenosse kann nur sein, wer **deutschen Blutes** ist, ohne Rücksichtnahme auf Konfession. Kein Jude kann daher Volksgenosse sein.

5. Wer nicht Staatsbürger ist, soll nur als Gast in Deutschland leben können und muß unter Fremden-Gesetzgebung stehen.

6. Das Recht, über Führung und Gesetze des Staates zu bestimmen, darf nur dem Staatsbürger zustehen. Daher fordern wir, daß jedes öffentliche Amt, gleichgültig welcher Art, gleich ob im Reich, Land oder Gemeinde nur durch Staatsbürger bekleidet werden darf.

Wir bekämpfen die korrumpierende Parlamentswirtschaft einer Stellenbesetzung nur nach Parteigesichtspunkten ohne Rücksichtnahme auf Charakter und Fähigkeiten.

7. Wir fordern, daß sich der Staat verpflichtet, in erster Linie für die Erwerbs- und Lebensmöglichkeit der Bürger zu sorgen. Wenn es nicht möglich ist, die Gesamtbevölkerung des Staates zu ernähren, so sind die Angehörigen fremden Nationen (Nicht-Staatsbürger) aus dem Reiche auszuweisen.

8. Jede weitere Einwanderung Nicht-Deutscher ist zu verhindern. Wir fordern, daß alle Nicht-Deutschen, die seit 2. August 1914 in Deutschland eingewandert sind, sofort zum Verlassen des Reiches gezwungen werden.

9. Alle Staatsbürger müssen gleiche Rechte und Pflichten besitzen.

10. Erste Pflicht jeden Staatsbürgers muß sein, **geistig oder körperlich** zu schaffen. Die Tätigkeit des Einzelnen darf nicht gegen die Interessen der Allgemeinheit verstoßen, sondern muß im Rahmen des gesamten und zum Nutzen aller erfolgen.

3. 우리는 우리 인민의 식량공급과 우리의 과잉인구의 이주를 위한 영토(식민지)를 요구한다.

4. 오로지 **인민동지**만이 **국민**이 될 수 있다. 종교를 가리지 않고 **독일혈통을 가진** 사람만이 인민동지가 될 수 있다. 따라서 유대인은 인민동지가 될 수 없다.

5. 국민이 아닌 사람은 독일에서 외국인으로서만 거주할 수 있고 외국인입법의 적용을 받는다.

6. 국가의 지도와 법률에 관하여 결정할 수 있는 권리는 국민에게만 주어져야 한다. 따라서 우리는 그 종류를 가지지 않고 제국, 주와 지방자치단체에서 동일하게 모든 공직이 오로지 국민에 의하여서만 임명될 것을 요구한다.

우리는 그 품성과 능력을 고려함이 없이 오로지 당의 시각에 따라 인사(人事)에 관하여 부패한 의회활동과 투쟁한다.

7. 우리는 국가가 국민의 영업가능성과 생존가능성을 우선하여 배려할 의무를 질 것을 요구한다. 국가의 전체인민을 부양하는 것이 가능하지 않으면 외국의 국민(비국민)을 제국에서 추방하여야 한다.

8. 앞으로 비독일인의 국내이주는 일절 허용되지 아니한다. 우리는 1914년 8월 2일부터 독일로 이주한 모든 비독일인이 즉시 제국을 떠나도록 강제될 것을 요구한다.

9. 모든 국민은 평등한 권리와 의무를 가진다.

10. 모든 국민의 제1의무는 **정신적·신체적**으로 준비하는 것이 되어야 한다. 개인의 행동은 공공의 이익을 침해하여서는 아니되며, 전체의 틀 안에서 그리고 모두의 이익으로 이루어져야 한다.

Daher fordern wir:

11. Abschaffung des arbeits- und mühelosen Einkommens.

Brechung der Zinsknechtschaft!

12. Im Hinblick auf die ungeheuren Opfer an Gut und Blut, die jeder Krieg vom Volke fordert, muß die persönliche Bereicherung durch den Krieg als Verbrechen am Volke bezeichnet werden. Wir fordern daher restlose Einziehung aller Kriegsgewinne.

13. Wir fordern die **Verstaatlichung** aller (bisher) bereits vergesellschafteten (**Trust**) Betriebe.

14. Wir fordern die Gewinnbeteiligung an Großbetrieben.

15. Wir fordern einen großzügigen Ausbau der Alters-Versorgung.

16. Wir fordern die Schaffung eines gesunden Mittelstandes und seiner Erhaltung, sofortige **Kommunalisierung der Groß-Warenhäuser** und ihre Vermietung zu billigen Preisen an kleine Gewerbetreibende, schärfste Berücksichtigung aller kleinen Gewerbetreibenden bei Lieferung an den Staat, die Länder oder Gemeinden.

17. Wir fordern eine unseren nationalen Bedürfnissen angepaßte **Bodenreform**, Schaffung eines Gesetzes zur unentgeltlichen Enteignung von Boden für gemeinnützige Zwecke. Abschaffung des Bodenzinses und Verhinderung jeder Bodenspekulation.

18. Wir fordern den rücksichtslosen Kampf gegen diejenigen, die durch ihre Tätigkeit das Gemein-Interesse schädigen. Gemeine Volksverbrecher, **Wucherer, Schieber** usw. sind mit dem Tode zu bestrafen, ohne Rücksichtnahme auf Konfession und Rasse.

19. Wir fordern Ersatz für das der materialistischen Weltordnung dienende römische Recht durch ein deutsches Gemein-Recht.

20. Um jeden fähigen und fleißigen Deutschen das Erreichen höherer Bildung und damit das Einrücken in führende Stellungen zu ermöglichen, hat

이에 따라 우리는 요구한다:

11. 불로소득과 땀 없이 쉽게 얻는 소득의 철폐.

지세납부신분의 타파!

12. 모든 전쟁이 국민에게 요구하는 엄청난 재화와 피의 희생에 관하여 전쟁을 통한 개인의 치부는 인민에 대한 범죄로 규정되어야 한다. 이러한 이유에서 우리는 모든 전시이득을 남김 없이 몰수할 것을 요구한다.

13. 우리는 모든 (지금까지) 이미 사회화된 (**신탁**) 기업의 **국유화**를 요구한다.

14. 우리는 대기업에 대하여 이익분배를 요구한다.

15. 우리는 대규모의 노령부양 확대를 요구한다.

16. 우리는 건전한 중산층의 조성과 부양, 즉각적인 **대규모유통점의 공영화**와 소상공인에 대한 저가의 임대, 국가, 주와 지방자치단체에 공급하는 모든 소상공인에 대한 강력한 배려를 요구한다.

17. 우리는 우리 국가의 수요에 적합한 **토지개혁**, 공익목적을 위한 토지의 무상몰수를 위한 법률의 제정, 지세의 폐지와 모든 토지투기의 금지를 요구한다.

18. 우리는 그의 행동으로 공공의 이익을 해치는 그러한 사람들에 대한 단호한 투쟁을 요구한다. 일반 범죄자 **폭리자, 암상인** 등은 종교와 인종을 가리지 않고 사형으로 처벌되어 한다.

19. 우리는 유물론적 세계질서를 섬기는 로마법을 독일보통법으로 대체할 것을 요구한다.

20. 모든 능력 있고 부지런한 독일인에게 고등교육을 실현하고 이로써 지도하는 지위로 끌어올리는 것을 도모하기 위하여 국가는 우

der Staat für einen gründlichen Ausbau unseres gesamten Volksbildungswesens Sorge zu tragen. Die Lehrpläne aller Bildungsanstalten sind den Erfordernissen des praktischen Lebens anzupassen. Das Erfassen des Staatsgedankens muß bereits mit dem Beginn des Verständnisses durch die Schule (Staatsbürgerkunde) erzielt werden. Wir fordern die Ausbildung geistig besonders veranlagter Kinder armer Eltern ohne Rücksicht auf deren Stand oder Beruf auf Staatskosten.

21. Der Staat hat für die Hebung der Volksgesundheit zu sorgen und durch den **Schutz der Mutter und des Kindes**, durch Verbot der Jugendarbeit, durch Herbeiführung der körperlichen Ertüchtigung mittels gesetzlicher Festlegung einer Turn- und Sportpflicht, durch größte Unterstützung aller sich mit körperlicher Jugend-Ausbildung beschäftigenden Vereine.

22. Wir fordern die Abschaffung der Söldnertruppe und die Bildung eines Volksheeres.

23. Wir fordern den gesetzlichen Kampf gegen die bewußte politische Lüge und ihre Verbreitung durch die Presse. Um die Schaffung einer deutschen Presse zu ermöglichen, fordern wir, daß

a) sämtliche Schriftleiter und Mitarbeiter von Zeitungen, die in deutscher Sprache erscheinen, Volksgenossen sein müssen.

b) Nichtdeutsche Zeitungen zu ihrem Erscheinen der ausdrücklichen Genehmigung des Staates bedürfen. Sie dürfen nicht in deutscher Sprache gedruckt werden.

c) Jede finanzielle Beteiligung an deutschen Zeitungen oder deren Beeinflussung durch Nicht-Deutsche gesetzliche verboten wird und fordern als Strafe für Uebertretungen die Schließung einer solchen Zeitung sowie die sofortige Ausweisung der daran beteiligten Nicht-Deutschen aus dem Reich.

d) Zeitungen, die gegen das Gemeinwohl verstoßen, sind zu verbieten. Wir fordern den gesetzlichen Kampf gegen eine Kunst- und Literaturrichtung, die einen zersetzenden

리의 전체 인민교육제도의 철저한 확대를 노력하여야 한다. 모든 교육기관의 교과과정은 실용생활의 요구에 맞추어져야 한다. 이미 학교에 의한 이해(국민교육)의 시작과 함께 국가 이념의 파악을 목표하여야 한다. 우리는 신분과 직업을 가리지 않고 국가비용으로 정신적으로 특별한 재능이 있는 가난한 부모의 자녀의 교육을 요구한다.

21. 국가는 인민건강을 증진하여야 하며, 이는 **모와 자의 보호**, 청소년노동의 금지, 운동과 체육의무의 법률상 확립을 바탕으로 하는 신체적 단련의 달성, 모든 청소년의 신체적 교육에 종사하는 사단법인에 대한 최대의 지원으로 한다.

22. 우리는 용병제의 폐지와 인민군의 구축을 요구한다.

23. 우리는 언론에 위한 의도된 정치적 거짓과 그의 유포에 대한 법률상 투쟁을 요구한다. 독일언론의 정립을 위하여 우리는 다음을 요구한다,

a) 독일어로 발간되는 신문의 모든 편집자와 직원은 인민동지이어야 한다.

b) 비독일계신문은 그 발간을 위하여 국가의 명시적 허가를 받아야 한다. 이들은 독일어로 인쇄되어서는 아니된다.

c) 비독일인에 의한 독일신문에 대한 자본출자와 영향력의 행사는 법률로 일절 금지되며 그 위반에 대한 형벌로 그 신문의 폐간과 그에 참여한 비독일인을 제국으로부터 즉시 추방할 것을 요구한다.

d) 공공복리를 해치는 신문은 금지된다. 우리는 우리 인민생활을 타락하게 만드는 영향을 주는 예술과 문학성향에 대한 법률상 투쟁과 전술한 요구들을 침해하는

Einfluß auf unser Volksleben ausübt und die Schließung von Veranstaltungen, die gegen vorstehende Forderungen verstoßen.

24. Wir fordern die Freiheit aller religiösen Bekenntnisse im Staat, soweit sie nicht dessen Bestand gefährden oder gegen das Sittlichkeits- und Moralgefühl der germanischen Rasse verstoßen.

Die Partei als solche vertritt den Standpunkt eines positiven Christentums,[3] ohne sich konfessionell an ein bestimmtes Bekenntnis zu binden. Sie bekämpft den jüdisch-materialistischen Geist in und außer uns und ist überzeugt, daß eine dauernde Genesung unseres Volkes nur erfolgen kann von innen heraus auf der Grundlage:

Gemeinnutz vor Eigennutz

25. Zur Durchführung alles dessen fordern wir die Schaffung einer starken Zentralgewalt des Reiches. Unbedingte Autorität des politischen Zentralparlaments über das gesamte Reich und seine Organisationen im allgemeinen.

Die Bildung von Stände- und Berufskammern zur Durchführung der vom Reich erlassenen Rahmengesetze[4] in den einzelnen Bundesstaaten.

Die Führer der Partei versprechen, wenn nötig unter Einsatz des eigenen Lebens, für die Durch-

시설의 폐쇄를 요구한다.

24. 우리는 국가 내에서 종파가 국가의 존립을 위협하거나 게르만인종의 윤리감정과 도덕감정을 침해하지 않을 경우 그의 자유를 요구한다.

당은 신앙에 따라 특정 종파에 구속되지 않는 실정기독교의 관점을 지지한다. 당은 우리 내부와 외부의 유대적-유물론적 정신과 투쟁하며 우리 인민의 지속적인 치유가 내부로부터만 철저히 이루어질 수 있음을 확신한다:

전체의 이익이 개인의 이익에 우선한다.

25. 모든 강령 조항을 실행하기 위하여 우리는 강력한 제국 중앙권력의 확립을 요구한다. 전 제국과 그의 기관 전부에 관한 정치적 중앙의회의 절대적 권위.

제국에 의하여 제정된 기본법률을 각 연방주에서 실행하기 위한 신분법원과 직업법원의 설치.

당의 지도자들은 필요한 경우 그의 목숨을 바쳐 전술한 조항의 실행을 위하여 단호하게

3) 실정기독교(positives Christentum)는 NSDAP가 그의 정강으로 그의 세계관이 유대-유물주의적 정신에 투쟁적으로 대치하고, 종파와 관계없이 기독교적, 민족적-인종적으로 해석되는 공익의 원칙에 기초한다고 밝힌 민족사회주의의 표어이다. 실정기독교는 계몽기의 종교철학에서 실정법(positives Recht)개념을 유추하여 만든 실정종교(religio posita 또는 positiva)의 의미이며, 자연종교 또는 이성종교와 대비하여 기독교의 성격을 계시종교(Offenbarungsreligion) 또는 제도화된 종교로 정의된다. 실정기독교는 일정한 제한 아래 국가에서 모든 신앙고백의 자유와 결합된다. 이로써 NSDAP는, 반기독교적, 반교회적 성향을 보인 공산당과 사회민주당과 달리, 기독교와 교회에 비판적으로 개방하는 자세를 보였으며, 교회를 떠났으나 기독교적 가치를 가진 많은 사람에게 쉼터를 제공하였다. 히틀러는 1933년 1월 31일 집권을 공개호소하면서 "제국정부는 우리의 전체도덕의 기본으로 기독교를, 그리고 우리 민족과 국가라는 몸의 배아세포(Keimzelle)로 가족을 확고하게 보호할 것이다."라고 천명하였다.

4) 또는 원칙-, 윤곽법률. 해당 법률대상에 관하여 완전히 규율함이 없이 기본요강만을 정하고 세부적인 사항의 입법을 명령 또는 -연방의 입법관할과 주의 입법관할을 분배한 현행 독일법제에서- 연방주의 입법에 맡기는 법률.

führung der vorstehenden Punkte rücksichtslos
einzutreten.

Erklärung.[5] Gegenüber den verlogenen Ausle-
gungen des Punktes 17 durch Gegner der Partei ist
noch folgende Feststellung notwendig:
    Da die NSDAP. **auf dem Boden des Privatei-
gentums** steht, ergibt sich von selbst, daß der Pas-
sus "Unentgeltliche Enteignung" nur auf die Schaffung gesetzlicher Möglichkeiten Bezug hat. Boden,
der auf unrechtmäßige Weise erworben wurde oder
nicht nach den Gesichtspunkten des Volkswohls
verwaltet wird, wenn nötig, zu enteignen. Dies
richtet sich demgemäß in erster Linie gegen die
jüdische Grundstücksspekulationsgesellschaften.

                                    gez. Adolf Hitler.

일할 것을 약속한다.

해설. 당의 반대자에 의한 제17조의 거짓된
해석에 대응하여 다음의 확인이 불가결하다:

    NSDAP가 **토지에 대한 사소유권**에 기초하
기 때문에 "무상몰수"라는 구절이 오로지 법
적 가능성의 조성과 관계된 것임이 명확하게
된다. 부적법한 방법으로 취득되었거나 인민
복리의 시각에 따라 관리되지 않은 토지는,
필요한 경우, 몰수된다. 이에 상응하여 몰수
조치는 특히 유대인의 토지투기회사를 대상
으로 한다.

                        서명을 생략하여 아돌프 히틀러

---

5) 이 절은 본래 NSDAP 25개조 정강에 없었으나, 제국의회선거운동(Reichstagswahlkampf) 도중에 제17조를
정당화하기 위하여 1928년 4월 13일 히틀러가 공고한 부분이다.

[해설] 민족사회주의독일노동자당(Nationalsozialistische Deutsche Arbeiterpartei, NSDAP)과 그의 25개조 강령(25-Punkte-Programm)

1. NSDAP의 역사

1919년 1월 5일 '독일노동자당'(Deutsche Arbeiterpartei, DAP)이 창당되었다. 제1차 세계대전에 참전한 병장이며 제국국방군의 정보원(V-Mann, Vertrauensmann)으로 활동하던 히틀러는 1919년 9월 12일 DAP의 집회에서 보고할 임무를 맡았다. 그는 토론중 발언하였으며, 이에 깊은 인상을 받은 드렉슬러[1] 는 히틀러에게 DAP의 입당을 권유하였다. 같은 달 하순 당원번호 555호로 입당한 히틀러는 곧 없어서 안 될 대표연사가 되었다. 처음에 그의 연설회에 참석한 청중은 100명 남짓에 그쳤으나 곧 그 수가 급격하게 늘었다. NSDAP로 당명을 바꾸고 철십자를 표장으로 채택한 1920년 2월 24일 뮌헨 맥주양조장(Hofbräuhaus) 대연회장의 당집회에서 히틀러는 드렉슬러와 함께 작성한 '25개조 강령'을 발표하였다. 이는 반시장색채에 물든 인민적, 반유대적 그리고 수정주의적 이념이 뒤섞인 혼합물이다.

1921년 7월 29일 히틀러는 554명의 당원 중 553명의 지지로 민족사회주의 지도자원칙(Führerprinzip)에 따라 당정책의 지침과 민족사회주의이념의 해석을 독점결정하는 당대표가 되었다. 1923년 11월 8, 9일의 히틀러-쿠데타(Hitler-Ludendorff-Putsch)를 계기로 바이마르공화국정부는 NSDAP를 금지하였지만 이는 대체기구의 형태로 존속하였고 1925년 5월 27일 재창당되었다.

NSDAP의 총 당원은 6,000명(1922년)에서 400,000명(1930년)으로 증가하였고 집권에 즈음한 1933년 무렵에는 백만 명에 이르렀다. 1928년까지 소수당(2.6%)에 지나지 않던 NSDAP의 득표점유율은 1930년 9월 14일 제국선거에서 18.3%(107의석)에 그쳤으나 1932년 7월 31일 37.4%(230의석)에 달하는 득표율로 공화국 제일의 정치세력이 되었다.

1933년 1월 30일 제국대통령 파울 폰 힌덴부르크는 히틀러를 제국재상으로 임명하였다. 이는 바이마르공화국과 그 헌법에 따른 의회민주주의를 폐기하고 민족사회주의의 지도자원칙을 근간으로 하는 중앙독재의 시작이다. 같은 날 히틀러는 NSDAP와 그로부터 2개의 제국상직[2]을 할양받은 독일민족인민당(DNVP, 1933년 소속의원의 NSDAP합류로 해산)의 연정지도권을 확보하였다. 1933년 3월 선거에서 NSDAP는 43.9%의 득표율과 제국의회에서 288의석을 차지하였다. NSDAP는, 일시적으로 당원가입을 중지하였음에도, 1939년 5월 15일 총인구 69,314,000명에서 (전후 65,151,000명) 850만 당원을 가진 거대정당으로 성장하였다.

2. 25개조 정강의 성립과 내용

(1) 25개조 정강의 채택경과

1920년 2월 24일 당대회에 참석한 2,000여명의 당원 앞에서 아돌프 히틀러는 NSDAP의 25개조 강령을 낭독하였다. 전당대회에서 2번째 연사로 등장한 히틀러는 강령을 조항순으로 낭독·설명하였다. 참석자 중에는 큰소리로 항의한 정치적 반대자도 적지 않았다. 이에 관한 경찰보고문은 "여러 번 큰 소동이 있어 나는 언제든지 패싸움이 일어날 것으로 믿었습니다."고 전한다.

---

1) Anton Drexler(1884-1942). 독일의 정치가, DAP의 공동창당인. 1921년 NSDAP 제1위원장이 되었으나 히틀러의 출당처분으로 실권.

2) 제국내무상 Wilhelm Frick(1877-1946). 민족사회주의국가를 건설·확립한 법률가, 1933년 제국선관위원장, 24인의 전범 중 1인으로 교수형)과 정무상 Hermann Göring(1893-1946. 국가비밀경찰[Gestapo]의 창립자이며, 강제수용소의 건설자, 1932년 제국의회 의장, 1935년 제국공군최고사령관, 1936년 제국경제상, 1938년 독일-오스트리아합병의 핵심인물, 24인의 전범 중 1인으로 교수형 전날 자살).

25개조 강령은 반자본주의적 색채가 강한 민족적, 반유대적, 수정주의적 이념혼합물의 단면을 보인다. 정확하지는 않지만, DAP를 창당한 당대표 드렉슬러가 이를 기초하였고 히틀러는 단지 축조에 관여한 사람으로 추정된다. 그리고 그의 이념을 민족사회주의의 핵심이며 "모든 것이 그를 가운데 두고 돌아가는 강철처럼 단단한 축"(stählerne Achse, um die alles sich dreht)[3]이라고 주장한 페더[4]의 역할이 또한 여전히 논란의 대상이 되지만 그가 25개조에서 경제부문의 작성에 기여한 사실에 관하여는 다툼이 없다.

1937년 2월 24일 히틀러는 17년 전을 회상하며 평가한 연설에서:

"당원동지 여러분! 독일에 엄청난 변혁을 가져오는 우리의 운동이 가능하게 되었을 때, 이는 수십만의, 그리고 마침내 수백만의 사람들이 맹목적으로 그 운동을 믿었고 그 운동과 한몸이 된 것으로 느꼈기 때문에 사느냐 죽느냐에 관한 것이었습니다. 그러나 이 수백만의 사람들이 이 운동에 대한 믿음에 몰두할 수 있었다는 것은 그들의 이전 강령과 그의 투쟁선언의 유례없는 위대성에 근거하여 존재합니다."[5]

모든 일이 그러하듯이, 민족사회주의자들의 과장된 미화와 달리, 출발은 미미하였다. 25개조 강령의 선포와 함께 당시 뮌헨의 민족적, 반유대적 군소정당의 하나에 지나지 않았던 DAP가 NSDAP로 당명을 바꾸었다.

민족사회주의적 세계관을 축조한 25개조 강령은 NSDAP의 정치적 기초이며 국가의 정치원칙으로 자리매김하였다. 이것이 각 조항을 의도적으로 간결하고 명확하게 작성한 이유이다. 그런데 25개조 강령은 민족이념을 표방하여 그 시기에 난립한 정치집단들의 강령과 중요내용을 같이 한다: 대독일(Großdeutschland) 안에서 전 독일인의 결속, 베르사이유조약의 폐지와 이전의 독일식민지의 반환. 반유대정신은 이미 강령 제4조에 뚜렷이 각인된다.

"오로지 인민동지만이 국민이 될 수 있다. 종교를 가리지 않고 독일혈통을 가진 사람만이 인민동지가 될 수 있다. 따라서 유대인은 인민동지가 될 수 없다."

대기업의 국유화, 이윤분배와 노령부양의 확대는 노동자의 청원을 향한 내용이다. 그리고 중산층에 대하여는 대형유통점의 공영화를, 농민을 위하여는 토지개혁을 요구한다. 강령은 중앙정부의 권한을 강화하기 위하여 썩은 의회운영에 대한 공격과 함께 바이마르공화국 민주주의의 철폐와 유대인을 깨끗하게 정리한 독일민족만의 반대자 없는 독재적 "인민공동체"(Volksgemeinschaft)의 창설을 목표로 한다.

1926년 NSDAP의 25개조 강령은 "불변으로" 선포되었다. 집권한 때부터 최고지도자는 원칙적

---

3) Gottfried Feder, Das Programm der N.S.D.A.P und seine weltanschaulichen Grundgedanken. Zentralverlag der NSDAP, Franz Eher Nachf., München 1928, S.9.

4) Gottfried Feder(1883-1941). 독일의 건축가, 자본주의와 사소유권의 유지 아래 이자노예의 폐지와 금융기관의 국유화를 제창한 경제이론가. Das Manifest zur Brechung der Zinsknechtschaft des Geldes, in: Kritische Rundschau (1919) 참조.

5) "Parteigenossen und Parteigenossinnen! Wenn es unserer Bewegung möglich wurde, einen so ungeheuren Wandel in Deutschland herbeizuführen, dann nur deshalb, weil an sie Hunderttausende und endlich Millionen Menschen blind glaubten und sich mit dieser Bewegung verbunden fühlten, auf Sein oder Nichtsein. Dass aber diese Millionen den Glauben an diese Bewegung hängen konnten, liegt begründet in der eigenartigen Größe ihres einstigen Programms und damit ihrer Kampfansage."

인 사항을 넘어 개별사항에 이르기까지 정강의 주요부분을 실현할 수 있게 되었다. 모든 법률조항은 당강령의 정신 안에서 적용되어야 한다. 다만 히틀러는 강령에 선언된 반자본주의적 요소들을 집권의 걸림돌로 여기고 슬그머니 묻었다. 그럼에도 베르사이유조약의 개정, 생존지역(Lebens-raum, espace vita[6])의 사상과 공격적 반유대주의는 민족사회주의의 정치현실을 지배하는 불변의 원칙으로 유지되었다. NSDAP는 1920년 2월 24일을 그 운동의 영웅적 창당행위가 이루어진 날로 선포하고 매년 경축행사를 거행하였다.

(2) 25개조 강령의 내용

정강 제1조부터 제3조는 오스트리아와 통합금지를 규정하는 베르사이유조약과 생-제르망조약을 반대하고, 민족자결권에 터잡은 대독일(Großdeutschland)을 향한 전 독일인의 결속(Zusam-menschluß aller Deutschen)을 촉구한다. 이와 함께 독일인민의 식량을 확보하고 과잉인구를 이주하기 위하여 베르사이유조약으로 연합국의 위임통치를 받는 독일식민지의 반환을 요구한다.

강령 제4조부터 제8조는 반유대주의로 채색된 조항이다. 강령은 종교와 문화가 아니라 인종만을 기준으로 유대인을 분류한다. 이는 유대인의 정의에서 빚어진 결과이다.[7] 유대인은 독일국적과 공무담임권을 상실하고 외국인법의 적용을 받아야 한다. 식량부족사태가 발생할 경우 이들은 추방될 수 있다. 이와 관련하여 강령은 비례대표제와 함께 썩은 의회주의를 반대한다. 제8조가 규정하는 외국인의 국내이주금지도 또한 유대인을 대상으로 한다.

강령 제9조와 제10조는 -바이마르헌법과 동일하게- 국민의 평등한 권리와 의무를 규정한다. 그리고 전체의 이익으로 이어지는 정신적, 신체적으로 준비할 의무가 확정된다: **"전체의 이익[공익]이 개인의 이익[사익]에 우선한다."**

강령 제11조부터 제18조는 공익원칙의 실현방안을 수록한다: 지대납부신부의 폐지(제11조), 전쟁부당이득의 몰수(제12조), 신탁의 국유화(제13조), 대기업의 이익분배(제14조), 노령부조의 확대(제15조), 공적 사업을 위탁할 경우 소상인을 특별히 보호하기 위한 대형유통점의 공영화(제16조), 공익을 위하여 보상없이 수용할 수 있도록 하는 토지개혁(제17조)과 폭리자와 암상인를 사형으로 형사처벌(제18조).

강령 제19조는 유물주의를 섬기는 로마법을 독일보통법으로 대체한다. 제20조는 사회 하층가정에 재정지원을 하는 등 모든 독일인에게 고등교육에 의한 신분상승의 기회를 제공하는 교육정책을 내용으로 한다. 교과과정은 현실생활의 문제를 기초로 재편되어야 하고 국민의 권리와 의무를 포

---

6) 동물학자이며 지리학자로서 인문지리학, 고전 문화발전이론(Diffusionismus)과 지정학을 제창한 Friedrich Ratzel(1844-1904)이 Der Lebensraum. Eine biogeographische Studie, in: K. Bücher (Hrsg.): Festgaben für Albert Schäffle zur siebenzigsten Wiederkehr seines Geburtstages am 24. Februar 1901에서 도입한 용어이다. 사회과학에서 생존지역은 사회집단의 거주 또는 권리를 가진 공간 또는 지역을 뜻하는 지정학적 개념이다. 생존지역은 19세기 제국주의의 식민지배와 함께 1830년의 프랑스의 알제리점령으로 본격화된 이른바 이주식민지의 확대로 불붙은 이념으로, 민족사회주의 아래에서 그 가치가 현격히 증대하였다.

7) 탈무드의 Tora(전5권으로 구성된 히브루성경[모세 5경]의 제1장)에 유래하는 유대교규정(Halacha, 유대전승에서 613조의 계명을 담은 법률부분)에 따르면, 유대교계율의 준수 여부와 관계없이 유대인을 그의 모로 하는 사람은 유대인이다. 다만 모는 임신할 때에 Halacha에 따른 유대인이어야 한다. 그리고 공식적으로 유대교로 개종(gijur)한 사람도 같다. 보수유대전통주의(orthodoxes Judentum)는 유대인 모의 출생자만을 유대인으로 하지만, 미국 중심의 개혁유대주의(Reformjudentum)는 부 또는 모의 일방이 유대인이고 유대인으로 양육된 사람을 유대인으로 본다. 심지어 유대세속주의(Säkularismus)는 사기가 아닌 범위에서 스스로를 유대인으로 천명한 사람을 유대인으로 하며, 다수 개혁유대주의도 같다. 이는 끊임없는 동화정책에도 불구하고 유대인이 그 정체성을 보전한 이유이다.

함하여야 한다. 체육에도 특별한 가치가 부여되어 강령 제21조는 모든 시민에게 인민건강의 증진
을 위한 의무를 지운다. 모자보건, 그리고 청소년노동의 금지와 국가차원의 청소년을 위한 체육단
체의 지원도 같은 취지이다. 강령 제22조는 베르사이유조약으로 금지된 병역의무의 재시행을 전
제로 하는 "인민군의 창설"을 요구한다.

강령 제23조는 언론검열의 도입을 요구한다; 유대인은 신문관련 노동과 그에 대한 재정참여가
금지되며, 특히 검열규정은 외국의 언론간행물에도 적용된다. 제24조는 국가의 존립에 위협이 되
지는 않지만 게르만인종의 윤리, 도덕관념에 반하는 종교의 자유를 제한한다.[8]

강령 제25조는 제국의 중앙권력의 확립을 요구한다; "정치적 중앙의회"는 연방의 주에 대하여
권위를 가진다. 끝으로 당의 지도자들은 제25개조 강령의 실행을 위하여 "필요한 경우 그의 목숨
을 바쳐 단호하게 일할 것"을 맹세한다.

---

8) 제24조는 초창기 민족사회주의자이며 히틀러의 정신적·이념적 스승이었던 Dietrich Eckart(1868-1923, 독
일의 언론인, 출판인)의 어록에서 거의 그대로 따온 조항이다.

Dr. Luegers Bürgermeisterrede.[1]

II. 'Grazer Volksblatt', 28. Jahrgang Nr. 250,
31. October 1895
Beilage zu Nr. 250.

2. 뤼거 박사[2]의 빈시장 취임연설 (인종주의의 시작)
'그라츠 인민일보' 28년 제250호,
1895년 10월 31일
제250호 부록

Nach der mit 93 von 137 erfolgten Wahl (44 Stimmenzettel der Liberalen waren leer. Dr Stübl war entschuldigtermaßen abwesend) des Herrn Lueger zum Bürgermeister der Stadt Wien hielt derselbe an den versammelten Gemeinderathg folgende Bürgermeisterrede:

<Meine Herren! Es ist in erster Linie meine

총 137표 중 93표(자유당의 44 투표지는 백지였다. 슈튀블 박사는 정당한 사유로 불출석하였다)로 뤼기 씨를 빈시의 시장으로 선출한 선거에 이어 뤼거 씨는 시의회 총회에서 다음의 시장취임연설을 하였다:

〈친애하는 신사여러분! 저에게 표를 주시

---

1) 그 비평은 Wolfgang, Bischof von Regensburg, Die Bestätigung des Bürgermeisters, in: 'Grazer Volksblatt', 28. Jahrgang Nr. 250, 31. Oktober 1895.

2) Karl Lueger(1844-1910). 가난한 가정출신으로 "서민변호사"(Anwalt der kleinen Leute)로 활동한 오스트리아의 정치가이다. 뤼거는 빈에서 유대계 무료진료의사이며 정치가로서 "서민의 우상"(Abgott der kleinen Leute)이었던 Ignaz Mandl(1833-1907)을 본받아 정치에 투신하여 민주당에서 그의 정치적 동료로 활동하였지만, 그들의 동지관계는 1887년 뤼거의 반유대주의전향으로 깨어졌다. 뤼거는 1893년 산업화와 이주정책에 동요하는 서민과 중산시민층을 기반으로 현대적 대중정당의 형태를 지닌 반자본주의적 · 반유대주의적 오스트리아 기독사회당(Christlichsoziale Partei, CS)을 창당하였다. 뤼거는 1895년 Raimund Grübl(1847-1898, 1894-1895 마지막 자유당출신 시장) 아래에서 빈시의 부시장이 되었고, 그의 사퇴로 후임시장이 되었다. 뤼거는 1895년 5월 29일의 시의회선거에서 과반이 넘는 70표를 얻었지만 시정부의 조각을 거부하였고, 10월 29일 치뤄진 시의회선거에서 93의석을 얻었다. 그러나 Franz Joseph I세 황제는 뤼거가 폭력적 반유대주의(Radau-Antisemitismus)의 성향이 있고 그의 정권 아래에서 모든 시민에게 평등권이 보장되기 어렵다는 이유로 인준을 거부하였으며, 시의회는 11월 13일 압도적 다수로 뤼거를 재선출하였다. 그후 복잡한 정치과정을 거쳐 뤼거는 1896년 4월 18일 다시 빈시장으로 선출되었지만 황제를 알현한 다음 황제에 대한 충성으로 빈시장직을 포기하였다. 뤼거는 1897년 4월 8일 다시 빈시장에 당선되었으며, Leo XIII세 교황(재위 1878-1903)의 요청을 받아들인 황제는 1897년 4월 16일 그를 인준하였다. 뤼거에 대한 평가는 엇갈리지만, 빈시장(1897-1910)으로 재직하는 동안 그는 빈시를 상수도 · 가스 · 전기공급과 전차, 양로원과 정신병원 등 거대 사회시설물의 건립으로 특징지워지는 현대화된 유럽의 수도로 탈바꿈하고 정치적 선동(Agitation)의 일환으로 반유대주의(Antisemismus)를 역설하였다. 뤼거는 Karl Hermann Wolf(1862-1941, 오스트리아제국의회 의원, 발행인, 작가, 1937년 뉘른베르크전당대회의 내빈)와 Georg Heinrich Ritter von Schönerer(1842-1921, 오스트리아 정치가이며 대지주, 급진 반유대주의자, 전독일연맹[Alldeutsche Vereinigung]]의 지도자)와 함께 히틀러의 정치적 스승이었다. 1907년 오스트리아제국은 제국상원 의원을 선출하는 제국과 주에서 성인남성의 일반 · 평등 · 직접투표권을 도입하였다. 그러나 뤼거와 그 후임시장들은 1918년에 이르기까지 이를 시의원선거에 적용하지 않았다. 군주제의 폐지로 1919년 성인남녀가 평등한 선거권을 행사한 최초의 선거가 이루어졌다.

Pflicht, meinen wärmsten Dank jenen Mitgliedern des Gemeinerathes auszusprechen, welche mir ihre Stimmen zugewendet und mich dadurch für würdig erachtet haben, die höchst Ehrenstelle zu bekleiden, welche die Wählerschaft Wiens durch die von ihr Gewählten einem Mitbürger verleihen kann.

Eine Unzahl der abenteuerlichsten Gerüchte und der unglaublichsten Combinationen ist in der letzten Zeit über die Frage aufgetaucht: Wer wird Bürgermeister von Wien?

Ich will auf dieselben nicht näher eingehen, so verlockend es auch wäre. Eines dieser Gerüchte aber kann ich sofort widerlegen. Es wurde nämlich verbreitet und merkwürdigerweise auch geglaubt, ich werde, falls auf mich die Wahl zum Bürgermeister fallen sollte, diese ebenso ablehnen, wie ich dies im Frühjahre gethan habe, um mich fernerhin der Partei-Agitation voll und ganz widmen zu können.

Ich erkläre nun hiemit, dass ich, selbstverständlich falls Se. Majestät unser allergnädigster Kaiser und Herr die auf mich gefallene Wahl zum Bürgermeister der Reichshaupt- und Residenzstadt Wien bestätigen wird, diese Wahl annehme.

Eine Nichtannahme wäre ein Act politischer Feigheit, ja ein Act der Undankbarkeit gegenüber dem christlichen Volke meiner Vaterstadt, welche so große Opfer für seine Befreiung gebracht, hat und von mir mit Recht verlangen kann, dass ich seinem Rufe folge, ich sage, es wäre ein Act der Undankbarkeit, wenn ich im entscheidenden Augenblicke vor der Größe der Verantwortlichkeit zurückschrecken würde.

Ich kenne wohl die Schwierigkeit der Lage, das nicht gewöhnliche Maß der Pflichten, die ich zu übernehmen habe, aber ich bin bereit, sie auf mich zu laden. Ich thue es im unerschütterlichen Glauben auf Gott, unseren Herrn, geleitet von der Liebe zum Volke und zu meiner Vaterstadt Wien.

Heute ein Programmrede zu halten, wäre eine Voreiligkeit, welcher ich mich nicht schuldig

고 이를 통하여 빈의 선거인단이 그에 의하여 선출된 분들에 의하여 시민에게 주실 수 있는 최고의 영광스러운 직무를 수여하셔서 저를 영예롭게 하신 모든 시의회 의원들께 저의 열렬한 감사를 드리는 것이 저의 첫번째 의무입니다.

다음에 문제에 관하여 지난 시간 동안 수 많은 해괴한 소문과 터무니없는 추리가 제기되었습니다: 누가 빈의 시장이 되는가?

저는, 비록 솔깃하기는 하지만, 그 문제를 자세히 다룰 생각이 없습니다. 그렇지만 저는 그러한 소문 중에 하나는 즉시 반박할 수 있습니다. 시장선거가 저로 결정날 경우에도, 이미 제가 연초에 그러하였듯이, 제가 앞으로도 전면적으로 당의 활동에 진력하기 위하여 이를 거절할 것이라는 소문이 퍼졌고 또 이상하게도 믿음을 얻었습니다.

지금 여기에서 저는, 물론 우리의 은혜로우신 황제이시며 군주이신 폐하께서 제국수도이며 황도 빈의 시장으로 저를 선택한 선거를 재가하실 경우에, 당선을 수락할 것을 밝힙니다.

거부는 정치적으로 비겁한 행동이고 그의 해방을 위하여 엄청난 희생을 치렀고 마땅히 저에게 그의 외침을 따를 것을 요구할 수 있는 나의 고향도시의 기독교인민에 대한 배은망덕한 행동이며, 제가 이 중요한 순간에 책임의 무게 앞에서 물러선다면 이는 배은망덕한 행동일 것이라고 저는 말씀드립니다.

저는 정세의 어려움, 즉 제가 감당하여야 하는 비정상적인 정도의 의무를 아주 잘 알고 있으며, 기꺼이 맡을 준비가 되어 있습니다. 저는 이를 인민과 나의 고향도시 빈에 대한 사랑과 함께 우리 주 하나님에 대한 흔들림없는 믿음 안에서 이를 행하겠습니다.

오늘 기조정책연설을 갖는 것은 제가 저를 면책하려는 조급이 아니며, 제가 감히 하여도

machen will, aber es ist gewiss am Platz, wenn ich mir gestatte, einige Bemerkungen über die Lage zu machen, welche durch die letzten Wahlen geschaffen wurde. Durch die Wahlen, welche im Monate September dieses Jahres vollzogen worden sind, wurde das naturgemäße Verhältnis zwischen der Bevölkerung unserer Stadt und ihrer Vertretung, wenigstens annäherungsweise, hergestellt.

Trotz eines Verhältnisses, welches darauf berechnet war, einer numerisch schwachen Minorität die Herrschaft über das Volk für immerwährende Zeiten zu sichern, hat es dennoch das christliche Volk verstanden, sich aus eigener Kraft zu befreien.

Bei den letzten Wahlen hat nicht eine Partei gesiegt, sondern das ganze christliche Volk hat den Sieg über seine Feinde errungen.

Das neue Regiment wird daher auch nicht ein Parteiregiment mit allen Schwächen und Fehlern eines solchen, sondern ein Volkesregiment im edlen Sinne dieses Wortes sein.

Die derzeitige Mehrheit des Gemeinderathes wird sich bei jeder Gelegenheit nicht die Interessen des gesammten Volkes vor Augen halten und danach handeln.

Das neue Regiment wird nicht ein Regiment der Rache sein, es ergeht vielmehr an alle, die eines guten Willens sind, den Ruf, mitzuwirken zum Wohle der Gesammtheit.

Wir werden uns bestreben, die Berathungen sachlich zu gestalten; wir werden einen guten Rath, eine gute Anregung annehmen, von welcher Seite auch der Rath und die Anregung kommen mag, und wir werden auch die Ehre hiefür ohne Neid demjenigen überlassen, dem sie gebürt.

Wir werden den Wert einer sachlichen Opposition zu würdigen wissen und dieselbe nicht in brutaler Weise unterdrücken.

Der Vorsitzende wird sich den nötigen Einfluss durch Objektivität und Gerechtigkeit zu sichern suchen. Er wird es vermeiden, das Status und die Geschäftsordnung zu verletzen, Bestimmungen

좋다면, 지금이 지난 선거로 만들어진 정세에 관하여 약간의 소견을 밝히기에 적절합니다. 올해 9월 치뤄진 선거로 우리 시의 주민과 그 대표 사이에 자연스러운 관계가 적어도 대략적으로나마 형성되었습니다.

수에서 적은 소수에게 인민에 대한 지배권을 영원히 보장하려는 것을 목적하는 상황에도 불구하고 기독교인민은 스스로를 자신의 힘으로 해방하여야 한다는 것을 이해하고 있었습니다.

지난 선거들에서 특정 정당이 승리한 것이 아니라 전 기독교인민이 그의 적에 대하여 승리를 거두었습니다.

그러므로 새로운 정부는 정당이 가지는 모든 약점과 결함을 가진 정당의 정부가 아니라 그 말 자체의 숭고한 의미에서 인민정부가 될 것입니다.

지금의 시의회 다수당은 모든 안건에 관하여 전체 인민의 이익을 눈앞에 두지 않고 이를 좇아 행동하지도 않겠습니다.

새로운 정부는 보복의 정부가 되지 않을 것이고, 오히려 선량한 의사를 가진 모든 사람들에게 전체의 이익을 위하여 봉사하는 소명을 천명합니다.

우리는 공정하게 협의하기 위하여 노력하겠습니다; 우리는, 어느 측에서 제안과 조언을 하더라도, 훌륭한 제안과 좋은 조언을 받아들이고 질투하지 않고 그에 대한 명예를 그 명예가 마땅히 돌아가야 하는 사람에게 넘기겠습니다.

우리는 합리적인 반대파의 가치를 존중하는 법을 배우고 이를 난폭하게 억압하지 않겠습니다.

시장(der Vorsitzende)은 객관성과 공정성을 통하여 필요한 영향력을 확보하기 위하여 노력하겠습니다. 그는 신분과 영업령을 침해하지 않고 그 마음대로 규정을 때로는 이렇게,

derselben einmal so, das anderemal wieder anders auszulegen, je nachdem es ihm gerade paßt. Er wird es vermeiden, die Opposition zu beleidigen, zu verhöhnen und zu verspotten und so selbst jene Fehler zu begehen, die er an anderen rügen soll.

Der Vorsitzende wird daher nicht die in der Neuzeit so beliebt gewordene Methode der "schneidigen Präsidenten" zur Anwendung bringen, welche Methode eigentlich nichts anderes, als eine Außerachtlassung der guten Sitte, eine frivole Verletzung der Gesetze und eine rohe Vergewaltigung der Minderheit ist.

Die neue Mehrheit des Gemeinderathes wird der Minderheit im allen vom Gemeinderathe zu wahlenden Körperschaften den ihrer Stärke entsprechenden Antheil an der Verwaltung einräumen, vorausgesetzt, dass auch die Minderheit dieses Prinzip der Gerechtigkeit aufrichtig und ehrlich anzunehmen bereit ist.

Wir werden nicht in den Fehler des Übermuthes und der Überhebung verfallen: wir werden, wie dies ja dem Charakter unseres Volkes entspricht, unsere Rechte mit Bescheidenheit ausüben, dieselben aber, wenn sie angestatet werden sollten, mit aller Entschiedenheit vertheidigen.

Im Verhältniss zum Staate und zum Lande werden wir uns hüten, in anderer Competenzsphären überzugreifen, wir werden aber auch unsere eigene Competenz wahren und jeden Angriff auf die gesetzlich gewährleistete Autonomie unserer Stadt zurückweisen.

Wir werden jede Mitwirkung des Staates oder des Landes oder Lösung wichtiger Fragen im Interesse des ganzen Volkes freudig begrüßen und werden auch unsererseits gerne bereit sein, dem Staate und dem Lande bei Bestrebungen zu Gunsten allgemeiner Volkswohlfahrt behilflich zu sein.

Das Volk von Wien hat durch die Septemberwahlen bekundet, dass die Reichs-, Haupt- und Residenzstadt unseres Vaterlandes Österreich eine christliche und eine deutsche Stadt ist und bleibt.

Das Volk von Wien will von der internationalen

때로는 저렇게 해석하지 않겠습니다. 그는 반대파를 모욕하고 경멸하고 조롱하는 것은 물론 타인을 비난하는 여하한 잘못을 저지르지 않겠습니다.

따라서 시장은 최근 아주 선호되는 "날선 의장"의 일처리방식, 즉 선량한 풍속을 무시하고 함부로 법률을 침해하고 소수를 야비하게 능욕하는 것과 전혀 다르지 않은 방식을 사용하지 않겠습니다.

시의회의 새로운 다수당은, 소수당이 이러한 정의의 원칙을 준수하고 진정으로 받아들일 준비가 되어 있을 때에는 소수당에게 모든 시의회에 의하여 선임될 사단에서 행정에 관하여 그의 의석에 상응하는 지분을 할양하겠습니다.

우리는 들뜬 분위기와 자만의 오류에 빠지지 않겠습니다: 우리는 우리 인민의 품성에 합당하게 결연히 우리의 권리를 행사하고 그 권리가 공격받을 때에는 단호하게 방어하겠습니다.

국가와 주에 대한 관계에서 우리는 다른 권한영역에 간섭하는 것을 경계하면서 우리의 독립한 권한을 수호하고 법률상 우리 시에 보장된 자치에 대한 여하한 공격을 격퇴하겠습니다.

우리는 전 인민의 이익을 위하여 국가와 주의 협력과 중요한 문제의 해결을 열렬히 환영하며, 우리 측에서도 일반 인민복지를 위한 노력에 국가와 주를 기꺼이 도울 준비가 되어 있습니다.

9월 선거로 빈시의 인민은 우리 조국 오스트리아의 제국시이며, 수도이고 황도가 기독교도시이고 독일도시이며 그렇게 남을 것임을 천명하였습니다.

빈시의 인민은 국제적 무차별평등주의는 물

Gleichmacherei und gar von dem internationalen Schwindel nichts wissen.

Es will, dass unsere Stadt ihre Eigenart bewahre. Es will, dass Wien eine Stätte reger gewerblicher und industrieller Thätigkeit, Stätte ehrlichen Handels sei, damit auf diese Weise der alte Ruf der Solidarität des Wiener Industrie wieder hergestellt, das Vertrauen des kaufenden Auslandes wieder erworben werde und hiedurch eine neue Blütezeit entstehe.

Das Volk von Wien hat aber bekundet, er wolle, dass der ehrlichen Arbeit, sei es der geistigen, sei es der physischen, sei es, dass sie von eine selbständigen Meister, sei es, dass sie in diestlicher Stellung verrichtet wird, der entsprechende Lohn zutheilt werde, dass das Gewerbe vor unreeller Concurrenz geschützt, bei Vergehung öffentlicher Arbeiten auf die einheimische Arbeit Rücksicht genommen, dass der unberechtigte, ausgebeutete Zwischenhandel auf allen Gebieten des wirtschaftlichen Lebens, insbesondere auf dem Gebiete des Handels mit Lebensmitteln, beseitigt und hiedurch den Producenten und Consumenten jener Vortheil zugewendet wird, der jetzt in die Taschen der Ausbeuter fließt. Das Volk von Wien will, dass unsere Stadt eine Stätte echter wissenschaftlicher Thätigkeit, eine Stätte für die Ausübung wahrer Kunst werde. Es hat nicht jener Zeiten vergessen, in welchen die Heroen der Tonkunst in Wien weilen, die wahre Volksmuse Triumphe feierte und die Theater wirklich als Anstalten für Volksbildung bezeichnet werden konnten.

Es habe nicht seiner großen Dichter und Denker, seiner großen Künstler vergessen, dass die gesammte Welt einst bewundernd auf unsere Universität blickte und der lernbegierige Tugend von allen Orten herbeiströmte, um den Worten der Meister zu lauschen.

Das Volk von Wien ist zur Erkenntnis gelangt, warum dies anders geworden, und es will, dass die Gründe dieser Änderung beseitigt und hiedurch ein neuer Aufschwung des Volksgeistes möglich

론 국제적 속임수를 알려고 하지 않습니다.

빈시의 인민은 우리 시가 그의 본성을 유지하기를 바랍니다. 빈시의 인민은 빈이 정직한 영업활동과 산업활동의 장(場), 명예로운 상업활동의 장이 되고 그러한 방법으로 과거의 빈시의 산업연대의 명성이 회복되고 구매하는 외국의 신뢰를 다시 얻고 이를 바탕으로 새로운 번영기가 도래하기를 바랍니다.

그러나 빈시의 인민은 빈시민이 그것이 정신적이든 육체적이든, 그것이 독립장인에 의한 것이든, 피용자의 지위에서 지시를 받는 것이든 가리지 않고 진정한 노동에 그에 상당하는 임금이 지급되어야 하고 부정직한 경쟁으로부터 영업이 보호되어야 하며, 공무를 위반할 경우에는 국내노동이 고려되고 경제생활의 모든 부문은 물론 특히 식료품거래 부분에서 부당하고 착취하는 중개업이 제거되고 이를 바탕으로 현재 착취자의 호주머니에 흘러들어가는 이익이 생산자와 소비자에게 돌아가기를 원한다고 천명하였습니다. 빈시의 인민은 우리의 시가 진정한 학문활동의 장, 참예술의 공연장이 되기를 바랍니다. 빈시의 인민은 음악의 영웅들이 빈시를 거닐고 진정한 인민문예가 승리를 축하하고 극장이 실제로 인민교육을 위한 시설로 묘사될 수 있었던 그 시대를 잊지 않았습니다.

빈시의 인민은 그의 위대한 시인과 사상가, 그의 위대한 예술가에게서 전 세계가 한 때 놀라면서 우리의 대학을 동경하고 배우기를 갈망하는 사람들이 대학자의 말씀을 경청하기 위하여 모든 지역으로부터 쇄도하였던 것을 기억할 겁니다.

빈시의 인민은 이것이 왜 다르게 되었는지를 알게 되었고 빈시의 인민은 이러한 변화의 원인이 제거되고 이를 바탕으로 새로운 인민정신의 부흥이 가능하게 되기를 바랍니다.

werde.

Das Volk von Wien will, dass in den Schulen christlicher und nationaler Geiste walte, dass die Kinder von Männern ihres Stammes und Glaubens unterrichtet, dass den Kindern in den Schulen die Liebe zu ihrer Nation, zu ihrem Glauben und zu ihrem Vaterlande Österreich eingeprägt werde. Das Volk von Wien will, dass Wien eine deutsche Stadt bleibe. Ferne von aller Gehässigkeit gegen unsere slavischen und romanischen Mitbürger, haben wir Deutsche ein historisches, unzweifelbares Recht, dass diese Stadt eine deutsche bleibe, und wir haben die Stadt gegründet. In ihr residierten die machtvollen Herrscher aus dem deutschen Geschlechte der Badenberger, welche mit der Kraft des deutschen Schwertes die Ostmark muthvoll gegen die anstürmenden Horden vertheidigen.

In ihr residiertn die deutschen Kaiser aus dem Hause Habsburg, in ihr die deutschen und österreichischen Kaiser unserer glorreichen Dynastie Habsburg-Lothringen, der wir in unwandelbarer Treue ergeben sind und bleiben. Deutsche haben sie gegen äußere und innere Feinde vertheidigt, deutscher Cultur und Sitte verdanken wir die Größe, die Schönheit und Herrlichkeit unserer Stadt. Die Mehrheit wird die Verwaltung der Stadt nach dem mit seltener Klarheit zum Ausdrucke gelangten Willen des Volkes führen. Sie wird sich vor Augen halten: Wien ist eine deutsche Stadt und bleibt es, Wien ist eine deutsche Stadt und soll es bleiben, Wien ist eine christliche Stadt und bleibt es, Wien ist die Reichshaupt- und Residenzstadt Österreichs und hat diese seine Stellung zu wahren und zu vertheidigen.

Ich schließe mit dem Wunsche: möge uns allen gelingen, segensreich zu wirken für das Wohl un-

빈시의 인민은 기독교와 민족정신이 학교를 장악하고 자녀들에게 그의 위대한 사람들의 혈통과 신앙을 교육하고 학교에서 자녀들에게 그의 민족, 그의 신앙과 그의 조국 오스트리아에 대한 사랑이 각인되기를 바랍니다. 빈시의 인민은 빈시가 독일인의 도시(Deutsche Stadt)로 남기를 바랍니다. 우리의 슬라브계와 로만계 시민들에 대한 증오로부터 멀어져 우리 독일인은 이 도시가 독일도시로 남는다는 역사적이고 의문의 여지가 없는 권리를 가지며, 우리가 이 도시를 건설하였습니다. 침공하는 무리에 대항하여 독일의 검의 힘으로 용감하게 오스트마르크(Ostmark)[3]를 수호한 독일의 바덴베르크 가문의 위대한 군주들이 이 도시에 재위하였습니다.

이 도시에서 합스부르크가의 독일황제가 재위하였고, 이 도시에서 우리가 변함없는 성실 속에 우리가 헌신하고 성실을 다하는 우리의 영광스러운 합스부르크-로트링겐왕조의 독일-오스트리아황제가 재위하였습니다. 독일인은 이 도시를 외부와 내부의 적으로부터 방어하였으며, 우리는 우리 시의 아름다움과 장엄함을 독일문화와 도덕에 감사하여야 합니다. 다수당은 드물게 명확하게 표명된 인민의 의사에 따라 시의 행정을 집행하겠습니다. 다수당은 다음을 잊지 않겠습니다: 빈시는 독일도시이며 독일도시로 남습니다, 빈시는 독일도시이고 독일도시로 남아야 합니다, 빈시는 기독교도시이며 기독교도시로 남습니다, 빈은 오스트리아의 제국수도이며 황도이고, 이 도시는 그의 지위를 수호하고 방어하여야 합니다.

저는 다음의 소원으로 마칩니다: 우리 모두가 축복으로 우리 시와 우리 조국의 안녕을 위

---

3) 중세의 '변경백령(Markgrafschaft) 오스트리아'를 지칭하는 19세기와 20세기초의 언어용례. 1938년 3월 독일제국이 오스트리아를 병합한 다음 처음에는 Land Österreich를, 1939-1942년까지 Ostmark를, 그리고 그후에는 Alpen- und Donau-Reichsgaue를 병합된 오스트리아를 지칭하는 개념으로 사용.

serer Stadt und unseres Vaterlandes.>

Die Rede Dr. Luegers wurde von seinen Gesinnungsgenossen an vielen Stellen lebhaft beklatscht. Am Schlusse erscholl brausender, langanhaltender Beifall. Auch die Gallerie appladierte lebhaft.

하여 기여할 수 있기를 바랍니다.〉

뤼거 박사의 연설은 그의 동지들로부터 곳곳에서 열렬한 찬사를 받았다. 연설을 마칠 때에 떠나갈 듯한 오랜 박수가 울렸다. 청중들도 열렬히 환호했다.

III. Stellungnahme des Abg. Wels[1] für die Sozialdemokratische Partei zum Ermächtigungsgesetz[2]

3. 입법권한수여법률[수권법률]에 대한 사회민주당 의원 벨스의 의견

vom 23.03.1933

1933년 3월 23일

Meine Damen und Herren! Der außenpolitischen Forderung deutscher Gleichberechtigung, die der Herr Reichskanzler erhoben hat, stimmen wir Sozialdemokraten um so nachdrücklicher zu, als wir sie bereits von jeher grundsätzlich verfochten haben. Ich darf mir wohl in diesem Zusammenhang die persönliche Bemerkung gestatten, daß ich als erster Deutscher vor einem internationalen Forum, auf der Berner Konferenz am 3. Februar des Jahres 1919, der Unwahrheit von der Schuld Deutschlands am Ausbruch des Weltkrieges entgegengetreten bin. Nie hat uns irgendein Grundsatz unserer Partei daran hindern können oder gehindert, die gerechten Forderungen der deutschen Nation gegenüber den anderen Völkern der Welt zu vertreten.

Der Herr Reichskanzler hat auch vorgestern in Potsdam einen Satz gesprochen, den wir unterschreiben. Er lautet: "Aus dem Aberwitz der Theorie von ewigen Siegern und Besiegten kam der Wahnwitz der Reparationen und in der Folge die Katastrophe der Weltwirtschaft." Dieser Satz gilt für die Außenpolitik; für die Innenpolitik gilt er nicht minder. Auch hier ist die Theorie von den ewigen Siegern und Besiegten, wie der Herr Reichskanzler sagte, ein Aberwitz.

Das Wort des Herrn Reichskanzlers erinnert uns aber auch an ein anderes, das am 23. Juli 1919 in

친애하는 신사숙녀 여러분! 우리는 우리가 이미 오래 전부터 원칙적으로 투쟁하여 온 것과 같이 제국재상이 제기한 독일의 평등권에 대한 외교적 요구를 확고하게 지지합니다. 이러한 맥락에서 저는 제가 1919년 2월 3일의 베른회의[3] 국제회의장에서 세계대전 발발에 대한 독일의 책임이라는 거짓과 맞선 최초의 독일인임을 개인적인 소회로 밝힙니다. 우리 당의 여하한 원칙도 우리가 세계의 국가들을 상대로 독일의 정당한 요구를 주장하는 것을 막을 수 없었고 막지 못하였습니다.

제국재상은 그저께 포츠담에서 우리가 서명한 하나의 원칙을 발표하였습니다: "영원한 승자와 패자론의 우둔함에서 배상금이라는 터무니없는 짓과 그 결과로 세계경제의 재앙이 일어났습니다." 이 원칙은 국제정치에 적용됩니다; 이는 국내정치에서도 마찬가지입니다. 제국재상이 말한 것과 같이, 여기에서도 영원한 승자와 패자론은 몰상식입니다.

제국재상의 연설은 그러나 우리에게 1919년 7월 23일의 국민회의에서 언급된 다른 연

---

1) Otto Wels(1873-1939). 독일 사회민주주의 정치가. 제국의회 의원, 사민당(SPD) 당대표. 1933년 8월 25일 제1차 독일제국 국적박탈명부(erste Ausbürgerungsliste des Deutschen Reichs)로 독일국적 상실.

2) Hitler는 Wels의 연설에 대하여 "나는 당신이 그에 찬성하는 것을 전혀 바라지 않습니다. 독일은 자유롭게 될 것이지만 당신을 통하여서는 아니다."("Ich will auch gar nicht, dass Sie dafür stimmen. Deutschland soll frei werden, aber nicht durch Sie.")라고 답하였다.

3) 1919년 2월 3-10일 파리평화조약, 러시아혁명, 그리고 그 때문에 화제가 된 '민주주의와 독재'를 주제로 하여 베른시청(Volkshaus)에서 열린 국제사회주의대회.

der Nationalversammlung gesprochen wurde. Da wurde gesagt: "Wir sind wehrlos, wehrlos aber nicht ehrlos. Gewiß, die Gegner wollen uns an die Ehre, daran ist kein Zweifel. Aber daß dieser Versuch der Ehrabschneidung einmal auf die Urheber selbst zurückfallen wird, da es nicht unsere Ehre ist, die bei der Welttragödie zugrunde geht, das ist unser Glaube bis zum letzten Atemzug."

(Zuruf von den Nationalsozialisten: Wer hat das gesagt?)

Das steht in einer Erklärung, die eine sozialdemokratisch geführte Regierung damals im Namen des deutschen Volkes vor der ganzen Welt abgegeben hat, vier Stunden bevor der Waffenstillstand abgelaufen war, um den Weitervormarsch der Feinde zu verhindern. - Zu dem Ausspruch des Herrn Reichskanzlers bildet jene Erklärung eine wertvolle Ergänzung.

Aus einem Gewaltfrieden kommt kein Segen: im Innern erst recht nicht. Eine wirkliche Volksgemeinschaft läßt sich auf ihn nicht gründen. Ihre erste Voraussetzung ist gleiches Recht. Mag sich die Regierung gegen rohe Ausschreitungen der Polemik schützen, mag sie Aufforderungen zu Gewalttaten und Gewalttaten selbst mit Strenge verhindern. Das mag geschehen, wenn es nach allen Seiten gleichmäßig und unparteiisch geschieht, und wenn man es unterläßt, besiegte Gegner zu behandeln, als seien sie vogelfrei. Freiheit und Leben kann man uns nehmen, die Ehre nicht.

Nach den Verfolgungen, die die Sozialdemokratische Partei in der letzten Zeit erfahren hat, wird billigerweise niemand von ihr verlangen oder erwarten können, daß sie für das hier eingebrachte Ermächtigungsgesetz stimmt. Die Wahlen vom 5. März haben den Regierungsparteien die Mehrheit gebracht und damit die Möglichkeit gegeben, streng nach Wortlaut und Sinn der Verfassung zu regieren. Wo diese Möglichkeit besteht,

설을 떠올리게 합니다. 거기에 다음이 언급되었습니다: "우리는 무력하고 무력하지만 명예가 없지는 않습니다. 분명 적들은 우리의 명예를 깎아내리려고 하며, 이는 의심의 여지가 없습니다. 그러나 세계비극의 뿌리가 우리의 명예가 아니기 때문에 그러한 명예훼손의 시도는 언제가 그 장본인에게 돌아갈 것이며, 이것이 숨을 거둘 때까지 우리의 신념입니다."

(민족사회주의자들의 외침: 누가 이를 말하였습니까?)

이는 사회민주적으로 지도되는 정권이 적의 진격을 저지하기 위하여 휴전협정이 만료하기 4시간전 당시 독일인민의 이름으로 전세계에 공표한 성명에 담겨 있습니다. - 그 성명은 제국재상의 발언에 대한 소중한 보완자료입니다.

축복은 폭력으로부터의 평화(Gewaltfrieden)에서 오지 않습니다: 무엇보다 내부에서 그러하지 않습니다. 진정한 인민공동체는 그 위에 건설되지 않습니다. 그의 제1 요건은 평등한 권리(gleiches Recht)입니다. 정부가 거친 논박의 일탈로부터 자기를 방어하기 위함이든, 폭력행위를 선동하거나 스스로 폭력행위를 엄하게 저지하든 가리지 않고. 이는 모든 측면에서 공정하고 중립적으로 실행되고 패전한 적을 마치 박해하여도 무방한 존재와 같이 취급하는 것을 중지할 때에만 이루어질 것입니다. 우리에게서 자유와 생명을 빼앗을 수 있지만, 명예는 그렇지 않습니다.

사회민주당이 최근 겪은 박해 후에 어느 누구도 그 당이 여기에 상정된 수권법률을 찬성하도록 요구하거나 기대할 수 없음이 타당합니다. 3월 5일의 선거는 집권정당에 다수를 주었고 이로써 엄격히 헌법의 법문과 의미를 존중하여 집권할 기회를 부여하였습니다. 이러한 기회가 있는 곳에 의무도 존재합니다. 비판은 유익하며 필요합니다. 독일제국의회가 설립된 이후부터 지금까지 현재 일어나고 새로

besteht auch die Pflicht. Kritik ist heilsam und notwendig. Noch niemals, seit es einen Deutschen Reichstag gibt, ist die Kontrolle der öffentlichen Angelegenheiten durch die gewählten Vertreter des Volkes in solchem Maße ausgeschaltet worden, wie es jetzt geschieht, und wie es durch das neue Ermächtigungsgesetz noch mehr geschehen soll. Eine solche Allmacht der Regierung muß sich um so schwerer auswirken, als auch die Presse jeder Bewegungsfreiheit entbehrt.

Meine Damen und Herren! Die Zustände, die heute in Deutschland herrschen, werden vielfach in krassen Farben geschildert. Wie immer in solchen Fällen fehlt es auch nicht an Übertreibungen. Was meine Partei betrifft, so erkläre ich hier: wir haben weder in Paris um Intervention gebeten, noch Millionen nach Prag verschoben, noch übertreibende Nachrichten ins Ausland gebracht. Solchen Übertreibungen entgegenzutreten wäre leichter, wenn im Inlande eine Berichterstattung möglich wäre, die Wahres vom Falschen unterscheidet. Noch besser wäre es, wenn wir mit gutem Gewissen bezeugen könnten, daß die volle Rechtssicherheit für alle wiederhergestellt sei. Das, meine Damen und Herren, liegt bei Ihnen.

Die Herren von der Nationalsozialistischen Partei nennen die von ihnen entfesselte Bewegung eine nationale Revolution, nicht eine nationalsozialistische. Das Verhältnis ihrer Revolution zum Sozialismus beschränkt sich bisher auf den Versuch, die sozialdemokratische Bewegung zu vernichten, die seit mehr als zwei Menschenleben die Trägerin sozialistischen Gedankengutes gewesen ist und auch bleiben wird. Wollten die Herren von der Nationalsozialistischen Partei sozialistische Taten verrichten, sie brauchten kein Ermächtigungsgesetz. Eine erdrückende Mehrheit wäre Ihnen in diesem Hause gewiß. Jeder von Ihnen im Interesse der Arbeiter, der Bauern, der Angestellten, der Beamten und des Mittelstandes gestellte Antrag könnte mit Annahme rechnen, wenn nicht einstimmig, so doch mit gewaltiger Majorität.

운 수권법률에 의하여 더욱 심하게 일어나게 될 것과 같은 정도로 선출된 인민의 대표자에 의한 공적 업무의 통제가 실종된 경우는 결단 코 없었습니다. 그러한 정권의 무소불위는 언론이 모든 행동의 자유마저 잃음으로써 더욱 심하게 영향력을 발휘할 것입니다.

신사숙녀 여러분! 지금 독일을 지배하는 상황은 몇 배나 거친 색깔로 그려질 것입니다. 그러한 경우 언제나 부풀림이 함께 합니다. 우리 당에 관하여 저는 이 자리에서 말씀드립니다: 우리는 파리에서 간섭을 바라지 않았고 수백만 명을 프라하로 송환하지도 않았으며, 터무니없는 보도들을 외국에 전송하지도 않았습니다. 그러한 부풀림에 대처하기 위하여는 국내에서 사실과 거짓을 구분하는 보도통신이 가능하다면 그러한 부풀림에 대처하는 것이 보다 쉬울 것입니다. 모두에게 완전한 법적 안전이 회복될 수 있다는 것을 우리가 선량한 마음으로 인정할 수 있다면 더욱 좋을 것입니다. 신사숙녀 여러분, 이는 바로 여러분들에게 달려 있습니다.

민족사회주의당의 당원들은 그들에 의하여 풀려난 운동을 민족사회주의적 혁명이 아니라 국가혁명이라고 부릅니다. 사회주의에 대한 그들의 혁명의 관계는 지금껏 2세대를 넘어 사회적 이념자산의 담당자이었고 앞으로도 담당자로 남을 사회민주적 운동을 없애려는 시도로 제한됩니다. 민족사회주의당의 당원들이 사회적 활동을 하려고 한다면 그들은 수권법률을 필요로 하지 않습니다. 여기 국회에서 절대다수가 여러분들에게 확고할 것입니다. 여러분 각자가 노동자, 농민, 피용인, 공무원과 중산층의 이익으로 제출한 청원이, 만장일치는 아니더라도, 압도적 다수로 인용될 것으로 기대됩니다.

Aber dennoch wollen Sie vorerst den Reichs-
tag ausschalten, um Ihre Revolution fortzusetzen.
Zerstörung von Bestehendem ist aber noch keine
Revolution. Das Volk erwartet positive Leistungen.
Es wartet auf durchgreifende Maßnahmen gegen
das furchtbare Wirtschaftselend, das nicht nur in
Deutschland, sondern in aller Welt herrscht. Wir
Sozialdemokraten haben in schwerster Zeit Mitver-
antwortung getragen und sind dafür mit Steinen
beworfen worden. Unsere Leistungen für den
Wiederaufbau von Staat und Wirtschaft, für die
Befreiung der besetzten Gebiete werden vor der
Geschichte bestehen. Wir haben gleiches Recht
für alle und ein soziales Arbeitsrecht geschaffen.
Wir haben geholfen, ein Deutschland zu schaffen,
in dem nicht nur Fürsten und Baronen, sondern
auch Männern aus der Arbeiterklasse der Weg zur
Führung des Staates offen steht. Davon könne Sie
nicht zurück, ohne Ihren eigenen Führer preiszugeben. Vergeblich wird der Versuch bleiben,
das Rad der Geschichte zurückzudrehen. Wir Sozialdemokraten wissen, daß man machtpolitische
Tatsachen durch bloße Rechtsverwahrungen nicht
beseitigen kann. Wir sehen die machtpolitische
Tatsache Ihrer augenblicklichen Herrschaft. Aber
auch das Rechtsbewußtsein des Volkes ist eine
politische Macht, und wir werden nicht aufhören,
an dieses Rechtsbewußtsein zu appellieren.

Die Verfassung von Weimar ist keine soziali-
tische Verfassung. Aber wir stehen zu den Grundsätzen des Rechtsstaates, der Gleichberechtigung,
des sozialen Rechts, die in ihr festgelegt sind.
Wir deutschen Sozialdemokraten bekennen uns
in dieser geschichtlichen Stunde feierlich zu den
Grundsätzen der Menschlichkeit und Gerechtigkeit, der Freiheit und des Sozialismus. Kein
Ermächtigungsgesetz gibt Ihnen die Macht, Ideen,
die ewig und unzerstörbar sind, zu vernichten. Sie
selbst haben sich ja zum Sozialismus bekannt. Das
Sozialistengesetz hat die Sozialdemokratie nicht
vernichtet. Auch aus neuen Verfolgungen kann die
deutsche Sozialdemokratie neue Kraft schöpfen.

그럼에도 여러분들은 여러분들의 혁명을 계
속하기 위하여 제국의회를 제일 먼저 축출하
려고 합니다. 그러나 혁명은 있는 것을 없애는
것이 아닙니다. 인민은 확실한 성과를 기다립
니다. 인민은 독일만이 아니라 전 세계를 휩
쓰는 끔찍한 경제재난에 대한 근원적인 조치
를 기다립니다. 우리 사회민주당원은 가장 힘
든 시기에 연대책임을 졌고 그 대가로 돌팔매
질을 받았습니다. 국가와 경제의 재건, 점령지
의 해방에 관한 우리의 업적은 역사의 심판을
견딜 것입니다. 우리는 모두를 위하여 평등한
권리를 가지며 사회적 노동권을 창설하였습니
다. 우리는 제후와 귀족만이 아니라 노동자계
층 출신의 사람들에게 국가지도의 길이 열린
독일을 만들기 위하여 협력하였습니다. 여러
분들은, 여러분들의 지도자를 포기하지 않으
면, 이를 물릴 수 없습니다. 역사의 수레바퀴
를 되돌리려는 시도는 헛되이 남을 것입니다.
우리 사회민주당원은 세력정치의 현실을 단순
한 권리보호로 제거할 수 없음을 압니다. 우
리는 여러분들의 현재의 지배에서 세력정치의
현실을 봅니다. 그러나 인민의 권리의식도 또
한 정치적 힘이고, 우리는 이러한 권리의식에
호소하는 것을 멈추지 않을 것입니다.

바이마르헌법은 사회주의적 헌법이 아닙니
다. 그러나 우리는 그속에 확고히 자리잡은
법치국가의 원칙, 평등권의 원칙과 사회권의
원칙을 지지합니다. 우리 독일 사회민주당원
은 이러한 역사적 시간에 인간성과 정의, 자
유와 사회주의의 원칙을 엄숙히 믿습니다. 어
떤 수권법률도 여러분들에게 영원하고 불멸
의 이념을 말살할 권한을 부여하지 않습니다.
여러분은 스스로 사회주의에 대한 지지를 밝
혔습니다. 사회주의자의 법률은 사회민주주의
를 파괴하지 않았습니다. 또한 새로운 박해에
서 독일 사회민주주의는 새로운 동력을 얻을
수 있습니다.

Wir grüßen die Verfolgten und Bedrängten. Wir grüßen unsere Freunde im Reich. Ihre Standhaftigkeit und Treue verdienen Bewunderung. Ihr Bekennermut, Ihre ungebrochene Zuversicht verbürgen eine hellere Zukunft.

우리는 박해와 탄압을 환영합니다. 우리는 제국 내의 우리 친구들을 환영합니다. 여러분들의 의연함과 충성은 경이를 자아냅니다. 여러분들이 스스로를 드러내는 용기와 여러분들의 끊이지 않는 확신은 밝은 미래를 보증합니다.

Quelle: Verhandlungen des Reichstags, 8. Wahlperiode 1933, S. 25.

출처: 제국의회 회의록 8 선거기, 1933, 25

IV. Impfkritik 1935: "Artfremdes Eiweiß ist Gift"
[Aus: Deutsche Volksgesundheit aus Blut und Boden![1)]
Nürnberg, 3. Jahrgang, Nr. 1, 1. Januar 1935]

1935: Der Kampf geht weiter!
Von Julius Streicher[2)]

Adolf Hitler hat die Rassenfrage, die Frage der Blutreinheit, zur Grundfrage des Nationalsozialismus und damit des Dritten Reiches gemacht. Diese Tat wird eine noch viel größere Revolution des gesamten Weltbildes hervorrufen, als vor vierhundert Jahren die Entdeckung des großen Deutschen Nikolaus Kopernikus (1473-1543), daß sich die Erde und die Planeten um die Sonne bewegen. Wir Deutschen, und in vorderster Front wir Nationalsozialisten sind berufen, den größten Gedanken aller Zeiten in die Tat umzusetzen und die Grundlagen eines neuen Zeitalters zu schaffen. Die Vollbringung dieser Tat erfordert Männer, die kämpfen und opfern können und die "reinen Herzens", d.h, reinen Blutes sind.

Staatsminister Hans Schemm[3)] hat mit seinem

4. 예방비평 1935: "종(種)이 다른 단백질은 독이다."
[출전: 피와 영토로부터 독일인민보건, 뉘른베르크, 제3권 제1호, 1935년 1월 1일]

1935: 투쟁은 계속된다!
율리우스 쉬트라이허

아돌프 히틀러는 인종문제, 순혈의 문제를 민족사회주의와 제3제국[4)]의 기본과제로 제기하였습니다. 그 행위는 지구와 행성이 태양 둘레를 공전한다는 400여 년 전의 위대한 독일인 니콜라스 코페르니쿠스(1473-1543)의 발견을 능가하는, 아주 위대한 전 세계상(世界像)의 혁명입니다. 우리 독일인과 최전선에서 민족사회주의자들은 실제 전 역사에서 가장 위대한 이념을 실현하고 새로운 시대의 기초를 구축할 소명이 있습니다. 그러한 행위의 실행은 투쟁하며 희생할 수 있고 "깨끗한 심장", 즉 순수혈통을 가진 남성을 요구합니다.

국가상 한스 쉠은 간명하고 명쾌한 문장으

1) '피와 영토'(Blut und Boden): 혈통과 농업경제에 쓰이는 농지의 불가분성을 선전하는 민족사회주의의 표어 또는 구호.
2) Julius Streicher(1885-1946). 독일민족사회주의 출판업자이며 정치가. 1925년부터 프랑켄중부지구당 위원장과 프랑켄지부당 위원장 역임. 정치외설적 비속반유대선동잡지 Der Stürmer를 창간한 언론소유자 겸 발행인이며, 1933년 뉘른베르크 NS-당기관지 Fränkische Tageszeitung의 발행인. 1940년 반유대운동과 결부된 독직사건으로 NS-당에서 제명. 뉘른베르크 국제군사전범재판의 24인의 전범 중 1인으로 1946년 교수형으로 처형.
3) Hans Schemm(1891-1935). 바이에른 동부지구당 위원장(Gauleiter der Bayerischen Ostmark), 민족사회주의 교원연맹의 제국담당관(Reichswalter des Nationalsozialistischen Lehrerbunds [NSLB])과 바이에른 문부상, 바이에른주의회(1928-1932)와 제국의회(1930-1935) 의원의 면책특권을 오용한 언론인 겸 출판인. 1935년 비행기추락으로 사망하였고 그 때문에 교육과 출판문화에 기여한 "좋은 나찌"("guter Nazi"?)로 미화.
4) 제1제국(Erstes Reich)은 고대 로마제국을 계승하고 기독교의 의미에서 신성지배를 정당화하는 로마-독일의 지배를 표상하는 신성로마제국(Heiliges Römisches Reich, Sacrum Imperium Romanum, 962-1806)이고, 제2제국(Zweites Reich)은 프로이센-프랑스전쟁으로 1870년 체결된 베르사이유조약과 1871년에 제정된 헌법에 기초하여 건국된 입헌군주제 연방독일제국(Deutsches Kaiserreich, 1871-1918)이며, 제3제국(Drittes Reich)은 지도자독재(Führerdiktatur)로 특징지워지는 민족사회주의 독일의 시기(NS-Zeit, 1933-1945)를 말한다.

Satz "Artfremdes Eiweiß ist Gift" in schlichten, einfachen Worten den Leitsatz geprägt, der den Kern der Rassenfrage enthält. Er hat damit der "Deutschen Volksgesundheit" die Parole gegeben, mit der sie in den Kampf des Jahres 1935 hineingehen wird, Es ist bezeichnend, daß dieser Satz von einem Mann aus dem Volke, von einem Politiker, und nicht von einem Wissenschaftler kommen mußte ...

Für den Wissenden steht ewig fest:

1.

"Artfremdes Eiweiß" ist der Same eines Mannes von anderer Rasse. Der männliche Same wird bei der Begattung ganz oder teilweise von dem weiblichen Mutterboden aufgesaugt und geht so in das Blut über. Ein einziger Beischlaf eines Juden bei einer arischen Frau genügt, um deren Blut für immer zu vergiften. Sie hat mit dem "artfremden Eiweiß" auch die fremde Seele in sich aufgenommen. Sie kann nie mehr, auch wenn sie einen arischen Mann heiratet, rein arische Kinder bekommen, sondern nur Bastarde, in deren Brust zwei Seelen wohnen und denen man körperlich die Mischrasse ansieht. Auch deren Kinder werden wieder Mischlinge sein, das heißt häßliche Menschen von unstetem Charakter und mit Neigung zu körperlichen Leiden. Man nennt diesen Vorgang: "Imprägnation."

Wir wissen nun, warum der Jude mit allen Mitteln der Verführungskunst darauf ausgeht, deutsche Mädchen möglichst frühzeitig zu schänden: warum der jüdische Arzt seine Patientinnen in der Narkose vergewaltigt; warum sogar die Judenfrauen ihren Männern den Verkehr mit Nichtjüdinnen gestatten: das deutsche Mädchen, die deutsche Frau soll den artfremden Samen eines Juden in sich aufnehmen, sie soll niemals mehr deutsche Kinder gebären!

2.

"Artfremdes Eiweiß" sind auch die Blutprodukte aller Tierarten bis herab zu den Bazillen, also:

로 작성된 "종이 다른 단백질은 독이다"라는 명제로 인종문제의 핵심을 담은 원칙을 특징지웠습니다. 이로써 그는 "독일의 인민보건"에 1935년의 투쟁을 밀어붙인 구호를 집어넣었습니다. 이 명제는 학자가 아니라 인민의 1인, 한 정치가로부터 시작되었다는 특색을 지닙니다. ...

전문가에게 다음이 영원히 확고합니다:

1.

"종이 다른 단백질"은 다른 인종의 남성의 씨앗[정액]입니다. 남성의 씨앗은 성교 중에 전부 또는 일부가 여성의 모체에 수용되어 피로 바뀝니다. 유대인의 아리아여성과의 단 한 번의 동침도 그 여성의 피를 영원히 중독시키기에 충분합니다. 여성은 "종이 다른 단백질"과 함께 이질적인 정신까지 받아들입니다. 여성은, 심지어 그가 아리아남성과 혼인한 때에도, 더 이상 순혈의 아리아자녀를 얻을 수 없으며, 그 가슴에 두 개의 정신이 서식하고 사람들이 그들을 잡종으로 취급하는 후레자식만을 얻을 수 있습니다. 그리고 그들의 자녀는 또 다시 잡종, 즉 유약한 성정과 신체적 질환의 체질을 가진 추한 사람이 됩니다. 사람들은 그 과정을 "침투"라고 부릅니다.

우리는 이제 유대인이 온갖 유혹술을 동원하여 독일의 소녀를 가능하면 어린 나이에 욕보이려고 하는 이유를 압니다; 유대인의사가 그의 여성환자들을 수면상태에서 강간하는 이유를 압니다: 유대인여성이 그의 남편이 비유대인여성과 성관계를 갖도록 용인하는 이유를 압니다: 독일소녀, 독일여성은 종이 다른 유대인의 씨앗을 받아들여 앞으로는 절대로 독일인의 자녀를 출산할 수 없게 됩니다!

2.

"종이 다른 단백질"은 또한 세균에 이르는 모든 종의 동물의 혈액제품, 즉: 혈청, 림프,

Serum, Lymphe, Organextrakte usw. Sie wirken dann giftig, wenn sie direkt in das Blut gebracht, also eingeimpft oder eingespritzt werden. Die Schulmedizin bezeichnet diese "artfremden Eiweißgifte" als ihre größten Heilmittel. Die gesamte Presse wird gerade in diesen Tagen wieder aufgeboten, um durch die Federn von "Autoritäten" der Wissenschaft Propaganda für diese Gifte zu machen. Die Politiker, die dies dulden, die Schriftleiter, die dies veröffentlichen, ja sogar viele Ärzte, welche diese Gifte einspritzen und einimpfen, wissen nicht, was sie tun!

Die Stimmen, welche davor gewarnt haben, sind zum Schweigen gebracht! Umsomehr müssen wir jetzt reden, die an verantwortungsvoller Stelle stehen und das Vertrauen zu den Wissenschaftlern verloren haben: Serum und Lymphe sind "artfremdes Eiweiß", sind Gift für Körper und Rasse! Die medizinische Literatur ist voll von Berichten über Todes- und Siechtumsfälle durch diese "Heilmittel". Aber es handelt sich um schlimmeres: das Blut wird durch diese Produkte kranker Tiere geschändet, der Arier wird mit fremder Art "imprägniert"!

Wir haben die Spuren durch die Jahrzehnte verfolgt: der Urheber und Begünstiger dieses Handelns und Verschweigens ist der Jude! Er kennt die Geheimnisse der Rassenfrage seit Jahrhunderten und betreibt danach planmäßig die Vernichtung der ihm überlegenen Völker. Die Wissenschaft und die "Autoritäten" sind seine Instrumente, um ein Scheinwissen aufzuzwingen und die Wahrheit zu verschweigen. Die Schulmedizin hat dem Juden zu seinem furchtbarsten Schlag verholfen: sie hat ihm den Lehrsatz aufgestellt, daß man durch Einimpfung von Krankheiten die Gesunden vor diesen Krankheiten bewahren könne. Dadurch sind die "artfremden Eiweißgifte" nicht nur zu Heilmitteln, sondern auch zu Vorbeugungsmitteln geworden, denen heute kein noch Gesunder mehr entgehen kann! Die deutsche Frau kann sich vor der "Imprägnation" schützen, indem sie dem Juden die richtige Antwort gibt. Aber kein Deutscher,

기관추출물 등입니다. 이들은 그것이 직접 피에 주입되었을 때, 즉 접종되거나 주사되었을 때 유독한 효과를 미칩니다. 의학은 이러한 "종이 다른 단백독"을 최고의 약제라고 설명합니다. 전체 언론은 바로 오늘날 학문의 "권위"를 가진 펜으로 그러한 독극물을 선전하도록 재촉구됩니다. 이를 인용하는 정치가, 이를 발간하는 편집장과 심지어 그 독극물을 접종하거나 주사하는 많은 의사들조차 그들이 무엇을 하는지 모릅니다!

이를 경고하는 목소리는 침묵으로 이어집니다! 그럴수록 막중한 책임을 지는 지위에 있고 학자들에 대한 신뢰를 잃은 우리는 이제 말하여야만 합니다: 혈청과 림프는 "종이 다른 단백질"이며, 신체와 인종에 대한 독약입니다! 의학서적은 이러한 "치료제"에 의한 사망과 질병사례에 관한 보고로 가득합니다. 그러나 더욱 나쁜 것이 있습니다: 그러한 제품에 의하여 피가 오염되고 아리아인이 다른 종으로 "바뀝니다"!

우리는 수십년 동안 발자취를 좇았습니다: 유대인이 그러한 행동과 침묵의 원인제공자이며 수혜자입니다! 유대인은 수세기 전부터 인종문제의 비밀을 알면서 이에 따라 계획적으로 그보다 우월한 민족의 말살을 추구합니다. 학문과 "권위"는 거짓지식을 강요하고 진실을 숨기기 위한 그의 도구입니다. 정통의학은 유대인들이 지독한 타격을 가할 수 있도록 협조하였습니다: 정통의학은 유대인에게 사람이 질병의 접종으로 건강한 사람을 그 질병에서 예방할 수 있다는 정리(定理)를 내세웠습니다. 그렇게 하여 "종이 다른 단백질"은 치료제일 뿐만 아니라 오늘날 여전히 건강한 사람조차 피할 수 없는 예방제가 되었습니다! 독일여성은 그가 유대인에게 옳은 답을 함으로써 "침투"로부터 자신을 지킬 수 있습니다. 그러나 의학이 이러한 방법으로 벌써 젖먹이까지 강제로 "침투하는" 것에 성공하였기 때문에, 남성과 여성을 막론하고 어떤 독일인도 혈액중

weder Mann noch Frau, kann der Blutvergiftung entgehen, weil es der medizinischen Wissenschaft gelungen ist, schon den Säugling zwangsmäßig damit zu "imprägnieren"!

Wer Krankheit säet, kann nicht Gesundheit ernten!

Volksgenossen! Die gröbste Wirtschaftsnot ist beseitigt. Die außenpolitische Lage unseres Vaterlandes hat sich gebessert. Jetzt ist die Stunde gekommen, wo wir in den Kampf um die Blutreinheit eintreten müssen. Er ist gleichbedeutend mit dem Kampf um Gesundheit und Rasse. In diesem Kampf wird eine Scheidung der Geister erfolgen. Wir werden ihn so führen, daß es nur ein "Ja" oder "Nein" gibt. Die Lauen aber werden für alle Zeiten ausgestoßen. Wer in diesem Entscheidungskampf zurückbleibt, wird es dereinst verantworten müssen.

Wir haben die Wahrheit und werden siegen!

Streicher

독을 피할 수 없습니다!

질병을 뿌린 자는 건강을 거둘 수 없습니다!

인민동지들! 엄청난 경제위기는 제거되었습니다. 우리 조국의 국제정치적 사정이 개선되었습니다. 이제 우리가 순혈의 투쟁을 시작하여야 할 시간이 도래하였습니다. 이는 보건과 인종을 위한 투쟁과 동일한 의미입니다. 이 투쟁에서 환영과 분리되어야 합니다. 우리는 이 투쟁을 오로지 "찬성"과 "반대"만이 있도록 이끌어갈 것입니다. 그러나 눈사태는 언제든지 일어납니다. 이러한 결정적인 투쟁에서 뒤처진 자는 훗날 책임져야 합니다.

우리는 진실을 가지고 있으며 승리할 것입니다!

쉬트라이허

V. "Wollt Ihr den totalen Krieg"
Joseph Goebbels[1]: Rede im Berliner Sportpalast

5. "여러분은 총력전을 하겠습니까"
요셉 괴벨스: 베를린체육궁전 연설

18. Februar 1943

1943년 2월 18일

Meine deutschen Volksgenossen und Volksgenossinnen!

독일 인민동지 여러분!

Es ist jetzt knapp drei Wochen her, daß ich das letztemal bei Gelegenheit der Verlesung der Proklamation des Führers zum Zehnjahrestag der Machtergreifung von dieser Stelle aus zu Ihnen und zum deutschen Volke gesprochen habe. Die Krise, in der sich unsere Ostfront augenblicklich befindet, stand damals auf dem Höhepunkt. Wir hatten uns im Zeichen des harten Unglücksschlages, von dem die Nation im Kampf um die Wolga betroffen wurde, am 30. Januar dieses Jahres zusammengefunden zu einer Kundgebung der Einheit, der Geschlossenheit, aber auch der festen Willenskraft, mit den Schwierigkeiten, die dieser Krieg in seinem vierten Jahre vor uns auftürmt, fertig zu werden.

Es war für mich und wohl auch für Sie alle erschütternd, einige Tage später zu vernehmen, daß die letzten heldenhaften Kämpfer von Stalingrad, in dieser Stunde durch die Ätherwellen mit uns verbunden, an unserer erhebenden Sportpalastkundgebung teilgenommen haben. Sie funkten in ihrem Schlußbericht, daß sie die Proklamation des Führers vernommen und vielleicht zum letzten Male in ihrem Leben mit uns zusammen mit erhobenen Händen die Nationalhymnen gesungen hätten. Welch eine Haltung deutschen Soldaten-

내가 지난번 이 자리에서 최고지도자의 집권 10주년선언을 낭독하는 기회에 여러분과 독일인민에게 연설한 때부터 이제 불과 3주가 지났습니다. 현재 우리의 동부전선에서 마주친 위기는 그 당시 정점에 이르렀습니다. 볼가강 유역을 쟁탈하기 위한 전투에서 국가가 당면한 가혹한 불행한 반격상황 속에서도 우리는 올해 1월 30일 통합과 결속, 그리고 4년 차에 이른 이 전쟁이 우리를 공격하는 역경을 끝내려는 결연한 의지를 표명하는 집회를 가졌습니다.

며칠이 지나 스탈린그라드의 최후의 영웅 전사들이 바로 그 순간에 무선(방송파)으로 우리와 한몸이 되어 선양을 위한 우리의 체육궁전집회에 참여하였다는 사실을 알게 된 것은 나는 물론 여러분 모두에게도 감동적이었습니다. 그들은 그들이 최고지도자의 선언을 접하고, 아마도 그들의 삶에서 마지막일 수도 있지만 손을 높이 들어 우리와 함께 국가를 불렀다고 최종보고로 전송하였습니다. 이것이 이 위대한 시대에 독일 전사(戰士)의 자세입니다! 그리고 그 자세는 바로 우리 모두에게 무엇보

---

1) Paul. Joseph Gobbels(1897-1945). 1933년부터 1945년까지 신문, 방송과 영화 등 문화계를 장악하여 선동적 변증론과 각본에 의한 군중행사, 그리고 방송과 영화를 중심으로 하는 현대기술을 적용한 대중선전으로 독일인민을 민족사회주의에 물들이고 유대인과 공산주의자를 홀로코스트로 내몬 제국인민계몽선전상이며 제국문화위원회(RKK) 위원장. 1924년부터 1945년 가족과 동반자살할 때까지 작성한 괴벨스의 일기는 민족사회주의의 증언기록화.

tums in dieser großen Zeit! Welche Verpflichtung aber schließt diese Haltung auch für uns alle, insbesondere für die ganze deutsche Heimat in sich ein! Stalingrad war und ist der große Alarmruf des Schicksals an die deutsche Nation. Ein Volk, das die Stärke besitzt, ein solches Unglück zu ertragen und auch zu überwinden, ja, daraus noch zusätzliche Kraft zu schöpfen, ist unbesiegbar. Das Gedächtnis an die Helden von Stalingrad soll also auch heute bei meiner Rede vor Ihnen und vor dem deutschen Volke eine tiefe Verpflichtung für mich und für uns alle sein.

Ich weiß nicht, wie viele Millionen Menschen, über die Ätherwellen mit uns verbunden, heute abend an der Front und in der Heimat an dieser Kundgebung teilnehmen und meine Zuhörer sind. Ich möchte zu Ihnen allen aus tiefstem Herzen zum tiefsten Herzen sprechen. Ich glaube, das ganze deutsche Volk ist mit heißer Leidenschaft bei der Sache, die ich Ihnen heute abend vorzutragen habe. Ich will deshalb meine Ausführungen auch mit dem ganzen heiligen Ernst und dem offenen Freimut, den die Stunde von uns erfordert, ausstatten. Das im Nationalsozialismus erzogene, geschulte und disziplinierte deutsche Volk kann die volle Wahrheit vertragen. Es weiß, wie ernst es um die Lage des Reiches bestellt ist, und seine Führung kann es deshalb gerade auch auffordern, aus der Bedrängtheit der Situation die nötigen harten, ja auch härtesten Folgerungen zu ziehen.

Wir Deutschen sind gewappnet gegen Schwäche und Anfälligkeit, und Schläge und Unglücksfälle des Krieges verleihen uns nur zusätzliche Kraft, feste Entschlossenheit und eine seelische und kämpferische Aktivität, die bereit ist, alle Schwierigkeiten und Hindernisse mit revolutionärem Elan zu überwinden.

Es ist jetzt nicht der Augenblick, danach zu fragen, wie alles gekommen ist. Das wird einer späteren Rechenschaftslegung überlassen bleiben, die in voller Offenheit erfolgen soll und dem deutschen Volk und der Weltöffentlichkeit zeigen

다 전 독일조국을 위한 의무를 포함합니다! 스탈린그라드는 독일민족을 향한 커다란 운명의 경종(警鐘)이었으며 경종입니다. 그러한 불행한 사태를 견뎌 이기고 이를 딛고 더 큰 힘을 얻은 민족은 무적입니다. 스탈린그라드의 영웅에 대한 기억은 내가 오늘 여러분과 독일인민 앞에서 하는 연설에서 나와 우리 모두에게 깊은 책임이 되어야 합니다.

나는 오늘 저녁 전선과 조국에서 얼마나 많은 사람들이 방송파로 우리와 이어져 이 집회에 참여하고 나의 청중이 될지 모릅니다. 나는 여러분 모두에게 마음 속 깊숙한 곳에서 말씀드립니다. 나는 오늘 저녁 내가 여러분들에게 강연하여야 하는 화제에 관하여 전 독일인민이 뜨거운 열정을 가지고 있다고 믿습니다. 따라서 나는 지금의 순간이 우리에게 요구하는 최고의 경건한 진지함과 숨김없는 솔직함으로 나의 주장을 밝힙니다. 민족사회주의 안에서 성장하여 교육받고 훈련받은 독일인민은 모든 현실을 인내할 수 있습니다. 독일인민은 제국의 상황이 어느 정도까지 심중한지 알고 있으며, 이 때문에 그 지도부가 급박한 전황을 근거로 아주 힘든 결과는 물론 정말로 힘든 결과까지 감당할 것을 촉구할 수 있습니다.

우리 독일인은 나약함과 무절제함에 대항하여 무장되어 있으며, 전쟁의 타격과 불운은 우리에게 오로지 모든 역경과 난관을 혁명적 열성으로 극복할 준비가 된 가외의 힘, 결연한 의지와 준비된 정신적 투쟁의 활력만을 보탭니다.

지금은 무슨 일이 어떻게 일어났는지를 물을 때가 아닙니다. 최근 몇 주 동안 우리에게 닥친 불운이 깊숙한 운명과 같은 의미를 가진다는 사실은 전면 공개리에 이루어져야 하고 독일인민과 온 세상에 개장되는 후대의 평가에

wird, daß das Unglück, das uns in den letzten Wochen betroffen hat, seine tiefe, schicksalhafte Bedeutung besitzt. Das große Heldenopfer, das unsere Soldaten in Stalingrad brachten, ist für die ganze Ostfront von einer ausschlaggebenden geschichtlichen Bedeutung gewesen. Es war nicht umsonst. Warum, das wird die Zukunft beweisen!

Wenn ich nunmehr über die jüngste Vergangenheit hinaus den Blick wieder nach vorne lenke, so tue ich das mit voller Absicht.

Die Stunde drängt!

Sie läßt keine Zeit mehr offen für fruchtlose Debatten. Wir müssen handeln, und zwar unverzüglich, schnell und gründlich, so wie es seit jeher nationalsozialistische Art gewesen ist.

Von ihrem Anfang an ist die Bewegung in den vielen Krisen, die sie durchzustehen und durchzukämpfen hatte, so verfahren. Und auch der nationalsozialistische Staat hat sich, wenn eine Bedrohung vor ihm auftauchte, ihr mit entschlossener Willenskraft entgegengeworfen. Wir gleichen nicht dem Vogel Strauß, der den Kopf in den Sand steckt, um die Gefahr nicht zu sehen. Wir sind mutig genug, sie unmittelbar ins Auge zu nehmen, sie kühl und rücksichtslos abzumessen und ihr dann erhobenen Hauptes und mit fester Entschlußkraft entgegenzutreten. Erst dann entwickelten wir als Bewegung und als Volk immer auch unsere höchsten Tugenden, nämlich einen wilden und entschlossenen Willen, die Gefahr zu brechen und zu bannen, eine Stärke des Charakters, die alle Hindernisse überwindet, zähe Verbissenheit in der Verfolgung des einmal erkannten Zieles und ein ehernes Herz, das gegen alle inneren und äußeren Anfechtungen gewappnet ist. So soll es auch heute sein. Ich habe die Aufgabe, Ihnen ein ungeschminktes Bild der Lage zu entwerfen und daraus die harten Konsequenzen für das Handeln der deutschen Führung, aber auch für das Handeln des deutschen Volkes zu ziehen.

맡겨져야 합니다. 우리의 병사들이 스탈린그라드에서 바친 위대한 영웅적 희생은 전 동부전선에서 팔목할 역사적 비중을 가집니다. 그것은 헛되지 않았습니다. 미래는 그 이유를 증명할 것입니다!

이제 내가 최근의 과거를 딛고 다시 앞을 향하여 눈을 돌릴 때에는, 나는 뚜렷한 목표의식을 기지고 그렇게 합니다.

때가 되었습니다!

더 이상 소득없는 논쟁을 위한 시간이 용납되지 않습니다. 우리는, 이전부터 민족사회주의의 방식이 그러하였듯이, 지체없이 신속하고 철저히 행동하여야 합니다.

참고 이겨야 했던 많은 위기 속에서 운동은 시작부터 아주 절망적이었습니다. 그리고 민족사회주의국가는 위협이 그 면전에 대두한 때에 결연한 의지로 이에 맞섰습니다. 우리는 위험을 치지 않으려고 모래에 머리를 박는 타조를 새로 여기지 않습니다. 우리는 위험을 직시하여 이를 냉정하고 가차없이 도려내고 고양된 정신과 확고한 결단력을 가지고 그 위험에 맞설 용기가 있습니다. 그제서야 우리는 운동과 인민으로서 우리의 최고덕목들, 즉 위험을 격파하고 몰아내는 원초적이고 결연한 의사, 모든 장애를 극복하는 굳건한 심성, 한번 인식한 목표를 달성하기 위한 강인한 집념과 내·외의 모든 시련에 대항하여 무장된 강인한 심장을 개발하였습니다. 이는 오늘도 그래야 합니다. 나는 가식 없는 상황정보를 여러분에게 전달하고 이로부터 독일지도부의 행동은 물론 독일인민의 행동을 위한 단호한 결론을 이끌어 낼 사명이 있습니다.

Wir durchleben im Osten augenblicklich eine schwere militärische Belastung. Diese Belastung hat zeitweilig größere Ausmaße angenommen und gleicht, wenn nicht in der Art der Anlage, so doch in ihrem Umfang der des vergangenen Winters. Über ihre Ursachen wird später einmal zu sprechen sein. Heute bleibt uns nichts anderes übrig, als ihr Vorhandensein festzustellen und die Mittel und Wege zu überprüfen und anzuwenden bzw. einzuschlagen, die zu ihrer Behebung führen. Es hat deshalb auch gar keinen Zweck, diese Belastung selbst zu bestreiten. Ich bin mir zu gut dazu, Ihnen ein täuschendes Bild der Lage zu geben, das nur zu falschen Folgerungen führen könnte und geeignet wäre, das deutsche Volk in eine Sicherheit seiner Lebensführung und seines Handelns einzuwiegen, die der gegenwärtigen Situation durchaus unangepaßt wäre.

Der Ansturm der Steppe gegen unseren ehrwürdigen Kontinent ist in diesem Winter mit einer Wucht losgebrochen, die alle menschlichen und geschichtlichen Vorstellungen in den Schatten stellt. Die deutsche Wehrmacht bildet dagegen mit ihren Verbündeten den einzigen überhaupt in Frage kommenden Schutzwall. Der Führer hat schon in seiner Proklamation zum 30. Januar mit ernsten und eindringlichen Worten die Frage aufgeworfen, was aus Deutschland und aus Europa geworden wäre, wenn am 30. Januar 1933 statt der nationalsozialistischen Bewegung ein bürgerliches[2] oder ein demokratisches Regime die Macht übernommen hätte! Welche Gefahren wären dann, schneller

우리는 현재 동부에서 극심한 군사적 부담을 겪고 있습니다. 그 부담은 때로는 엄청난 규모이고, 그 장비의 종류에서는 그렇지 않다고 하여도 그 범위에서 지난 겨울의 부담과 비교됩니다. 그 원인에 관하여는 나중에 다시 한 번 말하겠습니다. 오늘날 우리에게 그의 존재를 확인하고 그의 제거를 지향하는 수단과 방법을 검토하고 적용 · 투입하는 외에 다른 여지가 없습니다. 그러므로 그 부담을 직접 대처하는 것은 무의미합니다. 내가 정세를 기망하여 오직 잘못된 결론으로 이끌고 독일인민을 현재 상황과 전혀 맞지 않을 수 있는 생활태도와 행동의 안전 속에 잠재우기에 알맞은 그러한 정보를 여러분에게 제공하는 것은 나에게 지나치게 관대한 처사입니다.

이 겨울에 우리의 신성한 대륙에 대한 초원[Steppe][2]의 공격이 돌연 모든 인류와 역사의 가치관을 음지로 내모는 압박으로 일어났습니다. 독일국방군은 그의 동맹군과 함께 그에 항전하는 사실상 유일한 의미 있는 방어벽을 구축합니다. 최고지도자께서는 이미 1월 30일 그의 선언에서 진지하고 강렬한 말씀으로 1933년 1월 30일 민족사회주의운동이 아니라 시민정권 또는 민주정권이 권력을 잡았더라면 독일과 유럽에서 어떤 일이 생겼을까라는 질문을 던졌습니다! 어떠한 위험이 그 당시 우리가 예감할 수 있었던 보다 빨리 제국을 덮쳤을 것이며, 그를 맞이하여 우리는 어떤 방어력을 가질 수 있었겠습니까? 10년의 민족사회

---

2) 흑해에서 고비사막에 이르는 황무지지대(카자흐초원지대[Kasachensteppe])에 대한 표현으로 소비에트연방공화국을 중심으로 하는 동부유럽을 뜻한다.

3) 'bürgerlich'는 부르조아(Bourgeoisie)의 의미로, 자본주의를 기본내용으로 하고 노동자계층의 해방을 방해한다는 부정적 · 비판적 의미로 사용된다. 이는 아래의 bürgerliche Parteien(시민당)에서도 마찬가지이다.

als wir es damals ahnen konnten, über das Reich hereingebrochen, und welche Abwehrkräfte hätten uns noch zur Verfügung gestanden, um ihnen zu begegnen? Zehn Jahre Nationalsozialismus haben genügt, das deutsche Volk über den Ernst der schicksalhaften Problematik, die aus dem östlichen Bolschewismus[3] entspringt, vollkommen aufzuklären. Man wird jetzt auch verstehen, warum wir unsere Nürnberger Parteitage so oft unter das Signum des Kampfes gegen den Bolschewismus gestellt haben. Wir erhoben damals unsere warnende Stimme vor dem deutschen Volk und vor der Weltöffentlichkeit, um die von einer Willens- und Geisteslähmung ohnegleichen befallene abendländische Menschheit zum Erwachen zu bringen und ihr die Augen zu öffnen für die grauenerregenden geschichtlichen Gefahren, die aus dem Vorhandensein des östlichen Bolschewismus erwachsen, der ein Volk von fast 200 Millionen dem jüdischen Terror dienstbar gemacht hatte und es zum Angriffskrieg gegen Europa vorbereitete.

Als der Führer die deutsche Wehrmacht am 22. Juni 1941 im Osten zum Angriff antreten ließ, waren wir uns alle im klaren darüber, daß damit überhaupt der entscheidende Kampf dieses gigantischen Weltringens anbrach. Wir wußten, welche Gefahren und Schwierigkeiten er für uns mit sich bringen würde. Wir waren uns aber auch klar darüber, daß die Gefahren und Schwierigkeiten bei längerem Zuwarten nur wachsen, niemals aber ab-

주의는 동부의 볼셰비즘(Bolschewismus[4])에서 돌출한 숙명적 문제의 심각성에 관하여 독일인민을 제대로 일깨우기에 충분합니다. 사람들은 우리가 그렇게도 자주 우리의 뉘른베르크정당대회[5]를 볼셰비즘에 대항하는 투쟁의 신호로 본 이유를 이제는 이해합니다. 그때 우리는 어리석게 의사와 정신의 마비에 철저히 사로잡힌 서구인류를 각성하게 하고 거의 2억명 이르는 인민을 유대인의 테러에 가세하게 히어 그들이 유럽에 대한 공격전을 준비하게 만든 동부의 볼셰비즘의 존재에서 성장한 끔찍한 역사적 위험에 눈뜰 수 있도록 독일인민과 세계만방 앞에 우리의 경고하는 목소리를 드높였습니다.

1941년 6월 22일 최고지도자께서 독일국방군에게 동부에서 공격을 명령하셨을 때 그 공격으로 그 거대한 세계지역에서 결정적인 전투가 개시된다는 것이 우리 모두에게 자명하였습니다. 우리는 그 전투가 우리에게 어떤 위험과 난관을 가져올 것인지 알았습니다. 우리는 또한 위험과 난관이 오랜 기다림 속에 커가기만 하고 결코 줄지 않을 것임이 스스로 확신하였습니다.

---

4) Bolschewismus은 '다수자'의 의미로 러시아사회민주노동자당(SDAPR)의 원내교섭단체를 뜻하던 Bolschewiki에서 유래한 개념이다. 이는 레닌(Wladimir Iljitsch Lenin, 1870-1924)이 막스주의(Marxismus)를 러시아에 적용하여 해석한, 세계정치이론차원의 이념사적 개념이다. 정치사상은 이를 1924년까지 레닌주의(Leninismus)로, 그 후에는 막스-레닌주의(Marxismus-Leninismus)로 부른다. "20세기의 신화"(Der Mythus des 20. Jahrhunderts, 1930)의 저자이며 독일민족사회주의 아래에서 민족사회주의 이론지도자(NS-Chefideologe)로서 1946년 뉘른베르크전범재판으로 교수형이 집행된 로젠베르크(Alfred Ernst Rosenberg, 1892-1946)가 이를 반유대주의의 본보기로 덧칠한 다음부터 'Bolschewist'는 '유대인'과 동일한 의미의 선전용어로 사용되었다. 이 연설에서는 Bolschewismus를 '볼셰비즘'으로, 그리고 Kommunismus를 '공산주의'로 옮기고, 필요한 경우 괄호를 붙인다.
5) 1935년 9월 15일.

nehmen könnten.

Es war zwei Minuten vor zwölf!

Ein weiteres Zögern hätte leicht zur Vernichtung des Reiches und zur vollkommenen Bolschewisierung des europäischen Kontinents geführt.

Es ist verständlich, daß wir bei den groß angelegten Tarnungs- und Bluffmanövern des bolschewistischen Regimes das Kriegspotential der Sowjetunion nicht richtig eingeschätzt haben. Erst jetzt offenbart es sich uns in seiner ganzen wilden Größe. Dementsprechend ist auch der Kampf, den unsere Soldaten im Osten zu bestehen haben, über alle menschlichen Vorstellungen hinaus hart, schwer und gefährlich. Er erfordert die Aufbietung unserer ganzen nationalen Kraft. Hier ist eine Bedrohung des Reiches und des europäischen Kontinents gegeben, die alle bisherigen Gefahren des Abendlandes weit in den Schatten stellt. Würden wir in diesem Kampf versagen, so verspielten wir damit überhaupt unsere geschichtliche Mission. Alles, was wir bisher aufgebaut und geleistet haben, verblaßt angesichts der gigantischen Aufgabe, die hier der deutschen Wehrmacht unmittelbar und dem deutschen Volke mittelbar gestellt ist.

Ich wende mich in meinen Ausführungen zuerst an die Weltöffentlichkeit und proklamiere ihr gegenüber drei Thesen unseres Kampfes gegen die bolschewistische Gefahr im Osten.

Die erste dieser Thesen lautet: Wäre die deutsche Wehrmacht nicht in der Lage, die Gefahr aus dem Osten zu brechen, so wäre damit das Reich und in kurzer Folge ganz Europa dem Bolschewismus verfallen.

Die zweite dieser Thesen lautet: Die deutsche Wehrmacht und das deutsche Volk allein besitzen mit ihren Verbündeten die Kraft, eine grundlegende Rettung Europas aus dieser Bedrohung durchzuführen.

Die dritte dieser Thesen lautet: Gefahr ist im Verzuge. Es muß schnell und gründlich gehandelt

12시 2분 전이었습니다!

더 이상의 망설임은 자칫 제국의 괴멸과 유럽대륙의 완전한 볼세비즘화로 이어질 것입니다.

우리가 볼세비즘정권의 대규모 위장성세공작을 맞이하여 소비에트연방의 전쟁역량을 제대로 평가하지 못한 것은 이해됩니다. 거우 지금에야 그의 야만적 위세의 전모가 우리에게 드러납니다. 이 때문에 우리의 병사들이 동부에서 이겨야 하는 전투가 또한 모든 인류의 상상을 넘어 혹독하고 힘들며 위협적입니다. 그 전투는 우리 국가의 총력을 투입할 것을 요구합니다. 지금까지 서구세계의 모든 위험을 압도하는 제국과 유럽대륙에 대한 위기가 여기에 존재합니다. 우리가 이 전투를 거부한다면 이로써 우리는 바로 우리의 역사적 사명을 저버리게 됩니다. 지금까지 우리가 세우고 이룬 모든 것이 지금 독일국방군에게 직접으로, 그리고 독일인민에게 간접으로 설정된 거대한 과업 앞에서 빛을 잃습니다.

나는 나의 연설에서 우선 세계만방으로 방향을 돌리고 세계만방에 대하여 동부에서 볼세비즘의 위험에 대응하는 우리 투쟁의 3개 명제를 선언합니다.

첫째 명제입니다: 독일국방군이 동부로부터의 위험을 격퇴할 상태에 있지 않으면, 이로써 제국이, 그리고 짧은 기간 안에 전 유럽이 볼세비즘의 손에 떨어질 것입니다.

둘째 명제입니다: 독일국방군과 독일인민만이 그의 동맹국과 함께 유럽을 그러한 위협에서 완전히 구할 수 있는 힘을 가지고 있습니다.

셋째 명제입니다: 위험이 임박합니다. 신속하고 철저하게 행동하여야 합니다. 그렇지 않

werden, sonst ist es zu spät.

Zur ersten These habe ich im einzelnen zu be-
merken: Der Bolschewismus hat seit jeher ganz
offen das Ziel proklamiert, nicht nur Europa, sondern die ganze Welt zu revolutionieren und sie in
ein bolschewistisches Chaos zu stürzen. Dieses
Ziel ist seit Beginn der bolschewistischen Sowjetunion seitens des Kreml ideologisch vertreten und
praktisch verfochten worden. Es ist klar, daß Stalin
und die anderen Sowjetgrößen, je mehr sie glauben, sich der Verwirklichung ihrer weltzerstöre-
rischen Absichten zu nähern, um so mehr auch
bestrebt sind, diese zu tarnen und zu verschleiern.
Das kann uns nicht beirren. Wir gehören nicht zu
jenen furchtsamen Gemütern, die wie das hypno-
tisierte Kaninchen auf die Schlange schauen, bis sie
es verschlingt. Wir wollen die Gefahr rechtzeitig
erkennen und ihr auch rechtzeitig mit wirksamen
Mitteln entgegentreten. Wir durchschauen nicht
nur die Ideologie, sondern auch die Praktiken des
Bolschewismus, denn wir haben uns schon einmal
mit ihnen, und zwar mit denkbar größtem Erfolg,
auf innerpolitischem Felde auseinandergesetzt.
Uns kann der Kreml nichts vormachen. Wir haben in einem vierzehnjährigem Kampf vor der
Machtübernahme und in einem zehnjährigem
Kampf nach der Machtübernahme seine Absichten
und infamen Weltbetrugsmanöver demaskiert.

Das Ziel des Bolschewismus ist die Weltrevolu-
tion der Juden.
Sie wollen das Chaos über das Reich und über
Europa hereinführen, um in der daraus entstehen-
den Hoffnungslosigkeit und Verzweiflung der
Völker ihre internationale, bolschewistisch ver-
schleierte kapitalistische Tyrannei aufzurichten.

(Die Menge gibt ihrer Entrüstung durch laute
Pfui-Rufe Ausdruck.)

Was das für das deutsche Volk bedeuten würde,

으면 너무 늦습니다.

첫째 명제에 관하여 나는 하나 하나씩 언급
합니다: 볼셰비즘은 오래전부터 유럽만이 아
니라 전세계를 혁명화하고 이들을 볼셰비즘
의 혼란으로 밀어 넣을 목표를 아주 공공연하
게 천명하였습니다. 그 목표는 볼셰비즘 소비
에트연방이 건국된 때부터 크레믈린 측에서
이념으로 표방되고 현실에서 제창되었습니다.
스탈린과 그밖의 소비에트지도자들이 그들익
세계를 파괴하려는 의도의 실현에 가까워졌다
고 믿을수록 그 의도를 위장하고 숨기려는 노
력이 더하여졌음은 명백합니다. 그것이 우리
를 흔들 수 없습니다. 우리는 뱀이 그를 꿀꺽
삼킬 때까지 뱀을 바라보는 최면에 걸린 토끼
와 같이 그렇게 겁에 질린 사람이 아닙니다.
우리는 적시에 위험을 인식하고 적시에 유효
한 수단으로 위험에 대처합니다. 우리는 볼셰
비즘의 이념만이 아니라 전술을 꿰뚫습니다.
왜냐하면 우리는 이미 한번 국내정치 분야에
서 이들과 대결하여 괄목할 만한 위대한 성과
를 얻었기 때문입니다. 크레믈린은 어떤 것도
속일 수 없습니다. 우리는 정권을 인수하기 전
의 14년의 투쟁과 정권을 인수한 후의 10년의
투쟁에서 그의 의도와 비열한 세계기망공작의
가면을 벗겼습니다.

볼셰비즘의 목표는 유대인의 세계혁명입니다.

유대인들은 제국과 유럽에 혼란을 불러들이
고 이로써 발생한 인민의 절망과 회의 속에서
국제적이고 볼셰비즘으로 위장된 자본주의적
폭정을 수립하려고 합니다.

(군중들이 커다란 함성[Pfui-Rufe]으로 그
들의 분노를 표현하였다)

무엇이 독일인민들에게 중요할 것인지를 자

braucht nicht näher erläutert zu werden. Es würde mit der Bolschewisierung des Reiches eine Liquidierung unserer gesamten Intelligenz- und Führungsschicht und als Folge davon die Überführung der arbeitenden Massen in die bolschewistisch-jüdische Sklaverei nach sich ziehen. Man sucht in Moskau Zwangsarbeitsbataillone, wie der Führer in seiner Proklamation zum 30. Januar schon sagte, für die sibirischen Tundren. Der Aufstand der Steppe macht sich vor unseren Fronten bereit, und der Ansturm des Ostens, der in täglich sich steigender Stärke gegen unsere Linien anbrandet, ist nichts anderes als die versuchte Wiederholung der geschichtlichen Verheerungen, die früher schon so oft unseren Erdteil gefährdet haben.

Damit aber ist auch eine unmittelbare akute Lebensbedrohung für alle europäischen Mächte gegeben. Man soll nicht glauben, daß der Bolschewismus, hätte er die Gelegenheit, seinen Siegeszug über das Reich anzutreten, irgendwo an unseren Grenzen haltmachen würde. Er treibt eine Aggressionspolitik und Aggressionskriegführung, die ausgesprochen auf die Bolschewisierung aller Länder und Völker ausgeht.

Papierene Erklärungen, die von seiten des Kreml oder als Garantieverpflichtungen von seiten Londons oder Washingtons gegen diese nicht zu bestreitenden Absichten abgegeben werden, imponieren uns nicht. Wir wissen, daß wir es im Osten mit einer infernalischen politischen Teufelei zu tun haben, die die sonst unter Menschen und Staaten üblichen Beziehungen nicht anerkennt. Wenn beispielsweise der englische Lord Beaverbrook[6] erklärt, daß Europa dem Sowjetismus zur Führung überantwortet werden müsse, wenn ein maßgeblicher amerikanisch-jüdischer Journalist Brown[7] diese These durch die zynische Verlautbarung ergänzt, daß eine

세히 설명할 필요는 없습니다. 제국의 볼셰비즘화와 함께 우리 지식층과 지도층 전부의 말살과 그 결과로 노동대중의 볼셰비즘-유대노예화가 뒤따를 것입니다. 최고지도자께서 이미 1월 30일 그의 선언에서 말씀하신 것과 같이, 모스크바에서 시베리아툰드라지대를 위한 강제노동수용소를 찾습니다. 초원의 저항은 우리의 전선 앞에 이미 준비되어 있으며, 날이 갈수록 우리 전선에 더욱 거세어지는 동부의 공격은 지난 과거에 그렇게도 자주 우리의 세계대륙을 위협하였던 역사적 파괴를 반복하여 시도하는 것과 다르지 않습니다.

그러나 이와 더불어 모든 유럽 열강에게 직접적이고 절박한 삶의 위기가 일어납니다. 사람들은, 볼셰비즘이 제국에 대하여 승리를 거둘 기회를 가지더라도, 우리의 국경 어디선가에서 멈출 것이라고 결코 믿어서는 안됩니다. 볼셰비즘은 끝까지 모든 국가와 민족의 볼셰비즘화를 목표로 하는 공격전술과 공격작전을 추진합니다.

이처럼 다툼이 없는 목표에 대응하여 크레믈린 측이 또는 런던이나 워싱턴 측에서 보장의무로 만든 종이쪼가리의 성명들은 우리에게 아무런 감흥을 주지 않습니다. 우리는 동부에서, 그렇지 않으면 사람들과 국가들 사이의 일상적인 관계를 전혀 인정하지 않는 지옥과 같은, 정치적 악마놀음을 겪고 있음을 압니다. 예를 들면, 영국의 비버브룩경이 유럽이 소비에트주의의 지도로 넘어가야 한다고 말하거나 권위있는 미국유대계 언론인 브라운이 유럽의 볼셰비즘화가 아마도 우리 대륙의 문제에 대한 해결안을 제시할 것이라는 냉소적인 기사로 그 논제를 보완하였을 때에도, 우리는 그

---

6) William Maxwell Aitken, 1st Baron Beaverbrook, PC, ONB(1879-1964). 영국과 캐나다의 신문발행인, 20세기 초반 영국의 방송과 정치에 막강한 영향력을 행사한 막후정치가. 영국의 초대 항공기생산군수상 (Minister of Aircraft Production, 1940-1941).

7) Cecil Brown(1907-1987), 미국의 2차대전 종군기자.

Bolschewisierung Europas vielleicht überhaupt die Lösung unseres kontinentalen Problems darstellte, so wissen wir genau, was damit gemeint ist. (Beim Namen Beaverbrook erheben sich Pfui-Rufe, die sich zu lauten Mißfallenskundgebungen steigern.)

Die europäischen Mächte stehen hier vor ihrer entscheidenden Lebensfrage. Das Abendland ist in Gefahr. Ob ihre Regierungen und ihre Intelligenzschichten das einsehen wollen oder nicht, ist dabei gänzlich unerheblich.

Das deutsche Volk jedenfalls ist nicht gewillt, sich dieser Gefahr auch nur versuchsweise preiszugeben. Hinter den anstürmenden Sowjetdivisionen sehen wir schon die jüdischen Liquidationskommandos, hinter diesen aber erhebt sich der Terror, das Gespenst des Millionenhungers und einer vollkommenen Anarchie. Hier erweist sich wiederum das internationale Judentum als das teuflische Ferment der Dekomposition, das eine geradezu zynische Genugtuung dabei empfindet, die Welt in ihre tiefste Unordnung zu stürzen und damit den Untergang jahrtausendalter Kulturen, an denen es niemals einen inneren Anteil hatte, herbeizuführen. Wir wissen damit also, vor welcher geschichtlichen Aufgabe wir stehen. Eine zweitausendjährige Aufbauarbeit der abendländischen Menschheit ist in Gefahr. Man kann diese Gefahr gar nicht ernst genug schildern, aber es ist auch bezeichnend, daß, wenn man sie nur beim Namen nennt, das internationale Judentum in allen Ländern dagegen mit lärmenden Ausführungen Protest erhebt. So weit also ist es in Europa schon gekommen, daß man eine Gefahr nicht mehr eine Gefahr nennen darf, wenn sie eben vom Judentum ausgeht. Das aber hindert uns nicht daran, die dazu notwendigen Feststellungen zu treffen.

Wir haben niemals Angst vor den Juden gehabt und haben sie heute weniger denn je. (Aus der Versammlung wird spontan in stürmischen Rufen die Forderung laut: Juden raus!)

Wir haben das auch früher in unserem innerpolitischen Kampfe getan, als das kommunistische

말의 뜻이 무엇인지 정확히 압니다. (비버브룩의 이름이 나올 때 커다란 야유의 표시로 높은 외침이 일어났다)

유럽세력은 이제 중대한 생존문제를 마주합니다. 서방세계는 위험에 빠져 있습니다. 여기에서 그들의 정부와 그들의 지식층이 이를 통찰하려고 하는지의 여부는 전혀 중요하지 않습니다.

독일인민은 심지어 시험삼아서라도 그러한 위험에 몸을 던질 생각이 조금도 없습니다. 우리는 진격하는 소비에트군대의 뒤에 벌써 유대인의 청소부대를 발견하며, 그들의 뒤에서 다시 테러, 수백만의 기아와 완전한 무정부상태의 유령이 몸을 일으킵니다. 여기에서 또 다시 국제유대주의가 세계를 깊은 무질서로 빠뜨리고 내부지분도 전혀 없으면서 수천년간 쌓아 올린 문화에 쇠락을 부르는 철면피처럼 쾌락만을 좇는 악마와 같은 분해효소임이 증명됩니다. 이로써 우리는 우리가 어떠한 역사적 사명 앞에 서 있는지 알게 됩니다. 2,000년에 이르는 서구인류의 건설작업이 위험에 처해 있습니다. 사람들은 그 위험을 정녕 제대로 묘사할 수는 없습니다만, 사람들이 이들을 이름으로만 부를 때에도 국제유대주의가 모든 나라에서 시끄러운 행사와 함께 시위한다는 것이 또한 특징적입니다. 유럽에서 위험이 유대주의에서 유래하는 경우에도, 사람들이 위험을 더 이상 위험이라고 부를 수 없을 정도에 이르렀습니다. 그러나 그것이 그에 필요한 확신을 얻는 것을 가로막지는 않습니다.

우리는 유대인을 겁낸 적이 없고, 오늘날 어느 때보다 겁내지 않습니다.(군중들에서 자발적으로 열렬한 함성 속에서 요구가 커져간다: 유대인 나가라!)

우리는 또한 이전에, 공산주의유대인들이 "베를리너 타게블라트"와 "포시쉔 짜이퉁"에

Judentum sich des demokratischen Judentums im, "Berliner Tageblatt" und in der „Vossischen Zeitung" bediente, um eine Gefahr, die von Tag zu Tag drohender wurde, zu verniedlichen und zu bagatellisieren, um damit die von ihr bedrohten Teile unseres Volkes in Sicherheit einzuwiegen und ihre Abwehrkräfte einzuschläfern. Wir sähen, wenn wir dieser Gefahr nicht Herr würden, im Geiste schon das Gespenst des Hungers, des Elends und einer Millionenzwangsarbeit für das deutsche Volk heraufziehen, sähen den ehrwürdigsten Erdteil in seinen Grundfesten wanken und unter seinen Trümmern das geschichtliche Erbe der abendländischen Menschheit begraben. Das ist das Problem, vor dem wir stehen.

Meine zweite These lautet: Allein das Deutsche Reich mit seinen Verbündeten ist in der Lage, die eben geschilderte Gefahr zu bannen. Die europäischen Staaten einschließlich Englands behaupten, stark genug zu sein, einer Bolschewisierung des europäischen Kontinents, sollte sie einmal praktisch gegeben sein, rechtzeitig und wirksam entgegenzutreten. Diese Erklärung ist kindisch und verdient überhaupt keine Widerlegung.

Sollte die stärkste Militärmacht der Welt nicht in der Lage sein, die Drohung des Bolschewismus zu brechen, wer brächte dann noch die Kraft dazu auf?

(Stürmische Rufe aus der Menge: Niemand!)

Die neutralen europäischen Staaten besitzen weder das Potential noch die militärischen Machtmittel noch die geistige Einstellung ihrer Völker, um dem Bolschewismus auch nur den geringsten Widerstand entgegenzusetzen. Sie würden im Bedarfsfall von seinen motorisierten Roboterdi-

서 민주유대인으로 근무하였을 때, 국내정치적 투쟁에서 나날이 더욱 위험화하는 위험을 줄여 하찮게 만들고 이로써 우리 인민 중에서 그 위험으로부터 위협받는 사람들을 안전하게 하고 공산유대인의 방어력을 잠재우기 위하여 노력했습니다. 우리가 그러한 위험의 지배자가 될 수 없다면, 우리는 머릿속에서 이미 기아, 곤궁과 수백만의 강제노역의 유령이 독일인민에게 밀려오는 것을 목격하고 영광스러운 대륙을 근간부터 흔들고 서구인류의 역사적 상속인들을 그 폐허 아래에 묻는 것을 목격하게 될 것입니다. 이것이 우리가 당면한 문제입니다.

나의 둘째 명제입니다: 독일제국만이 그의 동맹국과 함께 방금 설명한 위험을 몰아낼 수 있는 위치에 있습니다. 영국을 포함한 유럽국가들은 유럽대륙의 볼셰비즘화가 일단 현실화되는 일이 있더라도, 적시에 그리고 유효하게 그에 맞설 수 있을 만큼 강하다고 주장합니다. 그러한 성명은 유치하고 반론할 가치가 조금도 없습니다.

세계 최강의 군사력이 볼셰비즘의 위협을 분쇄할 위치에 있지 않다면, 가뜩이나 누가 그 세력을 부술 것입니까?

(노도와 같은 함성: 아무도 없습니다!)

중립의 유럽국가들은 공산주의에 대하여 조그만한 저항이라도 할 수 있는 힘이나 군사력 또는 그의 민족의 정신적 자세조차 가지고 있지 않습니다. 그들은 필요할 경우 볼셰비즘의 기동화된 로보트[8]사단에 의하여 수일 내에 치워져 버릴 것입니다. 중부의 작은 유럽국가

---

8) 또는 Robath. 노동(Arbeit)과 같은 뜻의 서슬라브어 rabota에 기원하여 대토지소유자에게 봉건적·육체적 노무급부의무, 즉 부역의무를 지는 농민 또는 노무급부 자체를 뜻하는 단어로서, Josef Čapek(1887-1945, 화가, 작가, 삽화가, 사진작가)이 만든 조어. Karel Čapek(1890-1938, 작가, 번역가, 언론인)이 1920년의 공상과학희곡 Rossumovi Univerzální Roboti(사고하는 보편적 인조인간, R.U.R.)에서 거대시설에서 양생되는 인간을 닮은 '인조노동자'를 robot(현대어로는 Android)로 형상화하고 중세 이래 유대신비주의 전설에 담긴 박해받는 프라하 유대인을 수호하는 미완성체 골룸(Prager Golem)을 주제화.

visionen in wenigen Tagen überfahren werden.
In den Hauptstädten der mittleren und kleinen
europäischen Staaten tröstet man sich mit der Absicht, man müsse sich gegen die bolschewistische
Gefahr seelisch rüsten. (Heiterkeit.) Das erinnert
verzweifelt an die Erklärungen der Mittelparteien
aus dem Jahre 1932, daß der Kampf gegen den
Kommunismus nur mit geistigen Waffen aus-
gefochten und gewonnen werden könne. Diese
Behauptung war uns auch damals zu albern, als
daß wir uns damit auseinandergesetzt hätten. Der
östliche Bolschewismus ist nicht nur eine terroristische Lehre, sondern auch eine terroristische
Praxis. Er verfolgt seine Ziele und Zwecke mit
einer infernalischen Gründlichkeit, unter restloser
Ausschöpfung seines inneren Potentials und ohne
jede Rücksichtnahme auf Glück, Wohlstand und
Frieden der von ihm unterjochten Völkerschaften.

　　Was wollten England und Amerika tun, wenn
der europäische Kontinent im gröbsten Unglücks-
fall dem Bolschewismus in die Arme fiele? Will
man Europa von London aus vielleicht einreden,
daß eine solche Entwicklung an der Kanalgrenze
haltmachen würde? Ich habe schon einmal darauf
hingewiesen, daß der Bolschewismus seine Frem-
denlegionen auf dem Boden aller demokratischen
Staaten bereits in den kommunistischen Parteien
stehen hat. Keiner dieser Staaten kann von sich
behaupten, gegen eine innere Bolschewisierung
immun zu sein. Eine jüngst vorgenommene
Nachwahl zum englischen Unterhaus ergab, daß
der unabhängige, dh. kommunistische Kandidat
in einem Wahlkreis, der bisher unumschränkte
Domäne der Konservativen war, von insgesamt
22 371 Stimmen 10 741 erhielt, das heißt, daß die
Rechtsparteien allein in diesem einen Kreise im
Verlaufe von nur kurzer Zeit rund 10 000, also die
Hälfte aller Wählerstimmen an die Kommunisten

들의 수도에서 사람들은 볼셰비즘의 위험에 대항하여 정신무장하여야 한다는 의사를 가지고 스스로 위안합니다. (폭소) 이는 의심의 여지없이 공산주의를 상대로 하는 투쟁이 오로지 정신무장만으로 수행되고 이겨낼 수 있다는 1932년의 중립당9)선언을 떠올리게 합니다. 당시 우리가 다투기에도 그 주장은 우리에게 너무나 어리석었습니다: 동부의 볼셰비즘은 테러의 이론일 뿐 아니라 테러의 현실입니다. 볼셰비즘은 끊임없이 내부의 잠재력을 소진하면서 그의 압제에 시달리는 인민의 행복, 복리와 평화를 조금도 배려하지 않고 극악무도할 정도로 철저하게 그의 목표와 목적을 추구합니다.

　　최악의 경우 유럽대륙이 볼셰비즘의 품에 떨어지면 영국과 미국은 무엇을 할 것입니까? 런던으로부터 그러한 진척이 [도버]해협의 해안에서 멈출 것이라고 유럽을 설득하겠습니까? 나는 이미 볼셰비즘이 모든 민주국가의 국토에서 공산당 안에 외인부대를 설치했다는 사실을 이미 지적하였습니다. 이들 중 어느 국가도 내부로부터의 볼셰비즘화에 면역되었다고 우길 수 없습니다. 최근 이루어진 영국하원의 보궐선거는 지금까지 보수당의 절대영지였던 선거구에서 무소속의, 말을 바꾸면 공산주의 후보가 22,371의 투표 중 10,741표를 얻어 그 구역에서 우익정당들이 그도록 짧은 기간이 지나는 동안에 대략 10,000표, 즉 전체 투표의 절반을 공산주의자에게 잃은 사실을 증명하며, 이는 볼셰비즘의 위험이 역시 영국에서도 존재하고 사람들이 이를 보지 않으려는 것만으로는 몰아낼 수 없다는 유력한 증거입니다. 소비에트연방이 스스로 떠맡는 모든 영토적 의무는 우리의 눈에 아무런 효용가치도

---

9) 이는 1918년 독일제국의 보수당과 국가자유당의 의원들이 뉘른베르크에서 창당한 바이에른 중립당(Bayerische Mittelpartei, BMP)과 1873부터 1933년까지 있었던 프로이센 교회중립당(kirchliche Mittelpartei) 또는 신교협의회(Evangelische Vereinigung)을 총괄하는 개념.

verloren, ein Beweis mehr dafür, daß die bolschewistische Gefahr auch in England gegeben ist und
daß sie nicht dadurch gebannt wird, daß man sie
nicht sehen will. Alle territorialen Verpflichtungen, die die Sowjetunion auf sich nimmt, besitzen
in unseren Augen keinen effektiven Wert. Der
Bolschewismus pflegt seine Grenzen auch ideologisch und nicht nur militärisch zu ziehen, und
darin ist eben seine über die Grenzen der Völker
hinwegspringende Gefahr gegeben. Die Welt hat
also nicht die Wahl zwischen einem in seine alte
Zersplitterung zurückfallenden und einem unter
der Achsenführung sich neu ordnenden Europa,
sondern nur die zwischen einem unter dem militärischen Schutz der Achse stehenden und einem
bolschewistischen Europa.

Darüber hinaus bin ich der festen Überzeugung,
daß die lamentierenden Lords und Erzbischöfe in
London überhaupt nicht einmal die Absicht haben, der bolschewistischen Gefahr, die bei einem
weiteren Vordringen der Sowjetarmeen für die
europäischen Staaten gegeben wäre, praktisch
entgegenzutreten. Das Judentum hat die angelsächsischen Staaten geistig und politisch schon so tief
durchdungen, daß sie diese Gefahr überhaupt nicht
mehr sehen und wahr haben wollen. Wie es sich
in der Sowjetunion bolschewistisch tarnt, so tarnt
es sich in den angelsächsischen Staaten pluto-
kratisch-kapitalistisch. Die Methoden der Mimikry
sind bei der jüdischen Rasse bekannt. Sie geht seit
jeher darauf aus, ihre Gastvölker einzuschläfern und
damit ihre Abwehrkräfte gegen von ihr stammende
akute und lebensgefährdende Bedrohungen zu läh-
men. (Zurufe aus der Menge: Wir haben sie erlebt!)

Unsere Einsicht in diese Problematik hat uns
schon früh die Erkenntnis vermittelt, daß das
Zusammengehen zwischen internationaler Pluto-
kratie[10] und internationalem Bolschewismus

없습니다. 볼셰비즘은 그의 국경을 이념적·
군사적으로 장악하기 위하여 노력하며, 그안
에 국가의 경계를 초월하는 볼셰비즘의 위험
이 존재합니다. 세계는 과거의 분열상태로 회
귀하는 유럽과 동맹국축의 지도로 개편되는
유럽 사이의 선택권이 아니라 오직 동맹국축
의 군사보호 아래에 있는 유럽과 볼셰비즘의
유럽 사이에서 선택권을 가질 뿐입니다.

더 나아가 나는 징징대는 런던의 귀족들과
대주교들이 소비에트군대가 계속 진군할 때에
유럽국가들에게 일어날 수 있는 볼셰비즘의
위험에 실제로 대항하려는 의사가 아예 없다
고 확신합니다. 유대주의가 앵글로색슨국가들
에 정신적, 정치적으로 이미 너무나 깊게 침투
한 탓에 이들은 그 위험을 더 이상 보거나 받
아들이려고 하지 않습니다. 그가 소비에트연
방에서 볼셰비즘으로 위장한 것과 같이 그는
앵글로색슨국가에서 금권정치적–자본주의로
위장합니다. 보호색 위장방법은 유대인종에게
유명합니다. 유대인종들은 오래 전부터 그들
이 머무는 체류국을 안심시키고 그들로부터
비롯하는 절박하고 목숨을 위태롭게 하는 위
협에 대한 방어력을 무력화하려고 합니다. (군
중들로부터 환호: 우리는 그들을 이겨냈다!)

이 문제성에 대한 우리의 통찰은 일찍부터
우리가 국제금권정치주의와 국제볼셰비즘의
제휴가 전적으로 모순이 아니라 뿌리깊고 근
원적인 의미를 가진다는 것을 인식하게 하였

---

10) Plutokratie($\pi\lambda o \upsilon \tau o \kappa \rho \alpha \tau i \alpha$) 또는 Plutarchie($\mathring{\alpha} \rho \chi \epsilon \iota \nu$)는 자산을 국가지배권의 기본요소로 하는 일종의 금권지배
체제. 민족사회주의 아래에서 Plutokratie는 영국과 미국을 비하하고 그들을 민족사회주의의 적으로 만들기 위
하여 괴벨스가 애용한 개념으로 민주주의는 그 하위개념이다.

durchaus keinen Widersinn, sondern einen tiefen und ursächlichen Sinn darstellt. Über unser Land hinweg reicht sich bereits das westeuropäische scheinzivilisierte Judentum und das Judentum des östlichen Gettos die Hände. Damit ist Europa in Todesgefahr.

Ich schmeichle mir nicht, mit diesen Ausführungen die öffentliche Meinung in den neutralen oder gar in den feindlichen Staaten alarmieren zu können. Das ist auch nicht ihr Zweck und ihre Absicht. Ich weiß, daß die englische Presse morgen mit einem wütenden Gekläff über mich herfallen wird, ich hätte angesichts unserer Belastung an der Ostfront die ersten Friedensfühler ausgestreckt. (Stürmisches Gelächter.) Davon kann überhaupt keine Rede sein.

In Deutschland denkt heute kein Mensch an einen faulen Kompromiß, das ganze Volk denkt nur an einen harten Krieg.

Ich beanspruche aber als ein verantwortlicher Sprecher des führenden Landes dieses Kontinents für mich das souveräne Recht, eine Gefahr eine Gefahr zu nennen, wenn sie nicht nur unser eigenes Land, sondern unseren ganzen Erdteil bedroht. Als Nationalsozialisten haben wir die Pflicht, Alarm zu schlagen gegen die versuchte Chaotisierung des europäischen Kontinents durch das internationale Judentum, das sich im Bolschewismus eine terroristische Militärmacht aufgebaut hat, deren Bedrohlichkeit überhaupt nicht überschätzt werden kann.

Die dritte These, die ich hier näher erläutern will, ist die, daß Gefahr unmittelbar im Verzuge ist. Die Lähmungserscheinungen der westeuropäischen Demokratien gegen ihre tödlichste Bedrohung sind herzbeklemmend. Das internationale Judentum fördert sie mit allen Kräften. Genau so, wie der Widerstand gegen den Kommunismus in unserem Kampf um die Macht in unserem eigenen Lande von den jüdischen Zeitungen künstlich eingeschläfert und nur durch den Nationalsozialismus wieder erweckt wurde, genau so ist das heute bei den anderen Völkern der Fall. Das Judentum erweist sich

습니다. 문명화로 가장된 서유럽의 유대주의와 동부의 유대인집단거주지역의 유대주의가 이미 우리나라를 건너 서로 손을 맞잡고 있습니다. 이로 인하여 유럽은 죽음의 위기에 있습니다.

나는 이러한 설명으로 중립국이나 심지어 적대국에서 여론에 경고할 수 있을 것이라고 과대포장하지 않습니다. 이것은 또한 그의 목적이나 의도가 아닙니다. 나는 영국언론이 내일 분노의 울부짖음과 함께 내가 동부전선에서 우리의 부담을 맞이하는 최초의 평화더듬이가 될 태세라고 하면서 나를 때릴 것을 압니다.(열렬한 폭소). 그건 말도 안 됩니다.

독일에서 오늘날 어느 누구도 적당한 타협을 상상하지 않으며, 전체 인민은 오로지 힘든 전쟁만을 생각합니다.

그러나 나는 이 대륙을 선도하는 나라의 책임있는 연사로서 우리나라만이 아니라 우리의 대륙 전역을 위협하는 위기를 위기라고 부를 수 있는 주체적 권리를 요구합니다. 민족사회주의자로서 우리는 볼셰비즘 안에서 그 위협이 어떻게 하여도 과대평가될 수 없는 테러적 군사력을 구축한 국제유대주의가 추구하는 유럽대륙의 혼란화에 맞서서 경종을 울릴 의무가 있습니다.

내가 지금 더 자세히 밝히려는 셋째 명제는, 위기가 임박하다는 것입니다. 자신에게 치명적인 위협을 상대하는 서유럽 민주주의의 마비현상이 가슴조이게 합니다. 국제유대주의는 총력을 다하여 후원합니다. 바로 우리 조국에서 권력을 향한 우리의 투쟁에서 공산주의에 대한 저항이 유대인신문에 의하여 인위적으로 잠재워지고 오로지 민족사회주의에 의하여 다시 일깨워진 것과 같이, 이는 오늘날 다른 국가들에게도 그렇습니다. 여기에서 유대주의가 악의 화신이며 파멸이 조형화된 악마이고 국제적으로 문화를 파괴하는 혼돈의 주범임이

hier wieder einmal als die Inkarnation des Bösen, als plastischer Dämon des Verfalls und als Träger eines internationalen kulturzerstörerischen Chaos.

Man wird, um das hier nur zu erwähnen, in diesem Zusammenhang auch unsere konsequente Judenpolitik verstehen können.

Wir sehen im Judentum für jedes Land eine unmittelbare Gefahr gegeben. Wie andere Völker sich gegen diese Gefahr zur Wehr setzen, ist uns gleichgültig. Wie wir uns aber dagegen zur Wehr setzen, das ist unsere eigene Sache, in die wir keinerlei Einsprüche dulden.

Das Judentum stellt eine infektiöse Erscheinung dar, die ansteckend wirkt. Wenn das feindliche Ausland gegen unsere antijüdische Politik scheinheilig Protest einlegt und über unsere Maßnahmen gegen das Judentum heuchlerische Krokodilstränen vergießt, so kann uns das nicht daran hindern, das Notwendige zu tun. Deutschland jedenfalls hat nicht die Absicht, sich dieser Bedrohung zu beugen, sondern vielmehr die, ihr rechtzeitig und wenn nötig mit den radikalsten Gegenmaßnahmen entgegenzutreten. (Minutenlang ist der Minister durch laute Sprechchöre am Weiterreden gehindert.)

Im Zeichen all dieser Überlegungen steht die militärische Belastung des Reiches im Osten. Der Krieg der mechanisierten Roboter gegen Deutschland und gegen Europa ist auf seinen Höhepunkt gestiegen. Das deutsche Volk erfüllt mit seinen Achsenpartnern im wahrsten Sinne des Wortes eine europäische Mission, wenn es dieser unmittelbaren und ernsten Lebensbedrohung mit den Waffen entgegentritt. Wir lassen uns nicht durch das Geschrei des internationalen Judentums in aller Welt in der mutigen und aufrechten Fortführung des gigantischen Kampfes gegen diese Weltpest beirren. Er kann und darf nur mit Sieg enden. (Laute Zwischenrufe ertönen: "Deutsche Männer, ans Gewehr", "deutsche Frauen, an die Arbeit!")

Das Ringen um Stalingrad wurde in seiner tragischen Verwicklung geradezu zu einem Symbol

다시 한번 증명됩니다.

이 자리에서는 단지 사람들이 그러한 관계 안에서 우리의 일관된 유대인정책을 이해할 수 있게 된다고 말씀드립니다.

우리는 유대주의 안에서 모든 국가에 대한 직접적인 위험이 존재하는 것을 봅니다. 다른 국가들이 어떻게 그 위험에 대항하여 방어하는지는 우리에게 중요하지 않습니다. 그러나 우리가 어떻게 그에 대항하여 방어하는지는 우리가 결단코 반론을 용납할 수 없는 우리 자신의 과제입니다.

유대주의는 전염되는 감염현상을 보입니다. 적국이 거짓으로 우리의 반유대정책을 항의하고 유대주의에 대한 우리의 조치를 두고 위선적인 악어의 눈물을 흘리더라도 이는 우리가 필요한 일을 하는 것을 막을 수 없습니다. 어떤 경우에도 독일은 그러한 위협을 회피할 의사가 없고 오히려 적시에, 그리고 필요한 경우 가장 단호한 대응조치로 이에 맞서려는 의사만을 가집니다. (커다란 지지의 합창으로 선전상은 몇분 동안 연설을 계속할 수 없었다.)

동부에서 제국의 군사적 부담이 모든 그러한 성찰의 특징을 가집니다. 독일과 유럽을 상대로 하는 기계화된 로보트들의 전쟁은 정점에 이르렀습니다. 독일인민이 그와 같이 무력화된 직접적이고 심상치 않은 생명의 위협을 마주할 때에는, 그는 그의 동맹주축국들과 협력하여 가장 진정한 언어의 의미에서 유럽의 사명을 수행합니다. 우리는 우리가 전세계에서 국제유대주의의 소요로 인하여 세계적 흑사병을 마주하는 거대한 투쟁을 용기있고 과감하게 수행하는 도중에 흔들리도록 내버려두지 않습니다. 그 투쟁은 오직 승리로만 끝날 수 있고 승리로 끝나야 합니다. (큰 중간함성이 울린다: "독일남성이여, 무기를 들라", "독일여성이여, 노동하라!")

스탈린그라드전투는 그의 비극적 질곡 속에서 초원의 반란에 대한 이러한 영웅적인 남성

dieses heroischen, männlichen Widerstandes gegen den Aufruhr der Steppe. Es hatte deshalb nicht nur eine militärische, sondern auch eine geistige und seelische Bedeutung für das deutsche Volk von tiefstgreifender Wirkung. Erst hier sind uns unsere Augen für die aus diesem Kriege erwachsende vollkommen geöffnet worden. Wir wollen jetzt gar nichts mehr von falschen Hoffnungen und Illusionen hören. Wir wollen den Tatsachen, und wenn sie noch so hart und grausam sind, mutig in die Augen schauen. Denn jedesmal noch hat es sich in der Geschichte unserer Partei und unseres Staates erwiesen, daß eine erkannte Gefahr bald schon auch eine Gefahr ist. Im Zeichen dieses heroischen Widerstandes stehen unsere weiteren schwersten Abwehrkämpfe im Osten. Sie beanspruchen unseren Soldaten und ihre Waffen in einem Umfange, der uns bei allen bisherigen Feldzügen vollkommen unbekannt gewesen ist. Im Osten tobt ein Krieg ohne Gnade. Der Führer hat ihn richtig charakterisiert, als er erklärte, es werden aus ihm nicht Sieger und Besiegte, sondern nur noch Überlebende und Vernichtete hervorgehen.

Das deutsche Volk hat das ganz klar erkannt. Mit seinem gesunden Instinkt hat es sich auf eigene Weise einen Weg durch das Gestrüpp der tagesaktuell bedingten geistigen und seelischen Schwierigkeiten dieses Krieges gebahnt. Wir wissen heute genau, daß der Blitzkrieg des Polen- und Westfeldzuges für den Osten nur noch eine bedingte Gültigkeit hat. Hier kämpft die deutsche Nation um ihr Alles. Wir sind in diesem Kampf zu der Erkenntnis gekommen, daß das deutsche Volk hier seine heiligsten Güter, seine Familien, seine Frauen und seine Kinder, die Schönheit und Unberührtheit seiner Landschaft, seine Städte und Dörfer, das zweitausendjährige Erbe seiner Kultur und alles, was uns das Leben lebenswert macht, zu verteidigen hat.

Für diese Schätze unseres reichen Volkstums hat der Bolschewismus natürlich nicht das geringste Verständnis, und er würde auch im Bedarfsfalle

의 저항의 상징이 되었습니다. 이 때문에 그 전투는 군사적 의미와 함께 독일인민에게 깊은 감동이 어린 영향을 주는 영적·정신적 가치를 가집니다. 이로부터 비로소 이 전쟁으로부터 불거진 의미를 바라보는 우리의 시야가 완전히 열리게 되었습니다. 우리는 이제 거짓 희망과 환상에 더 이상 귀기울이지 않겠습니다. 우리는 사실을, 그리고 그 사실이 아무리 참혹하고 잔인하더라도 용기를 가지고 눈에 새기겠습니다. 인식된 위험은 벌써 틀림없는 위험이라는 것이 우리 당과 우리 국가의 역사에서 번번히 증명되기 때문입니다. 이러한 영웅적 저항의 표지 안에 우리가 앞으로 겪어야 할 가장 힘겨운 방어전투들이 동부에 존재합니다. 그 전투들은 지금까지의 모든 야전전투에서 우리에게 전혀 알려지지 않은 규모로 우리의 병사와 무기를 필요로 합니다. 자비 없는 전쟁이 동부에서 기승을 부립니다. 최고지도자는 그 전쟁에서 승자와 패자가 아니라 살아남은 자와 죽은 자만이 남는다고 설명하여 그 전쟁을 정확하게 특징지었습니다.

독일인민은 이를 아주 명확히 인식하였습니다. 독일인민은 그의 건강한 본능으로 자신만의 방식으로 실시간 연동된 이 전쟁의 영적·정신적 역경의 덤불숲을 가로지르는 통로를 열었습니다. 우리는 오늘 폴란드출정과 서부출정을 위한 전격군사전이 동부에서 오로지 제한된 성과만을 얻었다는 것을 정확하게 압니다. 그곳에서 독일민족은 그의 모든 것을 걸고 싸웁니다. 우리는 이 전투에서 독일인민이 그의 신성한 유산, 그의 가족, 그의 부녀자, 그의 경관의 아름다움과 처녀성, 그의 도시와 촌락들, 2,000년에 이르는 문화유산과 우리에게 삶을 살 가치가 있도록 만드는 모든 것을 지켜야 한다고 인식하게 되었습니다.

볼셰비즘은 당연히 이처럼 풍요한 우리 민족의 자산에 조그만한 이해심도 가지지 않으며, 더욱이 절실한 때에도 최소한의 배려조차

darauf nicht die geringste Rücksicht nehmen. Er tut das ja nicht einmal seinem eigenen Volke gegenüber. Die Sowjetunion hat das bolschewistische Kriegspotential seit 25 Jahren in einem Umfange ausgeschöpft, der für uns gänzlich unvorstellbar war und deshalb von uns auch falsch eingeschätzt wurde. Das terroristische Judentum hat sich in Rußland 200 Millionen Menschen dienstbar gemacht, dabei seine zynischen Methoden und Praktiken mit der stumpfen Zähigkeit der russischen Rasse vermählt, die deshalb eine um so größere Gefahr für die europäischen Kulturvölker darstellt. Im Osten wird ein ganzes Volk zum Kampf gezwungen. Hier werden Männer, Frauen, ja Kinder nicht nur in die Rüstungsfabriken, sondern auch in den Krieg getrieben.

Zweihundert Millionen stehen uns hier teils unter dem Terror der GPU.,[11] teils befangen in einer teuflischen Anschauung, mit wilder Stumpfheit gegenüber. Die Massen von Panzern, die in diesem Winter unsere östliche Front berennen, sind das Ergebnis eines fünfundzwanzigjährigen sozialen Unglücks und Elends des bolschewistischen Volkes. Dagegen müssen wir mit entsprechenden Gegenmaßnahmen antreten, wenn wir nicht das Spiel als verloren aufgeben wollen.

Ich gebe meiner festen Überzeugung Ausdruck, daß wir die bolschewistische Gefahr auf die Dauer nur niederringen können, wenn wir ihr, wenn auch nicht mit gleichen, so doch mit gleichwertigen Methoden entgegentreten. Die deutsche Nation steht damit vor der ernstesten Frage dieses Krieges, nämlich der, die Entschlossenheit aufzubringen, alles einzusetzen, um alles, was sie besitzt, zu erhalten, und alles, was sie zum späteren Leben nötig hat, dazuzugewinnen.

Es geht also nicht mehr darum, heute einen hohen Lebensstandard auf Kosten unserer Verteidigungskraft gegen den Osten aufrechtzuerhalten, es geht vielmehr darum, unsere Verteidigungskraft zu

하지 않을 것입니다. 볼세비즘은 심지어 그의 국민에게도 한 번도 그러지 않습니다. 소비에트연방은 25년 전부터 볼세비즘의 전쟁물자를 우리가 전혀 예견할 수 없었고 이 때문에 우리가 오판한 규모로 투입하였습니다. 공포정치를 펼치는 유대주의는 러시아에서 2억명의 사람들을 복무하도록 강제하였고, 그 과정에서 그들의 철면피 같은 수단과 실행방법을 러시아인종의 어리석은 끈기와 섞었고 이 때문에 이들은 유럽의 문명국가에 아주 큰 위험이 되었습니다. 동부에서 전체 인민에게 전투가 강제됩니다. 그곳에서 남성, 여성은 물론 아동들도 군수공장만이 아니라 전쟁으로까지 내몰립니다.

2억명이, 일부는 비밀경찰의 공포정치 아래, 다른 일부는 악마관에 사로잡혀 거친 끈질김으로 우리와 대치합니다. 이 겨울에 우리의 동부전선을 치닫는 전차군단은 볼세비즘의 인민들의 25년에 걸친 사회적 재난과 불행의 산물입니다. 이를 대항하여 우리가 그 시합을 진 것으로 포기하지 않으려면 우리는 걸맞은 대응조치를 하여야 합니다.

나는 우리가 같은 방법까지는 아니더라도 같은 무게를 가진 방법으로 볼세비즘의 위험에 대항할 때에만 우리가 지속적으로 그 위험을 억제할 수 있다는 나의 확신을 표명합니다. 이로써 독일민족은 이 전쟁에서 가장 중대한 현안, 즉 독일민족이 가진 전력을 보전하고 독일민족이 미래의 삶에 필요로 하는 모든 것을 얻기 위하여 전력을 쏟아붓는 결연한 의지를 고양하는 현안 앞에 서 있습니다.

오늘날 동부에 대한 우리의 방어력을 대가로 높은 생활수준을 유지하는 것은 더 이상 중요하지 않으며, 더 이상 시대에 맞지 않는 높은 생활수준을 대가로 우리의 방어력을

---

11) 소비에트연방 비밀경찰(Gossudarstwennoje polititscheskoje uprawlenije, 1922-1934).

stärken auf Kosten eines nicht mehr zeitgemäßen hohen Lebensstandards. Das hat durchaus nichts mit Nachahmung bolschewistischer Methoden zu tun. Wir haben auch früher im Kampf gegen die Kommunistische Partei andere Methoden ange-wandt, als wir sie gegen die bürgerlichen Partei-en anwandten. Denn hier trat uns ein Gegner ge-genüber, der anders angefaßt werden mußte, wenn man mit ihm fertig werden wollte. Er bediente sich des Terrors, um die nationalsozialistische Bewe-gung niederzuschlagen. Terror aber wird nicht mit geistigen Argumenten, sondern nur mit Gegenter-ror gebrochen.

Die geistige Bedrohung, die der Bolschewis-mus darstellt, ist bekannt; sie wird auch im neu-tralen Ausland nicht bestritten. Über die geistige Bedrohung hinaus aber stellt er nun für uns und Europa eine unmittelbare militärische Bedrohung dar. Ihr nur mit geistigen Argumenten entgegentre-ten zu wollen, würde bei den Kreml-Gewaltigen wahrscheinlich stürmische Heiterkeit auslösen. Wir sind nicht so dumm und so kurzsichtig, den Kampf gegen den Bolschewismus mit derartig un-

강화하는 것이 중요합니다. 그것은 볼셰비즘 방법의 모방과 아무런 관계가 없습니다. 우 리는 또한 이전에 공산당(Kommunistische Partei)[12]에 대한 투쟁에서 우리가 시민당 (bürgerliche Parteien)[13]에 대한 투쟁에 쓴 것과 다른 방법을 썼습니다. 이는 우리가 끝 내려고 할 때 달리 취급되어야만 하는 적이 우 리 앞에 등장하였기 때문입니다. 그 적은 민족 사회적 운동을 봉쇄하기 위하여 공포를 행사 하였습니다. 그렇지만 그 공포는 이지적인 논 증이 아니라 오직 반대공포로만 깨어집니다.

볼셰비즘이 조장하는 정신적 위협은 알려 져 있습니다; 그 위협은 중립국에서도 이론 이 없습니다. 그러나 정신적 위협을 넘어 공 산주의는 우리와 유럽에 직접적이고 군사적인 위협을 드러냅니다. 오직 정신적 논증만으로 그 위협을 대항하려는 것은 크레믈린-권력자 들에게 분명히 열화와 같은 기쁨을 부를 것입 니다. 우리는 그런 종류의 모자라는 수단으로 볼셰비즘에 대한 투쟁을 겨우 시도할 정도로 그토록 어리석지도 않고 근시안적이지도 않습

---

12) 독일공산당(KPD). 1918년 독일에서 공산주의의 건설을 목적으로 스파르타쿠스동맹(Spartakusbund, '약 탈자에 대한 억눌린 자의 지속적 저항'을 표상하면서 독일제국 말인 1914년 결성되어 제1차 세계대전 동안 유물 사관에 입각하여 자본주의, 제국주의와 군국주의를 무너뜨리고 국제프롤레타리아혁명을 꿈꾼 막스주의사회주 의자연합으로 1919년 1월 1일 공산당에 통합)과 소규모 극좌단체들이 연합하여 결성한 정당. 처음부터 사회민주 당(SPD)의 혁명적 대안을 자처한 공산당은 바이마르공화국에서 사회적 생산관계와 프롤레타리아독재를 지향하 고 당이 통치하는 사회적 소비에트공화정에 의한 시민민주정의 대체를 주장하면서도 의회주의를 긍정하고 선거 에 참여하는 이중정책을 병행. 1919년부터 국제공산주의(Komintern) 회원. 1933년 2월 28일 제국의회방화사 건 이후 민족사회주의정권의 탄압으로 지하세력화하고 당원들은 히틀러에 대한 저항으로 처형되거나 망명하였 으며 소비에트연방에서 스탈린청소의 희생물로 전락. 독일공산당은 제2차 세계대전의 종전과 함께 재건되었으 나 1956년 8월 17일 연방정부의 청구에 의한 연방헌법재판소 판결로 공산당을 금지하고 형법개정으로 그 위반 행위를 형벌로 제재(「독일형법」 제84조, 제85조 등).
13) 흔히 정당이 자기선전의 목적으로 사용하고 언론도 쓰는, 부정평가가 담긴 말많은 정치용어.

zulänglichen Mitteln auch nur zu versuchen. Wir wollen auch nicht auf uns das Wort angewandt sehen, daß nur die allergrößten Kälber sich ihre Metzger selber wählen. Wir sind entschlossen, unser Leben mit allen Mitteln zu verteidigen ohne Rücksicht darauf, ob die uns umgebende Welt die Notwendigkeit dieses Kampfes einsieht oder nicht.

니다. 우리는 가장 큰 소만이 그의 도살자들을 스스로 고른다[14]는 경구가 우리에게 적용되기를 원하지 않습니다. 우리는 우리 주위의 세계가 그러한 투쟁의 필요성을 인식하던 그렇지 않던 관계없이 모든 수단을 다하여 우리의 삶을 방어할 것을 결의하였습니다.

Der totale Krieg also ist das Gebot der Stunde.

총력전이 곧 현재의 명령입니다.

Es muß jetzt zu Ende sein mit den bürgerlichen Zimperlichkeiten, die auch in diesem Schicksalskampf nach dem Grundsatz verfahren wollen: Wasch mir den Pelz, aber mach mich nicht naß![15] (Jeder Satz des Ministers wird von wachsendem Beifall und stärkster Zustimmung begleitet.) Die Gefahr, vor der wir stehen, ist riesengroß. Riesengroß müssen deshalb auch die Anstrengungen sein, mit denen wir ihr entgegentreten. Es ist also jetzt die Stunde gekommen, die Glacéhandschuhe auszuziehen und die Faust zu bandagieren. (Wie ein einziger Schrei erbebt sich ein orkanartiger Beifall. Sprechchöre von den Galerien und Rängen bestätigen die volle Zustimmung der Menge.)

이제 이 운명을 건 투쟁에서도 원칙에 따라 행동하려는 시민적인 가식을 끝내야 합니다: 나를 책망하되 나의 명예를 구하여 주십시오! (모든 선전상의 문장마다 높아지는 갈채와 커다란 박수가 따랐다.) 우리가 마주하는 위기가 엄청나게 거셉니다. 이 때문에 우리가 이에 맞서는 노력도 엄청나게 커야 합니다. 이제 반짝이는 장갑을 벗고 손에 붕대를 감아야 할 시간이 되었습니다. (하나의 외침처럼 열렬한 박수 갈채가 진동한다. 청중석과 관객석의 함성이 군중의 일치된 지지를 확인한다.)

Es geht nicht mehr an, das Kriegspotential nicht

우리나라만이 아니라 우리가 통치하는 유럽

---

14) 이는 독일병사들의 민족사회주의에 대한 무조건적 복종을 담은 Nur die allergrößten Kälber wählen ihre Metzger selber!: Wer sind die Metzger des deutschen Volkes?; Die Deutschnationalen-Konservative, die Deutschliberalen-Nationalliberale ...; Nur die Sozialdemokratie ist eingetreten für Abrüstung u. Verständigungspolitik; Denkt an Kapp-Lüttwitz! ..., in: Volkszeitung, 1920에서 유래. 브레히트(Eugen Bertolt Friedrich Brecht[1898-1956]. 극작가, 각본가, 시인)는 1933년 프랑스망명 중에 베셀(Horst Ludwig Georg Erich Wessel[1907-1930]. SA.의 돌격대장)이 제1차 세계대전의 전몰장병을 기린 1925년의 '어린 트롬펫병'(Der Kleine Trompeter)을 개사한 민족사회노동자당 당가(黨歌, Horst-Wessel-Lied, 이는 이후 민족사회주의 독일제국의 제2국가로 채택. 전승 연합국들은 그의 제창을 금지하였고 「독일형법」 제86a조와 1947년 「오스트리아금지법률」(Verbotgesetz)」 제3조도 이를 금지)를 패러디한 풍자시 '소떼의 행진'(Der Kälbermarsch)에서 죽음을 향하는 독일병사를 묘사("Nur die dümmsten Kälber wählen ihren Schlächter selber.").
15) 저자를 알 수 없는 독일중세의 통속문학서(Volksbuch: Ein kurtzweilig lesen von Dil Ulenspiegel ..., ,1510)에 쓰인 관용화된 문구로서, 알베르텐 작센과 사간의 가톨릭 태공이었던 수염공 게오르그(Georg der Bärtige, 1471-1539)가 인문주의자이며 외교관인 에라스무스(Desiderius Erasmus von Rotterdam, 1466-1536)를 질책하면서 사용.

nur unseres eigenen Landes, sondern der uns zur Verfügung stehenden bedeutenden Teile Europas nur flüchtig und an der Oberfläche auszuschöpfen. Es muß ganz zur Ausschöpfung gelangen, und zwar so schnell und so gründlich, als das organisatorisch und sachlich überhaupt nur denkbar ist. Hier wäre eine falsche Rücksichtnahme vollkommen fehl am Orte. Europas Zukunft hängt von unserem Kampf im Osten ab. Wir stehen zu seinem Schutze bereit. Das deutsche Volk stellt sein kostbarstes nationales Blut für diesen Kampf zur Verfügung. Der übrige Teil Europas sollte hierfür wenigstens seine Arbeit zur Verfügung stellen. Wer diesen Kampf im übrigen Europa heute noch nicht versteht, wird uns morgen auf den Knien danken, daß wir ihn mutig und unbeirrt auf uns genommen haben.

Es ärgert uns nicht einmal, wenn unsere Feinde im Ausland behaupten, die Maßnahmen, die wir jetzt zur Totalisierung des Krieges durchführten, kämen denen des Bolschewismus ziemlich nahe. Scheinheilig erklären sie, daraus müsse man also folgern, daß sich unter diesen Umständen der Kampf gegen den Bolschewismus überhaupt erübrige.

Es geht hier nicht um die Methode, mit der man den Bolschewismus zu Boden schlägt sondern um das Ziel, nämlich um die Beseitigung der Gefahr. (Minutenlanger Beifall.)

Die Frage ist also nicht die, ob die Methoden, die wir anwenden, gut oder schlecht sind, sondern ob sie zum Erfolge führen. Jedenfalls sind wir als nationalsozialistische Volksführung jetzt zu allem entschlossen. Wir packen zu, ohne Rücksicht auf die Einsprüche des einen oder des anderen. (Zuruf: Sofort!)

Wir wollen nicht im Interesse der Aufrechterhaltung eines hohen, manchmal fast friedensmäßigen inneren Lebensstandards für eine bestimmte Volksschicht das deutsche Kriegspotential schwächen und damit unsere Kriegführung gefährden. Im Gegenteil, wir verzichten freiwillig auf einen bedeutenden Teil dieses Lebensstandards, um das Kriegspotential so schnell und so gründlich

의 주요지역의 전쟁잠재력을 단지 일시적·표면적으로 동원하는 것은 의미가 없습니다. 전쟁잠재력은 조직적·실질적으로 상상할 수 있을 때에만 전적으로 이용할 수 있으며, 그것도 신속하고 철저하여야 합니다. 이때 잘못된 신중함은 부적절할 것입니다. 유럽의 미래는 동부에서 우리의 투쟁에 달려 있습니다. 우리는 유럽을 보호할 태세가 되어 있습니다. 독일 인민은 고귀한 민족의 피를 이 투쟁에 바칩니다. 유럽의 나머지 지역은 최소한 그의 노동을 제공하여야 합니다. 오늘 그밖의 유럽에서 그 투쟁을 아직도 납득하지 못하는 사람은 내일 우리 앞에 무릎을 꿇어 우리가 용기를 가지고 동요하지 않고 그 투쟁을 떠맡은 것을 감사하게 될 것입니다.

외국에서 우리의 적이 우리가 지금 전면전화를 위하여 시행하였던 조치들이 볼셰비즘의 조치와 매우 비슷하다고 주장하더라도 우리를 기분나쁘게 하지 않습니다. 그들은 여기에서부터 사람들이 지금의 상황 아래에서는 볼셰비즘에 대항하는 투쟁이 전혀 필요하지 않다고 결론짓는다고 위선으로 공언합니다.

여기에서 볼셰비즘을 타도하는 방법이 아니라 위험의 제거라는 목표가 중요합니다. (몇 분 동안의 박수.)

문제는 우리가 적용하는 방법의 좋고 나쁨이 아니라 그 방법이 성과를 얻느냐 입니다. 아무튼 우리 민족사회주의 인민지도부는 지금 결연히 모든 것을 하겠습니다. 우리는 이런 저런 사람의 반대에 구애받지 않고 최선을 다합니다. (환호: 즉시!)

우리는 높은, 대개 평화기에 적합한 특정 인민계층을 위하여 국내 생활수준을 유지하기 위하여 독일의 전쟁능력을 약화하고 이로써 우리의 전쟁수행을 위태롭게 하기를 바라지 않습니다. 반대로, 전쟁능력을 최대한 신속하고 철저하게 높이기 위하여 우리는 자발적으로 그러한 생활수준에서 가장 소중한 부분을 포기합니다.

352

wie möglich zu erhöhen.

Im übrigen herrscht darüber, wie mir aus un-
gezählten Briefen aus der Heimat und Zustim-
mungskundgebungen von der Front mitgeteilt
wird, im ganzen deutschen Volke überhaupt
nur eine Meinung. Jedermann weiß, daß dieser
Krieg, wenn wir ihn verlören, uns alle vernichten
würde. Und darum ist das Volk mit seiner Führung
entschlossen, nunmehr zur radikalsten Selbsthilfe
zu greifen. Die breiten arbeitenden Massen unseres
Volkes machen der Regierung nicht zum Vorwurf,
daß sie zu rücksichtslos, sondern höchstens, daß
sie zu rücksichtsvoll vorgeht. Man frage landauf,
landab das deutsche Volk, man wird überall nur
die eine Antwort erhalten: Das Radikalste ist heute
eben radikal, und das Totalste ist heute eben total
genug, um den Sieg zu erringen. Darum ist die totale Kriegführung eine Sache des ganzen deutschen
Volkes. Niemand kann sich auch nur mit einem
Schein von Berechtigung an ihren Forderungen
vorbeidrücken.

Als ich in meiner Rede vom 30. Januar von
dieser Stelle aus den totalen Krieg proklamierte,
schwollen mir aus den um mich versammelten
Menschenmassen Orkane der Zustimmung zu. Ich
kann also feststellen, daß die Führung sich in ihren
Maßnahmen in vollkommener Übereinstimmung
mit dem ganzen deutschen Volk in der Heimat und
an der Front befindet. Das Volk will alle, auch die
schwersten Belastungen auf sich nehmen und ist bereit, jedes Opfer zu bringen, wenn damit dem großen
Ziel des Sieges gedient wird. (Lebhafte Zurufe.)

Die Voraussetzung dazu aber ist selbstverständlich die, daß die Lasten gerecht verteilt
werden. Es darf nicht geduldet werden, daß der
weitaus größte Teil des Volkes die ganze Bürde
des Krieges trägt, und ein kleiner passiver Teil sich
an den Lasten und an der Verantwortung des Krieges vorbeizudrücken versucht. Die Maßnahmen,
die wir getroffen haben und noch treffen müssen,
werden deshalb vom Geiste einer nationalsozialistischen Gerechtigkeit erfüllt sein.

조국에서 보내온 셀 수 없이 많은 편지와 전선의 지지성명으로부터 나에게 전해진 것과 같이 그에 관하여 원칙적으로 전 독일인민 안에 하나의 신념만이 지배합니다. 우리가 만약 전쟁에 지면 그 전쟁이 우리에게서 모든 것을 파괴할 것이라는 것을 누구나 압니다. 그리고 이 때문에 인민은 앞으로 비타협적으로 자력구제를 할 수 있도록 그 지도부와 뭉칩니다. 우리 인민에서 폭넓은 노동대중은 정부가 거리낌 없다고 비난하지 않고 어떻게 하여도 지나치게 배려하여 대처한다고 비난합니다. 사람들은 방방곳곳에서 독일인민에게 묻고 도처에서 오직 유일한 대답만을 듣게 됩니다: 승리를 쟁취하기 위하여, 가장 급진적인 것이 오늘 철저한 것이고 전체적인 것이 오늘 전면적인 것입니다. 그러므로 전면전의 수행이 전 독일인민의 책무입니다. 어느 누구도 권리의 허상만으로 그의 명령을 회피할 수 없습니다.

내가 1월 30일 이 자리에서 연설에서 전면전을 선포하였을 때, 나에게 나를 중심으로 집결한 대중으로부터 지지의 기세가 드높았습니다. 나는 지도부가 그의 조치에 관하여 고국과 전선의 전 독일인민과 완전히 의견을 같이한다고 확신할 수 있습니다. 인민은 승리라는 거대한 목표에 도움이 된다면 기꺼이 제일 무거운 부담을 감수하고 어떠한 희생도 치를 각오가 되어 있습니다. (열렬한 환호.)

그러나 부담이 공정하게 배분되어야 한다는 것이 그를 위한 전제요건임이 명백합니다. 절대 다수의 인민이 전쟁의 짐을 전부 지고 소수의 소극적 일부가 전쟁의 짐과 책임을 회피하려고 시도하는 것을 묵과하지 않아야 합니다. 그 결과 우리가 내렸고 앞으로 내려야 하는 조치들은 민족사회주의적 정의의 정신으로 수행될 것입니다.

Wir nehmen keine Rücksicht auf Stand und Beruf!

Arm und reich und hoch und niedrig müssen in gleicher Weise beansprucht werden. Jedermann wird in dieser ernstesten Phase unseres Schicksalskampfes zur Erfüllung seiner Pflicht der Nation gegenüber angehalten, wenn nötig, gezwungen werden. Wir wissen uns auch dabei in voller Übereinstimmung mit dem nationalen Willen unseres Volkes. Wir wollen lieber zuviel als zu wenig Kraft zur Erringung des Sieges anwenden. Noch niemals ist ein Krieg in der Geschichte der Völker verlorengegangen, weil die Führung zuviel Soldaten und Waffen hatte. Sehr viele aber gingen verloren, weil das Umgekehrte der Fall war.

Ich habe schon in der Öffentlichkeit erklärt, daß die kriegsentscheidende Aufgabe der Gegenwart darin besteht, dem Führer durch einschneidendste Maßnahmen in der Heimat eine operative Reserve bereitzustellen, die ihm die Möglichkeit gibt, im kommenden Frühjahr und Sommer die Offensive aufs neue aufzunehmen und den Versuch zu machen, dem sowjetischen Bolschewismus den entscheidenden Schlag zu versetzen. Je mehr wir dem Führer an Kraft in die Hand geben, um so vernichtender wird dieser Schlag sein. Es ist also nicht mehr angebracht, unzeitgemäßen Friedensvorstellungen zu huldigen. Das deutsche Volk hat alle Veranlassung, nur an den Krieg zu denken. Das trägt nicht zu seiner Verlängerung, sondern nur zu seiner Beschleunigung bei. Der totalste und radikalste Krieg ist auch der kürzeste. Wir müssen im Osten wieder offensiv werden! Wir müssen dazu die nötigen Kräfte, die im Lande noch im reichen Maße vorhanden sind, mobilisieren, und zwar nicht nur auf organisatorische, sondern auch auf improvisatorische Weise. Ein umständliches bürokratisches Verfahren führt hier nur langsam zum Ziel. Die Stunde aber drängt; Eile ist ihr Gebot. Auch früher im Kampf der nationalsozialistischen Bewegung gegen den demokratischen Staat haben wir nicht nach einem schwerfälligen Verfahren gearbeitet.

우리는 신분과 직업을 가리지 않습니다!

가난한 사람과 부유한 사람, 높은 사람과 낮은 사람도 동등하게 요구받습니다. 각자가 지금의 운명을 건 우리의 투쟁이 가장 중대한 국면에서 민족에 대한 의무를 이행하도록 독려되고 필요한 경우 강제됩니다. 그 가운데 우리는 우리가 우리 인민의 민족적 의사와 완전히 일치함을 압니다. 우리는 승리를 거두기 위하여 작은 힘보다 오히려 더 큰 힘을 투입하겠습니다. 지금까지 국가의 역사에서 지도부가 여유있는 병사와 무장을 가졌다는 이유로 패전한 예는 없습니다. 그러나 사정이 정반대였을 동안에는 대부분 패전하였습니다.

나는 벌써 공연히 전쟁에 결정적인 현재의 임무가 최고지도자에게 고국에서 단호한 조치를 통하여 내년초와 여름에 새로이 공세를 개시하고 소비에트의 볼셰비즘에 결정적인 타격을 입힐 시도를 할 수 있는 기회를 부여하는 효과적인 예비군의 제공에 존재한다고 천명하였습니다. 우리가 최고지도자에게 힘을 보탤수록 그 타격은 더욱 파괴적이 될 것입니다. 시대와 맞지 않는 평화이념을 섬기는 것은 더이상 옳지 않습니다. 독일인민이 오직 전쟁만을 계획하는 이유는 충분합니다. 이는 전쟁의 장기화가 아니라 그의 가속을 가져옵니다. 총력을 다한 단호한 전쟁이 곧 최단기전입니다. 우리는 동부에서 다시 공세적이어야 합니다! 이를 위하여 우리는 우리나라에 풍부하게 현재하는 필요한 군사력을 조직적이고 즉각적인 방법으로 기동화하여야 합니다. 이때 번거로운 관료적 절차는 목표의 도달을 지연할 뿐입니다. 그러나 시간이 없습니다; 서두르는 것이 시간의 명령입니다. 또한 과거에 민주주의 국가를 상대로 하는 민족사회주의 운동의 투쟁에서 우리는 굼뜬 절차를 밟지 않았습니다. 그때에도 우리는 근근히 살았고 우리의 정치전략을 영구히 자기반복하는 임시변통의 체제로 만들었습니다. 오늘날에도 다시 그렇게 되어야 합니다.

Auch damals lebten wir oft von der Hand in den Mund und trieben unsere politische Strategie als System der ewig sich wiederholenden Aushilfen. Das muß heute wieder der Fall sein.

Es ist also an der Zeit, den Säumigen Beine zu machen. Sie müssen aus ihrer bequemen Ruhe aufgerüttelt werden. Wir können nicht warten, bis sie von selbst zur Besinnung kommen und es dann vielleicht zu spät ist. Es muß wie ein

Alarmruf durch das ganze Volk

gehen. Eine Arbeit von Millionen Händen hat einzusetzen, und zwar landauf, landab. Die Maßnahmen, die wir bereits getroffen haben und noch treffen müssen und die ich im weiteren Teil meiner Ausführungen des näheren erläutern werde, sind einschneidend für das gesamte private und öffentliche Leben. Die Opfer, die der einzelne Bürger dabei zu bringen hat, sind manchmal schwer; aber sie bedeuten nur wenig den Opfern gegenüber, die er bringen müßte, wenn er sich zu diesen Opfern weigerte und damit das größte nationale Unglück über unser Volk heraufbeschwörte. Es ist besser, zur rechten Zeit einen Schnitt zu tun, als zuzuwarten und die Krankheit sich erst richtig festsetzen zu lassen. Man darf aber dem Operateur, der den Schnitt tut, nicht in den Arm fallen oder ihn gar wegen Körperverletzung anklagen. Er schneidet nicht, um zu töten, sondern um das Leben des Patienten zu retten.

Wiederum muß ich hier betonen, daß, je schwerer die Opfer sind, die das deutsche Volk zu bringen hat, um so dringender die Forderung erhoben werden muß, daß sie gerecht verteilt werden. Das will auch das Volk. Niemand sträubt sich heute gegen die Übernahme von auch schwersten Kriegslasten. Aber es muß natürlich auf jeden aufreizend wirken, wenn gewisse Leute immer wieder versuchen, sich an den Lasten überhaupt vorbeizudrücken. Die nationalsozialistische Staatsführung hat die moralische, aber

이제 게으른 자들을 채근할 때입니다. 안락한 휴식에서 그들을 흔들어 깨워야 합니다. 우리는 그들이 스스로 의식을 회복할 때까지 기다릴 수 없으며, 그렇게 하면 너무 늦습니다. 이는

전 인민에 의한 비상경보가 되어야 합니다.

수백만명의 노동이 그것도우리나라의 방방곳곳에 투입되어야 합니다. 우리가 이미 내렸거나 내려야 하고 내가 나의 연설에서 계속되는 부분에서 자세히 설명할 조치들이 모든 사적·공적 생활에 영향을 미칩니다. 개개의 시민이 그 대가로 치러야 하는 희생은 때때는 무겁습니다; 그러나 그 조치들은 대가를 치러야만 하는 사람이 그러한 희생을 거부하여 우리 인민에게 커다란 민족적 재앙을 초래할 때에는 그가 감당하여야 했을 희생에 대하여 거의 의미가 없습니다. 기다리면서 질환을 정확히 확진하도록 하는 것보다 적시에 수술하는 것이 좋습니다. 사람들은 절개하는 외과의사를 막아서거나 신체침해를 이유로 제소하여서는 안됩니다. 그는 살인이 아니라 환자의 생명을 구하기 위하여 절개합니다.

나는 이 자리에서 독일인민이 치러야 하는 희생이 무거울수록 그 희생이 공정하게 배분되어야 한다는 요구가 더욱 절실하게 제기되어야 한다는 것을 거듭 강조합니다. 인민들도 또한 이를 원합니다. 오늘날 어느 누구도 가장 무거운 전쟁부담의 인수를 반대하지 않습니다. 그러나 특정한 사람들이 부담 일체를 면탈하기 위하여 거듭 시도한다면 이는 모든 사람을 부추기는 효과를 미칠 것입니다. 민족사회주의의 국가지도부는 의연하게, 그리고 필요할 경우 엄한 형벌로 그러한 시도에 대처하여

auch staatspolitische Pflicht, solchen Versuchen mannhaft, wenn nötig mit drakonischen Strafen entgegenzutreten. Schonung wäre hier vollkommen fehl am Platze und würde allmählich zu einer Verwirrung der Gefühle und Ansichten unseres Volkes führen, die eine schwere Gefährdung unserer öffentlichen Kriegsmoral nach sich ziehen müßte.

Wir sind somit auch gezwungen, eine Reihe von Maßnahmen zu treffen, die zwar für die Kriegführung an sich nicht von lebenswichtiger Bedeutung sind, die aber für die Aufrechterhaltung der Kriegsmoral in der Heimat und an der Front erforderlich erscheinen. Auch die Optik des Krieges, dh. das äußere Bild der Kriegführung ist im vierten Kriegsjahr von ausschlaggebender Wichtigkeit.

Die Front hat angesichts der übermenschlichen Opfer, die sie täglich zu bringen hat, ein elementares Anrecht darauf, daß auch nicht ein einziger in der Heimat das Recht für sich in Anspruch nimmt, am Kriege und seinen Pflichten vorbeizuleben. Aber nicht nur die Front fordert das, sondern auch der weitaus überwiegende anständige Teil der Heimat. Die Fleißigen besitzen einen Anspruch darauf, daß, wenn sie zehn und zwölf und manchmal vierzehn Stunden täglich arbeiten, sich direkt neben ihnen nicht die Faulenzer räkeln und gar noch die anderen für dumm und nicht raffiniert genug halten. Die Heimat muß in ihrer Gesamtheit sauber und intakt bleiben. Nichts darf ihr kriegsgemäßes Bild trüben.

Es sind deshalb eine Reihe von Maßnahmen getroffen worden, die dieser neuen Optik des Krieges Rechnung tragen. Wir haben beispielsweise die Schließung der Bars und Nachtlokale angeordnet. Ich kann mir nicht vorstellen, daß es heute noch Menschen gibt, die ihre Kriegspflichten voll erfüllen und gleichzeitig bis tief in die Nacht in Amüsierlokalen herumsitzen. Ich muß daraus nur folgern, daß sie es mit ihren Kriegspflichten nicht allzu genau nehmen. Wir haben diese Amüsierlokale geschlossen, weil sie anfingen, uns lästig zu

야 하는 도덕적이지만 국가정치적 의무가 있습니다. 여기에 관용은 설 자리가 없고 이는 점차 우리의 공적 전쟁윤리에 대한 중대한 위협을 부를 수밖에 없는 우리 인민의 감정과 생각의 혼란으로 이끌 것입니다.

이 때문에 우리는 그 자체로 전쟁수행을 좌우할 정도의 가치는 없지만 고국과 전선에서 전쟁윤리를 보전하기 위하여 필요하다고 여겨지는 일단의 조치를 내려야만 했습니다. 또한 전쟁의 인상, 즉 전쟁수행의 외관이 4년차에 이른 전쟁에서 아주 중요합니다.

매일 치러야 하는 초인적인 희생 앞에서 전선은 어느 누구도 고국에서 참전과 그의 의무를 회피할 권리를 행사할 수 없다는 기본청구권을 가집니다. 그러나 전선만이 아니라 고국에서 훨씬 광범위한 상당한 지역도 이를 요구합니다. 열심히 일하는 사람은, 그가 하루에 10시간이나 12시간, 혹은 때로는 14시간을 일할 때에, 빈둥거리는 게으름뱅이가 바로 그의 옆에서 기지개를 켜지 못하도록 하고 심지어 다른 사람을 어리석고 정말 영리하지 못하다고 여길 권리까지 가집니다. 조국은 총체적으로 깨끗하고 훼손 없이 남아야 합니다. 어떤 것도 조국의 전쟁상(戰爭象)을 흐려서는 안됩니다.

그 결과 이러한 새로운 전쟁의 인상을 반영하는 일단의 조치가 내려졌습니다. 우리는 예를 들어 술집과 심야주점의 폐쇄를 명령했습니다. 나는 오늘도 자신의 전쟁의무를 모든 이행하는 동시에 밤늦게까지 유흥주점에 눌러앉아있는 사람이 여전히 있다고 상상할 수 없습니다. 이 때문에 나는 그들이 그들의 전쟁의무를 탐탁치 않게 받아들인다고 결론지어야만 합니다. 우리는 유흥주점이 우리에게 짐이 되기 시작했고 전쟁상을 흐리기 때문에 유흥주점을 폐쇄하였습니다. 이로써 우리는 일관되

fallen, und das Bild des Krieges trübten. Wir verfolgen damit durchaus keine muckerischen Ziele. Nach dem Kriege wollen wir gern wieder nach dem Grundsatz verfahren: Leben und leben lassen. Während des Krieges aber gilt der Grundsatz: Kämpfen und kämpfen lassen!

Auch Luxusrestaurants, deren Aufwand in keinem Verhältnis zum erzielten Effekt steht, sind der Schließung verfallen. Es mag sein, daß der eine oder der andere auch während des Krieges noch in der Pflege des Magens eine Hauptaufgabe sieht. Auf ihn können wir dabei keine Rücksicht nehmen. Wenn an der Front unsere kämpfenden Truppen vom Grenadier bis zum Generalfeldmarschall aus der Feldküche essen, so glaube ich, ist es nicht zu viel verlangt, wenn wir in der Heimat jeden zwingen, wenigstens auf die elementarsten Gebote des Gemeinschaftsdenkens Rücksicht zu nehmen. Feinschmecker wollen wir wieder nach dem Kriege werden. Heute haben wir Wichtigeres zu tun, als den Magen zu pflegen. Auch ungezählte Luxus- und Repräsentationsgeschäfte sind mittlerweile zur Auflösung gekommen. Sie waren für das kaufende Publikum vielfach ein ständiger Stein des Anstoßes. Zu kaufen gab es dort praktisch kaum noch etwas, höchstens einmal, wenn man hier und da statt mit Geld, mit Butter oder mit Eiern bezahlte. Was haben Geschäfte für einen Zweck, die keine Waren mehr verkaufen und nur elektrisches Licht, Heizung und menschliche Arbeitskraft verbrauchen, die uns anderswo, vor allem in der Rüstungsproduktion, an allen Ecken und Enden fehlen.

Man wende hier nicht ein, die Aufrechterhaltung eines holden Friedensscheines imponiere dem Auslande.

Dem Ausland imponiert nur ein deutscher Sieg!

Wenn wir gesiegt haben, wird jedermann unser Freund sein wollen. Würden wir aber einmal unterliegen, so könnten wir unsere Freunde an den

게 위선이 없는 목표를 추구합니다. 전쟁이 끝나면 우리는 기꺼이 다시 다음의 원칙에 따라 행동할 것입니다: 살고 살게 하라. 그러나 전쟁 중에는 다음의 원칙이 적용됩니다: 투쟁하고 투쟁하게 하라!

또한 그 비용이 목적한 효과와 전혀 어울리지 않는 고급식당도 폐쇄대상입니다. 전쟁 중에도 어느 고급식당이나 다른 고급식당이 위의 섭생을 주요임무로 할 수도 있습니다. 우리는 이를 전혀 상관하지 않습니다. 우리가 전선에서 보병부터 원수에 이르기까지 싸우는 우리의 군대가 야전화덕의 음식으로 식사할 때에 고국에서 각자에게 최소한 공동체정신의 기본명령만이라도 배려하도록 강제하더라도 과분한 것을 요구하는 것은 아니라고 저는 믿습니다. 전쟁이 끝난 후에 우리는 다시 미식가가 되겠습니다. 오늘 우리는 위를 돌보는 것보다 더욱 중대한 일을 하여야 합니다. 그리고 수많은 사치용품점과 고가품전시상점들도 그 사이에 청산되었습니다. 그들은 꾸준히 구매하는 대중들을 분노하게 하는 자극의 원천이었습니다. 그곳에는 살만한 것이 현실적으로 없고, 기껏해야 사람들이 이곳저곳을 다니다가 한번쯤 현금 대신 버터나 계란으로 대금을 치를 뿐입니다. 더 이상 물건을 팔지 않고 다른 곳, 특히 군수제조의 모든 부문에서 우리에게 부족한 조명, 난방과 사람의 노동력을 쓰기만 하는 상점들이 무슨 쓸모가 있습니까?

이제 사람들은 운좋은 평화허상의 유지가 외국에 깊은 감명을 준다고 변명하지 않습니다.

오직 독일의 승리만이 외국에 깊은 감명을 줍니다!

우리가 승리하면 누구나 우리의 친구가 될 것입니다. 그러나 우리가 어쩌다 패배하면 우리는 우리의 친구를 한 손으로 꼽을 수 있을

Fingern einer Hand abzählen. Wir haben deshalb mit diesen falschen Illusionen, die das Kriegsbild verwischen, Schluß gemacht. Wir werden die Menschen, die dort untätig in den leeren Geschäften herumstanden, einer nutzbringenderen Tätigkeit in der öffentlichen Kriegswirtschaft zuführen. Dieser Prozeß ist eben im Gange und wird bis zum 15. März abgeschlossen sein. Er stellt natürlich eine riesige Umorganisation unseres ganzen wirtschaftlichen Lebens dar. Wir gehen dabei nicht planlos vor. Wir wollen auch niemanden zu Unrecht anklagen oder Tadel und Vorwurf nach allen Seiten verteilen. Wir tun lediglich das, was notwendig ist. Das aber tun wir schnell und gründlich.

Wir wollen lieber ein paar Jahre geflickte Kleider tragen, als einen Zustand heraufbeschwören, in dem unser Volk ein paar Jahrhunderte in Lumpen herumlaufen müßte. Was sollen heute noch Modesalons, die Licht, Heizung und menschliche Arbeitskraft verbrauchen. Sie werden nach dem Kriege, wenn wir wieder Zeit und Lust dazu haben, neu erstehen. Was sollen Frisiersalons, in denen ein Schönheitskult gepflegt wird, der ungeheuer viel Zeit und Arbeitskraft beansprucht, der für den Frieden zwar sehr schön und angenehm, für den Krieg aber überflüssig ist. Unsere Frauen und Mädchen werden einmal unseren siegreich heimkehrenden Soldaten auch ohne friedensmäßige Aufmachung gefallen.

In den öffentlichen Ämtern wird in Zukunft etwas schneller und unbürokratischer gearbeitet werden. Es ergibt durchaus kein gutes Bild, wenn dort nach achtstündiger Arbeitszeit auf die Minute genau Schluß gemacht wird. Nicht das Volk ist für die Ämter, sondern die Ämter sind für das Volk da. Man arbeite also solange, bis die Arbeit erledigt ist. Das ist das Gebot des Krieges. Wenn der Führer das kann, so werden auch die Diener des Staates das können. Ist für eine längere Arbeitszeit nicht genügend Arbeit da, so gibt man 10 oder 20 oder 30 Prozent der Mitarbeiter an die kriegswichtige Wirtschaft ab und stellt damit wieder eine entspre-

것입니다. 이 때문에 우리는 전쟁상을 흐리는 잘못된 환상에 종지부를 찍었습니다. 우리는 전쟁 중에 하는 일 없이 텅빈 가게에서 왔다 갔다 하는 사람들을 유용한 공공의 전쟁경제 활동에 투입할 것입니다. 그 공정이 지금 진행 중이고 3월 15일까지 완료될 것입니다. 그 공정은 마땅히 우리의 전 경제생활의 거대한 재편을 그립니다. 이를 위하여 우리는 계획 없이 진행하지 않습니다. 또한 우리는 어떤 사람을 부당하게 제소하거나 온갖 방향으로 불평과 비난을 돌리려고 하지 않습니다. 우리는 오직 필수적인 것만을 합니다. 그러나 우리는 이를 신속하고 철저하게 합니다.

우리는 우리 인민이 몇 세기 동안 쓰레기더미를 헤집고 다녀야만 하는 상황을 부르기보다 차라리 몇 년 동안 헤진 옷을 입겠습니다. 지금 조명, 난방과 사람의 노동력을 소비하는 패션전문점을 어떻게 하여야 합니까? 이들은 종전 후에 우리가 다시 그를 위한 시간과 흥미를 가질 때에 신장개업할 것입니다. 엄청나게 긴 시간과 노동력을 요구하고 평화시에 물론 아주 예쁘고 곱지만 전시에는 쓸모없는, 미의 숭배가 조장되는 미용실을 어떻게 하여야 합니까? 우리의 여성들과 처녀들은 평화기에 알맞은 화장을 하지 않더라도 언젠가 승리를 거두고 고국으로 귀환하는 우리의 병사들의 마음에 들 것입니다.

공직에서 앞으로 보다 신속하고 보다 관료적이지 않게 노동이 이루어져야 합니다. 거기에서 8시간의 노동시간 후에 분초까지 정확히 업무를 마치는 것은 결코 좋은 모습이 아닙니다. 인민이 공직을 위하여가 아니라 공직이 인민을 위하여 존재합니다. 사람들은 일이 끝날 때까지 노동합니다. 그것이 전쟁의 명령입니다. 최고지도자가 이를 할 수 있을 때에, 국가의 공복들도 이를 할 수 있게 됩니다. 연장된 노동시간에 적합한 일이 없으면, 노동자의 10, 20 또는 30퍼센트를 전략상 중요한 경제에 넘기고 이를 통하여 다시 그에 상응하는 수의 남성을 전선에 보냅니다. 이는 고국에서 모

chende Anzahl Männer für die Front frei. Das gilt für alle Dienststellen in der Heimat. Vielleicht wird gerade dadurch auch die Arbeit in den Ämtern etwas schneller und etwas weniger schwerfällig vor sich gehen. Wir müssen im Kriege lernen, nicht nur gründlich, sondern auch prompt zu arbeiten. Der Soldat an der Front hat auch nicht wochenlang Zeit, sich eine Maßnahme zu überlegen, sie von Hand zu Hand weiterzugeben oder in den Akten verstauben zu lassen. Er muß sofort handeln, weil er sonst sein Leben verliert. Wir in der Heimat verlieren zwar durch schwerfälliges Arbeiten nicht unser eigenes Leben, aber wir gefährden damit auf die Dauer das Leben unseres Volkes.

Auch alberne Arbeiten, die mit dem Krieg überhaupt nichts zu tun haben, müssen bei Industrie und Verwaltung abgestellt werden. Vieles, was im Frieden schön und erstrebenswert war, wirkt im Kriege nur lächerlich. Wenn sich beispielsweise, wie mir berichtet wurde, eine Reihe von Stellen wochenlang mit der Frage beschäftigen, ob man das Wort Akkumulator durch das Wort Sammler ersetzen solle, und darüber sogar umfangreiche Aktenvorgänge anlegen, so habe ich den Eindruck, und ich glaube, das deutsche Volk teilt diesen, daß Personen, die sich im Kriege mit solchen Kindereien beschäftigen, nicht ganz ausgelastet sind und zweckmäßigerweise in eine Munitionsfabrik gesteckt oder an die Front geschickt würden.

Überhaupt müssen alle, die im Dienste des Volkes tätig sind, dem Volke in der Arbeit sowohl wie in der äußeren und inneren Haltung stets ein leuchtendes Beispiel geben.

Auch an Kleinigkeiten entzündet sich manchmal der öffentliche Unmut. Es ist beispielsweise aufreizend, wenn junge Männer und Frauen morgens um 9 Uhr in Berlin durch den Tiergarten reiten und dabei vielleicht einer Arbeiterfrau begegnen, die eine zehnstündige Nachtschicht hinter sich hat und zu Hause drei oder vier oder fünf Kinder betreuen muß. Das Bild einer wie im vollen Frieden vorbeigaloppierenden Kavalkade kann in der

든 공직에 적용됩니다. 아마도 바로 이렇게 함으로써 공직에서의 노동이 더욱 빨라지고 지연없이 진행될 것입니다. 우리는 전쟁에서 철저하게, 그리고 신속하게 일하는 법을 배웁니다. 전선의 병사는 어떤 조치를 생각하거나 이를 손에서 손으로 전달하거나 서류철에 먼지가 쌓이도록 몇 주일의 시간을 가지지 않습니다. 그는 즉시 행동하여야 하며, 그렇지 않으면 목숨을 잃기 때문입니다. 고국에 있는 우리는 느릿느릿한 노동으로 우리 자신의 목숨을 잃지는 않지만 이로써 우리는 결국 우리 인민의 목숨을 위험하게 합니다.

전쟁과 아무런 연관도 없는 하찮은 노동이 또한 산업과 행정에서 중단되어야 합니다. 평화시에 아름답고 추구할 가치가 있었던 많은 것들이 전시에는 하찮게 됩니다. 그 예로, 나에게 보고된 것과 같이, 일단의 관청들이 몇 주일 동안 축전지(Akkumulator)라는 용어를 집전기(Sammler)라는 용어로 바꿀 것인지에 관한 문제에 골몰하고 심지어 그에 관하여 방대한 서류작업에 착수할 때에, 나는 전시에 그런 유치한 짓을 일삼는 사람들이 완전히 가용되지 않으므로 유용하게 탄약공장에 배치되거나 전선으로 보내져야 할 것이라는 느낌을 받고 독일인민도 그러한 느낌을 공유한다고 나는 믿습니다.

개괄하면, 인민을 위하여 헌신하여 공직에 근무하는 모든 사람은 노동은 물론 외적·내적 태도에서 항상 빛나는 본보기가 되어야 합니다.

또한 때로는 아주 사소한 것에서부터 공공의 불만이 터집니다. 예를 들어 젊은 남성과 여성이 아침 9시 베를린 동물원(Tiergarten)을 가로질러 말을 타던 중에 어쩌면 10시간의 야간교대 근무를 마치고 집에서 3, 4 또는 5명의 아이를 돌봐야 하는 여성을 마주친다면 이는 도발하는 짓입니다. 아주 평화롭게 내달리는 기마행렬의 광경은 그 착실한 여성노동자의 영혼에 씁쓸함만을 불러일으킬 수 있습니

Seele dieser braven Arbeiterfrau nur Bitterkeit erregen. Ich habe deshalb das Reiten auf öffentlichen Straßen und Plätzen der Reichshauptstadt für die Dauer des Krieges verboten. Ich trage auch damit, glaube ich, den psychologischen Forderungen des Krieges Rechnung und wohl auch den Forderungen der Rücksichtnahme auf die Front. Der Soldat, der für ein paar Tage von der Ostfront nach Hause in Urlaub fährt und vielleicht in Berlin einen Tag Pause macht, wird durch den Anblick eines solchen Schauspiels einen ganz falschen Eindruck von der Reichshauptstadt bekommen. Er sieht ja nicht die in den Rüstungsfabriken täglich zwölf, vierzehn und manchmal sechzehn Stunden werkenden Hunderttausende fleißiger und anständiger Arbeiter und Arbeiterinnen, sondern eine fröhliche Reitgesellschaft. Man kann sich denken, welche Eindrücke aus der Heimat er an die Front weitervermittelt. Überhaupt muß jeder es sich zu einem selbstverständlichen Gebot der Kriegsmoral machen, auf die berechtigten Forderungen des arbeitenden und kämpfenden Volkes die größte Rücksicht zu nehmen. Wir sind keine Spielverderber, aber wir lassen uns auch nicht das Spiel verderben.

Wenn beispielsweise gewisse Männer und Frauen sich wochenlang in den Kurorten herumräkeln, sich dort Gerüchte zutratschen und schwer Kriegsversehrten und Arbeitern and Arbeiterinnen, die nach einjährigem, hartem Einsatz Anspruch auf Urlaub haben, den Platz wegnehmen, so ist das unerträglich und deshalb abgestellt worden. Der Krieg ist nicht die richtige Zeit für einen gewissen Amüsierpöbel. Unsere Freude ist bis zu seinem Ende die Arbeit und der Kampf, darin finden wir unsere tiefe innere Genugtuung. Wer das nicht aus eigenem Pflichtgefühl versteht, der muß zu diesem Pflichtgefühl erzogen, wenn nötig auch gezwungen werden. Hier hilft nur hartes Durchgreifen.

Es macht zB. auf das Volk keinen guten Eindruck, wenn wir mit einer Riesenpropaganda die Parole ausgeben: „Räder müssen rollen für den Sieg!", das ganze Volk daraus die Folgerung zieht

다. 이러한 이유로 나는 전쟁이 계속되는 동안 제국수도의 공공도로와 광장에서의 승마를 금지하였습니다. 이로써 나는 내가 전쟁의 심리적 요구는 물론 전선을 살펴야 한다는 요구는 떠받친다고 믿습니다. 며칠의 휴가를 보내기 위하여 동부전선에서 귀향하여 혹여나 베를린에서 하루의 휴식을 가지는 병사는 그러한 희극의 모습에서 제국수도에 대하여 완전히 잘못된 인상을 받게 됩니다. 그는 바로 군수공장에서 매일 12시간, 14시간 또는 때로는 16시간을 일하는 수천명의 부지런하고 행실이 바른 남성노동자와 여성노동자를 보지 않고 자유분망한 승마사교모임을 봅니다. 사람들은 그가 고국에서 얻은 어떠한 인상을 전선에 소개할 것인지 상상할 수 있습니다. 총괄하면, 모든 사람은 자신에 대하여 결연히 노동하고 투쟁하는 인민의 정당한 요구를 최대한 배려하는 것을 당연한 전쟁윤리의 명령으로 삼아야 합니다. 우리는 남의 흥을 깨는 사람이 아니며, 남이 우리의 흥을 깨도록 하지도 않습니다.

예를 들어 어떤 남성과 여성이 몇 주일 동안 휴양지에서 몸을 누이고 소문을 피우면서 1년의 고된 동원을 마치고 휴가청구권을 가진 전쟁중상자, 남성노동자와 여성노동자로부터 자리를 빼앗는 경우, 이는 견딜 수 없으며 고쳐져야 합니다. 전쟁은 어떤 유희의 광란에 알맞은 시간이 아닙니다. 전쟁이 끝날 때까지 노동과 투쟁이 우리의 기쁨이며, 그 안에서 우리는 깊은 내적 만족을 찾습니다. 그것을 자신의 의무감정으로부터 이해하지 못하는 사람에게 그러한 의무감정이 교육되어야 하고, 필요하면 강제되어야 합니다. 이때 오직 단호한 개입만이 효과를 냅니다.

예를 들어 우리가 엄청난 선전과 함께 "바퀴는 승리를 위하여 굴러야 한다"는 구호를 내걸더라도 이는 인민들에게 좋은 인상을 주지 않습니다. 전체 인민은 그 구호에서 추론

und keine unnützen Reisen antritt, dagegen arbeits- lose Vergnügungsreisende dadurch nur mehr Platz in der Eisenbahn bekommen. Die Eisenbahn dient heute kriegswichtigen Transporten und kriegsnot- wendigen Geschäftsreisen.

Urlaub hat nur der zu beanspruchen, der sonst in seiner Arbeits- oder Kampfkraft schwer gefährdet würde. Der Führer hat seit Beginn des Krieges und lange vorher nicht einen Tag Urlaub gehabt. Wenn also der erste Mann im Staate seine Pflicht so ernst und so verantwortungsvoll auffaßt, dann muß das für jeden Bürger und jede Bürgerin des Staates eine stumme, aber doch unüberhörbare Aufforderung sein, sich auch danach zu richten.

Die Regierung tut andererseits alles, um dem arbeitenden Volke in dieser schweren Zeit die nötigen Entspannungsmöglichkeiten zu erhalten. Theater, Kinos, Musiksäle bleiben voll im Betrieb. Der Rundfunk wird bestrebt sein, sein Programm noch zu erweitern und zu vervollkommnen. Wir haben durchaus nicht die Absicht, über unser Volk eine graue Winterstimmung heraufzubeschwören. Was dem Volke dient, was seine Kampf- und Ar- beitskraft erhält, stählt und vermehrt, das ist gut und kriegswichtig. Das Gegenteil ist abzuschaffen. Ich habe deshalb als Ausgleich gegen die eben geschilderten Maßnahmen angeordnet, daß die geistigen und seelischen Erholungsstätten des Vol- kes nicht vermindert, sondern vermehrt werden. Soweit sie unseren Kriegsanstrengungen nicht schaden, sondern sie fördern, müssen sie auch von Seiten der Staats- und Volksführung eine entspre- chende Förderung erfahren.

Das gilt auch für den Sport.

Der Sport ist heute keine Angelegenheit bevor- zugter Kreise, sondern eine Angelegenheit des

하여 여하한 불필요한 여행을 삼가지만, 이 때문에 일하지 않는 유람객들이 열차에서 더 많은 자리를 차지합니다. 철도는 지금 전쟁 에 중요한 운송과 전쟁에 필수적인 업무여행 에 제공됩니다.

휴가를 갖지 않으면 그의 노동력과 전투력 이 심하게 위협받을 수 있는 사람만이 휴가를 청구할 수 있습니다. 최고지도자는 전쟁이 시 작된 후에는 물론 오래전부터 단 하루의 휴가 도 갖지 않았습니다. 국가의 제1인자가 그렇게 진지하고 강한 책임감으로 그의 의무를 받아 들일 때에, 이를 따르는 것이 말은 없지만 결 코 건성으로 듣고 넘길 수 없는 국가의 남성시 민과 여성시민에 대한 요구가 되어야 합니다.

다른 한편 정부는 이 힘든 시기에 노동하는 인민에게 필요한 긴장해소의 기회를 주기 위 하여 모든 노력을 기울입니다. 극장, 영화관, 음악당은 전면가동 중입니다. 방송도 프로그 램을 확대하고 완성하기 위하여 애씁니다. 우 리는 우리 인민에게 단조로운 겨울의 분위기 를 조장할 의사가 조금도 없습니다. 인민에게 도움이 되는 것, 즉 그의 투쟁력과 노동력을 유지, 강화하고 증진하는 것은 품위있고 전쟁 에 소중합니다. 그 반대되는 것은 철폐되어야 합니다. 이 때문에 나는 방금 설명한 조치들 에 대한 보상으로 인민의 영적·정신적 휴양 소가 감축되지 않고 오히려 증설되어야 한다 고 명령하였습니다. 휴양소가 우리의 전쟁긴 장을 해치지 않고 증진하는 범위에서 휴양소 는 국가지도부와 인민지도부로부터 상응하는 지원을 받아야 합니다.

이는 체육에 관하여도 같습니다.

체육은 오늘날 혜택받는 집단의 관심사가 아 니라 전체 인민의 관심사입니다. 대체복무[16]는

---

16) Unabkömmlichstellung(Uk.-Stellung). 2차대전 중 제국방어의무를 수행하기 위하여 전시경제, 교통 또 는 행정에 필수불가결하고 대체불가능한 전문인력을 기간부 또는 취소권을 유보하여 소집해제한 지위를 의미한 다(「병역법률」 제5조 제2항).

ganzen Volkes. Uk.-Stellungen sind auf dem
Sportgebiet gänzlich sinnlos. Der Sport hat ja die
Aufgabe, die Körperkraft zu stählen, doch wohl in
der Hauptsache zu dem Zweck, sie wenigstens in
der schlimmsten Notzeit des Volkes zum Einsatz
zu bringen.

Das alles will auch die Front. Das fordert mit
stürmischer Zustimmung das ganze deutsche Volk.
Es will jetzt nichts mehr hören von kriegsunwichti-
ger Betriebsamkeit und ähnlichen Wichtigtuereien,
die nur Zeit und Aufwand erfordern. Es will nichts
mehr hören von einem überspannten umständli-
chen Fragebogenunwesen für jeden Unsinn. Es
will sich nicht in tausend Kleinigkeiten verzetteln,
die für den Frieden vielleicht wichtig waren, für
den Krieg aber keine Bedeutung besitzen. Es
braucht auch nicht unter dauernder Erinnerung an
das schwere Opfer unserer Soldaten in Stalingrad
an seine Pflicht gemahnt zu werden. Es weiß, was
es zu tun und was es zu lassen hat. Es will eine
spartanische Lebensführung für alle, für hoch und
niedrig, und arm und reich. So wie der Führer dem
ganzen Volke ein Beispiel gibt, so muß das ganze
Volk in allen seinen Schichten sich dieses Beispiel
auch zum Vorbild nehmen. Wenn er nur Arbeit und
Sorgen kennt, so wollen wir ihm Arbeit und Sorgen
nicht allein überlassen, sondern den Teil, den wir
ihm abnehmen können, auch auf uns nehmen.

Die Zeit, die wir heute durchleben, hat in ihrer
ganzen Anlage für jeden echten Nationalsozialisten eine verblüffende Ähnlichkeit mit der Kamp-
zeit. Da und immer haben wir so gehandelt. Wir
sind immer mit dem Volke durch dick und dünn
gegangen, und darum ist das Volk uns auch auf
allen Wegen gefolgt. Wir haben immer mit dem
Volke gemeinsam alle Lasten getragen, und deshalb schienen uns die Lasten nicht schwer, sondern leicht zu sein. Das Volk will geführt werden.
Noch niemals gab es in der Geschichte ein Beispiel
dafür, daß in einer kritischen Stunde des nationalen
Lebens das Volk einer tapferen und entschlossenen

체육부문에서 전혀 의미가 없습니다. 체육은 체력을 강화하는 것을 과제로 하며, 주로 인민의 최악의 비상시에 체력을 동원할 것을 주요 목적으로 합니다.

전선도 또한 그 전부를 바랍니다. 전체 독일인민은 열렬한 지지로 이를 촉구합니다. 독일인민은 이제 시간과 비용만을 필요로 하는 전쟁에 중요하지 않은 활동과 이와 유사한 허례에 더 이상 귀기울이려 하지 않습니다. 독일인민은 아무런 의미도 없는 비이성적이고 장황한 설문질질에 더 이상 귀기울이려 하지 않습니다. 독일인민은 평화에는 매우 중요하였지만 전쟁에는 아무런 쓸모 없는 수천 가지의 자잘한 일에 정력을 쏟으려고 하지 않습니다. 독일인민은 또한 스탈린그라드에서 우리 병사의 힘든 희생에 대한 끊임없는 기억 속에서 그의 의무가 일깨워질 필요가 없습니다. 독일인민은 무엇을 해야 하고 무엇을 하지 않아야 할 것을 압니다. 독일인민은 모든 사람, 높은 사람과 낮은 사람, 가난한 사람과 부유한 사람에게 스파르타식의 생활태도를 원합니다. 최고지도자가 전 인민에게 본보기가 되듯이, 전 인민도 모든 계층에서 그 모범을 본보기로 삼아야 합니다. 최고지도자가 일과 배려만을 알 때에, 우리는 일과 배려를 오롯이 그에게 떠넘기지 않고 우리가 그의 부담을 덜 수 있는 부분을 떠맡을 것입니다.

오늘 우리가 살아가는 시간은 그의 총체적 구조에서 모든 진정한 민족사회주의자에게 전시와 놀라운 유사성을 가집니다. 우리는 그 시간에 그리고 언제나 그렇게 행동하였습니다. 우리는 쉬지 않고 언제나 인민과 함께 하였고, 이 때문에 인민도 언제나 우리를 따랐습니다. 우리는 언제나 인민과 함께 모든 부담을 졌고, 이 때문에 우리에게 부담이 무겁지 않고 가볍게 보였습니다. 인민은 인도되기를 바랍니다. 위기의 민족생존의 시간에 인민이 용기있고 결연한 지도에 대한 복종을 거부한 경우는 역사상 아직 유례가 없습니다.

Führung die Gefolgschaft versagt hätte.

Ich möchte in diesem Zusammenhang auch über einige praktische Maßnahmen des totalen Krieges, die wir bereits getroffen haben, ein paar Worte verlieren.

Das Problem, um das es sich dabei handelt, heißt: Freimachung von Soldaten für die Front, Freimachung von Arbeitern und Arbeiterinnen für die Rüstungswirtschaft. Diesen beiden Ziele müssen alle anderen Bedürfnisse untergeordnet werden, selbst auf Kosten unseres sozialen Lebensniveaus während des Krieges. Das soll nicht eine endgültige Stabilisierung unseres Lebensstandards darstellen, sondern gilt nur als Mittel zur Erreichung des Zweckes, nämlich des eines totalen Sieges.

Es müssen im Rahmen dieser Aktion Hunderttausende von Uk.-Stellungen in der Heimat aufgehoben werden. Diese Uk.-Stellungen waren bisher notwendig, weil wir nicht ausreichend Fach- und Schlüsselkräfte zur Verfügung hatten, die die durch Aufhebung der Uk.-Stellungen leer werdenden Plätze besetzen konnten. Es ist der Sinn der getroffenen und noch zu treffenden Maßnahmen, die dafür benötigten Arbeitskräfte zu mobilisieren. Darum geht unser Appell an die noch außerhalb der Kriegswirtschaft stehenden Männer und die bisher noch außerhalb des Arbeitsprozesses stehenden Frauen. Sie werden sich diesem Appell nicht versagen wollen und auch nicht versagen können. Die Arbeitspflicht für Frauen ist sehr weitschichtig gefaßt worden. Das heißt aber nicht, daß nur diejenigen, die im Gesetz genannt worden sind, arbeiten dürfen. Jeder ist uns willkommen, und je mehr sich für den großen Umschichtungsprozeß in der inneren Wirtschaft zur Verfügung stellen, um so mehr Soldaten können wir für die Front freimachen.

Unsere Feinde behaupten, die deutschen Frauen seien nicht in der Lage, den Mann in der Kriegswirtschaft zu ersetzen. Das mag für bestimmte schwere körperliche Arbeiten unserer Kriegsfertigung zutreffen. Darüber hinaus aber bin ich

이러한 관련 아래에서 나는 또한 우리가 전면전을 앞두고 내린 약간의 실무조치에 관하여 몇 마디 언급합니다.

이에 관하여 다음이 과제입니다: 전선을 위한 병사의 확보, 군수경제를 위한 남·녀노동자의 확보. 그밖의 모든 수요는, 전쟁기간 동안 우리의 사회적 생활수준을 희생하더라도, 그 두가지 목표의 하위에 두어야 합니다. 그 과제는 우리 생활수준의 종국적인 안정화를 제시하지 않으며, 오로지 목적, 즉 완전한 승리를 달성하기 위한 수단으로만 가치가 있습니다.

이러한 행동의 일환으로 고국에서 수십만의 대체복무가 폐지되어야 합니다. 지금까지 우리가 대체복무의 폐지로 비게 되는 일자리를 충원할 수 있는 충분한 전문인력과 핵심인력을 가지지 못하였기 때문에 대체복무가 필요하였습니다. 이것이 이전에 내려졌고 앞으로 내려야 하는 그에 필요한 노동력을 동원하기 위한 조치의 의미입니다. 아직도 전시경제의 외곽을 맴도는 남성과 지금까지도 여전히 노동공정의 외곽에 남아 있는 여성에 대한 우리의 호소는 이 때문입니다. 그들은 그 호소를 거부하지 않을 것이며 거부할 수도 없을 것입니다. 여성의 노동의무는 아주 세밀하고 복잡하게 구성됩니다. 그러나 이는 법률에 규정된 여성들만이 노동하여야 한다는 것을 의미하지 않습니다. 우리는 누구든지 환영하며, 더 많은 사람들이 스스로 거대한 내국경제의 재편과정에 자원할수록 우리는 더 많은 병사들을 전선에 투입할 수 있습니다.

우리의 적들은 독일여성들이 전시경제에서 남성을 대체할 위치에 있지 않다고 주장합니다. 이는 우리의 군수제조를 목적으로 하는 특정한 힘든 육체노동에는 그럴 수 있습니다. 그러나 나는 이를 넘어 독일여성들이 전선을 향

der Überzeugung, daß die deutsche Frau fest
entschlossen ist, den Platz, den der Mann, der an
die Front geht, freimacht, in kürzester Frist voll
auszufüllen. Wir brauchen uns da gar nicht auf
bolschewistische Beispiele zu berufen. Auch in der
deutschen Kriegswirtschaft sind seit Jahren schon
Millionen bester deutscher Frauen mit größtem
Erfolg tätig, und sie warten mit Ungeduld darauf,
daß ihre Reihen baldigst durch neuen Zuzug vermehrt
und ergänzt werden. Alle die, die sich für diese
Arbeit zur Verfügung stellen, erfüllen damit nur
eine Dankespflicht der Front gegenüber. Hunderttausende sind schon gekommen, hunderttausende
werden noch kommen. In kürzester Zeit hoffen wir
damit Armeen von Arbeitskräften freizumachen,
die ihrerseits wieder Armeen von kämpfenden
Frontsoldaten freistellen werden.

Ich müßte mich sehr in den deutschen Frauen
täuschen, wenn ich annehmen sollte, daß sie den
hiermit an sie ergehenden Appell überhören wollten. Sie werden sich nicht in engherzigster Weise
an das Gesetz anklammern oder gar noch versuchen, durch seine Maschen zu entschlüpfen. Im
übrigen würden die wenigen, die solche Absichten
verfolgen, damit bei uns nicht landen. Ärztliche
Atteste werden statt der aufgerufenen Arbeitskraft
nicht als vollwertig angenommen. Auch eine etwaige Alibi-Arbeit, die man sich beim Mann oder
beim Schwager oder bei einem guten Bekannten
verschafft, um sich unbeaufsichtigt weiter an der
Arbeit vorbeidrücken zu können, wird von uns
mit entsprechenden Gegenmaßnahmen beantwortet
werden. Die wenigen, die solche Pläne verfolgen,
können sich damit in der öffentlichen Wertung nur
selbst erledigen. Das Volk wird ihnen die größte Verachtung zollen. Niemand verlangt, daß eine Frau,
die dazu nicht die nötigen körperlichen Voraussetzungen mitbringt, in die schwere Fertigung einer Panzerfabrik geht. Es gibt aber eine Unmenge
von Fertigungen auch in der Kriegsindustrie, die
ohne allzu starke körperliche Anstrengung geleistet
werden können und für die sich eine Frau, auch

하는 남성들이 비운 일자리를 단시일 내에 전
부 채울 것을 굳게 결심하였다고 믿습니다. 우
리가 구태여 볼셰비즘의 사례를 끌어들일 필
요도 없습니다. 또한 독일의 전시경제에서 수
년 전부터 수백만의 최고의 독일여성들이 위
대한 성과를 거두면서 활약하고 있으며, 그들
은 그들의 대열이 최대한 신속하게 줄이은 새
로운 유입으로 증가하고 충원되기를 학수고
대합니다. 그러한 노동에 자원한 모든 사람은
그러한 방법으로 전선에 대한 감사의무를 이
행합니다. 벌써 수십만명이 합류했고, 앞으로
도 수십만명이 합류할 것입니다. 이로써 우리
는 단기간 안에 노동군대를 확보하며, 이들은
다시 전투하는 전선병사의 군대를 제공할 것
을 기대합니다.

내가 독일여성이 여기에서 그를 향한 호소
를 흘려듣는다는 것을 인정하여야 한다면, 나
는 독일여성을 오해한 것이 되어야 합니다. 독
일여성은 몹시 편협하게 법률에 매달리거나
법망을 빠져나가려고 시도하지도 않을 것입니
다. 당연히 그러한 목적을 좇는 소수의 사람
들은 이 때문에 우리 옆에 있기 어려울 것입니
다. 요구되는 노동력을 대신하는 의료진단서
는 완전한 가치를 가진 것으로 여겨지지 않을
것입니다. 또한 감독을 벗어나 노동을 면탈하
기 위하여 남편, 사돈이나 친한 아는 사람에
게서 얻은 알리바이성의 일자리는 우리에 의
한 응분의 대응조치로 책임지게 될 것입니다.
그런 음모를 추구하는 소수의 사람들은 이로
써 스스로 공공의 평가만을 망칠 뿐입니다. 인
민은 그들에게 심한 경멸만을 보낼 것입니다.
어느 누구도 탱크의 조립에 필요한 신체조건
을 갖지 못한 여성이 탱크공장에서 힘든 조립
에 종사할 것을 요구하지 않습니다. 그러나 군
수산업에서도 그다지 강한 신체적 노력이 없
이도 이루어질 수 있고 심지어 특혜받는 집단
출신의 여성도 그를 위하여 조용히 자원할 수
있는 엄청나게 많은 제조공정이 있습니다. 어
느 누구도 그런 일에 익숙하지 않으며, 우리는
이때 오로지 모든 것을 하느냐 또는 모든 것을

wenn sie aus bevorzugten Kreisen stammt, ruhig zur Verfügung stellen kann. Niemand ist dafür zu gut, und wir haben ja nur die Wahl, hier etwas Ganzes zu tun oder das Ganze zu verlieren.

Es wäre auch angebracht, daß Frauen, die Dienstpersonal beschäftigen, jetzt schon diese Frage einer Überprüfung unterzögen. Man kann sehr wohl sich selbst dem Haushalt und den Kindern widmen und sein Dienstmädchen freigeben oder den Haushalt und die Kinder dem Dienstmädchen oder der NSV. überantworten und sich selbst zur Arbeit melden. Allerdings ist dann das Leben nicht mehr so gemütlich wie im Frieden. Aber wir leben ja auch nicht im Frieden, sondern im Kriege. Gemütlich werden wir es uns wieder machen, wenn wir den Sieg in Händen haben.

Jetzt aber müssen wir für den Sieg unter weitestgehender Aufopferung unserer Bequemlichkeit kämpfen.

Auch und gerade die Kriegerfrauen werden das verstehen. Sie werden es für ihre höchste Verpflichtung halten, ihren Männern draußen an der Front dadurch zur Seite zu treten, daß sie sich einer kriegswichtigen Arbeit zur Verfügung stellen. Das betrifft vor allem die Landwirtschaft. Die Frauen der Landarbeiter haben hier ein gutes Beispiel zu geben. Es gilt für alle Männer und Frauen der Grundsatz, daß es für niemanden angebracht ist, im Kriege sogar noch weniger zu tun als im Frieden; die Arbeit muß auf allen Gebieten vermehrt werden.

Man darf übrigens nicht den Fehler machen, alles, was jetzt nötig ist, auf die Regierung zu schie-

잃느냐의 선택권만을 가집니다.

직원을 고용한 여성이 벌써 이 문제를 검토하였다면 그 또한 바람직할 것입니다. 남성도 기꺼이 직접 가사와 자녀를 맡아 가정부를 자유롭게 하거나 가사와 자녀를 가정부나 민족사회주의복지국[17]에 맡기고 노동을 자원신청할 수 있습니다. 물론 그때에는 평화기에서와 같은 정도로 삶이 더 이상 안락하지 않습니다. 그러나 우리는 평화가 아니라 전쟁 속에 삽니다. 우리가 승리를 손아귀에 넣을 때 우리는 우리를 다시 안락하게 만들 것입니다.

그러나 지금 우리는 승리를 위하여 우리의 안락을 최대한 희생하여 투쟁하여야 합니다.

전사의 아내들은 그 사실을 당연히 그리고 정확히 이해할 것입니다. 이들은 전쟁에 중요한 노동에 자원함으로써 바깥 전장에 있는 남편을 지원하는 것을 최고의무로 삼을 것입니다. 이는 특히 농업에서 그렇습니다. 농장노동자의 아내들이 여기에 좋은 본보기입니다. 평화로울 때보다 전시에 훨씬 할 일이 없다는 것이 어느 누구에게도 옳지 않다는 원칙은 모든 남성과 여성에게 적용됩니다; 모든 분야에서 노동을 늘려야 합니다.

이밖에 지금 필요한 모든 것을 정부에 미루는 잘못을 저지르지 않아야 합니다. 정부는 주

17) Nationalsozialistische Volkswohlfahrt(NSV). 1932년 4월 18일 민족사회주의자가 법인으로 설립하여 1933년 5월 3일 민족사회주의민주노동자당의 당기구로 재편되어 베를린-빌머스도르프에 소재한 복지단체이다. 2차대전 중에는 아리아계 임산부와 여성의 보호, 그리고 아동청소년업무에 주력하였다. 1934년부터 매년 65만명의 아동을 수용·교육하는 아동보호소파견제도(Kinderlandverschickung [KLV])를 시행하였고, 2차대전 중에는 10-14세의 취학아동을 공습으로부터 보호한다는 명목으로 히틀러청소년단(HJ)와 함께 아동들을 가족에서 떼어내어 집단격리·수용하는 비인도적인 '확대파견제도'를 시행하였다. 1945년 10월 10일의 「연합국관리위원회 법률 제2호」(Kontrollratsgesetz Nr.2)로 NSV의 활동이 금지되고 재산은 몰수되었다.

ben. Die Regierung kann nur die großen Rahmengesetze schaffen. Den Rahmengesetzen Leben und Inhalt zu geben, ist Aufgabe des arbeitenden Volkes; und zwar soll das unter der befeuernden Führung der Partei geschehen. Schnelles Handeln ist hier erstes Gebot.

Über die gesetzliche Verpflichtung hinaus also gilt jetzt die

Parole: Freiwillige vor!

Hier appelliere ich vor allem als Berliner Gauleiter an meine Berliner Mitbürgerinnen. Sie haben im Verlaufe dieses Krieges schon so viele edle Beispiele einer tapferen Lebensgesinnung gegeben, daß sie sich gewiß auch dieser Forderung gegenüber nicht beschämen lassen wollen. Sie haben sich durch ihre praktische Lebensart, sowie durch die Frische ihrer Lebensauffassung auch im Kriege in der ganzen Welt einen guten Namen erworben. Diesen guten Namen gilt es jetzt durch eine großzügige Handlungsweise zu erhalten und zu verstärken. Wenn ich also meine Berliner Mitbürgerinnen aufrufe, sich schnell, prompt und ohne viel Einwendungen einer kriegswichtigen Arbeit zur Verfügung zu stellen, so weiß ich, daß alle diesem Appell Folge leisten werden. Wir wollen jetzt nicht über die Schwere der Zeit klagen oder uns einander etwas vorräsonnieren, wir wollen, wie das nicht nur Berliner, sondern deutsche Art ist, zupacken, handeln, die Initiative ergreifen, selbst etwas tun und nicht alles den anderen zu tun überlassen.

요한 기본법률(Rahmengesetz)[18]만을 제정할 수 있습니다. 기본법률에 생명과 내용을 주는 것은 노동하는 인민의 사명입니다; 그리고 이는 더욱이 독려하는 당의 지도 아래 이루어져야 합니다. 여기에서 신속한 행동이 첫번째 명령입니다.

이제 법정의무를 넘어 다음의 구호가 적용됩니다:

자원자는 앞으로!

이 자리에서 나는 베를린 지구위원장(Gauleiter)[19]으로서 특히 나의 베를린 시민여성에게 호소합니다. 여러분들은 이 전쟁을 치르는 동안 이미 여러분들이 분명히 이러한 요구를 마주하여 스스로 부끄러움을 무색하게 하는 용기있는 삶의 지조의 고귀한 모범을 보였습니다. 여러분들은 실용적 생활방식은 물론 전쟁 중에 그들의 건강한 인생관으로 전 세계에서 높은 명성을 얻었습니다. 이제 과감한 행동양식으로 훌륭한 명성을 유지하고 강화하여야 합니다. 내가 나의 베를린 시민여성들에게 신속하고 적시에 그리고 별 다른 불만 없이 전쟁에 중요한 노동에 자원할 것을 호소할 때에, 모두가 그 호소에 순종할 것임을 나는 압니다. 우리는 지금 힘든 시기를 불평하거나 서로에게 투덜거리지 않으려고 합니다. 우리는 베를린사람만이 아니라 독일인의 기질대로, 열심히 일하고 활동하며 주도권을 장악하여 스스로 무엇인가를 하고 다른 사람들이 모든 일을 하도록 내버려 두지 않겠습니다.

---

18) 또는 원칙-, 윤곽법률. 해당 법률대상에 관하여 완전히 규율함이 없이 기본요강만을 정하고 세부적인 사항의 입법을 명령 또는 연방주의 입법에 맡기는 법률.

19) 민족사회주의독일노동자당(NSDAP)은 칼대제(Karl der Große, 768-814)가 제국행정체제로 채용한 중세의 지구(Gaue)개념을 본받아 독일을 1925년 33개의 당지구로 나누었고, 1941년 이를 다시 43개 지구로 재편하였다. 이는 당시의 제국선거구와 일치하였으며, 「제2차 동치화법률」이 제정된 1933년 4월 7일부터 주(州)와 병존하였다. NSDAP의 조직편제에 따라 당의 책임을 맡은 지구위원장이 그의 고권지역을 관할하였다. 이로 말미암아 때로는 제국행정지구(Reichsgau)를 주관하는 제국지도자와의 갈등과 관할분쟁을 피할 수 없었다.

Welche deutsche Frau wollte es übers Herz bringen, sich einem solchen Appell, den ich vor allem für die kämpfende Front an die deutsche Frauenwelt richte, zu entziehen? Wer wollte jetzt eine spießige Bequemlichkeit über das nationale Pflichtgebot stellen? Wer wollte jetzt noch angesichts der schweren Bedrohung, der wir alle ausgesetzt sind, an seine egoistischen privaten Bedürfnisse denken und nicht an die über alledem stehenden Notwendigkeiten des Krieges?

Ich weise mit Verachtung den Vorwurf, den uns unsere Feinde machen, zurück, daß das eine Nachahmung des Bolschewismus sei. Wir wollen den Bolschewismus nicht nachahmen, wir wollen ihn besiegen, und zwar mit Mitteln und Methoden, die ihm gewachsen sind. Die deutsche Frau wird das am ehesten verstehen, denn sie hat längst erkannt, daß der Krieg, den heute unsere Männer führen, ein Krieg vor allem zum Schutze ihrer Kinder ist. Ihr heiligstes Gut wird also in diesem Kriege durch den Einsatz des kostbarsten Blutes unseres Volkes beschirmt. Mit diesem Kampf der Männer muß die deutsche Frau auch nach außen hin spontan ihre Solidarität bekunden. Sie muß sich lieber morgen als übermorgen in die Reihen der Millionen schaffender Angestellten und Arbeiterinnen einreihen und das Heer der arbeitenden Heimat auch durch ihre eigene Person vermehren. Es muß wie ein Strom der Bereitschaft durch das deutsche Volk gehen. Ich erwarte, daß sich nun ungezählte Frauen und vor allem auch Männer, die bisher noch keine kriegswichtige Arbeit taten, bei den Meldestellen melden. Wer sich schnell gibt, der gibt sich doppelt.

Daneben vollziehen sich großzügige Zusammenlegungen in unserer allgemeinen Wirtschaft.

Ich weiß, daß große Teile unseres Volkes dabei schwere Opfer bringen müssen. Ich habe Verständnis für diese Opfer, und die Volksführung ist bemüht, diese auf ein Mindestmaß zu beschränken. Aber ein gewisser Rest wird übrigbleiben, der ge-

어떤 독일여성이 내가 특히 전투하는 전선을 위하여 독일의 여성세계를 향하여 하는 그러한 호소를 거부하겠습니까? 누가 조야한 게으름을 민족의 의무명령 위에 두겠습니까? 누가 지금 우리 모두가 처한 무거운 위협을 앞에 두고 줄곧 그의 이기적 개인욕구만을 도모하면서가장 소중한 전쟁의 수요를 뿌리치겠습니까?

나는 이것이 볼셰비즘의 모방이라는, 우리를 우리의 적으로 만드는 비난을 경멸로써 거부합니다. 우리는 볼셰비즘을 따라하지 않고, 그것도 그에 필적하는 수단과 방법으로, 그를 이길려고 합니다. 독일여성이 현재 우리의 남성들이 수행하는 전쟁이 무엇보다 그의 자녀를 보호하기 위한 전쟁이라는 사실을 오래전부터 알았기 때문에 독일여성은 이를 아주 일찍이 이해할 것입니다. 독일여성의 제일 신성한 자산은 이 전쟁에서 우리 인민의 고귀한 피를 투입하여 방어됩니다. 이러한 남성의 투쟁과 함께 독일여성은 자발적으로 그의 단결을 외부에 알려야 합니다. 독일여성은 모레 보다는 내일 생산에 참여하는 수백만의 피용인과 여성노동자의 대열에 합류하여 노동하는 고국의 진영이 또한 고국의 사람으로 증원되도록 하여야 합니다. 그들은 준비된 대오처럼 독일인민으로 이루어져야 합니다. 나는 지금 수많은 여성들과 특히 아직까지 전쟁에 중요한 노동을 하지 않은 남성들이 등록청에 신청할 것을 기대합니다. 서둘러 자신을 내놓는 사람이 곱절의 몫을 하는 것입니다.

이와 함께 우리의 일반경제에서 과감한 통합이 이루어집니다.

나는 이를 위하여 우리 인민의 압도적 다수가 무거운 희생을 치러야 한다는 것을 압니다. 나는 그러한 희생을 이해하며, 인민지도부도 그 희생을 최소화하기 위하여 노력합니다. 하지만 반드시 이행되어야 하는 일정한 잔여부

tragen werden muß. Nach dem Kriege werden wir das, was wir heute auflösen, größer und schöner denn je wieder neu aufbauen, und der Staat wird dazu seine helfende Hand leihen.

Ich wende mich in diesem Zusammenhang eindringlich gegen die Behauptung, daß mit unseren Maßnahmen eine Stillegung des Mittelstandes oder eine Monopolisierung unserer Wirtschaft bezweckt würde. Nach dem Kriege wird der Mittelstand sofort wieder in größtem Umfange wirtschaftlich and sozial wiederhergestellt.

Die augenblicklichen Maßnahmen sind ausschließlich Notmaßnahmen für die Kriegszwecke und Kriegsbedürfnisse. Sie streben nicht eine strukturelle Veränderung der Wirtschaft an, sondern sind lediglich auf das Ziel ausgerichtet, den Sieg so schnell und so gründlich wie möglich erkämpfen zu helfen. Denn hier liegt der Weg zum Siege.

Ich streite nicht ab, daß uns auch angesichts der Durchführung der eben geschilderten Maßnahmen noch sorgenvolle Wochen bevorstehen. Aber damit schaffen wir jetzt endgültig Luft. Wir stellen diese Maßnahmen auf die Aktionen des kommenden Sommers ein und begeben uns heute, ohne den Drohungen und Großsprechereien des Feindes irgendeine Beachtung zu schenken, an die Arbeit. Ich bin glücklich, dieses Programm des Sieges (stürmischer Beifall) einem deutschen Volke vortragen zu dürfen, das diese Maßnahmen nicht nur willig auf sich nimmt, sondern sie fordert, und zwar dringender, als das je im Verlaufe dieses Krieges der Fall gewesen ist. Das Volk will, daß durchgreifend und schnell gehandelt wird. Es ist Zeit! Wir müssen den Augenblick und die Stunde nützen, damit wir vor kommenden Überraschungen gesichert sind.

Wir haben uns in den vergangenen Jahren oft in unseren Zeitungen und Reden auf das friderizianische Beispiel berufen. Wir hatten gar keine

분이 남아 있을 것입니다. 전쟁이 끝난 다음 우리는 우리가 지금 없애는 것을 어느 때보다 훨씬 크고 보기좋게 새로이 건설할 것이고 국가는 이에 도움의 손길을 건낼 것입니다.

이러한 맥락에서 나는 우리의 조치가 중산층의 소멸과 우리 경제의 독점화를 목적으로 한다는 주장을 강력히 반대합니다. 전쟁이 끝나면 중산층이 즉시 거대한 범위에서 경제적 · 사회적으로 재건될 것입니다.

지금의 조치는 오직 전쟁목적과 군수수요만을 위한 긴급조치입니다. 이 조치는 경제의 구조적 변화를 지향하지 않고 오직 최대한 신속하고 철저하게 승리를 쟁취하도록 돕는 것을 목표로 합니다. 여기에 승리를 향한 길이 놓여 있기 때문입니다.

나는 앞에서 설명한 조치들의 시행을 목전에 두고 근심으로 가득찬 몇 주(週)가 임박한 사실을 부인하지 않습니다. 그러나 이로써 우리는 마침내 최종적으로 숨쉴 여지를 확보합니다. 우리는 이러한 조치들을 오는 여름의 작전에 맞추어야 하고 적의 위협과 말장난을 조금도 거들떠보지 않고 오늘 노동에 몰두할 것입니다. 나는 이러한 조치를 기꺼이 받아들일 뿐 아니라 이 전쟁이 진척되는 동안 그러하였던 것보다 더욱 간절하게 이를 촉구하는 독일 인민에게 이 승리의 계획을(노도와 같은 갈채) 발표할 수 있어서 행복합니다. 인민은 철저히 그리고 신속하게 이루어지기를 바랍니다. 이제 시간이 되었습니다! 우리는 다가오는 돌발 사태로부터 안전을 보장받기 위하여 순간과 시간을 이용하여야 합니다.

우리는 지난 수년간 자주 우리의 신문들과 연설에서 프리드리히 2세 대왕[20]의 사례를 근거로 삼았습니다. 우리는 그에 관하여 여하한

---

20) 또는 프리드리히대왕 (Friedrich II 또는 Friedrich der Große, 1712-1786). 호헨촐레른왕조(Dynastie der Hohenzollern)의 초대국왕. 1840년부터 프로이센왕과 브란덴부르크변경백, 그리고 신성로마제국의 선제후를 겸임.

Berechtigung dazu. Friedrich II. stand im Dritten
Schlesischen Krieg zeitweilig mit fünf Millionen
Preußen, wie Schlieffen berechnet, 90 Millionen
Europäern gegenüber. Und schon im zweiten der
sieben höllischen Jahre erlitt er eine Niederlage, die
den ganzen preußischen Staat ins Wanken brachte.
Er hat niemals genug Soldaten und Waffen gehabt,
um seine Schlachten ohne größtes Risiko zu schlagen. Er trieb seine Strategie immer als ein System
der Aushilfen. Aber er verfolgte dabei den Grundsatz, den Feind anzugreifen, wo sich ihm eine Gelegenheit dazu bot, und ihn zu schlagen, wo er sich
ihm stellte. Daß er Niederlagen erlitt, ist nicht das
Entscheidende. Entscheidend ist vielmehr, daß der
große König in allen Schicksalsschlägen ungebro-
chen blieb, daß er unerschütterlich das schwan-
kende Kriegsglück auf sich nahm und sein ehernes
Herz jede Gefahr überwand. Am Ende der sieben
Jahre stand er, 51jährig, ein zahnloser, gichtkran-
ker und von tausend Schmerzen gepeinigter Greis,
doch als Sieger auf dem verwüsteten Schlachtfeld.
Was haben wir denn dem entgegenzusetzen?!
Höchstens nur den Willen und die Entschlußkraft,
es ihm, wenn die Stunde das gebietet, gleichzutun,
wie er unerschütterlich zu bleiben in allen Fügun-
gen des Schicksals, wie er den Sieg auch unter den
ungünstigsten Umständen herbeizuzwingen, und
niemals an der großen Sache, die wir verfechten,
zu verzweifeln.

Ich gebe meiner tiefen Überzeugung Ausdruck, daß das deutsche Volk durch den tragischen

권리도 없었습니다. 쉴리펜[21]이 집계한 것과
같이, 프리드리히 2세 대왕은 제3차 쉴레지
엔전쟁[22] 중에 일시적으로 5백만의 프로이센
인으로 9천만의 유럽인에 저항하였습니다. 그
리고 지옥과 같은 7년의 2년차에 그는 프로이
센국 전체를 위태롭게 하였던 패전을 겪었습
니다. 그는 커다란 위험 없이 그의 전투를 치
를 충분한 병사와 무기를 한번도 가지지 못하
였습니다. 그는 항상 임시변통의 체제로 그의
전략을 운영하였습니다. 그러나 그 가운데 그
는 그에게 공격할 기회가 주어진 곳에서 적을
공격하고 적이 그에게 발각된 곳에서 적을 치
는 것을 원칙으로 삼았습니다. 그가 패전을 겪
은 것은 중요하지 않습니다. 오히려 위대한 왕
이 온갖 운명의 시련에 좌절하지 않고 부침하
는 전운을 의연히 받아들였고 그의 단단한 심
장이 모든 위험을 극복하였다는 것이 중요합
니다. 7년전쟁이 끝날 무렵 그는 51세의 이빨
이 모두 빠지고 통풍을 앓으며 수천 가지의 고
통에 시달리는 백발의 노인이었지만 황폐화된
전쟁터에 승리자로 우뚝섰습니다. 그와 견주
어 우리는 무엇을 적에게 내놓아야 합니까?!
기껏해야 시대가 명령할 때 그가 어떻게 항상
의연하게 운명의 섭리에 흔들림없이 순응하였
고 심지어 불리한 상황 아래에서 그가 어떻게
승리를 쟁취하였는지, 그리고 우리가 제창하
는 거대한 책무를 결코 의심하지 않는 의지와
결단력만은 본받아야 합니다.

나는 독일인민이 스탈린그라드에서의 비극
적인 운명의 패전을 계기로 내부에서 철저히

---

21) 아마도 Alfred von Schlieffen(1833-1913). 독일제국원수, 통계학자, 독일은 프랑스와 러시아전선에서 동
시개전하지 않고 먼저 프랑스를 공격하여야 한다는 내용의 쉬리펜-작전계획(Schlieffen-Plan, 1905)의 수립자.
22) Dritter Schlesischer Krieg 또는 7년전쟁(der Siebenjährige Krieg, 1756-1763). 유럽의 지배권, 식민영
토의 확장과 해상무역권, 그리고 대서양항해권을 두고 프로이센, 영국과 선제후국 하노바를 한 축으로 하고, 오
스트리아 합스부르크제국과 신성로마제국, 프랑스와 러시아를 상대축으로 하는, 실질상 세계대전급의 유럽열강
들의 전쟁. 프로이센이 7년전쟁에서 쉴레지엔에 대한 지배권의 확보를 목적으로 한 사실에 근거하여 '제3차 쉴레
지엔전쟁'으로 부른다. 1763년 파리평화조약(Friedensvertrag von Paris)과 후베르투스성평화조약(Friedensvertrag
von Hubertusburg)의 체결에 의한 종전으로 프로이센은 유럽 5대강국으로 부상하였고, 이로 인하여 프로이센
과 오스트리아가 독일종주국의 주도권을 다투는 이원주의(Dualismus)가 심화되었다.

Schicksalsschlag von Stalingrad innerlich auf das tiefste geläutert worden ist. Es hat dem Krieg in sein hartes und erbarmungsloses Antlitz hineinge-schaut. Es weiß nun die grausame Wahrheit und ist entschlossen, mit dem Führer durch dick und dünn zu gehen.

(Wie ein Meer erhebt sich die begeisterte Menge und nicht endenwollende Sprechchöre "Führer be-fiehl, wir folgen dir!", "Heil unserem Führer!" hin-dern den Minister minutenlang am Weiterreden.)

An unserer Seite stehen treue und zuverlässige Bundesgenossen. Das italienische Volk wird mit uns unter der Führung seines großen Duce[23] un-beirrt den Weg zum Siege fortsetzen. Die faschis-tische Lehre hat es reif für alle großen Schicksals-proben gemacht. (In diesem Augenblick bringt die Menge der italienischen Abordnung, die vom Mitglied des Faschistischen Großrates, Exzellenz Alfieri, geführt wird, eine stürmische Kundgebung, für die Alfieri mit großer Herzlichkeit dankt.) In Ostasien fügt das tapfere japanische Schlag auf Schlag zu. (Erneuter herzlicher Beifall.) Drei Welt-und Großmächte zusammen mit ihren Verbünde-ten führen den Kampf gegen die plutokratische Tyrannei und die bolschewistische Bedrohung. Was kann uns geschehen, wenn wir uns den harten Proben dieses Krieges unterziehen! An der Sicher-heit unseres Sieges gibt es bei uns keinen Zweifel.

정화되었다는 저의 깊은 확신을 표명합니다. 독일인민은 힘들고 냉혹한 얼굴을 가진 전쟁을 들여다 보았습니다. 독일인민은 이제 잔혹한 진실을 알고 있으며, 최고지도자와 함께 온갖 고난을 헤쳐나갈 것을 결의하였습니다.

(감격한 군중이 바다와 같이 자리에서 일어나고, "최고지도자가 명령하면, 우리는 그를 따릅니다!"와 "우리 최고지도자 만세!"라는 끝없는 구호가 몇 분 동안 선전상의 연설을 가로막는다.)

성실하고 신뢰할 수 있는 연방동지들이 우리 곁에 있습니다. 이탈리아인민들이 그의 위대한 장군(Duce, 지도자)의 지도 아래 동요되지 않고 우리와 함께 승리의 길을 계속합니다. 파시스트이론은 모든 중대한 운명의 시험을 위하여 준비되어 있습니다. (이 순간에 파시스트 최고위원회 위원 알피에리특사[24]에 의하여 인도되는 이탈리아 대표단의 군중들이 열렬히 시위하였으며, 이에 대하여 알피에리에게 가슴깊이 감사합니다.) 동아시아에서는 용감한 일본의 공격이 끊임없이 이어집니다. (다시 한번 뜨거운 박수갈채.) 3국의 세계강대국이 그들의 동맹국과 연합하여 금권주의의 독재와 볼셰비즘의 위협을 상대로 투쟁을 펼칩니다. 우리가 스스로 이 전쟁의 가혹한 시험을 떠맡지 않으면 우리에게 어떤 일이 생길 것입니까! 우리의 승리에 대한 확신은 우리에게 의문의 여지가 없습니다. 동부에서 우리의

---

23) Benito Amilcare Andrea Mussolini(1883-1945). 이탈리아의 정치가, 장군이며 언론인. 1922년 로마진군(la marcia su Roma)으로 Vittorio Emanuele III di Savoa 국왕(1867-1947, 1900-1946 재위, 1936-1943 에티오피아 황제[Imperatore d'Etiopia])으로부터 재상으로 임명되어 1944년까지 이탈리아왕국의 재상을 역임. 1924년 선거승리로 1925년부터 파시즘지도자(Duce del Fascismo) 겸 정부수반(Capo del Governo)으로 이탈리아파시즘 정권의 독재통치자. 1929년 바티칸시국(lo Stato della Città del Vaticano)에 독립국가의 지위를 인정하는 라테르나협약(Trattato Lateranense)을 체결하여 1870년 이래의 이탈리아왕국과 로마교황청과의 갈등관계를 종식.

24) Dino Alfieri(1886-1966). 이탈리아 파시스트 정치가, 외교관, 인민문화상(Ministro della cultura popolare). 1937년 인민문화상에 취임하여 1938년 반유대주의 인종법률(leggi razziali fasciste)의 제정을 제창하는 '인종학선언'(Manifesto della razza, Manifesto degli scienziati razzisti)을 작성. 1943년 무솔리니의 실각을 부른 쿠데타의 주역.

Während unsere Fronten im Osten ihre gigantischen Abwehrschlachten gegen den Ansturm der Steppe schlagen, rast der Krieg unserer U-Boote über die Weltmeere. Der feindliche Tonnageraum erleidet Einbußen, die auch durch künstlich noch so hochgeschraubte Ersatz- und Neubauten bei weitem nicht wieder wettgemacht werden können. Im übrigen aber wird der Feind uns kennenlernen! Das deutsche Volk ist entschlossen, dem Führer dazu unter Aufbietung all seiner Energien die nötige Möglichkeit zu verschaffen.

In diesen Tagen hat sich die englische und amerikanische Presse sehr ausgiebig mit der Haltung des deutschen Volkes in der gegenwärtigen Krise befaßt. Die Engländer kennen das deutsche Volk nach Ihren Angebereien bekanntlich viel besser, als wir, seine eigene Führung. Sie geben uns scheinheilig Ratschläge, was wir zu tun und zu lassen hätten, immer in der irrigen Ansicht, das deutsche Volk von heute gleiche dem deutschen Volk vom November 1918, das auf ihre Verführungskünste hereinfiel. Ich habe es nicht nötig, gegen diese Annahme den Gegenbeweis zu führen. Der Gegenbeweis wird vom kämpfenden und arbeitenden deutschen Volke jeden Tag aufs Neue erhärtet.

Ich möchte aber zur Steuer der Wahrheit an euch, meine deutschen Volksgenossen und Volksgenossinnen, eine Reihe von Fragen richten, die Ihr mir nach bestem Wissen und Gewissen beantworten müßt. Als mir meine Zuhörer auf meine Forderungen vom 30. Januar spontan ihre Zustimmung bekundeten, behauptete die englische Presse am anderen Tag, das sei ein Propagandatheater gewesen und entspreche in keiner Weise der wahren Stimmung des deutschen Volkes. (Spontane Rufe: Pfui! Lüge! Sie sollen nur herkommen! Die werden uns kennenlernen!) Ich habe heute zu dieser Versammlung nun einen Ausschnitt des deutschen Volkes im besten Sinne des Wortes eingeladen. (Die Aufzählung des Ministers wird von stürmischen Kundgebungen begleitet, die sich in einem nicht endenwollenden Beifall und

전선이 초원의 진격에 저항하는 엄청난 방어 전투를 치르는 동안, 세계의 바다에서 우리 잠수함(U-Boot)의 전쟁이 타오릅니다. 적국의 구축함은 인위적으로 억지로 끌어올린 대체건조와 신규건조에 의하더라도 앞으로 다시는 회복할 수 없는 피해를 입었습니다. 이밖에 적들이 우리를 알게 될 것입니다! 여기에 덧붙여 독일인민은 그의 전력을 기울여 최고지도자에게 필요한 기회를 제공할 것을 결의하였습니다.

최근에 이르러 영국과 미국의 언론은 현재의 위기에서 독일인민의 태도를 아주 풍부하게 다루었습니다. 영국인들은 그의 허세에 따르면 우리가 그의 지도부를 아는 것보다 명백하게 독일인민을 훨씬 더 잘 압니다. 영국인들은 지금의 독일인민이 그들의 유혹술에 넘어간 1918년 11월의 독일인민과 같다는 잘못된 생각에서 우리에게 우리가 무엇을 하여야 하고 하지 않아야 하는지를 위선적으로 충고합니다. 나는 그러한 가설에 대하여 반대증거를 제시하는 것이 불필요하다고 봅니다. 반대증거는 투쟁하고 노동하는 독일인민들에 의하여 나날이 새로이 굳어질 것입니다.

그러나 나는 진실을 확인하기 위하여 독일인민 여러분이 추호의 거짓이 없이 대답하여야 하는 몇 가지를 여러분에게 묻습니다. 나의 청중들이 1월 30일 나의 요구에 대하여 자발적으로 나를 지지하였을 때, 영국언론은 다른 날 그것이 선전의 공연장이었고 어떻게 하여도 독일인민의 진정한 목소리와 일치하지 않는다고 주장하였습니다. (자발적인 외침: 관둬라! 거짓말! 그들이 여기에 와봐야 한다! 그들은 우리를 알게 될 것이다!) 나는 오늘 이 집회에 단어의 최고의 의미에서 독일인민의 일부만을 초대하였습니다. (선전상의 설명은 체육궁전에 참석한 국방군의 대표단을 위한 끝나지 않을 박수와 큰 갈채로 알리는 폭풍과 같은 시위로 수반되었다.) 나의 앞에 동부전선의 독일전상자, 팔과 다리절단자, 총상을 입은 전상자, 적십자 간호사와 함께 온 전쟁에서 시각

stärkster Zustimmung für die im Sportpalast an-wesenden Vertreter der Wehrmacht kundtun.) Vor mir sitzen reihenweise deutsche Verwundete von der Ostfront, Bein- und Armamputierte, mit zer-schossenen Gliedern, Kriegsblinde, die mit ihren Rote-Kreuz-Schwestern gekommen sind, Männer in der Blüte ihrer Jahre, die vor sich ihre Krücken zu stehen haben. Dazwischen zähle ich an die fünfzig Träger des Eichenlaubes und des Ritter-kreuzes, eine glänzende Abordnung unserer kämp-fenden Front. Hinter ihnen erhebt sich ein Block von Rüstungsarbeitern und -arbeiterinnen aus den Berliner Panzerwerken. Wieder hinter ihnen sitzen Männer aus der Parteiorganisation, Soldaten aus der kämpfenden Wehrmacht, Ärzte, Wissenschaft-ler, Künstler, Ingenieure und Architekten, Leh-rer, Beamte und Angestellte aus den Ämtern und Büros, eine stolze Vertreterschaft unseres geistigen Lebens in all seinen Schichtungen, dem das Reich gerade jetzt im Kriege Wunder der Erfindung und des menschlichen Genies verdankt. Über das ganze Rund des Sportpalastes verteilt sehe ich Tausende von deutschen Frauen. Die Jugend ist hier vertreten und das Greisenalter. Kein Stand, kein Beruf und kein Lebensjahr blieb bei der Einladung unberück-sichtigt. Ich kann also mit Fug und Recht sagen: Was hier vor mir sitzt, ist ein Ausschnitt aus dem ganzen deutschen Volk an der Front und in der Hei-mat. (Der Sportpalast erlebt im Augenblick dieser Fragenstellung eine Kundgebung, wie sie selbst diese alte Kampfstätte des Nationalsozialismus nur an besonderen Höhepunkten nationalen Gesche-hens erlebt hat. Die Masse springt wie elektrisiert von ihren Plätzen. Wie ein Orkan braust ein viel-tausendstimmiges Ja durch das weite Rund. Was die Teilnehmer dieser Kundgebung erleben, ist eine Volksabstimmung und Willensäußerung, wie sie spontaner keinen Ausdruck finden kann.) Ihr also, meine Zuhörer, repräsentiert in diesem Augenblick die Nation. Und an euch möchte ich zehn Fragen richten, die Ihr mir mit dem deutschen Volke vor der ganzen Welt, insbesondere aber vor

을 잃은 사람, 그리고 그 인생에 가장 꽃피는 시기에 그 앞에 목발을 세워두어야 하는 사람들이 순서대로 앉아 있습니다. 나는 우리의 전투 중의 전장에서 빛나는 대표자들을 떡갈나무잎 영관(榮冠)과 기사훈장을 수훈받은 50인 속에 포함합니다. 그들의 뒤에 베를린탱크조립공장에서 온 일단의 군수노동남성과 군수노동여성이 일어섭니다. 다시 그들의 뒤에 당기관에서 온 남성, 전투중의 국방군 병사, 의사, 학자, 예술가, 기술자와 건축가, 교수, 관청과 사무실에서 온 공무원과 피용인이 앉아 있으며, 이들이 바로 제국의 모든 계층에서 바로 지금 전쟁 중에 제국이 발명과 인간의 천재성의 기적을 감사하는 자랑스러운 우리의 정신적 삶의 대표자들입니다. 나는 수천명의 독일 여성들이 원형의 체육궁전 전체에 분산배치된 것을 봅니다. 청소년들도 대표되며 노령자도 마찬가지입니다. 신분, 직업과 연령은 초청에서 소외되지 않았습니다. 나는 당당히 말할 수 있습니다: 여기에 나의 앞에 앉은 사람은 전선과 고국에서 전체 독일인민의 일부입니다. (이 질문을 할 때에 체육궁전은 이 오래된 민족사회주의의 투쟁장소가 오직 특별한 국가사건의 정점에서만 경험한 것과 같은 시위를 체험한다. 군중들은 감전된 것처럼 그들의 자리에서 일어난다. 허리케인과 같이 수천명의 함성을 담은 그렇습니다(Ja)가 원형의 체육공원에 우레처럼 울린다. 이 시위의 참가자가 경험하는 것은 그들이 즉흥적으로 형언할 수 없는 인민투표이며 의사표시이다.)

청중 여러분, 이 순간에 여러분이 민족을 대표합니다. 그리고 나는 여러분에게 여러분이 독일인민과 함께 전세계 앞에서, 특히 그들의 방송으로 우리를 듣는 우리의 적 앞에서 대

unseren Feinden, die uns auch an ihrem Rundfunk zuhören, beantworten sollt. (Nur mit Mühe kann sich der Minister für die nun folgenden Fragen Gehör verschaffen. Die Masse befindet sich in einem Zustand äußerster Hochstimmung. Messerscharf fallen die einzelnen Fragen. Jeder einzelne fühlt sich persönlich angesprochen. Mit letzter Anteilnahme und Begeisterung gibt die Masse auf jede einzelne Frage die Antwort. Der Sportpalast hallt wider von einem einzigen Schrei der Zustimmung.)

Die Antwort der Nation

Die Engländer behaupten, das deutsche Volk habe den Glauben an den Sieg verloren.

Ich frage euch: Glaubt ihr mit dem Führer und mit uns an den endgültigen totalen Sieg des deutschen Volkes?

Ich frage euch: Seid ihr entschlossen, dem Führer in der Erkämpfung des Sieges durch dick und dünn und unter Aufnahme auch der schwersten persönlichen Belastungen zu folgen?

Zweitens: Die Engländer behaupten, das deutsche Volk ist des Kampfes müde.

Ich frage euch: Seid ihr bereit, mit dem Führer als Phalanx der Heimat hinter der kämpfenden Wehrmacht stehend diesen Kampf mit wilder Entschlossenheit und unbeirrt durch alle Schicksalsfügungen fortzusetzen, bis der Sieg in unseren Händen ist?

Drittens: Die Engländer behaupten, das deutsche Volk hat keine Lust mehr, sich der überhand nehmenden Kriegsarbeit, die die Regierung von ihm fordert, zu unterziehen.

Ich frage euch: Seid ihr und ist das deutsche Volk entschlossen, wenn der Führer es befiehlt, zehn, zwölf, und wenn nötig vierzehn und sechzehn Stunden täglich zu arbeiten und das Letzte herzugeben für den Sieg?

Viertens: Die Engländer behaupten, das deutsche Volk wehrt sich gegen die totalen Kriegsmaßnahmen der Regierung. Es will nicht den

답하여야 하는 열 가지를 질문하려고 합니다. (애써서 선전상은 겨우 앞으로 이어질 질문을 경청하도록 만들 수 있다. 군중들은 들뜬 축제 분위기의 상태에 있다. 각 질문이 예리하게 이루어진다. 각 개인은 그에게 직접 그 말을 건낸다고 느낀다. 군중들은 최고의 공감과 흥분으로 각 질문에 답한다. 체육궁전은 오롯이 지지의 함성으로 메아리친다.)

민족의 대답

영국인들은 독일인민이 승리에 대한 믿음을 잃었다고 떠듭니다.

나는 여러분에게 묻습니다: 여러분은 최고지도자와 함께, 그리고 우리와 함께 독일인민의 최종적인 총력전을 믿습니까?

나는 여러분에게 묻습니다: 여러분은 승리를 쟁취하는 과정에서 온갖 고난을 헤치고 심지어 가장 무거운 인적 부담까지 지면서 최고지도자를 따를 것을 각오합니까?

둘째: 영국인들은 독일인민이 투쟁에 지쳤다고 떠듭니다.

나는 여러분에게 묻습니다: 여러분은 승리가 우리의 손에 들어올 때까지 최고지도자와 함께 투쟁하는 국방군의 뒤에서 고국의 전투대형을 지어서 열렬한 각오로 운명의 굴레에 동요되지 않고 이 투쟁을 계속할 준비가 되었습니까?

셋째: 영국인들은 독일인민이 정부가 그에게 요구하는 증대하는 전쟁노동을 떠맡을 마음이 없다고 떠듭니다.

나는 여러분에게 묻습니다: 여러분과 독일인민은 최고지도자가 명령하면 하루 10시간, 12시간, 그리고 필요하면 14시간, 16시간 노동하고 승리를 위하여 모든 것을 내놓을 것을 각오합니까?

넷째: 영국인들은 독일인민이 정부의 총력전조치에 반대한다고 떠듭니다. 독일인민은 총력전이 아니라 항복을 원합니다. (함성: 절

totalen Krieg, sondern die Kapitulation. (Zurufe: Niemals! Niemals ! Niemals !)

Ich frage euch: Wollt ihr den totalen Krieg? Wollt ihr ihn, wenn nötig, totaler und radikaler, als wir ihn uns heute überhaupt noch vorstellen können?

Fünftens: Die Engländer behaupten, das deutsche Volk hat sein Vertrauen zum Führer verloren.

Ich frage euch: Ist euer Vertrauen zum Führer heute größer, gläubiger und unerschütterlicher denn je? Ist eure Bereitschaft, ihm auf allen seinen Wegen zu folgen und alles zu tun, was nötig ist, um den Krieg zum siegreichen Ende zu führen, eine absolute und uneingeschränkte?

(Die Menge erhebt sich wie ein Mann. Die Begeisterung der Masse entlädt sich in einer Kundgebung nicht dagewesenen Ausmaßes. Vieltausendstimmige Sprechchöre brausen durch die Halle: „Führer befiehl, wir folgen!" Eine nicht abebbende Woge von Heilrufen[25] auf den Führer braust auf. Wie auf ein Kommando erheben sich nun die Fahnen und Standarten, höchster Ausdruck des weihevollen Augenblicks, in dem die Masse dem Führer huldigt.)

Ich frage euch als sechstes: Seid ihr bereit, von nun ab eure ganze Kraft einzusetzen und der Ostfront die Menschen und Waffen zur Verfügung zu stellen, die sie braucht, um dem Bolschewismus den tödlichen Schlag zu versetzen?

Ich frage euch siebentens: Gelobt ihr mit heili-

대로 그렇지 않습니다! 그렇지 않습니다! 그렇지 않습니다!)

나는 여러분에게 묻습니다: 여러분은 총력전을 하겠습니까? 필요한 경우 여러분은 총력전이 우리가 현재 상상할 수 있는 것보다 훨씬 전면적이고 과감하기를 원합니까?

다섯째: 영국인들은 독일인민이 최고지도자에 대한 믿음을 잃었다고 떠듭니다.

나는 여러분에게 묻습니다: 최고지도자에 대한 여러분의 믿음이 지금 어느 때보다 더 크고 더 깊고 확고합니까? 모든 방향으로 최고지도자를 따르고 전쟁을 최후의 승전으로 이끌기 위하여 필요한 모든 것을 하겠다는 여러분의 준비자세가 절대적이고 조건없는 각오입니까?

(군중이 마치 한 사람인 것처럼 일어선다. 군중의 감격이 여지껏 없던 정도의 시위로 폭발한다. 수천명이 목청을 모은 함성이 궁전에 울린다: "최고지도자는 명령하였고, 우리는 따른다!" 빠지지 않는 밀물과 같은 최고지도자를 향한 구호의 함성(Heilrufe)이 울린다. 그 순간 마치 명령받은 것처럼 깃발과 군기가 높이 쏟아오르며, 이는 군중이 최고지도자에게 충성을 맹세하는 최고로 장중한 순간의 표현이다).

나는 여섯째로 여러분에게 묻습니다: 여러분은 볼셰비즘에 치명적 타격을 가하기 위하여 지금부터 모든 힘을 투입하고 동부전선에 그가 필요로 하는 인원과 무기를 지원할 준비가 되었습니까?

나는 일곱째로 여러분에게 묻습니다: 여러

---

25) 게르만어에서 heil은 "모두, 건강한, 안녕, 평안, 은총"을 의미로서 영어의 whole, hale 또는 holy와 어원을 같이한다. Heil!은 본래 -북부이탈리아의 Salve!와 같이- 안녕, 행복을 축원하거나 은총을 기원하는 Gruß dich! 또는 Glück dir!와 같은 의미로 일상생활에서 축배, 축사 또는 등산 등의 안전을 기원하기 위한 인사말이다. 20세기에 즈음하여 오스트리아를 독일의 일부로 보는 대독일주의를 주장한 일부 정치집단이 Heil!을 사용한 이래 이는 정가에서 보편화되었다(Heil Hugenberg!, Heil Deutschland!, Heil dir junge Republik!, Frei Heil!, Treu Heil!). 민족사회주의기에는 Heil Hitler!가 의무화되어 심지어 편지에도 서명 앞에 이를 병기하기에 이르렀으며, 전래의 Grüß Gott!을 쓰는 사람은 민족사회주의의 적으로 의제되었다. 그리고 공고에서도 Sieg Heil! Sieg Heil! Sieg Heil!(승리를 위하여)이 Hurra! Hurra! Hurra!(만세, 만세, 만세)를 대체하였다. 「독일형법」제86a조는 Heil Hitler!와 Sieg Heil!을 사용하는 행위를 3년 이하의 자유형 또는 벌금형으로 처벌한다.

gem Eid der Front, daß die Heimat mit starker Moral hinter ihr steht und ihr alles geben wird, was sie nötig hat, um den Sieg zu erkämpfen?

Ich frage euch achtens: Wollt ihr, insbesondere ihr Frauen selbst, daß die Regierung dafür sorgt, daß auch die deutsche Frau ihre ganze Kraft der Kriegführung zur Verfügung stellt und überall da, wo es nur möglich ist, einspringt, um Männer für die Front frei zu machen und damit ihren Männern an der Front zu helfen?

Ich frage euch neuntens: Billigt ihr, wenn nötig, die radikalsten Maßnahmen gegen einen kleinen Kreis von Drückebergern und Schiebern, die mitten im Kriege Frieden spielen und die Not des Volkes zu eigensüchtigen Zwecken ausnutzen wollen? Seid Ihr damit einverstanden, daß, wer sich am Krieg vergeht, den Kopf verliert?

Ich frage euch zehntens und zuletzt: Wollt ihr, daß, wie das nationalsozialistische Parteiprogramm es gebietet, gerade im Kriege gleiche Rechte und gleiche Pflichten vorherrschen, daß die Heimat die schweren Belastungen des Krieges solidarisch auf ihre Schultern nimmt und daß sie für hoch und niedrig und arm und reich in gleicher Weise verteilt werden?

Ich habe euch gefragt; ihr habt mir eure Antwort gegeben. Ihr seid ein Stück Volk, durch euren Mund hat sich damit die Stellungnahme des deutschen Volkes manifestiert. Ihr habt unseren Feinden das zugerufen, was sie wissen müssen, damit sie sich keinen Illusionen und falschen Vorstellungen hingeben.

Somit sind wir, wie von der ersten Stunde unserer Macht an und durch all die zehn Jahre hindurch, fest und brüderlich mit dem deutschen Volk vereint. Der mächtigste Bundesgenosse, den es auf dieser Welt gibt, das Volk selbst, steht hinter uns und ist entschlossen, mit dem Führer, koste es was es wolle, und unter Aufnahme auch der schwersten Opfer den Sieg kämpfend zu erstreiten. Welche Macht der Welt könnte uns jetzt noch

분은 전선에 대하여 고국이 강건한 도덕을 가지고 전선을 지지하고 승리를 쟁취하기 위하여 그가 필요로 하는 모든 것을 다한다는 신성한 맹세를 합니까?

나는 여덟째로 여러분에게 묻습니다. 여러분은, 특히 여성 여러분은 독일여성이 그가 가진 모든 힘을 전쟁수행에 쓸 수 있도록 하고 남성을 전선으로 투입하여 전선에서 여러분의 남편을 돕는 것이 가능한 모든 장소에 뛰어들도록 정부가 배려하기를 원합니까?

나는 아홉째로 여러분에게 묻습니다: 필요하다면 여러분은 전쟁 중에 평화놀음을 하고 인민의 곤궁을 이기적 목적으로 유용하려는 한줌의 병역기피자와 모리배들에 대한 단호한 조치를 동의합니까? 여러분은 전쟁 중에 부정을 저지르는 사람이 낭패를 보아야 한다는 것에 찬성합니까?

나는 열번째이고 마지막으로 여러분에게 묻습니다: 여러분은, 민족사회주의당의 강령이 명령하는 것과 같이, 단도직입적으로 전쟁에서 동등한 권리와 동등한 의무가 힘을 얻고 고국이 일치단결하여 전쟁의 무거운 짐을 어깨에 짊어지고 그 짐을 높은 사람과 낮은 사람, 그리고 가난한 사람과 부유한 사람에게 똑같이 배분되기를 원합니까?

나는 여러분에게 물었습니다; 여러분은 나에게 대답하였습니다. 여러분은 인민의 일부이며, 그 대답과 함께 여러분의 입으로 독일인민의 입장을 공표하였습니다. 여러분은 우리의 적들이 환상과 오판에 빠지지 않도록 그들이 알아야만 하는 것을 그들에게 알렸습니다.

이로써 우리는 우리가 정권을 잡은 첫 순간부터 10년 내내 그러한 것과 같이 독일인민과 굳건하게 형제애로 뭉쳤습니다. 이 세상에 현존하는 최강의 연방동지, 바로 인민이 우리를 지지하고 어떠한 대가를 치르더라도 최고지도자와 함께 무거운 희생까지 감수하면서 투쟁하여 승리를 쟁취할 각오로 있습니다. 세상의 어떤 세력이 지금 우리가 목표로 삼은 모든 것을 관철하고 실현하는 것을 막을 수 있겠습니

hindern, alles das durchzusetzen und zu erfüllen, was wir uns als Ziel gesteckt haben. Jetzt wird und muß es uns gelingen! Ich stehe hier vor euch nicht nur als Sprecher der Regierung, sondern auch als Sprecher des Volkes. Um mich herum sitzen meine alten Freunde aus der Partei, die hohe Ämter in der Führung von Volk und Staat bekleiden. Neben mir sitzt Parteigenosse Speer, der vom Führer den geschichtlichen Auftrag erhalten hat, die deutsche Rüstungswirtschaft zu mobilisieren und der Front Waffen in Hülle und Fülle zu liefern. Neben mir sitzt Parteigenosse Dr. Ley, der vom Führer den Auftrag erhalten hat, die Führung der deutschen Arbeiterschaft durchzuführen und sie in unermüdlichem Einsatz für ihre Kriegspflichten zu schulen und zu erziehen. Wir fühlen uns verbunden mit unserem Parteigenossen Sauckel, der vom Führer den Auftrag erhalten hat, ungezählte Hunderttausende von Arbeitskräften ins Reich zu bringen, die einen Zuschuß an die nationale Wirtschaft darstellen, der vom Feind überhaupt nicht eingeholt werden kann. Darüber hinaus sind mit uns vereinigt alle Führer der Partei, der Wehrmacht und des Staates.

Wir alle, Kinder unseres Volkes, zusammengeschweißt mit dem Volke in der größten Schicksalsstunde unserer nationalen Geschichte, wir geloben euch, wir geloben der Front, und wir geloben dem Führer, daß wir die Heimat zu einem Willensblock zusammenschweißen wollen, auf den sich der Führer und seine kämpfenden Soldaten unbedingt und blindlings verlassen können. Wir verpflichten uns, in unserem Leben und Arbeiten alles zu tun, was zum

까. 이제 우리는 이를 성공할 것이고 성공하여야만 합니다! 이 자리에서 나는 정부의 대변인으로만이 아니라 인민의 대변인으로 여러분 앞에서 서 있습니다. 나를 중심으로 인민과 국가의 지도부에서 고위공직을 가진 당에서 나온 나의 오랜 친구들이 앉아 있습니다. 나의 옆에 최고지도자로부터 독일의 군수경제를 활성화하고 전선에 대량으로 무기를 공급하는 역사적 임무를 위임받은 스페어[26] 당원동지가 앉아 있습니다. 나의 옆에 최고지도자로부터 전 독일노동자를 지도하여 쉼없이 전생의무에 관하여 그들을 교육하고 양성하는 임무를 위임받은 당원동지 라이박사[27]가 앉아 있습니다. 우리는 세지 않더라도 적국이 전혀 만회할 수 없는 국가경제에 보탬이 되는 수십만의 노동력을 제국에 공급할 임무를 우리의 최고지도자로부터 위임받은 당원동지 자우켈[28]과 연대감을 느낍니다. 이를 넘어 당, 국방군과 국가의 모든 지도자가 우리와 하나가 됩니다.

우리 모두는 우리 인민의 자손으로 우리 민족의 역사에서 가장 위대한 운명의 시간에 인민과 하나로 뭉쳐 고국을 최고지도자와 그의 투쟁하는 병사들이 조건 없이, 그리고 걱정 없이 믿을 수 있는 의지(意志)의 벽으로 구축할 것을 여러분에게 서약합니다. 전선에 서약합니다. 그리고 최고지도자에게 서약합니다. 우리는 우리의 생명과 노동을 바쳐 승리에 필요한 모든 것을 할 것을 약속합니다. 우리는 당

26) Berthold Konrad Hermann Albert Speer(1905-1981). 히틀러의 총애를 받은 건축가, 1942년부터 군수상으로 강제노역에 의한 이른바 '군수기적'(Rüstungswunder)으로 2차 세계대전의 장기화를 부른 주역. 뉘른베르크 국제군사전범재판에 기소된 24인 중 1인으로 20년 징역형을 선고받아 복역.

27) Robert Ley(1890-1945). 민족사회주의 정치인, 민족사회주의독일노동자당 제국위원장과 독일노동전선(Deutsche Arbeitsfront) 위원장. 뉘른베르크 국제군사전범재판의 24인의 전범 중 1인으로 전범재판이 개정되기 전에 자살.

28) Ernst Friedrich Christoph Sauckel(1894-1946). 1927년부터 민족사회주의독일노동자당 튀링겐 지구위원장, 1942년부터 노동인력배치 최고담당관으로 강제노역의 주역. 뉘른베르크 국제군사전범법정에 기소된 24인의 전범 중 1인으로 교수형으로 처형.

Siege nötig ist. Unsere Herzen wollen wir erfüllen mit jener politischen Leidenschaft, die uns immer in den großen Kampfzeiten der Partei und des Staates wie ein ewig brennendes Feuer verzehrte. Nie wollen wir in diesem Kriege jener falschen und scheinheiligen Objektivitätsduselei verfallen, der die deutsche Nation in ihrer Geschichte schon so viel Unglück zu verdanken hat.

Als dieser Krieg begann, haben wir unsere Augen einzig und allein auf die Nation gerichtet. Was ihr und ihrem Lebenskampf dient, das ist gut und muß erhalten und gefördert werden. Was ihr und ihrem Lebenskampfe schadet, das ist schlecht und muß beseitigt und abgeschnitten werden. Mit heißem Herzen und kühlem Kopf wollen wir an die Bewältigung der großen Probleme dieses Zeitabschnittes des Krieges herantreten. Wir beschreiten damit den Weg zum endgültigen Sieg. Er liegt begründet im Glauben an den Führer. So stelle ich denn an diesem Abend der ganzen Nation noch einmal ihre große Pflicht vor Augen.

Der Führer erwartet von uns eine Leistung, die alles bisher Dagewesene in den Schatten stellt. Wir wollen uns seiner Forderung nicht versagen. Wie wir stolz auf ihn sind, so soll er stolz auf uns sein können.

In den größten Krisen und Erschütterungen des nationalen Lebens erst bewähren sich die wahren Männer, aber auch die wahren Frauen. Da hat man nicht mehr das Recht, vom schwachen Geschlecht zu sprechen, da beweisen beide Geschlechter die gleiche Kampfentschlossenheit und Seelenstärke. Die Nation ist zu allem bereit. Der Führer hat befohlen, wir werden ihm folgen. Wenn wir je treu und unverbrüchlich an den Sieg geglaubt haben, dann in dieser Stunde der nationalen Besinnung und der inneren Aufrichtung. Wir sehen ihn greifbar nahe vor uns liegen; wir müssen nur zufassen. Wir müssen nur die Entschlußkraft aufbringen, alles andere seinem Dienst unterzuordnen. Das ist das Gebot der Stunde. Und darum lautet die Parole:

과 국가의 위대한 투쟁의 시간에 영원히 꺼지지 않는 불과 같이 언제나 우리를 사로잡는 정치적 열정으로 우리의 심장을 채우겠습니다. 어떤 경우에도 우리는 이 전쟁에서 독일민족이 그의 역사에서 이미 그렇게 많은 불행의 씨앗이 된 거짓과 위선의 감상적 객관주의에 결코 빠지지 않겠습니다.

이 전쟁이 시작하였을 때, 우리는 오로지 민족 하나만을 바라보았습니다. 여러분과 여러분의 삶의 투쟁에 쓰이는 것은 좋은 것이며, 보전되고 장려되어야 합니다. 여러분과 여러분의 삶의 투쟁을 해치는 것은 나쁜 것이고, 제거되고 차단되어야 합니다. 뜨거운 심장과 차가운 머리로 우리는 이 전쟁의 시대에 중대한 문제의 극복에 가까이 다가서겠습니다. 이로써 우리는 최후의 승리로 향하는 길을 걷겠습니다. 그 길은 최고지도자에 대한 믿음 속에서 확증됩니다. 이 때문에 나는 오늘 저녁 민족 전체에게 그의 위대한 의무를 다시 한번 상기합니다.

최고지도자는 모든 지금까지 평범한 것을 압도하는 성과를 낼 것을 우리에게 기대합니다. 우리는 그의 요구를 거부하지 않겠습니다. 우리가 최고지도자를 자랑스러워 하듯이 그도 우리를 자랑스러워 할 수 있어야 합니다.

민족의 생존에 대한 커다란 위기와 격동 속에서 비로소 참된 남성이 그 자신을 증명하며 참된 여성도 그 자신을 증명합니다. 이때 사람들은 약한 성을 이야기할 권리가 없고, 이 때 양성이 동등한 투쟁의 각오와 정신력을 증명합니다. 민족은 어떤 일이든 준비되어 있습니다. 최고지도자는 명령하셨고 우리는 그를 따를 것입니다. 우리가 일찍이 헌신하여 굳게 승리를 믿었기 때문에 지금 민족의식과 내부적 고양의 시간에 있습니다. 우리는 승리가 잡을 수 있을 정도로 우리 앞에 가까이 있음을 압니다; 우리는 잡기만 하면 됩니다. 우리는 오로지 그밖의 모든 것들을 승리의 목적에 사용하기 위하여 결단력을 발휘하여야 합니다. 그것이 시대의 명령입니다. 그리고 다음은 이를 위한 선언입니다:

Nun Volk steh' auf und Sturm brich los!

(Die letzten Worte des Ministers gehen in nicht endenwollenden stürmischen Beifallskundgebungen unter.)

Hier nach: Kundgebung der NSDAP, Gau Berlin, im Berliner Sportpalast, Joseph Goebbels, 18. Februar 1943, Auszug aus der Rundfunkübertragung, DRA-Nr. 2600052.

이제 인민들이 일어나고 폭풍우가 몰아칠 것입니다!

(선전상의 연설의 끝부분은 끊이지 않는 열렬한 박수갈채에 파묻혔다.)[29]

출처: NSDAP소식, 베를린 지구당, 베를린 체육궁전, Joseph Goebbels, 1943년 2월 18일 라디오방송에서, DRA-Nr. 2600052 (https://de.wikipedia.org/wiki/Sportpalastrede에 첨부된 연설녹음과 Volltext Joseph Goebbels, Rede im Berliner Sportpalast [Wollt Ihr den totalen Krieg], 18. Februar 1943 / Bayerische Staatsbibliothek (BSB, München) (1000dokumente.de) 참조)

---

29) 약 109분 동안 이어진 연설은 대중연설과 민족사회주의선전의 대표사례로 꼽힌다.

VI. Roland Freisler(1893-1945)   ## 6. 롤란트 프라이슬러(1893-1945)

프라이슬러는 바이마르기에 출발하여 민족사회주의에서 경력의 정점에 이룬 독일의 법률가이다. 1942년 1월 20일 Wannseekonferenz에 참가한 15인의 민족사회주의제국정부와 국가안보부의 고위관료 중에서 유대인학살(Holocaust)의 주요책임자로서 1942년 8월부터 사망할 때까지 형사사건에 관한 NS정권의 최고법원인 인민법원(Volksgericht)의 법원장으로 재임하였다. 악의로 각인된 공격적이며 편향적인 재판정의 등장과 피고를 윽박지르고 방어권을 빼앗은 부적절한 재판진행으로 말미암아 프라이슬러는 민족사회주의에 무릎 꿇은 사법(司法)의 대표인물로 평가된다.

프라이슬러는 이미 결론내려진 일종의 가장소송을 포함하여 대략 2,600여 건의 사형판결을 선고하였으며, 1943년 그가 재판장으로 Christoph Probst, Hans Scholl과 Sophie Scholl을 사형선고한 저항단체 "백장미"(Weiße Rose)사건과 1944년 7월 20일 히틀러테러 저항단체의 재판이 그 대표사례이다.

1893년 10월 30일 평범한 가정에서 출생한 프라이슬러는 Kassel에서 고등학교 졸업자격시험(Abitur)을 마치고 1912년 Jena에서 법학을 시작하였으나 1차 세계대전이 발발하면서 자원입대하였다. 프라이슬러는 잠시 Schwarzburgbund의 SBV! Alemannia Jena학생조합에 가입하였으나, 이를 Wingolf의 학생조합에 편입하려는 시도가 발각되어 강제탈퇴되었다.

세계대전에 참전한 프라이슬러는 1915년 동부전선에서 러시아의 포로가 되어 모스크바 근교의 장교수용소에 수용되었다. 10월혁명과 Brest-Litowsk평화조약 후에 포로수용소가 독일행정으로 이관되었고 프라이슬러는 수용소장으로 임명되었다. 그는 러시아사회민주당(Bolschewiki)에 입당하였으며, 1918년 독일군 포로들이 고향으로 귀환할 때에도 프라이슬러는 2년을 소련에 머물렀다. 소련의 시민전쟁기간 동안 그는 식량분배담당 장교로 복무하였다. 그는 유창한 러시아어를 구사하며 스스로 인정받은 불셰비즘(Bolschewismus)의 추종자로 추정된다.

1920년 독일로 돌아온 프라이슬러는 1922년 예나대학교에서 "경영조직 원칙"(Grundsätzliches über die Betriebsorganisation)을 제목으로 하는 논문으로 법학박사학위를 취득하였고, 1924년 Homberg지방법원에서 시보로 근무하였다. 1924년 프라이슬러는 카셀에서 그의 동생 Oswald와 법률사무소를 열어 형사범죄를 저지른 NSDAP 당원을 변론하였고 1925년 3월 24일 마침내 입당하였다(당원번호 9,679). 그는 시의원으로 좌파의원과 격렬한 토론을 하기도 하였다. 1928년 3월 24일 그는 Marion Russeger(?-1997)과 결혼하였다.

NSDAP가 집권한 1933년 3월 프라이슬러는 제국의원으로서 프로이센 법무성의 법무국장과 인사담당관이 되었고, 얼마지 않아 국무담당관과 프로이센 참사원이 되었다. 프로이센 법무성이 제국법무성으로 승격됨에 따라 그는 국무담당관직을 얻었다.

법무성관료로서 그는 NSDAP의 법무정책과 호흡을 같이 하면서 법치국가의 원칙을 무시하여, 예컨대 1938년 형사소송의 죄형법정주의를 부정하였다. Walter와 Max Götze 형제는 1934년에서 1938년 사이에 베를린과 그 인근에서 자동차장애물을 이용한 일련의 습격을 저질렀다. 그 와중에 발터의 행위로 증명된 2건의 살인이 일어났고, 따라서 막스는 실정법에 따라 종신징역형에 처하여져야 했다. 프라이슬러는 히틀러에게 이들에게 사형이 선고되어야 한다고 보고하였다. 이를 위하여 프라이슬러는 법무성과 함께 급히 1936년 1월 1일부터 효력을 가지는 2개의 법률을 의결하여 1938년 6월 23일 공포하였다. 1938년 6월 24일 막스는 사형선고를 받았다.

프라이슬러는 새로운 민족사회주의 형법의 발전에 주도적으로 기여하였다. 그는 프로이센 법무상 Hanns Kerrl[1]이 전체주관을 맡아 1933년 9월 발간한 기념집 민족사회사법(Nationalsozial-

---

1) Hanns Kerrl(1887-1941). 독일민족사회주의 정치가, 교회상

itische Justiz)의 "전체편찬"을 맡은 제1 공동발행인이었다. 이미 1933년 9월말 그는 46번으로 Hans Frank[2]가 이끄는 독일법을 위한 민족사회주의학술원 100인 위원이 되었고, 1933년 10월 독일법학원의 형법분과 위원장이 되었다. 1933년 프랑크는 케를과 함께 프라이슬러를 민족사회주 의법수호연맹(BNSDJ)의 부위원장으로 임명하였다.

1943년 2월 22일 제국법무성 관보 "독일사법"(Deutsche Justiz) 제8권에 프랑크가 제국-과 프로이센 국무담당관이며 독일법학원 형법분과 위원장 프라이슬러를 독일법학원의 "학술분과장" 으로 임명한다고 공지되었다.

프라이슬러는 1942년 초해까지 독일사법(司法), 법률구조와 법정책의 주요담당자의 1인이었다. 여러 논문에서 그는 의사형법(Willensstrafrecht)을 대표하였다. 이에 따르면 행위가 아니라 행위를 목적으로 하는 의사가 이미 처벌가치를 가진다. 행위자유형론(Tätertypenlehre)에 맞춘 새로운 살 인과 살해구성요건의 도입(1941년 9월 3일의 「제국형법전의 변경을 위한 법률」- 제국법률관보 I, 1941, 549)에 프라이슬러는 상당한 지분을 가졌다. 1941년 12월 4일 제국국방 민족사회주의부가 폴란드형사령을 시행한 때부터 프라이슬러는 〈독일폴란드형법(Das deutsche Polenstrafrecht)〉 을 3부로 나누어 주석하였다. 이로써 독일의 민족사회주의 형사정책은 이제 점령 폴란드에서 비 독일인, 특히 폴란드인과 유대인을 애워싸게 되었다. 이 명령은 1941년 신설된 Kattowitz 고등 법원과 연결된다.

프라이슬러는 제국법무성에서 근무하였고 1942년 1월 20일의 Wannseekonferenz에서 국무담 당관의 업무를 맡았다. 1942년 8월 20일 프라이슬러는 제국법무상으로 임명된 Otto Thierack[3]의 후임으로 인민법원 법원장으로 임명되었다. 인민법원은 1934년 국가반역과 주반역사건의 재판을 위하여 설치되었으며, 나중에 그 관할이 그밖의 국가보위범위로 확대되었다.

프라이슬러 아래 사형선고가 급증하여 대략 전체 사건의 90%가 이미 재판 전에 확정된 사형 또 는 종신징역형으로 종결되었다. 1942년에서 1945년 사이 5,000건 이상의 사형판결이 있었으며, 그중 2,600건을 프라이슬러가 맡은 법원 제1부가 처리하였다. 그러므로 그가 인민법원이 설치된 1934년에서 1945년 사이에 선고된 사형판결의 주책임자이었다. 이 때문에 히틀러가 테러 이후에 음모에 가담한 사람 모두가 인민법정에 세워져야 한다고 결정한 때로부터 그에게 "피의 법관(法 官)"이라는 별명이 붙었다. 히틀러가 음모에 가담한 사람에게 "오래 이야기할 시간을 주지 말" 것 을 지시하기 오래 전부터 프라이슬러는 벌써 그렇게 하고 있었다.

프라이슬러는 광적인 민족사회주의자로서 "수령이 직접 사건을 판결하는 것"과 같이 판결하려 고 노력하였다: "때리기 위해 손을 든 사람은 누구라도 확실한 죽음만이 그의 운명임을 알아야 한 다." 소송에서 프라이슬러가 소리지르는 경우가 많아 마이크의 음량을 최저로 내려야 할 지경이었 다. 인민법원은 프라이슬러에게 "정치법원"이었다. 소송에서 그는 피고를 멸시하고 그의 말을 조 용히 경청하지 않고 말을 끊기 일쑤었다. 그리고 그는 피고를 윽박지르고 비이성적으로 소송을 진 행하였다. 이와 같은 의식적이고 의도된 피고에 대한 강박은 언어만을 수단으로 하지 않고 바지끈 과 허리띠를 풀리는 등 언어외적인 방법으로도 이루어졌다: 법정에서 서 있어야만 하는 피고는 언 제나 그의 바지를 붙들고 있을 수밖에 없었다.

1938년 나치독일에 설치된 프라이슬러의 순회-인민법원은 오스트리아에서도 개정되었으며, 1922/1945년에는 3개의 재판에서 31명의 슬로베니아인과 공산주의저항전사에게 사형이 선고되

---

2) Hans Frank(1900-1946). 독일민족사회주의 정치가, 제3제국의 제국법지도자이며 히틀러의 변호사. 제2 차 세계대전 중 독일에 편입되지 않은 폴란드지역의 총독으로 폴란드의 도살자(Schlächter von Polen)로 명명. 뉘른베르크 국제군사전범법정에 기소된 24인 중 1인으로 사형선고를 받고 1946년 10월 16일 교수형이 집행.

3) Otto Georg Thierack(1889-1946). 독일의 법률가이며 광신적 민족사회주의자, 1942년부터 1945년까지 법 무상. 1946년 Edelheide 전쟁포로수용소에서 사망.

었다.

프라이슬러는 -지금은 Stalin청소라는 이름으로 불리지만, 1936년에서 1938년까지 공산당의 Lenin추종자를 몰아내기 위하여 테러와 반국가행위를 이유로 이들을 처형하여 10월 혁명의 지도부와 작별을 알린 가장의 모스크바재판(Moskauer Prozess)에서 스탈린의 유명한 책임원고에 떠올리면- 민족사회주의의 Wyschinski[4]이다. 그렇지만 프라이슬러도 히틀러가 혐오한 법률가의 예외가 아니었으며, 히틀러는 수령참호에 놓인 그의 일지에서 그를 볼세비키(Bolschewik)로 조롱하였다.

1945년 2월 3일 -사인에 관하여는 논란이 있지만- 인민법원의 방공호로 향하던 프라이슬러는 미군의 폭격으로 사망하였다. 프라이슬러는 베를린에 묻혔으나, 묘비에서 그 이름을 볼 수 없다. 그의 사후 Crohne[5]가 임시후계자로 취임하였다. 1958년 베를린에서 개정된 특별법원은 프라이슬러의 유산 중에서 100,000DM의 속죄배상을 선고하였고, 이는 이전에 몰수된 2건의 부동산과 상계되었다. 이에 대하여 그의 부인은 몰수부동산이 그녀의 특유재산[지참재산]이라고 이의를 제기하였으나 재판에서 그녀가 혼인할 때 고유재산이 없었고 프라이슬러의 급여로 그 부동산을 구입한 사실이 증명되었다.

1985년 마리온 프라이슬러가 연방보훈지원법률(Bundesversorgungsgesetz)에 따라 -프라이슬러가 전후에 변호사 또는 고위공직자로 근무하였다면 얻었을 소득을 토대로 산정된- 연금과 함께, 그리고 1974년부터는 심지어 직업상해보상금까지 수령한 사실이 밝혀졌다. 그럼에도 연금지급이 합법임을 들어 계속 연금이 지급되었다. 그녀가 사망한 후 1997년에 이르러 인권원칙 또는 법치국가의 원칙에 대한 침해가 있을 경우 연금지급을 거부할 수 있도록 연방보훈지원법률을 개정하였다.

---

4) Andrei Januarjewitsch Wyschinski(1883-1954). 냉전시대(1953-1954)의 소비에트연방공화국 외무장관. 1935-1939년 소비에트연방공화국 검찰총장으로 외형으로는 공개재판이지만 실질상 고문에 의한 자백과 원하는 결과를 얻은 비공개군사재판으로 이루어진 가장소송(Schauprozess)의 설계자. 재판정의 입장과 함께 피고에게 소리치고 욕설을 일삼은 사람.

5) Wilhelm Crohne(1880-1945). 독일의 법률가이며 베를린 인민법원 부법원장. 1945년 가족과 동반자살.

VII. Militärische Kapitulationsurkunde*

[vom 8. Mai 1945]

1. Wir, die hier Unterzeichneten, die wir im Auftrage der Oberkommandos der Deutschen Wehrmacht handeln, übergeben hiermit bedingungslos dem Obersten Befehlshaber der Alliierten Expeditionsstreitkräfte und gleichzeitig dem Oberkommando der Roten Armee alle gegenwärtig unter deutschem Befehl stehenden Streitkräfte zu Lande, zu Wasser und in der Luft.

2. Das Oberkommando der Deutschen Wehrmacht wird unverzüglich allen deutschen Land-, See- und Luftstreitkräften und allen unter deutschem Befehl stehenden Streitkräften den Befehl geben, die Kampfhandlungen um 23.01 Uhr mitteleuropäischer Zeit am 8. Mai 1945 einzustellen, in den Stellungen zu verbleiben, die sie in diesem Zeitpunkt innehaben, und sich vollständig zu entwaffnen, indem sie ihre Waffen und Ausrüstung den örtlichen alliierten Befehlshabern oder den von

7. 군사항복문서

[1945년 5월 8일]

1. 독일국방군 최고사령부의 위임으로 행위하는 이 문서의 서명자들인 우리는 이로써 연합원정군의 최고명령권자와 동시에 붉은 군대의 최고사령관에게 조건없이 현 독일의 명령권 아래에 있는 육, 해, 공의 군대 전부를 이양한다.

2. 독일국방군의 최고사령관은 지체없이 모든 독일 육, 해, 공군과 모든 독일의 명령권 아래에 있는 군대에 대하여 중부유럽의 표준시간으로 1945년 5월 8일 23시 1분에 전투행위를 중지하고 그들이 그 시각에 점령한 진지에 잔류하고 그들이 무기와 장비를 현지의 연합군 명령권자 또는 연합군최고지휘부의 대표에 의하여 지명된 장교에게 인도하여 전면 무장해제할 것을 명령한다. 여하한 종류의 선박, 함선 또는 항공기도 폐기되어서는 아니되

* 독일이 항복할 무렵 독일을 둘러싼 군사정세를 정리하면: 1945년 4월 22일 히틀러는 곧 다가올 연합군과 붉은 군대에 의한 제국령의 분할을 대비하여 제국의 북부를 Karl Dönitz제독(1891-1980. 뉘른베르크 국제군사전범재판의 전범으로 10년 복역) 하에, 그리고 남부를 Albert Kesselring공군원수(1885-1960. 이탈리아의 영국군사법정에서 사형선고를 받았으나 사면) 하로 명령권을 분할하였다. 1945년 4월 30일 히틀러는 자살하였다. 같은 날 되니츠는 베를린 프뢴의 그의 지휘부에서 히틀러의 사망과 히틀러가 유언장에서 그를 제국대통령 겸 국가수반으로 지정한 사실을 알게 되었다. 그와 함께 유언으로 제국재상으로 임명된 Joseph Goebbels(1897-1945)도 5월 1일 자살하였다. 1945년 5월 1일 저녁 되니츠는 함부르크방송(Sender Hamburg)에서 히틀러의 사망사실을 발표하고 새로운 제국정부의 수립을 선포하였다. 5월 1일 당시 독일군대는 노르웨이, 네덜란드, 덴마크, 뵈머와 매렌(120만의 병사로 구성된 중부군단[Heeresgruppe Mitte]), 발틱(쿠어란트군단), 헬라반도(오스트프로이센군), 브레스라우, 뒨키르헨, 로리앙과 라로셸 "진지"의 수비군과 카나리아제도, 크레타와 로도스. 여기에 약 100만명의 병사로 된 편성 북부이탈리아의 C군단[Heeresgruppe C], 브란덴부르크의 12군과 베를린전투사령관 산하의 군대를 여전히 보유한 상태였다. 하지만 5월 2일 이탈리아 카세르타에서 이미 4월 29일 서남부 최고명령권자의 지위를 겸직했던 C군단 군단장이 지중해 연합군의 최고명령권자 Harold R. Alexander원수(1891-1969)에게 항복한 소식이 전해졌다: 1945년 5월 2일 Heinrich von Vietinghoff-Scheel원수(1887-1952)와 이탈리아 SS.와 경찰의 최고지도자이자 SS.-상급지도자이며 SS.-무장군장군 Karl Wolff(1900-1984)의 위임으로 Hans Lothar von Schweinitz대령과 SS.-돌격대지도자 Eugen Wenner가 항복문서에 서명함으로써 이탈리아에서 종전이 이루어졌다. 같은 날 베를린 전투사령관 Helmuth Weidling장군(1891-1955)도 항복과 함께 Georgij K. Schukow원수(1896-1974)의 지휘를 받는 붉은 군대에 베를린시를 넘겼다.

den Vertretern der obersten alliierten Militärführungen bestimmten Offizieren übergeben. Kein Schiff, Seefahrzeug oder Flugzeug irgendeiner Art darf zerstört werden, noch dürfen Schiffsrümpfe, maschinelle Einrichtungen oder Geräte, Maschinen irgendwelcher Art, Waffen, Apparaturen und alle technischen Mittel zur Fortsetzung des Krieges im allgemeinen beschädigt werden.

3. Das Oberkommando der Deutschen Wehrmacht wird unverzüglich den zuständigen Befehlshabern alle von dem Obersten Befehlshabern der Alliierten Expeditionsstreitkräfte und dem Oberkommando der Roten Armee erlassenen zusätzlichen Befehle weitergeben und deren Durchführung sicherstellen.

4. Die Kapitulationserklärung stellt kein Präjudiz für an ihre Stelle tretende allgemeine Kapitulationsbestimmungen dar, die durch die Vereinten Nationen oder in deren Namen festgesetzt werden und Deutschland und die Deutsche Wehrmacht als Ganzes betreffen werden.

5. Im Falle, daß das Oberkommando der Deutschen Wehrmacht oder irgendwelche unter seinem Befehl stehenden Streitkräfte es versäumen sollten, sich gemäß den Bestimmungen dieser Kapitulationserklärung zu verhalten, werden der Oberste Befehlshaber der Alliierten Expeditionsstreitkräfte und das Oberkommando der Roten Armee alle diejenigen Straf- und anderen Maßnahmen ergreifen, die sie als zweckmäßig erachten.

6. Diese Erklärung ist in englischer, russischer und deutscher Sprache aufgesetzt. Allein maßgebend sind die englische und die russische Fassung.

Unterzeichnet zu Berlin, am 8. Mai 1945

gez. v. FRIEDEBURG
gez. KEITEL
gez. STUMPFF
Für das Oberkommando der Deutschen Wehrmacht

고, 선체, 기계설비 또는 장비, 여하한 종류의 기계, 무기, 장치와 전쟁의 계속수행을 위한 모든 기술재도 전면 훼손되어서는 아니된다.

3. 독일국방군의 최고사령관은 책임 있는 명령권자에게 연합원정군의 최고명령권자와 붉은 군대의 최고사령관에 의하여 제정된 모든 추가명령을 지체 없이 전달하고 그의 시행을 보장할 것이다.

4. 항복선언은 국제연합에 의하여 또는 그의 이름으로 확정되고 독일과 독일국방군 전체를 대상으로 하여 그에 갈음하는 일반 항복규정에 불이익을 주지 아니한다.

5. 독일국방군의 최고사령관 또는 여하한 그의 명령 아래에 있는 군대가 이 항복선언의 규정에 따라 행동하는 것을 해태할 경우, 연합원정군의 최고명령권자와 붉은 군대의 최고사령관은 그들이 유용하다고 판단하는 모든 형벌조치와 그밖의 조치를 사용한다.

6. 이 성명은 영어, 러시아어와 독일어로 작성된다. 영어본과 러시아본만이 권위를 가진다.

1945년 5월 8일, 베를린에서 서명되어

서명을 생략하여 표기된. 폰 프리데부르크
서명을 생략하여 표기된. 카이텔
서명을 생략하여 표기된. 쉬툼프
독일 국방군의 최고사령관을 위하여

In Gegenwart von:

참관하여:

Für den Obersten Befehlshaber der Alliierten Expeditionsstreitkräfte
gez. A. W. TEDDER
Für das Oberkommando der Roten Armee
gez. G. ZHUKOV

연합원정군의 최고명령권자를 위하여
서명을 생략하여 표기된. 테더
붉은 군대의 최고사령관을 위하여
서명을 생략하여 표기된. 주코프

Bei der Unterzeichnung waren als Zeugen auch zugegen:

서명식에 증인으로 출석한:

General, Oberstkommandierender der Ersten Französischen Armee
gez. J. DE LATTRE-TASSIGNY
Kommandierender General der Strategischen Luftstreitkräfte der Vereinigten Staaten
gez. CARL SPAATZ

장군, 프랑스 제1군의 최고사령관
서명을 생략하여 표기된. 드 라트르-타시뉘
미국의 전략공군사령관
서명을 생략하여 표기된. 칼 스파츠

VIII. Kontrollratsgesetz Nr. 1 betreffend die Aufhebung von NS-Recht

vom 20. September 1945
in Kraft getreten am 20. September 1945

8. 민족사회주의-법의 폐지에 관한 연합국 관리위원회 법률 제1호

1945년 9월 20일,
1945년 9월 20일 시행

für die Bundesrepublik Deutschland außer Wirkung gesetzt durch Erstes Gesetz zur Aufhebung des Besatzungsrechts vom 30. Mai 1956 (BGBl. I. S. 437), jedoch ohne die Wirkung der Wiederaufhebung der aufgehobenen Gesetze

für die DDR außer Wirkung gesetzt durch Beschluß des Ministerrats der UdSSR über die Auflösung der Hohen Kommission der Sowjetunion in Deutschland vom 20. September 1955

Der Kontrollrat verfügt das folgende:

Art. I. 1. Folgende Gesetze politischer Natur oder Ausnahmegesetze, auf welche das Nazi-Regime beruhte, werden hierdurch ausdrücklich aufgehoben, einschließlich aller zusätzlichen Gesetze, Durchführungsbestimmungen, Verordnungen und Erlasse:

a) Gesetz zur Behebung der Not von Volk und Reich vom 24. März 1933, RGBl. I/41,

b) Gesetz zur Wiederherstellung des Berufsbeamtentums vom 7. April 1933, RGBl. I/175,

c) Gesetz zur Änderung von Vorschriften des Strafrechts und des Strafverfahrens vom 24. April 1934, RGBl. I/341,

d) Gesetz zum Schutze der nationalen Symbole vom 19. Mai, 1933, RGBl. I/285,

e) Gesetz gegen die Bildung von Parteien vom 14. Juli 1933, RGBl. I/479,

f) Gesetz über Volksabstimmung vom 14. Juli 1933, RGBl. I/479,

g) Gesetz zur Sicherung der Einheit von Partei und Staat vom 1. Dezember 1933, RGBl. I/479,

h) Gesetz gegen heimtückische Angriffe auf

독일연방공화국(BRD)에서 폐지된 법률을 재적용하는 효력이 없이 1956년 5월 30일 「점령법의 폐지를 위한 제1차 법률」(연방법률관보 I, 437)로 폐지

독일민주공화국(DDR)에서 1955년 9월 20일 「독일에서 소비에트연방 최고위원회의 해산에 관한 소비에트연방공화국(UdSSR) 각료회의 결의」로 폐지

연합국관리위원회는 다음을 처분한다:

제1장. 제1조 이 법률에 의하여 민족사회주의-정권이 준거하는 다음의 정치적 성격의 법률과 예외법률들이 이에 따르는 전체 부가법률, 시행규정, 명령과 시행령과 함께 명시적으로 폐지된다:

a) Gesetz zur Behebung der Not von Volk und Reich vom 24. März 1933, RGBl. I/41, (법률 1)

b) Gesetz zur Wiederherstellung des Berufsbeamtentums vom 7. April 1933, RGBl. I/175, (법률 5)

c) Gesetz zur Änderung von Vorschriften des Strafrechts und des Strafverfahrens vom 24. April 1934, RGBl. I/341, (법률 39)

d) Gesetz zum Schutze der nationalen Symbole vom 19. Mai, 1933, RGBl. I/285, (법률 13)

e) Gesetz gegen die Bildung von Parteien vom 14. Juli 1933, RGBl. I/479, (법률 20)

f) Gesetz über Volksabstimmung vom 14. Juli 1933, RGBl. I/479, (법률 19)

g) Gesetz zur Sicherung der Einheit von Partei und Staat vom 1. Dezember 1933, RGBl. I/479, (법률 29)

h) Gesetz gegen heimtückische Angriffe auf

Staat und Partei und zum Schutz der Partei-uniform vom 20. Dezember, 1934, RGB1. 1/1269,

j) Reichsflaggengesetz vom 15. September, 1935, RGBl. I/1145,

k) Gesetz zum Schutze des deutschen Blutes und der deutschen Ehre, vom 15. September 1935, RGBl. I/1146,

l) Reichsbürgergesetz vom 15. September 1935, RGBl. I/1146,

m) Preußisches Gesetz über die Geheime Staats-polizei vom 10 Februar 1936, G.S. 21,

n) Gesetz über die Hitler-Jugend vom 1. Dezem-ber, 1936, RGBl. I/933,

o) Verordnung gegen die Unterstützung der Tarnung jüdischer Gewerbebetriebe vom 22. April 1938, RGBl. I/404,

p) Verordnung über die Anmeldung des Vermö-gens von Juden vom 26. April 1938, RGBl. I/414,

q) Gesetz zur Änderung der Gewerbeordnung für das Deutsche Reich vom 6. Juli, 1938, RGBl. I/823,

r) Zweite Verordnung zur Durchführung des Gesetzes über die Änderung von Familien-namen und Vornamen vom 17. August 1938, RGB1. I/1044,

s) Verordnung Reisepässe von Juden vom 5. Ok-tober 1938, RGBl. I/1342,

t) Verordnung zur Ausschaltung der Juden aus dem deutschen Wirtschaftsleben vom 12. November 1938, RGBl. I/1580,

u) Polizeiverordnung über das Auftreten der Ju-den in der Öffentlichkeit vom 28. November 1938, RGBl. I/1676,

v) Verordnung den Nachweis deutschblütiger Abstammung vom 1. August 1940, RGBl. I/1063,

w) Polizeiverordnung über die Kennzeichnung der Juden vom 1. September 1941, RGBl. I/547,

x) Verordnung über die Beschäftigung von Ju-

Staat und Partei und zum Schutz der Partei-uniform vom 20. Dezember, 1934, RGB1. 1/1269, (법률 45)

j) Reichsflaggengesetz vom 15. September, 1935, RGBl. I/1145, (법률 65)

k) Gesetz zum Schutze des deutschen Blutes und der deutschen Ehre, vom 15. September 1935, RGBl. I/1146, (법률 66)

l) Reichsbürgergesetz vom 15. September 1935, RGBl. I/1146,

m) Preußisches Gesetz über die Geheime Staats-polizei vom 10 Februar 1936, G.S. 21,

n) Gesetz über die Hitler-Jugend vom 1. Dezem-ber, 1936, RGBl. I/933, (법률 69)

o) Verordnung gegen die Unterstützung der Tarnung jüdischer Gewerbebetriebe vom 22. April 1938, RGBl. I/404,

p) Verordnung über die Anmeldung des Vermö-gens von Juden vom 26. April 1938, RGBl. I/414,

q) Gesetz zur Änderung der Gewerbeordnung für das Deutsche Reich vom 6. Juli, 1938, RGBl. I/823,

r) Zweite Verordnung zur Durchführung des Gesetzes über die Änderung von Familien-namen und Vornamen vom 17. August 1938, RGB1. I/1044,

s) Verordnung Reisepässe von Juden vom 5. Ok-tober 1938, RGBl. I/1342,

t) Verordnung zur Ausschaltung der Juden aus dem deutschen Wirtschaftsleben vom 12. November 1938, RGBl. I/1580,

u) Polizeiverordnung über das Auftreten der Ju-den in der Öffentlichkeit vom 28. November 1938, RGBl. I/1676,

v) Verordnung den Nachweis deutschblütiger Abstammung vom 1. August 1940, RGBl. I/1063,

w) Polizeiverordnung über die Kennzeichnung der Juden vom 1. September 1941, RGBl. I/547,

x) Verordnung über die Beschäftigung von Juden vom 3. Oktober 1941, RGBl. I/675,

y) Erlaß des Führers über die Rechtsstellung der NSDAP vom 12. Dezember 1942, RGBl. I/733,

z) Polizeiverordnung über die Kenntlichmachung der im Reich befindlichen Ostarbeiter und -arbeiterinnen vom 19. Juni 1944, RGBl. I/147.

2. Die Aufhebung der oben erwähnten Gesetze setzt kein Gesetz in Kraft, das nach dem 30. Januar 1933 erlassen und das durch die oben erwähnten Gesetze aufgehoben worden ist.

Art. II. Keine deutsche Gesetzesverfügung, gleichgültig wie oder zu welcher Zeit erlassen, darf gerichtlich oder verwaltungsmäßig zur Anwendung gebracht werden in irgendwelchen Fällen, in denen ihre Anwendung Ungerechtigkeit oder ungleiche Behandlung verursachen würde, entweder dadurch, daß

a) irgend jemand auf Grund seiner Verbindung mit der Nationalsozialistischen Deutschen Arbeiterpartei, ihren Formationen, angegliederten Verbindungen oder Organisationen begünstigt Vorteile genießen würde;

b) irgend jemand auf Grund seiner Rasse, Staatsangehörigkeit, seines Glaubens oder seiner Opposition zur Nationalsozialistischen Deutschen Arbeiterpartei oder ihrer Lehren, Nachteile erleiden würde.

Art. III. Wer irgendwelche durch dieses Gesetz aufgehobenen Gesetze anwendet oder anzuwenden versucht, setzt sich strafrechtlicher Verfolgung aus.

Ausgefertigt in Berlin, den 20 September 1945

(Die in den drei offiziellen Sprachen abgefaßten Originaltexte dieses Befehls wurden von B. L. Montgomery, Feldmarschall, L. Koeltz, Armeekorps--General, V. D. Sokolovsky, General der Armee und Dwight D. Eisenhower, General der Armee genehmigt.)

---

den vom 3. Oktober 1941, RGBl. I/675,

y) Erlaß des Führers über die Rechtsstellung der NSDAP vom 12. Dezember 1942, RGBl. I/733,

z) Polizeiverordnung über die Kenntlichmachung der im Reich befindlichen Ostarbeiter und -arbeiterinnen vom 19. Juni 1944, RGBl. I/147.

제2조 앞에 규정된 법률들의 폐지는 1933년 1월 30일 이후 제정되고 앞에서 언급한 법률에 의하여 폐지된 법률을 효력이 생기게 하지 아니한다.

제2장. 제정절차와 제정시기와 관계없이, 다음 각호에서와 같이 그의 적용이 불법 또는 불평등한 처우를 부를 수 있는 독일의 법률처분은 여하한 경우에도 재판상 또는 행정상 적용되어서는 아니된다.

a) 특정인이 민족사회주의독일노동자당, 그의 부대, 산하 협력단체 또는 조직의 가입을 원인으로 특혜받은 이익을 누리게 되는 것;

b) 특정인이 그의 인종, 국적, 그의 신앙과 민족사회주의독일노동자당 또는 그의 지도이론에 대한 반대를 원인으로 불이익을 받게 되는 것.

제3장 이 법률에 의하여 폐지된 법률을 적용하거나 적용하려고 기도하는 사람은 형사처벌된다.

베를린에서 작성하여, 1945년 9월 20일

(3개국 공용어로 작성된 이 명령의 원문은 B.L.Mongomery 원수, L.Koeltz 군단장, V.D.Sokolovsky 총사령관과 D.Eisenhower 군사령관에 의하여 인준되었다),

Insbesondere die Aufhebung des Ermächtigungsgesetzes von 1933 (Artikel I. 1a) beinhaltet faktisch, daß die Weimarer Reichsverfassung (als Grundlage für das Ermächtigungsgesetz) auch nach Ansicht der Alliierten weiter gültig war, aber durch die vierseitigen Verträge bis 1990 überlagert war.

Leider haben sich die Alliierten nicht dazu durchringen können, auf den Gesetzgebungsstand vom 29. Januar 1933 zurückzukehren.

무엇보다 1933년 제정된 「입법권한수여법률」(Ermächtigungsgesetzes [제1장 제1조 a호])의 폐지는 사실상 (또한 「권한수여법률」의 근거가 되는) 「바이마르 제국헌법」(Reichsverfassung)이, 연합국의 의사에 따르면, 계속 효력을 유지하고 4자계약으로 1990년까지 보전된다는 내용을 포함한다.

그러나 연합국은 1933년의 입법상태 이전으로 소급하는 정도까지 관철할 수는 없었다.

출처: 독일 연합국 관리위원회 관보, 6

부록: 제3제국(1933년-1945년)의 법령 연대표

〈1933년〉

1. Verordnung des Reichspräsidenten über den Reichskommissar für das Land Preußen (31.01.1933)
   프로이센주의 제국치안감에 관한 제국대통령 명령
2. Verordnung des Reichspräsidenten über die Auflösung des Reichstags (01.02.1933)
   제국[하원]의회의 해산에 관한 제국대통령 명령
3. Verordnung über die Neuwahl des Reichstags (01.02.1933)
   제국[하원]의회 선거에 관한 명령
4. Verordnung über den Reichskommissar für die Luftfahrt (02.02.1933)
   항공운항에 관한 제국치안감에 관한 명령
5. Verordnung des Reichspräsidenten über Änderung des Reichswahlgesetzes (02.02.1933)
   제국선거법률의 개정에 관한 제국대통령 명령
6. Verordnung zur Durchführung des Reichswahlgesetzes (03.02.1933)
   제국선거법률의 시행을 위한 명령
7. Verordnung des Reichspräsidenten zum Schutze des Deutschen Volkes ["Versammlungs- und Presseverordnung"] (04.02.1933)
   독일인민의 보호를 위한 제국대통령 명령 [집회-와 언론령]
8. Erste Verordnung zur Durchführung der Verordnung zum Schutze des deutschen Volkes (04.02.1933)
   독일인민의 보호를 위한 명령의 시행을 위한 제1차 명령
9. Verordnung des Reichspräsidenten zur Herstellung geordneter Regierungsverhältnisse in Preußen (06.02.1933)
   프로이센에서 조직된 주정부관계의 구축을 위한 제국대통령 명령
10. Verordnung zur Reichstagswahl (06.02.1933)
    제국[하원]의회 선거를 위한 명령
11. Zweite Verordnung zur Durchführung der Verordnung zum Schutze des deutschen Volkes (07.02.1033)
    독일인민의 보호를 위한 명령의 시행을 위한 제2차 명령
12. Dritte Verordnung zur Durchführung der Verordnung zum Schutze des deutschen Volkes (07.02.1933)
    독일인민의 보호를 위한 명령의 시행을 위한 제3차 명령
13. Verordnung des Reichsministers des Innern über das Verbot kommunistischer Demonstrationen im Freistaat Sachsen (21.02.1933)
    자유주 작센에서 공산주의 시위의 금지에 관한 제국내무상의 명령
14. Verordnung des Reichspräsidenten zum Schutz von Volk und Staat ["Reichstagsbrandverordnung"] (28.02.1933)
    인민과 국가의 수호를 위한 제국대통령 명령
15. Erlaß des Reichspräsidenten über die vorläufige Regelung der Flaggenhissung (12.03.1933)
    국기계양의 임시규율에 관한 제국대통령 지시[훈령]
16. Erlaß über die Errichtung des Reichsministeriums für Volksaufklärung und Propaganda (13.03.1933)
    제국인민계몽선전성의 설치에 관한 지시

17. Verordnung über die Hoheitszeichen der Wehrmacht (14.03.1933)
국방군의 지휘권 상징에 관한 명령
18. Verordnung des Reichspräsidenten über Maßnahmen auf dem Gebiete der Finanzen, der Wirtschaft und der Rechtspflege (18.03.1933)
제정, 경제와 사법(司法) 분야에 대한 조치에 관한 제국대통령 명령
19. Verordnung des Reichspräsidenten zur Beschleunigung des Verfahrens in Hochverrats- und Landesverratssachen (18.03.1933)
내란사건과 주내란사건의 소송촉진에 관한 제국대통령 명령
20. Verordnung des Reichspräsidenten zur Abwehr heimtückischer Angriffe gegen die Regierung der nationalen Erhebung (21.03.1933)
민족개혁의 정부에 대한 악의적 공격의 방어를 위한 제국대통령 명령
21. Verordnung der Reichsregierung über die Bildung von Sondergerichten (21.03.1933)
특별법원의 설치에 관한 제국정부의 명령
22. Gesetz zur Behebung der Not von Volk und Reich ["Ermächtigungsgesetz"] (24.03.1933)
인민과 제국의 위난제거를 위한 법률 [수권법률]
23. Reichsgesetz über Verhängung und Vollzug der Todesstrafe ["Lex van der Lubbe"] (29.03.1933)
교수형과 사형의 집행에 관한 제국법률
24. Vorläufiges Gesetz zur Gleichschaltung der Länder mit dem Reich (31.03.1933)
제국과 주의 동치화를 위한 임시법률
25. Verordnung über die vorläufige Regelung der Flaggenführung (31.03.1933)
국기게양의 임시규율에 관한 명령
26. Gesetz zur Abwehr politischer Gewalttaten (04.04.1933)
정치적 폭력행위 방지를 위한 법률
27. Erste Verordnung zum Vorläufigen Gesetz zur Gleichschaltung der Länder mit dem Reich (05.04.1933)
제국과 주의 동치화를 위한 임시법률에 대한 제1차 명령
28. Zweites Gesetz zur Gleichschaltung der Länder mit dem Reich ["Reichsstatthaltergesetz"] (07.04.1933)
제국과 주의 동치화를 위한 임시법률에 대한 제2차 법률 [제국감찰관법률]
29. Gesetz zur Wiederherstellung des Berufsbeamtentums (07.04.1933)
직업공무원제의 재건을 위한 법률
30. Gesetz über das Kündigungsrecht der durch das Gesetz zur Wiederherstellung des Berufsbeamtentums betroffenen Personen (07.04.1933)
직업공무원제의 재건을 위한 법률의 피적용자에 대한 해고권에 관한 법률
31. Gesetz über die Zulassung zur Rechtsanwaltschaft (07.04.1933)
변호사허가에 관한 법률
33. Gesetz über die Einführung eines Feiertags der nationalen Arbeit (10.04.1933)
국가노동절[1]의 도입에 관한 법률

---

1) Als Tag der nationalen Arbeit wurde in der Zeit des Nationalsozialismus der Erste Mai 1933 bezeichnet. Seit 1934 wurden die Maifeiern als Nationalfeiertag des Deutschen Volkes begangen. Zur Vereinnahmung der Arbeiter hat die NSDAP den früheren Kampftag der internationalen Arbeiterklasse national umgedeutet und den 1. Mai zu einem gesetzlichen Feiertag erklärt. Von Anfang an,

34. Erste Verordnung zur Durchführung des Gesetzes zur Wiederherstellung des Berufsbeamtentums (11.04.1933)
직업공무원제의 재건을 위한 법률의 시행을 위한 제1차 명령
35. Zweite Verordnung über die vorläufige Regelung der Flaggenführung (22.04.1933)
기(旗)게양의 임시규율에 관한 제2차 명령
36. Gesetz zur Änderung des Reichsstatthaltergesetzes (25.04.1933)
제국감찰관법률의 개정을 위한 법률
37. Gesetz betreffend die Dienststrafgewalt über die Mitglieder der SA. und SS. (28.04.1933)
SA.와 SS. 대원에 대한 복무형벌권에 관한 법률
38. Erlaß über das Setzen der Hakenkreuzflagge auf Kauffahrteischiffen (29.04.1933)
상선의 철십자기 부착에 관한 지시
39. Zweite Verordnung zur Durchführung des Gesetzes zur Wiederherstellung des Berufsbeamtentums (04.05.1933)
직업공무원제의 재건을 위한 법률의 시행을 위한 제2차 명령
40. Sechster Erlaß über die Dienstsiegel (11.05.1933)
공무직인에 관한 제6차 지시
41. Gesetz über Treuhänder der Arbeit (19.05.1933)
노동신탁관리관에 관한 법률
42. Gesetz zum Schutze der nationalen Symbole (19.05.1933)
국가표장[상징]의 수호에 관한 법률
43. Zweites Gesetz zur Änderung des Reichsstatthaltergesetzes (26.05.1933)
제국감찰관법률의 개정을 위한 제2차 법률
44. Gesetz über die Einziehung kommunistischen Vermögens (26.05.1933)
공산주의 재산의 몰수에 관한 법률
45. Verordnung zur Durchführung des Gesetzes zum Schutze der nationalen Symbole (23.05.1933)
국가표장의 수호에 관한 법률의 시행을 위한 명령
46. Gesetz zur Änderung des Gesetzes zur Wiederherstellung des Berufsbeamtentums (23.06.1933)
직업공무원제의 재건을 위한 법률의 개정을 위한 법률
47. Gesetz zur Wiederherstellung des Berufsbeamtentums in der Fassung des Gesetzes zur Änderung des Gesetzes zur Wiederherstellung des Berufsbeamtentums vom 23. Juni 1933 (23.06.1933)
1933년 6월 23일 직업공무원제의 재건을 위한 법률의 개정을 위한 법률본에서 직업공무원제의 재건을 위한 법률
48. Reichsbeamtengesetz vom 31. März 1873 in der Fassung des Gesetzes vom 30. Juni 1933 (30.06.1933)
1933년 6월 30일 법률본에서 1873년 3월 31일 제국공무원법률
49. Verordnung über die Aufgaben des Reichsministeriums für Volksaufklärung und Propaganda (30.06.1933)
제국인민계몽선전성의 임무에 관한 명령
50. Zweite Verordnung zur Durchführung des Gesetzes zur Wiederherstellung des Berufsbeamtentums vom 4. Mai 1933 in der Fassung der Verordnung zur Änderung und Ergänzung der Zweiten Verord-

dem 1. Mai 1933, wurde die Feier mit der Zerschlagung der freien Gewerkschaften verbunden - so wurden auch die Gewerkschaftshäuser am 2. Mai 1933 durch NSBO, SA und SS besetzt.

nung zur Durchführung des Gesetzes zur Wiederherstellung des Berufsbeamtentums (07.07.1933)
1933년 6월 23일과 1933년 7월 20일 직업공무원제의 재건을 위한 법률의 시행을 위한 제2차 명령의 개정과 보완을 위한 명령본에서 1933년 5월 4일 직업공무원제의 재건을 위한 법률의 시행을 위한 제2차 명령

51. Verordnung zur Sicherung der Staatsführung (07.07.1933)
국가지도의 보장을 위한 명령

52. Erlaß über das Setzen der deutschen Hoheitszeichen auf Segelschiffen und Heringsloggern (10.07.1933)
범선과 쾌속범선의 독일국장(國章) 부착에 관한 지시

53. Gesetz gegen die Neubildung von Parteien (14.07.1933)
신당창당금지법률

54. Gesetz über die Einziehung volks- und staatsfeindlichen Vermögens (14.07.1933)
인민과 국가에 적대적인 재산의 몰수에 관한 법률

55. Gesetz über den Widerruf von Einbürgerungen und die Aberkennung der deutschen Staatsange-hörigkeit (14.07.1933)
국적귀화의 취소와 독일국적의 박탈에 관한 법률

56. Gesetz über Volksabstimmung (14.07.1933)
국민투표에 관한 법률

57. Gesetz zur Verhütung erbkranken Nachwuchses (14.07.1933)
유전질환을 가진 신생아출생의 방지를 위한 법률

58. Dritte Verordnung über die vorläufige Regelung der Flaggenführung (16.07.1933)
기게양의 임시규율에 관한 제3차 명령

59. Gesetz zur Ergänzung des Gesetzes zur Wiederherstellung des Berufsbeamtentums (20.07.1933)
직업공무원제의 재건을 위한 법률의 보완을 위한 법률

60. Gesetz zur Wiederherstellung des Berufsbeamtentums in der Fassung der Gesetze zur Änderung und Ergänzung des Gesetzes zur Wiederherstellung des Berufsbeamtentums vom 23. Juni 1933 und 20. Juli 1933 (20.07.1933)
1933년 6월 23일과 1933년 7월 20일 직업공무원제의 재건을 위한 법률의 개정과 보완을 위한 법률본에서 직업공무원제의 재건을 위한 법률

61. Richtlinien zu § 1 a Abs. 3 des Reichsbeamtengesetzes in der Fassung des Gesetzes vom 30. Juni 1933 [Definition Arier bzw. Nichtarier] (08.08.1933)
1933년 6월 30일 법률본에서 제국공무원법 제1a조 제3항에 대한 지침 [아리아인과 비아리아인의 정의]

62. Drittes Gesetz zur Änderung des Gesetzes zur Wiederherstellung des Berufsbeamtentums (22.09.1933)
직업공무원제의 재건을 위한 법률의 개정을 위한 제3차 법률

63. Gesetz zur Wiederherstellung des Berufsbeamtentums in der Fassung der Gesetze zur Änderung und Ergänzung des Gesetzes zur Wiederherstellung des Berufsbeamtentums vom 23. Juni 1933, 20. Juli 1933 und 22. September 1933 (22.09.1933)
1933년 6월 23일, 1933년 7월 20일, 그리고 1933년 9월 22일 직업공무원제의 재건을 위한 법률의 개정과 보완을 위한 법률본에서 직업공무원제의 재건을 위한 법률

64. Zweite Verordnung zur Durchführung des Gesetzes zur Wiederherstellung des Berufsbeamtentums

vom 4. Mai 1933 in der Fassung der Verordnungen zur Änderung und Ergänzung der Zweiten Verordnung zur Durchführung des Gesetzes zur Wiederherstellung des Berufsbeamtentums vom 7. Juli 1933 und 28. September 1933 (28.09.1933)

1933년 7월 20일과 1933년 9월 22일 직업공무원제의 재건을 위한 법률의 시행을 위한 제2차 명령의 개정과 보완을 위한 명령판에서 1933년 5월 4일 직업공무원제의 재건을 위한 법률의 시행을 위한 제2차 명령

65. Gesetz zur Gewährleistung des Rechtsfriedens (13.10.1933)

법평화의 보장을 위한 법률

66. Drittes Gesetz zur Änderung des Reichsstatthaltergesetzes (14.10.1933)

제국감찰관법률의 개정을 위한 제3차 법률

67. Gesetz zur Sicherung der Einheit von Partei und Staat (01.12.1933)

당과 국가의 통합을 보장하기 위한 법률

68. Gesetz über die Vereidigung der Beamten und der Soldaten der Wehrmacht (01.12.1933)

공무원과 국방군 군인의 선서에 관한 법률

69. Verordnung über die Vereidigung der Beamten und der Soldaten der Wehrmacht (02.12.1933)

공무원과 국방군 군인의 선서에 관한 명령

70. Verordnung zur Ausführung des Gesetzes zur Verhütung erbkranken Nachwuchses (05.12.1933)

유전질환을 가진 신생아출생의 방지를 위한 법률의 시행을 위한 명령

71. Verordnung über die vorläufige Regelung der Flaggenführung auf Kauffahrteischiffen (20.12.1933)

상선의 기게양에 관한 임시규율에 관한 명령

〈1934년〉

1. Gesetz zur Ordnung der nationalen Arbeit (20.01.1934)

국가노동의 규율을 위한 법률

2. Gesetz über den Neuaufbau des Reichs (30.01.1934)

제국재건에 관한 법률

3. Erste Verordnung über den Neuaufbau des Reichs (02.02.1934)

제국재건에 관한 제1차 명령

4. Erlaß des Reichspräsidenten über die Ernennung und Entlassung der unmittelbaren Landesbeamten (03.02.1934)

직접주공무원의 임명과 해임에 관한 제국대통령의 지시

5. Gesetz über die Aufhebung des Reichsrats (14.02.1934)

제국상원의회의 폐지에 관한 법률

6. Erstes Gesetz zur Überleitung der Rechtspflege auf das Reich (16.02.1934)

사법(司法)의 제국이관을 위한 제1차 법률

7. Gesetz über die Versorgung der Kämpfer für die nationale Erhebung (27.02.1934)

민족개혁을 위한 전사의 보훈지원에 관한 법률

8. Verordnung zur Durchführung des Gesetzes über die Versorgung der Kämpfer für die nationale Erhebung (27.02.1934)

민족개혁을 위한 전사의 보훈지원에 관한 법률의 시행을 위한 명령

9. Gesetz über die Feiertage (27.02.1934)

국경일에 관한 법률

10. Gesetz zur Vorbereitung des organischen Aufbaues der deutschen Wirtschaft (27.02.1934)
독일경제의 조직적 구축의 준비를 위한 법률
11. Erste Verordnung zur Durchführung des Gesetzes zur Ordnung der nationalen Arbeit (01.03.1934)
국가노동의 규율을 위한 법률의 시행을 위한 제1차 명령
12. Zweite Verordnung zur Durchführung des Gesetzes zur Ordnung der nationalen Arbeit (10.03.1934)
국가노동의 규율을 위한 법률의 시행을 위한 제2차 명령
13. Verordnung über den Schutz der Sonn- und Feiertage (16.03.1934)
공휴일과 국경일의 보호에 관한 명령
14. Bekanntmachung über die Ausprägung von Reichssilbermünzen im Nennbetrage von 2 und 5 Reichsmark (16.03.1934)
2 제국마르크와 5 제국마르크의 액면가액을 가진 제국은화의 주조에 관한 공고
15. Erlaß des Reichspräsidenten über die Ausübung des Niederschlagungsrechts (21.03.1934)
진압권의 행사에 관한 제국대통령의 지시
16. Viertes Gesetz zur Änderung des Gesetzes zur Wiederherstellung des Berufsbeamtentums (22.03.1934)
직업공무원제의 재건을 위한 법률의 개정을 위한 제4차 법률
17. Gesetz zur Wiederherstellung des Berufsbeamtentums in der Fassung der Gesetze zur Änderung und Ergänzung des Gesetzes zur Wiederherstellung des Berufsbeamtentums vom 23. Juni 1933, 20. Juli 1933, 22. September 1933 und 22. März 1934 (22.03.1934)
1933년 6월 23일, 1933년 9월 22일과 1934년 3월 22일의 직접공무원제의 재건을 위한 법률의 개정과 보완을 위한 법률본에서 직업공무원제의 재건을 위한 법률
18. Erste Durchführungsverordnung zum Gesetz zur Sicherung der Einheit von Partei und Staat (23.03.1934)
당과 국가의 통합을 보장하기 위한 법률의 제1차 시행명령
19. Erste Ausführungsbestimmung zur 1. Durchführungsverordnung zum Gesetz zur Sicherung der Einheit von Partei und Staat (24.03.1934)
당과 국가의 통합을 보장하기 위한 법률의 제1차 시행명령을 위한 제1차 시행규정
20. Gesetz zur Änderung des Strafrechts und des Strafverfahrens [= Änderung des StGB, u.a. bezüglich Hochverrat, Landesverrat und Schaffung des Volksgerichtshofs] (24.04.1934)
형법과 형사재판의 개정을 위한 법률 [= 특히 내란, 주내란과 관련된 형법의 개정과 인민법원의 설치에 관하여]
21. Zweite Verordnung zur Durchführung des Gesetzes zur Wiederherstellung des Berufsbeamtentums vom 4. Mai 1933 in der Fassung der Verordnungen zur Änderung und Ergänzung der Zweiten Verordnung zur Durchführung des Gesetzes zur Wiederherstellung des Berufsbeamtentums vom 7. Juli 1933, 28. September 1933 und 7. Mai 1934 (07.05.1934)
1933년 7월 7일, 1933년 9월 28일과 1934년 5월 7일의 직업공무원제 재건을 위한 법률의 시행을 위한 제2차 명령의 개정과 보완을 위한 명령본에서 1933년 5월 4일 직업공무원제의 재건을 위한 법률의 시행을 위한 제2차 명령
22. Zweite Ausführungsbestimmung zur 1. Durchführungsverordnung zum Gesetz zur Sicherung der Einheit von Partei und Staat (12.05.1934)
당과 국가의 통합을 보장하기 위한 법률의 제1차 시행명령을 위한 제2차 시행규정

23. Zweite Verordnung zur Ausführung des Gesetzes zur Verhütung erbkranken Nachwuchses (29.05.1934)
유전질환을 가진 신생아출생의 방지를 위한 법률의 시행을 위한 제2차 명령

24. Zweite Verordnung zur Durchführung des Gesetzes zur Wiederherstellung des Berufsbeamtentums vom 4. Mai 1933 in der Fassung der Verordnungen zur Änderung und Ergänzung der Zweiten Verordnung zur Durchführung des Gesetzes zur Wiederherstellung des Berufsbeamtentums vom 7. Juli 1933, 28. September 1933, 7. Mai 1934 und 5. Juni 1934 (05.06.1934)
1933년 7월 7일, 1933년 9월 28일, 1934년 5월 7일과 1934년 6월 5일의 직업공무원제 재건을 위한 법률의 시행을 위한 제2차 명령의 개정과 보완을 위한 명령본에서 1933년 5월 4일 직업공무원제의 재건을 위한 법률의 시행을 위한 제2차 명령

25. Gesetz über Maßnahmen der Staatsnotwehr (03.07.1934)
국가긴급방위조치에 관한 법률

26. Verordnung des Reichspräsidenten über die Stiftung eines Ehrenkreuzes (13.07.1934)
명예십자훈장의 수여에 관한 제국대통령의 명령

27. Gesetz über das Staatsoberhaupt des Deutschen Reiches (01.08.1934)
독일제국 국가수반에 관한 법률

28. Nachricht vom dem Ableben des Reichspräsidenten Generalfeldmarschall von Hindenburg (02.08.1934)
제국대통령 원수 폰 린덴부르크의 부고

29. Gesetz über das Staatsbegräbnis für den dahingeschiedenen Reichspräsidenten Generalfeldmarschall von Hindenburg (02.08.1934)
서거한 제국대통령 원수 폰 힌덴부르크의 국장에 관한 법률

30. Trauererlaß zum Ableben des Reichspräsidenten von Hindenburg (02.08.1934)
제국대통령 폰 힌덴부르크의 사망에 대한 애도지시

31. Erlaß des Reichskanzlers zum Vollzug des Gesetzes über das Staatsoberhaupt des Deutschen Reichs vom 1. August 1934 (02.08.1934)
1934년 8월 1일 독일제국 국가수반에 관한 법률의 집행을 위한 제국재상의 지시

32. Beschluß der Reichsregierung zur Herbeiführung einer Volksabstimmung (02.08.1934)
국민투표의 실시를 위한 제국정부 의결

33. Kundgebung der Reichsregierung an das deutsche Volk! (02.08.1934)
독일인민에 대한 제국정부의 공고!

34. Erlaß an die Wehrmacht (02.08.1934)
국방군에 대한 지시

35. Erste Verordnung zur Volksabstimmung über das Staatsoberhaupt des Deutschen Reichs [Abstimmungsverordnung] (03.08.1934)
독일제국 국가수반에 관한 국민투표를 위한 제1차 명령 [투표명령]

36. Verordnung zur Durchführung der Volksabstimmung über das Staatsoberhaupt des Deutschen Reichs (03.08.1934)
독일제국 국가수반에 관한 국민투표의 실시를 위한 명령

37. Gesetz zur Regelung der öffentlichen Sammlungen und sammlungsähnlichen Veranstaltungen [Sammlungsgesetz] (05.11.1934)
공개모금과 모금 유사의 행사를 규율하기 위한 법률 [모금법률]

38. Gesetz über den Freiwilligen Arbeitsdienst[2] (13.12.1934)
   자원노동복무에 관한 법률
39. Gesetz gegen heimtückische Angriffe auf Staat und Partei und zum Schutz der Parteiuniformen (20.12.1934)
   국가와 당에 대한 악의적 공격의 방어와 당제복의 보호를 위한 법률
40. Verordnung der Reichsregierung über die Zuständigkeit der Sondergerichte (20.12.1934)
   특별법원의 관할에 관한 제국정부의 명령

〈1935년〉

1. Zweite Verordnung zur Durchführung des Gesetzes zur Wiederherstellung des Berufsbeamtentums vom 4. Mai 1933 in der Fassung der Verordnungen zur Änderung und Ergänzung der Zweiten Verordnung zur Durchführung des Gesetzes zur Wiederherstellung des Berufsbeamtentums vom 7. Juli 1933, 28. September 1933, 7. Mai 1934, 5. Juni 1934 und 3. Januar 1935 (03.01.1935)
   1933년 7월 7일, 1933년 9월 28일, 1934년 5월 7일, 1934년 6월 5일과 1935년 1월 3일의 직업공무원제 재건을 위한 법률의 시행을 위한 제2차 명령의 개정과 보완을 위한 명령본에서 1933년 5월 4일 직업공무원제의 재건을 위한 법률의 시행을 위한 제2차 명령
2. Dienststrafordnung für die Angehörigen des Freiwilligen Arbeitsdienstes (08.01.1935)
   자원노동복무의 소속원에 대한 복무형벌령
3. Bekanntmachung gemäß Artikel 1 § 5 des Gesetzes gegen heimtückische Angriffe auf Staat und Partei und zum Schutz der Parteiuniformen vom 20. Dezember 1934 (16.01.1935)
   1934년 12월 20일 국가와 당에 대한 악의적 공격에 대한 방어와 당제복의 보호를 위한 법률 제1절 제5조에 근거한 공고
4. Gesetz zur Änderung des Gesetzes über die Versorgung der Angehörigen des Reichsheers und der Reichsmarine sowie ihrer Hinterbliebenen [Wehrmachtsversorgungsgesetz] (21.01.1935)
   제국육군과 제국해군의 소속원, 그리고 그 유족의 보훈지원에 관한 법률의 개정을 위한 법률
5. Gesetz über die Entpflichtung und Versetzung von Hochschullehrern aus Anlaß des Neuaufbaus des deutschen Hochschulwesens (21.01.1935)
   독일 고등교육제도의 재건을 위한 고등교원의 면직과 전보에 관한 법률
6. Drittes Gesetz zur Überleitung der Rechtspflege auf das Reich (24.01.1935)
   사법(司法)의 제국이관을 위한 제3차 법률
7. Reichsstatthaltergesetz (30.01.1935)
   제국감찰관[총독]법률
8. Gesetz über die vorläufige Verwaltung des Saarlandes (30.01.1935)
   잘란트주의 임시행정에 관한 법률
9. Gesetz über die Vertretung des Saarlandes im Reichstag (30.01.1935)
   제국의회에서 잘란트주의 대표에 관한 법률
10. Erlaß des Führers und Reichskanzlers über die Ernennung und Entlassung der Reichsbeamten (01.02.1935)

---

2) 자원노동복무(FAD)는 1931년에 도입된 바이마르공화국의 노동중개와 실업보험을 위한 제국관청(Reichsanstalt für Arbeitsvermittlung und Arbeitslosenversicherung)의 공적 취업장려정책이다. 젊은 실업청년은 자원하여 일터에 집결하여 그곳에서 일정기간 동안 공공의 이익을 실현하고 그 자신이 쓸모있는 존재라는 감정을 주는 활동에 전념한다.

제국공무원의 임면에 관한 최고지도자이며 제국재상의 지시
11. Erlaß des Führers und Reichskanzlers über die Ernennung und Entlassung der Landesbeamten (01.02.1935)
주공무원의 임면에 관한 최고지도자이며 제국재상의 지시
12. Erlaß des Führers und Reichskanzlers über die Ausübung des Gnadenrechts (01.02.1935)
사면권의 행사에 관한 최고지도자이며 제국재상의 지시
13. Dritte Verordnung zur Durchführung der Verordnung des Reichspräsidenten über die Stiftung eines Ehrenkreuzes (04.02.1935)
명예십자훈장의 수여에 관한 제국대통령의 명령의 시행을 위한 제3차 명령
14. Verordnung über das Zollwesen im Saarland (13.02.1935)
잘란트주의 관세제도에 관한 명령
15. Anordnung über die Ernennung und Entlassung der Beamten der allgemeinen und inneren Verwaltung (14.02.1935)
일반행정과 내무행정 공무원의 임면에 관한 조치
16. Erste Verordnung zur Durchführung des Gesetzes gegen heimtückische Angriffe auf Staat und Partei und zum Schutz der Parteiuniformen (15.02.1935)
국가와 당에 대한 악의적 공격의 방어와 당제복의 보호를 위한 법률의 시행을 위한 제1차 명령
17. Gesetz über die Beurlaubung von Angestellten und Arbeitern für Zwecke der Leibeserziehung (15.02.1935)
자녀양육을 목적으로 하는 피용인과 노동자의 휴직에 관한 법률
18. Anordnung über die Ausübung des Gnadenrechts in Dienststrafsachen (21.02.1935)
복무형사사건에서 사면권의 행사에 관한 조치
19. Verordnung zur Überleitung der Strafrechtspflege im Saarland (21.02.1935)
잘란트주에서 형사사법(司法)의 이관을 위한 명령
20. Ausführungs- und Übergangsbestimmungen zu den Erlassen des Führers und Reichskanzlers über die Ernennung und Entlassung der Reichs- und Landesbeamten (22.02.1935)
제국공무원과 주공무원의 임면에 관한 최고지도자이며 제국재상의 지시를 위한 실시규정과 경과규정
21. Zweite Verordnung zur Durchführung des Gesetzes gegen heimtückische Angriffe auf Staat und Partei und zum Schutz der Parteiuniformen (22.02.1935)
국가와 당에 대한 악의적 공격의 방어와 당제복의 보호를 위한 법률의 시행을 위한 제2차 명령
22. Erste Durchführungsverordnung zum Gesetz über die vorläufige Verwaltung des Saarlandes (22.02.1935)
잘란트주 임시행정에 관한 법률을 위한 제1차 시행명령
23. Verordnung zur Einführung reichsrechtlicher Vorschriften im Saarland aus dem Gebiete der allgemeinen und inneren Verwaltung (22.02.1935)
일반행정과 내무행정부문에서 잘란트주에 제국법의 규정을 도입하기 위한 명령
24. Verordnung über die vorläufige Regelung der Gerichtsverfassung im Saarland (22.02.1935)
잘란트주에서 법원조직의 임시규율에 관한 명령
25. Verordnung über die Rechtsverhältnisse der Beamten des Saarlandes (22.02.1935)
26. Anordnung über die Ausübung des Gnadenrechts bei Polizeistrafen, Ordnungsstrafen usw. (23.02.1935)

경찰벌, 질서벌 등의 사면권의 행사에 관한 조치
27. Dritte Verordnung zur Ausführung des Gesetzes zur Verhütung erbkranken Nachwuchses (25.02.1935)
   유전질환을 가진 신생아출생의 방지를 위한 법률의 시행을 위한 제3차 명령
28. Verordnung über die Einführung der Reichswährung im Saarland (25.02.1935)
   잘란트주에서 제국화폐의 도입에 관한 명령
29. Gesetz über die Einführung eines Arbeitsbuches (26.02.1935)
   노동기록부(勞動記錄簿)의 도입에 관한 법률
30. Gesetz zur Änderung des Finanzausgleichs (26.02.1935)
   재정조정의 변경을 위한 법률
31. Verordnung über den Ausbau des Reichs-Justizprüfungsamtes (27.02.1935)
   제국-사법시험청의 확대에 관한 명령
32. Gesetz zur Überleitung des Bergwesens auf das Reich (28.02.1935)
   광업제도의 제국이관을 위한 법률
33. Gesetz über die Straffreiheit für das Saarland (28.02.1935)
   잘란트주의 형사특권에 관한 법률
34. Zehnte Verordnung zur Durchführung des Gesetzes zur Ordnung der nationalen Arbeit (04.03.1935)
   국가노동의 규율을 위한 법률의 시행을 위한 제10차 명령
35. Proklamation der Reichsregierung an das deutsche Volk bezüglich der Einführung der allgemeinen Wehrpflicht (16.03.1935)
   일반병역의무의 도입과 연관된 독일인민에 대한 제국정부의 포고
36. Gesetz für den Aufbau der Wehrmacht (16.03.1935)
   국방군의 건립을 위한 법률
37. Gesetz über den "Zweckverband Reichsparteitag Nürnberg" (29.03.1935)
   "목적단체 뉘른베르크 제국전당대회"에 관한 법률
38. Gesetz über die Landespolizei (29.03.1935)
   주경찰에 관한 법률
39. Verordnung zur Durchführung des Gesetzes zur Sicherung der Einheit von Partei und Staat (29.03.1935)
   당과 국가의 통합을 보장하기 위한 법률의 시행을 위한 명령
40. Verordnung zur Änderung der Verordnung über den Schutz der Sonn- und Feiertage (01.04.1935)
   휴일과 국경일의 보호에 관한 명령의 개정을 위한 명령
41. Verordnung über die Standarte des Führers und Reichskanzler (11.04.1935)
   최고지도자이며 제국재상의 기(旗)에 관한 명령
42. Erste Ausführungsbestimmung über die Verordnung zur Durchführung des Gesetzes zur Sicherung der Einheit von Partei und Staat (29.04.1935)
   당과 국가의 통합을 보장하기 위한 법률의 시행을 위한 명령에 관한 제1차 실시규정
43. Zweite Ausführungsbestimmung über die Verordnung zur Durchführung des Gesetzes zur Sicherung der Einheit von Partei und Staat (29.04.1935)
   당과 국가의 통합을 보장하기 위한 법률의 시행을 위한 명령에 관한 제2차 실시규정
44. Gesetz zur Änderung des Reichs- und Staatsangehörigkeitsgesetzes (15.05.1935)
   제국국적과 주국적법률의 개정을 위한 법률

398   나찌의 법률

45. Wehrgesetz (21.05.1935)
   병역법률
46. Erlaß der Führers und Reichskanzlers über die Übertragung des Verordnungsrechts nach dem Wehrgesetz (22.05.1935)
   병역법률에 따른 명령권의 이전에 관한 최고지도자이며 제국재상의 지시
47. Erlaß des Führers und Reichskanzlers über die Dauer der aktiven Dienstpflicht in der Wehrmacht (22.05.1935)
   국방군에서 현역복무의무의 기간에 관한 최고지도자이며 제국재상의 지시
48. Verordnung über das Erfassungswesen (22.05.1935)
   등록제도에 관한 명령
49. Verordnung über die vorläufige Regelung der Flaggenführung der Wassersportfahrzeuge auf See (31.05.1935)
   대양에서 수상스포츠선박의 기계양에 대한 임시규율에 관한 명령
50. Verordnung zur Ausführung der Verordnung über die vorläufige Regelung der Flaggenführung der Wassersportfahrzeuge auf See (07.06.1935)
   대양에서 수상스포츠선박의 기계양에 대한 임시규율에 관한 명령을 실시하기 위한 명령
51. Reichsarbeitsdienstgesetz (26.06.1935)
   제국노동복무법률
52. Luftschutzgesetz[3] (26.06.1935)
   방공법률
53. Erlaß des Führers und Reichskanzlers über die Übertragung der Befugnis an den Reichskriegsminister, Ausländern die Genehmigung zum Eintritt in ein Wehrdienstverhältnis zu erteilen (26.06.1935)
   제국전쟁상에게 외국인에게 병역관계의 참여를 승인할 권한의 이전에 관한 최고지도자이며 제국재상의 지시
54. Erste Verordnung zur Durchführung und Ergänzung des Reichsarbeitsdienstgesetzes (27.06.1935)
   제국노동복무법률의 시행과 보완을 위한 제1차 명령
55. Erlaß des Führers und Reichskanzlers über die Dauer der Dienstzeit und die Stärke des Reichsarbeitsdienstes (27.06.1935)
   제국노동복무의 복무기간과 강도에 관한 최고지도자이며 제국재상의 지시
56. Gesetz über die Überführung von Angehörigen der Landespolizei in die Wehrmacht (03.07.1935)
   주경찰 소속원의 국방군전환편제에 관한 법률
57. Verordnung zur Durchführung des Gesetzes über die Landespolizei (22.07.1935)
   주경찰에 관한 법률의 시행을 위한 명령
58. Verordnung über die Flagge des Reichskriegsministers und Oberbefehlshabers der Wehrmacht (23.07.1935)
   제국전쟁상과 국방군의 상급명령권자의 기(旗)에 관한 명령
59. Sechste Verordnung zur Änderung und Ergänzung der Zweiten Verordnung zur Durchführung des Gesetzes zur Wiederherstellung des Berufsbeamtentums (03.08.1935)
   직업공무원제의 재건을 위한 법률의 시행을 위한 제2차 명령의 개정과 보완을 위한 제6차 명령

---

3) 방공법률의 제8차 시행명령으로 등화관제명령(Verdunklungsverordnung, 23.05.1939, RGBl. I S.965) 참조.

60. "Nürnberger Gesetze"
    - Reichsflaggengesetz (15.09.1935)
    - Reichsbürgergesetz (15.09.1935)
    - Gesetz zum Schutze des deutschen Blutes und der deutschen Ehre (15.09.1935)
    "뉘른베르크 법률"
    − 제국기(帝國旗)법률 (1935년 9월 15일)
    − 제국국민법률 (1935년 9월 15일)
    − 독일혈통과 독일명예의 수호를 위한 법률 (1935년 9월 15일)
61. Verordnung über die Reichskriegsflagge, die Gösch der Kriegsschiffe, die Handelsflagge mit dem Eisernen Kreuz und die Flagge des Reichskriegsministers und des Oberbefehlshabers der Wehrmacht (05.10.1935)
    제국전기(戰旗), 전함의 함기, 철십자를 사용한 상선기, 그리고 제국전쟁상과 군대의 상급명령권자의 기(旗)에 관한 명령
62. Verordnung über die Reichsdienstflagge (31.10.1935)
    제국복무기(旗)에 관한 명령
63. Erlaß über die Führung der Reichsdienstflagge (31.10.1935)
    제국복무기의 게양에 관한 지시
64. Verordnung über das Hoheitszeichen des Reichs (05.11.1935)
    제국의 국장(國章)에 관한 명령
65. Dritte Ausführungsbestimmung über die Verordnung zur Durchführung des Gesetzes zur Sicherung der Einheit von Partei und Staat (05.12.1935)
    당과 국가의 통합을 보장하기 위한 법률의 시행을 위한 명령에 관한 제3차 실시규정

〈1936년〉

1. Verordnung über die Flaggenführung der Schiffe (17.01.1936)
   선박의 기계양에 관한 명령
2. Verordnung über den Waffengebrauch der Wehrmacht (17.01.1936)
   국방군의 무기사용에 관한 명령
3. Verordnung über die Gestaltung des Hoheitszeichens des Reichs (07.03.1936)
   제국 국장(國章)의 형태에 관한 명령
4. Verordnung über die Schiffspostflagge (14.03.1936)
   선박우편기에 관한 명령
5. Verordnung über die Flaggenführung der Wassersportfahrzeuge (06.04.1936)
   수상스포츠선박의 기계양에 관한 명령
6. Erlaß über die Einsetzung eines Chefs der Deutschen Polizei im Reichsministerium des Innern (17.06.1936)
   제국 내무성에서 독일경찰 수반의 임명에 관한 지시
7. Gesetz über die Hitlerjugend (01.12.1936)
   히틀러청소년단에 관한 법률
8. Gesetz über die Vernehmung von Angehörigen der Nationalsozialistischen Deutschen Arbeiterpartei und ihrer Gliederungen (01.12.1936)
   민족사회주의독일노동자당과 그 기구의 소속원의 심문에 관한 법률

9. Gesetz über das Winterhilfswerk des Deutschen Volkes (01.12.1936)
   독일인민의 동절기 구호사업기구에 관한 법률

⟨1937년⟩

1. Anordnung über die Erfassung der deutschen Staatsangehörigen im Ausland für den aktiven Wehrdienst und Reichsarbeitsdienst im Jahre 1937 (12.01.1937)
   1937년 외국에 있는 독일국적자의 현역병역복무와 제국노동복무를 위한 등록에 관한 조치
2. Verordnung über die Amtstracht beim Reichsfinanzhof (13.01.1937)
   제국조세법원의 법복에 관한 명령
3. Verordnung zur Ergänzung der Verordnung über Wachdienst im Reichsarbeitsdienst (15.01.1937)
   제국노동복무에서 감독복무에 관한 명령의 보완을 위한 명령
4. Erlaß über die Flaggenführung an Dienstkraftwagen (Personenwagen) der staatlichen Verwaltung
   (21.01.1937)
   국가행정용 공용차량(승용차)의 기게양에 관한 지시
5. Gesetz über die Ausübung der Reisevermittlung (26.01.1937)
   여행중개업의 행사에 관한 법률
6. Gesetz über Groß-Hamburg und andere Gebietsbereinigungen (26.01.1937)
   광역함부르크와 그밖의 국토정비에 관한 법률
8. Erlaß des Führers und Reichskanzlers über den Reichsarbeitsführer im Reichsministerium des Innern
   (30.01.1937)
   제국내무성의 제국노동지도자에 관한 최고지도자이며 제국수상의 지시
9. Erlaß über den Generalbauinspektor für die Reichshauptstadt (30.01.1937)
   제국수도의 최고건설감독관에 관한 지시
10. Gesetz zur Verlängerung des Gesetzes zur Behebung der Not von Volk und Reich (30.01.1937)
    인민과 제국의 위난제거를 위한 법률의 연장을 위한 법률
11. Erlaß über die Einsetzung eines Chefs der Auslands-Organisation im Auswärtigen Amt (30.01.1937)
    외무성에서 주외국-기관의 장의 임용에 관한 지시
12. Anordnung über die Erfassung und Musterung 1937 für den aktiven Wehrdienst und Reichsarbeit-
    sdienst (04.02.1937)
    현역병역복무와 제국노동복무를 위한 1937년 등록과 징병검사를 위한 조치
13. Zweite Verordnung zur Durchführung und Ergänzung des Gesetzes über die Landbeschaffung für
    Zwecke der Wehrmacht (13.02.1937)
    국방의 목적을 위한 용지조달을 위한 제2차 명령
14. Erlaß des Führers und Reichskanzler über die Einberufung einer verfassunggebenden Generalsyn-
    ode der Deutschen Evangelischen Kirche (15.02.1937)
    정관작성권을 가진 독일개신교회 총주교회의의 소집에 관한 최고지도자이며 제국제상의 지시
15. Erste Durchführungsverordnung zum Gesetz über Groß-Hamburg und andere Gebietsbereinigungen
    (15.02.1937)
    광역함부르크와 그밖의 국토정비에 관한 법률의 제1차 시행명령
16. Gesetz zur Verhinderung der Teilnahme am spanischen Bürgerkrieg (18.02.1937)
    스페인 시민전쟁 참전저지를 위한 법률
17. Verordnung über das Inkrafttreten des Gesetzes zur Verhinderung der Teilnahme am spanischen

Bürgerkrieg (19.02.1937)

스페인 시민전쟁 참전저지를 위한 법률의 발효에 관한 명령

18. Verordnung zur Durchführung des Gesetzes zur Verhinderung der Teilnahme am spanischen Bürgerkrieg (20.02.1937)

스페인 시민전쟁 참전저지를 위한 법률의 시행에 관한 명령

19. Gesetz über die Sicherung der Reichsgrenze und über Vergeltungsmaßnahmen (09.03.1937)

제국국경의 보전과 보복조치에 관한 법률

〈1938년〉

1. Weisung des Obersten Befehlshaber der Wehrmacht Adolf Hitler für den bewaffneten Einmarsch der Wehrmacht in Österreich ["Unternehmen Otto"] (11.03.1938)

국방군의 오스트리아 무장진공에 관한 국방군최고명령권자 아돌프 히틀러의 교시 [오토 작전]

2. Ausführungsanweisung des Oberkommandos der Wehrmacht zur Weisung des Obersten Befehlshaber der Wehrmacht Adolf Hitler für den bewaffneten Einmarsch der Wehrmacht in Österreich ["Unternehmen Otto"] vom 11. März 1938 (11.03.1938)

1938년 3월 11일 국방군의 오스트리아 무장진공에 관한 국방군최고명령권자 아돌프 히틀러의 교시[오토 작전]를 위한 국방군최고사령부의 실행지시

3. Gesetz über die Wiedervereinigung Österreichs mit dem Deutschen Reich (13.03.1938)

독일제국과 오스트리아의 통일에 관한 법률

4. Zweite Verordnung zur Durchführung des Gesetzes zur Wiederherstellung des Berufsbeamtentums vom 4. Mai 1933 in der Fassung der Verordnungen zur Änderung und Ergänzung der Zweiten Verordnung zur Durchführung des Gesetzes zur Wiederherstellung des Berufsbeamtentums vom 7. Juli 1933, 28. September 1933, 7. Mai 1934, 5. Juni 1934, 3. Januar 1935, 3. August 1935 und 30. Juni 1938 (30.06.1938)

1933년 7월 7일, 1933년 9월 28일, 1934년 5월 7일, 1934년 6월 5일, 1935년 1월 3일, 1925년 8월 3일과 1938년 6월 30일의 직업공무원제 재건을 위한 법률의 시행을 위한 제2차 명령의 개정과 보완을 위한 명령본에서 1933년 5월 4일 직업공무원제의 재건을 위한 법률의 시행을 위한 제2차 명령

5. Verordnung über die Einführung des Gesetzes zum Schutze der nationalen Symbole im Lande Österreich (02.07.1938)

오스트리아주에서 국장의 수호를 위한 법률의 시행에 관한 명령

6. Verordnung über die deutsche Staatsangehörigkeit im Lande Österreich (03.07.1938)

오스트리아주에서 독일국적에 관한 명령

7. Gesetz zur Einführung deutschen Rechts in vertraglich dem Reich zugefallenen Gebietsteilen (06.07.1938)

계약으로 제국에 편입된 영토에서 독일법의 수용을 위한 법률

8. Vierte Verordnung zum Reichsbürgergesetz [Zulassung jüdischer Ärzte] (25.07.1938)

제국시민법을 위한 제4차 명령 [유대인의사의 허가]

9. Zweite Verordnung zur Durchführung des Gesetzes über die Änderung von Familiennamen und Vornamen (17.08.1938)

성과 이름의 변경에 관한 법률의 시행을 위한 제2차 명령

10. Gesetz über die Verantwortlichkeit von Mitgliedern ehemaliger österreichischer Bundes- und Landesregierungen und ihrer Helfer (17.08.1938)
    구 오스트리아 연방정부, 주정부와 그 협력기관의 구성원의 책임에 관한 법률
11. Fünfte Verordnung zum Reichsbürgergesetz [Zulassung jüdischer Rechtsanwälte] (27.09.1838)
    제국시민법률을 위한 제5차 명령 [유대인변호사의 허가]
12. Verordnung über Reisepässe von Juden (05.10.1938)
    유대인의 여권에 관한 명령
13. Verordnung über die Teilnahme von Juden an der kassenärztlichen Versorgung (06.10.1938)
    유대인의 의료보험지원에 관한 명령

⟨1939년⟩
1. Weisung des Obersten Befehlshaber der Wehrmacht Adolf Hitler für den Angriff auf Polen ["Fall Weiß"] (31.08.1939)
   폴란드진공을 위한 국방최고명령권자 아돌프 히틀러의 교시 [백색작전]

⟨1941년⟩
1. Polizeiverordnung über die Kennzeichnung der Juden (01.09.1941)
   유대인표시에 관한 경찰령

⟨1942년⟩
1. Hitlers Befehl über die Vernichtung von Kommandotrupps und Fallschirmspringern ["Kommandobefehl"] (18.10.1942)
   특전부대와 낙하산부대의 섬멸에 관한 히틀러의 명령["군사명령"]

⟨1943년⟩
1. Alliierte Erklärung über die in den vom Feinde besetzten oder unter seiner Kontrolle stehenden Gebieten begangenen Enteignungshandlungen (05.01.1943)
   적국에 의하여 점령되었거나 그의 통제권 아래에 있는 영토에서 이루어진 몰수행위에 관한 연합국 성명

⟨1945년⟩
1. Bericht über die Krimkonferenz der Alliierten (3.-11.02.1945)
   연합국 크림회의의 보고
2. Befehl des Führers Adolf Hitler betreffend Zerstörungsmaßnahmen im Reichsgebiet ["Nero-Befehl" bzw. Befehl "Verbrannte Erde"] (19.03.1945)
   제국국토에서 파괴조치에 관한 최고지도자 아돌프 히틀러의 명령 [제로-명령 또는 "불탄 대지" 명령]
3. Militärische Kapitulationsurkunde (08.05.1945)
   군사항복문서

이진기

성균관대학교 법학전문대학원 교수

법학박사

〈저서〉

물권법 (박영사, 2020)

〈역서〉

가난한 사람의 민법 (정독, 2019)

한국 · 독일 민법전 상속편 (박영사, 2019)

나찌의 법률: 악마는 가만히 온다 1

초판발행	2022년 2월 28일
편역자	이진기
펴낸이	안종만 · 안상준
편 집	한두희
기획/마케팅	정연환
표지디자인	박준우
제 작	고철민 · 조영환
펴낸곳	(주) **박영사**
	서울특별시 금천구 가산디지털2로 53 210호(가산동, 한라시그마밸리)
	등록 1959.3.11. 제300−1959−1호(倫)
전 화	02)733−6771
f a x	02)736−4818
e-mail	pys@pybook.co.kr
homepage	www.pybook.co.kr
ISBN	979−11−303−3781−4 93360

*파본은 구입하신 곳에서 교환해 드립니다. 본서의 무단복제행위를 금합니다.

*편역자와 협의하여 인지첩부를 생략합니다.

정 가   25,000원